普通高等教育“十一五”国家级规划教材

新编21世纪经济学系列教材

世界经济史

第五版

高德步　王　珏　著

An Economic History of the World

中国人民大学出版社
·北京·

内容简介

《世界经济史》是一本主要面向经济学专业本科生的教材，讲述了有史以来到现在的世界经济发展历程。本书按照时间顺序将世界经济分为古代、中古、资本主义兴起、工业革命和工业化、自由市场经济终结、战后这六个发展阶段，一方面介绍了这六个发展阶段的经济增长、制度变迁和社会进步等历时性问题，另一方面从全球史的角度论述了共时性问题，将世界经济史定义为各个民族、国家和地区的经济发展互动的历史。本书主要采用传统的历史描述方法，包含了世界经济史研究的经典论断和最新研究成果。

作者简介

高德步 先后毕业于兰州大学和中国人民大学，经济学博士。现任中国人民大学经济学院教授、博士生导师，中国经济史研究中心研究员，主要研究中外经济史和政治经济学。先后出版了《产权与增长：论法律制度的效率》《世界经济通史》《经济发展与制度变迁：历史视角》《英国的工业革命和工业化》《西方世界的衰落》《中国经济简史》《中外经济简史》《中国价值的革命》《中国价值》等专著十余部，发表了论文百余篇。

王　珏 中国人民大学经济学院教授、博士生导师，长期致力于世界经济史、比较经济史的教学和科研工作，“马克思主义理论研究和建设工程”教材《世界经济史》副主编。出版了《技术与国家地位：1200—1945年的世界经济》等代表性专著，在《世界经济》《金融研究》《中国经济史研究》等期刊上发表了代表性论文，翻译了《剑桥欧洲经济史》和《剑桥美国经济史》系列图书。

第五版前言

《世界经济史》初版于 2001 年，首先作为中国人民大学经济类专业本科教材使用，此后，陆续被不少其他院校用作教材。在这些年的教学和研究过程中，我们听取各方面的意见和建议，不断对教材进行修订和完善，至今本教材已经是第五版了。

近年来，国内外世界经济史研究突飞猛进，取得了不少成果。在研究主题上，趋同性和异质性并存的世界经济发展历程引起了学者强烈的研究兴趣，比较研究，特别是东西方比较研究成为热点。在方法上，经济学的数量方法也促进了经济史的定量研究，出现了一些全新的视角和全新的观点。更重要的是，习近平新时代中国特色社会主义新思想对中国经济和世界经济产生了重大影响，因而也必然影响世界经济的未来趋势。我们认为有必要将这些新的成果反映到教材中来。

感谢经济史同仁对本教材提出的意见与建议，我们通过本次修订将这些意见和建议吸收进来。还要特别感谢那些渴慕知识、善于思考的学生们：一些新思路、新观点都是在上课时产生的；与学生的互动加深了我们对问题的认识；回答尖锐的提问和质疑正像是质量检验过程。随着本教材的影响越来越大，我们也更加惶恐，只能继续努力让本教材更加完善！

目录

第二篇

中古世界经济

第三篇

资本主义兴起与世界市场

第八章

农业革命

第九章

工场手工业的发展

第十章

金融制度的建立

第十一章

世界市场与东西方大分流

第四篇

工业革命与世界经济的形成

第十二章

资本主义国家的工业革命

第一章
导 论

重点问题

- 经济史的研究对象
- 经济史与经济学方法论的关系
- 经济史研究中的假设方法和理论工具
- 经济史学的范式及创新
- 世界经济史的时空结构

第一节 经济史学的对象、任务与方法

一、经济史的研究对象

经济史是经济学的一个重要组成部分。经济史的研究对象是人类经济活动的历史过程，它一方面要求我们对人类的经济活动历程进行客观翔实的描述，另一方面也要求我们对经济的发展做出时序性、规律性的阐释。恩格斯指出："人们在生产和交换时所处的条件，各个国家各不相同，而在每一个国家里，各个世代又各不相同。因此，政治经济学不可能对一切国家和一切历史时代都是一样的……因此，政治经济学本质上是一门历史的科学。它所涉及的是历史性的即经常变化的材料；它首先研究生产和交换的每个个别发展阶段的特殊规律，而且只有在完成这种研究以后，它才能确立为数不多的、适用于生产一般和交换一般的、完全普遍的规律。同时，不言而喻，适用于一定的生产方式和交换形式的规律，对于具有这种生产方式和交换形式的一切历史时期也是适用的。"① 可见，政治经济学本质上是历史的科学，而作为经济学组成部分的经济史学，与政治经济学具有本质上的一致性，即两者都是研究生产力与生产关系的矛盾运动和演变规律的科学。

不过，经济史学与政治经济学以及一般意义上的理论经济学又不同。经济史学是按照历史发展的纵向线索研究生产力和生产关系，或者是专门研究生产力与生产关系在历史上某一时段的状态，并从中探索经济的规律性的科学。经济史学的最大特点，是将时

---

① 马克思恩格斯选集：第3卷.3版.北京：人民出版社，2012：525－526.

间概念引入经济分析。所以说，经济史学不同于一般的静态经济学，而是动态经济学的重要组成部分。关于这一点，美国经济史学家道格拉斯·C. 诺思指出，经济史研究的任务，就是“按时序解释经济结构及其实绩”。所谓“实绩”，是经济学家们通常所注意到的问题，诸如生产多少、成本与收益的分配和生产的稳定性等，这种“实绩”是用总产出、人均产出以及社会收入的分配来说明的；所谓“结构”，是指那些我们相信是决定实绩基本因素的社会特征，这里包括一个社会的政治和经济制度、技术、人口及意识形态等；所谓“按时序”，就是说经济史应从时间上“解释”结构与实绩的演变；而所谓“解释”，意味着明显的理论化及被证伪的可能性。①

二、经济史与经济学的实证方法

经济史是经济学的一部分，但经济史与经济学并非相互包含或融为一体，而是相互提供方法论。所以说，经济史又是与经济学相互独立并平行的两个分支学科。经济史与经济学说史不同，经济学说史是经济学本身的发展历史，可以说它是经济学的流，而经济史是经济学的源。正如熊彼特所说：“历史是经济学家材料的一个重要来源”，而“经济学的内容，实质上是历史长河中的一个独特的过程”②。

在科学哲学意义上，经济学的方法主要是实证方法。逻辑实证主义的科学哲学认为，任何科学或理论都来源于经验和事实，任何理论的假设或命题，都必须接受经验事实的检验，只有经验事实才能证明知识的正确性。这种方法的本质，简单说就是用经验和事实说话。而直接用经验和事实说话，正是经济史的根本特点和根本优势：一方面，经济史可以为经济学的假设和命题提供更可靠的经验实证；另一方面，可以为经济理论提供更符合经验事实的假定。

经济史作为经济学的实证工具，具有多方面的优势：（1）经济史所提供的经验或事实是大量的。经济史造成了当前的事实，它也包括当前的事实，凡已经发生的事实，都可以看作历史。这就大大扩展了经济学的实证范围。从经济学方法论意义上讲，这种扩大可以为经济理论的真理性验证提供更多的事实依据。（2）经济史所提供的经验事实比经济学家所感知的现实经济世界要可靠得多。一方面，这是经济史所提供的经验事实，是经过长期经济过程的历史；另一方面，经济史不仅仅是史料的堆砌，而且是经过经济史学家的提炼和抽象所得出的具有规律性的东西，本身就具有相对真理的性质。（3）经济学家可以利用经济史提供的经验世界，对经济学的假设和命题进行“试错”式研究。经济学家不可能对人类社会的经济过程进行受控制的实验，这就使经济学假设特别是趋势性预测命题无法通过经验证实。但经济学模型却可以在经济史的世界里，通过不断“试错”的方法，检验理论与实际经验是否一致。（4）经济史世界最适于经济学溯因法研究。经济学的实证过程，既可以从历史和现实到理论抽象，也可以从科学假设到历史和现实。此外，还可以将观察到的经济现象看作一个历史过程不同阶段的产物，这样就可

① ［美］道格拉斯·C. 诺思．经济史中的结构与变迁．上海：上海三联书店，1991：3.

② ［美］约瑟夫·熊彼特．经济分析史：第1卷．北京：商务印书馆，1996：30.

以从现存的事实中，搞清楚事物的发展过程，并证实经济现象的起源，从而根据事物的最原始状态做进一步的假设。

科学研究离不开假设。一种假设是所谓的“解释性假设”，即建立一个假设或理论，用来解释经验和历史，即阐释历史。但经济学假设是从大量经验事实中抽象出来的公理性假设，经济学从这个假设出发，对经验和现实进行推理性研究。从根本上讲，经济学的任何假设和命题都必然来源于经验和事实。但经济学研究不可能完全从经验和事实的归纳开始。已有的理论成就，具体来说就是符合经验事实的假设，同样是经济理论研究的起点。这就是从具体到抽象，再从抽象到具体的过程。所以经济学研究可以从假设开始，用这种方法研究，在心力方面将实现很大的节约。然而，本来作为经验科学或实证科学的经济学，一旦以假设作为研究起点，就有可能走进形而上学的误区，即经济理论的验证不是依赖于理论与经验事实的相符性，而是依赖于自身逻辑的严密性，所以经济理论的正确性就取决于假设的正确与否。一种源于事实的科学假设，在一个相当长的时期内，都会对经济学研究起主导作用。例如著名的“经济人”假设，从古典经济学到新古典经济学，一直占据主导地位。然而，任何一种假设或理论，最多只能具有或然性真理的性质，都不可能保证永远正确。当一种假设失去其实证正确性以后，如果不对其进行修改，就会导致整个经济理论大厦的倾斜。

目前，新古典经济学正面临这种尴尬和挑战。英国研究方法论的经济学家布劳格，一方面认为新古典主义是把真实的正确前提或假设作为基础的学科，另一方面批评新古典主义未能将实证原则贯彻始终。他指出：“现代经济学的主要弱点在于不愿使它所产生的一些理论包含一种可以明显被驳倒的结论，随后又普遍地不愿把这种结论同事实相对照。”① 美国经济学家艾克纳批评新古典经济学从一开始就养成“一种几乎是不可更改的演绎推理的偏好”，“过分强调完全公式化理论体系的发展，而缺乏足够的行为假设和前提条件等经验基础”②，没有坚持实证主义，导致一系列假设和命题的谬误。美国经济学家诺思进一步从两个方面对新古典经济学提出了批评：一方面，新古典经济理论没有时间概念，它所研究的是某一时点的资源配置；另一方面，它没有交易费用概念，没有制度分析。究其根源，就在于缺乏历史感。③ 关于这个问题，熊彼特早就一针见血地指出：“如果一个人不掌握历史事实，不具备适当的历史感或所谓历史经验，他就不可能指望理解任何时代（包括当前）的经济现象。”“我相信目前经济分析中所犯的根本性错误，大部分是缺乏历史的经验，而经济学家在其他条件方面的欠缺倒是次要的。”④ 所以，经济学与经济史的结合，主动求诸经济史检验和修正其理论假设，是经济学改革的重要方面。

理论总是灰色的，而生命之树常绿。与经济理论相比，经济史就如常绿的生命之树。理论既可以被证实，也可能被证伪，然而为经济理论提供经验和事实的经济史，作为实证工具，具有史实意义上的客观性。不仅如此，当一项假设被经验证伪后，理论还需要一种新的假设，而这种新的假设仍必须从经验和事实中产生，经济史将继续成为经济学

---

① ［英］布劳格．经济学方法论．北京：商务印书馆，1992：250.
② ［美］艾克纳．经济学为什么还不是一门科学．北京：北京大学出版社，1990：2，42.
③ ［美］道格拉斯·C. 诺思．制度、制度变迁与经济绩效．上海：上海三联书店，1994：177.
④ ［美］约瑟夫·熊彼特．经济分析史：第1卷，29.

理论新的假设的来源。所以，经济史的任务，不仅要为经济学理论提供更多的证实性材料，而且要为经济学理论提供更新更好的假设。而经济学利用这种源于经验和事实的新的假设，重新进行推理性研究。正如美国经济史学家诺思指出的，经济史的“研究目的不仅要解释经济的过去，而且要对经济理论有所贡献，提供一个分析架构来帮助我们了解经济变化”①。

三、经济史研究中的假设方法和理论工具

历史是客观的，不论是经济学还是经济史学，都不可能改变经济史的客观性。但经济史的任务并不是简单地叙述史实，史实本身并不是史学，而仅仅是史学的原料，就如砖瓦、砂石对于高楼大厦来说仅仅是建筑材料而已。所以说，任何史学家都是用一定的立场、观点和方法来透视历史、理解历史、解释历史。英国历史哲学家沃尔什认为，历史并不单纯是历史材料和历史数据的函数，而是历史学家的心灵和思想的函数。就是说，史学家总是在某种思想的指导下进行历史探究的，如果没有某种指导思想，就只剩下一堆支离破碎的零乱史实，而史实并不是史学，只是史料而已。

经济史研究重在求证，也不可偏废推理，这是因为人不能尽知天下事，必须推理以求之，必须以经济学的思维方式来理解经济的历史。经济学理论对于经济史研究的作用，就在于它决定着用什么观点考察经济的历史，用什么方法理解和阐释经济的历史。美国经济史学家诺思指出：“历史构造的是一个关于一定时期人类生存的某些条件的故事。这种构造只存在于人的头脑中。我们不是要再造过去，我们构造的是关于过去的故事。但是一部好的历史故事必须给出一个一致的、符合逻辑的解释，同时它要受到可得证据和可得理论的制约。”② 因此，“在解释经济史实之前，需要一个概念基础”③，而这个概念基础是由经济学提供的。

用一定的经济学观点和方法研究经济史，就不可避免地涉及假设问题。前提假设是科学研究中不可缺少的重要环节，经济史学也不例外。作为经济史学，前提假设一方面来源于历史学家和经济史学家的哲学见解，另一方面直接来源于经济学理论。

古典经济学和新古典经济学的基本假设就是“经济人”假设。历史哲学也认为，历史学家是根据“人性中的可能”来判断历史的，历史学中的普遍命题和假设都来源于历史学家对人性所做的基本判断。但不同的是，在经济学中，“经济人”具有万古不变的普遍人性，而历史学中的人性假设却不是一个不变的常数，而是“以最显著的方式随着每一个时代而在变化着”④ 的。这种观点事实上要比经济学中的“经济人”假设客观得多。产生这种区别的根本原因就在于有无历史感。古典经济学和新古典经济学将其所考察的经济世界看作永恒不变的世界，因而人的本性及其行为也是不变的。但作为经济史学，

① ［美］道格拉斯·C. 诺思．时间过程中的经济业绩//王宏昌．诺贝尔经济学奖金获得者讲演集（1987—1992）．北京：中国社会科学出版社，1994：265.

② ［美］道格拉斯·C. 诺思．制度、制度变迁与经济绩效，176.

③ ［美］道格拉斯·C. 诺思．经济史中的结构与变迁，序．

④ ［英］沃尔什．历史哲学——导论．北京：社会科学文献出版社，1991.

它考察的是一个变化着的经济世界，人性假设也不可能永恒不变。如果经济史也如同经济学一样，从不变的人性出发，就不可能区别不同的历史时代。所以，从经济学提供的前提假设出发研究经济史，绝不是要从这种假设反推出一部符合经济理论的经济史，正如我们不能从“义利论”还原出一个“君子国”一样。

不过，值得一提的是，在经济史研究中，有一种“反事实假设”方法。这种方法是由美国经济史学家福格尔首创的。一般的经济史教科书都断言，美国19世纪的经济增长与铁路密切相关，就是说，如果没有铁路，美国经济增长就不会那么快。福格尔提出了一个“假如没有铁路”的假设，对19世纪的美国经济史进行了计量研究，他的最后结论是：在其他条件不变的情况下，1890年美国国民生产总值也不会比实际低3%以上。这种假设可谓是一种大胆的假设，但这种假设并不是作为经济史研究前提的假设，而是一种“描述性假设”，与经济学和经济史学的实证方法并不直接相关。尽管如此，美国主流经济史学也不赞成这种“反事实假设”，认为用这种方法来分析历史的长期变化会歪曲历史变革的复杂性。

经济学作为经济史的方法，还有另外两个层面的问题：一个层面是经济学为经济史研究提供一个理论模型，另外一个层面是经济史使用经济学提供的分析工具。从理论模型层面讲，经济史可用的经济学理论模型有：（1）历史主义模型。经济学的历史学派强调经济学的历史分析方法，这种方法自然成为经济史研究的重要理论指导，特别是历史学派的经济发展阶段方法，成为经济史研究的重要传统。（2）创新模型。熊彼特提出创新理论，而美国经济史学家福克纳将美国经济史作为一个创新过程来理解，通过分析历史上的创新要素，探讨美国经济成长的性质和原因，客观地描述美国自殖民开发以来的经济发展历程，其《美国经济史》成为教科书中的经典。（3）新古典和制度分析模型。新古典主义经济学缺乏历史分析，但诺思将新古典主义方法与产权和制度分析方法结合起来，对人类经济活动的历史进行大跨度考察，提出了经济史的制度变迁理论。（4）起飞模型。美国经济学家和经济史学家罗斯托利用其独创的起飞理论，对西欧和北美的工业革命进行研究，提出了起飞和从起飞进入持续成长阶段的理论。其他各种经济理论都可以成为经济史研究的方法。从工具层面讲，经济学为经济史学提供的分析方法就更多了，如宏观分析方法和微观分析方法、中观的区域和部门分析方法、均衡分析方法和非均衡分析方法、边际分析方法以及计量经济学方法等。

四、经济史学的范式及其创新

任何独立的科学或学科都应该有独立的范式，没有独立的范式就不可能成为独立的学科。经济史学作为独立的学科，也应有自己的独立范式。但是，经济史学作为经济学和历史学的边缘学科，其范式必然介于两者之间，既有经济学范式的特点，又有史学范式的特点。经济史属于经济学而不属于史学，它与史学的共同点仅仅在于考察对象在一定程度上重叠、叙述方法有一定的时序性以及用史料说话的特点，但在研究者的信念、观点和方法上，特别是采用的理论模型上，基本上都是经济学的。就西方经济史学来说，新古典经济学中的“经济人”假设、历史主义的经济发展阶段论、新制度经济学中的交易成本概念，以及熊彼特的创新理论等，都成为经济史学有别于史学的理念、观点和方法。

就中国的经济史学来讲，基本上还是以史学范式为主导，目前的经济史学家大多还没有习惯于经济学的研究方法。这一方面是由于从事经济史研究的学者大多出身于史学界，所接受的经济学训练比较少，在他们的头脑中经济学思维还较少；另一方面也由于经济学家大多不屑于经济史研究，忽视了经济史对于经济学理论发展的作用，所以还没有用经济学的思维方式来理解经济的历史。在这种情况下，经济学没有实现与历史学的良好结合，因而没有形成独立的经济史学范式。

对于经济史，经济学家和历史学家有完全不同的理解：对于历史学家来说，经济史是“经济的历史”，仅仅是历史中的经济部分，是用历史学方法研究历史中的经济问题，经济史不过是历史学科“类”中的一个“种”①；而对于经济学家来说，经济史是要“按时序解释经济结构及其实绩”，即从时间上解释经济结构和实绩的演变，是用经济学方法来理解和阐释的历史。所以，经济史作为经济学的一部分，其范式应该与经济学范式更接近。就是说，经济史学研究，一方面要依靠史实说话，另一方面却要依靠经济学提供的观点和方法，才能知晓如何整理史料、如何用史实说话。现代史学方法论认为，史料总是有限的，仅仅依靠史料不能进行真正的历史研究，重要的是如何利用史料对历史的过程做分析和阐释。这种史学方法论与经济史学方法论是一致的。所以，尽管面对同一个史实，但分析和阐释的方法是不同的。经济史学要用经济学的理念、观点和方法，以及理论模型来分析和阐释历史。所以，经济史学范式革命的任务，首要的就是脱离史学范式，采用经济学的理念、观点和方法，以及经济理论模型，实现经济史与经济学的有机结合。

要想建立或重建经济史学范式，第一，必须在世界观层面上明确马克思主义唯物史观的统治地位，并作为经济史学家具有的共同理念；第二，明确经济史学的任务，即为经济理论提供证实与证伪，包括提供更多、更可靠的经验事实，证实或修正经济学的假设和命题，并在历史经验的基础上为经济学提供更新、更可靠的假设和命题；第三，坚持以经济史实为实证依据、以经济学理论为逻辑出发点的分析方法，特别强调经济史与经济学的有机结合；第四，采用共同的经济史语言、工具和方法，在此基础上组成经济史学家的共同研究与合作群体，以及为追求科学而形成各个经济史学派。

可见，经济史的范式革命取决于经济学的范式革命，但同时又不完全依赖于经济学的范式革命，相反，经济史的范式革命有助于经济学的范式革命。目前，许多学者都指出了新古典经济学存在的问题，就是脱离实际经济生活，走入一个尽善尽美的逻辑世界，甚至走进一个由数学模型构成的公式化世界而不能自拔。从根本上说，这就是背离了原有的实证传统而走向了反面。所以，西方经济学出现了范式危机。然而，主流经济学的范式革命至今仍不过是一个世纪性话题，原有范式并没有被新的范式取代。这一方面是由于主流经济学范式仍是开放的，可以不断吸收其他学派的合理成分，通过不断的证实与证伪来实现理论体系的重新整合和创新；另一方面是由于能够彻底推翻主流经济学基

① ［英］沃尔什．历史哲学——导论，65.

本假设和说明主要命题的证伪性经验事实的不足。主流经济学特别是新古典经济学继承了古典经济学的李嘉图传统，建立了一个极其严密的逻辑世界，而这个逻辑世界不可能用同样的逻辑武器击破，而只能用事实证伪。所以，经济史的范式革命可能成为经济学范式革命的一个重要环节，并为经济学范式革命做出贡献。

经济史是经济学的一部分。从本质上讲，经济史与经济学都是“国民财富的性质与原因的研究”。这就是两个经济学分支学科相互结合和相互提供方法论的基础。事实上，经济学与经济史结合，是马克思主义经济学和古典经济学的优良传统，遗憾的是，这个传统到李嘉图那里中断了，不少经济学家逐渐背离了实证主义，陷入从逻辑到逻辑的循环论证中；同时，经济史也脱离了经济学的分析传统，这就使两个学科成了“两条道上跑的车”而越离越远。这种经济史与经济学分离的状况应该得到改变，这种改变有助于经济学和经济史的创新发展。可喜的是，不少经济学家和经济史学家已经逐步认识到这个问题，并以实际行动做出了努力和贡献。这就是说，经济学要恢复重视经验实证的传统，从而重视经济史的研究成果；而经济史应该能够正确运用经济学分析方法，实现经济史学的创新和发展。

第二节 世界经济史的时空结构与逻辑演进

一、世界经济史的主题和时空范围

恩格斯指出：“人们在生产和交换时所处的条件，各个国家各不相同，而在每一个国家里，各个世代又各不相同。”① 正是由于这种不同，才产生了世界经济史的主题和时空范围。世界经济史的主题就是研究各个国家不同时代的生产和交换关系，具体来说包括两个方面：一方面是历时性问题，指的是按时序描述和阐释人类社会的经济发展和制度演进；另一方面是共时性问题，包括世界所有国家和民族经济增长的实绩、经济交往，以及各民族经济在历史上的冲突与融合。前一方面的问题决定了世界经济史的时间范围，后一方面的问题决定了世界经济史的空间范围。

在历时性意义上，世界经济史的主题可以分为三个层面：第一，经济增长，即人类社会技术进步与经济实绩提高的历史；第二，制度变迁，即人类社会经济形态和经济制度演变的历史；第三，社会进步，包括人类社会经济发展和人文发展两方面的历史。但是，人类的历史是不断扩展其自身活动范围，从狭窄的民族历史走向广阔的世界历史的过程。“各个相互影响的活动范围在这个发展进程中越是扩大，各民族的原始封闭状态由于日益完善的生产方式、交往以及因交往而自然形成的不同民族之间的分工消灭得越是彻底，历史也就越是成为世界历史。”② 因此，还必须从共时性角度研究不同时代各民族的经济交往、冲突与融合以及共同发展的历史。

---

① 马克思恩格斯选集：第3卷.3版，525.

② 马克思恩格斯选集：第1卷.3版.北京：人民出版社，2012：168.

16 世纪以前，人类所能到达的地区很有限，新大陆尚未发现，各个国家和区域之间经济交往甚少，不存在一个世界性市场，仅仅出现过几个区域性贸易圈。因此，世界经济史仅仅是世界范围内各个国家和区域的经济史。所以，16 世纪以前世界经济史的共时性极为有限。16 世纪以后，这种地理局限性被彻底打破，出现了世界市场。《共产党宣言》中写道："不断扩大产品销路的需要，驱使资产阶级奔走于全球各地。它必须到处落户，到处开发，到处建立联系。""资产阶级，由于开拓了世界市场，使一切国家的生产和消费都成为世界性的了。"另外，工业革命将古老的民族工业排挤掉了，新工业的建立成为一切文明民族的生命攸关的问题。"这些工业所加工的，已经不是本地的原料，而是来自极其遥远的地区的原料；它们的产品不仅供本国消费，而且同时供世界各地消费。旧的、靠本国产品来满足的需要，被新的、要靠极其遥远的国家和地带的产品来满足的需要所代替了。过去那种地方的和民族的自给自足和闭关自守状态，被各民族的各方面的互相往来和各方面的互相依赖所代替了。"①

随着世界市场的建立和自由贸易的扩大、工业革命与工业化的进展，以及新的生产方式和生活方式的建立，各国人民之间的民族分隔日益消失，各民族的区域经济转变为世界经济。正如马克思所指出的，由于资本主义生产方式的发展，"各个人的世界历史性的存在，也就是与世界历史直接相联系的各个人的存在"②。于是，世界进入了马克思所说的"历史向世界历史转变"的时代。这就是说，世界市场的出现把历时意义上的"历史"和共时意义上的"世界"统一起来，从而开创了世界经济史的新纪元。事实上，只有当人类历时地创造了资本主义生产方式和市场经济，世界经济史才成为真正的世界经济史，才有共时性状态。因此，世界经济史要在历时性与共时性统一的基础上发现人类社会经济发展的演进规律和结构变迁规律。

作为世界经济史，一方面要摒弃各个国家和民族的"自我中心论"，另一方面要摒弃长期以来统治世界历史的"西欧中心论"。"自我中心论"表现为狭隘的民族主义，即以各自民族为中心建立世界经济史的结构。"自我中心论"的结果必然导致民族自大心理和经济孤立主义，并采纳封闭、自守的经济模式，最终回归为部落主义。事实上，自世界市场出现以来，历史就成为世界的历史，民族和区域的经济史也日益转变为世界经济史。"西欧中心论"是欧洲人带着强烈的民族优越感来看世界、看历史，以西欧经济史代替世界经济史。事实上，近代以来资本主义的发展，通过不断建立海外殖民地，已经使欧洲资本主义非中心化了，特别是战后发展中国家工业化的发展，结束了欧美在世界上的经济霸权，并且使资本主义进一步脱离了欧洲中心主义。

但是，世界经济史要研究人类社会以及各民族经济的增长和制度演变以及相互竞争与融合的历史。因此，世界经济史不能仅仅包括世界市场形成以来的历史，而应包括自人类起源到当代的历史，特别是应避免将历史划定在一个远离现实的时间范围以外，因为这种历史划界会使我们的研究远离现实经济问题。事实上，"经济史造成了当前的事实，也包括当前的事实"，"经济史不仅要解释过去的经济实绩，而且要为现代社会科学

① 马克思恩格斯选集：第 1 卷 . 3 版，404.

② 同上书，167.

家提供有关的分析框架，并在此框架中解释现行政治—经济体制的实绩”①。就是说，凡是已经发生的经济事实，都是经济的历史，都应该在世界经济史研究的范围之内。

最后，我们处在经济全球化的时代，世界经济史不能不包括经济全球化的历史。经济全球化不是20世纪末的新现象，而是世界经济史长期发展和演进的结果。事实上，恩格斯早就指出：大工业“把世界各国人民互相联系起来，把所有地方性的小市场联合成为一个世界市场，到处为文明和进步做好了准备，使各文明国家里发生的一切必然影响到其余各国”，“单是大工业建立了世界市场这一点，就把全球各国人民，尤其是各文明国家的人民，彼此紧紧地联系起来，以致每一国家的人民都受到另一国家发生的事情的影响”②。经济全球化是世界经济史时空范围的进一步拓展。这就是说，世界经济史的时间范围进一步延续到当代，而空间范围则扩大到全球的每一个角落。我们每个人都生活在地球村里，我们每一个人都是世界经济史发展演进的结果。经济全球化进一步将世界各国经济的发展过程演变为一个不可分割的统一过程，世界各国的经济活动日益朝着跨国化方向发展，民族国家的经济主权日益被削弱。但是，经济全球化并不是没有限度的。我们还必须看到，在经济全球化的同时，也出现了“全球性的区域主义”或“全球性的民族主义”，从而出现了世界主义与地方主义并存的历史格局。这意味着经济全球化将导致新的区域和民族经济的崛起，并改变当今世界经济的空间结构。

二、世界经济史的时间结构

沃勒斯坦指出：“世界社会科学的重要论断之一是认为人类历史发展过程中存在一些巨大的分水岭。所谓新石器时代或农业革命就被公认为是这样的一个分水岭，尽管只有少数社会科学家对此做过研究。另一巨大的分水岭就是现代世界的形成。”③ 由于在农业革命以前的世界，人类还没有形成有组织的生产活动，没有可以称之为“经济”的活动，因而世界经济史研究必然从农业革命开始，并将1500年作为一个重要的界限：1500年以前为农业社会或传统社会，1500年以后为工业社会或现代社会。

1500年以前的世界经济史可以分为几个阶段。黑格尔把世界历史的发展分为东方世界、希腊世界、罗马世界和日耳曼世界。黑格尔认为，世界历史从东方开始，自中国、印度后，波斯帝国兴起，历史开始从分散走向整体世界、从孤立走向联系。而马克思则把人类历史分为三种生产方式，即亚细亚生产方式、古代生产方式、日耳曼生产方式。这里，东方世界或亚细亚生产方式，是一种刚刚进入阶级社会的不发达奴隶制经济；希腊罗马世界或古代生产方式，是一种典型的奴隶制经济；而日耳曼世界或日耳曼生产方式，经过演变逐渐发展成为西欧封建经济和资本主义经济。东方的亚细亚生产方式是一种非典型的奴隶制经济，其特点是普遍奴隶制。在向封建经济过渡的历史过程中，亚细亚生产方式出现了两个亚型，即封建领主制经济和封建地主制经济。亚细亚封建领主制

① ［美］道格拉斯·C. 诺思．经济史中的结构与变迁，234.

② 马克思恩格斯选集：第1卷．3版，299，306.

③ ［美］伊曼纽尔·沃勒斯坦．现代世界体系：第1卷．北京：高等教育出版社，1998：1.

经济与日耳曼的封建生产方式相近，西亚、南亚和日本等地也以这种生产方式为主导形式，拜占庭和俄罗斯也基本属于这种类型。封建地主制经济以古代中国为典型。中国以西周为代表的封建领主制经济瓦解以后，以土地私有和自由买卖为基础的地主制经济成为占主导地位的形式。这种封建地主制经济代表封建经济的发达形式。因而，一方面，中国古代创造了农业社会最发达的生产力，以及高度发达的封建制度和文化。但另一方面，这种发达的封建经济和文化严重阻碍了资本主义萌芽的产生和发展，导致了中国在工业化和现代化过程中的滞后。

沃勒斯坦认为，人类历史虽然包含着各个不同的部落、种族、民族和民族国家的历史，但这些历史不是孤立发展的，而是相互联系的，总是形成一定的“世界性体系”。16世纪以前，“世界性体系”主要表现为一些“世界性帝国”，如波斯帝国、罗马帝国、中华帝国等，这些“世界性帝国”有一个单一的政治中心，但没有与之相应的“世界性经济”。16世纪以后，随着资本主义生产方式的发展，开始以西北欧为中心，形成“世界性经济体系”，这就是“资本主义的世界经济体系”。资本主义从一开始就不是在单个国家内孤立出现的，而是作为一个世界性的体系出现的，它由中心区、半边缘区和边缘区这三个组成部分连接成一个整体结构。

1500年以后的人类社会历史是现代化的历史，因而现代化成为世界经济史的主线。不过，1500年以后的世界仍可以分为两个阶段，即16—19世纪和20世纪。对于西欧国家来说，16—19世纪的世界经济史是封建经济向资本主义经济过渡的历史过程，也是人类生存的基础由农业向工业转移的过程，亦即工业化或现代化的过程。这一阶段的世界经济史的特点是世界市场的建立和工业革命的展开。如果说各个国家、民族的封闭性曾是保持传统农业社会的主要条件，那么世界市场的建立则彻底打破了这种封建宗法式的经济关系。一方面，在世界市场的刺激和推动下，“生产的不断变革，一切社会状况不停的动荡，永远的不安定和变动，这就是资产阶级时代不同于过去一切时代的地方。一切固定的僵化的关系以及与之相适应的素被尊崇的观念和见解都被消除了，一切新形成的关系等不到固定下来就陈旧了。一切等级的和固定的东西都烟消云散了，一切神圣的东西都被亵渎了”①。代之而起的是一个全新时代即现代社会的诞生。另一方面，世界历史并不仅仅标志着一场以“技术革命”或“工业革命”为单一特征的变革，而是包含社会生活全面变革的“社会革命”。在世界历史条件下，不仅生产、消费具有世界性，而且精神、文化的发展也具有世界性，就连人的发展也成为世界历史作用的结果。这就是马克思所说的“地域性的个人为世界历史性的、经验上普遍的个人所代替”②。“资产阶级，由于一切生产工具的迅速改进，由于交通的极其便利，把一切民族甚至最野蛮的民族都卷到文明中来了”，“它使未开化和半开化的国家从属于文明的国家，使农民的民族从属于资产阶级的民族，使东方从属于西方”③。这就是说，对于非西方国家来说，16—19世纪的现代化是资本主义市场经济和工业生产方式的移植过程。这种移植有的是通过这些国

① 马克思恩格斯选集：第1卷．3版，403.
② 同上书，166.
③ 同上书，404.

家和民族有意识地引进实现的，有的则是通过西方列强侵略而传播实现的。这两个过程就是所谓的资本主义改良和殖民化过程。到19世纪末，世界大部分地区已经纳入资本主义世界经济体系，正如列宁所指出的，帝国主义已经将世界领土瓜分完毕。

20世纪是世界经济的另一个重要阶段。在这个阶段，主要西方资本主义国家已经完成了现代化过程从而进入现代社会，世界经济史也进入现代阶段。20世纪初，列宁出版了著名的《帝国主义是资本主义的最高阶段》，德国历史学家斯宾格勒出版了著名的《西方世界的没落》（1918年）。这两部著作通过不同的方法和视角，将20世纪的世界历史与19世纪及其以前的世界历史分开。列宁认为，19世纪末，资本主义自由竞争发展到垄断，产生了帝国主义，而帝国主义是资本主义的最高阶段。在这个阶段里，资本主义经济由于社会化大生产和垄断的发展出现了局部的计划性，为向社会主义转变提供了生产力基础。而斯宾格勒将世界历史区分为"文化阶段"与"文明阶段"，前者着重于精神文化与学术文化的发展，后者着重于物质文明与军事文明的发展；前者出现了伟大的艺术、科学、哲学、宗教，后者出现了伟大的帝国、国际性的大都会、强大的文化帝国主义。他认为，20世纪西方世界将从文化阶段进入文明阶段。可见，这两位伟大的思想家都预见到了20世纪世界历史的特点，即社会主义制度的出现和资本主义生产力的高度发展，以及新的历史阶段的到来。

20世纪之所以成为一个新的历史阶段，首先是因为社会主义经济制度的出现。社会主义思潮是19世纪资本主义经济矛盾的产物。20世纪俄罗斯和中国的计划经济试验，标志着社会主义从理论到实践的转变，在世界经济史上具有极其深远的意义。其次是因为资本主义由自由放任经济向国家干预经济的过渡。20世纪30年代的大危机和两次世界大战，既是资本主义自由放任的市场经济体制的危机，也是资本主义世界经济秩序的危机。经过大危机和世界大战的调节，资本主义经济体制和世界经济秩序进入重建时期，并导致了进一步的繁荣。再次是因为世界殖民体系的瓦解和东亚国家与地区的崛起。资本主义殖民体系在19世纪末发展到顶峰，这种发展一方面标志着西方资本主义扩张的顶峰，另一方面预示着资本主义殖民体系瓦解的开始。20世纪五六十年代，大部分殖民地国家和地区都获得了独立，并进行工业化积极发展经济，因而出现了独特的发展中国家经济。不过，在现代化过程中，发展中国家也出现了分化，一部分国家和地区通过发展进入中等发达国家行列，另一部分国家和地区则进一步陷入贫困。东亚地区经济的高速发展成为20世纪下半叶世界经济的一大亮点。

20世纪末，世界经济史出现了一系列新的迹象。一方面，科学技术和生产力发展的同时，也造成了生态环境的破坏、国际经济竞争的加剧，因此，人们开始对16世纪以来的现代化和20世纪的现代经济进行反思，例如西方后现代主义哲学的出现，凯恩斯主义经济学的流行，关于罗马俱乐部"增长的极限论"的争论等。另一方面，新科技革命特别是数字技术革命导致了新经济的产生以及经济全球化趋势的出现。因此，世界经济进入"后工业社会"或"后现代转型"阶段。

三、世界经济史的空间结构

世界经济史的时间结构是从历时性角度来考察世界经济史，而世界经济史的空间结构则是从共时性角度来考察世界经济史。这种研究既可以对世界不同区域和民族的经济发展及其特点进行比较，又可以考察各地区不同经济形态的相互影响和演变。从共时性角度来考察世界经济史，可以区分出核心经济形态和边缘经济形态。核心经济形态就是指在一个区域内具有主导作用的、对其他社会和民族产生较大影响的社会经济形态。在这种社会经济形态基础上产生的文明为该地区的主体文明。而受核心经济形态影响而产生的经济形态，则为边缘经济形态，在边缘经济形态基础上产生的文明为边缘文明。

在远古时代，由于地理上的隔绝，东方和西方分别在不受或很少受对方影响的情况下产生了各自的经济形态，这就是以中国为核心的东方经济形态和以希腊、罗马为核心的西方经济形态。在农业文明根据地缘从西亚向西发展的过程中，作为农业文明的发源地，西亚地区明显衰落了，而在这一衰落过程中，宗教逐渐主导了这一地区的经济生活和社会生活。因此，这里产生了世界上最具影响力的三大宗教，而在以后的历史发展过程中，这一地区的社会经济形态一直具有明显的宗教色彩。所以，世界经济史从地缘结构上考察，可以分为三个区域中心和三个核心经济形态，即东方经济形态、西方经济形态和西亚经济形态。其中东方经济形态以中国为代表，西方经济形态以古希腊罗马和中古乃至近现代的西欧为代表，而西亚经济形态以阿拉伯—伊斯兰国家为代表。日本、印度、拜占庭和俄罗斯等，都属于边缘经济形态。

社会经济形态的差异最初肯定产生于地理环境差异。这是因为人类在文明初期只能是自然的奴隶，人类的生产方式和生活方式必然要在最大限度上适应自然。但是，随着社会经济发展和人类文明的交往，不同社会经济形态之间会产生影响。在历史上，特别是在古代社会交通不便和信息闭塞的情况下，这种影响必然通过地缘来实现。这种情况不论在古代还是在近现代都可以找到实例。例如，农业革命从西亚两河流域产生，向世界各地传播。以两河流域为界，东方经济具有较明显的指令经济特征，而西方经济则具有明显的习俗经济和市场经济特征，并且这种特征随着地缘变化而逐渐增强。

经济形态变化的这种地缘特点直到近代仍然存在。例如，在地理大发现以前，由于人们还不相信地球是圆形的，东方和西方都以对方为目标进行扩张性探险活动，因此，经济形态演变的地缘特点仅仅存在于欧亚大陆。15 世纪末地理大发现以后，欧洲人向西探索发现了美洲大陆，在这种情况下，经济形态演变的地缘性出现了新的趋势，即资本主义市场经济制度以西欧为中心分别向东和向西传播与演变。经济形态的这种地缘性演变，基本上是通过西方的殖民扩张过程实现的。而这个过程的终点或两方面扩张的汇合点就是中国。因此，中国是西方殖民扩张主义最后到达的地区，也是资本主义最后到达的地区。这也可以解释中国资本主义经济形态发育为何最晚。

16 世纪以前还不存在一个统一的世界经济，存在的仅仅是区域经济。因而也就不存在所谓的世界经济中心，存在的只能是区域经济中心。例如，随着农业革命的出现，西亚是自然的区域经济中心。但与此同时，埃及以及中国的黄河流域和长江流域，作为农业革命的发源地，也是自然的区域经济中心。在古典古代，地中海成为最重要的区域经济中心。因此，古代世界的区域经济中心包括西亚、东亚和地中海沿岸。直到中世纪晚期，地中海地区经济由于受到奥斯曼帝国的冲击而逐渐衰落，西欧才逐渐发展起来，成为新的区域经济中心。16 世纪的这个转变，预示着整个世界经济史的重大变迁或转折，即资本主义世界市场的出现。

马克思认为，现代社会的曙光最初是在地中海沿岸出现的，伴随着地理大发现，现代化浪潮逐渐从地中海沿岸转向大西洋沿岸。这个时期，引领世界经济发展的经济体分别是大西洋两岸的英国和美国。不仅如此，马克思还预见了世界经济中心由大西洋沿岸向太平洋沿岸的转移。马克思认为，出现这种转移的重要契机是1848年美国加利福尼亚金矿的发现。这一发现使“世界贸易第二次获得了新的方向”①，如果说，“世界贸易中心在古代是泰尔、迦太基和亚历山大，在中世纪是热那亚和威尼斯，在现代，到目前为止是伦敦和利物浦，而现在的世界贸易中心将是纽约和旧金山，尼加拉瓜的圣胡安和利奥，查理斯和巴拿马”②。随着贸易中心的转移和新交通线的开辟，包括亚洲和太平洋的许多国家在内的太平洋两岸必然会繁荣起来。

世界经济史发展演变的地缘特点还通过技术的地缘传播体现出来。中国古代人民创造了农业社会最发达的技术。这些技术通过西亚传到西方，在西方产生了革命性的影响。而近代西方的先进技术传到东方后，也同样产生了革命性的影响。科学技术在国家间的传播和相互作用，是导致世界经济发展不平衡的重要原因。某些国家或民族利用世界先进技术的转移，可能实现生产力个别发展阶段的超越。相反，如果一个国家或民族孤立地发展，将必然导致技术发明创造的重复性，只有在开放的世界历史条件下才会打破这种重复性，使某些国家的生产力发展阶段有可能出现跳跃。正是由于这个原因，世界经济史上的经济中心才有可能发生转移，才有各个民族先进与落后的交替。

核心经济形态和区域经济中心的变化，产生了“世界历史民族”的交替运动。在黑格尔的历史哲学中，“世界历史民族”就是开创世界历史新纪元而且在特定的时间内占统治地位的民族。不同的“世界历史民族”在自己的历史中体现着世界精神发展的不同阶段和特殊原则。每一时代都只有一个历史民族占统治地位，因而形成了时代的固有特点，同时显示出历史的阶段性，使“每个阶段都和其他阶段不同”。“一个民族获得了世界历史的意义，从这个新时期起，先前那个民族就丧失了它的绝对利益。”③ 据此，他把世界历史的发展分为东方世界、希腊世界、罗马世界、日耳曼世界。代表东方世界的是亚细亚各民族，它们开创了最早的和最发达的农业文明；代表希腊和罗马世界的是地中海各民族，它们开创了古代农商文明；而代表日耳曼世界的是西欧各民族，它们创造了中世纪封建经济并实现了封建经济向资本主义经济的过渡。日耳曼各民族是16—19世纪占统治地位的“世界历史民族”。与此同时，世界其他民族则无情地落后甚至衰亡了。

然而，社会历史的变化不是简单重复，而是由低级到高级不断上升的运动过程。每一个民族的消亡是它同具有更先进生产方式的“世界历史民族”相接触的结果，它必然会被具有更先进的生产方式的民族代替。例如，波斯世界同希腊世界接触的结果，是波斯世界的消亡，希腊世界又因被更先进的罗马世界征服而消亡，罗马世界又为日耳曼世界所代替。因此“变迁虽然在一方面引起了解体，同时却含有一种新生命的诞生”，“从那劫灰余烬中，又有新鲜活泼的新生命产生出来”，“因为死亡固然是生命的结局，生命

①② 马克思恩格斯全集：第7卷．中文1版．北京：人民出版社，1959：263.

③ 黑格尔．法哲学原理．北京：商务印书馆，1979：354.

也就是死亡的后果”[①]。事实上，罗马精神并没有因罗马世界的衰落而死亡，而是融入了日耳曼世界，并在长期的融合过程中获得了再生。这就是西欧封建经济和近现代的资本主义。

到20世纪，世界经济在地理空间上发生了重大的变化。西方资本主义扩张到达世界最后一个角落的同时，也标志着日耳曼世界发展盛极而衰的到来。第二次世界大战以后，世界殖民体系最终瓦解了。此时，代表现代文明的工业生产已不限于西方国家，非西方国家大多走上了工业化道路。特别是亚洲国家，不仅日本经济高速发展，成为世界第二大工业国，而且出现了韩国、新加坡、中国台湾和中国香港这些新兴工业化国家和地区。20世纪80—90年代，中国通过改革开放，实现了经济腾飞，一举成为世界经济大国。这不能不使人们重新思考亚洲的价值。可以肯定地预言，中国经济的发展将进一步改变世界经济史的空间结构。中华民族经过19世纪以来的血与火的考验，完全可能成为新时代占统治地位的“世界历史民族”。

四、世界经济史的逻辑演进

马克思从共时性角度提出了亚细亚的、古代的和日耳曼的三种生产方式。这三种生产方式在历史发展过程中，既有竞争又有融合，既有趋同也有分化。马克思还从历时性角度提出了社会经济形态演进的序列，包括奴隶制度、封建制度、资本主义制度和社会主义制度。可见，世界经济史呈现为一种多线式与单线式统一的演进路径。因此，世界经济史研究必须采用马克思的历史与逻辑相统一的方法。

恩格斯指出：“历史从哪里开始，思想进程也应当从哪里开始。”[②] 不论从历史上考察还是从逻辑上考察，亚细亚生产方式都是世界经济史研究的起点。黑格尔也认为：世界历史从东方到西方，而亚洲是世界史的起点。“因为地球是圆的，历史并不围绕着它转动，相反地，历史是有一个决定的‘东方’，就是亚细亚。”[③] 黑格尔进一步将亚细亚从地理特征上分为两种类型，即高原和大江平原。前者指的是蒙古和以阿拉伯半岛为主的西亚，后者指的是中国和印度。

马克思将人类社会经济形态分为原生的、次生的、再次生的几种所有制形式。[④] 原生的所有制即原始的公社所有制形式，而亚细亚的、古代的和日耳曼的所有制，都是次生的所有制形式。但是，马克思认为，在这几种社会经济形态中，亚细亚所有制形态先于“古代的”和“日耳曼的”所有制形态。这是因为亚细亚的土地所有制形式是公有制，个人只有土地占有权，没有所有权，个人在很大程度上依赖于共同体，是最具“原生形态”特征的“次生形态”。所以，“亚细亚生产方式”可以作为人类历史演进的第一种社会形态。随着“亚细亚生产方式”进一步演进，人类进入阶级社会，结果是产生了东方型的普遍奴隶制。而古代土地所有制形式是公有地和私有地并列，个人对共同体的依赖

---

① 黑格尔．历史哲学．北京：生活·读书·新知三联书店，1956：114.
② 马克思恩格斯选集：第2卷．3版．北京：人民出版社，2012：14.
③ 黑格尔．历史哲学．上海：上海书店出版社，1999：110.
④ 马克思恩格斯全集：第19卷．中文1版．北京：人民出版社，1963：432.

性比较弱，从这种形式中派生出的是发达的奴隶制度。因而，“古典古代的历史”是人类社会历史演进的第二种社会形态。日耳曼的所有制形式是以私有土地为主，公有土地表现为私有土地的补充，共同体十分松散，个人对共同体的依赖性很弱。日耳曼人在征服西罗马帝国的过程中，在已经衰落的奴隶制基础上直接发展出以农奴制为基础的封建经济制度。因此，日耳曼生产方式是人类社会历史的第三种社会形态。

从世界经济史考察，农业革命分别从西亚和东亚起源，在从原始公社向阶级社会转变的过程中，产生了亚细亚生产方式的两个亚型，即西亚型和东亚型。亚细亚生产方式、希腊罗马的古代生产方式和日耳曼生产方式，都是分别在各自不同的自然和历史条件下产生的，彼此并没有直接的联系。但是，当经济和文化交往发生以后，上述生产方式通过竞争与融合产生了变异。这种变异的总趋势就是趋同。这是因为在竞争中先进的生产方式必然战胜落后的生产方式，而代表落后生产方式的民族也必然采纳先进民族的先进生产方式。这样，不同生产方式就趋于一致。这种竞争与趋同首先发生在西亚和希腊之间，进而发生在希腊与罗马之间。在这种竞争中，以希腊和罗马为代表的古代生产方式得到显著发展，并在地中海地区获得统治地位，成为主导形式，即典型的奴隶制经济。与此同时，西亚文明衰落了。但亚细亚生产方式并没有就此消失，而是与希腊、罗马文明融合产生变异，如希腊化时代的塞琉古帝国以及后来的东罗马帝国等成为地中海奴隶制的亚型，也可以说是再次生型经济形态。

但是，任何一种占统治地位的生产方式都不可能保持固定不变，否则就必然走向衰落和灭亡。因此，任何生产方式都不能拒绝创新。这种创新既可能来自内部，可能来自外部，也可能是两方面共同作用的结果。罗马奴隶制达到极盛开始走向衰落以后，面临着来自内部和外部的竞争。内部竞争就是元老院贵族的庄园经济，外部竞争主要是日耳曼的蚕食。在这种背景下罗马奴隶制经济演变为隶农制经济。而日耳曼人则进一步在这种隶农制基础上发展了封建农奴制。可见，日耳曼生产方式作为从原始公社演化出来的次生型经济形式，并不直接就是封建经济。封建经济是日耳曼生产方式与罗马古代生产方式融合演进的产物。事实上，融合也是一种创新。在西欧封建经济逐渐占据主导地位的同时，西亚地区则变异出拜占庭和阿拉伯—伊斯兰封建经济。而在东方，以中国为代表的东亚社会却在亚细亚社会形态基础上独立演变为东亚型封建生产方式，包括西周建立的封建领主制经济和战国以后演变出来的地主制经济。在16世纪以前，中国的亚细亚封建经济没有遇到来自外部的有力挑战，而是通过自身的调节能力并与周边民族的融合，使这种生产方式逐步完善，达到农业社会高度发达的水平。

总之，在16世纪以前，世界经济史始终都存在以不同民族为代表的不同生产方式的竞争。而在竞争中不同生产方式走向趋同，趋同以后，在内外竞争下，又进一步融合与创新，产生新的生产方式。16世纪以后，世界经济面临新的变革。在封建生产方式大一统的世界经济格局下，以西欧为代表的落后的西方，逐步采取资本主义生产方式。这种变革使大一统的封建生产方式出现了分化：西欧以及后来的北美通过变革或革命，实现了从封建生产方式向资本主义生产方式的转变，采取市场经济模式，并通过工业化和现代化实现了农业革命以来的又一次经济革命。资本主义市场经济和工业生产方式成为占统治地位的生产方式，而西欧各民族也改变了落后面貌，一举成为占统治地位的“世界历史民族”。

在资本主义生产方式和世界市场产生以后，世界上存在两种生产方式和两种社会制度，并存在激烈的竞争。在这种竞争中，资本主义生产方式逐步显示出其先进性和优越性，成为主导型生产方式或核心型社会形态。西方资本主义国家以其经济、军事、文化的力量对落后、停滞的东方封建社会的入侵，造成了宗主国和殖民地的民族斗争。随着资本主义侵略过程的推进，东方各国长期与世隔绝的状态被打破，停滞的封建社会受到冲击，“接踵而来的必然是解体的过程，正如小心保存在密闭棺材里的木乃伊一接触新鲜空气便必然要解体一样”①。而在以后的几个世纪里，西欧资产阶级通过对外扩张，将这种生产方式传播到全世界。这时，世界分为两大板块：一个板块是西方资本主义经济，另一个板块是东方和其他非西方国家及地区的殖民地、半殖民地和半封建经济。这两类经济的并存使整个世界经济的结构和运动具有空前复杂、空前激荡的特点。到 19 世纪末 20 世纪初，世界上的绝大部分地区都处于资本的统治之下了，世界各地的生产方式又一次出现趋同和统一趋势。然而，20 世纪资本主义统一世界的格局发生了变化。用列宁的话来讲，就是在帝国主义统治链条中最薄弱的环节，出现了社会主义革命。这是社会生产方式的又一次革命性变异，是西方资本主义生产方式占据统治地位以后，世界经济出现的又一次创新和分化。另外，非西方国家和地区也相继走上了工业化和现代化道路，特别是亚洲，出现了一系列新兴工业化国家和地区，逐渐缩短了与西方的差距。20 世纪世界经济的这种分化和变异，其意义是十分深远的。

20 世纪 90 年代以后，由于东欧剧变、苏联解体，各个国家和地区普遍实行了以市场为导向的改革，世界经济出现了全球化浪潮，似乎又转向趋同时代。这正是西方学者提出“历史终结论”的客观基础。但我们还必须看到，中国通过 40 多年的改革开放，建立了社会主义市场经济体制，实现了经济腾飞，并一举发展成为世界第二大经济体，中国特色社会主义进入新时代。这一方面证实了社会主义制度的优越性并昭示了社会历史发展的必然趋势，另一方面使我们不得不重新思考人类发展的东方价值特别是中国价值。作为最大的东方国家，中国经济的崛起必然改变世界经济和政治格局，也必然影响东方乃至世界的经济发展趋势。

五、构建人类命运共同体

人类自产生时开始便分为不同的族群，尽管受到大山或大海的阻隔，但也有地峡和海峡用以沟通；尽管曾经有过战争和冲突，但也有合作与融合；尽管遭受过饥荒、瘟疫、地震和海啸的打击，却也获得过支持和援助。事实上，人类的各个族群从来都是同呼吸、共命运的，也就是说，人类从来都是一个命运共同体。而在历史的发展过程中，“各个相互影响的活动范围在这个发展进程中越是扩大，各民族的原始封闭状态由于日益完善的生产方式、交往以及因交往而自然形成的不同民族之间的分工消灭得越是彻底，历史也

① 马克思恩格斯选集：第 1 卷 .3 版，781.

就越是成为世界历史”①。工业革命以来，随着科学技术的不断突破和发展，世界市场和世界经济的形成，“过去那种地方的和民族的自给自足和闭关自守状态，被各民族的各方面的互相往来和各方面的互相依赖所代替了”②。

20 世纪末，经济全球化浪潮袭来，将所有国家和民族都包裹进来，世界每一个角落都不能脱离这个全球经济网络。2013 年 3 月，习近平总书记在俄罗斯莫斯科国际关系学院的演讲中指出：“这个世界，各国相互联系、相互依存的程度空前加深，人类生活在同一个地球村里，生活在历史和现实交汇的同一个时空里，越来越成为你中有我、我中有你的命运共同体。”这是习近平总书记首次提出构建人类命运共同体理念。2015 年 9 月，习近平总书记在第七十届联合国大会一般性辩论时的讲话中，初步系统阐述了构建人类命运共同体的科学内涵，即“建立平等相待、互商互谅的伙伴关系”，“营造公道正义、共建共享的安全格局”，“谋求开放创新、包容互惠的发展前景”，“促进和而不同、兼收并蓄的文明交流”，“构筑尊崇自然、绿色发展的生态体系”，并提出“中国将始终做全球发展的贡献者，坚持走共同发展道路，继续奉行互利共赢的开放战略，将自身发展经验和机遇同世界各国分享，欢迎各国搭乘中国发展‘顺风车’，一起来实现共同发展。”

2017 年 1 月，习近平总书记在联合国日内瓦总部的演讲中，一开始就提出了著名的“世界之问、时代之问”：当今世界充满不确定性，人们对未来既寄予期待又感到困惑。世界怎么了？我们怎么办？习近平总书记对“世界之问”以“中国方案”作为回答：“让和平的薪火代代相传，让发展的动力源源不断，让文明的光芒熠熠生辉，是各国人民的期待，也是我们这一代政治家应有的担当。中国方案是：构建人类命运共同体，实现共赢共享。”

构建人类命运共同体是一个历史过程，不可能一蹴而就，也不可能一帆风顺，需要付出长期艰苦的努力。我们必须锲而不舍、驰而不息进行努力，不能因现实复杂而放弃梦想，也不能因理想遥远而放弃追求。只要各方树立人类命运共同体理念，一起来规划，一起来实践，一点一滴坚持努力，日积月累不懈奋斗，构建人类命运共同体的目标就一定能够实现。中国人民将同各国人民一道，推动人类命运共同体建设，共同创造人类的美好未来!③

关键词

经济史　实证方法　证实方法　证伪方法　范式　世界经济史

思考题

1. 经济史同经济学、经济思想史有何区别和联系？

---

① 马克思恩格斯文集：第 1 卷．北京：人民出版社，2009：540－541.

② 马克思恩格斯选集：第 1 卷．3 版，404.

③ 中共中央党史和文献研究院．科学回答人类前途命运的中国智慧中国方案．求是，2021 (1).

2. 经济史作为经济学的实证工具具有哪些方面的优势？
3. 经济史的假设与新古典经济学的假设一致吗？
4. 如何看待经济史的范式应该脱离史学范式，与经济学有机结合？
5. 阐述世界经济史的研究对象。
6. 如何理解世界史的时空结构？
7. 如何理解人类命运共同体？

第一篇

古代世界经济

在古代，东方和西方的社会经济生活呈现不同的特色。东方在农业革命的基础上建立了普遍奴隶制。东方国家的一个重要特点就是专制主义统治的长期延续，这一特点成为东方文明的重要组成部分。亚细亚生产方式在东方起源。希腊将城邦制度发展到极高的水平，并导致了西方文明的发达。西方古代物质文明和精神文明在罗马帝国时期的发展令人叹为观止。

第二章

古代东方的社会经济

重点问题

- 农业革命与产权制度的产生
- 东方的普遍奴隶制
- 东方专制主义的经济基础，以及埃及、巴比伦和印度专制主义的特点
- 古代东方的城市和工商业

第一节 农业革命与财产起源

一、农业革命的发生

公元前 9000 年左右，人类历史从旧石器时代转向新石器时代，从狩猎和采集经济转向种植和畜牧经济，这种划时代的转变就是农业革命。原始农业由人类的采集活动发展而来。人们在长期的采集活动中，通过观察逐渐掌握了植物的性能和生长规律，并掌握了基本的栽培方法，从而产生了原始农业。原始的畜牧业由狩猎经济发展而来。早在中石器时代，人类就开始驯养犬，但是直到新石器时代，人类才开始驯养捕捉到的动物，从而产生了原始畜牧业。

农耕和畜牧的产生和农业村落的形成差不多同时出现。农业和畜牧业的出现，使人类的生产能力迅速提高，突破了采集和狩猎经济的生产可能性边界，人类得到比较可靠的食物供应，从而使定居成为可能。同时，农业生产从播种到收获要经历一段相当长的时间，在这段时间里需要田间管理，这就要求耕作者定居，从而产生了原始的农业村落。到公元前 7000—公元前 6000 年，西亚已经出现了一些较发达的农业村落。

农耕和畜牧的产生是人类自学会用火以来又一次最伟大的经济革命，它标志着人类从蒙昧时代转入野蛮时代。恩格斯指出："蒙昧时代是以获取现成的天然产物为主的时期；人工产品主要是用做获取天然产物的辅助工具。野蛮时代是学会畜牧和农耕的时期，是学会靠人的活动来增加天然产物生产的方法的时期。"① 农业、畜牧业的出现，不仅使

① 马克思恩格斯选集：第 4 卷 . 3 版 . 北京：人民出版社，2012：35.

人类第一次摆脱了对自然产物的依赖，而且带动了科学技术和知识领域等其他各个方面的发展。例如，原始农业和畜牧业出现后，人类发明了历法、数学、医学、动物学和植物学，发明了与生产、生活密切相关的陶器、纺织、舟车等。与此同时，出现了氏族的繁荣，产生了社会分工和交换，部落和农村结合为国家和城市等。

农业革命最早发生于西亚的两河流域。两河是指发源于土耳其亚美尼亚高原托罗斯山脉的底格里斯河与幼发拉底河。两河流域的中下游地区，地势平坦，古希腊人称之为"美索不达米亚"，意为"河间之地"。由于春季融雪，两河定期泛滥，形成大片冲积平原，土地肥沃，适于种植业发展。在河谷旁的一些高处形成斜坡台地，因此，农业需要灌溉，也有灌溉的条件。人们最初在台地上耕作，后来转移到平原上。这样，灌溉技术也发展起来，人们懂得了兴修沟渠、堤坝，排涝蓄水。例如，巴比伦农业的发展完全建立在人工灌溉的基础上。灌溉网在全国范围内统一，属于国家，而国家最重要的职能就是维持和修缮灌溉网，以及修筑新的灌溉渠道和其他公共工程。各个地段的灌溉网都由当地的村社管理，因而村社构成古代农业社会的基础。

尼罗河流域是农业革命的发源地之一。尼罗河流域的东西两面都是大沙漠，埃及的北面是尼罗河三角洲沼泽地，南面则是难以通行的尼罗河险滩，因此，古代埃及实际上是与周围世界隔绝的大块绿洲。古希腊历史学者希罗多德把埃及称为"尼罗河的恩赐"。埃及的降雨量较少，尼罗河是唯一的水源。尼罗河的定期泛滥灌溉了土地，并用肥沃的淤泥给土壤施了肥。但尼罗河的自然泛滥并不能给农业以足够的水分，所以，埃及人早在远古时代就建成了复杂的灌溉体系，包括沟渠、水闸，以及储水和泄水的水池。①

埃及人按照农业生产周期把一年分为三个时期：尼罗河泛滥时期（7—10 月）、播种时期（11 月至次年 2 月）和收获时期（3—6 月）。主要的农作物是大麦、小麦和亚麻。早在古王国时代，人们就开始使用锄，并使用原始的犁，用公牛和驴作为耕畜。播种时，人们把种子撒到地里，再把牲口放到田里，利用牲口的蹄子将种子踩进土里。打谷也用牲口，牲口在打谷场上用蹄子将谷粒踩下来。这种技术在埃及持续了很长时间。与此同时，埃及的蔬菜业、果园种植业和亚麻种植业也都有一定的发展。人们还饲养家畜，也经营养禽业和养蜂业。

中国是农业文明的重要发源地之一。近些年的考古发现表明，中国黄河流域的农业起源之早，差不多与西亚相当。在河南新郑的裴李岗遗址（约公元前 6000 年—公元前 5000 年）已经发现了粟（小米）和大量石制农具，在同时期的河北武安磁山遗址发现了厚达 2 米的粟类粮食堆集，在甘肃秦安大地湾遗址（约公元前 5500 年）发现了黍（大黄米）与油菜的种子。古代黄河流域特别是中下游，气候温和，雨量适中，土壤肥沃，适宜旱地作物如黍、麦等生长。约公元前 3 000 多年前，这里就进入了父系氏族社会，开始向金属时代和国家过渡。在氏族社会后期，传说共工氏部落发明了筑堤防水的方法，鲧和禹治洪水，周部落首领契善耕作，东夷部落的大费善畜牧，伯益发明了打井等。这说明关于农业的一些基本技术已经出现。到了夏朝，农业技术进一步完善，主要农具有木锸、石耜、石斧、石刀、骨铲、蚌镰、蚌刀等。在灌溉方面掌握了一面疏导洪水、一

① ［英］罗莎莉·戴维：探寻古埃及文明．北京：商务印书馆，2007：165－170.

面引水灌溉的技术。夏已经具有一定的历法知识。畜牧业也有所发展，到了商代，人们已经开始饲养牛、马、猪、羊、鸡、犬等家畜。中国长江中下游地区是中国另一个农业发源地。据考古材料不完全统计，迄今中国已发现史前栽培稻遗存的地点近 90 处，其中约 70 处在长江中下游。[①] 河姆渡遗址中发现了不少距今 7 000 多年的稻作物堆积层。经分析测定，属籼稻种晚稻型水稻，是世界上人们所知的最古老的人工栽培稻。遗址中发现了距今 6 000 年的家水牛骨骼，说明长江流域也是亚洲农耕饲养水牛较早的地区。河姆渡人已进入“熟荒耕种制”的村居农业，辅以畜牧业，过着相对定居的生活。

二、财产制度和阶级的起源

农业革命的一个重要影响就是产权制度的产生。史前人类把劳动与自然资源结合起来得以谋生，自然资源（不论是狩猎的动物还是采集的植物）开始都是作为公有财产而被占用的。随着人口的增加和生产力的提高，资源变得越来越稀缺。为了保证资源利用的效率，也为了保证人类自身的存续，有必要建立排他性产权。

从历史来看，产权的演变过程包括不准外来者享用资源和制定规则限制内部人员开发资源的程度。所以，第一种排他性产权是农业的排他性公有产权。当一个部落通过努力找到一个自然肥沃的地区后，便定居下来，并阻止新的部落前来，就是说建立排他性领地。一旦确立了排他性领地，除草、原始灌溉和选种等都通过不断摸索得以开展，因而种植的生产率提高了，农业劳动产品的边际价值也提高了。为了更进一步提高资源的利用率，共同体会通过规则、禁忌和戒令来约束其成员对自然资源的占用。这样做的有效程度几乎与已经建立起来的私有产权相当。

由于农业生产品中包含了大量的人的劳动（不仅包括现在的劳动，还包括过去的劳动），特别是当剩余产品大量产出时，一种全新的所有制观念便出现了。随着社会分工和交换的发展，这种观念也日趋成熟和加强。在原始部落里，人们没有所有权概念，却自然地存在个人的占有，具体来说就是工具和不可共同享用的产品如衣物等的个人占有。随着生产的发展和社会分工的进一步扩大，个体劳动的作用日益加强，氏族内部开始产生私有经济。最早成为私有者的是部落首领和少数家长。他们利用担任公职的方便条件，在对内分配产品和对外交换过程中，将一些集体财产据为己有。此外，在商品生产和交换过程中获利的个体生产专业户，对氏族中某些有功成员的物质奖励，以及具有较好土地而拒绝重新分配的家庭等，都从不同方面促进了私有制的产生。

三、东方“普遍奴隶制”

私有制在原始社会发展的必然结果就是阶级的产生，社会分为主人和奴隶、剥削者和被剥削者。在当时，一方面，因为社会有了剩余产品，从而有了剥削他人劳动的物质条件；另一方面，因为社会发展需要增加劳动力，以减轻生产者本身的劳动量，于是战

① 蒋国维．亚洲农耕起源初探．贵州师范大学学报（社会科学版），1994（4）．

俘不再被杀害，而是成为可供剥削的奴隶。最初的奴隶来源是战俘，后来出现了因负债而把子女卖给别人当奴隶甚至自卖为奴隶的情况，这就是债务奴隶。开始，奴隶在集体劳动中只起辅助作用，他们是集体的财产，生活待遇和主人相差不大。第二次社会大分工出现以后，随着劳动生产率的提高和劳动力价值的提高，奴隶在生产中的地位上升，成了劳动力的重要组成部分。正如马克思所言，奴隶制是古代世界所固有的第一种剥削形式。

代替原始社会的第一个阶级社会是奴隶制社会，最早建立的国家也是奴隶制国家。自从社会分为两大阶级，即奴隶主阶级和奴隶阶级以后，社会就充满了矛盾，一个阶级要压迫另外一个阶级，就必须借助国家机器。另外，在当时的生产力条件下，也只有通过奴隶制这样野蛮的压迫方式，才能将社会产品集中起来，用于供养一部分脱离社会生产的人员从事其他活动，从而推动社会发展。所以，恩格斯指出："如果我们深入地研究一下这些问题，我们就不得不说——尽管听起来是多么矛盾和离奇——在当时的情况下，采用奴隶制是一个巨大的进步。"①

但是古代东方国家的奴隶制发展并不充分，没有出现发达的奴隶制形式。马克思在谈到奴隶制和农奴制时指出："这不适用于例如东方的普遍奴隶制；这只是从欧洲的观点来看的。"② 所以，东方各国广泛存在的是所谓的"普遍奴隶制"。奴隶一般来源于战俘和债务奴隶，尽管有时奴隶的数量可能很大，但不论奴隶的数量有多少，都不作为主要的社会生产者，不是生产力的代表。而作为社会主要生产者的是在国家统治下、被组织在村社中的广大农民。他们不是奴隶，但也没有独立人格，他们的生活状况与奴隶并没有多大的差别，不同的是奴隶可以被作为财产买卖，却没有谁可以买卖这些农民；他们依附于土地、依附于村社、依附于国家，而不依附于某个奴隶主。在这里，个人从来不曾成为财产的所有者，而只是占有者，他事实上是体现了社会统一的那个人的财产和奴隶。所以，马克思将这种经济社会形态称为"东方普遍奴隶制"③。首先，这是由于东方国家基本上实行土地国有，国家和国王具有至高无上的权力。社会阶级的划分，除了国王和国家官僚机构的官吏外，就是专制主义统治下的民众，而民众中的每个个体并没有明确的归属，即不归属于某个其他的个体，而只能归属于国家或国王，即国家或国王的"子民"。其次，东方国家商品经济尚不发达，交换活动较少，将奴隶作为财产交换的情况也不普遍，所以奴隶作为财产的制度也就没能发展起来。在这种情况下，奴隶没有固定而明确的产权主体，说他们是奴隶，只是说他们生活在奴隶状态下，如没有人身自由，不具备支配自己行为的充分权利，但绝不构成某个所有者的财产客体。最后，东方国家没有公民或自由民概念，所以也就没有平民与奴隶的对立。广大平民尽管绝不是奴隶，但他们也绝不是公民或自由民，不论是在法律地位上还是在经济地位上，都没有取得明确的独立地位。所以，说在东方国家没有发达的奴隶制，不是说东方国家奴隶数量少，更不是说东方国家的人民所处的境况比较优越，而是说东方国家的人民处在一种奴隶状

---

① 马克思恩格斯选集：第3卷．3版，561.

② 马克思恩格斯文集：第8卷．北京：人民出版社，2009：147.

③ 吴汉全．中国马克思主义学术史：第五卷．北京：人民出版社，2019：287.

态下。所以说，普遍奴隶制指的是一种状态，而不是明确的法律制度。正因为如此，东方国家的奴隶恰恰是大规模的，试想，没有大规模的“普遍奴隶”，埃及的金字塔是不可能建立起来的，宏大的水利工程是不可能完成的，更没有万里长城。相反，在希腊和罗马，尽管奴隶制度发达，但奴隶规模却逊于东方国家。

第二节　城市与工商业起源

最早的农业出现于西亚，最早的城市也出现于西亚。大约公元前5000年，苏美尔就有了最早的城市——埃利都。在乌鲁克文化（公元前3500—公元前3100年）时期，以乌尔城邦为开端，苏美尔出现了10～15个城邦。每一个城邦都统治着周围的农村地区，并以某种方式创造出商品和劳务。公元前1800年，巴比伦兴起，巴比伦城逐渐成为都城，在很大程度上支配着整个地区的经济和政治生活。此后，巴比伦城多次遭到战火破坏，又多次重建。到新巴比伦时期，尼布甲尼撒所建的巴比伦城规模空前，分为东西两部分，有三重城防、九座城门。著名的空中花园就产生于这个时期的巴比伦。

大约在5 000年前，古代两河流域的居民就会制作陶器。人们常用的生活用具像酒杯、油缸、炉子、灯盏等几乎全是陶制的，制陶业是重要的手工业部门之一。人们用青铜制造了斧、锯、刀、剑等工具和武器。大约在4 000年前亚美尼亚地区就炼出了铁。铁的性能比青铜好，铁矿石也容易获得，所以冶铁业迅速发展起来。公元前7世纪前后，两河流域实现了由青铜器到铁器的转变。古代巴比伦的手工业已经十分发达，出现了独立经营的手工业者以及受雇于私人家庭和手工业作坊的手工业者。据《汉穆拉比法典》所载，古巴比伦王国时期的手工业有织布、木作、制砖、皮革、刻石、珠宝等20～30个门类。贸易在巴比伦是相当发达的。巴比伦、西帕尔、尼普尔、拉尔萨等城是重要的商业中心。这些商业基本是受王室和神庙控制的，但也出现了私人合伙经营的商业。在《汉穆拉比法典》中曾列举以下产品为贸易对象：粮食、羊毛、油脂、椰枣等。除了奴隶和农产品外，金属制品、纺织品和其他物品也是贸易对象。白银这时已经成为通用的价值尺度，除了买卖货物外，还用于支付工资、借贷等。借贷白银的利息是五分之一，借贷谷物的利息高达三分之一。高利贷发展的同时是债务奴役的盛行，以至国家不得不对其加以限制。例如，国家规定有公民权利的自由民及其子女成为债务奴隶的期限只能是三年。

古埃及的手工业已经达到较高水平。石头加工表现出埃及人极高的技术水平，也是埃及人最古老的手工业技术之一。埃及人把石头加工成工具、器皿、武器以及艺术品，特别是用石块建造金字塔和神庙。建筑业是古王国时期的主导技术部门，因为在当时法老关心的事情中，最为重要的是为自己建造一座陵墓。所以，建筑技术在为国家和为祭祀建造巨大建筑物方面取得了极大的成就，而在民用建筑方面则极为原始落后。金属加工业也很发达，古埃及人已经知道铅、铜、金，后来又知道铁，但当时最重要的是铜。到古埃及王国的晚期，金属制品排挤了石器，达到了很高的手工艺水平，木材加工也取得了巨大的成就，他们已经发明了整套木材加工工具；当时的造船业也已经达到了很高的水平；陶器、用芦苇制成的纸莎草和亚麻织物的生产都达到了相当高的水平。虽然古埃及的经济基本上保持了自然经济性质，但日益发展的劳动分工导致了各州之间、南北埃及之间以及与其他国家之间的贸易往来。随着交换的发展，出现了商店，银变成主要的交易媒介。对外贸易归国王和州贵族独占。为了进行对外贸易，建立了巨大的船队。当时的海外贸易范围可达东非一带，东可至阿拉伯海及波斯湾，北则遍及地中海沿岸各地。公元前2000年以后，埃及的商业发展迅速，同克里特、腓尼基、巴勒斯坦和叙利亚的贸易日益兴旺。主要输出品是小麦、麻布、优质陶器，进口货物大都是金、银、象牙和木材。埃及人很早就善于使用商业文书。他们知道计算和记账的原理。埃及商人常用单据订货和收货。他们发明了财产契约、书面合同和遗嘱。自公元前1580年开始，商品以金银或铜来表示价值。但是直到公元前6世纪才出现货币。① 虽然当时没有铸币制度，但他们却开始了货币经济，成串的红铜或金子充当了交换的媒介。这种埃及钱据说是文明史上最早的通货，但这种货币的使用大概只用于较大的贸易。简单买卖还是通过以物易物方式进行，税收和贡赋也以实物形式征收。

古印度也出现过城邦文明，最为著名的是哈拉巴文明。据考古发掘，公元前2000年前后，哈拉巴文明有不少城市。这一时期的国家是以一个或几个城市为中心结合周围的村社而形成的。城市国家的规模不大。其中最大的城市哈拉巴、摩亨佐·达罗和甘瓦里瓦拉，占地面积也仅1平方公里左右，人口约3.5万人。其他的城市则更小，如卡利班甘只有0.22平方公里。哈拉巴的城市不分大小，都有一个共同点，即包括卫城和下城两个部分。在众多的城市遗址中，较大者只有几处，其中以哈拉巴和摩亨佐·达罗为最大，而遗址保存较好、迄今发现也最为清楚的则是摩亨佐·达罗。摩亨佐·达罗的西部是建于砖砌高台上的卫城，东部是住宅与工商业所在的下城。这两部分又由一道宽厚的砖墙围护起来形成一体。摩亨佐·达罗的卫城建在较高的山岗上，四周围以砖墙。摩亨佐·达罗的下城是商业、手工业和住宅区，设计布局相当合理。那里的大街或者呈东西向或者呈南北向，垂直相交，把下城分为许多街区。

中国在夏、商、周三代以前就有关于城的记载。《黄帝内传》说："帝既杀蚩尤，因之筑城。"《世本·作篇》云"鲧作城郭"。《吕氏春秋·君守》云"夏鲧作城"。《吴越春秋》称："鲧筑城以卫君，造郭以守民，此城郭之始也。"河南偃师的二里头城市遗址，东西长达2.5公里，南北达到1.5公里，面积约3.75平方公里。经多数学者论证，认为是夏朝后期的都城。河南偃师尸乡沟发掘出的商代早期遗址，学者认为是汤都于亳"西亳"所在地。这座城有厚达17～18米的城墙，由土夯成，非常坚固；南部有一组宫殿建筑群，有正殿、附殿、庭院等；宫城的东北和西南各有一座拱卫城，城南有三座小城，也具有防卫目的。城内外都有浩大的排水系统，包括石木结构的水道和石头垒砌的水道，都是暗沟形式。商代中期迁都于殷（河南安阳）。据《竹书纪年》记载："自盘庚徙殷至纣之灭，二百七十三年更不徙都。"通常认为安阳小屯是宫殿区，以它为中心，在东、南、西三面的总面积达24平方公里的范围内，分布着大量的民居、手工业作坊遗址，出

① ［英］罗莎莉·戴维．探寻古埃及文明，429．

土了许多生产工具、生活用品、礼乐器具和刻有卜辞的甲骨，是一个规模巨大的城市。[1]此外，商代各地都出现了规模较大的“都邑”。《管子·乘马》篇指出：“官成而立邑：五家为伍，十家而连，五连而暴，五暴而长，命之曰某乡，四乡命之曰都，邑制也。”都邑与城堡相比，有了更多的经济内涵，人口增加，建城的范围扩大，手工业有了较大的发展，并且有了“市”的概念。

中国商朝的手工业和商业也得到了很大的发展。商王朝建立以后，为了适应整个社会经济的发展和统治阶级的奢侈消费，在城里普遍设立了手工业作坊，驱使大批奴隶从事各种手工业生产。当时的手工业种类很多，分工也很细，有石器、骨器、玉器和铜器等作坊，还可以生产皮革、舟车，从事酿酒、养蚕、织帛等，其中青铜器最为发达。在商代早期，商人就已经制造出精致的武器、容器以及工具等。青铜武器有戈、矛、钺等，青铜容器有鼎、壶、盘、爵、尊等，青铜工具有刀、斧、锛、钻、铲等。青铜器主要供贵族使用，而广大人民主要使用陶器，制陶业已经有相当规模。商人擅长贩运，常以牲畜等物与其他部落交换。随着农业和手工业的发展，商族的交易活动更加频繁。当时运输工具有了一定改进。传说商王汤的十一代祖相土发明了马车，七代祖王亥发明了牛车。随着交易的发展，出现了定期的交易市场。《六韬》记载：“殷君善治宫室，大者百里，中有九市”，指的就是官府设立的特定交易场所。商代的主要商业活动是在商王朝与各方国之间和奴隶主之间进行的。随着商业的发展，商王和贵族已经不再亲自参与交换活动，而是由奴隶管家和“小臣”之类的官员专门负责。这就出现了少量的专业商人。所以，商品交换活动基本上属于“官商”活动。这也是所谓“工商食官”制度的起源。商代已广泛使用货币作为交易媒介。当时的货币主要是海贝。海贝产于南洋，在黄河流域十分难得，因而珍贵，用作货币。海贝因数量不多，不敷使用，又用玉或骨制成玉贝或骨贝，或铸铜贝。贝以十枚为一朋，朋是贝的单位。盘庚把“贝玉”称为“货宝”。卜辞有“易（赐）贝”“取贝”“囚贝（俘贝、获贝）”“赏贝”等记载。甲骨文中有许多字，如买、贮、宝、贷等都从贝，表明贝在商业交换关系中，已充当交易媒介、支付手段、价值尺度和贮藏手段。在殷墟的妇好墓中发现有六千枚海贝，为六百朋。此外，商代可能还出现了金属货币。《集解》贾侍中曰：“虞夏商周，金币三等：或赤、或白、或黄。黄为上币，铜钱为下币。”

第三节 各主要国家的经济制度

一、古代埃及的经济制度

尽管从理论上讲，古埃及的国王掌控着国家所有的土地、房屋、原料和人民，但实际上存在一种由风俗习惯形成的私人占有关系。国王经常以赏赐的方式将土地和财产转

---

① 宋杰．三代的城市经济与防御战争——《沈尹戌论城郢》研究．首都师范大学学报（社会科学版），1995（5）．

移给贵族和官员以及祭司，从而形成私人财产。[①] 在埃及古王国时期，国王拥有全国的土地，生活于公社中的农民对这些土地拥有世代使用的权利，拥有这些权利而在国有或公社土地上耕作的农民称为“尼苏提乌”（“国王之民”），他们要为国王缴纳贡赋、承担劳役等。还有一种农民称为“麦尔特”，是丧失土地沦为佃户和雇农甚至农奴的人，他们都不是奴隶，但受到法老专制政权的直接控制，每次全国土地清查都登记在案，法老可以把他们随同耕作的土地分封给神庙或臣属。

村社农民是国王的世袭耕种者，是社会的基本生产力。农民只能耕种劣等地，而好地则属于国王、神庙和公职贵族，但由农民耕种。农民将自己收入的大部分以赋税的形式交给国库、州尹和神庙。在自然经济条件下，赋税以实物形式缴纳。此外，农民还同奴隶一样为灌溉网服役，为法老建造宫殿、神庙和金字塔。由于自由的公社社员地位极为低下，以及奴隶劳动的比重较小，所以，作为战俘的奴隶和自由农民的地位并没有明显的界限。

中王国时期，中小奴隶主大大增加，构成新兴的奴隶主阶层。法老常向官吏赏赐奴隶，有时一次赏赐就达一百名奴隶。到新王国时期，埃及奴隶制进入全盛时代。随着对外战争的扩大，作为战利品的奴隶源源不断地流入埃及，上自法老、贵族、神庙祭司，下至普通战士，都可以不同程度地分享。奴隶为奴隶主耕种土地，在各种作坊里制作日常用品，从事营建工程，充当仆役等。也有的奴隶从奴隶主那里领取一块份地耕种，向他交租；还有的被主人租给其他奴隶主使用。

二、古巴比伦的经济制度

古代美索不达米亚形成的一些彼此更替的国家也可以作为古代东方国家的典型，特别是奠都于巴比伦的古巴比伦。早在公元前4000年，巴比伦的居民就已经过着定居生活了。手工业发展起来后，铜器和青铜器逐渐取代了石器。由于需要排除沼泽地的水和建立统一的灌溉网，巴比伦国家建立起专制主义统治。著名的《汉穆拉比法典》是古巴比伦历史上最重要的史料。根据记载，古巴比伦的土地全部属于国王，也就是属于国家，并且大部分土地归村社使用，由自由农民耕种。国王常常把土地转授给大臣、官员和军事首领。这就产生了私人占有土地的最初形式，但是这些土地在很大程度上仍是属于国家的。在侵略战争后，一切被侵占的土地都被并入国王的财产之内。奴隶在国王的土地上劳动，王室的一部分土地租给农民耕种，以分成形式征收实物地租（田租占收成的三分之一，园租占收成的三分之二）。此外，还存在农民集体租种土地和所谓的转租制度，即大租地者把土地分成若干小块，再租给小租地者。特殊的屯田军士集团可以获得国王的土地，但无权转卖，国家严格维护这种土地所有制的神圣不可侵犯性。

在汉穆拉比时期，社会经济发生了明显变化：私有制逐渐扩大，农村公社的份地实际上已经私有，可以买卖、转让、抵押和分割继承，公社只保留一部分公地，但有权收回绝户、逃亡户、三年不交税和不服劳役者的土地。国王仍拥有大量土地，但已经不像

---

① ［英］罗莎莉·戴维．探寻古埃及文明，427．

乌尔第三王朝时期那样大规模集中经营，而是分成大小不等的份地，交给各类人员分散经营。其中一类是给祭司或其他服务于王室的人（手工业者和公务人员），收入作为服务的报酬。这些土地可以买卖，但买者必须接替卖者为王室服务。一类是给承担兵役义务的人，收入作为服兵役的报酬。这类土地不能买卖和转让，并且，只有在父亲死后或被俘后，子代父接替服役时才能继承。但他们可以自由购入土地，对所买土地可以自由遗赠给妻子或用于抵偿债务。还有一类是给纳贡人（称伊沙库），他们领取土地耕种，向国王缴纳租税。这类土地也不能买卖和转让，但他们已经不是领取食物供给，而是分得份地，成为缴纳田税的佃耕者。他们也可以自由购入土地并可以将这部分土地遗赠和抵押。所以，这两种土地耕种者事实上成了可以拥有私有土地的小生产者。由于土地所有权的变化，政府对产权的保护也随之加强。政府让测量员测量土地，标记界线并记录土地所有权的变动。新的所有者的名字被刻在作为界标的石头上。①

父权制家庭是基本的生产单位，父亲在家中对妻妾和儿女有无限的权力，甚至有权把家庭成员变为奴隶。战争和债务奴役是奴隶的补充来源。国家曾企图限制债务奴隶的扩大，因为这种制度会造成减少公社社员的人数和削弱公社的危险，而公社乃古代东方专制国家的基础。大量的奴隶，从一般自由农民分化出来的富豪对农民剥削的日益加重，中间居民阶层的出现以及其他事实，都证明在汉穆拉比统治时期，巴比伦社会已经形成相当复杂的社会结构。在这些条件下展开了激烈的阶级斗争，而阶级斗争尖锐化又导致专制政体彻底中央集权化，并加强了国家的官僚机器。全部国家政权都集中于国王手中，国王依靠官吏来管理各个行政部门，居民承担着沉重的租税。值得注意的是，城市和州都被授予审判权，国家广泛利用宗教来加强自己的威望和权力。

汉穆拉比在统一两河流域的过程中建立起强大的中央集权国家，在他继位的第二年，即着手制定了一部国家总体化法典，并把这一年命名为“制定国法之年”。法典历经30年的编修工作，在汉穆拉比执政后期，约公元前1762年，才完整地刻石公布于世。法典贯穿着私有财产或宫廷神庙财产神圣不可侵犯的原则，对于盗窃行为予以严惩，处死刑或30倍的罚金。法典所保护的物权主要是动产，其中包括金银、牲畜、船舶、祭器，此外，宫廷的奴婢、私人奴隶、自由民的子女也属财产之类。不动产包括房屋、田园和牧场等。法典规定依法保护牧场和田园，如未经主人允许，在邻人田园、牧场放羊，毁坏了草地或庄稼，或私自砍伐他人田园中的树木，均要负赔偿实物或白银的责任。

三、古代中国的经济制度

中国夏朝实行土地国有制。氏族贵族驱使原来的氏族或村社成员从事农业生产劳动，“五十而贡”②，即每个农户领种公田五十亩，以五亩的产量为贡赋，亦即“什税一”。商朝亦实行土地国有制。在王畿（国都）附近的土地上，主要采取集体耕种的方式，“众

① ［美］芭芭拉·A. 萨默维尔. 古代美索不达米亚诸帝国. 北京：商务印书馆，2015：121.

② 孟子·滕文公：上.

人”在商王或其臣属的驱使下劳动。在王畿之外的土地上，采取“七十而助”① 的方式耕作，即借民力助耕公田，每个农户领田七十亩为私田，另外义务耕种七亩公田，也是“什税一”。

夏王朝吞并了周围的各个部落，将这些部落的族众变成了国家的集体奴隶，世代延续，“子孙为隶”。以后他们逐渐成为夏代社会中主要的农村居民，被称为“众”。到了商代，这种农村居民仍被称为“众”。在奴隶主的统治下，他们没有任何权利，被迫花费大部分时间为奴隶主从事各种农田劳动，还必须为奴隶主承担各种劳役，有时还被征集当兵，在奴隶主贵族的带领下征伐周围的方国。但“众”是本族、本土的奴隶，多年来世世代代生存在这块土地上，成为商代社会的主要生产者，是生活在奴隶状态下的农民，即“普遍奴隶”。除战俘成为奴隶的来源外，也有一些平民因犯罪而沦为“罪隶”。武王灭殷后，既不能将殷人旧族和其他旧的部族收容到本族内部，也不能赶尽杀绝或作为奴隶奴役。所以，只能在他们承认了自己的宗主权以后，就其固有的疆界分而封之。② 所以，武王灭殷后首先“封建亲戚”“封土建国”，同时也分封了“殷人六族”和其他旧部族即所谓的“先王之后”。而在“授疆土”的同时也“授民”，即“锡之山川，土田附庸”③，将原部族的人民授给他们统治，成为土地上的“附庸”，亦即农奴。

由于家长制家庭关系的影响，中国早期国家从产生时起就走上了君主制的道路。在中国早期国家形成的过程中，家长制家庭的完整保留，使得父系家族公社内部家长的绝对权力直接演变为君主的绝对权力。商代国家组织实行“亲贵合一”原则。商族对祖宗的祭祀、崇拜是一种久远的制度，商朝建立后这种制度逐步成为宗法制度。在这一制度下，商王是全国同姓和异姓贵族的大宗，各级贵族为小宗，各级贵族中间也分为大宗和小宗。商王及其亲属和显贵组成大贵族集团，商王是奴隶主贵族的总代表和大家长。商王以下的贵族家族参加国家管理，担任国家官职并世代相袭。例如，盘庚在一次对贵族集团的讲话中说，他们的祖先同商先王有“胥及逸勤”（《尚书·盘庚》）的共政关系，并保证他们世代担任国家官职，即“世选尔劳”的特权。他们与商王一心，民就会顺从；他们同商王离心，民就会叛乱。到商朝晚期，王位继承和宗法关系已经结合在一起，从而赋予宗法关系以明显的政治性质。在这种家国一体的制度下，家就是国，国也是家，国家的组成、政治结构与国家活动都以家族血缘与政治的结合为基本形式。

周族灭殷以后，将周族的氏族部落组织扩大为国家统治机构，实行大规模的宗法分封，以巩固对全国的统治。周王是周族的大族长，他分封子、侄为诸侯，周王成为天下之大宗，诸侯对周王来讲是小宗；诸侯在封国内分封子、侄为卿、大夫，诸侯成为一国之大宗，卿、大夫对诸侯来讲是小宗；卿、大夫在封邑内分封子、侄为士，卿、大夫成为封邑内的大宗，士对卿、大夫来讲是小宗。通过宗法分封形成了自天子至士的宝塔式的宗法等级关系，凭借宗法上的亲亲尊尊、尊祖敬宗、孝悌思想巩固整个贵族阶级的统治地位。周代宗法分封形态之突出，宗统君统合一的牢固，对社会生活所造成的深远影

---

① 孟子·滕文公：上.
② 傅筑夫.中国经济史论丛：上册.北京：生活·读书·新知三联书店，1980：85.
③ 诗经·鲁颂.

响，为整个世界古代历史所仅见。①

四、古代印度的经济制度

公元前 3000 年—公元前 1750 年，印度的哈拉巴文明已进入奴隶制发展阶段，与同期的埃及、两河流域水平相当。但哈拉巴文明后来神秘地消失了，以致日后印度文献对它只字不提。印度的历史从吠陀时代开始才有文献记录。其中最古老的《梨俱吠陀》，其编纂年代在公元前 12 世纪—公元前 9 世纪，其上限可推至公元前 14 世纪初，即雅利安人开始进入印度之际。早期吠陀反映了雅利安人氏族部落组织解体并向阶级社会迈进的历史。这一时代，私有制也已逐渐产生，并开始出现了等级划分的现象。后期吠陀时代，铁器已推广使用，农业有了一定程度的发展，劳动分工大大加强，商业开始兴起，在商品交换中，人们兼用以物易物和付偿购物两种方法，高利贷已经出现。在所有社会关系的变化中，奴隶制的发展最为突出。奴隶主要是雅利安各部族之间的战俘，既有异族也有本族。随着阶级矛盾的发展，以前的军事民主制机构逐渐变成了国家。军事首领罗阇成为世袭君主，依靠贵族和官吏的辅佐来统治国家。如摩揭陀王国建立了行政管理系统，主要目的是从农业村落中征税。② 最初形成的国家是以部落的某一中心城堡为基地而建立起来的，因规模较小，故称为城邦。到公元前 6 世纪，在恒河及印度河流域已有了二十几个城邦国家，主要如犍陀罗、居楼、迦尸、居萨罗等，这样便开启了印度历史上的列国时代。

随着奴隶制的发展和社会的分化，印度形成了日后成为其民族特色的体制，即种姓制度。吠陀时代的瓦尔那，原指不同人种和社会集团，后来逐渐用来表示社会等级。印度瓦尔那分为 4 个等级，即婆罗门、刹帝利、吠舍、首陀罗。第一等是婆罗门，由主管宗教祭祖的氏族贵族组成，他们不仅垄断宗教文化大权，也参与执政，并且是最富有的阶层，拥有大量土地和奴隶。第二等是刹帝利，由王族和军事行政贵族集团组成。他们被视为社会之臂膀，即统治阶级执掌国家机器的人员。第三等是吠舍，即农民和手工业者，是整个社会的支持者和供养者。吠舍原由雅利安人的一般公社成员组成，日后逐渐包括从事农牧工商各行各业的平民大众。第四等是被压迫和受歧视的首陀罗。他们是在战争中被击溃和驱散的一些部落的后裔，失去了政治、法律和宗教上的一切权利，处于不受保护、冤苦无告的低贱地位。他们从事农牧渔猎，以及种种当时被人视为低贱的职业，其中有少数自食其力的工匠，但多数沦为佣工和奴仆。还有比首陀罗更低、更不入流的“贱人”，主要是打仗的战俘，以及不遵守种姓制度而结合的人。形成于公元前 2 世纪的《摩奴法典》，是维护种姓制度和奴隶制度的古代印度法典。《摩奴法典》规定，婆罗门是人世的主宰，首陀罗只能温顺地为其他种姓服劳役，首陀罗不能积累私人财产，不能对高级种姓有任何不敬的言行，婆罗门和刹帝利则有权夺取首陀罗的一切。高低种姓之间不能同食起居，禁止种姓之间通婚，高级种姓的人与低级种姓的人特别是与贱民

---

① 钱宗范．中国宗法制度论．广西民族学院学报（哲学社会科学版），1996（4）．

② ［印］迪帕克·拉尔．印度均衡：公元前 1500—公元 2000 年的印度．北京：北京大学出版社，2008：22.

通婚，有可能被处以死刑，民众对此习以为常。

到公元前3世纪，孔雀王朝建立了比较完整的行政管理体制。国王是最高行政代表和最高军事统帅，还亲自处理重大司法案件，国王开始被神化。在国王之下，中央设有负责专门事务的文武大臣，地方则有省长总督，而且多由王族成员和国王亲信担任。孔雀王朝的土地以王有的形式出现，但并非国王个人私有，而是氏族贵族所共有。从村社征收来的贡赋虽然称为国王的份额，但它既用于国王与王室的消费，又用于政府的开支，要在氏族贵族中再分配。中央政府的官吏获得俸禄，地方官员及婆罗门等僧侣则得到免税地。前者可称为食禄贵族，后者可称为食租贵族。食租贵族对某块土地或某个村社拥有收益权。食禄贵族的薪水加上公共工程的花费，要占到土地总税收的四分之一左右。①

孔雀王朝通过村社来占有土地和劳动者。国家设有管理农业的官员，他们视察河道、丈量土地、管理露天渠道，注意让每个耕种者得到相等的水量，还要监督农事，管理樵夫、粗木匠和矿工，征收租税等。根据《政事论》的记述，国家对村社农民实行户籍制度，每5个或10个村庄设1名村庄管账人哥帕，他的职责是建立和管理户籍，记录“每户青年人和老年人的数目，他们的经历、职业、收入和开支”。村社农民没有迁移和改变职业的自由，谁也不能和其他种类的人通婚，谁也不能改变自己的职业和手艺，从事其他工作。《摩奴法典》也说：“国王可尽一切努力强制吠舍和首陀罗履行义务：因为如果这些人背离其义务，足以搅乱世界。”②

关键词

农业革命　私有产权　普遍奴隶制　专制主义

思考题

1. 农业革命与私有产权制度的产生有何联系？
2. 为什么说东方奴隶制类型是普遍奴隶制？
3. 古代东方各国经济制度的共同特点是什么？

---

① ［印］迪帕克·拉尔．印度均衡：公元前1500—公元2000年的印度，22.

② 吕昭义．印度古代土地所有制的演变．思想战线，1996（6）．

第三章

古代西方的社会经济

重点问题

- 希腊城邦制度的形成及其特征
- 希腊世界的经济发展和殖民经济
- 罗马共和国的经济发展
- 罗马帝国的繁荣与衰落

第一节　希腊城邦奴隶制

一、希腊城邦制度的形成

希腊是古代西方文明的发源地之一，但是城邦制度并不是希腊人的发明。不用说东方两河流域的城邦制度，即使在地中海地区，腓尼基人的城邦也比希腊人的城邦早。但是，只有希腊人的城邦制度发展到极高的水平。腓尼基人的城邦事实上是由于商业贸易而兴起的，主要是以港口为中心建立的。希腊人尽管也是最早的商业民族，但并不像腓尼基人那样纯粹由商业而兴，其根本的经济基础还是农业与手工业。所以，希腊人的城邦比腓尼基人的城邦具有更坚实的基础。

希腊城邦主要是指希腊人在殖民过程中所建立的城邦。希腊人的海外殖民，多数是夺取当地原有的居民点居住，并使原有居民成为移民团体的“依附民”，常常是农奴。由于移民人数不多，为了防止当地人的反抗，也为了防止海盗掠夺，他们必须筑城聚居。所以，移民团体就选择某个位置有利的空地，白手起家建设他们的家园，聚居在一起，周围筑城以利防卫。在城堡外边，城垣脚下聚居着一些普通人，希腊人将这种城垣之地称为“阿斯托”（asty），即市邑。开始，城中的居民与城外的居民是有贵贱之别的，后来这种区别逐渐消失，成为一个统一体，即城邦。

城邦的中心是一个全面设防的城市，这个城市把作为希腊地形特征的某一山谷或岛屿的全体居民联合起来，即以城市为中心，联合周围的农村公社，形成国家。希腊城邦一般都是“小国寡民”，即辖地不过百里，人口不过数万。在战争期间作为周围一切乡村居民避难所的城市，也是人们集会、从事宗教事务、交易和诉讼等的地方。城邦的基本居民由两部分组成，即自由民和奴隶。自由民又分为地主和小生产者。大地主多半是氏族贵族的代表，他们以剥削奴隶为主；而小生产者也分化出比较富裕但不显贵的农民，特别是手工业者，他们也剥削奴隶。

著名的希腊城邦是斯巴达和雅典。斯巴达是以农业为主的奴隶制城邦。它是在多利亚人部落征服伯罗奔尼撒南部并奴役居住在这个区域的亚细亚人时建立的。斯巴达虽名城邦，却无城市之实，斯巴达人的原居村落仍保持其原有的性质。但是，一个全新而全权的城邦公民体制已创立，各村落各自为政的情况也不复存在。其结果是有了一个坚强而严密的公民组织，他们对国家竭其忠诚并高踞于被统治的农奴和奴隶之上而成为特权阶级。① 斯巴达的全体居民可以分为三个基本集团：（1）斯巴达公民，是享有全权的公社社员，他们是职业战士，主要任务就是训练和作战；（2）伯里俄科，是没有政治权利的自由人，从事手工业和商业，向斯巴达国家缴纳赋税；（3）希洛特，是处于依附地位的贱农，是斯巴达人公社的奴隶。斯巴达公民享有份地以及份地上的希洛特，全部土地和土地上的希洛特都是公社的财产，希洛特被迫把大部分收成交给主人。

雅典是工商业城邦。雅典地区不适于农业，但盛产白银和建筑用的黏土、大理石等，所以雅典很早就成为工商业中心。公元前 8 世纪，雅典的政权全部掌握在土地贵族手中。土地贵族，主要是大地主和奴隶主，通过高利贷剥削小土地所有者，小土地所有者偿还不了债务，往往沦为债务奴隶。占有奴隶的工商业者虽然有经济实力，但实际上被剥夺了政治权利，与土地贵族的矛盾也很尖锐。到公元前 6 世纪，自由民之间的矛盾达到极其尖锐的程度，导致了梭伦的改革。梭伦改革的第一个内容是解负令，即废除农民欠土地贵族的债务负担，废除债务奴役，禁止将雅典人卖给他人做奴隶。债务奴役的取消和欠债的废除结束了梭伦以前所盛行的与土地有关的高利贷活动，以及土地占有过度集中的状况。梭伦改革的第二个内容是实行遗产自由，容许分割氏族财产。在梭伦改革前，家长死后留下来的土地只归死者的氏族继承。现在，立遗嘱人可以把财产留给氏族成员，也可以不留给氏族成员。这项改革破坏了氏族所有制，削弱了贵族权威的基础，所以对平民的上层阶级有利，而使土地贵族遭受损失。土地的转让和分割权无疑提高了经营者的积极性。与此同时，梭伦改革还规定了一些鼓励工商业发展的措施，例如，如果父亲没有使儿子学会一门手艺，儿子就可以拒绝赡养老人。这就促进了雅典工商业经济的迅速发展。

二、希腊“大殖民”运动

希腊世界是通过希腊人的殖民活动形成的。在希腊历史上，曾出现过三次大规模殖民活动：第一次殖民活动是公元前 11 世纪多利亚人的南下，第二次大规模殖民活动是公元前 8 世纪—公元前 6 世纪的“大殖民”运动，第三次是亚历山大东征后在东方国家的殖民活动。对于希腊经济发展来说，具有最重要意义的是“大殖民”运动。

这次持续两百多年的“大殖民”运动的原因是：（1）人口过剩。城邦的特点是小国寡民，耕地有限，人口增长一旦超过土地的承受能力，就必然产生扩大土地的要求，而

① ［英］N. G. L. 哈蒙德．希腊史：迄至公元前 322 年．北京：商务印书馆，2016：156.

这种扩大土地的要求往往是通过殖民活动实现的。(2) 工商业奴隶主寻求海外市场和原料产地。希腊城邦中，有的不适于农业，但适于发展工商业，所以工商业比较发达。但城邦自己的市场不能消化这些商品，也不能供应足够的原材料，所以必须向海外扩张。(3) 社会矛盾。多利亚人在移民过程中，曾造成旧地主与新征服者之间的矛盾和冲突。在被征服者中，有许多人不愿意接受降低了的地位，于是便离开自己的祖国去寻找能够完全属于自己的土地，而在征服者中，也有人由于对征服土地分配不满或因更富于冒险精神而继续向更远的地方探索。许多城市在政治机构没有完全稳定时就经历了内战和革命，而失败的领袖和人们的土地被没收，他们本人被驱逐出境，这部分人也不得不出去寻求新的土地。另外，在希腊，私生子没有继承权，为了继承财产，这些人曾发动暴动，被镇压后往往转向海外建立殖民地。

经过"大殖民"运动，希腊人在黑海、爱琴海、西地中海沿岸、南意大利、西西里岛、最远至叙利亚和埃及等地建立了许多新的希腊城邦。其中比较著名的有西西里的叙拉古、麦加拉，南意大利的尼亚波里（那不勒斯），高卢南部的马西里亚（马赛），爱琴海北岸的波提底亚，博斯普鲁斯海峡边的拜占庭等。在殖民地新城邦，殖民者首先掠夺土著人的土地，将他们的财产再分配，将土著居民或驱赶或屠杀或变为奴隶，推行奴隶制度。在政治上则完全实行母邦的制度。但母邦对这些城市一般不实行殖民地控制，只是通过商业联系保持一种亲近的附属关系。

殖民者一般愿意选择与他们本土气候相似的地区，以便种植他们从家乡带来的各种作物。特别是在小亚细亚各地的一些殖民城市区域内，谷田、牧场、橄榄园和果园很多。西西里肥沃的平原适于种植小麦、葡萄和橄榄，特别是希腊人将他们的农业经营经验用于这些地区，并实行集约经营，获得了极大的成功。不过，希腊殖民并不限于农业。一群移民来到一个地方，先是依靠农业和畜牧业维持生活，随着经济的发展，不久就与当地的居民发生贸易关系。有的殖民地位于一条要道或几条道路的末端，便变成远方各国在地中海地区的出口地，而另一些殖民地靠近纺织、冶金、制陶原料产地，便发展了工业以便贸易。

希腊殖民地中还有一部分属于商业和贸易殖民地。希腊人很早就注意到了赫勒斯滂海峡和博斯普鲁斯海峡的重要性，为了确保航行，他们在亚欧两岸建立了停靠港和守护站，如塞斯托斯、白林托斯、拜占庭、阿拜多斯等。在黑海上，他们在天然道路的末端建立根据地，这些道路有的通往多瑙河，有的通往南萨尔马提亚大平原，有的通往高加索和亚美尼亚。沿着海岸建立的殖民地主要是贸易站或交易中心，长期为希腊本土提供食物和原料，并为土著民族提供工业品，特别是陶器和精美的工艺品。在大希腊以西的高卢和西班牙海岸，也都建立了贸易站。

希腊人的殖民活动对希腊经济社会的发展起到了重要的作用。首先，殖民活动使希腊人的活动范围大大扩大了。过去，希腊人的活动范围仅限于希腊本部和附近岛屿，而现在则穿过爱琴海，环绕着黑海，在利比亚、西西里岛和意大利南部，甚至远至塞浦路斯、西部高卢等地都有希腊人活动的场所了。由于希腊人的开发，这些地区的土地和自然资源价值都显著提高了，耕地、草原、牧场的范围与收成都大大增加。原料的多样化给希腊经济繁荣带来了新的机会。

其次，殖民活动不仅使资源增加了，而且使希腊人牢牢掌握了海洋。殖民地紧邻海洋，希腊人在占据了这些富庶的地方并在远方许多海岸建立了商站和贸易中心以后，也就同时占有了那里的海洋。是海洋将希腊的土地分开，也正是海洋将它们连接起来。这种联系也是通过贸易实现的：希腊人从事麻、毛、金属、木、陶土、皮革等物品的制造，已经不是为了满足自己家庭的需要，而是为了满足国内市场特别是海外市场的需要。从前，腓尼基人在希腊港口卸下他们的货物，与土产相交换，而现在，希腊的航海家和商人亲自到埃及、叙利亚、小亚细亚，以及欧洲的其他民族中推销自己的手工业品、艺术品、纺织品、武器和珠宝等。

最后，殖民地的拓展和贸易的扩大促进了希腊世界的分工。一些新建的城邦地处土地肥沃的农业区，可以为希腊本土的城市提供粮食及副产品，还可以作为加工厂、制造车间、市场或贸易中心。希腊本土的城市成了专业性更强的工商业城市，希腊成了地中海的手工工场和贸易中心。在希腊世界，农业也实现了有效的分工。由于希腊的土壤气候更适合种植葡萄和橄榄，所以就不再耕种粮食，而改种葡萄和橄榄，这两种作物的产值要比粮食高得多。在希腊世界的分工体系中，希腊本土处于分工等级中的最高级，享有分工的最大利益。这是希腊经济高度繁荣的重要原因之一。

三、城邦奴隶制经济

希腊城邦是典型的奴隶制城邦。在雅典全盛时期，自由公民的总数，连同妇女和儿童在内，约为9万人，而男女奴隶有365 000名，被保护民——外地人和被释奴隶——为45 000人。这样，每个成年的男性公民至少有18名奴隶和2个以上的被保护民。[①] 奴隶的来源主要是战争俘虏。城邦国家通过对外掠夺战争，获得大量俘虏，然后就在奴隶市场上出卖。例如，雅典统帅西门在攸里梅敦河战役之后，在市场上出卖了2万名奴隶。在公元前5世纪，雅典已成为奴隶贸易的主要中心。雅典的奴隶市场每月安排一次奴隶拍卖，卖不掉的奴隶再转运到其他市场。开奥斯岛曾是爱琴海地区最大的奴隶市场之一，萨莫斯岛和提洛岛等地也是较大的奴隶市场。奴隶贩子在出卖奴隶时，把奴隶展览于特设的高台上，并向顾客介绍奴隶的生理特点以及脾气、性格等。奴隶的价格因供求和“商品”的质量不同而有所不同，一个男奴隶的平均价格约为167达拉克姆，女奴隶的价格为135～220达拉克姆，会手艺的奴隶价格要高一些，性格温顺的奴隶价格也要高一些。

从法律的观点看，奴隶不能被当作人，不能组成家庭，男奴隶和女奴隶的结合不算婚姻关系，奴隶的子女，包括自由民和奴隶结合所生的子女，都属于他们出生时所在的那家奴隶主，女奴隶的子女只是属于主人的仔畜。奴隶完全受主人的支配，主人可以根据自己的嗜好而替奴隶选择手艺，并可以出卖奴隶，甚至处死奴隶。但奴隶可以通过赎买获得自由，或依据主人的遗嘱而被释放。

在早期，奴隶的普遍使用主要是在家庭中，各个等级的公民家庭中都使用奴隶，除

① 马克思恩格斯文集：第4卷．北京：人民出版社，2009：136.

了极其贫困的人家以外，普通人家都会畜养一名以上的奴隶。[1] 当然，富有的等级使用的家庭奴隶数量最多。大量奴隶被用作家庭仆役，在监工的监视下劳动。监工也是奴隶，但他们竭力博得主人的信任，从而对自己的伙伴百般刁难勒索。通常，富裕的奴隶主上街时必须有奴隶和女奴跟随。在远征、商业旅行等场合也要有奴隶跟随。但希腊从来不曾有像后来的罗马那样多的家庭仆役，有50多名家奴就被认为是奢侈了。女奴一般在女主人和她女儿的监督下从事纺织，也担任吹笛、弹琴、歌舞等工作。奴隶中分化出一个有特权的集团，即主人的近侍、教师、医生、商人等，但这些人毕竟是少数。

公元前5世纪，除了在家庭中使用奴隶劳动以外，许多生产部门也已普遍使用奴隶劳动。因此，从使用面的广泛性来看，希腊被公认为是最典型的奴隶制社会。农业中使用奴隶可分为三种情况：(1) 斯巴达式的国有奴隶制，农业劳动全部由希洛人承担，这种形式不仅见于斯巴达，在其他地区也可见到；(2) 贵族田产中使用的奴隶，这种奴隶在管家的带领下劳动，是农业中使用私人奴隶的集中方式，但规模不大，一般在20名左右，也不是很普遍；(3) 自耕农或小农使用的奴隶，这是希腊农业中使用奴隶最常见的形式，当时的奴隶价格大约相当于一头毛驴的价格，所以使用奴隶的小农户很普遍，数目从两三名到五六名不等。

手工业中使用奴隶比农业中更为普遍。一般小作坊使用五六名至十名奴隶，大作坊使用20～30名奴隶，有的甚至多达100名。有一类从事手工业和商业的奴隶，他们不与主人同居，而是另住别处，但要向主人缴纳一定的代役租。这些奴隶境况稍好一些，甚至可以组成家庭。境况最差的要数几十万矿山和采石场的奴隶，他们在有害健康的条件下进行劳动，而得到的仅仅是不至于饿死的少量食物。

国家也拥有奴隶，他们被用作警察、文书、职员、信使、差役等。[2] 他们相比私人奴隶有较大的独立性，可以成家立业。雅典的警察通常是从斯基泰人出身的国家奴隶中补充的，他们仍保持斯基泰人的习惯，用短剑和鞭子作为武器。所以在雅典，“斯基泰”成为“警察”的同义语。在大型建筑工地做工的奴隶也是国家奴隶。使用奴隶数量最多的是国有矿山，例如，著名的劳立温银矿使用奴隶曾多达数千名。

第二节　希腊的经济发展

一、农业与手工业

希腊城邦经济发展极不平衡，除少数发达的工商业城邦外，大部分地区还是以农业为主。不过，希腊的农业也是市场农业，即与市场和贸易紧密联系在一起。希腊人从土地上获得三种植物性食物：谷物、果实和蔬菜。谷物主要是大麦和小麦。但对于希腊人来说，最重要的还是葡萄、橄榄和无花果。由于希腊幅员较广，地理条件差异较大，并不是每个地区都适于种植同样的植物，所以在希腊农业中存在比较合理的区域分工。一

---

①② ［英］N. G. L. 哈蒙德．希腊史：迄至公元前322年，268，518.

般来说，希腊本土主要生产葡萄和橄榄，并做成葡萄酒和橄榄油输出，而谷物不能满足自给，要依靠输入。

希腊各城邦的地产形式多种多样，有的是大地产，有的则是中小地产。但就土地经营方式来看，主要有直接经营和间接经营两种类型。直接经营主要有三种方式：亲自耕种、由奴隶和自由劳动者耕种、由束缚在土地上的隶农耕种。小农的土地都是农民亲自耕种的，主要依靠家庭成员，有时也有一两名奴隶。法律规定，在被征服国家中享有份地而仍保有其希腊公民资格的人们必须亲自耕种自己的土地。不过，这种直接经营必须在土地所有者本人是农民的情况下才有可能，实际上许多在乡村有地产的人是住在城市里的，他们根本就不从事耕作和畜牧，他们的地产是依靠自己的奴隶和雇用农工来耕种的。这些奴隶和农工通常由一个工头来监督，而这个工头常常由奴隶担任。此外，在被征服的土地上，征服者成了土地的新主人，而他们并不是将原来的土地所有者变为奴隶，而是让他们继续耕种原来的土地，而在年终将部分收获物交给征服者。

间接经营方式主要是将土地出租，收取一定数量的收获物或者一定数额的租金。这种形式主要是关于公产和庙产的，但也有私人间的契约。租赁的形式和条件多种多样，租期长短不同，或 5 年，或 10 年，甚至 20 年、30 年，有时是永佃契约。缔结租约时要预付押金，这种预付押金还要得到保有地产的城市或神庙的代表的同意。租赁条件经过详细拟定并且极为严格，例如，不得砍伐果园的树木，耕种所租的土地并施肥，在租地上种植葡萄和橄榄，在租期内如果有老死的树木必须补种，有的租约还规定要照管建筑物等。佃户若有任何不遵守租约的地方，都要被处以刑罚。例如，租地人一旦破坏了租赁条件，租约便宣告无效，租地人必须离开这块土地，租约废弃时已经成熟的作物将被没收，而未履行租约的租地人甚至全宗族都要丧失公民权。

几乎所有希腊城邦都存在大土地占有制与小土地占有制之间的矛盾。这种斗争引发了国家对土地关系的干预。这不仅是由于农业是希腊城邦的经济基础，而且是由于农民是国民军的基本成分。所以国家一直阻止大地产制的发展而保护中小地产，通过对土地关系的调整，维持农民的独立性，以保证城邦的战斗力，而这种战斗力又是城邦奴隶制经济存在和发展的基础。所以，这些城邦对土地占有制度实施了监督。这种监督主要表现在禁止占有超过规定最高限额的土地，以及禁止对一定数额的份地进行抵押和接受抵押。

不少城邦的手工业很发达。雅典在公元前 6 世纪成为希腊的手工业生产中心。雅典通过征收贸易税，开发国家矿山，特别是通过奴役同盟城邦，积累了大量财富，从而有能力进行一系列公共工程建设。在这里修筑大规模的建筑工程需要大量有专长的手工业者，于是外邦的手工业者便源源不断地流入雅典。大规模建筑业的发展带动了建筑材料业和其他相关产业的发展，也带动了各种手工业的发展。例如，建筑用的材料包括石头、黄金、象牙、紫檀等，而加工这些材料又需要石匠、木工、铸工、铜工、金匠、浮雕工，以及监督押运人员、商人、水手等。这样整个社会经济就带动起来了。

雅典的手工业规模都不大，但分工精细，有陶器作坊，有皮革厂、兵器制造厂和乐器制造厂，不仅有专门制造车、船、马鞍、马具、鞋的人，而且有只做缰辔的马具店，还有专做男鞋或女鞋的鞋店。金属矿的采掘和冶炼加工在希腊经济中占有重要的地位。

铁的产地是拉科尼克、爱琴海各岛和黑海南岸。除阿提迦以外，在塞浦路斯和马其顿也开采银矿。采矿工具极其简陋，如锤子、鹤嘴锄、锹等。在地下采掘时挖掘的矿坑很浅，通常不到一米深。属于国家的罗立温矿山有数千名奴隶。采掘出来的矿石在当地卖给商人。

奴隶制小作坊是希腊手工业生产的基本组织单位，但使用奴隶的作坊主有时同奴隶一起劳动。获得信任的奴隶，如监工，往往负责管理作坊。工具是很原始的，作坊内部的分工很不具体，任何一个手工业生产部门都没能使奴隶有稳定而固定的专业，尽管一件产品的全部生产过程都在一个作坊内完成，但每个奴隶都是从头到尾制造一件产品。技术分工常常是偶然的。作坊主多半同时经营商业和高利贷，有时也经营农业。奴隶主使用廉价的奴隶劳动，不关心作坊设备的改善，奴隶在极差的条件下劳动，没有任何积极性，常常怠工和破坏工具。作坊中也使用部分自由民，他们通常是丧失了土地的农民。手工业中还有部分不依靠奴隶而只依靠家庭成员劳动的自由手工业者。这是由于不少工作需要较高的技术，而奴隶没有劳动积极性，一般不关心技术，也不关心设备的改善。

二、商业与对外贸易

希腊地势险峻，道路崎岖难行，交通工具也比较落后，运货的四轮车并非到处都可以通行，牲畜也不足，所以运费很高，有时占到商品价格的一半。一般来说，国内贸易是由小商贩进行的。他们跟随驮运货物的驴、骡等步行，或者随身携带小商品，交易量较小。所以通过陆路进行的内陆和城邦之间的贸易规模不大，也不占重要地位。占重要地位的是地中海的海上贸易。古希腊没有完善的导航技术，他们尽量避免远海航行，而是紧靠海岸航行。船员们喜欢在春夏两季出海。为了保障海外贸易的安全，雅典清扫了各地的海盗。而为了调解贸易中出现的纠纷，雅典还设计了最早的海事法庭。① 从公元前 5 世纪到公元前 4 世纪 70 年代，在工业和农业大发展的基础上，希腊人的商业贸易达到了极高水平。

城市中有一些小店铺，手工业者也为出售自己的产品而开设小店铺。不过，在某些城市里已经出现集中交易的商场，一般是将各种商品堆放在帐篷内或露天的场地，而大城市则有专门的商品陈列馆。所出售的商品包括农产品和手工业品，也包括奴隶和牲畜。每逢大的节日，寺庙附近就成了特别的集市，许多希腊城市的卖主和顾客都集中到这里。最著名的庙会是在特尔斐的全希腊性质的阿波罗庙会。市场上有特设的公务人员监管市场的贸易。他们征收市场捐税，维持秩序，调解交易时发生的纠纷等。他们还负责根除一切破坏商业的行为，如克扣分量、尺寸不足等。公民大会推选出来的专职官员（度量衡吏）负责监督度量衡制度。对市场上供不应求的商品，有专门的规章来调节。例如，雅典和比雷埃夫斯的粮食贸易是由专职的粮食管理人员（粮食吏）控制的。

波希战争结束后，希腊各城邦的商品生产和商品流通特别迅速地发展起来，形成了

① ［美］萨拉·B. 波默罗伊，等. 古希腊政治、社会和文化史. 上海：上海三联书店，2010：270.

一些前所未有的商品流转中心。希腊一些手工业发达的城市，如米利都、科林斯、卡尔乞斯、埃介那岛最先成为海上贸易中心。在公元前 5 世纪中期，雅典海港比雷埃夫斯是爱琴海最大的商港，成为整个地中海的贸易中心，通过比雷埃夫斯出口的有橄榄油、葡萄酒、铜、铅、银、大理石、羊毛、金属制品、陶器和其他商品。运到这里销售的商品有埃及、西西里、博斯波尔的谷物，黑海的鱼、牲畜、皮革，米利都的羊毛，波斯和迦太基的毛毯，阿拉伯的香水，马其顿和色雷斯的亚麻衣料和帆布、大麻、造船的木材，来自高加索和伊利里亚的蜡和建筑木材等。此外，奴隶也会被运到这里来售卖。

希腊的贸易基本上是自由的，国家没有什么限制，但个别商品除外。例如，阿提迦不出产粮食，所以粮食是最缺乏的商品之一，只要粮食运输受到影响，粮食的价格就会上涨，粮商和粮食抢购者经常利用这种情况囤积居奇，造成粮食市场的混乱。为了避免这种情况，国家对粮食贸易严加管理，谷物只能从比雷埃夫斯输入。国家还发放大笔的粮食贷款，以便谷物的进口。国家干预粮食贸易的另一个原因是国家征收粮食周转税，这笔税收规模巨大，是国家收入的重要来源。国家对粮食贸易的干预甚至达到了这样的程度，即国家有时按固定价格收购粮食和其他农产品，然后在国外市场上出售，或声称国家对一年的农业收获物的输出实行垄断。

三、货币与银行

货币在希腊经济生活中具有重要作用。《荷马史诗》中就有关于商业交换的记载，当时人们用牡牛作为货币单位，青铜、铁片、斧头和三脚鼎等亦被用作等价物。大殖民活动大大促进了商业贸易活动的开展。公元前 7 世纪，吕底亚发行了最早的铸币。其他城邦也陆续仿效。① 此时，诸如科林斯和雅典这种工商业领先的城邦已能自行铸币。由于希腊缺少金矿，所以货币主要是银币。货币关系在希腊经济生活中具有重要作用。一方面，货币是交易的媒介物；另一方面，货币本身也是交易的对象。在希腊流通的货币形形色色，货币的价值波动不定。货币需要兑换，兑换商在兑换货币时，收取一定数额的酬金。对外贸易的扩大使得希腊的货币制度更加复杂，兑换商的活动也更加复杂了，他们必须熟悉各种货币的行情和比价，必须鉴定每一种钱币的质量。货币缴款成了非常复杂的手续，这就催生了非现金结算，兑换店也逐渐变成了交易的中介人，即某种接受存款并替存款人购买商品付款的“银行家”。雅典著名的“银行家”帕西翁有多家兑换店。公元前 4 世纪初，他在雅典的“银行”的营业规模达到 50 塔兰特金。汇集于“银行”中的钱不是死的资本，而是被贷出去，投放于商业企业，所以兑换商成了高利贷者。在公元前 5 世纪—公元前 4 世纪，希腊的高利贷已很普遍。神庙在希腊的金融业务中起着同样重要的作用，大量资金曾以赠款和捐税的形式汇集于神庙，神庙发放贷款，不仅贷给个人，还贷给希腊城邦，有些城市变成了神庙的债务人。贷款使神庙获得了巨额收入。

---

① ［英］N. G. L. 哈蒙德. 希腊史：迄至公元前 322 年，195.

第三节 希腊化世界的经济

一、希腊化世界的形成

雅典与斯巴达的争霸导致了希腊经济的凋敝，也加剧了希腊城邦的阶级矛盾，使希腊城邦制度陷于危机之中。公元前338年，马其顿征服了全希腊。此后，马其顿王亚历山大经过将近十年的远征，建立了一个包括大片东方版图在内的大帝国。亚历山大死后，帝国分裂成一些独立的国家，即以叙利亚为中心的塞琉古王国、埃及的托勒密王国，以及原有的希腊、马其顿和其他国家，这些国家统称为希腊化国家。

亚历山大不愧为英明的军事统帅和政治领袖，他不仅开创了一个属于他的帝国，而且成功地开辟了一个崭新时代，即“希腊化时代”。希腊化文明的形成是古希腊文明与埃及、巴比伦甚至包括印度在内的古代东方文明相互碰撞、交叉渗透的结果。亚历山大东侵及其帝国的建立，特别是希腊人对横跨欧亚非之地长达3个世纪的统治，为这种交叉渗透提供了广阔的天地。希腊文明与当地文明交流的渠道进一步开通，希腊化世界的政治制度、社会经济、文化生活都呈现出了相互融合渗透的特征。

希腊化时代的经济制度呈现出两种文明传统交错的现象。亚历山大所征服的地区，包括自古就很发达的小亚细亚、两河流域、叙利亚等，希腊不可能在这些地区完全推行它的制度。希腊以空前的规模把城市生活推广到东方，而在东方所建立的希腊国家则仍采取君主政治的政府形态。这就产生了希腊制度与东方制度的结合。例如，希腊化诸王继承了东方原有的土地制度。土地在法理上归国家也即国王所有，国王的所有权通过税收、贡赋等形式确认。而广大农村的经济结构、生活方式没有明显的变化。

二、希腊化世界的经济生活

希腊文明是以城市为标志的文明，所以希腊化的重要内容就是东方城市的兴起。正如杜丹所指出的：“希腊人的基本贡献是都市生活的传布。”① 亚历山大在远征过程中，在被征服的每一个区域都建设了城市来做榜样。除了这些城市外，还有许多古老的城市也接受了大批的希腊移民。历史学家认为，亚历山大及其后继者所建设的不仅是战略地点和军事中心，他们还帮助土著人改变了生活方式。希腊化的另一个重要贡献，是希腊化世界贸易范围的扩大。在希腊化过程中，希腊半岛逐渐没落了，但富足的东方却空前地繁荣起来。亚历山大的部将所开发的罗得斯岛、帕加马城等都在“希腊化时代”闻名于世，成为东西方交流的中心城市。② 那里的城市迅速兴起，广大的商路被开辟，进出口和转运中心出现了，远方的物产都被吸引来了，并与中亚细亚、印度、阿拉伯、非洲

① ［法］杜丹．古代世界的经济生活．北京：商务印书馆，1963.

② ［美］菲利普·李·拉尔夫，等．世界文明史．北京：商务印书馆，1998：288.

东岸及西欧的市场有了往来。各式各样的物品都流入这个繁荣的世界，它们能满足人们的需要，或者引起人们的需要，并导致希腊化世界经济的进一步繁荣。

古代东方各国的君主通过对人民的横征暴敛，集中了大量财富特别是贵金属。这些财富作为统治者财富的积累，也用于他们的奢侈消费。而亚历山大一方面将这些财富分配给军队中的老兵，让他们带回希腊，另一方面用于建设城市和其他公共工程。另外，大量贵金属被作为货币投入流通，从而大大增加了经济的活力。东方君主有储藏巨额金银的习惯，而希腊人却将掠夺来的金银投入流通。例如，亚历山大将波斯王宫数以十万塔兰特的金银投入市场，其他将领也将掠夺来的金银投入流通。以后，各国统治者也加以效仿，加强了国家铸币和金融管理。这样，就大大促进了工商业的发达。

三、希腊本土的衰落

亚历山大帝国的建立既是希腊世界发展的高峰，也是希腊世界衰落的开始。亚历山大死后，亚历山大帝国随即瓦解，分裂成三个独立的帝国。希腊的东方帝国在希腊文明的影响下迅速地繁荣起来，相反，希腊本土却衰落下去。

第一，城邦创造性的来源与枯竭。城邦的根本精神是自治自给，是完全的主权和完全的独立，这是希腊文明创造性的根本来源。各城邦之间的激烈竞争和经常发生决斗性质的战争，是其致命的弱点，然而这是随着它的特殊优点即创造性而来的。但城邦雅典在提洛同盟内对盟邦采取的政策，即可能把盟邦降为出钱买得和平的“上邦政策”，削弱了其主权，从而成为附庸国家，使其公民不再有尚武精神。与此同时，又通过各种途径把它自己的公民培养成为“上马杀敌，下马议事与审判”的群众政治家。这种自治体制的破坏，导致了城邦创造性的枯竭。另外，希腊人在殖民过程中养成的冒险精神也是解释希腊繁荣的重要因素。然而，亚历山大帝国建立后，希腊殖民运动达到高潮，将希腊精神带到东方，导致东方的繁荣，而希腊本土却衰落了。事实上，希腊精神在希腊化过程中与东方文化融合了，最终淹没在东方文化的海洋中。

第二，奴隶制与希腊的兴衰。希腊经济是建立在剥削奴隶劳动的基础上的，所以希腊的兴衰也只能通过奴隶制的兴衰来说明。奴隶劳动的扩大使奴隶制经济加强了对自由民经济的竞争，不少公民失去土地，变成无业游民。恩格斯指出，“大量奴隶聚焦在一起，是由于许多奴隶在监工的监督下在手工工场，在大房间内一起工作。但是，随着商业和工业的发展，发生了财富积累和集中于少数人手中，以及大批自由公民贫困化的现象；摆在自由公民面前的只有两条道路：或者从事手工业去跟奴隶劳动竞争，而这被认为是可耻的、卑贱的职业，而且也不会有什么成效；或者就变成穷光蛋。他们在当时的条件下必不可免地走上了后一条道路；由于他们数量很大，于是就把整个雅典国家引向了灭亡。所以，使雅典灭亡的并不是民主制，像欧洲那些讨好君主的学究们所断言的那样，而是排斥自由公民劳动的奴隶制。”①

第三，亚历山大远征与经济中心的东移。亚历山大东征时提出的口号是“把财富带

---

① 马克思恩格斯选集：第4卷.3版，133－134.

回希腊”。但是，他没有想到，虽然希腊夺得了东方的财富，但希腊本土却没有繁荣起来。恰恰相反，经济中心逐渐转移到了东方。就像亚历山大虽然把国都定在巴比伦，但东方始终是希腊化世界的中心，经济也是如此。这就造成了这样一个后果，即富裕的东方和贫穷的西方。历史事实证明，经济的繁荣是不可能建立在依靠战争掠夺财富的基础之上的。希腊化国家的历史，特别是希腊化国家东方繁荣与西方衰落的历史，是发人深省的历史。

第四节 罗马共和国经济

一、早期罗马的社会结构

罗马在远古时期是一个农业氏族公社。参加这个公社的氏族集团成员被称为贵族。土地是罗马公社的财产，各个氏族和家族根据使用权而得到一份份地。罗马居民由 300 个贵族氏族组成：每 10 个氏族结成一个“库里亚”（联盟），10 个库里亚组成一个“特里布斯”（部落）。罗马人民由三个部落组成，他们的最高机构是元老院，即 300 个氏族长老的会议。每个库里亚有由一切能拿起武器的男性公民组成的人民大会，即库里亚大。国王是最高军事统帅、主祭司、审判官和元老院的首领。

公元前 6 世纪时，罗马出现了另一个自由民集团，即平民集团。平民的来源是多种多样的，有外来居民，有被罗马征服的邻近公社的社员，也有被释放的奴隶。他们是人身自由的人，可以占有地产，但必须纳税和服兵役。他们不能担任任何官职，既不能参加库里亚大会，也不能参与征服来的国有土地的分配。他们基本上是中小私有者，但掌握着商业和工业领域的财富。

这一时期罗马的主要矛盾和斗争发生在贵族和平民之间。这种斗争导致了公元前 6 世纪中叶国王赛尔维乌斯·土利乌斯的改革。这次改革设立了新的人民代表大会，不论贵族还是平民，能否参加大会一律根据能否服兵役而定。一切能够服兵役的人，不问所属的氏族，一律按照财产状况分为六个等级，每一等级都按其财产状况提供一定数量的包括武器在内的军事单位——百人团，每个百人团有一票表决权。这次改革使区域划分代替了原有的居民部落划分，人民大会上的表决开始按军事百人团进行。但是，由于不同等级的财产状况不同，所能提供的百人团数量不同，所以有不同的表决权。这种表决程序通常能够保证前两个等级获得绝对的多数，因为他们提供了大多数百人团。以前库里亚大会的一切政治权力，现在都归这个新的百人团大会了，这样一来，库里亚和构成它的各氏族，就降为纯粹私人和宗教的团体，不久就完全消失了。这样，在罗马，也是在所谓王政被废除之前，以个人血缘关系为基础的古代社会制度就已经被破坏了，代之而起的是一个新的、以地区划分和财产为基础的真正的国家制度。同时，通过自由居民阶层的重新划分，罗马建立了国民义勇队形式的武装力量，从而使奴隶制经济的广泛发展有了可能性，因为它保证了源源不断的奴隶供给。

公元前 3 世纪初期，贵族与平民的斗争激烈起来。在斗争中，贵族把持了共和国国家机关的一切显要职位，处于有利地位，但平民利用在人数上的优势，即利用在罗马武装力量上的优势，与贵族展开斗争，结果是平民在政治权利方面获得了完全平等的地位，并形成了一个人数不多，但由显贵而富裕的土地占有者和奴隶主集团组成的新奴隶主阶级。这个集团占据了政府机构的一切职位。这些职位名义上是任选的，但是国家不付给报酬。所以，只有富人才有可能担任这种职务。这个贵族阶级集团被称为新贵。与此同时，还形成了一个富裕但不显贵的奴隶主集团，他们是同商业和高利贷有联系的货币巨头，获得骑士称号。这两个集团构成罗马共和国时代的上层统治阶级。

二、奴隶制经济的发展

从公元前5世纪开始进行的不断的侵略战争，使罗马在公元前2世纪中叶成为庞大的奴隶制国家的中心，统治着地中海的大部分地区。罗马把被征服国家的大多数居民变为奴隶，以补充罗马的劳动力，这样就保证了大奴隶制经济的发展。通过长期的对外侵略和掠夺战争，罗马奴隶的数量大大增加，奴隶成为社会经济的基础，这就使罗马经济成为典型的奴隶制经济。

大规模的对外侵略战争为罗马源源不断地提供奴隶。在第一次布匿战争中，罗马总共把7.5万名俘虏卖为奴隶，其中2.5万名来自阿格里根敦；在汉尼拔战争的大量战俘中，来自他林敦一地的就有3万名；战胜安条奥库斯三世后，罗马俘获了大量亚洲人；公元前167年，来自伊庇鲁斯的俘虏为15万名。这些俘虏在卡普阿和提洛岛的奴隶市场上被大规模拍卖，一天可成交2万名。① 每次对外征服战争，都有奴隶贩子尾随其后，他们将大批俘虏变为奴隶。几乎每年都有数以万计的奴隶从四面八方涌入意大利。此外，海盗掠夺、人口拐卖和债务奴隶，也是奴隶的重要来源。奴隶的价格十分便宜，平均为300～500第纳里，在1世纪甚至曾降到4第纳里。②

通过战争和其他途径，奴隶得到源源不断的供给，奴隶制经济在罗马迅速繁荣起来。从布匿战争开始，罗马奴隶制经济就逐步发展起来。当时，一般奴隶主都占有几十或成百上千名奴隶。例如，奴隶主以西多勒斯占有4 116名奴隶，大奴隶主克拉苏更是占有2万名奴隶。西方学者安德生推算，罗马共和国后期的意大利有自由人450万，而奴隶却多达300万。法国历史学家马加特的估算数是，帝国初期罗马城共有自由人71万，奴隶90万。③

罗马奴隶被看作财产，例如，罗马法律规定，奴隶是根据万民法的制度，违反自然权利而沦为他人财产的一部分。奴隶没有家庭，男奴和女奴组成的家庭不算婚姻关系，他们的子女被看作主人的仔畜。但在家庭中养育奴隶比从市场上购买奴隶要贵得多，所以奴隶主不鼓励奴隶生育，而是残酷地使用奴隶。古罗马作家瓦罗把工具分为三类，即会说话的工具、发出不分音节的声音的工具和哑巴的工具，而奴隶就属于会说话的工具。奴隶主可以任意买卖、处罚甚至杀死奴隶。

---

① ［英］迈克尔·格兰特．罗马史．上海：上海人民出版社，2008：135.

② ［俄］科瓦略夫．古代罗马史．北京：生活·读书·新知三联书店，1957：434.

③ 李永采，马书山．论古罗马发达型奴隶制的特点及成因．烟台师范学院学报（哲学社会科学版），1997（1）.

奴隶成了农业以及其他各部门中主要的直接生产者。罗马的奴隶主要分为两类：一类是城市奴隶，一类是乡村奴隶。城市奴隶主要用作家庭仆役和手工业生产工人。在家庭中，有一个在某种程度上有特权的奴隶集团，包括教师、医生、音乐家和各种管家。这些奴隶主要来源于希腊。大部分手工业奴隶直接在作坊里做工。此外还有一些国家奴隶，从事缮写、档案保管等工作。

乡村奴隶是奴隶制大庄园的主要劳动力。在罗马，元老院元老往往是最大的奴隶主。由于罗马法律禁止元老院元老经商，所以元老的主要财产就由土地和奴隶构成。元老们不仅用从战争中掠夺的钱财大规模购买土地，还通过各种手段侵占罗马公地，从而形成大地产。大地产的经营方式多种多样，但最主要的是使用大规模奴隶劳动的种植园和使用奴隶劳动的大牧场。这种奴隶制大地产使用廉价奴隶劳动，生产能满足市场需要的各种经济作物，如葡萄、橄榄等，具有极大的竞争优势。

三、农业地产形式和经营组织

在古罗马，土地很长时间是国有的。相传罗马的缔造者罗慕洛曾第一次把土地分配给个人，每人约 1 公顷。这一时期已经出现贵族占有大块土地的现象，不过这种占有并没有得到法律的承认，土地仍是国有的。从产生于公元前 451—公元前 450 年的《十二铜表法》的规定来看，国有土地已经逐渐私有化，国有土地只是名义上的。到公元前 111 年，罗马共和国公布土地法，规定国有土地不再划分，承认土地占有者已经占有的国有土地为私人所有，从而实际占有才具有合法占有的性质，才具有私有财产的性质。

土地私有制确定下来以后，罗马开始出现大地产。大地产的产生首先是罗马对外征服战争的结果。根据古代的法律，一个被征服的城市不再属于它自己，一切都变成征服者的所有物。不过实际上，罗马并没有没收一切被征服的土地，而是将很大一部分留给了原来的所有者，其他的土地则分为三部分：第一部分卖给个人，这部分土地完全私有化了，国家对这些土地没有任何权利；第二部分常用竞租的方法出租，以取得年租，国家在法律上仍是这部分土地的所有者，耕种土地的人只享有使用权；第三部分让给先占者，耕种者也必须向国家缴纳一定年租。这些土地大部分落入罗马贵族手中，因为只有他们才有能力购买开发森林和包收牧场租税的权利，只有他们才能获得开发荒地的劳动力。而中小地主和佃农既买不起土地，也租不起土地。同时，国家为了使新征服的土地得到开发和利用，突破了原来规定的私人土地规模的限制，这样就使大地产发展起来。

罗马的大地产往往大规模使用奴隶劳动，进行大规模种植活动。由于连年的对外征服战争和方兴未艾的海盗贸易，奴隶人数有增无减，罗马的大地产有足够的奴隶供应。杜丹指出："大地产制度是受了奴隶流入的鼓励，反之，乐于使用奴隶劳动，也是创设那些大地产的结果。"① 大地产发展的另一个重要原因，是大地产往往得到国家的免税待遇，从而产生不公平竞争。大地产用各种办法侵吞中小地产。通过各种方式形成的大地产往往与小地产毗邻，甚至包围着小地产。在这种场合，为了扩大地产，大地产的所有

① ［法］杜丹．古代世界的经济生活，223．

者常想获得邻接的土地，而在购买不成功时，就采用各种阴谋诡计，巧取豪夺。在这种情况下，大批小地产被消灭了，即使没有灭绝，也仅仅剩下零星的小块。另外，罗马所征服的地区不少是著名的谷物产地，大规模的谷物输入使意大利的谷物生产者实在难以对抗。大批小农经受不住竞争，往往丧失土地。大地主也不再用他们的田地种植谷物了，而是改种水果和蔬菜，其中主要是橄榄和葡萄，蔬菜则在树下种植。同时，大批土地被改作牧场。

在罗马共和国时期，罗马农业遭到战争的严重破坏。一方面，自由小农是国家的兵源，在三次布匿战争和其他地区的征服过程中，几乎年年征集士兵，在战争中大量兵员损失掉了，即使有幸回来，也很难从事正常的农业劳动；另一方面，在战争中，谷田常常被烧毁，被攻下的城市常常遭到报复等，这些都使农业生产遭到破坏，从而加剧了小农经济的破产。

四、债务与土地问题

罗马经济是建立在农业基础上的，所以土地是最重要的经济资源。早期罗马的阶级矛盾和阶级斗争也都围绕土地展开。由于战争破坏和奴隶制庄园的竞争，大批小农陷于贫困破产的境地，他们或丧失了赖以生存的土地，或陷于债务。在罗马，关于债务的法律是极其严厉的。一个债务人如不能如期偿还债务，尽管不会被债权人置于死地或卖为奴隶，但按照罗马早期债权法的规定，至少要陷于绝对的被奴役地位。假如不能用实物或现钱还债，那么他必须在最刻薄的条件下为债权人工作，以偿还债务。

公元前 5 世纪末，为解决土地与债务问题，平民与贵族之间的斗争激烈起来。公元前 376 年，平民保民官李锡尼和绥克斯图针对平民土地、债务和担任高级官职问题，提出了三项法案，史称《李锡尼-绥克斯图法案》，主要内容是：(1) 平民所负债务一律停止付息，债务人已付的利息应从他们所欠的债款中扣除，其余债款在 3 年内还清；(2) 规定全体公民都可以占用并使用公有地，但不能超过 500 犹格；(3) 每两名执政官中必须有一名是平民。该法案经过十年斗争才获通过。[①] 公元前 326 年通过的《彼提留法案》禁止将负债的罗马公民变为奴隶，废除了债务奴隶制。公元前 287 年通过的《霍腾西阿法案》规定：平民会议的决议，不必经元老院批准即对全体罗马公民具有法律效力。至此，罗马平民反对贵族的斗争暂告平息。

但土地集中和自由民破产问题仍未能得到根本解决。随着奴隶制的发展，相对于小农经济来说，奴隶制经济的竞争优势日甚一日，到了共和国晚期，小农破产成为罗马社会的主要问题。这一问题不仅破坏了罗马的社会经济基础，还影响了国家的兵源，削弱了国家的实力。一方面，罗马出现了以平民争取土地为主要内容的运动；另一方面，统治阶级中的一部分有识之士也看到了问题的严重性，所以出现了格拉古兄弟的改革运动。

公元前 133 年，提比略·格拉古当选为保民官，参照《李锡尼-绥克斯图土地法》提出了一项“限田分地”的土地法案，规定罗马公民占有的土地总数不能超过 1 000 犹格，

---

① [英] 迈克尔·格兰特．罗马史，67－68.

即250公顷，凡超过部分一律收归国有，然后分成30犹格一块，分给无地或少地的农民。① 这次改革由于元老贵族的反对而失败。公元前123年，盖约·格拉古当选为保民官，再次实行改革。这次改革恢复了提比略提出的土地法，并通过了粮食法、筑路法、审判法、亚细亚省法等。粮食法规定，城市贫民可以免费或低价从国家领取定量粮食；筑路法的目的在于通过国家扩大筑路业规模，使失业者和手工业者得到工作和收入；审判法使骑士获得司法权；亚细亚省法则将亚细亚省的包税权交给骑士。格拉古改革的最终目的是恢复和保存小土地所有制，扩大罗马的兵源，强化罗马的国家机器。但是这场改革是在奴隶制商品经济充分发展的情况下进行的，不可能通过一两个法案阻止大地产的膨胀和小土地所有者的破产。

五、工商业与金融

随着罗马城市的扩大，供应城市人口的工业品生产发达起来，食品工业、纤维工业、金属工业、陶器工业、制革工业、木材工业、造船工业、武器制造业等在共和国经济中都具有重要的地位。不过这些工业多数还带有家庭工业的性质。在许多场合，面包还是由家庭来烤制，羊毛还是由自己来纺织，大农场也生产自己需要的生产资料和生活资料。在工业中，奴隶劳动占有重要地位，富有的罗马人开设奴隶作坊，由一个奴隶或一个被解放的人经营，有的供主人家庭使用，有的制造货物出售。公元前219年，罗马法律禁止罗马元老及其子女经营一切重要的海上贸易，所以，罗马经营大公司的人通常属于骑士阶级。但在一般商业中，起重要作用的是被解放的希腊人或东方人。于是，罗马社会中产生了一个非常富足的阶级，他们靠经商致富，成了真正的金融寡头。

罗马因地理位置适中，变成了意大利中部的主要市场，由于离海岸很近，自然成为贸易中心。同时，罗马人口增加，消费扩大，而其自身的生产不能满足需要，越来越多的商品要由外地供应，这就导致了罗马商业的发达。随着罗马对意大利和其他广大地区的征服，特别是对海上贸易的控制，罗马进一步成为意大利和地中海贸易的中心。罗马彻底打败布匿人以后，就完全控制了海外贸易。同时，罗马经过一些年的努力，剿清了海盗，商船在海上航行更加安全了，海上贸易更加发达。另外，罗马的道路遍及意大利，所谓条条道路通罗马，也促进了贸易，使罗马成了贸易中心。意大利的浦泰俄利是主要的商港，船主在那里设有事务所、船坞和货栈，并且有一个预售市场，进口商人在这个市场上能预售他们没有上岸的货物，或直接卖给消费者，或卖给零售商。不过，罗马乃至整个意大利，虽然进口都大于出口，但由于罗马通过征服而获得大量金银，因而能够实现收支平衡。

公元前4世纪左右，罗马开始官铸钱币。原始的铜钱重1罗马磅，其余铜钱的重量则为1磅的倍数或分数。银币最初只是罗马人为了意大利南部的军事和商业需要而铸造的，价值达2达拉克姆。公元前269年，罗马采用新的货币制度。这种新的货币制度包括银币和铜币，银币称第那流斯，铜币称阿斯，一个银币值10个铜币，此外还有第那流

---

① ［德］特奥多尔·蒙森．罗马史：第4卷．北京：商务印书馆，2014：78.

斯和阿斯的辅币。铸币的出现大大方便了流通，促进了罗马商业和经济的发展。从前在进行人口调查时，是根据地产将人民分为不同的等级，由于货币经济的发展，在衡量财产时，将流动财富也计算进去了。

罗马公民都必须缴纳直接财产税，这种赋税经常在紧急情况下征收，例如在战争时期往往征收频繁。随着对外战争的胜利和大量战利品的运回，罗马元老院把部分战争期间征收的直接财产税退回给罗马公民及其家属。公元前 167 年，彼得那战役后掠夺的财富足够多，致使这项税收直接被废除，之后的一个多世纪也没有再征收。[①] 罗马的财政管理实行包税制度，即把收入包给出价最高的投标人。对于公共工程、军需物品的分配和水陆运输，以及国有领地的经营和租税的征收，政府常常使用中间人，而不是由官吏直接办理。由于公共支出的增加，要投标包税权就需要更多的资本，有些人的财力不足以承包这些契约，他们就组成金融公社和金融公司，这就是包税人的股份公司。这些公司由一位负责的董事做代表，在罗马的管理由一位总经理负责，各行省都设有副总经理，并下设有出纳、会计、书记员，这些人多半是奴隶。公司的股东包括各阶级的人，有元老院元老、骑士和普通市民。由于法律禁止元老参加公开投标，所以他们往往以匿名股东身份参加公司。

罗马从不同国家的各个城市吸引来大批商人，于是产生了货币兑换的需要。罗马法律规定了罗马的主要铸币的重量和价值，包括银币第那流斯、微克托利阿图斯与铜币阿斯及其辅币。罗马的货币推广到意大利全境。希腊人和东方人到罗马和意大利来时，必须先把本国铸币换成罗马铸币。由于货币兑换程序非常复杂，非由专职人员完成不可，这些人就成为银行家。他们除了从事货币兑换外，还做有价证券生意，例如包税公司的股票买卖等。此外，他们还接受活期存款，然后通过放款取利。

六、罗马法的形成

罗马法是在罗马经济社会高度发展的基础上产生的。一切商品经济发达的社会，商品交换和商业贸易都是最经常、最基本的经济活动。它要求商品所有者彼此以平等的身份进行交易，要求商品有平等的价值标准和统一的等价物，同时要求人们享有各种交易自由，不受束缚。这些要求都在罗马法中得到了反映。早在公元前 451—公元前 450 年，罗马就制定了《十二铜表法》。经过 1 000 多年的发展完善，到罗马帝国晚期，罗马法已经发展到极为完善的地步。

罗马法是罗马社会奴隶制和简单商品经济高度发达的产物，是商品生产者社会的第一部世界性法律，是纯粹私有制占统治地位的社会的生活条件和冲突的十分经典的法律表现。商品经济的发展要求确定人与人之间的关系，确定人与商品的关系，只有在这种确定的关系下，商品生产者才能顺利进行交换。所以，罗马法首先确定了人与人之间的关系。罗马法学家乌尔比安曾经说：根据自然法，一切人生来平等。这就确定了所有交换主体的平等地位。更重要的是，罗马法确定了私有财产关系，认为私有财产神圣不可

---

① ［英］迈克尔·格兰特．罗马史，131.

侵犯。罗马物法有极为明确的所有权概念，所有权是对其所有物的最完全的支配权，其中包括占有、使用、收益、处分和返还占有权等。罗马债法也很发达。债务发生的原因有四种，即契约、准契约、私犯和准私犯，其中契约之债的表达方式分为要物、口头、书面和合意等。

第五节 罗马帝国经济

一、促进经济繁荣的因素

西方古代物质文明和精神文明在罗马帝国时期的发展令人叹为观止。在一个以农业为基础、工业技术并不发达的时代，能有如此高的文明水平是令人难以置信的。罗马繁荣的原因主要有以下四个：

第一，罗马的繁荣是奴隶制经济的繁荣。罗马从共和国时代起就不断发动对外征服战争。征服战争除夺取大量土地外，更主要的是俘获大批奴隶。到罗马帝国时期，征服战争达到历史上的高潮，奴隶制经济也发展到顶峰。大批奴隶源源不断地流入罗马，给罗马提供了足够的廉价劳动力。罗马帝国的经济繁荣正是建立在这种奴隶劳动的基础上。

第二，帝国提供的秩序与安全。公元1—3世纪，由于内战结束和对周边民族及地区的征服完成，地中海海盗大部分被剿清，军事大道开始转为民用，以及技术的广泛传播等，罗马出现了前所未有的安定局面，史称“罗马和平”。此时，互相竞争的国家已被消灭了，现在的竞争只是商人们之间纯经济的抗衡，这种竞争的进行并没有受到政治动机的阻挠。[①] 就是说，由于罗马的征服，过去的混乱状况逐步缓解，商业状况有循着经济规律自行调整的趋势，而不再被政府的人为措施影响。帝国还建立了统一的行政系统，权力集中于一人之手，各行省的人民都受到罗马法律的平等保护。所有这些变化都成为罗马繁荣的重要原因。

第三，帝国的区域分工和贸易。帝国的统一，最重要的是经济统一。这种统一由于帝国提供的安全与秩序以及贸易障碍的消除而进一步加强了。所以，帝国经济繁荣首先是贸易的繁荣，而贸易发展又促进了地中海地区分工的发展。罗马成为政治、文化和工商业中心，而其他地区要么在农业领域专业化，要么专门供给罗马原料，要么作为市场，从而大大提高了罗马和其他地区的劳动生产率。当然，在这种分工和贸易中，罗马处于绝对优势地位。通过贸易和税收，罗马集中了各行省的财富，从而极度繁荣起来。

第四，公共工程和贵族消费。通过战争、贸易和财政掠夺，罗马集中了整个地中海地区的财富，可以进行大规模的公共工程建设。这种建设，一方面是为了显示罗马的强大和繁荣，另一方面也是为了供贵族们进行奢侈消费。这种公共工程建设和贵族的奢侈消费，也是带动帝国经济发展的重要因素。不过，这种经济繁荣必须以奴隶劳动和对行省的剥削为前提。

---

① ［俄］罗斯托夫采夫．罗马帝国社会经济史：上册．北京：商务印书馆，1986：83－84.

二、土地制度和农业发展

罗马帝国时期的农业发展具有三个特点：（1）农业和畜牧业并没有重大技术革新，重要的进步是帝国范围内耕作方法和栽培技术的推广和相互传播。一方面，意大利的农业作物和技术向帝国其他地区传播；另一方面，其他地区的技术和作物也向意大利传播，从而扩大了作物种植规模和土地上的产出。（2）农业在整个帝国范围内实现了一定程度的区域分工。就意大利本土来讲，作物结构发生了重大的变化，谷物生产由于其他行省的竞争和廉价输入而严重衰落了，发展起来的是葡萄和橄榄等经济作物。罗马人不重视谷物生产，这可以从当时的农学著作中看出来。例如科隆美拉的《农业论》共13卷，没有一卷是专门论述谷物生产的。不过，罗马人继承了希腊人的传统，对树木栽培很重视，森林占了很大的面积。（3）农业从森林、沼泽和沙漠中得到大量新的耕地，不少过去被认为无法利用的土地，变成了以新方法经营的肥沃土地。这一时期，罗马各地发明了排水技术和灌溉技术，排水技术使许多沼泽地得以利用，而灌溉技术则以水道和管道为主，将水引来，用于蔬菜和果木的种植。不过，在原来意大利和希腊的许多富庶地区，土地被放弃而变成了荒地。

罗马在各地征服得来的土地，从理论上讲都是罗马的国有土地，只有罗马才有完全的所有权。罗马或是将这些土地分配给移殖者，或是卖给私人，或是留给原来的地主。这些土地的主人都要承担对罗马的土地税义务。他们除必须纳税外，还享有所有权的一切利益。土地税是国家对土地最高所有权的一种象征。

罗马帝国的地产可以分为三种类型。（1）大地产。意大利的大地产本来就很发达，这个时期，大地产在帝国的其他地区也迅速发展起来。这些大地产主要是罗马皇帝的领地，私人大地产主要是元老贵族的领地，有的是通过皇帝赐予而形成，有的是通过购买而形成，寺庙地产也都是大地产。（2）中小地产。不论大地产如何占统治地位，中小地产仍是最普遍的地产形式。不过由于各种原因，中小地产的状况越来越糟糕。（3）皇帝领地。在意大利，皇帝领地通常由政府直接经营，在一个管家的监督之下，由农村家族的奴隶来耕作。而其他地区皇帝领地的耕作与经营，是由各行省行政官员来监督进行的，通常是交给包租人来经营，而包租人再将土地出租给当地的农民。这些农民本来就是这些土地的主人，只是被征服以后丧失了地产权。

私人大地产的经营通常有两种方式：一种是地主亲自经营，即使用奴隶劳动和雇工劳动；另一种是自己监督而交给一个监工来经营，监工通常是主人的奴隶，他将土地租给佃户。寺院的大地产一般都使用大规模奴隶来经营。中小地产也有租给佃户经营的，但大部分都是自己经营。在通常情况下，一个监工、几个奴隶，再加上部分雇工，可以完成一年四季的工作。

此外，罗马帝国时期出现了一种永佃权制度。永佃权是一种契约，其原来主要是为把皇帝领地上的荒地变为耕地而做的一种制度安排。后来这种制度被推广到私人地产上。地主允许耕种者占有尚未耕种的土地并将土地开垦出来，耕种者可以享有若干年土地上的全部收益，而在若干年以后缴纳少量地租。只要土地继续耕种，耕种者就享有对土地的占有权，但是如果连续两年不耕种，地主就可以收回土地。

三、手工业和商业

在帝国时代，罗马的工业并未脱离家庭，所以是以小手工业为主，但也出现了大作坊，这些大作坊大多是在大地产上组织的。此外，罗马的市有和国有手工业通常规模很大，主要制造武器和军服等。据说，罗马军团建筑永久军事工事所用的砖瓦也是国有工厂烧制的。在罗马帝国时代，手工业达到很高的技术水平。可以断言，帝国时期的手工业作坊中已经实行了某种劳动分工，每个工人完成一定的工序操作，作坊规模也扩大了，常常达到数十人。

在帝国时期，各地区的分工和专业化有了很大发展，罗马和意大利已经变成一个吸引许多天然产物和制造品的贸易中心。总的来看，罗马和意大利的农业衰落了，工业也只有几个地方发达。另外，罗马及其附近主要城市的大部分居民都不满足于日常生活必需品，而将奢侈品也变成了必需品，对于远方物品的嗜好极其普遍。不仅在元老和骑士阶级中是如此，而且在依靠工业和商业发财的人们中也是如此，所以各地的各种贵贱不同的商品都集中到这里来了。

这一时期，罗马帝国内的贸易商品包括食品和原料，如埃及和西西里的谷物，高卢、小亚细亚和叙利亚的酒，埃及和小亚细亚的羊毛和麻等，西班牙、高卢、腓尼基的织物和玻璃器皿，以及小亚细亚、埃及和非洲的奴隶等。对外贸易包括波罗的海地区与日耳曼国家的琥珀和奴隶，西叙利亚的谷物、兽皮、毛皮和宝石，阿拉伯的石膏、乳香和宝石，印度的香料、香水、象牙、奴隶和宝石，中国的生丝和绸缎，赤道非洲的金砂、野兽、象牙和奴隶等。

意大利的手工业产品远销到意大利境外，主要销往罗马国家西部各行省。东方各国有比较发达的手工业，在帝国时代以前，贸易特别是海上贸易主要具有中介性质，并且不能与希腊的贸易竞争，罗马商人主要贩卖东方的产品。在帝国时代，贸易发展了，可以通过海路和陆路商队进行。交通路线的发展促进了对外贸易的发展，著名的罗马大道把外省同京城连接起来了。总的来说，罗马的贸易是逆差，出口商品的价值远低于进口商品的价值。输入意大利的主要是奴隶、粮食以及基本上来自希腊和希腊化东方各国的奢侈品。奴隶和粮食并不昂贵，但输入量很大，而奢侈品则是昂贵的，需要用贵重金属支付，这导致了金银外流，曾引起罗马皇帝的忧虑。

国家办理驿递、货物保险，全帝国采用通用的货币，这一切都促进了各行省之间的商业联系。公元 2 世纪，各行省和罗马首都之间的商业联系十分发达，并确定了罗马商业的区域划分：叙利亚仍是手工业的最大供应者，主要供应贵重纺织品、玻璃、珠宝首饰等；埃及主要供应亚麻、莎草纸、谷物；北非各省供应新麦、罗马杂技院所需要的野兽、金和象牙；西班牙供应金、银、锡、铜、铁和葡萄酒等；高卢是西方各行省中最发达的省，其生产的葡萄酒、陶器、亚麻织物已经开始和意大利竞争。

帝国贸易和对外贸易都不是绝对自由的，货物经过帝国时必须缴纳几种税，包括在省境或国境上征收的关税、对出入市镇的货物所征的市境税，以及对货物通过某些地方如桥梁时所征收的通过税。不过罗马将这些税只做两种划分，即陆路税和海路税，前者是在陆地边境和省市边境上征收，后者是在海口征收。一般来讲，各类税收都不是很高，尽管如此，但也遭到商人的强烈反对。特别是在边境上征收的关税，是日耳曼人最为厌恶的。

由于罗马贵族认为商业是冒险和不光彩的事，所以他们一般不亲自经营商业，而是用自己的资本参加商业。直接经营贸易的多半是康帕尼亚人和意大利的希腊人。在每一个城市，商人都结成行会，如同手工业者结成行会一样，不少行会既从事商业，也从事手工业，如面包师、金匠和鞋匠组成的行会；也有专门的商人行会，如酒店、药铺、水果商、香料商等组成的行会。在湖上和河流上运货的船夫与海港的船主，同样也组成行会。这些行会是自由的私人组合，不过，后来这些行会都成了政府机关。

四、财政和金融

帝国实行包税制度，即将向各行省征税的权力包给收税人。一般来讲，包税人由罗马的高利贷主担任，他们负责把全部税款交给国库。但包税人从居民那里征收来的钱财要比他们交给国库的多得多。这些包税人向人民横征暴敛，权力极大，甚至可以将交不起税的居民变为奴隶。

罗马高度发达的商业贸易需要方便的交易媒介。多年来，地中海周围大多数国家都有自己的货币，有自己的币制。奥古斯都皇帝极力在帝国内推行罗马币制，但他又特许东方的安提俄克、亚历山大、罗德斯各城市继续铸造自己的货币，并与罗马货币构成简单的比例关系。小亚细亚和东方的几个城市也被授予这种特权。不过，罗马货币作为主币的制度是确定的，金币和银币铸造权都由国家垄断。

由于贸易发达，交易量较大，大宗交易通常通过银行进行清算，较少采用现金支付方式，所以罗马的银行业务发展起来。罗马的银行制度是从希腊以及东方的希腊人地区传进西方的，意大利和西方各省的银行大多也由原籍希腊的人经营。银行业的兴起主要是由于存在各种通货以及铸币的缺乏。在罗马，有两种人从事银行业务：一种是换钱的人，他们的钱铺设在公共市场附近的区域；另一种是做钱币鉴定的人，他们以鉴定钱币为主，必要时也兑换钱币。这两种人都必须遵守法律所规定的某些条例，要接受国家的监督。经常握有现金的兑换店主成为罗马的“银行家”，他们从事各种货币业务，如兑换钱币、鉴别钱币质量、接受存款、把钱从一个户头转到另一个户头等。他们也充当商业中介人和经纪人。罗马城是世界货币业务拍卖和商业交易的中心，是世界的交易所。货币铸造和银行业务的发展促进了罗马帝国境内的贸易。

罗马的高利贷事业很发达。高利贷主不仅使大批小生产者陷入自己的圈套，而且使大庄园主陷入自己的圈套。奴隶主如果还不起债，就必须把自己的土地和庄园交给高利贷主。奴隶主为了还债，加剧了对奴隶的剥削。

五、城市的繁荣

普遍的和平促使城市繁荣发展，从而把帝国变成了一个由最繁华的城市组成的机体。

帝国时代，由于统治者推行使“社会经济生活趋向都市化”的基本政策，从公元前2世纪起，罗马开始了“都市化”进程。随着都市化运动的发展，古老的迦太基和科林斯恢复了，许多新的城市兴起了，如不列颠的伦丁尼姆（伦敦）、高卢的卢格敦（里昂）、多瑙河地区的文都旁那（维也纳）、新吉敦（贝尔格莱德）等。帝国最大的城市是罗马，它占地5 000英亩，2世纪时其人口达到100多万，成为庞大帝国的中心。①

罗马帝国是一个希腊城市、意大利城市和外省城市的结合体。每一个城市都规定辖领一个或大或小的地区，称为“市辖区”。每一个城市都有自治权，而在这些城市之上，则是罗马帝国的中央政府。不过，一般来讲，中央政府除收税外并不干预城市的管理，所以城市的自治权是比较完整的。

在罗马帝国时代，比较发达的城市都处于重要商道的交叉点，或是可通航的河流沿岸，或是外省的重要商业中心。所以，这些城市经济都十分发达。在此基础上，城市建设也达到相当高的水平。几乎所有的帝国城市都有一套科学的排水系统，有精心设计的输水管道，有整齐的街道和广场，有繁荣的市场，以及很大的澡堂和运动场，当然还有宏伟的宗教建筑。这类城市的建设都由城市政府负责。除了市政建设外，城市政府的最重要任务是保证城市的供应，特别是粮食的供应。在当时的农业发展水平下，要保证如此众多人口聚集的城市的供应，不是一件简单的事。所以，罗马的城市对粮食贸易实行垄断。为了保证粮食供应，各城市都修建了城市之间的道路，为此不惜花费巨额资金。尽管如此，粮食供应仍经常发生危机。城市政府还有公共教育和体育锻炼方面的任务，并承担宗教方面的开支。

罗马城市的开支主要来源于税收，但富裕市民的慷慨捐赠也是十分重要的。在罗马盛世，富裕市民向公共事业大笔捐钱成为一种时尚。当选为市政长官的人为了显示荣耀，必须捐出一笔可观的“荣耀金”。许多富裕市民都乐于就任行政长官、祭司、各种社会团体的主持人或保护人，而任职的一个重要的附带条件就是为公共事业进行捐赠。这种风气源于古代希腊的自由城市，而在后希腊化时代特别是在公元前3世纪和公元前2世纪最为盛行。这种风气为罗马人所继承，在公元1世纪和2世纪时重新盛行。当然，这种慷慨捐赠是在积累了巨额财富的前提下实行的，而这种巨额财富的积累则是建立在奴隶制剥削的基础之上的。这些罗马帝国时代的富裕市民，大多是通过经商或经营大地产致富，有的则是通过放高利贷致富。这是罗马城市繁荣的真正原因。

随着规模巨大的海陆贸易的发展，帝国各地的城市日益繁荣。这一时期兴起了许多新的城市，如不列颠的伦丁尼姆（伦敦）、高卢的卢格敦（里昂）、多瑙河地区的文都旁那（维也纳）、新吉敦（贝尔格莱德）等。古老的迦太基和科林斯也复兴了。旧城市更加繁荣，罗马、加普亚、那不勒斯成为帝国境内的商业和手工业中心，埃及的亚历山大成为内外贸易的枢纽和商品集散地。

---

① 斯塔夫里阿诺斯．全球通史：1500年以前的世界．上海：上海社会科学院出版社，1999：237．

第六节　罗马帝国的衰落

一、奴隶制经济的危机

罗马帝国的衰落，实质上是罗马奴隶制的衰落。所以，探讨罗马帝国衰落的原因，也要通过奴隶制度本身的衰落来寻找。美国经济史学家汤普逊指出了四个使罗马帝国奴隶增加的原因：(1) 农民被迫放弃耕种和大地产占有制的发展催生了由奴隶劳动来开垦土地的办法，奴隶劳动比自由人的劳动高出一筹，因为奴隶是不担负军役的，并可被迫无间断地工作；(2) 奢侈风气的形成和兴盛把大量新的需要引入罗马社会，而其中很多是要靠奴隶劳动来满足的；(3) 在制造业中对奴隶的使用日益增多，这项惯例在东方早已存在，但在罗马，却只是在罗马共和国后期才被采用；(4) 由于需要奴隶来做的工作增加，立法改善了他们的命运，奴隶人口通过繁殖日益增加，但同时奴隶制的合理性在罗马帝国时期却逐渐丧失。①

事实上，奴隶制的合理性早在罗马共和国晚期就受到质疑。一方面，尽管奴隶制仍然是经济生活的基础，但补充生产中所缺少的劳动力的方式和使用奴隶劳动的方法已经改变了。大规模征服的时代过去了，通过自然占有方式，即依靠战争获取的奴隶的数量大大减少，而由于各行省也确立了奴隶制，导致对奴隶的需求大大增加，这就使奴隶的价格急剧上升，同时导致了生产成本的上升和效率的下降。另一方面，奴隶普遍没有劳动积极性，他们消极怠工、破坏工具、虐待牲畜，导致生产效率下降。罗马思想家瓦罗对奴隶劳动的效率也持怀疑态度。他说，就农业而论，在疾疫流行地区，采用雇人协助的方式比奴隶劳动更合适，即使是在较卫生的地区，由于葡萄和谷物收获工作极为艰苦，采取雇人方式也比奴隶劳动更合适。另一位罗马思想家科隆美拉也认为奴隶给土地带来了极大的害处，他们把耕牛借给别人，又不好好牧放耕牛和其他牲畜，土地也被耕种得很不好。他还说，将土地交给坏奴隶去耕种，简直是交给刽子手。

美国经济史学家诺思也分析了罗马奴隶制的效率问题。他指出：“奴隶制的兴衰反映了它的获利能力的变化。在古希腊以及罗马帝国时期，通过征服来增加奴隶供给。在罗马帝国的最初两个世纪内，由于处于和平时期，奴隶价格急剧上涨，奴隶供给的增加是通过奴隶繁殖这种方式实现的。对奴隶的需求说明使用奴隶比使用自由劳动力具有更大的盈利可能性。开始希腊的采矿业和家务劳动中会使用奴隶，后来当日益发展的市场使得大规模农业有利可图时，在罗马帝国的大庄园里也开始使用奴隶。甚至罗马帝国的奴隶解放也可以从经济方面加以说明，因为罗马帝国对奴隶的刺激制度足以使增加的边际成本补偿奴隶主因将来解放奴隶而遭受的劳动力损失。奴隶制的衰落反映了其盈利能力的下降。当奴隶价格十分高的时候，正如罗马帝国的前两个世纪所表明的那样，使用自由劳动力就变得有利可图了。相反，当罗马帝国后期自由劳动力的价格下跌或由于贸易

---

① ［美］汤普逊．中世纪经济社会史：上册．北京：商务印书馆，1984：37.

混乱导致农产品需求下降时，把奴隶（及自由劳动力）转变为农奴就是一种理所当然的反应。”①

关于罗马奴隶制的衰落，恩格斯指出，古典古代的奴隶制已经过时了。无论在乡村的大规模农业方面，还是在城市的工场手工业方面，它都已经不能提供值得费力去取得的收益，因为它的产品市场已经消失了。帝国繁荣时代的庞大的生产已经收缩为小农业和小手工业，这种小农业和小手工业都不能容纳大量奴隶了。只有富人的家庭奴隶和供他们显示豪华的奴隶，在社会上还有存在余地。但是，日趋灭亡的奴隶制仍然能够使人认为，一切生产劳动都是奴隶的事，让自由的罗马人来做有失他们的身份，而现在人人都是这种自由的罗马人了。结果，一方面，多余而成为累赘的被释放奴隶的人数日益增加；另一方面，隶农的人数、破产的自由民（类似美国从前各蓄奴州的白种贫民）的人数也日益增多……奴隶制已不再有利，因此也就灭亡了。但是垂死的奴隶制却留下了它那有毒的刺，即鄙视自由民的生产劳动。于是，“罗马世界就陷入了绝境：奴隶制在经济上已经不可能了，而自由民的劳动却在道德上受鄙视。前者是已经不能再作为社会生产的基本形式，后者是还不能成为这种形式。只有一次彻底革命才能摆脱这种绝境”②。

二、农民破产和农业的衰落

罗马的经济基础是以小农为主的农业。但是在帝国时期，由于农民破产的加剧，农业开始衰落，导致整个帝国的经济基础被破坏。罗马的大地主使用大规模奴隶劳动，具有多种优势，小农无法与之竞争。很简单，奴隶可以不间断地工作，成本极低；奴隶不用负担军役，而小农却要负担军役。所以，大庄园主可以在市场上以更低的价格出售农产品。结果，在一个时期以后，独立小农被逼得走投无路。他们不得不抵押自己的部分或全部土地，最后不得不迁移到其他省去，或是流落到城市中做一个无产者，结果导致了农业的衰落。事实上，早在帝国时代初期，农业显然就已经无利可图了。小农经受不住廉价奴隶劳动的竞争，他们破产了，离开了自己的土地，跑到大城市去，变成城市流氓无产者。

在一些大庄园内，种植场变成了大牧场，意大利的整片地区也变为荒芜的土地。在另外一些大庄园，大片土地被分割成许多小块土地租给佃隶或称为隶农的自由小农耕种。这样，大田庄就取代了大庄园以及奴隶制的种植场经济，而大田庄是分成许多小块的大领地，由承租的隶农耕种。奴隶制庄园也就这样走到了尽头，这表明，这种奴隶制庄园制度已经没有效率，因而丧失了合理性。而在奴隶制衰落的过程中，新的生产方式却在孕育着。

三、城市与中产阶级的衰落

城市经济发展是罗马繁荣的主要特征，而城市集中了罗马的中产阶级。美国经济学

① ［美］道格拉斯·C. 诺思．经济史中的结构与变迁，134.

② 马克思恩格斯选集：第4卷．3版，167.

家汤普逊指出："罗马帝国是由各城市或各城邦有机地汇合而成的一个大联合。各城市宛如人体里的细胞，是最小的，却是最有活力的有机体。"① 在公元1世纪和公元2世纪，富裕公民为公共目的慷慨解囊的事极为常见，有势力的公民竞争市政官位，以自己的资财来维持这种官位的开支。但是到3世纪时，市政官位已经成为负担的代名词了。一方面，帝国的苛捐杂税十分沉重，导致了城市中产阶级的衰落；另一方面，城市在进行公共建设、兴建剧院和浴场等方面仍旧挥金如土，这就导致许多城市处于破产状态。市政官员为了维持城市支出，不得不压榨商人和店主，这就进一步导致了中产阶级的衰落，并使城市陷入恶性循环之中。到4世纪，城市状况达到这样的地步，以至于政府强迫有钱人担任官职，并且系统地消耗私人财富来平衡城市预算。为了逃避这种官位，有钱人甚至采取逃亡的办法。由于城市管理不善，有些城市的自治权被取消，从而城市被归并到省政府。为了弥补亏空，政府往往占有城市的公地，并照例将土地出售给附近发财的地主。这些人的土地因此不断扩大，成为独占一方的领主。

四、领主制经济的兴起

一方面，广大工商业者贫弱，广大农民破产；另一方面，少数元老院议员和政府官员依靠不正当途径大发横财。购买、承租、无限期承租，以世代负责垦种为条件的承袭地权，所有这些方法都使得元老院议员阶级成为出类拔萃的大地主阶级，使大地产犹如一个个小王国一般遍布于各行省。元老院议员阶级中很少有人住在京都或城市里。他们大多在乡下建立壮观的庄院，环以城堡而居于其中，拥有他的家庭和奴隶、一群真正带着武器装备的护院庄客，还有成百上千的农奴和依附人。② 城市和乡村的贫困、政府的失控，导致了农民起义和沿海海盗的猖獗。对此，各省长官无能为力，因此许多没有城垣的城市筑起城垣，富裕的地主也将他们的乡间庄宅改为有墙垣或堑壕的田庄。帝国政府日趋衰弱，而地方势力越来越大，封建制度也就在这个过程中孕育着。

诺思指出，当罗马臣民的税收增加和他们所享有的贸易保护受到侵蚀时，作为罗马帝国成员的公民个人所得到的利益就大大减少了。在罗马帝国越来越多的地区中，从当地政府那里所得到的保护比从内外交困的罗马政府那里得到的要多。因此，人们相信，自己的命运取决于地方自治。短期的影响无疑是他们不再承担罗马政府的税负，但长远的影响是随着地方自给自足的程度提高，各地因缺乏长距离贸易保护而出现贸易衰落，经济结构出现根本性转换和变动。由于不存在大规模的市场，奴隶制不再有利可图了，从事奴隶性劳动的农奴越来越适合于地方自治和缺少贸易的世界了。他还进一步指出，作为对衰落的解释的一种更正，当罗马帝国的军事优势消失，而且大型国家不再提供产权保护和执行产权时，罗马帝国的生存理由也就完全消失了。罗马帝国的瓦解可能是经济史上最引人注目的分水岭。对于西方世界来说，它预示着近1 000年内会出现小型的政治—经济组织。无论大型政治—经济组织具有什么样的优势，在以后的时代里都已消

---

① ［美］汤普逊．中世纪经济社会史：下册．北京：商务印书馆，1984：54.

② ［美］罗斯托夫采夫．罗马帝国社会经济史：下册．北京：商务印书馆，1986：721.

失或至少被严重削弱了。①

大土地所有制的发展有两个原因：一是国家长期处于战争状态，致使大批小农甚至中小土地所有者破产，大量土地被大土地所有者收买；二是庇护制盛行。由于帝国捐税不断加重，自由小农为了逃避苛捐杂税，往往将土地交给大土地所有者，成为被庇护者。尽管被庇护者往往失去自由，终身为庇护者服役，但可以保住自己的财产，也可以终身使用自己的土地，免遭国家税吏的欺凌。关于庇护制，恩格斯有这样的描述："他们为了不受官吏、法官和高利贷者的侵害，往往托庇于有权势者以求保护；不仅农民个人这样做，而且整个公社也这样做，以致4世纪的皇帝们屡次发布命令，禁止这种行为……罗马官吏和大地主的压迫已经如此严重，以致许多'罗马人'纷纷逃往野蛮人所占领的地方，而移居那里的罗马公民最怕的是重新落入罗马统治之下。"② 庇护制的盛行，使大量土地和人口落入大土地所有者手中。许多大庄园主拥有自己的武装和防御工事，甚至有法庭和监狱，在经济上自给自足，成为独立王国。事实上，这就是中世纪领主经济的起源。

五、对经济自由原则的违背

长期以来，罗马的繁荣是建立在经济自由原则基础上的，正是这种自由原则，充分调动了各种经济主体的积极性，从而为帝国经济注入了经久不衰的活力。然而，到了帝国后期，这种自由原则受到限制，这种经济活力也被大大压制了。

第一，将自由农变成隶农。帝国认为，罗马世界所遭受的经济危机可以想办法克服，而这种办法只有强制，但这种强制引起了更坏的后果。为了避免土地荒芜，罗马统治者便设法把耕作者束缚在土地上，因此公布了法律，限制耕作者在地产上的迁徙自由，令其必须留在土地上劳动并为统治者缴纳赋税。耕作者即使不是奴隶，在很多方面也与奴隶相似。奴隶不能离开他的主人，而这种耕作者则不能离开地产，他被束缚在土地上，如同奴隶被主人紧紧地束缚着一样。

第二，行会变成官方机关。帝国后期，手工业者和商人被固定在同业公会组织中，不许离开城市，每四年缴纳一次货币税。而城市的市议员则被固定在公职上，负责监督数额巨大的税收的征缴工作。帝国法律规定，凡逃避职责的市议员，一律处以罚金甚至被处死。4世纪末的一项法律规定，凡该城市上缴税款不足或误期，应处死三名议员。因此，帝国末期市议员逃亡现象十分严重。

第三，对物价的管制。金银不断流向东方，罗马和意大利如果不靠行省的商品输入，就不能生存。政府不断铸造不足值的钱币，进一步加深了财政危机。罗马的繁荣本来是建立在市场经济基础上的。3世纪中期，生活费用不断提高，为了压低物价，戴克里先在301年颁布了规定物价的敕令，提供了一张以银币第那流斯表示的物价表，以及各种对于违反敕令者的处罚方法。这项诏令的序文中说：朕决心要规定的，不是这些货品的价格，那将是不公道的；而是规定这些货品无论如何不准超过的限价。然而，严刑峻法

① ［美］道格拉斯·C. 诺思. 经济史中的结构与变迁，139.

② 马克思恩格斯选集：第4卷.3版，167.

毫无效果，物价仍旧高涨。作为一项危急时的临时措施，这有可能收到一些效果，但作为长治久安的普遍政策，就会导致市场活力的消失，从而导致经济的萎缩。

第四，剥夺人民自由迁徙的权利。自从罗马帝国统一文明世界以来，所有的罗马公民都有随意迁徙的自由。帝国晚期，为了保证帝国的赋税，实行地税和丁税合一的制度。于是，每个人只要耕作一块土地，就等于认定了他所耕种的土地和这块土地上的丁额。这种认定的办法使每个人对他的地和他的丁负责：不论在什么地方，都必须缴纳分摊在这份地丁上的税。由于他本人和土地合成了一个单位，所以他就丧失了迁移的自由，他被固定在他的土地和他的工作上。

六、社会等第的固定化

前期帝国没有等第。“一个活跃聪明的人可以很容易地增加自己的财产从而由农民地位上升为地主，并由此可以厕身于自治市权贵阶级之列，接受罗马公民资格，变成一位骑士，最后成为元老院议员贵族阶级中的一员。”① 甚至被释放的奴隶也可以遇到好机会使自己成为高级官吏，他们本身及其子孙可以没有障碍地进入自治市权贵阶级之列。但是到了罗马帝国晚期，情况就大不相同了。一个佃户不用说上升到其他阶级，就是上升为一个自由农民或一个城市无产者，也没有合法的晋升之途。不仅如此，罗马皇帝的敕令将佃户进一步变成农奴，使其被世代束缚在土地上，束缚在他的住所和主人关系上，这样，他就变成一个世代相承的等第中的一员。作为村社成员的小地主的情况也是如此，被束缚在他的土地、他的村庄和他的职业上，世代相承。自治市的地主更不自由，他们形成一个外人很难加入的阶级。城市的船主、商人、工匠、手工业者都成了固定的职业，并世代相承。其他的如官吏、军人、元老院议员等，也都成为世代相承的了。自由的人只有无产者、乞丐和强盗。在后期罗马帝国中，社会不是分为阶级，而是分为真正的等第，每一个等第都不容外人加入，有的等第是因为自身有其特权，有的等第是因为负担沉重、生活困苦以至任何人都不想加入，从而使该等第的成员被迫世代相承。

关键词

城邦奴隶制　梭伦改革　“大殖民”运动　古罗马的大地产制　罗马法　领主制经济

思考题

1. 说明城邦奴隶制和普遍奴隶制的区别和联系。
2. “大殖民”运动对希腊国家的经济有何影响？
3. 阐述古罗马大地产制产生的原因，以及针对大地产制进行的改革。
4. 结合罗马帝国时期经济繁荣的原因，说明为什么对自由原则的违背是导致罗马帝国衰落的原因之一。

---

① ［美］罗斯托夫采夫．罗马帝国社会经济史：下册，712.

第二篇

中古世界经济

中国、印度、日本的封建领主制经济，中国的封建地主制经济、中国的封建小农经济构成了亚细亚封建经济的全貌。西欧封建经济以庄园经济为典型代表。公元 1500 年以前，世界形成了几大贸易区，东西方之间的贸易交流有所发展。

第四章

东方国家的封建经济

重点问题

- 中国、印度、日本的封建领主制经济
- 中国的封建地主制经济
- 中国的封建小农经济
- 中国封建社会工商业的发展，以及历朝历代工商业的政策特点

第一节 各国封建领主制经济

一、中国的封建领主制经济

公元前 1066 年，武王灭纣，建立周朝。由于没有足够的力量来建立一个大一统的国家，周不得不采取分封制度。周朝建立后，立即宣布全国土地和人民归国王所有，即所谓“普天之下，莫非王土，率土之滨，莫非王臣”，从而为土地分封制创造了前提。周武王把全国土地以封地形式分封给姬姓家族、异姓亲属、寺庙僧侣以及商朝投降的贵族和边地各部落酋长，按公、侯、伯、子、男的爵位分封给他们不同数量的土地，这就是所谓的“列土封国”。受封的各个诸侯，又按照周王的办法，依次分封给该封地内的下级贵族，下级贵族再分封给再下级的贵族，即诸侯分封卿，卿分封大夫，大夫分封士。分封土地时，连同土地上的人民一起分封给受封的诸侯，即所谓“授民授疆土”。

分封制还是一种宗法制度。封建领地里领主和农民的关系，不仅是统治者与被统治者之间的关系，往往还是血缘和非血缘的亲属关系。也就是说，这种契约关系具有很浓厚的亲亲色彩。正如《逸周书·大聚》所记载的，武王克商后，命周公“营邑制”，“合闾立教，以威为长；合族同亲，以敬为长。饮食相约，兴弹相庸，耦耕俱耘”。这种亲亲色彩使农民难以脱离封建领主，而对封建领主来说也是一种约束。一方面，封建关系的这种亲亲色彩使封建领主地位的确认更少地来源于上层，更多地来源于下层，即农民对其权威的认可；而另一方面，井邑领主利益与农民利益具有相当程度的一致性，这会促使领主提供有效的服务，并尽可能地将其剥削限制在一定范围之内。这样农民与领主之

间就建立起了共生共存、相互依赖、相互依附的关系。①

受封的诸侯在领地上建立采邑。采邑有大小之分。大邑为领主的居住地，筑城池，用兵守卫。大邑也称“国”，城中的居民称为“国人”，城外的居民称为“野人”。庶民居住的村庄称为“小邑”。为了获得农奴的无偿劳动，领主将所受封的采邑土地分割出一部分给农奴耕种，并把他们编制在一个共耕一定公田的单位中。② 如周天子在自己的王畿之内，除自己直接保有的田地即所谓“大田”或“籍田”外，将其余的田地也当作“禄田”或“采邑”分封给直接为天子服务的各级官吏和亲属。而各级官吏和亲属又根据不同情况，除自己直接保有的田地外，将其余田地分配给周围的农奴和自由民身份的农民耕种。在王畿之外的各诸侯也以同样的方法将土地层层分给下级领主直至最底层的农奴和农民。土地被分为“公田”和“私田”，庶民以无偿为领主耕种土地为代价，世代领有份地，即所谓“方里而井，井九百亩，其中为公田。八家皆私百亩，同养公田；公事毕，然后敢治私事”③。这就是所谓的井田制度。而在当时的农业技术条件下，公田上的劳动主要采取集体共耕方式。

在土地分封制度下，土地上的人民成为附庸，即成为固定在土地上的依附农民，也就是农奴。这里，农奴对领主形成依附关系。与夏商时代的普遍奴隶制不同，领主制下的农奴有了明确的归属，即直接属于某个领主而不再直接属于国王，国王只是在理论上保持对整个人民的所有权。所以说，这已经是农奴制而不是奴隶制了。井田制与农奴制是相辅相成的。这里，所有土地分为“公田”与“私田”。公田是领主的自营地，依靠农奴的无偿劳动耕作；“私田”是农奴的份地，农奴通过为领主无偿耕种“公田”而取得耕种“私田”的权利。所以，井田制也是农奴制经济的基础。第一，农奴有了自己的土地即份地，事实上占有了最基本的生产资料——土地。第二，农奴要在领主的土地上用固定的时间无偿劳动，他们的劳动积极性很低，但在“私田”上的劳动效率却较高。第三，农奴以家庭为单位从领主那里接受份地，并经营自己的份地，有了相对独立的经济利益。这样，农奴经济的效率要大大高于奴隶制经济，农奴份地上的效率也大大高于领主自营地上的效率。

到了春秋时期，封建土地制度逐渐瓦解，封建领主制经济开始衰落。首先，农民在公田上的劳动积极性大大低于在私田上的劳动积极性，所谓“公作则迟，有所匿其力也；分地则速，无所匿其力也”（《吕氏春秋》）。在这种情况下，劳役地租的剥削方式必然逐渐衰落。为了解决这个问题，封建主开始实行变革。公元前 594 年，鲁国实行“初税亩”，即农民通过直接向封建主缴纳实物地租来免除公地上的劳动义务。这样，劳役地租向实物地租转变，领主对农奴的控制逐步削弱。其次，封建土地是不能买卖的，即所谓“田里不鬻”（《礼记·王制》）。但是，封建领主之间争夺领地的战争导致土地的转移，并使封君与封臣之间的关系被削弱，出现了所谓的“君不君，臣不臣”的现象，封建关系进一步解体了。

---

① 冯涛，兰虹．中国封建领主制度的起源与演进的制度经济分析．福建论坛（人文社会科学版），2001（4）．

② 傅筑夫．中国经济史论丛：上册，72.

③ 孟子·滕文公上．

到战国时期，封建领主经济走向衰落，代之而起的是地主制经济。而关键的变革始于商鞅变法。秦国是比较落后的国家，各项改革措施的实施也比东方列国要迟。公元前408年，秦简公实行“初税禾”，开始对耕地征收实物税。公元前374年，秦献公实行“为户籍相伍”，即在承认个体农民合法性的同时，按什伍组织把他们编制起来。公元前350年，商鞅“为田开阡陌封疆而赋税平”。这就是打破井田制的田界，并按新的240步为1亩的亩制把田地交给个体农民耕种。井田制被废除后，秦国实行“爰田制”，即让劳动者“自爰自处”，长期固定占有和使用耕地。与此同时，商鞅实行了“名田制”，即以个人名誉向政府申报自己所占有的土地，实际上是政府承认私人占有土地的合法性，同时按爵秩等级以名占田。在这种制度下，已基本实现了土地的私有化。

二、日本的封建领主制经济

公元646年，日本实行大化改新。大化改新仿效中国唐朝的律令制度制定律令法典，宣布土地为国有，解放奴隶成为公民，实行“公地公民”制度。在此基础上，政府通过班田收授法对农民实行计口授田。公元701年的“大宝律令”规定，凡年满6岁的良民，男子每人授田二段（当时一段相当于11.9公亩），女子为男子的三分之一；奴婢授田为良民的三分之一，死后收回。每隔6年授田一次。受田农民要承担国家的租庸调义务。此外，天皇对官吏给予职田，对各类贵族给予封地，封地和职田由贵族和官吏自行出租。封地解除国税，职田的租税部分上缴国家、部分作为俸禄留用。这就是日本的律令土地制度。

大化改新以后，日本的经济逐渐恢复和发展，人口也不断增加。另外，随着生产技术的进步，农民的独立经营能力不断提高，土地越来越稀缺，促使人们开垦公田以外的荒地谋生。723年政府颁布《三世一身法》，规定：“营开垦者，不限多少，给传三世，若逐旧沟池，给其一身。”即开垦生荒地可传三世后归公，开垦熟荒地可享用一生。743年又颁布了《垦田永世私财法》，宣布：“自今以后，（垦田）任为私财，无论三世一身，咸悉永年莫取。”[①] 在这种政策下，豪门势家凭恃实力，竞相垦殖，并在垦地上建立起自己的庄园，从而形成独立的地产。

在班田制时代，在土地国有制的基础上，国家统一掌握着行政司法权。各级官吏，在其职田、功田和位田内，只有按国家的规定收取租庸调的权力，而不得对为其耕作的农民行使行政司法权。各种类型的庄园，每年均须向国家输纳年贡并承担“国役”，只有寺院和神社的庄园才可免除。国衙的检田使和征税吏有权进入庄园进行检田、收租和征调劳力。从9世纪起，一些贵族庄园主开始借助自己的权势向国家申请免租，取得不输租的“太政官符”和“民部省符”。这类庄园称为“官省符庄”。10世纪以后，这些贵族庄园又进一步获得“不入”特权，即国衙检田使等不得进入庄园的特权。[②]“不输不入庄园”的发展，进一步破坏了班田制，致使农民大批失地流亡，“民烟长失农桑之地，终无

---

① 吴廷缪．日本史．天津：南开大学出版社，1994：75.

② ［日］依田熹家．简明日本通史．上海：上海远东出版社，2004：42-43.

处于容身，还流冗于他境”。于是，更利于领主扩大庄园，独立对庄民行使支配权。以后，庄园贵族的特权进一步扩大，甚至不承认政府在庄园里的司法权和警察权。这样，庄园主就成为地方领主，其庄园则成为他的领地。到 11—12 世纪，律令土地制度崩溃，那些具有独立经营条件的庄园领主取得了胜利，班田制被彻底废除，大封建领主制经济迅速发展起来。

镰仓幕府建立之前的封建领主制度，主要是通过寄进制建立的，而镰仓幕府以后的封建庄园领主制度主要是通过恩给制或分封制建立的。早期，一些开发庄园的小庄园领主为了获得贵族的庇护并取得“不输不入”的优惠，往往把自己的庄园进献给较高级的贵族和寺社，奉之为领主，称之为“领家”，分给庄园年贡的一部分。他们自己则接受任命，保留“下司职”或“预所职”，即作为上级领主的代理人（庄官）继续管理庄园。如果领家认为自己的权势仍不足以同国司抗衡，则进一步把所领庄园寄进给中央权贵，称这一中央权贵为“本家”，而自己作为领家，“本家”则成为最高一级的领主。这样就形成了一个“本所职—领家职—下司职”的等级式封建结构。这就是寄进制的封建化。在镰仓时期，将军占有关东御领和关东御分国等广大直辖领地，以“恩给制”的形式向御家人分封领地，以确立将军和家臣的主从关系：御家人效忠将军，通过被任命为地头而获得对土地的支配权。承认保持原来受其支配的领地称为“本领按堵”，新给的领地称为“新恩给与”。[①] 作为主君的将军向家臣（武士）御恩（分封），其中主要是土地、守护职、地头职以及预所职、庄官职等。御家人对将军御恩（分封）的回报是服役，平时统制全族为将军服役，参加执勤警卫（称京都大番役），战时率领全族武士随将军出征。这种封建等级土地所有制具有浓厚的家长制大家族所有的性质。在镰仓初期，将军对天皇政府还有某种依存关系，但自 1221 年的承久之乱以后，将军彻底摆脱了天皇政府的限制，通过武家法的实施，把权力扩展到全国，向其直辖领以外的地区派出守护和地头，国司和庄官的职能随之被取代。于是，以幕府将军为首、以御家人为主要成分的武士领主的土地等级所有制便在全国得以确立。[②]

日本领主从不经营自己的土地，而是在农庄设总管即庄官代为管理。如那些寄进系庄园，上级领主本所（领家）一般都住在京城，他们除根据契约收取一定数量的年贡外，并不直接支配庄园。庄官是庄园的实际支配者，他们一般都拥有行政管理、征课税役、司法审判等一系列领主权力。庄园上的农民大体可分为五个阶层：大名主（简称“大名”）、小名主（“百姓名主”）、作人（“小百姓”）、“下人”和“所从”。拥有 3～5 町名田的大名主多将自己的大部分名田交给因失去名田而变成“作人”的佃农耕种，其他部分土地作为直营地，役使半奴半农身份的“下人”和“所从”耕种。大名主是名主中的少数，他们往往取得御家人身份，成为地头、庄官。拥有 1～2 町名田的小名主是名主中的大多数，他们以自家劳动为基础，同时也使用 1～2 名“下人”和“所从”。[③]

南北朝和应仁之乱以后，幕府势力被削弱，有实力的领主脱离幕府各自分立创建了大

---

① ［日］依田熹家．简明日本通史，64．

② 王顺利．论日本封建庄园领主制的特点．东北师大学报（哲学社会科学版）1996（4）．

③ 吴廷璆．日本史，135．

名领国制。在室町幕府后期，大名依靠各自的实力，建立大名领地。大名将自己的领地变为政治、经济统一体。大名在土地问题上实行的主要政策是：（1）大名保护领地内的领主和富裕农民旧有的领地并给予新的封地；（2）将得到封地者编成家臣团，家臣必须效忠大名，参与以军事活动为主的服役；（3）在大名直辖领地外，又通过检地（丈量土地）来确定农民年贡和家臣服役数额，以便保证大名的财政收入；（4）家臣受到大名的严格限制，没有独立发展的余地。到江户幕府时，这种领主经济相当发达，在国有土地的名义下，全部土地皆被大小封建主占有，形成天皇—幕府—藩镇—武士的层层领有关系。

三、印度的封建领主制经济

笈多王朝时期，印度开始向封建经济过渡。公元4—5世纪，国王将大片国有土地分封赏赐给婆罗门贵族、高级官吏和寺庙，从而出现了永久赐地，形成贵族的私人土地占有。笈多王朝的赐地文书铭刻在铜牌上或书写在布帛上，明确规定：政府放弃土地上的行政管理权利，以及包括森林、牧场和矿藏等在内的地上地下的全部资源，同时政府也放弃土地上的司法权。公元7世纪，戒日王朝建立，国王首先宣布土地为国有，然后再以分配和赠送的名义分封给臣属和各封国。各臣属的封地称采邑，臣属人等皆自食采邑。各封国也照此办理，把土地分给下级贵族。这样就形成了三种国有土地的占有形式：一是国王直接占有，并由国家直接征收田赋的土地。田赋收入是政府财政支出和王室费用的主要来源；二是职田即禄田，是国王作为俸禄分封给高级官吏的封建食邑土地；三是福田即教田，是国王赠给婆罗门祭司、佛教高僧、印度教神庙和佛教寺院的封赐地。唐代高僧玄奘曾记述戒日王朝的地产状况：“王田之内，大分为四：一充国用祭祀粢盛；二以封建辅佐宰臣；三赏聪睿硕学高才；四树福田给诸异道……宰牧、辅臣、庶官、僚佐，各有分地，自食封邑。”① 最初的封地还以禄田的形式存在，随着时间的推移，逐渐转为各级封建主的世袭领地。

13世纪初到16世纪初，在德里苏丹王国统治时期，印度存在多种土地占有形式，包括：苏丹直接占有的王室领地“哈勒萨”、赐给伊斯兰阿訇和国家官吏的终身田“伊纳姆”、拨给清真寺的教田“瓦克夫”等。但是这些土地仅占全国土地的一小部分，而绝大部分土地被苏丹以军功田的名义分给穆斯林军事贵族和高级官吏。这种军事贵族的封地称为“伊克塔”。领有伊克塔的人称“伊克塔达尔”。“伊克塔达尔”取得伊克塔后要为国家尽一定的义务，主要是“维持军队以随时向苏丹提供”，其余部分则作为自己享有的俸禄。最初，“伊克塔达尔”对军事采邑的占有职能终其一生，无世袭占有权。“伊克塔达尔”死后必须将“伊克塔”交还给苏丹。后来，随着苏丹控制力的逐渐减弱和穆斯林军事贵族势力的成长，“伊克塔”的私有化倾向日益凸显。到菲鲁兹·沙·图格卢克（公元1351—1388年）时实行改革，规定：“伊克塔达尔”去世，应由其子补其空缺；无子则由其婿补之。军功田的占有者倘不能继续服军役，则在其在世时，也可由继承人补其空缺。这样一来，军功田就由法律承认可以继承了。而到洛迪王朝时期，占有“伊克塔”

① 季羡林，等．大唐西域记校注．北京：中华书局，1985：209.

的封建主不再向国库上缴田赋，进一步瓦解了德里苏丹王国的土地国有制度。

16世纪上半叶建立的莫卧儿帝国，也是将土地收归国有，皇帝除自己占有一部分皇庄外，将土地以采邑的形式分封。在封建土地国有制原则下，主要存在两种封建土地占有形式，即“札吉尔”和“柴明达”。封给军事贵族的采邑称“札吉尔”，采邑主称“札吉达尔”，以为皇帝提供一定数目的骑兵为条件，享有收取租税权，但不能世袭。在阿克巴（公元1556—1605年）时代，札吉达尔对札吉尔的平均占有时间不超过10年。这一时期全国最大的札吉尔有400～500个。最大的札吉尔甚至可以包括一个至几个县，采邑内的人口可以达10万人。在贾汉尔（公元1605—1627年）时期，扎吉尔占全国耕地总面积的70%。随着莫卧儿帝国统治的衰落，札吉尔变为世袭领地。封给王公和土著部落酋长的采邑称“柴明达”，采邑主称“柴明达尔”。柴明达尔可以世袭，有租税权，但必须向皇帝纳贡。另外，还有一种新式“柴明达”，它们包括：商人、高利贷者因承包田赋而获得“柴明达”；田赋征收官员把征税区变为自己的“柴明达”；荒地垦殖者承包征税区而占有“柴明达”；因军功受赏而占有“柴明达”。①

印度封建领地制的特点是：领主一般不直接经营采邑，而是将土地分给农村公社，农村公社以向国家缴纳田赋为条件，对所耕种的土地享有永久占有权。公社占有的土地按人口平均分配给社员耕种，有的地区定期重新分配土地。公社负担的田赋也按不同情况分配给社员，每个公社都是自给自足的经济单位，主要任务除了维持年复一年的生产和生活外，就是保证向封建主缴纳贡赋。在村社中，村社居民都可以分为两类，即拥有土地所有权或永佃权的村社成员和没有土地所有权或永佃权、没有村社成员资格的无地者。村社成员只要向朝廷或封建主缴纳定额田赋，就不会丧失对土地的耕种权利。而后一类人大都是佃农、雇工，向村社内拥有土地所有权的家庭租种土地，或者当雇工、仆役，对村社内的事务没有发言权。此外，村社中还有一些手工业种姓和贱民，他们依附于村社。这种依附关系在北印度称为札吉曼尼（Jajimani）制度。利用种姓制度将低级种姓和贱民束缚在土地上，使他们处于依附地位，受高级种姓的剥削和压迫，这是印度村社内封建生产关系的一个重要特征。

莫卧儿帝国晚期，随着商品货币关系的发展，这种封建经济开始瓦解。一方面，札吉尔与柴明达的区别逐渐消失，札吉尔也成为世袭封地，而封建贵族为了追求货币，将领地上的租税包给高利贷者；另一方面，公社内部也发生了变化，一部分土地已经转入商人和高利贷者手中。英国殖民者到来后，尽管仍保留并利用了这种制度，但由于资本主义生产关系的引入，这种封建关系开始逐渐消亡。

第二节　中国封建地主制经济

一、封建地主制经济的建立

战国时期是中国封建领主制经济向封建地主制经济转变的时期。这个时期经济制度

① 培伦．印度通史．哈尔滨：黑龙江人民出版社，1990：219-221.

的变化可以概括为两个相辅相成的生产关系运动：一方面是封建领主制经济的瓦解；另一方面是新的土地制度和剥削制度的建立。

造成这种转变的主要因素是战国时期商品货币关系的发展。随着农业和手工业分工的发展，社会需求变得多样化，从而导致了交换的发达。商品货币关系发展的标志主要是：(1) 商人日益增多，出现了家资数万的富商；(2) 货币流通增加，黄金作为一般财富的代表和交换媒介经常被使用；(3) 市场开始突破地域限制，出现远程运销的情况等。这些都表明交换的频率加快、交换的规模扩大。此外，战国时期城市经济得到高度发展，春秋时期作为经济中心的城邑这时已经变为交换的中心，如洛阳、大梁、临淄、邯郸等国都，既是政治中心，也是有名的商业城市。

商品货币关系的发展侵蚀了原有的封建领地制度，破坏了原有的生产关系，加速了土地的私有化。一方面，一些封建领主为了满足奢侈消费和积累偏好，追求货币财富，不惜放弃对土地的权利；另一方面，一部分人手中积累起货币财富，从而有可能购置土地，这样就出现了土地买卖现象。例如，秦"用商鞅之法，改帝王之制，除井田，民得买卖"①。而封建主之间争夺领地的战争导致原有封建关系被破坏，维护原有土地制度的力量逐渐消失，土地买卖日益成为普遍现象，而土地在不同所有者之间的转移，进一步破坏了原有的土地关系，土地事实上成为私有财产。土地事实上的私人占有和买卖，为地主制经济的建立奠定了基础。

二、封建地主制经济的基本特征

中国封建地主制土地制度的特征是土地私有。私有土地主要来源于以下几个方面：

第一，国有土地分配。地主土地的最初来源是封建王朝的土地分配。在中国历史上，每在王朝初期，都进行大规模的土地再分配，即所谓占田、均田等。这种土地分配从原则上讲是比较平均的，并且是以人口为分配标准的，但政府官僚和有势力的大地主会通过合法的或不合法的手段得到更多的土地。于是，从一开始就产生了土地占有上的不平等，这种不平等又为以后土地的流转和再分配打下了基础。占有更多土地的地主在经济上占有优势，而小农由于各种原因丧失了经营能力，往往不得不出卖自己的土地。

第二，战功和赏赐。早在战国时期，秦国商鞅就制定了鼓励耕战的政策，在战争中立下战功的人可以获得土地。通过战功获得土地的人往往成为军功地主。以后，历代王朝都采取以土地奖励战功的做法，所以战功成为地主土地的来源。在以农为主的经济中，土地是主要生产资料，也是主要的财富形式。因此，封建主在赏赐朝臣时，也往往赏赐土地。这种赏赐的数量动辄千亩甚至上万亩，赏赐一次就产生了大地主。

第三，土地买卖。通过战功和赏赐获得土地，是地主土地的最初来源，而且不可能十分普遍，地主土地主要靠买卖获得。封建土地买卖制度是中国封建土地制度与西欧封建领主土地制度的主要差别。只要土地可以买卖，土地就可能在不同的所有者之间转移。所以，中国历史上的大地主只有少数是通过战功和赏赐产生的，大部分是通过土地买卖

---

① 汉书·食货志.

而由小地主逐渐成长起来的。

中国封建地主土地所有制的主导形式是地主即“业主”所有制。在这种制度下，作为私人的“业主”、“本主”、“私主”或“地主”，是权利的主体。随着对土地资源利用方式的增加，土地的产权形式也进一步发展，并在土地所有制的基础上经过一系列演变，发展成为十分发达的土地产权制度。

汉代的民田、私田称为“名田”，而土地所有权称为“名有”。名有既表示对土地的占有，也表示对土地的所有，名有是官府律定以簿账登记形式承认的合法占有。所以，名有的土地可以买卖。宋代以后，土地所有权的主体称为“业主”，业主与名有的不同在于业主权已经出现土地所有与土地占有的分离。宋明以后，江南地主出现了一田两主，本业主拥有田骨权即所谓“骨业”权，享有佃权的租户拥有田面权，即所谓“皮业”权。这是以租佃经营为特色的中国地主土地所有权在封建社会后期的一种特殊变异，也体现了中国封建土地产权制度的发达。

宋代以后，中国封建土地的产权关系变动频繁，对经济社会产生了重大影响。一方面，政治变动造成了封建统治集团的变换和阶层的升降，从而加快了地权的变动。这里，一个重要的因素是科举，通过科举，庶民可以上升为统治阶级，并成为大地主，如唐代的“衣冠户”、五代的“形势户”、宋代的“官户”等。统治集团内部的斗争导致一些臣僚的负罪和地权的丧失，从而导致了地权转移。另一方面，由于土地是最可靠的财富形式，不论是商业资本、高利贷资本，还是手工业利润，都向地产化方向转化，封建地租也向地产化方向发展，而与此同时，由于各种原因，原有的土地所有者可能不得不放弃对土地的所有权。“贫富无定势，田宅无定主，有钱则买，无钱则卖”，这样就加快了地权的转移。由于土地产权的加快转移，封建土地关系被破坏，依制占田成为历史陈迹，国家法律也不得不承认这种现实，对土地买卖从限制变为保护，这就进一步加快了地权的变动。所以，总的来说，中国封建社会土地制度的重要特征就是地权的频繁变动，而变动的结果总是土地的集中。

三、地主经济的经营方式

中国地主土地所有制在地产经营上的特点就是始终保持租佃经营。当然，在漫长的岁月中，租佃经营在组织上不断变化，主要分为两个时期和两种类型：（1）三国至隋代，主要是田客分种制田庄；（2）唐代至清代，主要是佃农分种制田庄和佃农租田制田庄。

三国至隋代，也就是唐代以前，北方广大地区为预防游牧民族的侵扰，建立了坞堡，坞堡内以宗族集团为核心，拥有部曲。部曲各有自家的私有经济，但对坞主负有封建义务，不能随意离开主人和土地。南方的情况有所不同。南方的土地大部分是移民拓殖而来，大地主封占山水，修营别业，招徕农民开发，即“募招浮客，分耕其中”①。在这种分种制下，主人向田客抑配，有时配给耕牛、种子，生产过程和收割分配时都由田主或知庄、典计等监督。《汉书》记载：“豪民侵陵，分田劫假，厥名三十，实什税五。”此

① 苏洵．嘉祐集：卷五：田制．

外，有时还有一定的劳役。在分种制下，田客不能“起移”，有的“随田佃客”。可见，在这种制度下，农民的依附性较强，而独立自主性较差。这主要是因为社会动荡，农民在政治上要依靠地主的保护，而在经济上要依靠地主的支持。这种经济、政治上的依赖，导致了人身依附。所以，在这种租佃制度下，存在一定程度的人身依附关系。

唐代至清代，地主经济的经营方式以佃农分种制田庄与佃农租田制田庄为主。佃农租田制主要分布在江南，南方佃户自居己屋，自备牛种，不过是借业主的土地耕种，除交租之外没有其他义务。这种租佃关系是由契约规定的，一般是缴纳实物定额地租。不过，分种制和租田制通常是在一块地产中同时存在。欧阳修在《原弊》中指出：“今大率一户之田及百顷者，养‘客’数十家，其间用主牛出己力者，用己牛而事主田以分利者，不过十余户，其余皆出产租而乔居者曰浮客，而有畲田。”

在中国，劳役地租一直没有成为主导形式，而长期以实物地租为主。在汉唐时期，主要形式是田客分种地段缴纳实物分成租，并以少量劳役地租为补充。据《隋书·食货志》记载，东晋时佃客“客皆注家籍”，“其佃谷，皆与大家量分”，即田客与地主（“大家”）按一定比例分成。唐代私家大地主收取地租大抵仍为“见税什五”。地租以实物地租为主，但也有部分劳役地租。劳役地租主要是为地主提供各种服务，包括护院、打扫、年节帮忙等，也有部分是与生产活动直接相关的。不过，劳役地租一般并不在租约中反映，只是一种惯例，这也反映了农民对地主的依赖性。例如，农民一般怕地主夺佃，不得不在租约规定的实物地租外提供各种无偿劳役。

宋代以后，实物分成租与实物定额租并存，而到清代前期，实物定额租逐渐成为主导的地租形式。宋人洪迈说：“予观今吾乡之俗，募人耕田十取其五，而用主牛者，取其六，谓之牛米。”可见，宋代仍实行分成制地租。但定额地租也有所发展，“租户自出耕具种粮，净纳租数，立为定额”，其他学田、官庄、营田等，都实行定额地租。以后，定额地租不断发展，到清中叶，定额地租制已经在全部租佃关系中占据优势。定额地租是在生产力有了进一步发展，土地产出比较稳定的情况下实行的。在这种情况下，地主可以免去对佃户生产状况的监督，获得一个比较稳定的收入，而农民也可以尽量发挥其生产潜力，为自己留下更多的收成，但是农民却要承受减收风险。所以说，在这种制度下，地主的收益是稳定的，而农民的收益和风险都增大了。不过，这种制度比分成制更能调动农民的生产积极性，更能发挥农民的潜力，所以是有利于经济发展的。

宋代以后，在实物定额地租取得主导形式的同时，货币地租也开始得到发展。南宋晚期有“佃人用钱折租”的记载，其他如福州职田、沙田芦场、建康府营田等，都出现了货币地租。但是，在中国封建经济历史上，由于商品货币关系始终没有得到充分发展，货币地租也不普遍，所以实物地租基本上占据主导地位。

中国封建社会实物地租比较发达，主要原因是中国土地稀缺而劳动力充足。只要拥有地产，随时都可以得到劳动力的供应。这种情况与欧洲封建化时期不同。欧洲经过长期战争后劳动力非常缺乏，而土地比较丰富，封建主的主要目的是要保证土地上的劳动力，所以将农民固定于土地上，并实行半强制的劳动制度，这就是劳役地租。在中国的封建时代，每当经过长期战乱导致地广人稀时，统治者也往往恢复劳役地租，并将农民固定于土地上。但是，由于中国地少人多是一个基本趋势，所以长期以来中国的地租形式以实物地租为主。在这种情况下，地主用不着亲自从事农业经营，并且大大节省了管理成本，也可以减少风险。由于地少人多的状况越来越严重，土地日益成为稀缺的要素，分成地租逐渐被定额地租取代，这样，地主就进一步减少了风险，不论年成好坏都可以坐收地租。

四、地主制经济与土地兼并

秦汉以后，中国的封建经济以地主和小农并存为基本特征。土地私有，可以自由买卖，决定了中国两千多年封建地主经济发展的基本规律。中国人口众多，土地资源有限，这就决定了中国必定实行小土地占有和小自耕农为主的体制。这是一种最大限度容纳人口的经济形式。在这种情况下，小土地所有者不计劳动成本，不断向土地增加劳动投入，以求最大产出。所以，这是一种高度劳动集约的经济，也正是中国农业精耕细作传统的由来。但是在小块土地上连续增加劳动投入，必然导致劳动的边际生产力下降至零甚至为负数。在这种情况下，必然产生土地集中的要求，以实现土地与劳动的平衡。在中国，由于土地私有，可以自由买卖，因而土地集中以土地兼并方式出现，官僚地主通过购买方法巧取豪夺，导致土地高度集中。

土地集中即使仍采取租佃方式保持小生产体制，也必然会减少土地上的人口，就是说，必定有相当一部分人租不到土地。这样就使无地可耕的农民成为流民，平时聚众山林为寇，严重时则发展为大规模的农民起义。农民起义是对人口—土地资源关系与土地占有关系的调整：一方面，战乱造成大规模人口减少；另一方面，新政权建立后往往重新分配土地。由于中国人多地少的基本国情，历代统治者都力图保持小块土地占有关系，而反对土地兼并。因而，历史上多次出现重新分配土地的变革，但由于土地私有、自由买卖这一基本制度不变，所以，到一定时期兼并必然重新发生，并导致新的调整。这也是中国历史上改朝换代的根本原因。中国的封建地主制经济延续了两千多年，事实上直到中华人民共和国的土地改革才彻底被消灭。

中国历代封建王朝都认识到土地兼并是社会动荡的原因，所以都把抑制土地兼并作为基本国策。为了抑制土地兼并，各朝代统治者设计了各种制度安排。例如，汉代董仲舒提出限田主张，汉武帝首先规定商人不得拥有土地，以后又规定："诸侯王、列侯皆得名田国中。列侯在长安，公主名田县道，及关内侯、吏民名田皆勿得过三十顷。"西汉末年王莽推行王田制度，规定："……今更名天下田曰王田，奴婢曰私属，皆不得买卖。其男口不满八，而田过一井者，分余田与九族乡党。犯令，法至死。"①

西晋曾发布一个限制私人占有土地最高额的"占田"法令："男子一人占田七十亩，女子三十亩。其外丁男课田五十亩，丁女二十亩，次丁男半之，女则不课……其官品第一至第九，各以贵贱占田，品第一者占五十顷，第二品四十五顷，第三品四十顷，第四品三十五顷，第五品三十顷，第六品二十五顷，第七品二十顷，第八品十五顷，第九品

① 汉书·食货志.

十顷。而又各以品之高卑荫其亲属，多者及九族，少者三世。”①

北魏初年实行计口授田，到太和九年（公元485年）国家颁布均田令，规定：十五岁以上男子受露田（未种树的田）四十亩，桑田二十亩，妇人受露田二十亩。露田加倍或加两倍授给（倍田），以备休耕，年满七十还官。桑田作为世业，不须还官。露田不得买卖。地主可以按其拥有的奴婢和耕牛数另外获得土地。地方官按官位高低，授给公田，不得买卖。

唐初也实行过均田制度，于武德七年（公元624年）颁布均田令，规定：丁男和十八岁以上的中男，各受永业田（世业田）二十亩，口分田八十亩；老男、笃疾人、废疾人各受口分田四十亩，寡妻妾各受口分田三十亩；有封爵的贵族和五品以上的官员，可以依照品级请受永业田五顷至一百顷；有战功受勋的人，可以依照勋级请受勋田六十亩至三十顷；永业田皆传子孙，不再收还；庶人有身死家贫无以供葬的，准许出卖永业田，迁往宽乡（受田较多的乡）准许出卖口分田。官人永业田、勋田和赐田可以出卖。买入的田地数额不能超过应受田限额。

从历史上统治者实行的抑制土地兼并的政策来看，最严厉的措施莫过于王莽的王田政策，它从根本上禁止土地买卖，而其他时代实行的措施不过是限制占有土地的最高额。由于战争造成人民流离失所，土地荒芜而无人耕种，这些制度是为了鼓励农耕恢复生产而采取的措施，并不是真正限制土地兼并。土地兼并的根本制度性原因是土地买卖，只要有土地买卖，土地兼并就不可避免。然而，除王田政策外，上述其他政策并没有从根本上禁止土地买卖。唐代的均田制则明确不禁止土地买卖，而是从法律上承认土地买卖。这也可以说明，在中国封建历史上，土地买卖是一种不可改变的趋势。在一个人口多而土地稀缺的国家，土地是社会财富和生息财富的主要形式，那么土地兼并就是不可避免的。事实上，历代统治者采取的抑制土地兼并的政策都不过是做做样子而已，真正抑制土地兼并的是农民起义。每次农民起义都是由土地兼并引起的，每次农民起义都提出了解决土地问题的目标，而起义的结果都导致了土地关系的重大调整。

第三节　中国封建小农经济

一、小农经济的产生

中国封建社会土地制度变动的基本趋势是土地兼并和大地产的产生，而土地兼并和大地产产生的结果，并不是土地经营规模的扩大，而仍然是小块土地经营，所以仍是小农经济。小农经济作为一种所有制形式或生产方式，在中国封建社会历史上至少存续了2 600年，是中国封建经济结构的重要组成部分，是中国封建中央集权专制统治的重要基础，对中国社会、经济、历史的影响极为深远。可以说，研究小农经济是理解中国封建经济史的关键。

---

① 晋书·食货志．

中国小农经济是随着封建领主制瓦解和农奴对领主人身依附关系的逐渐解除而产生的。在西周时代，农奴在领主土地上的劳动基本上还是一种集体劳动，生产工具和耕作方式的落后决定了这种耕作必须进行协作。到了春秋时期，铁制农具的出现大大提高了农业生产力，使一家一户个体生产的效率逐渐凸显；与此同时，由于农奴对于在领主土地上的劳动没有任何积极性，生产率极低，迫使统治者不得不改变剥削方式。春秋中叶，齐桓公"相地而衰征"，鲁国实行"初税亩"制度，土地占有制度开始发生转变，农奴对领主的人身依附关系逐渐减弱，最终成为独立的小生产者。

中国封建社会的小农主要是自耕农和佃农。从中国的历史状况来看，唐代以前，自耕农数量较大，所占有的土地面积总数也较大，但每在王朝晚期都出现严重的土地兼并，小农的数量大大减少，土地迅速集中，出现大地产；而在唐代以后，自耕农数量减少，地主土地所有制占据统治地位，不过中小地主占多数。在土地集中和大地产形成的同时，租佃形式也发达起来，地主将土地集中起来，但并不是采取集中的规模经营，而是将土地分成小块出租，以取得地租收入。由于小农力量有限，不可能承租大片土地，加上地租很重，租地经营无论如何都不可能获利，所以小块土地经营始终占统治地位。

土地占有方式趋向集中，而土地经营方式则趋向分散，这种相反的趋势是由多种原因造成的。

第一，地少人多是导致小块土地占有的自然因素。事实上，不断增加的人口和土地上的人口压力，是领主经济衰落的自然原因。同样，土地上人口压力的增加，也是小农经济产生的重要原因。中国地少人多，土地规模经营必然导致人口过剩。在中国历史上，土地规模经营的趋势始终没有出现，即使是大地产也要分成小块经营。因为只有在这种体制下，才能充分利用有限的土地要素缓解剩余人口的压力。

第二，中国家产分割法和继承法中"多子均分"的制度，造成土地零星分散状况严重。商鞅废井田、开阡陌、使民得买卖时，同时规定了"民有二男以上不分异者，倍其赋"①。到了汉代，多子继承制成为固定不变的传统。《唐律疏议》规定："同居应分，不均平者，计所侵，坐赃论减三等。"到明清时期，家产的分割更频繁。所以，不论大地产发展到什么程度，都不能阻碍地产分割的总趋势。

第三，封建时代的农民不论是自耕农还是佃农，一般都是穷人，生产资料和生活资料都比较贫乏，他们不可能购买或租用大片的土地。特别是在人多地少的基本条件下，土地价格较高，地租自然也较高，农民在经营土地之前，就必须将资金投在土地上，而租地的条件也非常苛刻，这就进一步降低了农民经营大块土地的可能性。所以，农民经营土地的数量少则三五亩，最多不过二三十亩到五六十亩。

第四，从根本上说，是由于在当时的生产力水平下，小块土地经营是一种最有效的经营方式。中国地少人多，这种基本的资源状况决定了中国的农业技术从一开始就朝着节省土地和劳动集约的方向发展。例如，中国很早就放弃了休耕制，较早发明了轮作制、施肥技术等，这就使中国的土地利用率和土地产出大大提高了。在这种情况下，只要有一小块土地，就可以养活农民全家。当然，农民家庭中仍存在劳动力过剩的状况，而过

① 史记·商君列传.

剩的劳动力又通过家庭手工业找到出路，这就形成了中国农业与小手工业结合的小农经济。

二、小农经济的构成和基本特征

中国封建时代的小农主要由以下三部分构成：

第一，自耕农，或称“编户齐民”，指政府通过户籍直接掌握的平民户口。他们是封建国家税收和徭役的主要征发对象，是封建中央集权统治的基础。封建国家的编户既包括庶族地主，也包括小农，但其中主要是小农。秦汉时期实行民爵制，如汉代实行二十等爵制，从第一级公士到第八级公乘，授予下级官吏及一般庶民。这样就形成了中国历史上特有的“编户齐民”制度。

第二，佃农。自耕农丧失土地后，不得不租种地主的土地，变成佃农。佃农尽管没有自己的土地，但还有部分生产工具，有独立的家庭经济，人身是自由的，并不依附于地主。不过在中国历史上，佃农的这种独立身份是经过一系列演变而来的。三国至唐代，租种地主土地的人主要是田客，宋代以后则以佃农为主。田客在法律上是良人，不属于贱口，但事实上对于主人仍有很强的依附关系，因为田客没有独立的户籍，身份上部分属于主人，主人可以将田客转让，即所谓“随田佃客”。田客多由主人提供种子、耕牛、屋舍等，收获物与主人分成。宋代以后，租佃关系发展，租地农民以佃农为主，佃农比田客在身份上要自由得多。法律规定，佃农在收获后可与主人商量去留。到这时，才是完全意义上的租佃制，农民与地主的关系仅仅是契约关系。

第三，依附农，指人身完全依附于地主、贵族门下的农民。中国在三国时期形成了一种身份制度，即良贱制，士人和庶民属于良口，部曲和奴婢属于贱口。部曲本来是汉初军队建制的一种名称，后来演变为部伍、私兵及私属等多种含义。到6世纪即北周初年，部曲成为法律身份的名称。部曲在人身上依附于主人，“随主属贯，又别无良籍”[①]。主人不完全占有部曲的人身，掠夺或利诱他人部曲，以盗窃罪论。部曲身份世袭，固着于土地上，有为主人服劳役的义务。但部曲可以拥有家庭和财产，仍然从事以家庭为主要单位的个体生产。

与封建领主制度下的农奴经济不同，小农经济基本上是一种独立的经济体，小农对地主没有人身依附关系或依附程度很轻。作为自耕农，在法律上与地主具有完全相同的身份和地位。从理论上讲，如果经营成功，小农可以通过购买土地成为地主，而地主如果经营不成功，也可能不得不出卖土地而沦为小农或无地农民。但是，如果作为佃农，小农经济对于封建地主的依附关系就大大加重了，地主通过对土地的占有，不仅在经济上进行各种形式的剥削，而且实行超经济的强制。尽管如此，佃农与地主的关系还是十分明确的，即是一种契约关系。

在中国历史上的大多数情况下，相对于人口来说，土地都是稀缺的要素。在这种情况下，单纯依靠土地是不能维持整个家庭的生计的，所以不得不采取充分利用剩余劳动

---

① 唐律疏议.

力的生产方式。男耕女织是中国小农经济的最典型写照。事实上，中国的家庭手工业在小农经济中的地位并不亚于农业，这不仅是因为小农由于贫困而不可能通过购买来取得农业以外的生产资料和生活资料，而且是因为家庭手工业已经成为家庭收入的重要来源。在通常情况下，小块土地的产出除提供一家人的口粮外，已经剩余不多，作为自耕农必须缴纳赋税和承担徭役，而作为佃农首先要缴纳地租，所以农民常常是实现不了温饱的。因此，农民必须通过家庭手工业来补充土地的产出，通过出售手工业产品获得收入以补充口粮的不足。在口粮不足的情况下，农民可以以家庭手工业产品代替粮食缴纳赋税和地租。这种农业与家庭手工业紧密结合的生产方式阻碍了商品生产，阻碍了市场的形成和发展，导致了自然经济的顽固性和资本主义生产关系难以发展。

三、小农经济发展的基本趋势

小自耕农经济即编户纳税制经营和佃农租佃制经营，是中国封建社会农民小生产的主要经营方式。

自耕农是中国小农经济的主体。在中国两千多年的封建历史中，自耕农始终占有很大的比重，尽管存在频繁的自然灾害、多重剥削、兵荒马乱，但自耕农仍顽强地存续下来。公元前1世纪即汉代，中国出现了区田法，表明旱地耕作技术已经相当发达。到4—5世纪，又进一步出现了以粮为主加播豆科作物的轮作制度。这种轮作制度逐渐发展到两年三熟，从而大大提高了土地利用率。6世纪后，旱地农业与灌溉农业的集约经营进一步发展，到南宋时已经发展到一年两熟。同时农业工具也有所改进，使一家一户的最低必要耕地量不断下降，为自耕农经济的发展提供了技术前提。

中国的佃农由各种在人身上依附于封建主的依附农转变而来，由于存在土地买卖和土地兼并，自耕农经济极不稳定，常常丧失土地而沦为佃农。早期的佃农依附性很强，在漫长的封建时代，其独立性得到缓慢的增强。中国的租佃制发展较早，这一方面是由于实物地租发达，另一方面与耕织结合的、主谷式农业下的一家一户个体经营有关。实物地租和个体经营使得佃农可以灵活支配劳动时间，从而有了从事副业的可能。佃农的独立性还反映为租佃制从分种制向定额地租制转变。在分种制下，种子、耕牛由地主垫支，而在定额地租制下，由农民自己垫支。佃农不仅在人身上不存在依附性，在生产工具上也基本上不依赖于地主。宋代以后，佃农逐渐有了迁移自由和退佃自由。明清以后，永佃制发展，佃农拥有长期土地耕作权，地主不得任意夺佃。但是，在佃农独立性提高的同时，佃农的地租率却不断提高。宋元明清几个朝代地租率都保持在50％以上。这种佃农的独立性与地租率提高的趋势，反映了中国土地资源的日益稀缺，也反映了农民与地主之间的相互依存。

在中国长期的封建历史过程中，自耕农与佃农数量具有此消彼长的关系。就总的趋势讲，唐代以前是自耕农占主导地位，而佃农比例较小，唐代以后佃农比例扩大。但从各个朝代来看，基本情况是王朝初期自耕农占主导地位，而佃农所占比例较小，而在王朝晚期则佃农所占比例较大。例如，在汉初、唐初、宋初、明初都是自耕农人数比较多，这是由于在王朝初期，战争导致人口减少，地主逃亡，封建王朝在建立初期往往实行重新分配土地的政策。但是由于土地私有、可以买卖以及小农经济的不稳定性，总是避免不了土地的兼并和自耕农的破产，所以佃农所占比例就不断扩大。另外，中国历史上一直没有停止过拓殖活动。汉晋隋唐时期，华北还有大量生荒地或熟荒地，由此培育了大量自耕农。宋代以后，江南地区灌排农业有所发展，塘田发展，一些官田民田化，也为自耕农提供了发展机会。但是，由于人口多且增长快，土地拓展空间有限，自耕农经济的发展很快就达到极限，这时在土地买卖制度和土地兼并趋势的作用下，必然向佃农制度转变。

保持相当数量的编户自耕农，是中国封建专制国家的一大特色。从整个封建社会历史来看，在各种因素的影响下，自耕农总是不断走向破产，然后又通过各种方式重建。这种自耕农的破产—重建—再破产的循环过程，也就是中国封建经济周期波动的过程。但就某个历史阶段来讲，或者说就某个朝代来讲，自耕农分化的主要趋势是向佃农转化，而转为地主的很少。从理论上讲，自耕农与地主具有同等的法律地位，自耕农可以上升为地主，地主也可能沦为自耕农甚至佃农，但事实上，自耕农与地主的经济地位不同，很难上升为地主。中国封建社会后期，由于成为地主的必需土地数量减少，单产、复种指数的提高，以及一条鞭法实行后里甲制束缚的放松，在自耕农中也分化出少量佃富农和小地主，但这不是主要趋势而是个别现象。尽管我们可以看到中国封建社会在社会等级方面的垂直变动，但主要不是通过经营土地，而是通过科举、经商、战功等，而且通过这些途径改变经济政治地位的例子也不是普遍的。所以，小农总是小农。

造成中国自耕农向佃农转化以及封建小农经济成长障碍的因素，概括起来主要有以下四个方面：

第一，人口压力。农民耕种的土地面积较小，为了增加收成，就必须扩大对土地的劳动投入。在土地要素一定的条件下，劳动要素投入的不断增加，必然导致边际生产力的递减。同时，中国的赋税长期以来基本上是按土地征收，为了应付不断增加的赋税，农民不得不进一步加大对土地的劳动投入。所以，小农为了增加劳动力而增加家庭人口，是一种理性的决策。这是中国历史上人口不断增加的根本原因。土地上的人口压力以及为了增加土地产出而又不得不增加土地上的人口的矛盾，使中国小农经济始终处于勉强维持的状态，剩余产品极少，一旦遇到天灾人祸，就必然陷于破产境地。

第二，官府的赋税剥削。自耕农时代的小农经济是一种独立经济，并不依附于地主，小农经济与地主经济具有同等的法律地位。但小农经济却严重依附于专制政体，要向封建官府缴纳赋税。这种赋税剥削在大部分情况下是极为严酷的，赋税和徭役占小农总产量的30%～35%，有时甚至达到50%。这样的剥削程度使中国的小农处于国家的普遍奴役之下，所以，小农经济的状况在很大程度上取决于国家的赋税和徭役剥削的轻重。但是，中国封建社会中央集权的专制制度，决定了其不可能总是采取轻徭薄赋政策，赋税和徭役的增加是一种必然趋势，农民总是处在这种沉重赋役的压迫下，经济状况不可能得到改善。

第三，商人资本和高利贷资本的剥削。小农经济本来力量就很弱小，甚至连春耕的农具和种子都不能自备，要由地主提供或借高利贷才能解决，而在青黄不接的时节，更要靠高利贷才能度过。所以，小农经济是商人资本和高利贷资本存在的基础。同时，地主、商人和高利贷者往往三位一体，构成剥削和束缚小农经济发展的罗网，小农一旦落入这个罗网，就难以挣脱出来。然而，小农为保住自己的小块土地和独立的经济地位，又不得不依赖于商人和高利贷资本。这就造成小农经济在事实上依附于商人和高利贷者的情况。而商人和高利贷者正是利用了小农经济的这一特点，保证自己始终有剥削对象。事实上，中国封建经济不仅是地主、商人和高利贷者的三位一体，而且这三者与封建小农共为一体。

第四，战争、天灾、瘟疫等突发性因素。在中国封建历史中发生过无数次大大小小的战争，每次战争都不同程度地影响了小农经济的发展。一方面，小农是主要的兵源，在很多情况下，小农不仅必须放弃农业生产去参加战争，而且要自备必要的战争物资。另一方面，战争还造成严重的人员伤亡，而大规模战争往往导致人口锐减。在一个以劳动为主要生产要素的小农经济中，劳动力的丧失必然严重损害生产力。另外，中国历来是个多灾的国家，人口密集也导致瘟疫较易流行，这些因素都对小农经济造成了严重破坏，使小农经济的生产力很难发展。

四、对中国封建小农经济的基本评价

小农经济占统治地位是中国封建社会最重要的特征之一，在中国封建经济史上具有特别重要的意义。一方面，小农经济的自我激励机制，使中国用极为稀少的土地面积养活了最大规模的人口，并创造了传统农业阶段最先进的技术和生产力；另一方面，小农经济导致了封建社会经济的周期性波动，也是向新的生产力阶段发展的严重阻碍，就是说，中国封建社会“锁定”在小农的发展阶段而难以实现新的经济革命。所以，理解小农经济是理解中国封建社会经济发展与衰落的关键。这个特征决定了中国封建社会经济的兴衰，也决定了中国封建王朝的更替。

第一，小农经济是中国农业社会生产力条件下最有效率的生产方式，是中国封建经济长期延续的重要原因。人口多而土地少，这是中国历史上自始至终的特点。人口与土地两个要素之间关系的相互作用，始终决定着中国农业经济的发展。小农经济可以最大限度地养活土地上的人口。这是因为，一方面，小农经济将土地上的收益做了固定的安排，赋税和地租基本是固定的，农业剩余的多少取决于小农的收成，这就可以充分调动农业生产者的积极性；另一方面，赋税和地租一般较重，在沉重的赋税和地租压力下，不得不尽可能地向土地追加劳动，以获得最大的产出。所以，中国历史上农业总产量可以不断地扩大，但是农业的人均产量总是基本不变的。由于小农经济是最大限度地调动农民生产积极性的制度，所以农业生产总是不断有所发展，但是这种发展带来的土地产出的增加，总是被人口的增加抵消。这也是中国封建生产关系下可以产生比较先进的技术和生产力，但整个经济水平却得不到提高的原因。

第二，小农经济是自然经济的基础，它排斥商品生产，排斥规模经济，是中国封建社会停滞的主要原因。小农经济生产力水平较低，剩余产品较少，不能大规模参与社会交换，农业商品率极低。由于小农经济所耕种的土地面积小，无限增加单位土地上的劳动必然导致土地边际生产力的降低，加上赋税和地租剥削又很重，小农单靠小块土地的收益不能维持全家的生计，必须利用剩余劳动从事家庭手工业生产作为农业的补充。但是，这种家庭小手工业的发展仅仅限于小农业的补充，不仅没有发展成为近代工业的可能，而且对商品经济发展的促进作用也极为有限。不仅如此，这种与家庭小手工业紧密结合的小农经济还排斥商品生产。这是因为，这种家庭小手工业与小农经济的紧密结合强化了自给自足的生产方式，使商品生产不能发展起来。

第三，小农经济的脆弱性是中国封建社会经济动荡、不断反复的根本原因。小农经济规模小，生产力水平低下，加上赋税和地租剥削较重，大部分小农的收入仅能维持生计，一般没有积累，也无法扩大再生产，对新技术的采用十分有限，对自然灾害的抵御能力极低，一旦发生意外的变故，简单再生产就会受到影响，甚至中断。特别是小农经济无论如何也无法与地主经济竞争，土地兼并不可避免地发生。中国历史上的农业气候周期与土地兼并周期导致了中国农业发展的波动和动荡，以及不断的低水平反复。

第四节　工商业与城市的发展

一、中国古代的商业政策

周灭商时承袭了商代的手工作坊，俘虏了不少手工工匠，在此基础上设立了种种手工作坊。这种官办作坊一般规模较大，作坊内实行一定程度的分工。特别是当时的青铜器制造已经比较发达。据《考工记》记载，周代的青铜作坊内“凡攻木之工七，攻金之工五，攻皮之工五，设色之工五，刮摩之工五，抟（拍）土直（黏土）之工二”。不仅周王设立了大规模的手工作坊，各诸侯国也都有自己的作坊，有的规模还不小。除了青铜器之外，西周时代的陶器、漆器的生产也有很大的发展。到春秋时期青铜器仍有发展，各地青铜器的生产很普遍，青铜器作坊规模很大，分工也比较细。同时，冶铁业也有一定的规模。《管子·海王》说：“今铁官之数曰：一女必有一针一刀，若其事立。耕者必有一耒一耜一铫，若其事立。行服连轺辇者必有一斤一锯一锥一凿，若其事立。不尔而成事者，天下无有。”可见铁的使用已经比较普遍。此外，煮盐业、漆器业也在春秋时代兴盛起来，其他如制陶、制革、纺织、染色、玉器、石器等都有所发展。

西周和春秋时期，特别是春秋时期，商品交换有了很大的发展。春秋初期，作为商品交换的主要是奢侈品。到了春秋末年，商品种类扩大到生活必需品。这一时期，虽然贝仍然作为货币使用，但随着商品交换的发展，已经出现了金属铸币。中国商人资本在春秋时期有了很大的发展，这一时期商业发展的最大特点是出现了独立商人。过去，商业和手工业都是由官府垄断的，即所谓“工商食官”。春秋时期，在某些官府商业存在的同时也出现了独立的商人。《左传》上记载了郑国国君和商人的盟约：“尔无我叛，我无强贾，毋或丐夺。尔有利市宝贿，我勿与知。”当时商人的社会地位还是比较高的，在社会上的活动能力也较强。孔子的弟子子贡是个著名的大商人，《史记·货殖列传》说他“结驷连骑，束帛之币以聘享诸侯，所至国君无不分庭与之抗礼”。到了战国时期，商品经济和商品流通进一步发展。李斯在《谏逐客书》中提到，各国输入秦国的商品包括昆山之玉、随和之宝、太阿之剑、江南金锡、西蜀丹青、阿缟之衣、锦绣之饰，可见当时商品流通之发达。在商品经济和商品流通发展的同时，商人资本进一步发展，不仅小商小贩大量出现，还出现了不少富商大贾，如战国时的白圭、吕不韦等。白圭是魏国大臣，也是大投机家，他提出“人弃我取，人取我予”的商业信条，被尊为商贾的鼻祖。大商人吕不韦不仅经商致富，还当上了秦国的相国。

春秋战国时期商品经济之所以发展，主要是因为封建领主经济体制被破坏，即孔子所说的“礼崩乐坏”，但同时，也是由于新的封建体制尚未建立起来。在这种没有礼法的环境下，商品经济得到迅速发展。但是商品经济的发展无论如何都不利于封建统治，所以在中国，这种商品经济发展的黄金时代是非常短暂的。到了汉代，封建地主经济体制基本建立，封建统治者开始实行抑商政策。这种政策可以说一直贯穿于中国封建地主制经济的始终。

事实上，统治者的抑商政策早在秦孝公时就开始了。《史记·商君列传》中说：“僇力本业，耕织致粟帛多者复其身，事末利及怠而贫者，举以为收孥。”秦始皇时，更把商贾和罪犯同等看待，商人的社会地位很低。汉高祖曾命令商人不准衣绸佩剑，不准乘车骑马，不准做官，不得购买土地等。到汉武帝时，抑商政策开始系统化，主要措施是实行算缗和告缗。算缗就是向商人、高利贷者征收所得税。凡对财产和收入隐藏不报或呈报不实的，鼓励知情人告发，即告缗。与此同时，政府还将冶铁和煮盐收归官营。汉武帝推行盐铁官营的同时，还实行贸易方面的均输平准政策。所谓均输，就是各地贡输物品一律按当地市价折成土产输官，然后政府再转运到京师和缺乏这些物品的地区出售；所谓平准，就是政府接受均输的物品，“贱而买，贵即卖”，使物价稳定在一定水平上。这种措施对封建政府是有利的，但是却影响了商人资本的发展。

经过历朝历代的发展，封建统治者建立了一整套抑制工商业的政策措施，主要包括以下四个方面：

第一，官工业制度。政府自设作坊或工场，凡是宫廷、官府所需要的一切工业制造品，尽可能地由官设手工工场来生产。官工业源于商周时代，在汉代发展起来。官工业都由工官来领导，工部一直是封建政府的六部之一，其所执掌的工业门类繁多，但基本上可以分为两个系统：（1）由少府等官所领导的各种杂工业，主要是供应天子、后妃等消费的各种奢侈品，以及朝廷、官府所用的舆服、法物、礼器、依仗等；（2）由军器监等官所领导的兵工业，主要供应军队所需要的武器、甲胄、旗帜以及其他军用品。这两类物品的需要量极为庞大，但都由政府垄断，禁止民间生产。汉代除在京师设立各种作坊和工场外，还在各重要产地设立工官，监督生产。例如，冶铁和其他金属采炼业都是由国家控制的产业，都是大规模经营，所以在采矿和冶炼之地，政府设立铁官。此外，各项杂工业除在京师设立作坊外，还在若干郡县设立工官。官工业制度使民间失去了一个最大的活动领域。

第二，土贡制度。土贡就是“任土作贡”，凡是官府工业不能生产或生产不足的物品，以及地方特产，都必须上贡。《周礼》称太宰以九赋敛财贿，以九贡致邦国之用。贡的范围十分广泛，自宗庙祭物、军国之用，直到饮食玩好，无所不包。另外，地方特产，不论是农产品还是矿产品、工业制造品，或是奇花异草、珍禽异兽，无不在上贡之列。

这种土贡都不是通过商品交易方式获得的，而是从各方无偿取得。贡和赋一样是强制的，“贡之不入，寡君之罪也”。赋税有田亩户籍限制，而贡没有固定范围，所以，随着封建统治者奢侈消费范围的扩大，贡的范围也不断扩大。如果统治者的这种消费需要通过市场来获得，就可以扩大商品交易范围，从而有利于商品经济的发展，但是土贡制度却将商品交易范围大大缩小了。

第三，禁榷制度。这是指将广大人民所必需的商品，也就是获利最大的商品交易收归官营的制度。这个政策是对中国封建商品经济影响最大的政策。这种政策起源很早，首先由管仲在齐国实行，被禁榷的产品主要是盐和铁。汉代曾经一度“弛山泽之禁”，允许私人经营，并且“开关梁”，允许自由贩运。于是富商大贾遂周流天下，大获其利。至武帝时，又实行抑末政策，由桑弘羊实行盐铁官营。以后，禁榷制度一直沿用，并且不断扩大范围，只要出现能够大量生产和销售的商品，就立即被政府列入禁榷范围，由政府垄断生产和销售。先后列入禁榷范围的商品有茶、酒、矾、香料等。

第四，规制交易。封建统治者还对市场交易活动进行各种限制和管制。例如，入市的商品必须以类相从，分别陈列在规定的地点，称为肆。肆有肆长，由其管理一肆的事务。肆中出售的商品必须由官家评定价格，一般是每月评定一次或每季评定一次。唐代则一旬评定一次，明代对物价管理更加严格，三天就评定一次。明代政府还以诏令命在京兵马司三日一次校勘街市物价，令外府州县每月“取勘诸物时估，逐一复实”，并每月上报。清代规定：“令价不平者，计所增减之价，坐赃论，一两以下，笞二十，罪止杖一百，徒三年。”① 对营业时间也严格限制，一般是“日中为市”，交易时间都是在上午，过午渐散，至夕而罢。这种“日中为市”的制度一直延续到唐代。唐代曾出现过夜市，不过被政府取缔，直到北宋时，禁止夜市的规定才被取消。此外，政府还严格管制度量衡。各种度量衡的标准都是由国家制定，必须按照政府规定的式样标准制造，并由政府打了标记之后才能使用，违者依律治罪。禁止贩运违禁物品。所有在城市开业的铺户都必须在主管的衙门登记注册，由主管的官吏定期调查他们的资本数目、营业状况和盈利多寡，然后分别确定等第、立案造册等。

中国历朝历代基本上实行抑商政策，其主要原因可以概括为三个方面：

第一，保证农业基础。中国传统上是以农立国，农业的稳定与发展是国家经济稳定与发展的最重要的基础。但是，历史上的商业发展却导致了一系列有损于农业的结果。例如，早在春秋战国时期就有“用贫求富，农不如工，工不如商，刺绣文不如依市门”的说法，这种劳动收益的差距导致劳动力从农业转移到工商业，从而损害了农业基础。《汉书·贡禹传》说：“商贾求利，东西南北各用智巧，好衣美食、岁有十二之利……故民弃本逐末，耕者不能半，贫民虽赐之田，犹贱卖以贾。”所以，必须抑制商业的发展。

第二，抑制土地兼并。中国封建社会实行土地私有和土地买卖制度，商人往往通过购买土地而成为大地主。事实上，这种重农抑商的政策是商人资本参与土地兼并的根本原因。这是由于土地是最重要的财富形式，国家的抑商政策使商人资本不可能发展成为一个社会主业，商人资本必然在积累一定货币财富以后将资本转向土地。所以，中国历

① 大清律令根源：卷三十八.

史上的大商人也往往就是大地主。

第三，防止地方割据势力的发展，维护国家大一统。中国是个大一统的国家，维护国家统一是历朝历代政府的主要目标，而工商业的发展，特别是商人资本的发展往往起到了支持地方势力的作用，所以，封建国家历来采取抑商政策就不足为怪了。

二、中国古代的封建行会

行起源于肆。古代的市场是有组织的，货物分类陈设在各个划定的肆内，“名相近者相远，实相近者相尔”。《论语》中所谓“百工居肆，以成其事”，就是说工商业者只能在肆内营业。肆有肆长，肆长是管理本肆业务的市政属官，也是政府与某一行业的工商业者之间的桥梁。但是肆长必须熟悉本行业的业务才能便于管理，所以肆长一般都是由本行业的人担任，事实上肆长是一个行业代表。后来的“行头”“行劳”等，就是从肆长演变而来的。

隋唐时期中国出现了“行”的名称。唐代两京的行都为100～120个，有的是商业行，有的是手工业行。随着各行业从业人员增多，就会出现一些涉及全行业的共同问题，这就产生了某种形式的联合或组织的需要。最初出现的行可能只是一些临时的集合，形成比较松散的团体，后来逐渐发展成为工商业者的组织。每行都有一个行首，行首不是官府的代表，而是由同业公推，是本行中人。凡是本行的事务都由行首来执行，凡涉及对外交涉或其他共同活动都由行首率众共同应付。行首还要参加官府的物价会议，完成政府交办的各种任务，如缴纳免行钱等。不过，行对本行业的活动并不进行直接干预，更不会有所限制。各行均有固定的交易地点、雇用人力的接洽场所，有特殊的服饰、传统活动和经营方式，还有特殊的宗教信仰等。

行作为工商业组织出现的标志，是城市行户的贸易垄断权在诏令中出现。后唐同光二年（公元924年），政府对“诸色牙人”“店主人”与客商交易的支付做了规定。官府规定，“牙行人”对“客旅人”入城交易，“须依行店事例引致”，反映了五代时城内坐贾对收购客商入城交易的货品有独占性优先权。客商不能直接零售，须由牙行人介绍“引领百姓”（收货人）收买。但是当这种独占性优先权与惯例发生矛盾时，政府不承认店主、牙行和行肆坐贾的这种独占性优先权。可见，行已经不是协助官府控制坊肆和征敛税收的工具，而是独立于官府之外的组织。

到了宋代，行业进一步增多，为行会制度发展奠定了基础，所以宋代是中国封建行会的定型时期。不过这一时期行会的发展并不是缘于行业本身发展的要求，而是在政府的压力下形成的。一方面，工商业者为了应付政府的“科索”，即官府对民间物品的无偿征调，不得不组织起来，每个人必须加入一个同业组织的行，以便共同与官府打交道；另一方面，官府为了便于对工商业者实行征调，也强制工商业者组织起来，使每一个工商业者不论大小，都必须“投行”，否则就停止营业。在这种条件下，行会便迅速发展起来。宋代的行非常发达，各行各业无不成行。为了免除各种征课，工商业者将这些负担折成现钱向政府缴纳，称为免行钱。只要缴纳了免行钱，就等于在官府注了册，而“不赴官而投行者有罪”，不许在肆内营业。事实上这是官府给予行会垄断行业的权利。

行会成员间是不平等的，同行从业者的经济地位相差非常悬殊，每个人都凭自己的资本和经营才能，尽量追求最大财富；各行都是由行头大户把持，他们勾结官府，随意摊派，将各种负担转嫁到小工商业者身上；另外，行会并不限制竞争，各行大户甚至通过垄断市场、操纵物价，进行不正当竞争。

三、中国古代的货币制度

周代仍使用贝币，但由于贝的来源有限，遂用铜来代替，这就是铜币。除了仿造贝币外，还仿造刀币、铲形的布币。与铜币共同流通的还有珠玉、黄金等。《管子》中说："珠玉为上币，黄金为中币，刀布为下币。"这种状况一直延续到战国时期。铜钱和黄金是春秋后期进入流通的，周景王铸大钱可以作为这个变化的开端。这在中国历史上是划时代的事件，从此以后，铜钱就一直作为中国的一种主要货币而流通。黄金大约是在春秋时期开始发挥货币功能的。根据春秋时期的文献，凡大规模的交易都是用黄金作为支付手段的。可见，黄金作为货币使用是比较广泛的。另外，赏赐、贿赂等也都使用黄金。

正式以国家命令统一全国货币制度，并由法律赋予黄金以主币资格是从秦代开始的。秦代规定以黄金和铜钱为主要货币，其他如珠玉龟贝银锡等，不再作为货币使用。这是中国历史上第一个法定货币制度，也是第一次实行金铜共用的复本位制。当时黄金是称量货币，没有固定的铸形，以二十两为一"镒"。铜钱则是铸币，其成色、重量、形制都由政府规定。两者之间具有一定的兑换比例。到西汉王莽期间规定："黄金重一斤，直钱万。"①

由于秦代存在时间较短，秦代建立的货币制度事实上由汉王朝推行。这一时期，中国商品交易基本由黄金和铜钱来完成，但与黄金相比，铜钱的地位极低，所以事实上这是中国历史上唯一的金本位时期。汉代初年，政府一度放弃铸币权，人们可以自铸小钱，从而导致了严重的通货膨胀。所以在汉景帝时，政府将铸币权收回，禁止民间铸钱。秦汉时期货币经济的发展刺激了商品经济的发展，并导致了土地兼并以及商业资本和高利贷的发展。

西汉以后，由于兵祸连年，社会生产和商品流通遭到严重破坏，商品货币关系发生了严重的倒退，开始进入实物货币时期。这一时期，黄金退出流通，丧失货币作用，这主要是由于外贸逆差，佛事用金大增，泥金写经，贴金作榜，消耗了大量黄金；同时，中国黄金生产日益枯竭，造成黄金供应短缺。这一时期，不仅黄金退出流通，铜钱也退出基本流通。东汉章帝正式废止铜钱，明文规定以布帛为币。在整个东汉时期，都是以布帛为本位币。两晋南北朝时期，战争不断，经济凋敝，各短命王朝铸造劣质铜币，导致铜钱信用危机，实物货币进一步发展。这一时期，布帛谷粟尤其是布帛成为主要货币。

唐代是金属货币复兴的时代。唐初期，社会安定，经济发展，外贸兴起，商品货币关系大大发展，这就导致了货币经济的复兴。唐代货币是铜钱与布帛并用，但实际效果已经与前代不同。铜钱与布帛具有同样的法偿地位，但铜钱的地位上升，布帛的地位下

① 汉书・食货志.

降。这是由于唐代钱法比较完善，铜钱的质量良好。唐武德四年（公元621年）铸“开元通宝”，一直流通。由于社会经济发展，货币的需求量大大增加，而货币的供给却跟不上，出现了流通手段不足、金融紧迫和物价跌落现象。政府通过一系列措施来调节：一方面，扩大铸造，增加供给，收购民间铜器，扩充铸钱原料，严禁销毁铜钱，禁止外流，限制积蓄铜钱，提高布帛与铜钱的比价；另一方面，实施金融制度创新，为解决货币不足的问题提供帮助，例如，当时所谓的“除陌”，即每千钱中扣除若干文，仍按千钱流通。

在唐末至五代时期，白银进入流通。这是中国货币史上另一个阶段。白银首先在岭南一带流通，这些地区向朝廷进贡也采用白银。同时民间采银日盛，白银的产量大增，逐渐具有成为货币的可能性。但在唐初，采银之风日盛，不少交粮纳税的农户上山采银、冶银。政府担心这样做会影响农业生产，所以一度发布禁令，禁止采银。唐元和三年（公元808年），宪宗颁布《禁采银坑户令采铜助铸诏》，指出：“天下有银之山必有铜矿，铜者，有益于鼓铸；银者，无益于生人，适开玩好之端，岂救饥寒之患……其天下自五岭以北见采银坑，并宜禁断。”然而，白银以其天然优势，很快代替其他货币成为主要货币，但铜钱一直没有退出流通，中国一直采用银铜复本位制度。

中国货币史上的另一个重要事件是纸币的出现。纸币源于唐之飞钱，成于北宋交子。唐的飞钱是钱荒的产物，当时不仅国家为防止铜钱外流采取各种措施，各地方政府也画地为牢，商人不得不采用汇兑方式来兑付。“商贾至京师，委钱诸道进奏院及诸军、诸使富家，以轻装趋四方，合券乃取之，号‘飞钱’。”[①] 即商人将现钱交给他们的驻京机关，由它发给文券（相当于现在的汇票），然后到当地衙门支取。这种情况很快得到政府的认可以及政府法令的保证。到北宋时期，由于铜币稀缺，各地铸造铁钱，铁钱币值低，流通量大，给交易带来了诸多不便。所以，流通铁钱的蜀地，先行流通交子。到宋仁宗天圣元年（公元1023年），交子改由官办，交子的面额有所规定，一般以十贯和五贯为主。南宋和金发行会子和交钞，也是纸币，辽国也发行过纸币。到了元代，纸币发行量更大，其中中统钞、至元钞都是纯纸币。明洪武八年（公元1375年），政府发行“大明宝钞”，钞面以钱文计，从一百文到一贯。当时纸币为主币，而金属铸币为辅币。纸币一般与金属货币或实物货币有一定的联系，包括铁钱、铜钱，甚至金和银。例如，元代“中统元宝交钞”以丝为本钱，以两为单位，丝钞二两值白银一两。事实上，自宋至明，历朝历代的各种纸币制度无一不在通货膨胀中崩溃。

明代中期以后，白银成为主要货币。《明史》记载，正统元年（1436年）明英宗“弛用银之禁”“朝野率皆用银”。这一年政府允许南京、浙江、江西、湖广、广东、广西、福建将原征米麦400万担折纳“金花银”100余万两。正德元年，官方又正式承认“银差”，允许部分徭役折征银两。万历九年（1581年），张居正进行历史性的财政税收制度改革，在全国全面推行浙江巡按御史庞尚鹏等人所创的一条鞭法，一切赋税、徭役统一折银缴纳，这标志着中国货币财政制度最终确立。一条鞭法的全面推行，表明明朝中央政府正式承认了白银的本位货币地位，中国货币进入“白银时代”。

---

① 新唐书·食货志.

四、中国古代城市的兴起和变革

中国城市兴起主要是在封建时代，可以说是从西周开始的。周原来是一个文化比较落后、力量比较弱小的部落，灭殷后，面对极为复杂的阶级矛盾和民族矛盾，不得不大规模“封建亲戚，以藩屏周”，将全国划分为一个个区域，“封邦建国”。诸侯的封地，有的是被征服的旧部族的土地，有的是自行开荒垦辟。不论是强制占有旧部族的土地，还是自启土宇，都面临一个严峻的问题，即处于旧部族的包围之中。所以，诸侯在到达封地以后，首要的任务就是建立城堡，用坚固的城郭和深阔的沟池来保障自己的安全。这种情况与古希腊的殖民和筑城活动很类似。所以，封建统治者都把筑城作为立国的根本大计。《吕氏春秋》中说：“古之王者，择天下之中而立国。”《诗经·大雅》称：“文王受命，有此武功。既伐于崇，作邑于丰。……宅是镐京。维龟正之，武王成之。”西周初年营建的成周也颇具规模。其他封国所建之城也都颇具规模。例如，比较小的封国蔡，所建都城雄踞蔡县芦冈坡，四周有护城壕沟，面积约 16 平方市里。

到春秋战国时代，一方面，由于各诸侯国割据称雄，互相征伐，战争不断，因而“争城以战，杀人盈城”，各诸侯或是为了进攻，或是为了防御，都积极扩大旧城和建立新城，这就导致了城市的发展；另一方面，由于商品经济获得了较大的发展，城市往往成为工商业中心，因此获得了迅速发展。特别是战国时期，城市发展尤为迅速。《战国策》说，战国以前“四海之内分为万国，城邑大无过三百丈者，人数众，无过三千家者”。战国时期则“千丈之城，万家之邑相望”，齐都临淄“车毂击，人肩摩”，“其民无不吹竽鼓瑟，击筑弹琴，斗鸡走犬，六博蹋鞠”，相当繁华。这一时期可以说是中国历史上城市发展的黄金时代。

秦以后，城市制度发生了较大变化。中央集权专制制度的建立取代了诸侯争霸局面，特别是郡县制度的建立，使封建政治由多元统治变为一元统治，城市也就由诸侯都邑和卿大夫的采邑变为地方郡县的治所。这对中国城市的发展产生了重要影响。不论是原有的封建都邑，还是新建置的郡府州县治所，都是按行政编制、地理区划和人口分布情况统一布置和兴建的。在这种情况下，王朝的更替和政府管理体制的变迁往往决定了一个城市的兴衰。由于这种更替和变迁，不少前代城市被废弃不用，但也有不少仍然保留下来而继续发展，有不少古城从古代一直延续至今。这种郡县城市是中国封建时代城市发展的主要线索。在中国古代，也有大量城市是由于商业和交通的发展而形成的。这种城市与封建国家的统治关系不大，主要是在交通要道和商品聚集地逐渐发展起来的。但是，只要城市发展起来，政府就不可避免地要进行管理，这就使得工商业城市也被纳入了封建经济和封建政治的轨道。

根据不同的起源和发展道路，中国古代城市大致有以下三种类型：

第一，郡县城市。这类城市是郡县治所所在地，是由封建政权建立的，所以是封建统治的区域中心。这类城市基本都是经过规划后建立的，城市形态方正，城市内有整齐的棋盘格式的街坊。特别是在坊肆制城市中，城墙内的城市空间由若干个坊组成，坊的平面呈正方形，周围建有坊墙，一般坊内建十字街。城市居民被限制在高大的城墙之内，临街不许开门，商业交易活动被限制在规定的坊肆之中，定时开门和关闭。可见，这类城市主要是封建政治中心而不是经济中心，尽管城内也有比较发达的工商业，但这种工商业基本上是为封建统治和统治阶级的消费服务的，并且受到严格限制。

第二，工商城市。这类城市是随着工商业的发展而逐渐形成的。尽管郡县城市是中国封建城市发展的主流，但随着工商业发展而兴起的城市是始终存在的。春秋战国时代的城市，不论其起源如何，都带有工商业城市的特点。这主要是因为诸侯之间存在竞争，诸侯国通常采取重商政策吸引商人和手工业者。秦代以后的各朝各代，一般来讲，在王朝初建时期，郡县城市是发展的主流，但是随着社会的稳定和经济的发展，以及工商业活动的增加，不可避免地会产生一些工商业城市。特别是唐五代以后，随着租佃契约制在农村的逐步推行，人身依附关系逐渐松弛，城市人口增多，商业交易活跃。一方面，夜市增多，使原有的定时开闭市场制度遭到破坏；另一方面，临街开店的现象越来越多，坊肆制度逐渐解体。这些都意味着封建束缚的松弛，在这种情况下，工商业得到进一步发展。这种变化导致了城市布局的变化，城市建设根据工商业活动的需要而布局的情况越来越多。例如，宋代运河沿岸的城市由于受到交通和物资集散功能的刺激，最先突破封闭的坊肆制度的束缚，形成沿河商业街。城市的形态分为两部分：一部分是受唐代坊肆制度影响的四方形旧城；另一部分是在旧城外发育成长起来的新城，新城墙的外形为不规则的曲线状或纺锤状，反映了城市根据经济规律的自然发展。

第三，交通城镇。封建社会后期，中国出现了一些由于交通和商业发展而形成的城市。唐代后期，在一些靠近交通要道、桥梁、津渡的地方，因过往行旅比较频繁，食宿交易比较兴旺，逐渐形成了以商业活动为中心的商业集镇。这类城镇一般是从村落发展而来的，城镇的格局基本上可以反映一种自然的发展。一般来讲，这种集镇都有一条沿道路而建的街市，店铺林立，以短巷相隔，没有多少纵深建筑，也没有城墙。北宋中期，全国建制镇总数超过 1 875 座，不少镇由于税收额超过县城被升格为县。政府对这类城镇人口的管理不同于农村人口，而是将这些人作为“坊廓户”对待。这类集镇纯粹随着商业和交通发展而兴起，所以带有的封建性最少，政府的管理也最为宽松。有不少这类城镇就是由于处于不同的州界或县界上，封建管理跟不上才发展起来的。

到了明清时期，江南市镇的发展成为中国城市发展的一大特色。明代城镇的勃兴始于 15 世纪中叶以后的成化、弘治年间，全盛于 16 世纪初至 17 世纪初的嘉万年间，江南其他城镇到晚明时期人口也大量增加。如松江府的市镇总数由明末的 60 多个增加到乾嘉年间的 110 多个，几乎翻了一番。一些市镇的规模也由“居民百家”增至“无虑数千家”“烟火万家”“景物繁昌几近郡县等”①。吴江县明嘉靖时有四镇七市，清康熙时有七镇十一市，百年间有三个市发展成镇、七个村发展为市。② 明清时期，这一地区的一些大镇人口都在万户以上，例如南浔镇、乌青镇、盛泽镇、罗店镇、双林镇、濮院镇等。当时这些市镇，“名为镇而实具郡邑城郭之势”③。一些中小型市镇也有数千户人家，而且商

① 段本洛．苏南近代社会经济史．北京：中国商业出版社，1997：103－104.

② 顾朝林．中国城镇体系——历史·现状·展望．北京：商务印书馆，1992：115－116.

③ 康熙．乌青文献：卷一：疆域；乾隆．乌青镇志：卷二．

贾辐辏，富庶繁华，迥然区别于乡村，成为新兴的小城市。[①] 明代《苏州府志》记载：“聚居城郭者十之四五，聚居市镇者十之三四，散处乡村者十之一二”。全国各地区出现了一些较大的城镇，包括景德镇、佛山镇、朱仙镇和汉口镇这四大名镇。

城市的发展和城市居民的变化催生了独特的市民生活。丰富的生活用品、华贵的奢侈品、热闹的游乐场所使市民生活丰富多彩，市风弥漫。首先，城市生活商业化。由于坊市制度破除，城市门面铺席和作坊市肆四处扩散，大大方便了人们的生产和生活。而随着商业的发展，在一些较大的城市中形成了比较繁华的商业区，如南京夫子庙、苏州玄妙观、上海城隍庙、北京土地庙等。其次，市民生活娱乐化。宋代以后，几乎所有城市都有不同规模的商业娱乐场所和各种酒楼歌馆，由此集聚了一批专业艺人，并形成了专门的娱乐场所。到了元明清三代，城市市民生活的娱乐化倾向进一步发展，促进了杂剧、昆曲和京剧的繁荣。再次，休闲消费大众化。宋代以后，饮食繁荣，餐馆、酒楼、茶肆遍布大街小巷，特别是茶行与茶肆生意兴旺，茶肆不仅是饮茶之地，还成为交际、聚会和娱乐的场所。宋人饮酒、喝茶，常以金器为珍，以显示富贵，银杯银碗多为酒楼和茶肆的高档器皿，奢靡之风由此可见。最后，市民活动“社”“会”化。在商业性文化娱乐业中，出现了“社”和“会”之类的组织。如艺人组织一般称为“社”，从事市民文学创作的文人组织称为“会”。“社”“会”组织的兴起，既是市民按照不同行业分工的组合形式，也包含着市民对社会活动自主性的追求。

五、日本封建时代的工商业和城市

在日本的律令制时代，国家把手工业者编为若干个品部，置于国家有关部门的管理之下，并在官员的率领下从事手工业生产，为政府服务或缴纳手工业产品。这种手工作坊的特点是：生产场地、工具和原料以及生产者的生活资料等都由国家供给，生产者只提供劳役，产品全部归国家所有。律令制解体后，日本的手工业生产体制发生了一系列变化：(1) 手工业者从律令制国家的品部中解放出来，成为单独的小生产者。但是当时市场和分工都不够发达，这些小手工业者还不能完全独立生产，所以不得不依靠有权势的领主或寺社为他们生产贡品，同时向市场供应剩余产品。(2) 随着商品经济的发展，一部分手工业者由农村巡回营业的非定居型手工业者向定居型手工业者发展，从而产生了手工业者聚居的地方。以后，手工业者又进一步从农村向城市集中，并面向市场生产。手工业生产主要有纺织、酿造、冶金、农产品加工等。纺织业是发展较早且规模较大的手工业部门，其中丝织业发展最为突出。到17世纪初，京都西陈成为全国最大的丝织业中心，拥有织机5 000台。棉纺织从家庭生产开始，以后出现了生产棉布的座和经销棉布的店铺。冶金以铁和金为主，主要为幕府所垄断，是幕府的主要产业，并在幕府的扶持下得到发展。酿酒业也是比较发达的产业。此外，陶器业和农产品加工业也有很大发展。

在律令制时代，商业也是由国家统制，置市司管理市场交易。到了庄园时代，商业从国家的控制下解放出来，从事各种商品买卖活动。平安后期，日本通过与宋代贸易输

① 樊树志．明清江南市镇的“早期工业化”（之一）．复旦学报（社会科学版），2005（4）．

入了大量宋钱，这些宋钱成为重要的流通货币；与此同时，在交通要道、神社、寺庙等举办定期集市，每月举办三次的“三斋市”成为常见现象，农民和领主都将剩余农产品拿到集市上交易，京都和奈良是重要的消费中心和交易中心，量年贡产品也在这里集中和交易。[①] 在江户幕府时代，国家加强了对商业的控制，在全国范围内整顿流通机构，统一度量衡，制定市场法等，并逐渐建立了国家对全国市场的集中统制。当时实行兵农分离制，领主和武士都居住在城市，为了生活需要，他们将年贡米委托商人贩卖，换取货币作为生活费用。同时，幕府实行“参谨交代”制度，将领主的家属留在江户，大名隔年在江户居住一年，这样，大名不仅要向京城运送稻米，还必须将稻米出售以换取货币。所以，年贡米就成为当时流通规模最大的商品，垄断稻米生意的商人也就成为特权商人。

随着手工业和商业的发展，平安末期工商业者在庄园领主下面建立了各种同业公会，称为“座”。[②] 座是一种具有垄断性的行会组织，由座头或长老统管，隶属于有势力的大寺院或权门贵族，以负担“座役”为条件，获得专卖权和免税权。座的种类繁多，从纸、油、酒、丝直到盐、铁等行业都有座的组织。农村也发展起座的组织，如草席座、芭茅帘座、陶器座等。14 世纪以后，商人的座从手工业者的座中分离出来，建立了商人集团的座。座的产生和发展，壮大了工商业者的力量，加快了工商业的发展，也促进了市场的发展。例如，大山崎油座的商人享有免税权，可自由通过濑户内海沿岸各地的关税网，专卖区域多达十国以上，这就打破了庄园制的狭隘限制，扩大了市场。

南北朝时期，货币使用盛行起来，年贡、地税、户税、夫役费、地租等各种捐税逐渐以货币的形式缴纳。日本市场上流通的货币，除过去流入的宋钱和元钱外，主要使用明朝的永乐通宝，并将永乐通宝作为标准钱。但由于进口钱币不能满足市场流通需要，各地出现了私铸现象。这些私铸钱币往往采用劣质铜，并且不足值，从而导致了货币混乱。为此，幕府和大名多次颁布“选钱令”，规定各种钱币之间的兑换比例，限制流通货币种类。钱币兑换和交易常常在土仓和酒屋进行，幕府保护这类交易，因而土仓和酒屋成了最早的金融机构。[③]

随着工商业的发展，日本的城市也得到发展。日本最早的封建城市是平城京（奈良）和平安京（京都）。随着社会经济的发展，特别是工商业的发展，镰仓以后逐渐出现了一些新兴城市。这些城市包括四类：（1）由寺院或神社而兴起的门前町。大寺社一般都有较大的领地，域内人口集中，形成较大的集落。由于参拜神社的人很多，所以发展起旅馆和商店，人口逐渐集中，成为城市。属于这类城市的还有由寺院境内的集落发展起来的城市，称为寺内町。（2）由交通要道的驿站集落而兴起的宿场町。在宿场町时期，交通和商业发达，驿站复兴，驿站发展为城市。到江户时代，幕府整备交通，设置驿站、商店和客栈，更是促进了宿场町的发达。（3）由于港口而兴起的港町。在封建割据条件下，陆路交通常常受到影响，而海运就成为主要的运输方式，港口随即发展起来。港口商旅增加，人口集中，市场发达，从而成为城市。（4）城下町。这类城市兴起于 15 世纪末 16 世纪初。这类城市是随着大名领国制而发展起来的。一般来讲，大名居住在具有战略意义的山丘上，而家臣团往往住在山下。为了供养大名和家臣团，他们招徕工商业者，

①②③ ［日］依田熹家．简明日本通史，76.

设置市场，于是人口逐渐增加，成为城市。这类城市在大名的经营下一度获得了迅速发展，成为大名的政治、军事和工商业中心。江户时代大约有 270 个大名，城下町有数百个，其中江户城为天下之首。庆长年间，江户城约有 300 条街，到正德年间增加到 933 条。17 世纪后期到 19 世纪初，江户城的人口超过了欧洲任何一座城市。①

在律令制时代，城市是以律令制官僚机构为中心的政治城市，同时也是经济中心，城市市民完全处于官府的管辖之下，没有任何权利和民众组织。在庄园时代，城市是领主统治的中心。随着商品经济的发展和庄园制的解体，商人的力量增强，一些城市获得了承包年贡的权利，而领主为了眼前利益，甚至将城市的检察裁判权也委托给商人。这样，城市开始获得一定的自治权，由年寄、长老或宿老等若干大商人组成的议会管理市政。15—16 世纪是日本城市自治运动广泛发展的时代，部分城市在战国的战乱时期，利用领主统治权力混乱而实行自治，但是这类自治城市并没有完全摆脱领主而成为真正的自治市。到统一的专制政权建立起来以后，自治城市很快就衰落了。但是幕府时期的城下町也有一定程度的自治权。幕府或藩派遣町奉行统治城市，掌管行政、司法和警察大权。而町奉行则从城市大商人中选任商人官吏，包括町年寄、名主和组头。町年寄的职责是受町奉行之命，在名主和组头的辅助下，传达政府法令、征收年贡米课、处理商人的财产和债务、管理市场等。

关键词

封建领主制经济　封建地主制经济　封建小农经济　抑商政策　行会

思考题

1. 简述中国领主制经济的形成、发展和衰落。
2. 中国封建地主制经济中的土地兼并与社会动荡有何关系？各个朝代有哪些针对性的措施？
3. 中国小农经济长期存在的原因何在？它对经济发展有什么影响？
4. 中国封建社会历朝历代的工商业政策有哪些特征？

① ［日］坂本太郎．日本史．北京：中国社会科学出版社，2008：292.

第五章

西欧地区的封建经济

重点问题

- 西欧各国的封建化进程
- 西欧的封建土地关系
- 庄园经济的形成和组织特征
- 西欧封建工商业的发展以及工商业组织的变迁
- 西欧的城市复兴与发展

第一节　西欧诸国的封建化

一、封建制度的起源

西欧封建经济是与罗马奴隶制经济完全不同的经济形态，它起源于日耳曼民族公社所有制。但是，由于西欧的封建经济制度是在罗马的废墟上建立起来的，因此，它不可能不受罗马社会经济形态的影响。不过，日耳曼人所接触到的罗马，已经不是全盛时期的罗马，而是一个衰落的罗马，所接触到的罗马奴隶制，已经不是典型的奴隶制，而是开始封建化的奴隶制。这是我们理解西欧封建制度的关键。所以说，西欧封建经济有两个源头，一个是日耳曼所有制或者说是日耳曼民族公社所有制；另一个是衰落的或变态的罗马奴隶制。整个西欧封建制度的形成和演变过程，就是日耳曼制度与罗马制度的融合过程。正如美国经济史学家诺思所指出的："在总结这 1 000 年的结构特征时，我们可以说，这是一个日耳曼制度和罗马制度融合的时代。"①

日耳曼民族公社所有制的最重要特点，是农民表现为土地的实际所有者和占有者。在这里，个人土地财产既不表现为与公社土地财产相对立的形式，也不表现为以公社财产为媒介，而是相反，公社只是在这些个人土地所有者本身的关系中存在，只是存在于公社成员每次集会的形式中。个人所有制表现为公社所有制的基础。公有地只是个人财产的补充：不是个人财产表现为以公社为媒介，而是公社的存在和公社财产的存在表现为以他物为媒介，也就是说，表现为独立主体相互之间的联系。实质上，每一个单独的

① ［美］道格拉斯·C. 诺思．经济史中的结构与变迁，143.

家庭就是一个经济整体，它本身单独地构成一个独立的生产中心。而公社则表现为一种联合，而不是联合体，表现为以土地所有者为独立主体的一种统一，而不是表现为统一体。[①] 这个制度特点预示着中世纪的生产方式将是一种以家庭为中心但又严重依赖于共同体的生产方式。

一般来讲，新的生产关系是从旧的生产关系内部萌发和生长出来的。封建生产关系也不例外，它是在罗马奴隶制衰落的过程中逐渐出现的。日耳曼民族在向罗马帝国渗透的过程中，基本上处在氏族公社向奴隶制转变的阶段，没有封建经济的经验。它们是在与罗马接触的过程中，学习罗马的经营模式，结合自己的社会结构发展起封建制度的。“西欧的兴起基本上是以继承希腊—罗马文化为条件的，希腊—罗马文化被保留、继承（特别是在南欧）、改造，并最终塑造了在6世纪到10世纪间出现的许多制度安排。庄园似乎是从罗马村社直接派生出来的，有人身依附关系的隶农可以说是封建社会农奴的前身。奴隶制也延续到了中世纪。罗马法的传统被保留下来，而且出于规定产权结构的需要，它在现代欧洲的早期又充分地再现出来。”[②]

日耳曼制度与罗马制度的融合是一个极为漫长的过程。尽管早在帝国兴盛时期，日耳曼人就通过与罗马人的交往不断学习罗马的文化，但真正的融合是在日耳曼人对罗马的征服过程中发生的。日耳曼人在对罗马的侵蚀和征服过程中将氏族制度带入罗马。日耳曼人侵占了罗马的土地，其中三分之二的土地归日耳曼人分配。这种分配是按照氏族制度进行的，由于征服者的人数比较少，广大的土地未被分配，一部分归全体人民所有，一部分归各个部落和氏族所有。在每个氏族内，则用抽签的方法把耕地和草地平均分给各户。不过，这样的做法在罗马行省不久就被取消了，单块的份地变成可以转让的私有财产，即自主地；森林和牧场没有分配而留作共同使用。这种使用以及所分得的耕地的耕种方式都是按照古代的习俗和全体的决定来调整的。

不过，在对罗马的征服和统治过程中，日耳曼的古老氏族制度逐渐发生着变化。恩格斯指出：“氏族在自己的村落里定居越久，德意志人和罗马人越是逐渐融合，亲属性质的联系就越是让位于地区性质的联系；氏族消失在马尔克公社中了，但在马尔克公社内，它起源于各成员的亲属关系的痕迹往往还是很显著的。可见，至少在保存着马尔克公社的各个国家——在法国北部、英国、德国和斯堪的纳维亚，氏族制度不知不觉地变成了地区制度，因此得以和国家相适应。但是，它仍保存了它那种自然形成而为整个氏族制度所特有的民主性质；甚至在它后来被迫蜕变的时候，也还留下了氏族制度的片段，从而在被压迫者手中留下了一种武器，直到现代还有其生命力。”[③]

氏族中的血缘关系很快就丧失了意义。这是因为，对被征服者的统治是与氏族制度不相容的。罗马的大片土地不可能用氏族制度来统治。日耳曼人做了罗马各行省的主人，就必须把所征服的地区组织起来。“但是，它们既不能把大量的罗马人吸收到氏族团体里来，又不能通过氏族团体去统治他们。必须设置一种代替物来代替罗马国家，以领导起

---

① 马克思恩格斯全集：第46卷上．中文1版．北京：人民出版社，1979：480－482.

② ［美］道格拉斯·C. 诺思．经济史中的结构与变迁，141－142.

③ 马克思恩格斯选集：第4卷．3版，168.

初大都还继续存在的罗马地方行政机关，而这种代替物只能是另一种国家。因此，民族制度的机关必须转化为国家机关，并且为时势所迫，这种转化还非常迅速。征服者民族的最近的代表人是军事首长。被征服地区对内对外的安全，要求增大他的权力。于是军事首长的权力转变为王权的时机来到了，这一转变发生了。”①

更重要的是经济关系的变化。在罗马帝国晚期，奴隶制已经衰落并转变为隶农制。日耳曼人征服罗马，占领了罗马的土地，但既不可能用原有的氏族公社制度来经营罗马的土地，尽管在早期他们的确试图这样做，又不可能恢复奴隶制，这是因为奴隶制在罗马被证实是一种腐朽没落、毫无效益的制度。事实上，日耳曼人是将罗马的隶农制与原有的氏族制度相结合。所以，我们看到的西欧封建制，大量保留着氏族制度的残余。美国的中世纪经济史学家汤普逊指出：“封建制度的辽远根源在于：教会和日耳曼人所采用并继续的过去罗马世袭所有权制度以及日耳曼个人忠诚的古老概念，就是最初的战争队伍的全体成员对他们首领的忠诚概念。所以，罗马贡献了财产的关系，日耳曼人贡献了人身的关系。它们的结合形成了封建制度的主要性质。这两种制度成为同一东西的正反面。”②

从罗马到西欧封建制的变迁是一种历史的倒退还是历史的进步？恩格斯指出，这种变迁“不过证明两点：第一，没落时期罗马帝国的社会分化和财产分配，是跟当时的农业和工业的生产水平完全相适应的，因而是不可避免的；第二，这一生产水平在以后400年间，并没有根本性的下降和上升，因此，才以同样的必然性重新产生了同样的财产分配和同样的居民阶级。在罗马帝国的最后数百年间，城市丧失了它从前对乡村的统治，而在德意志人统治的最初数百年间，也没有把它恢复起来。这是由农业与工业的发展程度很低决定的。这样一个总的状况，必然产生居于统治地位的大地主和依附的小农。要把使用奴隶劳动的罗马大庄园经济或使用徭役的新的大规模经营嫁接在这种社会上面是多么不可能”。“但在这400年间，毕竟是继续前进了。即使我们在这一时期末所看到的主要阶级差不多跟初期一样，但构成这些阶级的人却已经不同了。古典古代的奴隶制已经消失；破产的、贫穷的、视劳动为奴隶贱事的自由民也已经消失。介于罗马隶农和新的农奴之间的是自由的法兰克农民。奄奄一息的罗马世界的‘无益的回忆与徒然的斗争’已经死亡并且被埋葬了。9世纪的社会阶级，不是在垂死文明的沉沦中，而是在新文明诞生的阵痛中形成的。新的世代，无论是主人还是仆从，跟他们的罗马前辈比较起来，已经是成年人的世代了。”③

二、法兰克的封建化

公元前1世纪中叶，罗马元帅尤里乌斯·恺撒在征服高卢的过程中有机会考察了日耳曼社会。当时，日耳曼还处在以狩猎和畜牧为主的社会发展阶段，农业比较原始，收成极低，土地也未被当作私有财产。日耳曼人的一生基本上是在狩猎和军务中度过的。

① 马克思恩格斯选集：第4卷.3版，168-169.

② ［美］汤普逊.中世纪经济社会史：下册，325.

③ 马克思恩格斯选集：第4卷.3版，171-172.

罗马历史学家塔西佗记述了公元1世纪末期的日耳曼社会：他们开始过定居生活，住的是木屋而不是茅棚；开始个体耕种自己的份地，耕地定期在公社社员间分配，氏族公社开始向村社制度转变；不平等现象已经出现，并出现了奴隶制的萌芽，甚至有奴役公社社员的现象。不过，日耳曼人的奴隶无论如何与古典式奴隶不同，他们有田产、有家庭，向自己的主人缴纳实物地租。

日耳曼人在进入西罗马境内时，开始建立自己的国家，社会经济制度发生了根本的变化。这些变化可以从早期的日耳曼法典中得到反映。6世纪产生的《撒里法典》是用拉丁文写成的撒里法兰克人审判惯例的记录。《撒里法典》表明，这个时期，法兰克人还未实行土地私有制，马尔克很盛行，只有房屋和宅旁土地是私有财产。耕地是世袭使用的，但只有全公社和相邻的集体才占有土地。所有草地、森林、荒地、沼泽和河流都是公社的财产。一切分给农民耕种的草地在收获和割草后，都变成公社的牧场。大约到了7世纪，法兰克这种公社土地所有制开始瓦解，不仅耕地而且草地也已经私有了，份地可以自由转让。这种由使用权变为所有权、由使用到自由转让的份地称为自由地。

法兰克也存在大地产。法兰克人在征服高卢的过程中没收了三分之二的土地，这些土地一部分分给了公社社员，一部分收归公有，而公有的部分后来逐渐被公社酋长和他的亲属侵占，从而产生了大地产。法兰克人不仅完全占有了广大的罗马国有领地，而且完全占有了以往不曾分配给大大小小的区域公社和马尔克公社的大批土地，特别是全部较大的森林地区。从一个普通的最高军事首长变成真正的君主的法兰克国王所做的第一件事，就是把这种人民的财产变为王室的财产，而以礼物或恩赐的方式分给他的扈从队。这种田产在早期是王室的财产，王室保留着所有权，但逐渐变成封建领主的私产，以领地形式一直存在于整个封建形态中。

由于好战的法兰克贵族到处征伐，战争连年不断，农民很快就丧失了土地和自由。在连年战争和公职贵族的压迫下，农民感到无处可以安身，他们作为战士的作用已经消失了。破产的、得不到庇护的自由法兰克人经常把自己的土地献给封建主，然后，又从封建主那里领来土地。前一个过程被称为委身制，而后一个过程被称为请地。这样，自由的法兰克人就变成了农奴。关于这个过程，恩格斯曾这样描述："自由的法兰克农民陷入了与他们的前辈即罗马的隶农一样的处境。他们被战争和掠夺弄得破产，不得不去乞求新贵或教会的保护，因为国王的权力太弱了，已经不能保护他们；不过这种保护使他们不得不付出很高的代价。像以前高卢农民那样，他们必须将自己那块土地的所有权交给保护人，再以各种不同的和变化的形式——不过总不外是劳役和代役租——从他那里把这块土地作为租地而租回来。一经陷入这种依附形式，他们也就逐渐地丧失了自己的人身自由；过不了几代，他们大多数已经都是农奴了。"[①] 在8—9世纪，法兰克王国的封建制度最终确定下来。到9世纪中叶，法兰克国家的封建化已经达到这样的程度，以至于秃头国王查理在847年的一项法令中，要求每个自由的法兰克人必须为自己寻求一个主人。

在土地关系发生变革的同时，封建豁免权也得以确立。这种豁免权就是封建主在自

---

① 马克思恩格斯选集：第4卷.3版，170.

己的领地内掌握的重要的国家政治权力，包括审判权、征税权、罚款权等。一方面，豁免权加强了封建主的政治独立性，不受中央政权的节制。政权的中心开始从宫廷转到封建主的领地，领地获得了一些极为重要的国家职能。封建主站在农民和国王中间，从农民那里得到原先王权以赋役形式征得的一切贡物。

在墨洛温王朝，统治者曾试图保持罗马帝国的课税制度。可以保留下来的税种主要是土地税、通行税和关税。通行税和关税由于商业和贸易的衰败而失去其价值。至于土地税，法兰克人接收了保存于城市档案中的罗马土地丈量册，但是它的征税机构十分复杂，以至法兰克人不能理解。所以，从一开始法兰克人就拒绝缴纳土地税。土地税变为一种封建贡赋，即由贵族以贡税名义对佃农的土地所课的税，这样就转入封建制度内了。与此同时，教会取得免税的特权。所以，到加洛林时代，几乎所有税款都由地方当局征收，也由地方当局使用。在这种情况下，国家什么也不提供。

三、英格兰的封建化

日耳曼部落占领不列颠时建立的盎格鲁-撒克逊诸王国的社会制度，基本上与《撒里法典》时代的法兰克人社会组织相似。大多数居民是自由的公社农民，即自由农。但是在封建化过程中，原有的部落或村庄的集体财产受到一系列打击。氏族贵族即贵人，从普通公社社员中分化出来，他们大量侵吞同胞的土地，成为封建主。公社自由农民则逐渐失去土地，成了依附于土地、以份地形式承受封建领主剥削的农奴。这一阶段英国还出现了一种半自由人。他们大部分是原来的土著居民，被征服后成为半自由人；还有一部分半自由人是由自由农民转化来的。他们没有份地，只能从封建领主那里租种土地，缴纳地租并服劳役。同时，由于连年战争，农民的赋税负担和兵役负担加重，不少农民无法生存，只好将土地交给大封建主，请求保护，然后再从封建主那里领得份地耕种，同时对封建主承担各种义务。在这个过程中，国王起了重要的作用。国王曾颁布法令，规定任何委身于封建主的农民不能私自逃跑，如被抓回，要罚款 60 先令，并被交还给封建主。

在连年战争中，军事贵族的作用加大，国王为了保证其地位，将土地用分封的方式分给他的亲兵，受封的亲兵成了军事贵族。9 世纪，盎格鲁-撒克逊诸王国合并为一个统一国家，特别是在反抗丹麦人的入侵过程中，国王为了组织有重武器装备的骑士部队，将土地分赐给侍卫，使军事贵族的地位更加显赫。国王支持这些人兼并农民的土地，这大大加速了封建化进程。这一阶段还出现了一种通过“册封”形成的大封建领主，即国王颁发敕令，将土地赐予教会封建主和世俗封建主，这种通过赐封形成的土地称为“册封地”。

封建主还将公社的土地攫为己有，在此基础上建成封建庄园。在庄园中的劳动者包括三部分：一是原来的公社自由农民。他们从封建主那里租种份地，向领主缴纳地租并服劳役，对国王服兵役，史称“佃户”。二是寄居在领主土地上的农奴。他们没有任何权利，每周要在领主的土地上服 3～5 天劳役和缴纳贡赋。三是只保有一小块土地和一所茅草屋的小农，被称为“棚户”。他们每周要为领主服一天劳役，并且要履行其他封建义务。到930年，国王爱瑟尔斯坦发布敕令，自由人必须在封建主中认定一个主人，依附于主人，否则格杀勿论。至此，自由人大部分依附于封建主。同时，国王还给予封建主“特恩权”，领主在封地内有审判、收缴讼金、收缴罚金以及征收贡赋捐税等权力。至此，英国的封建化过程基本完成。

11世纪，法国诺曼底公爵威廉征服英国。在征服过程中，诺曼底公爵将征服的土地没收，将大部分土地作为国王自领地，而将其他土地分封给他的亲兵、近臣，效法大陆的方法制造了一个封建等级。在这里，国王是全国最大的封建主，其他封建领主都比较小，土地比较分散。这样英国就奠定了国王集权的基础。1086年，国王派官员在全国进行了一次大规模的土地清查。根据这次调查，全英国人数最多的是维兰，占总人口的41%，占全部土地的45%；其次是边境居民或茅屋农，占总人口的32%，占全部土地的5%；再次是所谓的“自由民”或“索克曼”，占总人口的14%，占全部土地的20%；接着是占总人口的9%的奴隶。

四、德意志的封建化

843年查理帝国分裂后，“德意志”地区由日耳曼人路易所控制，是为东法兰克王国。德意志的封建化过程比英法都要慢。德意志分为诸多封建领地，其中最强大的有萨克森、法兰克尼亚、巴伐利亚和士瓦本四大公国。由部落领袖发展而来的各国公爵，将新兴封建制度与传统血缘、地域关系紧密结合为一体，具有极强的独立性。作为国王的封臣，公爵向国王负有一些义务，作为封君的国王也有义务保护公爵的权益不受损害，这种封君封臣关系就是当时的“国家秩序”；作为具有自身特质的地方共同体的首领，公爵的独立意识很强，也有与国王抗衡的实力。①

919年，各大公国贵族代表会议推举萨克森公爵亨利一世为德国国王（919—936年），开始了萨克森王朝的统治。亨利一世审慎处理与公爵的关系，一方面承认公爵的自主性，另一面依靠教会和中小封建主，使政局逐渐有利于国王。936年，奥托一世加冕为王。为抑制各大公爵，奥托一世对日耳曼教会施行笼络政策，以借教会势力强化王权。他赐给教会大片领地，并把领地上的行政权与司法权也一并授予主教，建立所谓的“国家教会体制”，史称“奥托特权”。这样一来，与教俗封建主形成均势，都听命于王权。奥托还建有赫赫战功，他彻底击败了马扎尔人，一举解除了他们对国家东部的威胁。962年，教皇约翰十二世为奥托一世加冕，称他为“神圣罗马帝国”皇帝。

大小封建主因这种君臣关系而形成不同等级，有不同的贵族头衔。在德意志，封建等级叫作“盾”，划分为七等：（1）国王；（2）作为王室的附庸的教会公侯；（3）大公爵和侯爵以及后来享有王权的伯爵；（4）保有教会封邑的世俗公侯；（5）属于世俗大王公的附庸的伯爵和男爵；（6）自由骑士，即伯爵或男爵的附庸；（7）“半骑士”，即由于承担军事服役和表现勇猛而从农奴地位上升为“半骑士”地位的人。② 另外，加洛林王朝

① 侯树栋．德意志封建王权的历史道路．河南大学学报（社会科学版），2002（3）．

② ［美］汤普逊．中世纪经济社会史：下卷．北京：商务印书馆，1984：335．

的官职如伯爵、公爵等，这时也变成一种大贵族的等级称号，但它们之间还没有严格的尊卑之分。到 11—12 世纪，德国的封建化仍没有达到英法那样的程度。这种较低的封建化程度，一方面表现为自由农民数量较大，另一方面表现为王权的强大。11 世纪皇帝和罗马教皇之间争夺主教任命权的斗争，加强了大封建领主的地位，到 12 世纪和 13 世纪，德国形成了大土地占有制，大部分国王的领地已经转入军事贵族手中，公社土地已经被世俗封建主和教会封建主侵吞，村社农民已经转变为农奴。

五、教会与寺院的封建化

中世纪的欧洲尽管在政治上和经济上是分割的，但宗教却是统一的。它不仅到处行使宗教统治，而且行使政治、行政、经济和社会的权力。它的管辖权推广到基督教国家中的每个王国，它不仅是每个国家中的国家，而且是一个“超国家”。它是一个统一而又遍及各国的机构，它的管辖权越过所有种族、民族、语言的界限而通行无阻。一切基督徒既是某个国家的属民，也是教会的属民。教会的统一性和它的官方语言在整个中世纪产生了一种“世界主义”。

当教会得到承认后，它就已由立法保证享有遗产继承权、获得赠品权及领有土地权。对教会慷慨施舍是 6—7 世纪的一个突出现象。施主可以分为三类：(1) 出身于地主贵族的主教，他们把祖传的土地献给他们所管的主教座；(2) 富裕的世俗地主，他们向教会慷慨捐献；(3) 法兰克国王，他是最慷慨的施主，他对教会的捐献曾使王家土地减少到有损于墨洛温王朝的地步。例如，查理曼赐予德意志教会 72 个庄园，虔诚的路易曾赐予教会 600 个庄园，而最初两个鄂图国王则赐封了 1 540 个庄园。在英格兰，国王大笔一挥，就将王室土地的十分之一赐给了教会。在德意志，寺院与主教区到处都是被赐予的地产。到 9 世纪时，基督教西欧的土地有三分之一属于教会。所以，教会是大领主。早在 810 年，亚琛宗教会议就按照财富的多少把僧侣分为三个等级：第一个等级是拥有 3 000～8 000 块保有地的僧侣，第二个等级是拥有 1 000 块保有地的僧侣，拥有不满 1 000 块保有地的僧侣为第三个等级。据估计，到 9 世纪时，最富有的僧侣拥有 2 万～5 万英亩①土地，甚至最穷的主教也拥有 5 000～7 000 英亩土地。教会的土地还在以后的拓殖运动中大大扩展了。

土地所有权不仅为教会提供了庄稼、水果、蔬菜和其他物产，还提供了农奴作为这些庄园的耕种者。例如，靠近卢昂的圣汪德里尔寺院在 7 世纪末有 1 727 个大小庄园，1 万多名农奴，而到 9 世纪时，已有 4 824 块领地，农奴数量的增加就不言而喻了；都尔的圣马丁寺院统治了 2 万多名农奴。所以，中世纪的教会拥有大规模的收入。教会法规定，教会土地的四分之一进款将用作主教家庭的开支，四分之一将用于救济穷人，四分之一将用于维持僧侣阶层，最后四分之一将用于维持原有的教会建筑物。

教会曾大力促进法兰克统治的稳固和扩展。教会从未对法兰克的统治权发起挑战。在加洛林时代，法兰克的世俗事务很多都是由教士管理，例如，必须由教士担任伯爵、外交官甚至军队的司令官，而在自然经济时代，只有土地可以用来酬报他们。所以，教

① 1 英亩≈4 046.86 平方米＝0.404 686 公顷。

会安然保存了它所领有的大地产，并顺利地抵抗了墨洛温王朝对它的征税企图。

公元794年法兰克福会议决定：自由人可以占有教堂，也可以让与并出售教堂，但以教堂建筑物不受损害和正常的宗教仪式不中断为原则。教堂事实上成为领主领地的一部分。它的权力所受的真正限制是：它不得将已划出的作为维持教区教士薪俸的土地上的收入自用，不得损害教堂的建筑物。到9世纪末10世纪初，教会已不是分属于主教区和教区，而是各由自己的一个宗教首领即主教或教士来管理；实际上，许多宗教分区在封建过程中已经转变为大小不等的封建宗教产权的一个混乱的集合体。就是说，教会已经与政府和世俗社会一样封建化了。在一所教堂和一所普通庄园的占有之间，已经没有什么区别。关于私人教堂的不动产交易和关于庄园的不动产交易是同样普通的。教堂财产可以分成2份、4份、6份等，甚至教堂的祭坛也可以被瓜分，所以有时可以见到4个或更多的教士在同一个祭坛上司祭。

在当时的条件下，建立寺院或教堂是非常有利的事，创立人将教堂或寺院控制在自己手中，同时也将收入收归己有，而且这种收入随着信徒的捐赠和遗产的增加而不断增加，这就使创立人大发横财。庄园主还有推荐神父的权力，所以教堂和寺院日益成为封建主的附属物。而要消除这些弊端，就必须使教堂财产从世俗所有权下解放出来。许多教堂和寺院为了防止封建主的掠夺，逐渐走上了接受教廷庇护的道路。这样，教皇就成为广泛分散在欧洲各地教堂和寺院的最高所有主。而这些教堂和寺院不得不向教皇缴纳年金。随之而兴起的是代理人制度，即代理人代表宗教上司来办理世俗事务，代表寺院或教堂出席宗主的法院，为主教或住持的利益辩护。

随着土地占有制和庇护制逐渐使教会庄园化，封建制度也使教会军事化。教会土地与国家的关系在很大程度上等同于世俗土地与国家的关系，即这些土地逐渐变为封建采邑，而主教或住持成为男爵。主教或住持把教会领地分封给贵族和骑士，正如男爵把封邑授予他们的附庸一样。在加洛林王朝时期，土地占有必须附带军事义务，教会土地也一样。所以，主教要求熟练掌握军事技术，并有能力指挥军队。当时有不少好斗的主教，甚至连教皇都曾参加战斗。所以，教会也产生了军事等级制。

在查理曼时代，教会所接受的赠与土地大多是封邑性质的。查理曼死后，这种土地逐渐成为教会的永业。教会取得的特权保护了教会财产，不仅保护了正式用于宗教目的的土地，而且保护了教会的全部土地。由于教会是一个永久的法团，永远不会死亡，所以教会土地没有继承问题，也就没有遗产税。估计教会的免税土地占中世纪欧洲全部地产的三分之一至三分之二。

第二节 封建土地关系演变

一、封土制的起源

封土制起源于封臣制，而封臣制则起源于日耳曼早期的亲兵制。由于战争技术的变化，一般农民难以作为军士应征作战，所以逐渐以职业军人作为战争主力。这些职业军人即亲兵，有的是由家奴提拔而来，更多的是自由人委身而来。这些人在国王的领导下作战，分担他的危险，也分享他的光荣，而国王以他获得的土地来奖赏他们。这些亲兵逐渐被称为封臣。封臣的义务是为主人作战，而主人也有责任负担他们的生活。最初，这些人是被主人供养在身边的，主人供给他们一切。随着征服战争的扩大和封臣的增加，国王供养他们越来越不易，而征服来的土地却越来越多，所以，国王逐渐改为采用封给封臣一块土地的办法，让土地上的耕作者为封臣纳租服役。这些封给军事贵族的土地称为采邑。以后，特别是加洛林王朝时期，封土制得到发展，不仅国王的封臣日益增多，而且原属国家官吏的伯爵、公爵等也都成了国王的封臣，向国王行臣服礼和宣誓效忠，并以此得到采邑。这些政府官员或多或少是不可罢免的，他们的任期成为世袭性的，所以，他们的采邑也就成为世袭性的了。

封土是维系封建关系的基础。在西欧封建制鼎盛时期，封土制与封臣制的关系在法令上得以明确。对封臣来说，“我变成你的封臣是因为我向你领有封土”，由于领有封土，“我负担所有这块封土上的有关义务”。所以说，如果没有封土关系，也就没有封君与封臣的关系。封君与封臣的关系确定后，君臣之间就互有义务了。

采邑是封君封给封臣使用的财产，封臣对这块土地只有用益权而没有所有权，所有权由封君掌握。原则上讲，封君对土地有最终处分权，如果封臣不完成封建义务，封君可以收回封地。但事实上，土地一旦封出去，封君就难以收回。如果封君要收回封臣的某一块土地，就必须以自己的一块土地去交换。于是，这种封地逐渐变为世袭的了。

二、封建等级所有制

西欧的封建土地所有制是等级所有制，也就是说，土地经过封建主之间层层相互封受，封建主人身的等级和相应的权利、义务也表现在土地上，似乎土地也具有了主人的属性，形成各种等级。这种等级所有制在英国比较典型。

诺曼底被征服以后，英国国王成为全国最高领主，直接向国王领有土地的封建主称“总佃户”，总佃户下还有佃户（封建主），佃户下面还有几层佃户，直到直接经营该土地的封建主，称直接领主。通过土地的层层封受，封建主之间形成君臣关系，赐地者是封君，受地者是封臣。土地的封受是有条件的，随着土地的封受，君臣之间相互建立权利、义务关系。君臣关系一经结成，就很难改变，随着土地的世袭继承，双方人身关系也世代相传。根据封建原则，任何一个封建主都可以把受自别人的土地再转封出去，而且可以设定其领有条件。在当时的情况下，一个封建主通常向好几个封建主领受土地，他可以有不止一个封君，他同时也把得来的土地再转手分封出去，因此可以有好几个封臣。这就导致了封建关系十分复杂。

封臣领有封土的最重要义务是为封君服军役，一般是封臣亲自服役，自备马匹、武装和粮草，并率领自己的封臣。服役的时间一般为每年 40 天，如超过 40 天，封君要向封臣支付费用。在封君有紧急需要时，封臣有义务向封君提供金钱协助，这种款项称为协助金。此外，封臣还有义务出席封君法庭，招待出巡至当地的封君。封君对封臣也有相应的义务，主要包括：维持封臣的生活供应，赐予封臣土地，让其取得经济收益；在封臣受到不正当攻击时，要出兵协助。

封君可以享有封臣对他的义务，主要是军役。如果封臣不履行该义务，封君可以实行扣押，即取走封土上的动产，待封臣履行义务后归还。如果封臣犯罪或死后无继承人，封君可以收回封土；封土的继承人必须缴纳继承金，否则封君有权先行占有土地；在封臣的继承人未成年时，封君有监护权，在监护期间，封君管理并取得封土上的收益，但要抚养被监护人。封君有权将自己在封土上的权利转让，或自己退出封建阶梯，或增加一个封建阶梯。

封臣有权占有并使用土地，享有土地上的收益。封臣对土地拥有继承权和转让权。法国的封土继承问题是877年《凯尔敕令》确定下来的，但事实上到10—11世纪才解决。从理论上讲，封土是为了保证军役供应而封给封臣的，封臣死后应交还给封君。所以，封臣的后人要继承封土，就必须向封君提出请求，重新领有。继承人为了得到封君的批准，要支付一笔继承金，继承金的数目一般是封土一年的收入。为了保证封建义务的实现，封土一般不宜分割，所以长子继承制度具有重要的意义。

三、封土制的衰落

封土制本来是为了保证封建主的军事力量而采用的，但是，一方面，随着征服的完成，可以分配的土地不可能无限增加，而是越分越少，要保证封建主反对其他封建主的军事力量，靠封土制是不可能实现的；另一方面，在封土制下，封臣所供养的骑士往往是小规模的，平时并不备战，战时不能统一行动，战斗力极差。所以，封土制逐渐走向衰落。

第一，考虑用货币封土制替代封土制。就是封建主不给予封臣土地，而是给予一定数量的货币。这样，封建主用手中掌握的货币召集骑士作战，比较灵活，而在封臣不听指挥时也不至于收不回封土。但是，采用货币封土制的条件是封建主掌握足够的货币，而在封建主经济实力不强并且日益衰落的情况下，要支付足够的货币往往是困难的。14—15世纪，货币封土制就从衰落走向绝迹了，代之而起的是合同制。具体办法是在国王用兵作战时，与所属封建主订立合同，要下面的封建主提供多少兵士，国王付给多少报酬。合同的内容有时很详细，包括服役期限、服役地点、每日工资、马匹损失补偿金、运输费用等。

第二，封土制还受到土地买卖的破坏。自封土制出现之日起，各级封臣就都力图保持地产不被封君收回，并通过继承、婚姻等方式将封地变为自己的私有财产，还要求通过自由转让和自由买卖来扩大自己的地产。1290年英国通过的《买卖法》，是封土制被破坏的重要标志。由于封地可以买卖，原有的封建关系也就遭到了破坏。

随着封土制的衰落，整个封建土地制度也走向衰落。在11世纪开始的拓殖运动中，私有地产、王室地产和寺院地产都得到扩大，而相应的原有封建地产即封建领主的地产规模却大大缩小了。在西方许多地方，在它丧失其政治特权时，也失去了许多从政治特权例如司法权得到的收益来源。但封建土地制度的真正危机还是经济社会关系变化带来的。在大多数国家，起初不能让渡和分割的封地逐渐变为可以让渡和分割的，实际上这种分割已经漫无止境。例如，在意大利，封建地产在7～10个甚至100个共同所有人中分割；贵族的贫困使他们中的不少人不得不放弃其封地，以换取货币，如用土地抵押或用地租抵押以获得贷款，这就很快导致了他们财产的最终让渡；有的即使保有了地产，也往往依靠微薄的地租生活。当然，贵族也发生了两极分化，大的领主实际上也有不少增加了地产。但总的来说，封建地产逐渐丧失了优势。

同时，国家教会和城市的土地却有一种增加的趋势。这种国有领地的增加往往是通过征服、没收、剥夺继承和开垦等途径实现的，其中开垦是获得土地的重要途径。在法兰西，在腓力·奥古斯都的统治下，王室土地增加了一倍，土地收益达到43.8万利弗尔，到1325年增加到52.5万利弗尔。不过，总的来讲，王室土地由于抵押、让渡、赠与等，处于经常的变动之中。教会的地产也有增加的趋势。由于大量的开垦、信徒们的捐赠，教会的土地面积不断扩大。例如，1.3万个圣殿骑士团团员以他们有1万个小庄园而自豪。与此同时，那些城市的自治团体通过购买、开垦或霸占的办法，也扩大了它们的土地。

四、土地买卖的出现

封土制本来是为了保证封建主战时应招军役而设立的，封臣只有用益权而无所有权，因而也就没有处分权。但是封土很快变成封臣的世袭财产，并可以自由出售。一般来讲，封君为了维护军役制度，会限制封土的转让，特别是限制封土的买卖。所以，11世纪时，法国封土的转让出售采取分赐封土的方式进行。所谓分赐封土，就是由封臣出庭宣布放弃封土，交还到封君手中，同时也解除了对封君的封建义务；然后土地的买方向封君行臣服礼，请求封土，再由封君把这块土地册封给他。以后，这种形式逐渐省略了，土地买卖只要封君同意就可以了。当然，封君的同意不可能是无偿的，而是要求获得一定的金钱。在英国，1290年前封臣转让全部封土要采取代替的方式，而转让部分封土则要再分封。1290年《买卖法》规定，封臣可以转让封土的部分或全部，但必须采取代替的方式，原封臣退出封建阶梯，而由新受地者与封君发生关系，相应的义务一应如旧。这种规定的目的在于不使封君受到损失，但实际的结果是导致封土买卖合法化，使封地向私有化方向大大前进了一步。

11世纪发生了十字军东征，这一时期是土地向自由买卖迈进的重要时期。这一时期，许多贵族和骑士纷纷参加十字军，为了装备马匹、武器和准备路费，不得不放弃封地。这种为东征而放弃土地的例子有很多，从而加快了封土制的衰落。

第三节　庄园经济的兴起与衰落

一、庄园的形成

汤普逊指出："庄园制度的性质与范围，是理解中世纪时代经济社会史的关键。中世纪的经济生活，主要是有关自然经济和土地占有的事情以及有关土地上农民所负担的义务……它是一种征服形式，也是一种社会结构、一种经济制度。”① 正是由于庄园的多种性质，所以才有庄园的多种定义。不过，不论怎么说，庄园都是封建社会经济结构中主要的和正规的组织细胞。

庄园有两种起源，一种是罗马庄宅，另一种是古代的农村公社。中世纪的庄园事实上是罗马制度与日耳曼制度的混合。罗马庄宅是富有的地主占有的大农场，奴隶和隶农为地主耕作。随着制度的变迁，隶农变为农奴，耕种自己的“保有地”，而奴隶逐渐解放而接近于农奴，他们为了得到一块份地，不得不无偿地为原来的主人耕种自营地。同时，随着国家的衰败，国家行政权力日益被领主获得，领主在自己的庄宅上行使行政权力。与此同时，在原有的日耳曼公社中，发生了渐进的封建化过程。由于连年内战，军役负担沉重，各种封建的强暴行为使自由民无法承受，不得不接受封建领主的保护，将土地交给封建主，而自己变成农奴。这样，村庄的土地也变为领主的封建领地了，而这种公社的封建化是整村整村地完成的。

一般来讲，典型的庄园应与村子一致，即一村一庄。但事实上，有的村庄不止一个庄园，这是因为一个村庄的土地可能分别为几个领主领有。同时，领主的领地往往不是分布在一个村庄内，而是分散在许多村庄中，但一个庄园却不可能分散在不同的村庄。所以，庄园与领地也可能是不一致的。但最典型的庄园与领地和村庄应该是一致的，也就是说，一个村庄的土地大部分为一个领主领有，并在这个村庄建立起一个统一的经营单位，即庄园。庄园是封建地产的一个独立经营、独立核算的单位。

庄园是封建主经营地产的一种特定形式，其基本特征是具有领主自营地和农奴份地这两种土地，领种份地的农民必须服无偿劳役以耕种领主自营地。为了强制农民从事这种劳动，封建主对农民具有行政、司法上的权力。在庄园上，封建主往往派管家主持生产、监督劳动，还设置房屋、仓库、马厩，置办必要的农具，喂养牲畜家禽，还有一些初级手工业及农产品加工业，以使它能供应封建主一应生活所需。

二、庄园的地产结构

一个典型的庄园的土地基本上可以分为两个部分：一部分是领主的自营地；另一部分是农奴的份地。

领主的自营地主要是耕地，有时也包括草地、果园、菜圃以及住宅建筑等，有些巨大的自营地还包括荒地、森林等。每个庄园自营地的大小各有不同，像巴黎的圣日耳曼修道院的大庄园，其自营地达 250 公顷，而中小庄园的自营地一般在 5～50 公顷。自营地很少连成一片，而是以条田的形式与农民的份地交错分布。这部分土地主要依靠农奴的无偿劳役来耕种。领主的自营地除了由农奴耕种外，还有一部分租给贱农和租户耕种，称为“围地”；在领主的自营地上，施行共耕制。有的庄园，农民组成耕牛队来耕种领主的土地。当然，也有的是分配给农奴耕种的。这就可以理解为什么土地要分成条田。农

① ［美］汤普逊．中世纪经济社会史：下册，358.

奴必须首先在领主的自营地上劳动，工作完毕后才能在自己的份地上工作。这就是领地的优先权。

农奴的份地归农奴耕种，这部分土地的所有权是领主的，农奴只有占有权和使用权。所以，一般来讲，农奴在死后要将土地交还给领主，农奴的儿子如要继续耕种这块土地，必须从领主那里再领有一次，而且要缴纳继承金。份地的重要特征之一就是大小基本相等，这主要是因为份地是人为地分配的，一般来讲遵循了公平原则。所以每户农奴的份地也不是连在一起的，而是以条田形式分散于各户的份地之间，这是为了使各户土地的肥沃程度、距离远近相差不多。例如，14 世纪英国的柏克郡温斯劳村，一个农奴有 72 块份地。在不同的国家，由于具体情况不同，份地的大小也有所不同。例如，法国的大家庭份地为 5～30 公顷，加洛林时代的份地平均为 16.5 公顷；英国的份地为 20 公顷，后来由于农民分化，份地减少为 30 英亩一份。

此外，庄园还包括其他土地：（1）自由领有地，这部分土地是自由农民的土地，基本上是公社的遗产；（2）教区教士的领地，是“上帝部分的土地”；（3）公有地，主要是草地、森林和荒地。

三、庄园的经营管理

中世纪的庄园是在原来的村庄基础上建立的。庄园中最好的位置一般是领主占有的，是领主的城堡，城堡的周围是仓库和牲畜棚。属于领主的财产还包括一所庄园住宅和一所仓库。庄园住宅包括三个部分：大厅、卧室和日光浴室或凉廊，一所小教堂，一块墓地和牧师的住所。庄园的耕地有领主的自营地和农奴的份地。除了领主的自营地外，其他可耕地分为三大部分：春耕田、秋耕田和休耕田。这就是“三田制度”。一般是将耕地分成条田分给村民，并采用个人所有制与合作劳动相结合的方法。在这些条田之间，夹着领主的自营地。在收割完后，将条田间的篱笆拆除，任个人的耕畜进入，以恢复土地肥力。这就是所谓的“敞田制度”。

庄园的大小没有统一的规定，有的庄园可能很大，也有的较小。从《末日审判册》的记载看，第一组的 14 处庄园中，各有 32 个家庭；第二组的 14 处庄园中，各有 14 个家庭；第三组的 14 处庄园中，各有 11 个家庭。按照这一比例并以每块租地平均 30 英亩计算，最小的庄园应有 330～550 英亩土地，这还不包括草地、荒地和森林。在大的王室领地庄园，曾经施行过查理曼的庄园法规。在那里，总办或者管家管理一个或几个领地，在他们的指挥下，有负责每一种劳务的专门经手人，以及全部子民。伦巴底的王室领地有管家和耕种者。在日耳曼的庄园上，有管理人或管家。庄园一般是自给自足的经济单位。大封建主有庞大的家族，田产也很大。他们一般不自己经营，而是交给自己的管家打理。13 世纪时，地产的经营管理人已经是一个社会阶层，他们受过专门训练，有法律知识和经济知识，具有地产管理经验。一般来说，贵族的大地产有一个总管，他负责领主的全部庄园。总管一般是贵族出身，向主人领取年俸以及其他现金和实物报酬。总管的职责是向各庄园的管家和庄头传达主人的命令，主持庄园法庭，召集各庄园管家报告庄园的经营情况，包括对账目的核查等。总管必须了解领主的全部地产状况、各庄园管家以及庄头的情况，并掌握市场情况。他的任务就是管理庄园，保证领主的需要。

每个庄园由一个管家负责经营。管家一般出身于自由人，由主人派往庄园居住，负责该庄园的一切事务。他要主持庄园上的各项耕作、运输工作，监督其保质保量完成，负责管理各项设施，收取各种实物和货币，每年向总管报告账目。庄头是与管家共同负责庄园的人，通常是一名农奴。庄头一般在庄园法庭上选举产生，任期一年，有时也由管家指定。他的主要任务是安排各项农活，分配劳役，保证耕种和收割的按时完成，保证不造成损失和浪费；照料牲畜、维修农具；还要四处奔走，进行农产品的售卖活动。

庄园的经营还可以采用出租的方式。王室或一些大的教会的封建地产，因为土地广大而分散，有的庄园距离中心过远，管理不便，所以封建主往往将庄园出租给承租人经营，收取固定的货币地租或实物地租。出租庄园时不仅出租庄园的土地，还包括庄园上的设备、牲畜以及家禽等，有时还包括仓库中的粮食。承租人承租以后，就取得对庄园上的奴仆、农奴等劳动力的支配权，由他负责庄园的全部经营管理。出租庄园的经营方式，对于庄园主来说有利有弊。这种方式在 11 世纪已经很流行，到 12 世纪不少原来由封建主自营的庄园也都改为出租，不过到 13 世纪时，由于粮食价格上涨，出售农产品比较有利，不少封建主又收回庄园自营。但总的趋势是封建主将庄园出租。

庄园领主是一个庄园社会的统治者兼业主，他对农奴和贱农有征税权和司法权。在封建盛世是不存在公共税的，国王不依靠税收生活，而是依靠自己的领地生活。税收事实上落入领主手中。庄园的赋税多种多样，主要包括租税、捐献和劳役。租税以现款或实物缴纳，其中最重要的是农奴人头税、土地税、家庭税、田租专利税等。农奴人头税是加在农奴身上的，贱农和其他自由人不负担该税种。家庭税是对家庭征收的，农奴、贱农和自由人都要缴纳，每年一到两次，主要以实物形式征收。土地税事实上是一种地租，既可以用现款缴纳，也可以用实物缴纳，这种税由贱农和自由人缴纳。土地税的变相名称有炉灶税和房屋税。不缴纳土地税者，将丧失租地。专利税是领主凭借垄断性占有磨坊、酿酒坊、烘烤面包炉、葡萄酒压榨机、耕牛甚至水源等向农民征收的税。捐献主要是维持强制性的招待，当领主从一个庄园到另一个庄园而在地方上停留时，就要求自己和自己的随从住在村民家里，村民必须供给他们食宿和马匹的草料。强迫劳动是领主要求农民强制服役的总和，如修筑公路、桥梁、堤坝，以及为领主个人提供的各种无偿服务。

到 11—12 世纪，当封建领主发现按租赁关系分配租地比征取固定的服役和捐税更为有利和更为便利时，自由租户就迅速增加。地租起初是以实物支付的，但到 12 世纪货币经济开始流行起来时，地租常以货币来支付。这样，农民的经营自主性就逐渐扩大了，依附关系也随之减弱。

四、庄园上的劳动力

庄园上的劳动力主要是农奴、贱农和其他自由劳动力，在社会最底层的劳动阶级当然是奴隶。但是，到 8 世纪以后，奴隶阶级基本被消灭了，奴隶的残余是家庭仆役，而主要的劳动力是农奴和贱农。这两个等级的依附农有着不同的历史根源、不同的社会地位和不同的经济状况。农奴从罗马的隶农和日耳曼的半自由人转化而来。农奴在人身上是个自由的人，而在经济上是一个不自由的人。农奴与奴隶不同，奴隶是一种动产，可以像牲口一样被买卖，但农奴是不能离开土地而被出卖的。如果领主卖掉庄园，农奴必须跟着庄园一起转移给一个新的庄园领主。就是说，农奴是土地不可分割的一部分。此外，农奴可以有家庭。但农奴所遭受的经济剥削可从他们在庄园所享有的安全保障中获得一定的补偿。在那里，领主保护他们的人身和财产安全。在 9—10 世纪，保护比自由也许更有利。事实上，在查理曼时代，农民的自由是有名无实的。战争、赋税以及其他方面的压迫使自由人早已不堪重负，而自由人降为农奴，可以免除军事服役并能够安居在家里，他所负担的庄园捐税也不会大于军役负担。

贱农的身份是由他所保有的租地性质来规定的。贱农是自由人中最卑微的人和农奴中最幸运的人。在英国法律里，贱农与农奴之间的区别是：法律以 200 先令的罚金保护贱农的生命，而以 60 先令保护农奴的生命。贱农产生于封建时代早期，即封建制度正在萌芽和演化的时期。在英国，贱农最初出现于诺曼底征服之前从部族制度向封建制度的过渡时期；在欧洲大陆，则是在法兰克帝国解体时期。贱农的前身是自由农，他们的土地不够大，所以大封建主不会寻求他们做附庸，而他们的土地又太小，不足以在没有保护的条件下保持自己的独立。由于军役沉重，他们不堪重负而不得不把他们的土地交给封建主以求保护，封建主将他们的土地并入自己的大庄园内，而土地原来的主人就降为依附人。贱农与农奴不同，农奴是由于整个自由村庄被奴役而整批地成为农奴的，而贱农是由于经济和社会逆境个别地变成贱农的。所以，贱农是“习惯法人”，他的动产可以继承，他的租地条款是由有法律效力的契约规定的，另外，对他不可以随意课税。

庄园上的劳动者除了农奴和贱农外还有其他种类的农民，如半自由人、边缘居民、小佃农和茅舍农等。半自由人的境况比贱农要好，他们的权利可以获得法院的保障；边缘居民从“敞田”边上获得一小块租地，他们是由于战争、饥荒、虐政等原因离开自己的家乡而四处漂泊的，在庄园内被允许留作客人，并获得庄园边上的荒地耕种；小佃农是没有任何租地，仅仅保有一间茅舍和周围的一小块场地的农民；而茅舍农只有一间茅舍，他们只能在庄园上作为雇农来生活，或为庄园主做杂役。

农奴制是一种世袭制度。如果一个自由人和一个女农奴结婚，他将丧失自由。自由租户如果占有一块不自由的租地满一年零一天，他也将丧失自由。战争、犯罪等其他途径也可能使人丧失自由而沦为农奴。

农奴不堪忍受领主的剥削和压迫，采取各种方式进行反抗，最简单的反抗方式就是逃亡。为了阻止农奴逃亡，当时的法律规定了严格的关于再捕获的规定。有的农奴逃到其他庄园，作为“客农”租种一块荒地耕种。当时劳动力缺乏，领主之间为争夺劳动力，常常为这种客农提供便利。设法逃出去的农奴，只要经过一年零一天的时间以后，就可以获得自由，在那里永久定居下来。有时农奴还加入朝圣的香客队伍，在这种借口下，到别处去寻找更好的机遇。他们有时还加入流浪的人群，甚至成为强盗。

随着封土制的衰落、农奴的逃亡，特别是商品货币关系的发展，庄园制度逐渐衰落了。汤普逊指出，到 1300 年，欧洲的旧庄园制度已有名无实；它已是旧时庄园的一个单纯的框框、一个空壳、一个骨架。新的经济和社会力量已磨灭了它的实体，像风雨的力量侵蚀了一座建筑物那样，即使在庄园苟延残喘的地方，它也和过去不同：它是另一个样子的新的经济单位，有着另一个样子的新的经济，另一个样子的新的社会结构。①

第四节　封建农业的发展与停滞

一、封建农业的发展

一般认为，欧洲中世纪的经济社会是停滞的，相对于古罗马来说，甚至在很多方面是倒退的。但事实上，在摆脱了罗马帝国晚期的混乱以后，中世纪的社会经济还是在缓慢但稳定地发展着，甚至有人认为中世纪的欧洲经历了一个与古地中海世界发展轨迹对比强烈的技术创造和经济增长的繁荣。不论是农业、工业，还是贸易，都有很大的进步。可以说，正是这种在漫长的中世纪里的潜移默化的增长，使经济社会迎来了近代的曙光。

与古代罗马相比，中世纪的社会经济完全是建立在农业的基础之上的。尽管中世纪的农业是一种自给自足的农业，但农业技术还是有很大的进步，农业生产力也比罗马时代要高得多。这一时期，农业中最重要的技术进步是三圃制代替二圃制。传统的二圃制，即土地耕种一年休耕一年，以保持土壤肥力并积累水分，这种耕作方式适用于地中海盆地的贫瘠土壤和漫长而干旱的夏季。在罗马扩张到达日耳曼地区之前，西北欧还是以畜牧业为主，农业刚刚起步，耕作方法极为原始。罗马人的二圃制并不适用于这些地区，因为罗马的轻犁不能犁开西北欧特有的难耕的土地。但是，中世纪的农民发明了用几头牛牵引的重犁，并进一步使用马耕地，这就增加了利用这些土地的可能性。马本来不适于耕地，但马蹄铁和新式挽具的发明，使马的耕地效率大大高于牛。另外，西北欧地区气候潮湿，不必隔年休耕以积蓄水分，特别是人们发现在土地上轮流种植不同的作物能保持土壤的肥力，所以人们采取了新的耕作制度。例如，在春季种植燕麦或小麦而在夏季收获，在冬季播种小麦或黑麦而在来年春季收获，然后休耕一年。这样，土地利用率就大大提高了。这就是三圃制的起源。最早的三圃制出现在 8 世纪，但直到 11 世纪才在西北欧的广大地区推广。三圃制的推广，一方面扩大了土地利用范围，提高了产量；另一方面大大增加了作物品种，特别是豆科植物的种植，扩大了蛋白质的供给，部分植物用作饲料，有利于畜牧业的发展。

重犁的采用产生了一项重要的制度，即敞地制度。重犁的特点是要几头牲畜牵引，并要求大规模耕作和农户之间的合作。这种犁地方式要求全村的土地分成两大块敞地，一块秋季种植，另一块休耕一年以恢复地力。每一块敞地搭上篱笆以防止牲畜进入破坏庄稼，但每一块敞地中私人所有的长条土地之间不再设置障碍物，以方便耕作。而在休耕时，则拆除篱笆，土地作为公用，任牲畜进入，一边放牧，同时恢复土地肥力。这种制度不仅提高了农业的效率，还在农民中培育了一种合作的精神和习惯，并建立起处理他们自己事务的高效的自治制度。

---

① ［美］汤普逊．中世纪经济社会史：下册，454.

二、拓殖运动

在欧洲的战乱年代和封建化过程中，地广人稀是整个欧洲的真实情况。据估计，法兰西土地的一半或一半以上、英格兰土地的五分之四、低地国家和德意志土地的三分之二都没有耕种。但随着社会的逐渐安定和经济的恢复与发展，人口也逐渐增加，并对封建化的土地造成了沉重的压力。据估计，1000 年时西欧的人口为 1 200 万～1 500 万，到 14 世纪开始的时候，则可能达到 6 000 万～7 000 万。消费与贸易的需要使一切希望保持自己收益的封建主阶级和希望通过劳动改善自己命运的农民阶级都振奋起来去开垦土地，这就引发了 11—14 世纪的拓殖运动。

在这场拓殖运动中，教会和寺院、国王、城市自治团体、富裕的市民，都成为重要的推动者，而农民则提供了必需的劳动力。成千上万的拓荒者被自由和财产的诱惑吸引，响应僧侣、主教、君主、领主和自治团体的号召，排干沼泽、砍伐森林、开拓荒地，扩展了大片的土地。在低地国家，海水曾侵占了尼德兰土地的六分之一或五分之一，而在这场拓殖运动中，人们组成了筑堤与排水协会，以 75 亿法郎的代价，在五个世纪的时间里，挡住了海水的侵蚀，获得了大片良田。在德意志，拓殖者通过烧掉丛林和灌木，用斧头砍伐森林、用锄头除掉杂草等方法，将大片森林和荒地开垦出来。从波罗的海和北海沿岸到阿尔卑斯山，包括奥地利、瑞士和亚尔萨斯等地，出现了新的农地，并建立了农场、村落和市镇。在英格兰，特别是南部、东南部和中部地区，一度覆盖着不列颠的古代森林，到这一时期也差不多被砍伐干净。在法兰西，拓殖活动一直延续了三个多世纪，将过去被森林覆盖的省份，如阿图瓦、皮卡尔迪、诺曼底、香槟等，都变成了草原、牧场和耕地。可见，西欧的大部分地区都是这个时期开拓出来的。人们在新开拓出来的土地上种植作物、饲养牲畜、改进耕作方法和饲养方法，使农业生产力大大提高。可以说，这是中世纪欧洲最伟大的工程，这个工程是欧洲动乱结束以后在发展经济方面所做出的最大努力和所获得的最大成果。

然而，这场拓殖运动的意义不仅仅在于开拓了新土地和促进了社会经济的发展，更重要的是对生产关系变革方面所产生的影响。可以说，它是封建制度瓦解和走向衰落的起点。这是因为拓殖运动打破了封建地产的绝对统治地位，产生了非封建地产。正如马克思所指出的："资本主义社会的经济结构是从封建社会的经济结构中产生的。后者的解体使前者的要素得到解放。"① 被开垦的土地基本上是荒地、森林和沼泽，是封建地产范围以外的土地。由于这些新土地不是来自上级领主的封地，因而拓殖者不必为占有这些土地而承担过多的封建义务，土地的转让也容易得多。所以，这些土地一开始就具有"私产"性质。

拓殖运动的发动者主要是各种形式的封建主，不过，他们可能有不少是没有领地继承权的贵族子弟。他们通过拓殖运动掌握了地产，成为第一批不依附上级领主，拥有相对独立的土地产权和独立的人格的下级领主。当然，"上级领主"包括国王都参与了拓殖

① 马克思恩格斯全集：第 23 卷．中文 1 版．北京：人民出版社，1972：783.

运动，但不论怎么说，所产生的土地产权实际上都属于拓殖者。他们由于拥有了相对独立的土地产权而获得了相对独立的人格，而构成拓殖运动劳动大军的农民则在十分自由的条件下取得了租地。为了争夺拓荒的劳动力，封建主不得不采用减轻封建义务、扩大土地自由的办法来吸引他们。当时，解放农奴的特许状公开承认，解放的目的是增加耕种者人数，是为了所有者的利益和改进他们的地产。这样，封建关系就变得松弛了。所以，拓殖运动也产生了最早的“自由人”——自由的领主和自由的农民。

三、解放运动

随着拓殖运动的开展，边远的土地得到了耕种，这样就扩大了地区间要素禀赋的差异性，交换的利益也大大提高了，从而大大促进了商品经济的发展。而商品经济的发展刺激了封建主消费的多样化和对货币财富的追求。封建阶级成员的浪费与疯狂的糟蹋，相互征战、争讼，驱使他们采取毁灭的方法取得货币，如用土地抵押或用地租作抵。同时，封建主通常不熟悉业务，不懂得如何从自己眼前所进行的土地开垦中获利，也不懂得如何从土地财产及其产品价格上涨中得到好处。在许多场合，他们愿意出卖土地和解放农奴，借以换取地租或固定租税。

同时，由于商品经济的发展，农产品交换价值提高，劳动的机会成本越来越高。这样，在农民与领主之间，事实上存在一个争夺劳动力的情况。虽然农奴不得不在领主的保留地上劳动，但效率肯定不高，而且越来越低。于是领主发现，出卖自由、从垄断面包烤炉和磨坊中取得收入以及用租金代替劳役更有利可图。总之，放弃他们拥有的劳役的粗心、无用、偷懒、使产出很少而花费很大的劳动是明智的。因此，用这种劳动交换落入农民手中的货币就更为可取，因为这比过去更容易。

从农民的角度来看，商品经济越是发达，农民越有可能进入市场，对自己劳动的价值就越可能有一个实事求是的评价。因此，他们希望在自己的份地上多投入一些劳动，因为在相同的时间里，他们在自己份地上获得的产出比在领主土地上获得的产出要多得多。所以，他们愿意以货币来代替劳役。在以货币代替劳役的同时，获得人身自由的人口大量增加，一些获得自由的人有能力或者有机会赎买土地，成为殷实的自耕农，他们也可以将地产传给后代。

政治上的考虑也有利于解放运动。在 12 世纪，国王通常不赞成解放王室领地上的农民，却十分愿意帮助领主或教会的农奴得到解放，借以削弱他们的割据势力；教会起初也强烈反对解放农奴，但是，当它们在拓殖活动中获得更多劳动力时，也就逐渐转为支持这个运动；城市资产阶级竭力促进农村的自由，而自治团体更支持农民以反对他们共同的敌人，并希望获得更多的自由劳动力；最后，比较开明的领主也逐渐认识到传统的剥削方式已经不能适应变化了的形势，不得不同意解放农奴。

解放运动是通过一系列合同实现的。在 11 世纪，这种合同是个别合同，合同确定了贱农的义务，减轻了他们的负担。到 12—13 世纪，开始出现集体合同，致使更多的人获得解放。这种解放合同包括特许状、长期租约、法律习惯等多种方式。例如，在英格兰，农奴的解放是通过折算制实现的，即将农奴对领主所担负的封建义务折算成固定的地租，农奴只需缴纳地租，而其他的封建义务皆可解除。到 14 世纪末，英国大部分地区的农奴都获得了解放。

农奴解放首先是人身自由的获得，即农民可以支配自己。从此以后，法律和习惯都承认，人是生来自由的，并且应当继续保持这种自由，不能把人看成财产的目标。“新城市”的特许状甚至宣布贱农人身不可侵犯，领主不能将逃跑的农奴抓回，他们可以在法庭上起诉，享有受法律保护的权利。农奴的财产得到承认和保护，农奴可以将自己的动产和不动产留给自己的儿孙。人头税被取消了，其他各种封建义务有的被“赎买”了，有的则折算成固定货币租。任意的劳役也被取消了。此外，农奴还获得了商业和贸易的自由。

商品经济的发展也导致下级领主从上级领主那里“赎买”自由。下级领主接受封地，条件是为上级领主服兵役，如英国封臣的骑兵役通常是每年 40 天，而商品经济的发展使他们服兵役的机会成本也越来越高，因而希望免除兵役。商品货币经济的发展为免除兵役提供了条件，所以就出现了地方领主缴纳一笔货币给国王来代替兵役的做法。

四、早期圈地运动

由拓殖运动产生的非封建地产，被拓殖者们十分聪明地加以利用，同时又保持其占有。这就使土地上的产出大大增加，加上贸易的扩大，土地的价值大大提高了。这种变化反过来影响了原有的封建地产。土地价值的上升导致人们为建立排他性的所有制和可转让的权利而努力，这就产生了早期的圈地。事实上，早期的圈地发生在 13—14 世纪的英国，它是在拓殖运动的尾声中开始的。一方面，土地不是那么容易地获得了；另一方面，越来越少的公地开始受到掠夺式的利用，有势力的封建主利用他们在庄园中的特权，圈占公地，将其变为私人地产。事实上，圈占公地的行为与拓殖运动并无本质区别。

以后，特别是地理大发现后，圈地运动受到羊毛价格上涨和养羊业的刺激，以及工业和城市发展对农产品需求扩大的刺激，不仅公地，连农民的份地也被圈占了，不仅领主，甚至富裕的农民也参与了圈地。不过，18 世纪以前，圈地是一种“暴力行为”，它只造成了圈地者对土地的实际占有，直到圈地成为“合法圈地”以后，圈地者才真正拥有了对土地的合法权利。至此，私有土地制度最终产生了。在这个时代，土地是财产的主要形式，因而，土地私有化基本上代表一切财产的私有化。事实上，土地上的房屋、农民的少量工具以及土地上的一部分产物，从来就是私有的。

第五节　工业、贸易与行会

一、工业的复兴和工业组织的变迁

中世纪初期，工业活动处于萌芽状态。在当时流行的自然经济与庄园经济条件下，工匠的工作与农民的工作没有多大区别，而这种工业活动基本上是局限于庄园范围以内的。在庄园内部，农民除从事农业生产外，也从事一般性的制造活动，力求满足自己和家庭的需要。庄园内部设有最基本的工业设施，包括磨坊、面包坊、酿酒坊等，农奴中有一部分人从事专门的手工业活动，如鞋匠、铁匠、泥水匠、木匠等。通常领主和教堂掌管这些工业设施，并利用对这些设施的垄断加重对农民的剥削。在这种自给自足的庄园生活中，工业的作用是极其微小的，对生产关系变革和社会进步的意义也不大。

从11世纪起，工业组织发生了一些深刻的变化：（1）商业和货币经济的兴起，刺激了手工业的复兴。商人作为中间人不仅为手工业者提供了资金和原料，而且为他们开辟了市场。所以，最初的工匠与商人是紧密联系在一起的。这种工业首先出现在城市和城市周围，不仅向城市提供产品，而且经商贩的活动为农村提供商品。这就使农村的庄园工业逐渐失去了意义。（2）消费与交换范围的扩大，使得在城市出现了手工业作坊。最初是工匠在家庭中从事某些不需要高度专门化的生产，或个人单干，或在家庭成员的帮助下工作。随着订货的增加，有的工匠开始雇工，这样就产生了作坊。作坊要独立购进原料，在作坊中加工成产品，然后到市场上去出售，而经营风险由师傅个人承担。在大多数情况下，作坊同时也是一个商店。作坊主在家人、帮工和徒弟的协助下工作。他保有一切生产手段，包括工具和劳动力，主要为订货而工作，或者摆一个摊子售卖他的产品，有时也自己将产品带到市场上出售。（3）手工业分工得到广泛的发展。中世纪手工业的组织形式是以手工作坊为主。在作坊内部基本没有分工，每一件产品都由一个手工业者独立完成。生产技术的提高和社会生产的复杂化是通过社会分工体现出来的，也就是说，行业分工有越分越细的趋势。手工业根据市场的需要分成不同的专门工作。有的行业分工发展到非常细的程度，如13世纪在羊毛工业中有25种不同的专门工作。另外，在工业发展过程中，技术本身也在进步。例如，风力与水车开始出现并广泛使用，在某些工业中出现了个别的机械，这种机械在纺织工业和手工艺品生产方面达到了很高的水平。这种进步得益于与东方的贸易，特别是通过与拜占庭的贸易，东方国家的技术传到西欧，引发了技术的变革。

从13世纪起，工业的规模开始出现增大的趋势，在少数特殊行业中和国际贸易发达的地区，如低地国家、意大利和法兰西北部，出现了较大的工业。这些工业不少是为国际市场而生产的，例如，根特、里尔、亚眠、佛罗伦萨的织布工业，威尼斯的丝织品工业，佛兰德斯的羊毛工业等。富裕的企业家甚至有势力的行会，出面对工业进行有效的指导，将这种工业发展推向新的高度。例如，意大利托斯卡纳的羊毛工业公会，在12—13世纪垄断了英国的羊毛和来自佛兰德斯以及法兰西北部的半制成的纺织品，并且对这些半制成品进行加工、染色，最后出口到地中海市场。这些企业尽管还不是工场，但是企业内部已经有了一定的分工，出现了简单的管理和专门的管理者，资本和劳动的分离已经出现。可以说，这是近代企业的萌芽。此外，这个时期，工业扩展到许多部门，包括采矿业、冶金业、皮革业、造船业以及手工艺品业。从14—15世纪开始，欧洲的工业水平逐渐超过东方。

作坊一般由师傅、帮工和学徒组成。师傅、帮工和学徒是中世纪手工业者中的等级。根据行会的规定，要成为某个行业的师傅，必须先从学徒做起，然后升为帮工，最后才是师傅。师傅、帮工与学徒之间的关系是一种封建关系，而不是雇佣关系。学徒在当学徒期间要为师傅做大量无偿劳动，而师傅对学徒也具有一定义务，即教会徒弟手艺，负担徒弟的生活费用。但事实上，师傅为维护自己对手艺的垄断和自身利益，往往不将手艺轻易教给徒弟，并千方百计延长学徒的学习期。学徒经过长时期的学习，一般是2～7年，可以升为帮工。帮工与学徒不同，师傅要付给帮工工资报酬。工资的形式多种多样，有货币工资，也有实物工资。工资标准由行会规定，不许突破。例如，吕贝克琥珀业行会章程规定，石器钻孔每1 000件给帮工的报酬不得超过4个芬尼。帮工的劳动时间和条件也由行会规定，基本上是“从日出到日落”的工作日。对帮工上升为师傅，行会规定了严格的条件，还要举行一定的仪式。帮工必须制作出一件产品，由行会师傅鉴定，在鉴定会上帮工要设盛大宴会招待师傅。只有经过严格的考核，被认为技术合格并积累了足够的经验，帮工才会被准许独立开业，成为师傅。只有师傅才能独立开业。师傅是行会的全权成员，参加本行会的大会。行会对本行业的师傅数量一般有严格限制，除要经过从徒弟到帮工到师傅的漫长过程外，还有其他限制条件，如财产标准，如15世纪爱尔福特鞋业行会规定师傅要有600双鞋的财产。所以，从学徒上升到帮工再上升到师傅的目标往往难以实现。最后，行会发展成为父子相传的世袭集团。

二、商业与贸易

中世纪早期经济生活的特点是自给自足，不论是国王还是地方领主，都生活在自己的领地上，与外界的交往较少，所以商业交换活动也较少。几百年来，罗马的道路系统由于年久失修而破烂不堪，交通工具落后，甚至马车也很少，强盗时常抢劫过路的商旅等，这些都严重影响了商业交换的发展。差不多在整个中世纪，封建割据严重，地方政权普遍存在，商人无限制地负担着各种各样的地方捐税。每个封建主，上自公爵和伯爵，下至子爵和小城主，包括国王本人也不例外，对经过领地的一切商人和小贩处以罚金，课以重税。这些捐税种类繁多，有货物通行税、过桥税、护送过境税、河流税、过渡税以及关税等。有时领主为了征税，强迫商人走某一条道路或过某一座桥梁。当时还流行一种所谓的“落地法”，即商人遗落在道路上的货物自然归当地的领主所有。海上交通也十分落后，在十字军运动以后才有所改变，罗盘是14世纪才用于航海的。当时流行一种“船难法”，即从失事船只上漂流到岸上的货物，或搁浅在海滩上的货物，归当地的领主所有。有的领主故意破坏航道，以取得这种意外之财。另外，国王和领主都不承担保护航线安全的责任，海盗十分猖獗。所以，在中世纪相当长的一个时期内，商业非常落后。

当中世纪生活开始变得安定和文明的时候，交换变得越来越频繁，商业组织也开始有所改进。物物交换和小贩营业，除了在偏僻的乡村以外，已经逐渐消失，出现了固定的市场和集市。

事实上，在中世纪早期，就允许封建主在领地内建立市场，包括城市市场和农村市场。不过，市场权利是一种封建权利，最早的市场仅仅是采邑的一部分，限于领主庄园或庄园集合体的范围之内。封建主建立市场的目的，主要是满足自己的消费需要，特别是满足自己的货币需要。因为市场不仅可以为封建主提供奢侈消费品，还可以为他们提供税收，所以封建主一般支持在领地上建立市场。市场一般每星期六或星期日下午举行。

最早的市场大都设在教堂院内，附近居民来这里用自己的剩余产品进行交换。早期的市场仅仅是地方市场，交易范围较小，交易主要在当地的小生产者之间进行，起互通有无的作用。随着经济的发展，交易越来越频繁，市场也日益增多，还出现了定期的专业市场，即规定每月的某一天或某几天在某地专门进行谷物、牲畜、木材、葡萄酒等的交易。

随着交换的发展，出现了定期的集市。集市的开设一般要经国王或诸侯批准，所以集市处在较高级的封建管辖之下，而不属于庄园范围，如最大的集市是国际性的。集市与一般的定期市场不同，往往可以持续一周、一个月甚至更长时间，间隔时间也比较长，有的是每季度举办一次，有的是一年举办一次。每个国家和大的封邑都有集市，国王和封建主通过各种措施保证集市的安全，并设立专门法庭来仲裁各种纠纷和审理各种案件。为此，国王和封建主也收取各种税费，如进入集市税、市场税、交易税、度量衡使用税，以及出租店铺、货栈、地皮等费用。

到 12 世纪和 13 世纪，随着商业和工业的勃兴，各地集市数量大大增加。由于交换广泛，集市通常设于市镇。这样，随着集市的发展，市镇也发展为城市，而城市的发展又反过来促进了集市的发展。许多西欧城市都设有集市。例如，意大利最著名的集市设在比萨、威尼斯、热那亚等；德意志的著名集市设在科隆、莱比锡、汉堡、法兰克福等；英国的斯图尔桥集市和圣爱甫兹集市是英国最著名的两大集市；法兰西的集市设在卢昂、巴黎、波尔多等地，其中巴黎的圣得尼斯集市是最古老的集市，建立于 630 年，夏秋都有市，由圣得尼斯寺院管理，很受商人欢迎。为了保持全年都有集市，各地集市轮流开市。例如从 2 月 28 日到 3 月 29 日是佛兰德斯的伊普雷的第一次集市，从 4 月 23 日到 5 月 22 日是布鲁日集市，从 5 月 19 日到 5 月 26 日是伊普雷的第二次集市，从 6 月 24 日到 7 月 24 日是图鲁特集市，从 8 月 15 日到 9 月 14 日是里尔集市，从 10 月 1 日到 11 月 1 日是美西尼集市。

中世纪最著名的集市是法国的香槟集市。位于巴黎以东和东南部的许多封邑，基本上都归香槟伯爵统治。这一地区物产丰富，交通便利，是诸河流的汇合地，一直是中欧贸易的焦点。早在罗马时代，这里就出现过较大的集市。从 9 世纪开始，这里先后出现了一系列集市，其中有六个最为著名，包括巴尔集市、拉尼集市、普罗文斯的两个集市和特鲁瓦的两个集市。起初集市开放的时间比较短，经过一再特许和核准，开放时间不断延长，直到每个集市可连续开放约六周。香槟集市轮流在特鲁瓦、拉尼、普罗文斯、奥布河上的巴尔这四个城市举行，每个集市的开放时间为一个半月，而特鲁瓦和普罗文斯则各举行两次。所以，除了极少数情况以外，整个香槟地区可以说全年都有集市。

这一地区的集市都归香槟伯爵管理。在每次开市之前，商人有 8 天的准备时间，在正式开市以后，各种商品轮流开市，每市 10 天，包括布市、皮革市、杂货市等。最后是钱币兑换时间，还有 5 天的宽限日期，以供办理未了之事，包括编造货物清单、结清账目、领取“汇划票”、在所有的重要契约上加盖集市印章等。集市还发展了一种职员制度来从事集市的管理：（1）集市监督，一般为 2～3 人，负责集市的司法、警务和公布并管理法令；（2）集市书记，又被称为监督助理，开始只是在监督离职时替代监督行使职权，后来逐渐成为集市的真正管理者；（3）集市监印官，也称秘书，主要职责是把伯爵的印章加盖在集市期间所订立的一切重要契约上；（4）集市警卫官，职责是维持集市上的和平秩序并执行监督的各种命令。为了规范和调解集市期间的各种商务纠纷，集市设有集市法院，由集市监督以及他们的助理掌管，属于伯爵的行政机关。集市法院成为香槟集市上的上诉法院，从这里可以上诉到王国的最高法院。

香槟集市具有国际贸易市场的性质。香槟位于从佛兰德斯到意大利的商路上，从东方来的香料、丝绸等奢侈品以及染料等经意大利商人之手，翻过阿尔卑斯山，到香槟再输往西欧各地。佛兰德斯的呢绒也通常在香槟集市上集散，运往意大利和东方。香槟伯爵和许多国家签订了条约或公约，根据这些条约，凡是往香槟去的商人经过他们的领地时，可减免部分通行税，即使在没有订立条约的地方，伯爵的声望也足以保护过往的商人。伯爵还采取各种措施，例如发给他们“通行证”，保护他的顾客不受封建主的勒索和强盗的抢劫。所以，香槟集市上云集着来自世界各地的人群，涉及各个种族、各种语言和服装，从苏格兰到西西里，从卡斯提尔到大马士革，埃及人、叙利亚人、希腊人、英国人、西班牙人、意大利人和德意志人等，都到这里来经商。

由于交易发达，这里流通着各种货币，为了便于交换，香槟集市发展了一种“钱兑商制度”。这种制度起源很早，随着香槟集市的成长而发展起来。到 14 世纪时，钱兑商处于国王的控制之下，正式被承认为公务员。他们在集市上开设营业所，主要业务就是按一定比率兑换货币并收取一定的手续费、收受存款、放款取息、发放信用票等。

香槟集市的繁荣一直延续到 14 世纪初。此后，由于王国捐税的增加、英法战争的影响，以及威尼斯人新的商路的开辟，香槟集市逐渐衰落。不过，香槟集市在中世纪商业史上的影响却是十分深远的。香槟集市不仅活跃了中欧的贸易，带动了当地经济发展，而且在商业制度和货币兑换制度等方面都有重要的贡献。

中世纪早期，西欧基本没有本地商人。东方人，也就是叙利亚人经营着这种并不复杂的中介贸易。阿尔发人、阿拉伯人、匈牙利人、诺曼海盗的不断入侵，使欧洲的商业贸易遭受灾难。所以，中世纪的商业是一种冒险行业，风险很大。一方面，中世纪的商业条件较差，道路不通，交通工具落后，强盗横行；同时，封建割据状况严重，到处是关卡，税收沉重。为了抵御各种不测，商人们自发组织起来，创立了合伙经营的方式。中世纪商人所经营的商品一般不是一种而是多种，他们不会将所有资本都投在一种商品和一次冒险上，而是同时参与多种合伙生意。

较早的合伙形式是松散的队商。后来这种队商变得较有组织，会选出队长，雇用武装人员。不过，在这种队商里，每个商人都是独立的，他们的资金并不联合在一起。中世纪的商业合伙制度产生于海上贸易，最初的合伙形式是委托制和协作制。在一般情况下，合伙由两方组成：一方是坐商，主要负责提供资本；另一方是行商，主要负责将商品运到目的地，进行具体交易。委托制是坐商提供全部资本，坐商在所获收益中得三分之二，行商得三分之一。协作制是坐商提供三分之二的资本，行商提供三分之一的资本，所得利润平分。一般来讲，这种合伙以一次贸易为限，该次活动结束和利润分配完后，合伙即告解散。13 世纪时，商业条件有了很大的改善，道路良好，盗匪减少，商路安全性大大提高，在有的地区出现了专门的运输行业，这样商人就有可能摆脱长途贩运的劳苦，转为坐商。还有一种所谓“海上借贷”的合伙方式，即商人向有钱人借款，以弥补自己资金的不足。如果航行失败，损失由投资者负担，商人不负责任；而如果经营成功，商人要付给投资者40%～50%的利息。在这个时期的海上贸易中，商人起着较大的作用。例如，对船只有很大权力的不是船主而是商人。在航行之前，商人要派出代表检查出航前的准备工作，在船上占据最好的位置。在出航前，船长要征求商人对风向、气候等方面的意见。而在航行中，如果要改变航向也必须征得商人的同意。如遇到危急情况，要由商人来决定是否抛弃船上的货物等。所以，这种合伙组织还很不稳定，并没有成为企业组织，但可以称为企业组织的原始形态。

最早的商业公司出现于13世纪。初期的公司以家族成员为主，并以家族名字命名。公司每经营一两年后便自行解散，进行结算，然后另行组织。但事实上，由于公司是以家族为主体，家族成员往往不希望公司解体，所以，虽然在形式上是到一两年后解散公司，但并不是使公司真正消失，而是在原有基础上重组并继续经营。公司的经营管理一般由一个有能力、有经验的人负责，近似今天的经理。然后在各营业点设立分号，派出代理人。代理人大都是领薪水的雇员，但常常是经理的子侄。商业公司组织最早出现于海上贸易中，因为海上贸易的风险性产生了组织公司的需要。后来，在一般的商业领域也出现了公司组织。这些公司组织可以被看作近代经营方式的起源。

三、行会制度的起源与演变

关于行会的起源有几种说法。有人认为行会起源于罗马的公会和秘密会社；有人认为行会起源于日耳曼的原始会社；也有人认为行会起源于庄园，认为行会是从庄园中的“工头”阶层派生出来的；而比较实际的观点认为，行会起源于教区会社和兄弟会。事实上，行会的重要性不在于它的政治活动，而在于它的商业与工业活动。起初，各类商人和手工业者都是组织在一起的，从事某一行业的工人都倾向于集中在某一条街道和区内。这种聚居的要求，既是出于职业方面的便利，也是为了监视他人的经营活动，更有团结起来抵抗封建主势力压迫的目的。在德国，最古老的行会是1106年沃姆斯的贩鱼者行会和1128年马格德堡的制鞋者行会，而法国的里昂和波尔多直到15世纪末才出现行会。

行会按行业组织，有时分工极细，每一个行业都有自己的行会，在佛罗伦萨分为“大行会”和“小行会”。大行会有7个，包括公证人行会、进口布匹商行会、银行家和钱兑商行会、呢绒布商行会、医生和药剂师行会、丝商行会和皮货商行会。小行会包括16个，如屠夫行会、鞋匠行会、铁工行会、石匠行会、面包工人行会、武器匠行会、木匠行会、锁匠行会等。

行会具有经济、政治和社会三种功能。作为经济组织，行会使小手工业者在自然经济条件下能够保持其地位，进行正常的再生产。例如，行会规章主要是关于生产规模、生产过程、价格、原料以及市场等方面的内容。作为政治组织，行会有时是城市管理机构的有机组成部分，有时是城市当局下面的一个自治团体。行会自身有比较完整的组织系统，有严格的纪律，不仅自我管理，而且为市政当局组织市民选举、征收税款、建立城市武装等。作为社会组织，行会具有互助合作的成分，行会内部往往建立互助基金，举办慈善事业，扶贫济困等。

行会的发展主要有两个倾向：（1）平均主义，使每个小生产者都能在自己的经营活动中获得均等的机会；（2）反对自由竞争，在本行业内各师傅之间不自由竞争，而在行业之外造成一种垄断，限制别人的竞争。

行会规定主要包括以下几个方面的内容：（1）产品原料和其他辅助原料的质量和数量。一般行会不进行统一的原料购买和供应，而是由作坊自己组织，但对原料的质量和数量会进行严格的规定。如果作坊购买了过多的原料，其他人有权分享这些原料。（2）作坊的规模和工作时间。作坊所使用的学徒和帮工的数量，都不能超过规定，劳动时间也不能超过一定时限。例如冬季工作日为12小时，夏季工作日为15～16小时，严禁夜间工作。这一方面是为了保证产品质量，更重要的是限制生产者生产过多的产品，从而造成生产者之间的不平衡。（3）生产工具、技术设备和生产程序等。例如，规定织工行会规定生产者不能使用新式织机等。（4）产品的质量和数量。作坊不仅不能生产质量低劣的产品，也不能生产过量的产品。如果产品质量低劣，必须当场销毁，不能出售；如果生产了过量产品，则要处以罚金。

行会的另一个作用，是为保证本行会的共同利益而进行行业垄断，即没有参加行会的人不能经营本行业的生产，而要参加这一行业又有严格的限制。例如，非本城居民不能加入本行会，也就不能从事本行业经营。为了保持这种垄断，行会经市政当局允许，可以采取各种手段。

中世纪行会之所以对生产者的生产做这样的规定，一方面是为了保证生产者的信誉，而更重要的是因为在自然经济占统治地位的条件下，市场有限。如果有的生产者生产了更好、更多的产品，增强了竞争力，有限的市场就会导致部分生产者的产品没有销路，从而无法生存。保证每个行会成员的共同生存，本来就是行会的重要目标之一。这个目标的设定，在中世纪自然经济占统治地位、人们的生存途径比较狭窄的条件下，的确是非常必要的。但是在市场逐渐发育和发展的情况下，继续保持这种规定和限制，就成为阻碍经济发展的因素。生产工艺保密，禁止使用合理化的技术和操作方法，违者要受到处罚，甚至直接销毁发明并对发明人进行迫害等，都直接阻碍了技术的进步。例如，13—14世纪，行会严禁在呢绒生产中使用脚踏纺车和制毡机。所以，到中世纪后期，行会成为严重阻碍经济发展的保守落后组织。

行会在初期是具有民主精神的，从学徒到师傅这一条路，对所有合乎要求的人开放。但是到13—14世纪，行会出现了封闭倾向。这种倾向是通过各种方式实现的。例如，行会的会费上涨到了最高点，使得一般小手工业者和小商人不能入会；行会要求工人完成一件“杰作”才能成为师傅，但是“杰作”的难度越来越大，许多工人不能成为师傅，于是师傅身份就成为某些家庭的世袭身份。学徒制度也强化了行会的封闭性，学徒时间越来越长，起初是两三年，此后逐渐延长到六七年，事实上是使师傅得到无偿的劳动力供应；城市立法受到行会利益的支配，批准行会入会的会费标准、“杰作”的标准，固定了工资和劳动时间等，使师傅的身份和工人的身份都固化了。到14世纪，行会已经成为剥削和垄断团体。

在14—15世纪的欧洲，哪里有工商业，哪里就有行会制度，特别是在工商业发达的城市，行会的势力十分强大。例如，德国的法兰克福有137个行会，纽伦堡有96个，里加有 90 个，汉堡有 114 个，吕贝克有 129 个。无论在什么地方，只要行会占了统治地位，市政府就会被行会控制，行会的成员及其家族就形成了一个城市贵族阶层。这个城市贵族阶层还通过与旧贵族的结合而进一步贵族化。随着行会的分化，特别是富裕商人势力的扩大，行会进一步贵族化了。一方面，富裕商人通过联姻与旧土地贵族建立了商业和社会关系，从此他们的利益趋于一致；另一方面，由于农田价格下降，许多富商便在城外购买土地，进一步与土地贵族合为一体。所以，到中世纪后期，行会的活动已经成为阻碍经济发展的因素。正因为如此，行会制度的解体，是近代资本主义发展的前提条件。

在行会贵族化的同时，与下层劳动阶级之间的鸿沟也越来越深。劳动阶级被称为“黑指甲”，受到城市贵族的歧视。所以，到中世纪后期，社会的冲突主要不是发生在农村，而是发生在城市，具体来说是发生于城市贵族和劳动阶级之间。贵族行会进一步排挤工人，联合起来反对工人的罢工斗争，共同采取措施，拒绝接纳可疑的工人进入它们的工场。城市劳动阶级也组成各种各样的组织，有的也称为行会，但这些行会多少具有秘密结社的性质。例如 1387 年，伦敦的一些熟练工人组成兄弟会，宣告了他们反对行东集团和官办行会斗争的开始。这种斗争一直延续到 14 世纪末，以贵族行会的胜利而告终。

四、货币与金融

中世纪的货币事实上是罗马的遗产。法兰克福人在与罗马人接触的过程中，熟悉了罗马的货币制度。中世纪早期使用的货币是拜占庭铸币索里达，重 1/72 罗马磅，约为 4.5 克。墨洛温王朝铸造过一些金币和银币。不过，由于交换有限，黄金的产量极少，因此以银币为主。当时国家并不垄断铸币权，主教、修道院甚至金匠都可以铸造金属货币。到墨洛温王朝末期，金币消失，交易中大量以物易物，很少见到货币。货币交易只是在名称上发挥作用，例如，交易中标明索里达若干，但实际的交易仍然使用实物。

从加洛林王朝开始，随着交易的扩大，对货币的需求日益增加。这一时期流通的货币主要是银币，称为第纳尔。但国王仍没有垄断铸币权，各诸侯和主教仍有权铸造货币。所以各地铸造出来的货币往往在重量上、成色上都不统一。特别严重的是，封建主试图通过铸造货币来增加自己的财富：他们不断回收货币，然后进行改铸，降低成色，而将多余的贵金属收归私有。到 13 世纪，查理曼时期的第纳尔差不多贬值为铜币了。

13 世纪在西方货币史上具有重要地位。1202 年，威尼斯铸造了一种银币，称为格罗脱。以后，佛罗伦萨和维也纳也铸造了自己的格罗脱。1252 年，佛罗伦萨铸造了一种金币，称为弗罗林，上面有象征百合花的图案。这是自加洛林王朝以后 500 年再次出现金币。此后，威尼斯也铸造金币，英法各国也都铸造了金币，不过弗罗林一直到 15 世纪都是西欧流通的主要金币。在中世纪最后的 200 年中，欧洲经受着货币供应不足之苦。只是在 15 世纪晚期，技术进步才使中欧银矿产量有了很大的增加。然而，一个复本位货币制度不能满足中世纪晚期经济发展的需要，所以一场席卷欧洲的黄金狂热导致了重要的地理大发现。

随着贸易的扩大和货币流通的增加，西欧出现了货币经营资本。最早的货币生意人出现在香槟集市。当时的香槟集市上流通着各种各样的货币，当时流行的说法是，有多少个封建领地，就有多少种货币。这些货币不论是重量还是成色以及形式，都是千差万别的，而持有不同货币的商人要进行交易，就必须将货币兑换成对方能接受的货币，这就产生了货币兑换商。货币兑换商最初只是为商人兑换货币，收取一定的手续费。随着他们资本的扩大，他们开始进行类似银行的业务，即接受存款并付给客户利息，向商人和封建主放款取息，应客户的要求为客户办理汇兑业务。兑换商在收到商人一笔款项后，就委托自己在某一地方的代理人凭字据（期票）付款给商人。这样，商人无须再冒长途运输货币的风险，而是可以通过兑换商在各地的分号进行支付，这就大大加快了商品流通和货币流通。以后，货币兑换商的实力大大增强，遂建立自己的公司，逐渐开展银行业务。他们在各地设立分号，与各国国王、教会建立联系，进行规模巨大的货币经营业务。

随着商业和贸易的发达，特别是羊毛贸易和羊毛纺织品贸易的发达，产生了融通资金的需要，从而出现了银行业。佛罗伦萨从 13 世纪起就成为欧洲的第一个银行城。佛罗伦萨的银行业与羊毛纺织品和羊毛贸易有关。最早的银行家同时经营羊毛贸易，正是羊毛贸易的需要直接催生了银行业，而银行业的发展反过来又促进了羊毛贸易的发展。佛罗伦萨利用遍及全欧洲的经营机构，扩大银行业务。从 1250 年左右起，经过两代人的努力，银行业获得了发展，控制了整个基督教欧洲的信贷。1338 年，佛罗伦萨有 80 家商号经营银行和货币兑换业务，其中最重要的是巴尔迪和佩卢齐两大家族。14 世纪末，流通中的佛罗伦萨货币总计达 200 万弗罗林。德国的银行业起源与银矿的开采有密切关系。中世纪的奥格斯堡兴起了一大批银行家族，包括富格尔、韦尔瑟、埃欣格尔等。例如，富格尔家族从 15 世纪后半期直到 16 世纪始终控制着欧洲货币市场。

早期的银行具有双重职能，既是贴现机构，又是储蓄机构。贴现便利了商人的活动，为他们融通了资金，而商人通常都将资金存入银行，以备日后支付款项之用。早期银行的一个重要业务就是经营国债。王室挥霍无度，大量向银行家借款，而银行家通过借款给国王而获得各种特权。但是，各种特权既是银行发展的机会和条件，也是银行危机的根源。当国王无力偿还借款时，银行也就到了破产的时候。意大利的银行家还为教皇理财，向教皇提供贷款，从教皇那里获得各种特权。然而，这也成为银行危机的根源。15 世纪教皇通过赎罪券掠得大批财富，使罗马的银行家也大获其利。然而，教皇在罗马大兴土木，导致财政窘迫，罗马的银行家也因此遭受破产的命运。

五、商法的兴起

意大利是罗马法复兴的发源地，也是商法的发源地。13 世纪，意大利各自治城市的有组织的商人团体，如商会，经常发布调整工商业活动的规章。制定这些规章所遵循的原则是：不得与市政当局的总体性法规发生冲突；必须与商务活动有关；必须是公正合理的。这些规章中都渗透着罗马法的内容和商业习惯。这些法律原则和基本内容，通过法学家的著作变成了西欧各城市调整银行业、票据交易、典当业、船舶登记、货物运输以及保险业等的法律规范。商业关系的固化促进了实质性的统一商法规则的形成和发展。意大利的商法具有领先地位，是综合性的、详细的和统一的法律。商人公会获得了广泛的管辖权，适用伴随商业发展而产生的规则，处理本地商人与外地商人之间的法律纠纷。

在英格兰，商业交易一般被限制在法律特别保护的永久性的商业中心进行。为适应商人的需求，也产生了一些习惯法。商会有时对某些商事纠纷做出裁决，组成所谓的“泥足法庭”（因赶集小贩经常灰尘满鞋而得名），由一名贵族管家或自治城市的市长或执行官掌管，但是法官由参加集市的商人担任，专门即席审理发生在市场上的民事纠纷和轻微违法行为。根据《1353 年商业中心法》，英格兰建立了商业中心城市，每个城市有一个特别法庭，专门为商人服务。这种特别法庭适用于商人法而不是普通法。

一些横贯欧洲的主要贸易通道上的城市，到 12—16 世纪发展成为巨大的国际性集市。满足国际性商业事务需要的法律在这些国际性商业城市获得了发展。在这些城市中，外国商业贸易公司获得了依其本国法律管理它们自己事务的特权，这种情况所依之法是来源于意大利城市的关于国际性投资的法律规定。凡是开放型的自由贸易城市，都欢迎外国人投资。因此在巨大的国际集市上，大体制定了统一的商法，并由商人们实行自治管理。在地中海各城市，原来对外商多采取歧视态度，不愿承认客商与土商享有平等权利。歧视政策常常导致各城市之间的相互报复和制裁，以至通商中断。为了避免这种情况的发生，各城市之间不得不采取互惠的方法，订立特别条约来确认互惠的条件和范围。当遇到商事纠纷和法律冲突时，组成“商事混合法庭”，由外国商人和本地商人代表在该市行政长官的主持下会同审理，使纠纷获得公正的解决。这种特别法庭的裁决，适用于自由港和全境开放城市，形成了一种特殊的国际商业贸易惯例。

随着海外贸易的发展，海商法也出现了。在中世纪的欧洲，海上冒险和船长、海员的行为受制于特定港口的各种习惯，而这些习惯则被认为具有习惯法的效力和国际性。大多数习惯来源于公元前 3 世纪的《罗得海法》。后来，东罗马帝国于 8 世纪初依据古法重新编制了具有海商法性质的《罗得海事法典》。这部法典之后又进行了不断的补充和修订。在地中海沿岸各港口，一般都适用 15 世纪晚期出现在巴塞罗那的《海事法汇编》，或称《海事判例集》。这是一部很有价值的法典汇编，被译成多种文字并不断再版，是被公认为通行于整个地中海沿岸的海事法典。英吉利海峡、北海和波罗的海沿岸各港口一般适用《奥列隆法典》和《维斯比法典》或汉萨同盟各城市的法律。英格兰的城市和各港口主要适用《海事法黑皮书》和《海事指南》。

第六节 城市的复兴与发展

一、城市的复兴

罗马帝国时代，城市文明曾达到一个极高的水平。但是到罗马帝国后期，由于各方面的原因，城市逐渐走向衰落。在日耳曼征服的几个世纪里，城市遭到毁灭性的破坏。在中世纪初期，只是在意大利还偶尔保留着罗马时代的城市遗址，使人想起罗马盛世和城市的繁荣。但这些城市大多是一片衰败景象，仅留有一些不完整的城垣，和乡村没有什么两样。例如，举世闻名的罗马已经由一个大都市变成了一个大型农业居民点，沦为农奴的罗马公民的后裔，在壮丽的古代建筑废墟旁播种粮食和放牧牲畜。总的来说，在中世纪初期，城市已经没有什么经济意义了，西欧经济生活的中心转移到乡村。但是到10世纪时，西欧的城市出现了复兴。

从11世纪中叶到14世纪，城市运动变得特别普遍，欧洲大部分地区的城市都复兴了。中世纪的城市大致来源于以下三种：

第一，罗马古城。罗马城市的衰落并不像人们所想象的那样严重，不少城市还是保留下来了，完全消失的城市只是少数。所以，最先复苏的仍是意大利在罗马时代的城市，例如威尼斯、那不勒斯、米兰、佛罗伦萨以及罗马等。法国在罗马时代已经出现的一些城市如马赛、图卢兹、波尔多、巴黎等，德国在莱茵河和多瑙河沿岸地区的城市如科隆、奥格斯堡、勒琴堡等，英国的伦敦、约克等，也都复兴了。例如，科隆在罗马时代的面积只有239英亩，蛮族入侵后，科隆衰落，只有城堡的一角居住着少数居民。11世纪初，科隆城外出现了一个小小的商业聚集点，过了100年以后，已经有三个设防的城郊区同这个罗马城市连接起来，到1180年新旧居民区已经全部用城墙围起来了。德国多瑙河畔的雷根斯堡，起源于罗马时代的军城，罗马军队撤退后，并没有全部废弃，旧城的边缘一直保存到11世纪，新的城市就在旧城的基础上重新建立起来。

第二，国王、教会和其他大封建主新建的城市。国王是最大的封建主，王国的都城一般来说都是最大的城市，如伦敦、巴黎等一直是最大的城市。法国巴黎在罗马时代称为留提齐亚，在克洛维时代曾作为法兰克王国的首都，以后一直保持了中心城市的地位，特别是卡佩王朝以后一直作为法国都城至今。除了国王外，封建主出于各方面考虑而筑城。法国北部和德国东北部都有属于大封建主的城市。由于封建主建城，形成了一些设防的居民点，这为手工业者从封建领地迁移至此大开方便之门。例如，根特最初只是个简陋、不重要的伯爵城堡，位于两条河流的交叉点，面积仅仅为25英亩。到11世纪，该城已经跨过河流，而在1194年建造新城墙时，它的面积已经超过200英亩了。罗马时代的宗教文化中心被称为"主教城市"。到中世纪，城市的宗教中心地位仍然是很突出的。9世纪时著名的圣加尔教堂计划就是建立一个城市的计划。这些教会城市由于举办定期的宗教活动，招来附近的农民和大量香客，交易活动频繁，逐渐地发展成为商业城市。8—9世纪时，为了防御诺曼人、阿拉伯人和匈牙利人入侵，西欧各地建立了不少城堡，这些城堡在战争时期成为附近居民的避难所。随着商品经济的发展，商人活动频繁，他们需要寻求安全，将城堡作为经过和寄寓的地方，所以这里逐渐发展成为交易中心。例如，诺曼人侵袭过后，佛兰德斯贸易兴盛，许多商人和手工业者都到这些城堡来定居，城市很快兴起。这样的城市还有布鲁日、根特、阿拉斯等。

第三，商业和手工业城市。11—12世纪，西欧的农业开始出现集约化倾向，两田轮种制和三田轮种制已经开始实行，几乎到处都使用铁制的重犁，种植园业发展得很快，相应的农产品加工业也发展起来。与此同时，手工业技术也有某种程度的进步，社会需求大大增加，而手工业生产的发展日益要求专业化生产和合理的劳动组织，要求集中的市场等，所以无论就其产量、技术水平还是专业化程度来讲，手工业生产依附于农业的地位都已经不适应发展需要了，两者的分离成为必然趋势。同时，庄园内部的经济矛盾也在一定程度上促使庄园手工业者转变为专业手工业者。封建主通过剥削农奴劳动积累的财富，是不可能在庄园内部消费掉的，而庄园中封建主和其他人需要的产品，也有相当部分不能由庄园内部提供。例如，封建主需要的盔甲、武器、丝绸、香料以及各种奢侈品，都必须由专门的手工业者和商人提供。在十字军东征时期，许多封建主到了东方，对东方统治者的奢侈生活有所了解，也产生了对过去所没有享受过的东西的消费欲望，所以也就有了对贸易品的需要。西欧最早兴起城市的地区，是意大利和西北欧的莱茵、默兹和斯凯尔特诸河口附近，这些地区都是国际贸易发达的地区。例如在意大利的威尼斯、热那亚、米兰，商人在有利的地点集合，不久也吸引了工匠在那里集合。这样，城市就发展起来了。

二、城市自治与城市管理

西欧中世纪城市一般是建立在教俗封建主的土地上。随着商品货币关系的发展，领主对货币的需求也越来越大，而城市是货币财富的重要来源，所以封建主出于自身利益考虑，对城市的建立和发展比较关心，在大多数情况下采取支持态度。由于城市是建立在领主的领地上的，所以城市归领主所有，当然也归领主管辖。封建领主不仅向城市征收各种赋税，还委派代表行使统治权和审判权。领主的各种政策严重损害了城市市民阶级的利益，并阻碍了城市经济的发展。城市市民阶级展开与封建领主的斗争，逐渐争取到各种权利。由于封建割据，封建主利益不统一，有时一个城市属于一个领主，有时属于多个领主。例如巴黎属于两个领主，而博韦有三个领主，亚眠有四个领主。这就导致城市有可能取得部分自治权，随着这种自治权的扩大，有的城市逐渐摆脱了领主的控制，发展为自由的城市。这个过程正如美国中世纪史学家汤普逊所指出的：“城市的兴起，论过程，是演进的；但论结果，是革命的。长期的聚居、共同的利益和共同的经验终于在居民中间养成一种强烈的共同意识；那反映在以和平方式要求领主，不论是男爵、主教或主持，承认城市为一个自治社会；如果这项要求被拒绝，就以暴力方式来反抗封建权力并要求宪章的自由。”①

城市宪章有两种来源，即公共的来源和公社的来源。公共的来源包括国家政府为在它管辖下的城市所制定的法令；公社的来源包括城市社会的习惯法以及市政机关公布的地方法。城市宪章包括以下主要内容：

第一，人身自由。中世纪的城市居民以从事手工业和商业为主，而工商业活动的重要条件就是人身自由。城市商人到处经商，不属于任何领主，所以是自由人而不可能是农奴。许多城市特权证书中说明给予市民人身自由，并免除作为农奴标志的结婚税等。有的城市虽然没有这样的规定，但按惯例农奴从领主的领地逃到城市满一年零一天，即获得人身自由，领主不能迫使他返回。所以德国的谚语说：“城市的空气使人自由。”

第二，土地自由。尽管城市的土地在法律上是领主的财产，但城市居民以自由的条

① ［美］汤普逊．中世纪经济社会史：下册，424.

件领有土地，不负担沉重的劳役义务，没有人身依附关系，不受领主审判，一般只缴纳一定的货币地租。城市土地的使用者虽然在名义上不是土地的主人，但拥有处分土地的自由，他可以将土地出售、抵押、转让，也可以转租。

第三，司法权。大部分城市取得的特权证书中，都声明市民只能由城市的司法机关审判，这就意味着城市的司法独立，并从领主审判权下解放出来。在城市通行的是适应工商业者的城市法，由城市习惯逐渐汇集而成。城市法庭的法官一般由选举产生，大部分由商人担任。

第四，财政自由。城市与领主约定，城市每年向领主交一笔固定款项，以取代领主所拥有的对城市征收各种捐税的权利。这些税款主要包括市场税、法庭罚金、任意税以及地租等。

第五，贸易自由。城市可以定期举行市场或集市贸易，市民经商免交市场税。但这种市场税的免除，只限于该领主辖地范围之内的商人，外来商人仍要交税。

当城市宪章获得通过以后，它就是一份重要的文件，被保存于市政厅内上了三把锁的档案柜内，有时甚至刻在市政厅的墙壁上或教堂的墙壁上。这样一来，城市居民就成了不受封建主束缚的自由市民了。

中世纪的城市生活包括三个要素，即贸易、市民和市政府。不论城市的起源如何，只要城市发展起来，就作为一个重要的贸易中心发挥作用。城市居民中占有统治地位的是商人和商人所组成的团体。他们从 11 世纪开始获得市民的称呼，他们都是自由的商人，有的拥有自己的土地，特别是他们都拥有财富。他们组成的团体包括行会、商业公会、兄弟会、慈善会等。这些拥有财富的阶级掌握了城市的管理权。每个城市都建立了行政机关来管理必要的公共防御系统和公共秩序，如民兵队、税务局、财政局、法院、行政局等。城市政权的组织形式多种多样，例如单一元首制和多数元首制、直接选举制和间接选举制、有限选举权制和普选制等。

市政当局要保证城市的安全与秩序，特别是要保证城市的必要供应。其中保证粮食供应是市政当局的首要目标。为此，不少城市颁布了管制粮食贸易的法令，这些法令可能用强制的方法使粮食运入城市，或建立良好的市场，保证商人的安全和利益，减免税收等，用以吸引商人保证城市的粮食供应。此外，还禁止囤积居奇，规定了最高价等。城市当局力图保证本城市的贸易垄断地位。在这方面，城市往往使用强制办法使自己成为商品集散地，命令装载商品的船只和车辆必须经过本城，即使从路线上看并没有必要。例如，12 世纪时，热那亚和萨沃纳曾有过一个条约，从萨沃纳开往撒丁岛和巴塞罗那的船只，必须从热那亚出发，回来时从热那亚卸货，并运载一部分热那亚商品。此外，各城市还通过各种方法禁止邻近的城市或商人从事某项贸易，或禁止外商进入本城。为了垄断一个市场、一条商路、一种商品，各城市之间进行着激烈的竞争。

三、德意志南部的城市同盟

城市之间的竞争，特别是为了与封建领主和国王对抗，中世纪中期出现了城市之间的结盟，即城市同盟。城市同盟主要出现在德国。12 世纪时德意志的工商业得到相当的发展，许多旧城市扩大了规模，而新的城市不断出现。然而，在德意志，封建主的势力极为强大，国王制定了不利于城市和工商业发展的政策，国内关卡林立，随意征收税款，特别是无地骑士和强盗骑士公开掠夺，造成了极大的破坏。一些利益相关的城市商人寻求联合，以对付封建主。13 世纪时，以美因茨为首，成立了沿莱茵河各城市的莱茵同盟，包括科隆、沃尔姆斯、施佩耶尔、斯特拉斯堡、巴塞尔等 60 多个城市。1254 年同盟发表宣言，建立武装，定期举行同盟会议，成立仲裁庭解决成员间的纠纷，并从帝国会议争得取消莱茵河上通行税的权利。莱茵同盟解体后，德意志又出现了士瓦本同盟。该同盟最早出现于 1254 年，主要包括莱茵河上游的一些城市，此后又多次解体和重组，到 1378 年，同盟成员总数达到 84 个城市。

德国城市同盟中最著名的是汉萨同盟。“汉萨”一词最初是用来称呼德意志商人在伦敦和布鲁日的团体，意思是“会所”或商站。由于诺曼底征服刺激了英国与大陆之间的贸易，科隆商人获得了在伦敦的一个侨居地的特许权，此后科隆和吕贝克也获得了类似的特权。德意志的其他一些城市也在国外发展贸易，设立商站。相互接近和共同利益使德意志商人在国内外组织起来的此类集团自然地趋向于联合，形成更紧密的联盟，以提供保护和减少竞争。城市商人在国外的联合促进了国内的城市联合。1241 年，吕贝克和汉堡商人订立同盟，共同反对干扰其贸易的敌人。1252 年，两城市又在布鲁日订立协议建立同盟。1259 年，吕贝克、罗斯托克、维斯马等城市也建立了同盟，反对陆上的强盗和海盗。1260—1265 年间，汉萨同盟基本形成。到 14 世纪，同盟以吕贝克为中心，扩大到德意志北部的大部分城市。汉萨同盟鼎盛时有 70～80 个城市。

汉萨城市组织只是一个松散的联盟，主要是为了贸易目的而组织起来的。依靠这些各自独立的贸易团体组成的这一同盟，能够要求更大的特权，也能保证贸易安全。为了防止海盗掠夺，一些城市组织起来，较大的城市常常以商业活动和私人战争方式支援小城市。汉萨同盟取得了北海、波罗的海沿岸经营贸易的垄断权，一般可以免税。它组织各城市商人联合船队经商，以抵抗海盗和封建主的袭击。它在重要的贸易点设立商站，还在各地设立审判机关，使自己的商人免受封建主审判。汉萨同盟的中心是吕贝克城，其最重要的商业据点是汉萨同盟商路的终点——诺夫哥罗得、卑尔根、伦敦和布鲁日的特定商站。这就是同盟的四大商站。商站是由货栈、旅店和教堂组成的商业会馆。汉萨同盟使贸易状况特别是海上贸易发生了许多变化，同盟在重要港口建立灯塔，标明水道，在礁石附近设立浮标，设置专职的领航员等，还极力捣毁那些侵害沿海地区的海盗巢穴，从而保证了海上航行的安全。

加入同盟的城市有一定的条件限制，包括必须是沿海地带、河口地区或通航河流两岸的城市，必须有自主权，否则不能加入同盟。同盟由一个议会统辖。从理论上讲，议会每 3 年在吕贝克举行一次会议，该日期称为“汉萨节”。1363—1550 年一共举行过 53 次大会。在议会中，吕贝克始终处于第一位，而科隆和汉堡分别处于第二位和第三位。在议会召开之前，吕贝克提前三个月通知各城市，指明要讨论的问题。会议一般由吕贝克担任主席。同盟议会讨论的议题十分广泛，包括为保护货物应采取的措施、宣战和缔约、保护道路和海洋的方法与手段、保证从外国人那里获得更广泛的特权、新的水路和陆路交通线的开辟、确定货币和度量衡统一规则、滞销货物的处理、解决纠纷的方法等。

会议还决定战争与媾和、向外国君主和诸侯发送公函、威吓和警告不履行义务的成员等。会议决议须经与会城市多数通过，所有汉萨城市必须遵守。对于不履行义务的城市，同盟可以将其开除，被开除出同盟的城市的商人将丧失各项特权。汉萨同盟还宣布有权审理汉萨城市中的案件。1381 年的会议决定，当城市之间发生纠纷时，有关诉讼应服从邻近几个汉萨城市的仲裁，不得以任何借口向封建诸侯上诉。审判根据地方惯例进行，没有统一的法律，但是吕贝克习惯法渐渐在整个波罗的海沿岸普及，而多特蒙德法则为马格德堡和易北河下游地区的城市所采用。

四、意大利的城市国家

意大利处于地中海沿岸，其商业贸易具有悠久的传统。中世纪早期，由于蛮族的入侵造成巨大的破坏，古代罗马的城市大部分衰落了，但是罗马的城市传统仍是意大利城市复兴的重要基础，所以意大利是欧洲中世纪城市复兴最早的区域之一。

中世纪晚期，意大利蓬勃发展，形成了一系列城市国家，如威尼斯、热那亚、佛罗伦萨等。这些城市国家由于不同的地理位置以及不同的经济传统，都有不同的特点。威尼斯和热那亚是沿海城市，对外贸易发达，所以是以商业和贸易为主，由于贸易发达，银行业也十分发达；而佛罗伦萨是内陆城市，主要发展工业，在工业基础上进一步发展了商业和银行业。

在这些城市中，市民占据统治地位。从 12—13 世纪起，贵族在这里就丧失了优势，他们进入城市并与富有的市民联姻，而富有的市民也通过与贵族的联姻，或通过买得贵族头衔的方式，跻身于贵族行列。新贵族主要由富商、银行家和大承包商组成，而平民主要是地位低下的零售商、手工业者、工资劳动者、临时工和社会底层的劳动阶级。所以，中世纪晚期的意大利城市是贵族化的市民占统治地位。这些城市贵族为争夺城市的控制权而展开了激烈的派系斗争。此外，新贵族与城市平民之间的斗争也日益激烈。

这些城市国家实行不同的制度，例如，威尼斯的政体形式是纯粹的寡头政治，热那亚和佛罗伦萨则是民主政体。当然，这两种政体的区别是相对而言的。例如，在实行民主政体的城市里，大部分市民在城市管理上是没有发言权的，真正的公民权只限于少数世袭家族的代表。佛罗伦萨的每个市民都必须附属于某个大行会或大工匠团体。

这些城市国家为争夺商业和贸易霸权而进行了激烈的竞争。竞争方式包括封锁邻国的商路、征收保护性关税甚至发动战争，如米兰和威尼斯之间的战争、威尼斯和热那亚之间的战争等。战争最终导致了这些城市国家的衰落。

关键词

封建化　封土制　庄园经济　拓殖运动　解放运动　行会　商法　城市同盟

思考题

1. 评价日耳曼制度与罗马制度的融合。
2. 简述封土制的起源和衰落。
3. 庄园是如何经营管理的?
4. 简述西欧封建经济中工业组织的变迁。
5. 简述行会的起源和发展对工商业的影响。
6. 简述欧洲城市复兴的原因和历史影响。

第六章

古代世界的贸易

重点问题

- 古代世界区域贸易的发展
- 古代东西方贸易的发展
- 古代世界贸易的作用

第一节　古代世界的区域贸易

古代世界很早就有了贸易活动。在世界市场形成以前，世界贸易以区域性贸易为主。这是由于古代世界交通工具不发达，世界各个民族被各种地理屏障和距离分割。所以，世界贸易必然首先是区域性的贸易，即邻近的国家和地区间的贸易。这种贸易往往形成一个区域。在古代的世界贸易中，这种区域性贸易一直占主导地位，致使世界形成了几个繁荣的贸易圈。

一、地中海贸易圈

在古代世界，真正称得上“国际贸易”的，应该是地中海国家之间的贸易。当航海技术有了一定发展时，地中海就把沿岸的国家联系起来，形成一个环地中海贸易圈。就像中国古人误以为中国就是“天下”一样，古地中海民族则将地中海区域误以为是整个世界。所以，地中海各民族之间的贸易活动就被看作国际贸易。

古代克里特岛人可能是最早的海上贸易者，他们往来于地中海两端，一度是这一海域的主人。真正推进这一区域贸易的是腓尼基人。腓尼基人擅长贸易，他们向东来的商队大宗买进煤油、香料和各种工艺品，从其他地区进口各种金属、兽皮、谷物、橄榄油和奴隶；而他们则将自己制作的精致家具、珠宝饰物、金属器皿和纺织品等运销外地。腓尼基人擅长航海，他们制造出一种由好几排水手划桨的船，非常适于向西方向的远航。公元前 11 世纪，他们开始与塞浦路斯进行贸易，并以该地作为自己的殖民地，以后又从那里向爱琴海扩展。到公元前 9 世纪末，他们已进入地中海西部，并在非洲西北岸、西班牙南岸、西西里岛、马耳他岛和巴利阿里群岛等地建立起商业据点和殖民地。腓尼基人甚至还通过直布罗陀海峡远航到英格兰海岸。从公元前 11 世纪到公元前 8 世纪后期，腓尼基人一直垄断着地中海贸易。

希腊人在建立城邦的过程中，在地中海地区进行广泛殖民的同时大力拓展贸易。他们首先在这些地区设立商业据点，然后在条件许可的地方殖民并发展农业。希腊殖民扩张运动的结果是，创建了大量独立的城邦，同时也拓展了这些地区的贸易。希腊的兴起与腓尼基人的利益发生冲突，经过激烈争夺，希腊人最终取得了地中海贸易的垄断权。希腊的主要殖民地城邦是西西里岛和意大利南部，以致这一地区后来被称为“大希腊”。希腊的贸易首先是在各殖民地城邦之间进行的，由于这些城邦资源禀赋不同，在此基础上形成了不同的技术和传统，因而相互之间的交易可以获得较大的收益。同时，希腊人也擅长远程贸易，特别是在希腊化时代，随着亚历山大帝国影响的扩大，地中海地区的贸易进一步繁荣，从地中海扩大到非洲和亚洲等内陆地区。

罗马人经过三次布匿战争，取得了对地中海的统治权，并且建立了一个环地中海的贸易区域。在所谓“罗马和平”时期，罗马与各行省之间不存在严格的国界，环地中海的贸易实际上是帝国的内贸，所以在这个区域内关税甚低，贸易自由。在帝国强大的海军的威慑下，商业不受海盗的侵扰，海上航行十分安全；帝国为维护贸易，精心设计了道路网，建设了有灯塔的港口等，这就使地中海贸易获得了空前发展。不仅如此，随着罗马帝国的不断扩张，贸易区域也扩大到地中海以外的区域，而地中海把南欧、非洲和亚洲联系起来。罗马城作为贸易中心，有近 100 万人口，消耗了大量来自西西里、非洲和埃及作为赋税征收来的物品，还有大量源自贸易的各地的谷物、油类和其他农产品。罗马贵族的生活产生了一系列新的需求，如酒、橄榄油、武器、工艺性的金属器皿、精美的陶器和玻璃器皿等，这些产品都由西欧各省和巴尔干供应。此外，东方的丝绸成为最受罗马贵族欢迎的物品之一。罗马的大规模建筑所需要的石材以及观赏用的动物也都来自遥远的地方，驻扎在边境各省的军队也产生了对天然产品和人工产品的大量需要，所有这一切都刺激了罗马帝国的贸易。

罗马帝国衰落以后，地中海贸易一度也衰落了，但地中海贸易的地位仍然十分重要。一方面，地中海沿岸国家的相互贸易始终很繁荣；另一方面，地中海是东西方贸易的枢纽，它把西欧各国和东方各地区联系起来。阿拉伯人兴起后，东西方贸易又迅速恢复，直到十字军战争结束后，地中海贸易逐渐进入繁荣时期。到 13—14 世纪，地中海沿岸出现了一些十分发达的城市，君士坦丁堡成为东西方贸易的中心。这个时期，商品循着两条路线到达这些港口：一条是海路，经过印度洋和波斯湾；另一条是陆路，经过中亚到达黑海和亚速海沿岸。热那亚和威尼斯是这些商路的终点。东方的商品以难以置信的高价卖给欧洲的封建主，而热那亚和威尼斯则依靠这种中介贸易而兴盛起来。特别是威尼斯，繁荣的商业活动和复杂的商业组织促使它很早就产生了交易所，并催生了银行业务和商业核算的技术。地中海沿岸城市出现了近代商业模式的最早萌芽。

二、东海和南海贸易圈

东亚贸易圈是古代世界的另一个贸易圈。这个贸易圈始终以中国为中心，还包括日本、朝鲜、南洋和印度支那地区，形成了一个以中国东南沿海为中心向外辐射的扇形贸易圈。

中日之间的交流始于秦汉，隋唐发展到极盛。当时，中日之间建立了遣隋使、遣唐使制度，除进行政治文化交流外，还进行贸易。日本来华的商船主要停泊在扬州、明州、楚州诸港，其中扬州最为重要。日本从中国进口大量货物，包括丝绸、服饰、陶瓷、铁器、笔、墨、纸张等。日本向中国出口硫黄、漆器、木材、玉器、银、麻布之类。到了宋代，日本学习中国的技术，不少商品已经替代进口，个别商品反而向中国出口，如漆器和刀剑等。其他向中国出口的商品也大大增加，如黄金、沙金、硫黄、珍珠、刀剑、漆器、扇子、木材等。不少日商到中国将货物卖掉，不进货只收铜钱，导致中国通货外流。明代政府实行“贡舶制度”以限制和垄断对外贸易，而日本武士阶层兴起，他们到中国沿海进行走私贸易和海盗活动，使中日贸易大受影响。到了清代，日本来华的商船减少，但中国去日本贸易的商船却仍旧增加。日本在其“锁国”时期，进一步限制中国商船到日本，但中日贸易一直没有中断。

中国与朝鲜的贸易也可谓源远流长，到唐代发展到一个高峰。当时，朝鲜与日本一样采取了“遣唐使”制度，大量派留学生到中国学习文化，同时也积极进行贸易，中国的文化、技术和产品大量向朝鲜出口。例如，中国向朝鲜出口的商品除了丝绸和陶瓷外，还有书籍、活字、服装、茶等。中国从朝鲜进口人参、熟铜、乐器、扇子等。到宋代，朝鲜引进中国技术后发展自己的制造业，不少产品反而向中国出口，如陶瓷、活字、漆器等。到明代，中朝贸易商品结构的基本情况是：中国向朝鲜出口丝绢、瓷器、药材、书籍、茶叶等，朝鲜向中国出口人参、麝香、牛、马、笔、墨、折扇和漆料等。

南洋地区是中国与西方贸易通道的必经之地，中国很早就与这一地区有贸易往来。南北朝时，由于中国与西方陆上贸易通道遭到破坏，东西方贸易转向海路，因而南洋地区的贸易也发达起来，从而形成了南海丝路。到了唐代，江淮一带已成为全国丝绸的重点产区，就近水路输出极为方便，而当时的造船业发达，航海技术进步，海运成本大大低于陆路运输成本。与此同时，中国上层统治阶级对南洋各国所产香料的需求量很大，所以出口丝绸等商品换回南洋香料的贸易非常繁盛。与此同时，印度、罗马等国来中国直接采购丝绸的海船也日益增多。这就导致南海丝路进一步延长到欧洲，成为著名的海上丝绸之路。宋代全国的丝绸中心已转移至南方，海外贸易进一步兴盛。据《诸蕃志》记载，当时与中国发生贸易关系的国家有 50 多个，包括南亚、东南亚、东非和远东各国。

马来半岛很早就是东西方贸易的中转站和集散地。公元 607 年，隋炀帝曾派使者前往马来半岛进行外交和贸易活动。到了元代，马来半岛的新加坡和马六甲成为东西方航线的要冲，中国商人由此开辟了到印度尼西亚的航线和进一步向西的航线。唐宋期间，中国商人从广州或泉州出发，利用东北信风，月余抵达凌牙门（今林加），进入三佛齐（今苏门答腊），向这些地区出口瓷器、锦绫、糖、铁、酒、大黄等，从这里进口香料以及来自印度转口的珍珠、乳香、象牙、珊瑚等。中国商人以铜钱支付这些进口品。菲律宾也是太平洋商路的中转站，当地的居民用黄蜡、珍珠、玳瑁、药槟榔等换取中国的瓷器、铁釜、乌铅、铁针等。

中国与印度支那地区的贸易起源也很早。宋代中国与越南李氏王朝的贸易主要限于边境贸易，在永平、横山、钦州等地进行。越南出口的货物主要是香料、犀角、象牙以及鱼、盐等产品。中国出口的主要是丝绸、瓷器、铜铁器皿、文房四宝等。另外，占城是中国与南洋、印度洋贸易的中间环节，具有重要地位。占城运到中国的货物主要是香料，而中国向占城出口的商品种类繁多，包括丝绸、瓷器、漆器、草席、扇子、铁、铅等。明朝政府给予占城最优惠的贸易待遇。此外，中国与泰国、柬埔寨、缅甸等国的贸易也都很发达。

三、波罗的海和北海贸易圈

波罗的海和北海贸易圈是中世纪才开始形成的。9 世纪北欧海盗侵入这一地区导致贸易一度停顿。但北欧蛮族也是精明的商人，他们在进行海盗掠夺的同时也进行贸易活动。到 9 世纪末期劫掠结束后，他们就成了专门的商人。① 到 14 世纪，北欧贸易发展起来并具有重要意义。这些地区农业发达，已经能把亚麻、大麻、油类、动物油脂等大量有价值且便于运输的商品拿到市场上来。同时，德国东北部与波罗的海沿岸城市发展起来，如佛兰德斯已经成为北欧贸易区的经济中心，汉堡、不来梅等城市也在中介贸易方面发挥重要作用。

14 世纪中叶，北部地区贸易量的增长导致了汉萨同盟的建立。它联合了将近 100 个北欧商业城市，主要目的是保护商业远征，在重要的地方建立商站，获取各种商业特权，统一商业法规等。汉萨同盟的商人从斯堪的纳维亚运往西欧的商品有鲱鱼、毛皮、羊皮、树脂、柏油、造船用的木材、金属；从诺夫哥罗得运出的商品有羊毛、亚麻、大麻、树脂和蜡；从英国运出的商品有羊毛、呢绒、锡、锻铁等。汉萨同盟的商人在布鲁日把北方的商品卖给意大利商人和其他南欧商人，并从他们那里购买东方商品和法国的葡萄酒，再把这些商品运到波罗的海沿岸各国出售。法国香槟伯爵领地也因两大区域的贸易往来而繁荣起来，形成了著名的香槟集市。

北欧贸易圈还与以基辅为中心的罗斯地区有着密切的贸易关系。罗斯地区事实上处于东西方贸易的第三条商路上。由于经过印度洋的海路和中亚—西亚的陆路都要经过近东地区，因而被拜占庭、阿拉伯以及土耳其控制。而罗斯则打破了这种控制，直接将丝绸、香料等东方商品输往西欧。罗斯地区同西欧贸易交往的基本商路有两条：一条以基辅为起点，通过摩拉维亚、捷克、波兰和德意志南部与地中海相连；另一条以诺哥罗得和波洛茨克为起点，向南经黑海到地中海沿岸，或者向北沿着波罗的海经北欧到西欧。地理大发现对这个地区的影响较小，不过在新兴的世界贸易中，其地位还是大大下降了。

---

① 亨利·皮朗．中世纪欧洲经济社会史．上海：上海人民出版社，2001：20－24．

第二节　古代东西方贸易

一、希腊和希腊化时代

位于欧亚大陆东西两端的中国和欧洲地中海国家，分别是东西方文明的代表。它们之间隔着辽阔的欧亚内陆地区，也就是现在中国新疆以西的中亚地区。中西交通事实上很早就已开始。在公元前 8 世纪希腊的“大移民”运动中，有一支殖民队伍一直向北深入整个黑海沿岸。这些古希腊人与黑海北岸的斯基泰人贸易频繁，斯基泰人除以谷物、羊毛和奴隶为交易货物外，还转销来自遥远东方的货物。当时的希腊人已经知道东方有一个产丝的国家并称其为“赛来丝”。[①] 与此同时，东方的波斯帝国一度控制了从尼罗河流域一直到印度河流域的广大地区。为了发展商业贸易和加强军事力量，波斯帝国甚至开凿了苏伊士运河。通过这条运河，印度与地中海区域之间的海上贸易逐渐兴盛起来，希腊、腓尼基、阿拉伯和印度的水手川流不息地往返于印度、波斯湾、埃及以及地中海的许多港口之间。这条运河将亚非欧三大洲联结起来，并成为后来“西南海上丝绸之路”的西段，大大促进了中西方的交流。

亚历山大帝国曾势及中亚和印度，因而间接地和中国发生了交流。在希腊化时代，在埃及建立的托勒密王朝十分重视海外贸易，他们派出探险队寻找新的贸易路线，并在红海沿岸建造了一连串港口，在亚历山大港建立了巨大的灯塔。这一时期，印度和阿拉伯商人从印度诸港口起航，紧靠海岸线西行到阿拉伯半岛；再西绕半岛，抵达目的地亚丁或穆哈。在那里，他们与希腊和埃及的商人相遇。后者用自己的货物交换前者的东方货物，再将东方货物经由红海沿岸港口运往亚历山大港。托勒密王朝把希腊历史推向巅峰，也把希腊的对外贸易范围首次扩大到东方。

东方的中国也很早就开始探索与西方的贸易通道。早在公元前 10 世纪，西周的周穆王就从中原出发，驱车西游到西北地区，抵达中亚的一些氏族部落，以丝绸作为国礼，赠送给这些国家。据《穆天子传》记载，周穆王带去的丝绸品种很多，而且都很珍贵，有帛、贝带、朱、锦、珠丹、朱丹等。其中帛为白色的绸，象征吉祥，取“化干戈为玉帛”之意；贝带为有贝饰的红色丝带，作装饰之用；朱、朱丹、珠丹可能为同一类织物，属绛色绸；锦则为有多重经线的彩丝织品。以周穆王为先导，之后的商人接踵而至。据《史记·货殖列传》记载，秦时“乌氏倮畜牧及众，斥卖，求奇缯物，间献遗戎王，戎王什倍其偿，与之畜，畜至用谷（山谷）量马牛，秦始皇帝令倮比封君，以时与列臣朝请”。秦朝的乌氏县就是今甘肃的平凉市，乌氏倮可以说是当时与西方民族进行丝绸贸易的有名的商人，当时丝绸经由甘肃、新疆向西方输出。

---

① 方豪．中西交通史：上．上海：上海人民出版社，2008：45.

二、罗马和拜占庭时代

公元前139年和前119年，张骞两次出使西域，把大量丝绸也带到了西方。此后，丝路基本开通，大致是从长安出发，经宝鸡、陇县、固原、武威、张掖、酒泉、安西、敦煌，出玉门关，进入新疆分赴各国。东汉和帝永元九年（公元97年），都护班超派遣甘英出使罗马。甘英到达波斯湾头欲渡海去罗马，被安息人劝阻而返，中国与罗马的直接贸易关系因而没能建立起来。但是，罗马的商品如夜光璧、琉璃、珊瑚、珍珠、海西布、火浣布、羊毛织品等，还是辗转传入中国。而中国的商品（以丝织品为主，还包括肉桂、大黄和优质铁等）也辗转到达罗马。这条贸易通道的主线自中国西北部的长安（西安）开始，向西经河西走廊至塔里木盆地，分为两道，一条道沿盆地的北部边缘，一条道沿盆地的南部边缘，绕过盆地，然后越过帕米尔高原，穿过位于土耳其斯坦的撒马尔罕和梅尔夫，再绕过里海南端位于现代伊拉克境内的塞琉西亚，由此继续西进，至地中海东部沿岸地区的罗马边境。这就是著名的“丝绸之路”。

罗马帝国也从海路探索到达东方的贸易通道。当时，波斯的安息王朝处在中国与罗马之间，所以罗马帝国试图从红海地区探索通向东方的海上商路。公元2世纪初，罗马人到达孟加拉湾东岸，然后经由缅甸进入中国境内。据史书记载，东汉永元十二年（公元100年），罗马属内的马其顿商人即到过中国。[①] 公元162—168年，罗马皇帝马可·奥勒略·安东尼（Marcus Aurelius Antoninus，161—180）发动了对萨珊波斯的战争，占领了两河流域和波斯湾头，打通了海上通往东方的道路。《后汉书·西域传》中记载道：“至桓帝延熹九年（166年），大秦王安敦遣使自日南（今越南中部），缴献象牙、犀角、玳瑁，始乃一通焉。”226年，罗马商人秦论来到中国管辖的交趾（今越南北部），取道桂湘到武昌见了吴王孙权，表达了罗马帝国与中国通商的愿望。《晋书·四夷传》中记载道：“武帝太康中，其（大秦）王遣使贡献。”此后，中国史籍中没有出现过罗马遣使的记载。[②]

罗马帝国灭亡后，在东西方贸易中起关键作用的是拜占庭。拜占庭处于欧亚陆路交接处，新的商道也发展起来，商人经丝路到亚美尼亚，再进入黑海和巴尔干半岛。从前亚历山大港的国际贸易地位逐渐让位于拜占庭，丝绸成了拜占庭社会生活中的珍品。但是，拜占庭要购买来自中国的生丝必须经过波斯。为了争夺与中国的丝绸贸易，拜占庭帝国与波斯发生多次冲突甚至战争。直到552年，两个曾经到过中国的僧侣将学到的养蚕抽丝技术带给了拜占庭皇帝，这才打破了波斯人对丝绸贸易的垄断。[③]

---

① 杨共乐．中西交往史上的一件大事——罗马商人曾于公元一百至一百〇一年间到过中国．光明日报，1996-05-14.

② 张绪山．罗马帝国沿海路向东方的探索．史学月刊，2001（1）.

③ ［美］汤普逊．中世纪经济社会史：上册，209.

三、十字军和忽必烈时代

阿拉伯人的兴起对东西方陆上贸易造成了重要影响。7世纪时，阿拉伯人征服了整个中东，随后又扩张并控制了中亚。在以后的几个世纪里，阿拉伯人一直是中国和西方之间，以及中国和印度之间贸易的障碍。直到13世纪蒙古人征服整个欧亚大陆时，东西方陆上贸易才重新开通。由于蒙古帝国的兴起，实现了短暂的“蒙古和平”，使陆上贸易发生了一场大变革。蒙古帝国出于游牧的历史传统，长于军事征伐并求助于商队供应。因此成吉思汗铁骑所到之处，打破了关卡和垒栅，贸易的壁垒也随之扫除。蒙古帝国在辽阔的欧亚大陆上广设驿站，把各地联结了起来，使东西方陆上交通畅行无阻，古老的丝绸之路重新恢复了繁荣。大食、波斯、欧洲和中亚的商旅沿着古老的商道东行来到中国，中国的商人也驱赶着骆驼商队西往中亚。在古老的丝路上，人们交换着中国、印度、波斯、蒙古高原、南俄罗斯草原、阿拉伯半岛以及地中海的货物。在这些交换中，元代中国的手工业品仍是国际贸易中的大宗交易物品，其中最重要的还是丝绸。元代高度发展的蚕丝生产和丝织技术，直接为海外贸易的繁荣提供了雄厚的物质资源。海上丝绸之路也繁盛起来，东起菲律宾及印度尼西亚各岛，西至印度的科泽科特、伊朗的霍尔木兹、伊拉克的巴士拉、也门的亚丁、沙特阿拉伯的麦加、埃及的杜米亚特，直到大西洋滨摩洛哥的丹吉尔，南至马里的摩加迪沙、坦桑尼亚的基尔瓦等地，都通过丝绸连接起来。

11—13世纪，十字军东征把西欧各国卷入东西方贸易中来。十字军在东征过程中，将欧洲的物品带到东方，同时也将大量战利品带回欧洲，从而加强了东西方的交流。战争期间，原有的商路得到扩展，许多道路得到整修，地中海的航线已经规定出来，并实现了定期航行。从东方来的商品种类繁多：叙利亚的橄榄、葡萄酒、糖；太尔的玻璃器皿、金属器皿、陶器、珐琅品；锡兰的珍珠；印度的象牙；印度尼西亚的香料；等等。西方可供出口的商品很少，主要是谷物、羊毛、皮毛、皮革以及奴隶。贸易上的差额要通过金银来抵消，这就加速了贵金属的流通并引起了人们对金银的狂热追求。

西方人向往东方贸易，除了追求东方的丝绸和贵金属外，还被东方的香料吸引。香料向来由两条路线运往欧洲：或经由红海和埃及，到黑海或地中海东部各港口；或经抵波斯湾，再由商队将货物运到这些港口。第一条路线由阿拉伯人和威尼斯人控制。阿拉伯人用船将香料运到埃及，威尼斯人再从亚历山大港将货物运往欧洲销售。第二条路线由统治西亚的蒙古人（伊儿汗国）和热那亚人控制。热那亚人在港口转运站等候香料。①蒙古帝国崩溃后，陆上贸易通道再度中断，此后几乎所有香料都要经过红海至尼罗河航线，这就使阿拉伯和威尼斯商人获得了巨额利润。明代郑和七下西洋，选取的出航地点有20多处，重要航线有42条，访问过的亚非国家有30余个，航程共计10万余里，沟通了东起琉球、菲律宾和印度尼西亚，西至莫桑比克海峡和南非沿岸广大地区的贸易。但与此同时，奥斯曼帝国兴起并占据了拜占庭，垄断了东西方贸易，激发了欧洲人对新航路的探索欲望。

---

① ［美］斯塔夫里阿诺斯．全球通史，203．

第三节 古代世界贸易制度

一、古代世界贸易的作用

古代国际贸易基本上以区域贸易为主，这主要是受生产力发展水平特别是交通工具所限。一方面，投入流通的商品数量和种类不多；另一方面，路途遥远，风险极大。但是，古代的国际贸易也是获利极大的商业活动。这主要是因为各国和各地区间资源禀赋差异很大，比较利益也很大。例如，中国的丝绸经长途运往罗马，往往与黄金等价；在明代的“贡舶制度”下，日本商船来中国贸易，一次往往获利几十倍甚至上百倍。各国政府对国际贸易也十分重视，常常制定各种鼓励外商的政策，在一般情况下，也采取措施维护国际商路的安全。

古代世界的国际贸易作为区域贸易，对各国人民的生产和生活产生了重要影响。例如中日贸易、中朝贸易，来往的商品数量较大，包括生产资料和生活资料，普通人民使用“舶来品”的情况也较多。古代地中海贸易对地中海地区的经济社会生活的影响也是巨大的。例如，古代希腊和古代罗马都是依靠地中海贸易实现经济繁荣的。作为远途贸易，特别是东西方贸易，进入贸易范围的往往是仅供上层社会消费的奢侈品，尽管在商品产地可能是大众消费品，价格一般，但经过长途运输，价格往往翻了几十倍甚至几百倍，因此，就不再是大众消费品了。在这种情况下，国际贸易与其说是互通有无，利用各自的资源优势，不如说是技术文化交流的意义更加重大。例如，西方的农艺大量传到中国，葡萄、苜蓿、大蒜、黄瓜、菠菜等都是从西域或通过西域从西方传入中国的。中国古代的四大发明基本上都是通过商人的冒险活动传到西方的。7 世纪中叶至 8 世纪初，中国纸作为出口货物输入阿拉伯。751 年，被带到撒马尔罕的中国战俘，将造纸术传给了阿拉伯人，从此“撒马尔罕纸”传播至阿拉伯统治下的亚洲各地。1150 年，造纸术传入西班牙，又从那里传到法国和欧洲其他国家。中国的印刷术也是经由中东再传到欧洲的。1423 年欧洲首次使用雕版印刷，1456 年用活字印刷了第一本书——《谷登堡圣经》。1125 年，欧洲人开始将指南针用于航海，利用火药发射的金属管枪大约出现于 1280 年。这些技术传到西方后，引起了重大的经济和社会变革。

13—14 世纪，世界贸易在促进资本主义萌芽的产生和发展方面起了重要的作用。从十字军贸易开始，地中海地区的贸易发生了一系列重要变化，不少近代经营方式都是从这里产生的。例如，13—14 世纪威尼斯的对外贸易高度发达，由此产生了先进的商业组织和技术，如最早的近代银行、交易所，最早的商业核算方法，近代簿记和公债制度等。佛罗伦萨的大商号除了从事东方商品的批发贸易外，还经营票据、贷款、存款、委托和保险等方面的业务。为了发展贸易，地中海的城市国家发明了近代商法以及海商法等，这些法律成为最早的国际贸易规范。欧洲商品经济获得了巨大发展，对货币的需求量大大增加。但是由于贵金属生产的有限性，以及在与东方贸易中的巨额逆差，大量金银外流，加剧了金属货币的不足，使整个欧洲经济发展面临严重障碍，导致了欧洲国家对黄金等贵金属的疯狂追求，并催生了对新航路的探险活动，结果发生了改变世界的地理大发现。

二、中国古代的市舶制度

唐代海外贸易繁荣，广州成为阿拉伯、波斯、南洋等地区来华和中国外贸商船的出入口，商业十分繁荣。为管理对外贸易，唐玄宗开元二年（公元714年），广州开始设置市舶使。这是我国古代最早的对外贸易官署，其职责为：检查出入海港的外商船舶，征收关税，收购政府专卖品等。随着唐代对外贸易的发展，扬州、明州（宁波）、泉州也逐渐成为市舶中心。

北宋自开宝四年（971年）设置了第一个海外贸易的一级管理机构——广州市舶司。后于杭州设两浙市舶司。淳化三年（992年）移杭州市舶司于明州（今宁波）定海县（今镇海）。咸平三年（1000年）九月，又令杭州、明州各置市舶司。北宋中期以后，又于泉州和密州（今山东诸城）的板桥镇（今胶州）设置市舶司。1113年又在秀州的华亭县（今上海松江）设置二级机构“市舶务”。另外，临安、明州、温州、江阴等地也都设置了市舶务。当时，广州、泉州两处市舶司的对外贸易规模最大，两港主要通往东南亚、南亚、西亚、东北非。秀州、明州、杭州、板桥镇主要通向东北亚的日本和朝鲜半岛等地。

市舶司的主要职责是：第一，保护和招徕蕃商。为增加国库收入，政府大力鼓励对外贸易，通过市舶司对外商利益加以保护，规定外商利益受到侵犯时可以越级上诉。同时政府要求市舶司尽力招徕外商，并对那些能招引外商的官吏实行奖赏。第二，管理出海华商。凡中国商船出海，必须事先向市舶机构申请，经批准后由市舶司发给出国贸易凭证，商船回航时市舶司按贩进物品的数量、种类进行“抽解”。第三，管制外货。对入口的蕃舶和出口的商船均进行严格检查；买、卖、保管及运输货物，规定香料、药材及宝货为禁榷，禁止人民私自买卖。凡有外舶到港，必由市舶司收购，并由市舶机构进行抽分，即为税收。第四，检查蕃舶和实行缉私。蕃舶进入中国领海，由巡检司护送抵达港口。所有蕃舶入港，当地官府即派兵监管，称为“编栏”，然后由市舶司及地方官检查，称为“阅实”，目的是防止奸人混入以及走私漏税。蕃舶回航出港，必须经市舶司或地方官亲自察看，检查船上有否铜器、战马、盐铁、书籍等违禁品，以防止蕃商偷运货物。第五，管理蕃巷。宋代大量蕃商侨居中国。神宗熙宁时期，广州城外蕃汉杂居达数万家。到徽宗时期，在市舶所属地区，划出空地，供蕃商居住，称“蕃巷”或“蕃坊”。蕃坊置蕃长一人，选举外商中有威望的人担任，并授予相应的官衔。蕃长的职责是管理蕃坊内部事务，并招徕外商。宋朝市舶发展很快，通过市舶司征收的税款，是其财政收入的一项重要来源。

元明两代沿袭唐宋的市舶制度。1291年，元政府以宋市舶则例为基础，制定“整治市舶司勾当”，即《市舶法则》22条，对舶货进口抽解和舶税、有关上船出海和返航手续、违禁物品的查处等做了详细的规定。明代初期，在实行海禁的同时实行“朝贡贸易”政策。明政府规定“非入贡即不许其互市”，就是说，将“朝贡贸易”视为唯一合法的对外贸易方式。明王朝对“朝贡贸易”采取“厚往薄来”的原则，一方面引来了“万国来朝”的局面，另一方面却增加了中国的负担以致难以为继。为此，明政府不得不对外国朝贡的次数加以限制。为管理“朝贡贸易”，明政府对广州、泉州、宁波三个市舶司，规定宁波通日本、泉州通琉球、广州通占成。洪武七年（1374 年），由于倭寇骚扰，明政府将这三个市舶司关闭。永乐元年（1403 年）又恢复设置。到了明朝末期，进出口商品经营的职能由广东十三行代替，市舶司制度基本完结。

清朝初期，为了断绝东南沿海郑成功等抗清武装的物资供应，清廷实行“海禁”，来华的外国商船，也只准驶泊澳门一地。清朝统一台湾后，开放海禁，但由于英国等殖民者在沿海进行非法活动，清廷又于乾隆二十二年（1757 年）下令封闭其他海港，只准广州一处通商，由清政府特许的“十三行”商人统一经办外商来华贸易事宜，作为洋商对华贸易的中介。同时，清政府还制定了许多条规和章程，对广州外商贸易严加限制。

三、欧洲海商法和领事制度的起源

古代中世纪欧洲对贸易制度的贡献主要是海商法。早在公元前 2—3 世纪，地中海的罗得岛就产生了第一部海商法，即《罗得海法》。到罗马共和国时期，罗马的外事裁判官法院的法规和判例显然是地中海沿岸各地区商人公认的国际商法准则。罗马法中没有特殊的商法，但是罗马法本身就是规范商品经济的法律，并且是适用于西欧“文明世界”的法律，具有国际意义，其中对于银钱业者、陆上运输人、海上运输人及各地商栈都有专门的法律规定，还有对船主缔结海上借贷契约的授权、海险投货、共同承担海损等海商法规范。①

中世纪有不少阻碍海上贸易的习惯和法律。例如通行的“船难法”规定，所有从遇难船上漂流来的货物或已搁浅船只上的货物，全部或部分归海岸所有人所有。由于这项惯例的存在，常常出现地方领主人为破坏航道，造成船难事故增加的现象。随着海上贸易的发展，公元 8 世纪罗得岛编纂了一部《罗得海法》，该法成为这一地区共同适用的海商法。900 年，拜占庭帝国编撰了《巴西尔法典》，对许多海事问题做了规定。1170 年，拜占庭帝国制定的《船难保护法》规定，任何借执行“船难法”危害热那亚商人者，依法严惩并强制归还所劫财产。英国法律也规定，如果领港员与领主勾结导致船难者，领港员就地绞死，领主以盗匪罪论处。1287 年汉萨同盟做出决议，规定难船财产应归还原主，同盟的会员城市若违反规定，受逐出商业同盟的处罚。

中世纪中期以后，以地中海、北海、波罗的海沿岸城市为主的海上贸易逐渐发展起来。随着海上商业活动的开展，海上贸易关系也逐渐复杂化，商船主之间、城市港口之间不断发生贸易纠纷。为保障彼此的权益，协调各方关系，必须共同认定和遵守已形成的海上传统习惯和规则。于是，以海事传统习惯和规则为基础的海商法得以逐渐成熟和完善。

首先，古代地中海的海事规则和习惯被意大利各城市法院继承借鉴并使用，成为审

① 由嵘．外国法制史．北京：北京大学出版社，1992：125－126．

理有关海上运输和海上贸易纠纷的依据。此后，这些规则与惯例被法兰西、西班牙、荷兰、德意志、英吉利以及其他国家认可，成为欧洲各国普遍适用的共同海法。海商法的内容包括：船舶制度、船上管理制度、港口章程、船货装载制度、船难保护制度，以及共同海损制度等。这些制度对于海上贸易和海上运输中出现的问题进行了系统的规范。如共同海损制度规定，在船只航行中，如发生风暴等紧急情况，为挽救船只和所运货物，船长在与随船货主协商后，不问其是否同意，有权决定将部分货物抛至海中以减轻船只载重。事后，保住了财产的货主，必须按比例偿付受损货主的损失。这些规定大大减少了海上运输过程中产生的纠纷，有利于国际贸易的发展。

其次，中世纪海商法不仅有着继承发展古代海事法律文化成果的传统，而且具有国际性法律规范的性质。它在相当长的时期内，是适用于全欧洲海商贸易的法规，最初以判例形式为主，继而发展为成文的海商法。在地中海沿岸各港口，一般都适用15世纪晚期出现在巴塞罗那的《海事法汇编》，或称《海事判例集》。在英吉利海峡、北海和波罗的海沿岸各港口，一般适用《奥列隆法典》和《维斯比法典》或汉萨同盟各城市的法律。英格兰的城市和各港口主要适用《海事法黑皮书》和《海事指南》。中世纪末期，随着西欧各国君主专制政体的确立，海商法也同内陆商法一样从国际化法律转而成为国内化法律，处于主权国家的管辖之下。

随着国际贸易的发展，领事制度产生了。中世纪的商人在异国时，往往受到各种歧视和不公正对待。他们不了解当地的商业习惯，缺乏当地的社会关系，常常遇到当地商人蒙骗、压价、赖账等，甚至遭到地方当局的罚款和驱逐。这就需要对国外经商者的合法权益进行保护。最早的领事馆是商人自己建立的，领事也不是由国王任命，而是由自治城市任命。1423—1500年间，佛罗伦萨派任的领事遍及亚历山大、那不勒斯、君士坦丁堡、塞浦路斯、黑海各港口、印度、波斯以及中国。每个领事机构都有司法官员、包办伙食的商人、译员、检察院、书记员、士兵等。领事都不得经商，他的薪俸来自他所在港口的进出口商品的税收。随着15世纪以后王权的兴起，自治城市的领事消失了，以后的领事由君主任命。①

关键词

地中海贸易圈　东亚贸易圈　波罗的海和北海贸易圈　拜占庭时代　十字军

思考题

1. 古代世界的区域贸易圈主要有哪些？各有什么特点？
2. 简述东西方贸易的历史发展进程。
3. 古代世界贸易的作用是什么？
4. 比较古代中国和欧洲的贸易制度。

---

① ［美］汤普逊．中世纪晚期欧洲经济社会史．北京：商务印书馆，1992：620-621.

第三篇

资本主义兴起与世界市场

近代以来的经济史主要研究社会经济生活中心——工业——的兴起与扩张。但是，工业革命却不是这个过程的起点。工业革命以前，资本主义在西欧兴起，西欧社会发生了一系列革命性的变化：商业革命、农业革命、工场手工业的兴盛和近代金融制度的初步建立。这些变化无一例外地影响着历史进程，最终推动经济的车轮驶入近代，工业革命是这一系列革命性变化的结果。

第七章

商业革命

重点问题

- 地理大发现的经济影响
- 商业革命的主要内容
- 重商主义在经济史中的表现

地理大发现引起的商业扩张、市场扩大、商品关系和商业组织的发展、重商主义思想的形成，即商业革命，是工业革命前一系列革命性变化的真正起点。

第一节　地理大发现

地理大发现是指 15 世纪末 16 世纪初西欧国家在大规模海外探险中对美洲大陆的发现和对通往东方的新航线的开辟。13—14 世纪，商业革命在地中海沿岸的意大利诸城邦开始酝酿，各种商业关系的发展接近发生质变的临界点。地理大发现最终促使商业革命真正发生。

一、13—14 世纪欧洲商业的发展

欧洲商业发展到 13—14 世纪，显现出与以前不同的特点，主要表现在以下三个方面：

第一，贸易范围和贸易规模的扩大。在贸易不断发展的历史进程中，世界形成了几大贸易区，有欧洲的地中海贸易区、北欧贸易区、汉萨同盟贸易区，亚洲的东亚、东南亚、南亚贸易区。其中欧洲贸易区的发展最为引人注目。从 11 世纪开始，伴随着西欧在东欧平原和波罗的海沿岸的殖民活动，以及十字军在地中海区域的进展，商业交流的地理范围和规模都有所扩大。这一时期，最成功的是意大利商人，他们在对外贸易中的利润不断增长，积累了丰厚的商业资本。

第二，竞争制度的安排。13 世纪，城市遍布欧洲大陆。意大利的威尼斯、热那亚是这些城市的代表。这些城市一般采取自治的方式，城市贵族掌握着管理商业获取报酬的权利，同时有义务为地方的商业安排竞争秩序和提供军事保护。城市贵族深刻认识到贸

易的繁荣与否直接关系到自身的经济和政治利益，于是制定了鼓励商业的政策。在吸收罗马法的基础上，逐渐形成了不同于封建法律的城市法、商法和海商法。城市法以法令、判例为内容，规定了交易主体在各种经济活动中的平等关系，试图避免交易中的随意性及封建特权对这些平等关系的侵犯。城市法还包括对集市贸易规则的各项规定，制定了对违反规定的各种不法行为的制止规则和惩罚措施，规范了市场主体的行为，维护了市场的有序性。商法最早出现于意大利，随着国际贸易的发展成为指导各地港口运作的基本法。商法的一个重要作用是发展了债务和实施契约的行为规则。这些规则或者由互惠协定认可，或者在市场地区由封建教会法庭以外的商事法庭确认。比萨的海商法是《巴塞罗那海商法》的范式，后者在 13 世纪初又以编集成典的《奥列诺宪章》再现，最后成为在尼德兰和英国的商法的蓝本。与此同时，西欧各国建立了相应的法律机构，培养出大批的司法官员和律师，为法律的贯彻执行提供组织保证。随着贸易范围的扩展，法律不仅在不同地区得到认可，而且使提供保护的城市贵族认识到为商人提供城市和贸易区外的保护能获得更大的潜在利益。

第三，商业技巧的创新。（1）钱币业从商品流通中独立出来，成为日后金融业的先驱。“钱币兑换商”最早在集市上以简单的摊子作为营业场所。它们的业务是：兑换钱币，收取一定的兑换手续费；收取存款，放款收息；发行市场票据即信用票，以避免日益增长的硬币周转造成的风险和困难。威尼斯创立的第一批银行正是从里亚尔托的货币兑换商品账桌发展起来的。（2）“记账与划账”的结算制度逐渐形成，它使债权和债务相互冲抵，减少了因缺乏硬币造成的商业困难。（3）出现了汇票，相距遥远的商人之间的账务可以通过汇票来结算，后来汇票还可以进行转让和流通。此外，还摸索出了分摊风险的办法，其中包括委托制和合伙制的雏形，保险业也初露端倪。

对于 13—14 世纪欧洲得自商业增长的收益有多大，定量计算十分困难，但是毫无疑问，商业组织和金融市场都获得了较大的发展，提高市场效率所必需的知识已经为世人所了解，留待发展的就是扩大贸易规模。

二、地理大发现的动机和条件

促使探险家取得巨大收获的动机有三个方面：

第一，葡萄牙试图在撒哈拉及以南的非洲地区传播基督教，对抗伊斯兰教，并寻找东方的基督徒（祭司王约翰）。传说在东方王国，有一位君主叫约翰，他是充满神秘色彩的基督徒，找到他就可以在反对伊斯兰世界的战争中找到实力强大的同盟军。

第二，西欧商品货币关系的发展诱发了封建贵族对贵金属的渴求，这是地理大发现的原始动机。14—15 世纪随着西欧商品经济的发展和农奴制的瓦解，一方面商品流通量不断增加，相应地要求货币流通量的有效供应，而此时金融手段还没有发展到利用货币来弥补硬币不足的程度；同时，封建贵族阶层为了支付日益高昂和频繁的战争费用，以及满足其奢靡生活的需要（购买东方精美昂贵的消费品），需要更多的金银。西班牙殖民者赫尔南·科特斯说：“我们每个西班牙人都受着一种心病的折磨，这种病只有黄金才能治愈。”探寻黄金的来源，在欧洲人看来，最理想的地方莫过于东方，因为东方国家被描述为财富无穷、金银遍地，因此他们积极组织了许多次大规模的海外探险活动。

第三，欧洲人想从东方获取金银的欲望由于近东贸易危机受到极大的阻碍。自中世纪以来，欧洲与东方国家的贸易通道基本上有三条：一条为北路，从地中海北岸东行到君士坦丁堡（今伊斯坦布尔），再越过土耳其，沿黑海、里海，经伊朗、阿富汗，横穿亚洲大陆到达中国；另一条为中路，从地中海东岸叙利亚一带经两河流域到波斯湾，再越过阿拉伯海到达印度；再一条为南路，自地中海南岸经埃及下红海，经印度洋到达印度。由于这几条商路都是以地中海沿岸为起点，所以欧洲对东方的全部贸易活动一直是围绕着地中海地区来进行的。但是，14 世纪之后，土耳其奥斯曼帝国的兴起使近东地区战争连年不断。1453 年，土耳其人占领了君士坦丁堡，不仅控制了地中海的商业通道，而且在海上大肆劫掠，致使北路交通基本断绝。而中路和南路被阿拉伯人控制，欧洲商人的利益得不到保障。为了摆脱东西方贸易出现的危机，欧洲国家，尤其是非地中海沿岸的西欧国家组织了多次探险，希望找寻一条通往东方的新航路。

西欧的探险活动得到了科学技术尤其是天文学和航海技术发展的有力支持。13—14 世纪“地圆学说”的发展为探寻新航路奠定了理论基础，15 世纪以后佛罗伦萨的托斯堪涅里根据“地圆学说”绘制的世界地图就已经将印度置于大西洋的西岸。此外，人们对地球的表面积、陆地和海洋的距离等有了新的认识。在航海技术方面，14 世纪普遍使用了中国发明的罗盘，还增加了观象仪、风象仪和经过改良的绞盘、铁锚和锚链等其他器械。同时，在西班牙和葡萄牙等国，相继出现了经过改良的多桅轻便帆船，这种船只航速快、行驶灵活、安全、载重增大、需要的水手少。造船和航海技术的提高，克服了远航的技术困难。

三、西欧国家的海外探险

在西欧的全部探险活动中，最积极的参加者是大西洋沿岸的一些国家，其中走在最前列的是西班牙和葡萄牙。

葡萄牙早在 15 世纪之初就开始提倡航海事业，这与素有“航海家”之称的亨利亲王（1394—1460 年）有关。经过几十年的努力，到 1487 年，迪亚士（约 1450—1500 年）率领的远征队到达非洲南端的好望角，为开辟通往东方的新航路创造了重要条件。1497 年，达·伽马（1469—1524 年）绕过好望角，驶入印度洋，于 1498 年到达南亚西海岸，从而打通了从欧洲通往印度的新航路，实现了欧洲人多年的梦想。

由于葡萄牙控制了沿非洲西海岸南行的通道，稍晚开始探险的西班牙人不得不沿另一个方向，即向西越过大西洋去进行新的探索。在西班牙国王的大力支持下，1492 年由哥伦布（1451—1506 年）率领的远征队到达了圣萨尔瓦多、古巴和海地，以后又三次出航，登上了南美洲的沿岸地区和一些岛屿。这片大陆很长时间一直被认为是印度，后经地理学家多次实地考证，发现是一块从未到过的新大陆，被命名为亚美利加，美洲大陆被发现。之后，西班牙探险者继续西行。1519 年，麦哲伦率领的船队自西班牙出发，越过大西洋，经南美海峡进入太平洋，到达菲律宾群岛。麦哲伦本人在征战中被杀，余众渡过印度洋海面，再绕道非洲西海岸返回西班牙。这次全球航行的完成，开辟了东西方交通的新航路。

在西班牙、葡萄牙进行海外探险并取得重要成就的同时，西欧其他一些国家，诸如荷兰、英国、法国和丹麦等也紧随其后，积极地开展探险活动。从16世纪中期到17世纪，欧洲国家又陆续开辟了一系列通往各地的新航道，在世界各地发现了大片前所未知的土地。

所有这些地理大发现产生的经济后果都是：扩大了世界市场和贸易规模，为人类的经济活动提供了更加广阔的舞台。

第二节　商业革命的发生

地理大发现导致了世界经济史上最大的一次商业冲击，使欧洲社会经济生活发生了巨大的变革，这种变革集中表现在商业的革命性变化上。

一、商业利润和市场开拓

对利润的追求使商业活动有别于满足基本需求的互通有无的简单交换，对利润的追求成为商业活动的原动力。

在14—15世纪和17—18世纪，由于交通和通信方面的落后，同一种商品在不同地方差价很大。1500年前后的德国，一磅意大利或者西班牙产的番红花价值一匹马，一磅糖等于三头乳猪。胡椒和香料等印度产品在罗马的售价比生产价格高百倍。如果扣除高昂的运费后，仍然有很大的利润空间，那么进行这种贸易就是有利可图的。

在历史资料中随处可见这样的例子。那些穿过辽阔的巴西腹地或者抄布宜诺斯艾利斯近道偷偷来到波托西或利马的葡萄牙商人，他们所得利润之高令人难以置信；英国商人通过海路用加拿大北部的皮毛和中国商人交换，赚了大钱；另一个发财场所是17世纪头几十年的日本，每年总有一艘大船载着200多名葡萄牙商人，扬帆从澳门起航，驶往长崎，他们将在日本逗留七八个月，挥霍无度，支出达25万～30万两白银，然后携带货物穿越大洋达到欧洲，产品在穿越大洋时，陡然身价百倍，少数人利用价格差异，发了横财；在1695年，从中国运水银前往西班牙可有300%的赚头。

存在巨额利润的商品基本都是奢侈品。1 000克胡椒在印度产地值1～2克白银，在亚历山大港的价格达10～14克白银，在威尼斯达14～18克白银，在欧洲各消费国则达20～30克白银。这种贸易肯定创造了超额利润。15世纪末，富人抛弃金银线挖花的呢绒织物，转而爱好丝绸。丝绸逐渐传播，得到普及，并且成为某种社会身份的标志。丝织业在一百多年里带动了意大利的最后一次繁荣。在17世纪的最后几十年里，英国呢绒曾风行一时。到18世纪，印花布异军突起，最初从印度进口，后在欧洲仿造。香料、茶、咖啡等都是当时时尚的宠儿。小麦、稻米、玉米、盐、木材、织物等满足基本需求的商品虽然构成了贸易的大部分，引发了基本的商业冲动，但由于利润微薄，冲击力不强。

另一个存在超额利润的领域是早期商业殖民活动。有资料显示，这些商业殖民活动的利润率非常高，有时超过200%或300%，几乎是无异于海盗行径的交易。

还有，跨洋贸易的利润率比欧洲内部贸易要高。1318年和1319年，为把在香巴尼交易会购买的呢绒运到佛罗伦萨，所付的运费，包括赋税、包装和其他开支在内，分别等于货价（要运六次）的11.80%、12.53%、15.96%、16.05%、19.21%和20.34%，这几乎侵吞了所有利润。小麦也是一样，在自给自足占主导的生产方式下，生产的小麦只有小部分通过市场出售，绝大部分由生产者自己消费掉了。而出售小麦所得的利润，在正常年份很微薄，而且还要分散在农民、地主和转售商手里，真是所剩无几，因此，在这个过程中，只有很少的资金可供积累。普通商品的增值显然没有那么容易。

造成高额利润的原因一方面是距离遥远和不确定性很大。这些商业活动全都属于高风险活动，因此获得高回报是正常的。另一方面是垄断。垄断表现在法律的安排上，例如在殖民地的买主是独家垄断的，英国、荷兰的东印度公司就拥有这样的特权。垄断还表现在资本的供给上。资本的来源是有限的，各种国家机构都是大规模的借款人，商品贸易的利润不仅落入直接参与交易的人手中，还要落入那些更先进的欧洲经济组织的手中，它们既能提供最初的资本，又为工业品提供销路。垄断还表现为一些大的商行和组织控制了产品在欧洲地区的销售，使其在销售市场上缺乏竞争，造成高价。当然，垄断还表现在一些技术上，例如航海技术、香料保鲜技术等。

虽然存在超额利润的贸易在整个贸易中所占的份额很小，但是其经济影响不容低估。在贸易方面占首要地位的不是香料和胡椒，而是小麦、羊毛、食盐等大量近距离交易产品，对外贸易在整个贸易活动中只占了很小的份额。15世纪塞维利亚和新大陆之间刚开始的贸易只是涓涓细流，同欧洲范围内的区域间贸易相比，不过1%而已。但是，远方国家的货物最后掌握在少数人手中，这些货物包括中国或波斯的丝，印度或苏门答腊的胡椒，锡兰的桂皮，马鲁古群岛的八角、茴香，安的列斯群岛的蔗糖、烟草和咖啡，基多地区或巴西内地的黄金，新大陆的银块、银锭和银条。这些人因此攫取了矿山和种植园工人的剩余价值，甚至是马拉巴尔沿海或南洋群岛原始农民的剩余价值。在地理大发现以前，欧洲约消费10 000公担①胡椒和10 000公担其他香料，这要用65 000千克白银换取，这些白银约等于30万吨黑麦，能养活150万人。

此外，由于利润冲动而兴起的商业活动还在某些方面控制并影响着工业的发展。在呢绒方面，可以说是商人控制着这项工业的命脉。他们向国外推销产品，负责供应西班牙羊毛和其他原料。他们通过主动提供帮助和推销产品，使色当、卡尔卡松和拉卢维耶那些制造英国式和荷兰式呢绒的手工工场办得有声有色。

二、贸易路线的转移

在1500年左右，欧洲传统的地中海贸易区仍十分兴旺。新航线的开辟并没有马上使欧洲发生翻天覆地的变化，因为新航线上不确定的因素仍然很多，而且新航线相对于旧的贸易方式来讲耗时过长，这就影响了欧洲与东方最赚钱的贸易品种——香料——的质

① 1公担=100千克。

量，所以直到16世纪末荷兰人开始从海外进口香料之后，威尼斯才最终失去其垄断地位。当时地中海区域流通的商品有食物、原料和一些制成品。大宗的食物有粮食、盐、咸鱼、橄榄油、葡萄酒等。大宗的原料有羊毛、生丝、棉花、皮革、铜、铅和锡等。制成品主要是意大利北部城市的手工织品、米兰的丝织物和盔甲、威尼斯的肥皂和玻璃器皿、热那亚的纸和西班牙的皮革制品等。最赚钱的香料贸易由威尼斯商人把持，热那亚人和比萨人也分得了一杯羹。

新航路开辟后，特别是1501年葡萄牙人把第一批香料运到安特卫普之后，完全依赖优越的地理位置进行转运贸易的意大利诸城邦受到了挑战。西欧国家不仅可以向南经过非洲西海岸到达东方，也可以向西越过南美洲前往亚洲。这些新的航线连同另一条驶往北美的航线，都是从欧洲大陆西海岸或英国出发的。这样，欧洲与外界的联系，也就由地中海转移到大西洋了。地中海变成了交通闭塞的内陆海，意大利也失去了原有的重要地位，经济逐渐衰落。与意大利商业联系较为紧密又临近地中海区域的德意志南部诸城市也遭到了同样的打击。而大西洋沿岸国家的经济地位大为提高。其中，葡萄牙的里斯本、西班牙的塞维利亚、尼德兰的安特卫普和英国的伦敦等重要港口尤为突出。

自从地中海贸易衰落以后，首先是安特卫普成为各路商人的汇集点。16世纪时中欧的铁金属贸易，尤其是银和铜的贸易已经十分发达。久负盛名的富格尔家族控制着中欧的金属和地中海商品之间的过境贸易。后来中欧的商人逐渐把德意志的银和铜运到安特卫普，葡萄牙人也从东方运来香料，西班牙人从新世界运来贵金属，进入这一地区贸易的货物还有毛纺织品、亚麻帆布、粮食等。安特卫普成了南德意志、汉萨同盟、葡萄牙、意大利、西班牙以及英国等各路商人的汇集点，是横贯欧洲大陆的贸易（白银和铜从德国南方向意大利北方的低地国家尤其是向布拉特扩展）与海上贸易的结合点。安特卫普成为16世纪中期繁荣的商业中心，被称为“世界商业之都”。

后来，海上贸易逐渐占据了主导地位，横贯大陆的贸易体系解体了。原因之一是地中海地区贸易的衰落对德国经济造成了严重危害，汉萨同盟衰落，再加上宗教战争，国内严重分裂。原因之二是1585年安特卫普被帕尔马占领，荷兰人对斯海尔德河进行了封锁，至此，在安特卫普的历史上留下辉煌篇章的历经四分之三个世纪的陆路贸易衰落了。

随后，荷兰成为世界贸易的中心。新航线的开辟对荷兰越来越有利，荷兰人开辟了从北海绕过丹麦的最北端，穿过松德海峡进入波罗的海的航路。15世纪90年代丹麦在松德海峡征收通行税的记录表明，通过松德海峡的大部分船只是荷兰人的。在随后的一个半世纪中，这个比例不断增大。在这条航线上荷兰人掌握了大宗混合货物，尤其是谷物和鱼类的运输，控制着法国与北欧之间的所有贸易运输以及英国的绝大部分贸易运输。海盐和谷物的运输在当时国际海上运输中居于关键地位，它们在17世纪几乎被荷兰运输商垄断。在北欧与地中海的货物交换中，荷兰人也发挥着重要作用。例如，里斯本与但泽之间的盐、香料、谷物的交换被荷兰人独揽。由于荷兰所处的地理位置特别适合从中控制两地之间的交往，所以相距遥远的里斯本和但泽的不同商品在荷兰交换，每年里斯本的香料与波兰的谷物都可以在冬季到来之前运抵荷兰。总之，17世纪荷兰控制着波罗的海地区、大西洋地区乃至地中海与北欧地区的贸易，阿姆斯特丹是世界上最繁忙的港口。直到17世纪末，当各国农业的发展和人口下降使谷物需求减少时，荷兰在商业上的地位才遭到打击，英国也是在18世纪之后才能够真正向荷兰发起挑战。

可见，世界的贸易中心随着新航线的开辟从地中海转移到了大西洋，相应地，继意大利诸城邦后，16世纪中期的安特卫普、17世纪的阿姆斯特丹成为欧洲经济中心。

三、白银流动和价格革命

在新大陆被发现和开发以前，欧洲商品经济的发展曾因流通硬币的缺乏而陷入窘境。西班牙人在美洲发现贵金属矿之后，驱使当地的印第安人进行开采，以后又从非洲贩入黑奴进行开采。

美洲白银总产量16世纪为1.7万吨，17世纪为3.4万吨，18世纪为5.1万吨。1500—1575年美洲白银总产量的约85％被运到欧洲，1576—1775年则为70％～80％。大部分美洲白银首先是流向欧洲，其次是留在美洲，而吸收美洲白银排名第三位的是以印度和中国为首的南亚和东亚。

外流的美洲白银有两大运输路线：一是越过大西洋到达欧洲，这部分占到美洲白银产量的70％以上；二是越过太平洋到达南亚和东亚，这部分只占美洲白银产量的10％左右。在17世纪前期和18世纪前期，西欧、中国和印度都是白银流入比较多的地区。南亚和东亚有三条白银流入渠道：一是日本运到的白银；二是绕过好望角的亚欧贸易路线运到的白银；三是横跨太平洋直接从美洲产地运到的白银。17世纪前期东亚和南亚的白银主要来源于日本和太平洋路线，通过亚欧贸易获得的白银很少，但是18世纪前期经由欧洲绕过好望角到达南亚和东亚的白银占到白银流入的75.8％～91.4％。① 流向欧洲的白银基本都用军舰护送回西班牙。16世纪后半叶是银进口量最大的时期，当时最大的舰队由94艘船组成，最小的舰队也有56艘船。根据官方估计的数字，1521—1600年从美洲运到西班牙的白银有1.8万吨，黄金200吨。如果加上走私等因素，流入西班牙的金银估计是此数的2倍。西班牙国王用这些贵金属偿还了巨额外债，发动了殖民战争，并从意大利、法国、荷兰、英国的市场上采购商品。据估计，1500—1650年，仅由美洲流入的金银就使得欧洲黄金的总存量增加了5％左右，白银的总存量几乎增加了50％。

大量廉价金银的涌入使欧洲在16世纪经历了持续不断的、规模空前的通货膨胀。价格绝对水平的提高和工资落后于价格的巨大差距，使这次价格上涨被称为“价格革命”。价格革命席卷了整个西欧，1600年价格总水平比1500年高200％～300％。同期，西班牙价格上涨了3.4倍，法国上涨了2.2倍，英国上涨了2.6倍，荷兰的纺织城市莱顿上涨了3倍，意大利和瑞典的价格近乎翻了一番。但是，16世纪的价格革命并没有使所有价格同样上涨。在英国，地租是所有价格中增长最迅速的，农产品价格的上涨快于工业品价格的上涨，实际工资水平却在缓慢下降。英国价格革命的这种特点大体上也存在于整个西欧。

---

① ［美］罗纳德·芬德利，［英］凯文·奥罗克．强权与富足——第二个千年的贸易、战争和世界经济．北京：中信出版社，2012：243．

价格革命对欧洲的社会经济结构产生了巨大的影响。在农村，采用租佃制的地主因为地租上涨最快而获利最大；相反，按照传统方式征收固定货币地租的封建地主却因此受到损失。租地经营的农场主和一部分农民不仅因为工资低廉和农产品价格高昂而获利，还因为向地主缴纳固定货币地租而享有价格上涨的好处，经济实力大大增强。到16世纪末，英国已形成了一个富有的大租佃农场主阶级。工业品价格上涨虽不及农产品价格上涨的幅度大，但由于实际工资的下降、产品销路的扩大，手工工场主和商人成了新兴的经济贵族。雇佣工人和被夺去剩余产品的贫苦农民在价格上涨中不得不降低生活水平。这样，价格革命就加速了社会分化——新兴农场主和工商业者壮大，旧式封建贵族衰落，城乡劳动者进一步贫困，从而有力地推动了资本主义的发展，加速了封建社会的解体。

四、商业组织形式的创新

这一时期商业组织形式的创新主要体现在两个方面：一是将意大利早先发明的商业技巧，如合伙制推而广之；二是出现了商业组织的真正创新，如特权公司。

第一，合伙制的推广。16世纪和17世纪是合伙制盛行的时期。合伙制是意大利商人为了保护和增加商业资本、方便与确保长途运输中的联系以及分摊贸易风险而发明的一种商业组织形式。这种方式最直接的优势是扩大了商人的活动范围和利润，并且比单枪匹马闯世界风险要小。1500年以后，海盗的减少与肃清、国际货物量的增长以及海上保险的发展，使大船在航线上更加经济合算。1595年前后，荷兰成功地改进了一种叫福禄特（Flute）的新型货运帆船，它减少了加固的结构（为了支撑大炮的重量和后坐力及其他武器装备的结构），相应地为货运腾出了空间，并且易于操纵，使船员人数得以大大减少。福禄特帆船明显地降低了直接的营运费用，于是立即被运用于有经常性市场而且海盗被肃清的波罗的海。船舶体积增大，所需资本也要增加，于是西北欧的货运市场合伙制特别盛行。船舶的所有权被分成几份，由商人或商人和船主共同拥有。1500年左右，荷兰运输业的船长大多已不再是船主，阿姆斯特丹的许多船长仅仅是商人船主的雇员。海上贸易的几大环节——船运、贸易、租借船舶等——中的贸易组织都与船运类似，由几个人或几个合伙组织包揽。商人的合伙制是17世纪荷兰商品市场的主要特征。同时，内陆市场合伙制的发展也不容忽视。一些专门从事大陆贸易的商号为了减少旅途中的风险，开始拉帮结伙或由专门的地面护送队来保护货物的安全。这些商号用投资入伙的方式解决了大陆贸易所需的大量资金，因而一些小商人也能参与长距离的大陆贸易。著名的德国黑森货车队和意大利大商号都是利用合伙制来扩大大陆贸易的。合伙制对当时的贸易扩张来讲，提供了比单个业主制更强的筹资能力和抗风险能力。

合伙制有一次性合伙，也有长期合伙。一次性合伙出现在一些暂时的组合中，像一次远洋航行、一趟大陆贸易等商业活动。在16—17世纪比较常见的是一些固定的由家族成员或亲朋密友组成的长期合伙关系。长期合伙企业的基本资本由合伙人提供，需要增加资本时，可以由原来的合伙人增资，也可以吸收别人的资金入伙。这种合伙企业相对于单个业主制的企业来说，具有相对独立的生命，一旦某个合伙人无意经营或死亡，企业业务不至中断。分享所有权的合伙制为以后所有权变成一种可以购买、转让、继承和分利的权利形式打下了基础。

第二，特权公司。新兴的国家为了获取直接的利益，采取了出卖特权给私人企业的方式，代理行和特许公司随之发展起来。

代理行的特权来源于本国与东道国协商之后赋予它的特殊权力，所以代理行在不同地区所享有的特权是不同的，这种情况无论在欧洲大陆内部的国家之间还是在欧洲与非欧洲国家之间都是一样的。欧洲在日本和中国所建立的代理行只能在完全由地方当局所限定的范围内活动，但设在亚洲其他一些沿海地区和美洲的代理行却可以深入内地，到各商品产地活动。一般地，代理行都拥有自己的房地产，它既是货栈，又是市场，还是军事基地和关卡，它与本国和东道国政府之间保持密切的联系，尽量保证在新地区商业活动的顺畅。代理行制度是葡萄牙商业组织的主要形式，葡萄牙国王派代理商去各地购买与销售商品，代理商渐渐成为负责一个地区商业的国家官员。西班牙人、荷兰人、英国人与法国人在海外扩张中也采用了这种制度。代理行最初出现于佛兰德斯，随后在非洲、亚洲与巴西也纷纷出现。代理行中合伙制也很盛行，但它并不局限于商人之间的合作，也经常用于政府与商人间的合作。此外，国王和王公也利用代理商为其办理私事和国家的商业事务。

第三，特许公司。特许公司是16—17世纪政府用特权交换利益的典型形式，也是荷兰和英国对外扩张最重要的商业组织形式。特许公司由政府授予一定的对外贸易垄断权，享有其他一些优惠待遇。例如，有的公司拥有自治权，有的公司甚至拥有军事力量和自行铸币的权力，可以代替国家行使部分主权。

特许公司分为两类，一类是契约公司，另一类是早期的股份公司。

契约公司由一些独立经营、自担风险的商人组成，商人仍有各自独立的资本，但受公司组织的庇护和支持，条件是要在共同的经营条件所规定的范围内经商，并且服从集体的纪律。这种公司的历史可以追溯到中世纪后期，北欧的汉萨同盟就具有这种性质。契约公司的典型例子是英国的商人冒险家公司。这家公司根据1564年的特许状，拥有垄断英国与尼德兰和汉堡所进行的布匹贸易的权利，17世纪中叶，该公司有7 200名成员。另一个例子是1579年成立的东方公司，该公司主要经营波罗的海地区的贸易。

第四，股份公司。股份公司最早出现于意大利的热那亚和德意志的一些采矿业中。地理大发现后，国家将一个地区的贸易特权赋予一家公司，需要大型的贸易公司来执行，这种大型的贸易公司不得不采用股份的方法集资，不论是否为商人都可以入股，股份公司应运而生。1550年后，由股份组成的公司在英国和尼德兰普遍建立起来。1550年，第一批英国股份公司成立，专门经营对俄国和几内亚的贸易。最著名的英国东印度公司1600年得到英王的特许，每年可以运出价值3万英镑的白银、黄金和外国货币，垄断了英国与印度、中国及亚洲其他国家的贸易。当时，有100名商人入股，原始资本达68 373英镑。东印度公司运用其垄断贸易的特权，在亚洲收购商品时竭力压低价格，运到欧洲高价销售。例如，1磅胡椒在印度的收购价为2便士，在欧洲的出售价却高达20便士，丁香的购销比价为9便士比6先令，豆蔻为3便士比6先令6便士，蓝靛为13便士比5先令。丰厚的利润使公司迅速发展，1617年，入股人数已达954人，全部股金达162万英镑。到1708年，资本总额进一步增加到316.3万英镑，相当于创建时的46倍。

公司每年的利润率一般都高达200%～300%。东印度公司在印度广设商馆和货栈，并置备武装进行保护。到18世纪中叶已在印度建立起150处商馆和15家大代理行。当时仅加尔各答一地，为公司订货而做工的织工就有8 000多人。东印度公司成为英国统治印度的工具。在荷兰，股份公司有1602年成立的荷兰东印度公司和1621年成立的荷兰西印度公司。法国科尔贝时代也创立了一些股份公司。股份公司这种组织形式后来成为各种经营规模较大的企业的组织形式。1600年以后，股份公司的资本具有了永久性，股份公司具有了独立的生命力。

合伙制、股份公司等商业组织形式的创新，为商业的进一步发展提供了保证，也为其他行业的企业组织形式提供了范例。

第三节 重商主义

重商主义是资本主义兴起时期占统治地位的经济思想。随着商业的兴起，尤其是对外贸易在经济中的作用越来越大，近代新兴的民族国家开始奉行重商主义的政策和观点，引起了社会观念的重大变化。

一、民族国家的兴起

民族国家因商业的原因而兴起。市场秩序的建立和维护、生命财产安全的保障是贸易顺利进行的重要保证，这种保证一般由政治单位提供，因此而支出的费用是贸易成本的重要组成部分。由于贸易规模不断扩大，贸易范围超过了传统社会中基本的政治经济组织——庄园——的管辖范围。贸易的发展要求政治单位在更大的地区规定、保护和实施所有权。活跃的商人总是要求提供更大范围的保护，国王和贵族面对巨额的商业收益，也意识到更大规模的组织可以获得更多的收入。不断发展的贸易使市场联合成一个整体，分割的特权越来越需要改进，市场希望成立区域性和全国性的政治单位，实现规模优化。在这种不可避免的战争、阴谋、动荡中，民族国家开始兴起。

葡萄牙位于比利纽斯半岛西端，处在地中海进入大西洋的咽喉要地，商业、金融和交通往来较为活跃。1294年把摩尔人赶走之后，葡萄牙成为欧洲最早实现民族统一的国家。随后，王权不断增强，1481—1489年，约翰二世采取措施使葡萄牙成为中央集权的封建国家。西班牙也在15世纪末期完成了国内政治的统一，建立了专制政体。在中央集权化的过程中，葡萄牙和西班牙政府拥有足够的力量先于其他国家组织经济活动。它们资助海外探险、海外扩张，控制贵金属的贸易，直接经营对外贸易或出卖特权给公司。

荷兰原是尼德兰北部的几个省份，地理大发现后，世界航路的转移有利于尼德兰的发展。16世纪60年代，尼德兰北部发生了以摆脱西班牙统治为目的的独立革命，到70年代，北方诸省先后宣布独立，并在1581年成立了联省共和国，1609年西班牙被迫承认其独立。

英国贵族在15世纪中期由于领地经济的限制，权力开始衰落。为了争夺更大范围的控制权，封建贵族进行了长期的斗争。1485年亨利·都铎在“玫瑰战争”中取得胜利，建立了统一的君主制国家，开始了都铎王朝的统治。1453 年法国查理七世指挥军队将英国人驱逐出法国领土，赢得了百年战争的胜利，实现了国家政治上的统一。

二、重商主义的政策和观点

新兴的民族国家和商业资本旨在获取货币的本性，使它们迅速结成联盟，这种联盟清楚地反映在当时西欧各国所实施的政策和信奉的学说上，这些政策和学说被称为重商主义。重商主义在其发展过程中经历了两个历史阶段：15 世纪至 16 世纪中叶为早期重商主义，16 世纪下半期至 17 世纪为晚期重商主义。

无论早期还是晚期重商主义，都把货币看作财富的唯一形态，都把货币多寡作为衡量国家富裕程度的标准，都强调政府对经济生活的干预。但是，在如何增加货币上，却有着不同的主张。早期重商主义者主张采取行政手段，禁止货币输出，在贸易上，主张多卖少买或不买。晚期重商主义者认为，国家应该允许将货币输出国外，以便扩大对国外商品的购买，但是在对外贸易中必须保证出超。相应地，在政策上，西班牙、葡萄牙、英国等根据早期重商主义的主张，颁布了各种法令，甚至规定了严格的刑罚，禁止货币输出到国外。英国爱德华四世于 1478 年把输出金银定为大罪。西班牙和葡萄牙政府直接控制贵金属的贸易。同时，政府还规定，外国商人必须将出售货物所得的全部货币用于购买当地的商品。此外，国家还加强了对外贸易的管理，一般将与某个地区的贸易垄断权卖给特定的公司，以便管理。英国曾规定本国和外国商人只能在指定的市场上进行交易。英国出口商人运到规定的外国市场上的货物是羊毛、皮革、锡、铁皮及其他普通商品，他们从外国换得的必须是各种必需品。晚期重商主义者为了保证出超，实行关税保护和鼓励本国工场手工业发展的政策。法国在柯尔培尔担任财政大臣期间执行了一套完整的重商主义政策。1677 年他把英国和荷兰呢绒的进口税率提高了 1 倍，花边和饰带等法国擅长生产的装饰品的进口税率也提高了 1 倍。他最突出的表现是建立了许多皇家手工工场。在他当政的 20 余年间（1661—1683 年），大的皇家手工工场由 68 个增加到 113 个，生产地毯和装饰品的安比林和萨望果皇家手工工场曾经名噪一时。柯尔培尔还将专卖权、财政特权、津贴等优惠给予了军火、冶炼和奢侈品工业。普鲁士政府在腓特烈大帝时鼓励开办纺织、玻璃、化工、金属制造等行业的工场，政府亲自在西里西亚开办煤矿和冶铁厂。俄国女沙皇叶卡捷琳娜建立了许多使用农奴劳动的工场，有的完全由国家经营，有的与私人合办。

在推行重商主义政策时，各国有不同的侧重点。西班牙和葡萄牙最重视控制金银的贸易。同其他欧洲国家相比，英国重商主义政策最明显的表现是实行对外扩张，为此政府进行商业战争并颁布了一系列航海法令。法国则注重工场手工业的发展，法国的手工工场多为法国政府直接出资创办。

三、商业战争与商业文明

在重商主义时代，人们普遍认为世界财富的总量是既定的，国际市场是有限的，贸易就是常年的战争，谁在贸易中占据首位，谁就可以充当战争与和平的裁判者。因此，各国政府都致力于从大致固定的国际贸易额中获得最大利益，并利用本国的条件实现贸易顺差，从而保证金银多进少出。商业原因引起的国际冲突集中表现为对海上霸权和海外殖民地的争夺。

葡萄牙和西班牙在哥伦布发现美洲大陆后，为了争夺海外殖民地发生了冲突。经过罗马教皇亚历山大六世的调停，缔结了1493年的《托德西里雅斯条约》，议定在美洲由北向南划一直线（即所谓的教皇子午线），这条线在西经41°与45°之间，线以东新发现的土地归葡萄牙，以西归西班牙。据此，归属西班牙的是除了巴西东部以外的全部美洲，归属葡萄牙的只有巴西东部。后来西班牙的势力渐渐增强，建立了一支强大的海上军事力量——“无敌舰队”，在1571年击溃了土耳其舰队，在1580年攻陷里斯本，兼并了葡萄牙及其属地，成为16世纪末最大的殖民国家。西班牙因为对殖民地的掠夺而暴富一时，大量的金银、象牙、珍宝、香料、劳动力等源源不断地流向这个国家。

荷兰独立后凭借其特殊的地理位置很快从商业革命中获得好处，开始了海外扩张。1588年荷兰联合英国击败了西班牙的“无敌船队”，成为海外掠夺的主角。17世纪中叶，它所占有的殖民地超过了欧洲任何一个国家。荷兰除了对殖民地进行掠夺之外，还组织专门从事殖民活动的大型商业公司控制殖民地商品的全部产销活动。在这些商业公司中有著名的荷兰东印度公司，该公司垄断了东方的香料和大量的东方出口产品，它在东印度群岛和好望角一带拥有十分强大的势力。荷兰凭借其雄厚的商业资本控制着海外殖民地，成为17世纪最强盛的国家。

18世纪初，英国赢得了海上贸易和殖民霸权。早在1650年，英国就通过对葡萄牙的战争取得了在葡属殖民地的贸易特权。1650—1663年，英国接连颁发了几个航海条例，以打击荷兰对海上运输和殖民地市场的独占。1651年英国发布了第一个航海法令，规定欧洲货物只能用英国船只运往英国领土，在非洲、亚洲、美洲出产的货物只能由英国或英国殖民地的船只运达。1660年英国又颁布了第二个航海法令，特别规定船长和至少四分之三的船员必须是英国人。1652—1674年英国和荷兰发生了三次战争，英国抢到了荷属北美新尼德兰殖民地，并成功地排挤了荷兰在印度的势力。18世纪英国与法国频繁冲突，在1756—1763年的“英法七年战争”中英国获胜，夺取了加拿大和附近土地，以及小安德列斯群岛和塞内加尔的一部分。通过1757年的普拉西战役，英国占领了孟加拉地区。英国的殖民霸权一直延续到20世纪。殖民地不仅是英国原始积累的直接来源，而且逐渐变为英国的原料供应地和产品销售地。

贸易在1500—1750年所发挥的重要作用在欧洲历史乃至整个人类历史上都是罕见的，它成了推动整个社会机器运转的巨大机轮。对外贸易与近代民族国家的繁荣有着紧密的因果联系，商路的转移造成了欧洲经济中心的转移，贸易的重要性远远超过了其他经济活动。

商人成为关键人物。托马斯·曼在他的著名小册子《英国得自对外贸易的财富》里，举出了一个真正的商人所应具备的种种条件：擅长书写、算术与会计，熟悉外国的度量衡与货币，熟悉各种关税、通行税及其他税项，熟悉汇率、陆运、水运、修理及航海，还应该掌握拉丁语等。商人在托马斯·曼的笔下和在现实中都成了知识广博的人，渐渐得到社会的承认和尊重。在整个商人阶层中，存在一个不同于普通人或一般商人的商业贵族集团。16 世纪，富格尔家族垄断着意大利与欧洲其他地区，尤其是与德国的香料贸易，垄断着德国与其他国家的铜、银贸易，还企图垄断葡萄酒和盐的国际贸易，是 16 世纪最富有的家族；17 世纪，荷兰著名的特里普家族参与了包括铁、铜、火炮在内的各项贸易，还从事航运与证券交易，他们的活动范围几乎遍及全球。在荷兰的商品交易市场上，大宗商品几乎都被大型的家族企业垄断。商人的技艺和财富对国家做出了贡献，尤其是商业贵族对于国家财政来说具有特别重要的意义。许多君王通过笼络商人达到与旧贵族抗衡的目的。一旦处于危急局面，君王就向大商人求援，大商人可以借钱给君王，或以赊欠的方式向君王提供军备物资。作为报酬，君王或者授予商人贵族王室的领地，使他们得到社会的承认，或者授予爵位，使他们跻身上流社会。17 世纪时，商人在荷兰的地位是最高的，他们受到尊重，可以和显贵人家联姻，他们的后代也被培养为商人。

商业文明的冲击进一步引起了社会观念的重大转变。事实上，这种变化是从文艺复兴和宗教改革开始的，人本主义和新教伦理打破了旧封建思想禁锢的坚冰。商业革命促进了新的观念在商业实践中进一步发展，并真正成为人们新的行为准则。人们彻底放弃了中世纪的道德观念，用商人的观点来研究一切事物和社会生活的一切现象、关心世俗利益、贪得无厌地追求利润，将在市场竞争中的成功与失败等作为检验人们能力和德行的唯一标准。在交易活动中，短期行为、重利轻义、贪得无厌是普遍现象，人人都幻想通过投机与欺骗，在某一天早上成为财富的骑士，现代的商业道德远未建立起来。

关键词

地理大发现　商业革命　价格革命　贸易路线　重商主义　商业战争

思考题

1. 为什么说 13—14 世纪是欧洲商业变革的临界点？
2. 思考价格革命对社会阶层的分化所起的作用。
3. 说明欧洲发生商业革命时中国商业的状况。
4. 比较英法两国的重商主义政策及其实施后果。
5. 试解释民族国家兴起的原因。

第八章

农业革命

重点问题

- 近代农业革命的历史背景
- 近代农业革命中英国式道路的特点
- 近代农业革命中普鲁士式道路的特点
- 近代农业革命中美国式道路的特点

近代农业革命最重要的表现是农业体制的变革。英国、德国、美国代表了不同的农业革命类型。近代农业革命是工业革命的另一个重要前提。

第一节　近代农业革命的出现

在近代农业革命出现之前，世界人口没有超越马尔萨斯陷阱。近代农业革命在荷兰发生后，欧洲各主要国家先后出现了农业制度和农业技术的创新，并且人口在18世纪末期迅速增加，摆脱了马尔萨斯陷阱。近代农业革命为工业革命准备了条件。

一、马尔萨斯陷阱

18世纪之前，整个农业发展的历史和世界人口的历史在单调地重复着。哪怕最发达的社会仍旧必须有75%～80%的劳动力从事农业，这说明传统社会中农业劳动者的平均食物产量除自己消费外，只有20%～30%的剩余。当人口增加超过社会粮食供给时，生活水平下降，疫病、饥荒、海上和陆上的抢劫、战争等丑恶事件开始泛滥，极其粗暴地调整着人口和粮食之间的平衡，之后，又开始新一轮的人口增长和衰减，不断地循环往复，这就是马尔萨斯论证的人口陷阱。

14—15世纪，鼠疫、饥荒和战争使欧洲经历了大幅度和长时间的人口下降，16世纪欧洲各国的人口都在增加，欧洲人口从1500年的8 200万左右增长到1600年的10 500万，大约增长了28%，17世纪初人口增长达到了顶峰。西班牙和葡萄牙的人口在1500—1600年从900多万上升到1 100多万，意大利从1 000万上升到1 300万，法国从1 600万上升到1 800万，英国从400多万上升到将近700万，德国从1 200万上升到1 500万。

17 世纪欧洲人口又惯性增长了 15%。但是，16 世纪发生的价格革命使实际工资水平下降，马尔萨斯陷阱又出现在欧洲大地上，16 世纪，尤其是 17 世纪欧洲面临挑战。

美国经济学家西蒙·库兹涅茨在《现代经济增长》一书中，将 1750—1950 年的人口增长与 1000—1750 年每两个世纪的人口增长进行了比较，指出：1000—1650 年，每两个世纪人口平均增长速度略高于 20%，不足 1750—1950 年人口增长速度的十分之一，即使在 1750 年前的两个世纪（1550—1750 年）中，人口总增长速度也仅为 60%左右。因此，人类既有巨大的人口存量，又有较高的人口增长速度，这只是近来的事情。也就是说，在实现人口持续增长之前，人类一直在马尔萨斯的人口陷阱中挣扎。

经验数字表明，要打破这种周而复始的历史僵局，农业生产力要用 40～60 年的时间将食物平均的剩余率从 25%提高到 50%以上。只要农业生产力的发展没有超过这个阶段，马尔萨斯的预言就会实现。

二、欧洲主要国家的近代农业革命

近代农业革命表现为农业体制的变革和农业劳动生产率的提高。农业体制的变革经历了漫长的、渐进式的变迁，人口变化引起的劳动与土地价值比例的变化是推动农村中土地所有权改变的根本因素，市场的形成和扩大也是促成农业体制变革的一个重要原因。

近代农业的变革最早是从荷兰开始的。12—13 世纪，农奴制在佛兰德斯和布拉邦特的大部分地区已不存在。随着市场的兴起，荷兰的独立革命引发了政治、社会变化，领主的封建权利普遍被削弱，他们的领地被分割，很多土地落入富裕的资产阶级手中。到 16 世纪后半期，农民中有大部分人已成为持有中小地产者。到 18 世纪，大地产几乎不再直接经营，一般分别租佃给农民耕种，有的是定期的租佃持有，有的是永久或长期租佃，有的则是世袭的租佃持有。这样，荷兰的土地关系和农业经营方式都发生了变化，是 16—18 世纪欧洲大陆最先进的国家。与其先进的农业制度相联系，荷兰也是当时农业生产力最发达的国家。从 16 世纪下半期到 18 世纪上半期，荷兰人不断地用挑水疏干的办法围海造田，使农用土地的面积进一步扩大。同时，市场的发展导致了地区的专业化，制酪业集中在北方，粪肥由专门的农场生产。耕作制度采用了新的作物轮种制，休耕地被用来种植家畜过冬用的粗饲料作物。荷兰成为采用新式农业方法的先驱者。

近代真正的农业革命发生在英国。14 世纪农奴制瓦解后，英国经过宗教改革和圈地运动确立了土地私有制和大租佃制的经营方式。1600—1800 年，英国的农业在技术和生产能力方面出现了重大的转折。据考证，显现农业革命成果的年代为 1700 年左右或者更早。在整个 17 世纪，英国谷物的出口数量很少，1700 年之后，谷物和面粉的出口大幅稳定上升，到 1750 年总数达到 20 万吨，平均每人出口 30 千克，当时的英国是“欧洲的粮仓”。与此同时，1700—1750 年英国人口增加了 5%～7%，人均消耗量也有所增加，而农业劳动力的比例却减少了。而且在这 50 年里，其他农产品或牲畜产品的出口量并未下降，羊毛制品还显著地增加了，这表明谷物出口并不是以牺牲其他农产品的出口为代价。以上资料足以表明，1700—1750 年英国发生了农业革命。

在 16 世纪时，德意志西部和法国北部由于商品货币关系的发展、战争的破坏、宗教斗争和农民起义，封建农奴制的解体加快了，封建贵族的不少封建权利和特权被削弱。到16世纪末，领主自营地已经大大减少，许多领地实际上已转归农民持有，强制的劳役实际上也不存在，而被缴纳少量的贡赋代替。16—18世纪，这一地区逐渐形成了农民对小土地的持有。土地关系的变化促进了这一地区农业生产力的提高。

直到19世纪，在西班牙、意大利、俄国、德意志东部地区，封建土地关系仍然占据着统治地位，农业生产处于停滞状态。它们的农业革命比英国晚了将近100年。

欧洲主要国家近代农业革命具体的时间表是：法国为1750—1760年，瑞士为1780—1790年，德国、丹麦为1790—1800年，奥地利、意大利、瑞典为1820—1830年，俄国、西班牙为1860—1870年。

三、人口革命

近代农业革命之后，农业剩余率不断提高，最明显的表现就是人口革命和饥荒的消失。

荷兰和英国是首先开始出现人口持续增长，走出马尔萨斯陷阱的国家。英国人口从17世纪的将近700万增加到18世纪初的900多万，并且从1740年起英国人口死亡率出现下降趋势，到1780年前后，人口持续增长，到1801年已由870万上升到1 050万。在这期间，英格兰和威尔士每10年的人口增长率最高曾达年均10.3%，尽管英国还遭受了1603年、1625年、1636—1637年和1665年历次鼠疫的侵袭。荷兰共和国也在同期经历了一场人口扩张，出现了长期的人口自然增长。

除了荷兰、英格兰和威尔士在17世纪人口继续增长外，意大利和法国的人口处于停滞状态，而西班牙属尼德兰、西班牙、葡萄牙、德国的人口下降了。面对17世纪西欧的不同人口增长形势，有人认为，英国、荷兰之所以能够脱颖而出，是由于它们对移民的欢迎政策，例如，荷兰人不仅对有同样信仰的新教徒，而且对伊比利亚的犹太人都奉行来者不拒的方针；有人认为，是新航路的开辟使处于优越地理位置的英国和荷兰比其他国家更易获得财富，从而可以供养更多的人口；有人认为，是医疗卫生事业的进步使传染病得到了控制，从而降低了死亡率，同时提高了婴儿的存活率；等等。但是，比较各国农业革命的时间表可以发现，荷兰、英国人口增长的主要原因是农业革命使农业生产力持续稳定地提高，从而保证了新增人口的供给，同时提高了整体人口的生活标准。

18世纪下半期，随着欧洲各国近代农业革命的发生，欧洲国家的人口增长率迅速提高，1800年人口增加到1.8亿～1.9亿。这次人口增长是以死亡率持续显著地下降和生育率缓慢上升为特征的，以后的分析表明，这一时期处在人口变革的突破期，突出地体现了突破人口周期变化曲线的特征，因此有人将近代开始的这种人口迅速增长称为“人口革命”。

此外，近代农业革命还表现在饥荒的消失上。17世纪之前，英国每个世纪平均遭受饥荒12次，17世纪遭受饥荒4次，18世纪遭受饥荒5次，19世纪只遭受饥荒1次。

总之，近代农业革命后，农业和人口发展周而复始的循环终于被打破，马尔萨斯陷阱被克服。

四、耕作制度和耕作技术的创新

近代农业革命以后，欧洲耕作制度和耕作技术的创新主要体现在以下三个方面：

第一，休耕地逐渐被消灭，代之以作物连续轮种。欧洲的传统农业为了避免耗竭地力，一般采取两年轮作制（一年耕作，一年休耕）和三年轮作制（两年耕作，一年休耕）。后来农民发现，不同的作物从土壤不同的深度吸取不同的养分。例如，著名的诺福克轮种制分为两种类型：一种是四茬轮种，种谷物、芜菁、大麦与三叶草；另一种是六茬轮种，种大麦、小麦、芜菁、燕麦及三叶草等。轮种作物中的芜菁是牲口的饲料，牲口的增多扩大了肥料的来源，可以增加施肥，最终导致休耕地的消失。

第二，新作物的推广和选种育种。轮种制本身就意味着增加作物的品种。当时欧洲大部分地区种植的新品种主要有芜菁、苜蓿、菜籽、蛇麻草、荞麦、玉米、卷心菜和马铃薯等。早期起重要作用的是芜菁和苜蓿，它们扩大了饲料来源；后期主要是玉米和马铃薯，这两种作物产量高、耐旱耐寒，对消灭饥馑起到了重要作用。此外，这个时期也开始选择种子和进行牲畜育种。经过长期努力，牲畜重量和奶产量迅速增长。例如，贝克韦尔经过精心选育种牛和种羊，使屠宰期牲畜的重量几乎增加了1倍，产奶量和产毛量均有所提高。

第三，农具的改进。轮作制和休耕地的消失使农业生产劳动大大增加，产生了改进农具的要求。首先是犁得以改进，并扩大使用马耕种。17世纪使用牛每天可耕种0.4公顷，使用马可耕种0.5～0.6公顷，再加上犁的改进，每天可耕种0.8公顷。其他改进还包括使用长柄镰刀代替短柄镰刀，使用播种机代替人工撒播，使用马力锄等。农具的改进大大提高了农业劳动生产率，节省了人力，增加了产量。

五、近代农业革命是工业革命的前提

农民消费和生产差额所产生的剩余是全部其他经济规模大小的决定因素。从时间顺序来看，近代农业革命的出现先于工业革命40年，这意味着农业发展水平的高低决定着工业革命和工业化，具体表现在以下三个方面：

第一，农业革命为工业发展提供了基本的生活资料和生产资料的物质要素。土地所有权关系的变革、耕作方法的改进、协作规模的扩大、生产资料的集中以及劳动强度的提高，使原来的农业劳动者自己进行劳动的范围日益缩小。随着农业生产关系和生产力的革命性变化，“随着一部分农村居民的游离，他们以前的生活资料也被游离出来。这些生活资料现在变成可变资本的物质要素”①。过去，农民自己生产这些生活资料，现在则要从资本家那里以工资形式挣得这些生活资料的价值。“国内农业提供的工业原料也同生活资料的情况一样。它变成了不变资本的一个要素。”② 农业革命为工业革命和工业发展提供了消费品和原料。

---

①② 马克思恩格斯全集：第23卷．中文1版，814.

第二，农业革命为工业发展提供了国内市场。“事实上，使小农转化为雇佣工人，使他们的生活资料和劳动资料转化为资本的物质要素的那些事件，同时也为资本建立了自己的国内市场。以前，农民家庭生产并加工绝大部分供自己以后消费的生活资料和原料。现在，这些原料和生活资料都变成了商品；大租地农场主出售它们，手工工场则成了他的市场。纱、麻布、粗毛织品（过去每个农民家庭都有这些东西的原料，它把这些东西纺织出来供自己消费），现在变成了工场手工业的产品，农业地区正是这些东西的销售市场。以前由于大量小生产者独自经营而造成的分散各地的许多买主，现在集中为一个由工业资本供应的巨大市场。”①

第三，农业革命为工业发展提供了大批可供雇用的劳动力。农业革命包含了两层含义：农业中土地关系的革命性变化及由此带来的生产技术和经营方式的变化，都在排斥着劳动力。(1) 土地关系的变革解除了农民对领主的人身依附关系，只有当不再被束缚于土地、不再隶属于他人的时候，劳动者才能自由支配自身。(2) 农业革命中对农民的剥夺、赎买等手段，形成了一大批一无所有的劳动者。例如英国，延续300多年的圈地运动“对农村居民断断续续的、一再重复的剥夺和驱逐，不断地为城市工业提供大批完全处于行会关系之外的无产者”②。从16世纪起，英国就到处充斥着一无所有的流民。(3) 土地的集中、集约经营和节省劳动，以及农业技术的发展，使农村出现了大量的剩余劳动力。这种劳动力的剩余，可能是隐性的，也可能是显性的。马克思指出：“这种过剩人口的数量只有在排水渠开放得特别大的时候才能看得到。”③

总之，近代农业革命为工业革命准备了必要的条件，是工业革命的前提。

第二节　英国式道路

英国式道路的特点可以概括为：掠夺教会地产，欺骗性地出让国有土地，盗窃公有地，用剥夺方法、用残暴的恐怖手段把封建财产和克兰财产变为现代私有财产，这些方法为资本主义农业夺得了地盘，使土地与资本合并。

一、庄园经济的瓦解

封建庄园是欧洲传统社会的基层组织。庄园的领主和他的骑士专门制定保护和维护秩序的习惯法，农奴为此向领主提供劳役。在整个中世纪，庄园经济的和谐稳定时常受到人口增加或减少的影响，农奴和领主之间的契约也由于劳动力和土地价值比的变化而不断修正。人口增加时，土地价值相对昂贵，主动权就掌握在领主手中，一般他会向农奴索取更多的劳役并加强对农奴人身自由的控制；人口减少时，劳动力价值相对昂贵，

① 马克思恩格斯全集：第23卷．中文1版，816.
② 同上书，813.
③ 同上书，705.

农奴的主动权相应增强，农奴会要求对土地有更长时间的使用权，甚至拥有使用权的继承权，同时会争取减少劳役和减轻人身依附关系，领主为了让闲置的土地有收益以及保证他提供的保护和公正的边际收益不下降，一般会与农奴达成妥协。此外，虽然人口的增长在农业革命前一直没有摆脱马尔萨斯陷阱，但是每一轮人口的高涨都破坏了典型的庄园经济。当庄园人口增加致使同一块土地报酬递减时，人口便会涌向未开发地区。由于迁移地的土地和气候各不相同，他们建立的农业活动方式也各不相同，这时交换贸易会自然产生，并且贸易的盈利能力会提高。从贸易中得到的好处鼓励着领主对商业提供保护，并将保护范围扩大到庄园以外的地区，从而打破了庄园封闭的自然经济状况。市场的存在使领主和农奴有了供给和消费各种商品的可能。原先农奴按契约向领主提供的劳役生产出来的单调的消费品，已经不能满足领主多样化的需求，领主渴望得到金钱，以到市场上消费，农奴的劳动所得逐渐用货币来计量。庄园经济的基本特征——劳役制和自然经济——逐渐消失。

1348—1354 年，英国遭受了黑死病（俗称鼠疫）的袭击。黑死病于 1348 年首次发生于梅尔康姆·黑吉斯地区，其后传入英格兰东部和中部各地，1350 年在苏格兰和爱尔兰各地蔓延。黑死病造成大量人口死亡，死亡人数大约占全国人口的三分之一。人口的下降使领主和部分农民的地产闲置，领主起初力图强迫农奴按照旧有习惯租种土地，但农民的逃亡、反抗及各个领主间为了吸引农奴的竞争使领主的企图很快落空。领主使闲置土地得到耕种的有效办法只有降低地租、放宽人身依附条件、延长租佃期限。于是，终身租约出现了，按照租约的规定，终身租约上的内容只有在佃户亡故时才能再协商，劳动义务和固定地租合并为习惯租金。后来由于天灾不断和租约本身习惯的约束力，佃户获得了永久继承权。

英国市场的发育也是庄园经济瓦解的重要原因。诺曼底征服英国以后，英国与欧洲大陆的联系日益紧密，佛兰德斯飞速发展的毛纺织业需要大量的羊毛供给。最初参与羊毛交易的英国人获得了丰厚的收益，这刺激了更多的领主和农民卷入市场，专门从事羊毛的生产。生产的专业化反过来又加速了市场的发展。市场的发展使庄园中庄园主和农奴利用市场进行交易的成本降低、可选择性增强，而且在 14 世纪人口持续急剧下降的情况下，劳动力价格提高和农奴希望摆脱人身依附的愿望加大了领主实行强制劳役制的成本。领主和农奴越来越愿意将劳役折算成实物地租或货币地租。13 世纪，英国称这种折算劳役的办法为“折算地租”。14 世纪，折算地租更为流行。所以在英国，农奴制实际上在 14 世纪末期已经不存在了。

二、不确定的小土地私有制

庄园制度瓦解之后，英国农村中没有立刻形成明确的所有权制度。当时很多人都对同一块土地拥有权利，国王、领主、承租人、次承租人、农民都分享从土地中得到的收入，土地所有权的概念在封建法律中十分模糊。

14 世纪末农奴制瓦解后，农村中存在以下几种土地：

第一，份地，由佃册持有农持有。佃册持有农占英国农村人口的大多数，他们持有庄园法庭发放的佃册副本，这是他们有权世袭份地的证明。他们向领主缴纳货币地租（一般是固定的）并履行其他义务，只要他们交了租并履行了义务，按传统习惯领主就无权加租夺佃和驱逐他们。可见，份地的土地所有权不完全属于领主，因为领主没有充分行使其所有权的保障；份地的土地所有权也不属于佃册持有农，因为他们要向领主履行义务，而且庄园法庭在领主夺去他们的土地或增加其义务时，不受理他们的申诉，不保护他们的永久租佃权。因此，份地的所有权在佃册持有农和领主之间界定不清。

第二，自由持有农拥有的土地。自由持有农是农民中的少数，他们拥有的土地面积只占土地总面积很小的比例。在农奴制时代，他们已经是自由人——一般不为领主提供劳役，而是自己保有一块土地。他们对土地的完全所有权是经过长期斗争才实现的。在格兰维尔时期（1180 年左右），自由持有农的土地转让只有通过出租才能办到。13 世纪，王室法庭扩大了裁判权，将对自由人的裁判权纳入职责范围，继而颁布了一系列旨在直接管理这部分土地的法令，逐渐地，自由人转让土地不再需要领主和其他人的同意，自由人获得了出售土地的权利，庄园领主则丧失了对自由人土地财产的控制权。1290 年英国颁布了《置地法》，批准业已成为惯例的东西，特别禁止将土地分封给他人以获取领主权益的土地转让方式。自由持有农对土地的享有权和转让权被法律正式确定。

第三，公有地。公有地习惯上一直属于庄园中的所有居民，是贫困的茅屋农的主要生活来源。他们在公有地上放牧，维持生计。13 世纪，由于市场的发育，养羊业成为有利可图的行业，各经济集团对公有地的所有权展开争夺。1235 年的《默顿法令》和 1285 年的《威斯敏斯特法令》允许领主在为农民留有足够土地的基础上，将荒地圈围起来，这样领主实际上拥有了公有地的专有权，排斥了其他人的权利。但是，领主圈地遭到了农民的坚决抵制，对公有地的归属一直存在争议。

在农奴制瓦解后，英国大部分土地的所有权并没有明确。15 世纪英国土地所有权的特点是未确定的土地小私有制，只有一小部分自由持有农对他们的土地有了彻底的所有权。

三、土地私有产权的确立

15 世纪末以后，确立土地私有产权的时机成熟。市场的扩大，地区间、国家间贸易的不断发展，尤其是毛纺织业的兴盛引起的羊毛价格上涨（1430—1540 年，羊毛价格上涨了 2 倍，英国从原来的羊毛出口国转变为织物制造国和羊毛进口国），增加了创新土地专属私有权的收益。同时，新增的人口也对土地提出了要求。这些变化一并产生了强大的推动力，要求重新调整土地制度。宗教改革和圈地运动促成了英国土地私有产权的确立。

第一，宗教改革。几百年来，寺院土地占有制一直是西欧封建土地制度的一个重要组成部分，神权还控制了许多国家的政权。据统计，罗马天主教会拥有三分之一的英国土地。在经济利益的刺激下，新兴民族国家的王室为了巩固政权，谋求改革。16 世纪初，英国发生了自上而下的宗教革命。革命的表面原因是教皇迟迟不批准亨利八世与王后西班牙公主的离婚请求，实际原因是国王对教会特权的排斥和商人、新兴地主对教会土地的垂涎。1534 年，亨利八世宣布与教皇决裂，国会通过《至尊法案》，宣布国王是教会的最高统治者，并拥有任命各种教职和规定教义的权力，不承认罗马教廷的最高权力。

亨利八世成为英国教会的首脑后，开始整顿教堂和修道院，发现了许多违法和其他表明道德堕落的证物。1536年国会通过了解散不满20人、年收入不超过200英镑的寺院的决议，将其领地还俗。这些措施遭到修道士们的强烈反抗，1536年北部各郡发生了暴动。暴动被镇压之后，亨利八世开始大规模地将寺院领地还俗。亨利八世在位时，共有645处寺院、90个神学院和110个教会医院的领地被没收。国王将没收的土地一部分赏赐给宠臣和贵族，另一部分按年租的20倍计算的土地价格大块出售，国王从出售教会领地中获得了75万英镑的巨额收入。大部分土地落入了工商业资本家和新兴地主手中，明确成为他们的私有财产。

第二，圈地运动。英国资本主义土地所有权的建立是伴随着圈地运动进行的。所谓“圈地”，形象地说就是用栅栏、篱笆、壕沟将公有地、农民世袭耕种的份地圈围起来，变成领主或某个人私有的大牧场或大农场，失去土地的农民或沦为雇工或流往城市。圈地运动将所有权模糊不清的公有地、份地界定为私有地。

15世纪末开始的“圈地运动”大致经历了两个时期：第一个时期是15世纪末到17世纪40年代，第二个时期是17世纪40年代到19世纪中叶，前后将近400年。

在第一个时期，首先圈占的是公有地。在实行敞地制度的时期，有一种自愿达成的有关限制放牧家畜数目的协定，称为“限额协定”。限额协定在羊毛价格上涨的情况下，对贵族领主特别不利，他们需要更多独占的牧场和草地，而且圈占荒地在习惯法，尤其是《默顿法令》和《威斯敏斯特法令》中已经有了先例。于是，共同所有的公有地成了领主圈占的首要目标。其次，领主还以各种借口和租佃持有农讨价还价，试图缩短租佃持有农对份地的使用期限，提高租额，迫使租佃持有农放弃耕种份地，甚至不惜使用欺诈或暴力手段强占租佃持有农的份地。16世纪农产品价格的上涨同样也为租佃持有农提供了巨大的潜在利益，因此领主的圈地遭到了农民的抵制。16世纪上半叶爆发了大规模的农民反对圈地的起义。政局动荡、社会骚乱加大了都铎王朝的统治成本，为此圈地受到了奉行机会主义哲学的都铎王朝的反对，国王在16世纪五六十年代颁布了一系列反对圈地的法令。由于统治阶层和当事人的反对，这一时期圈地的冲突很多，成果不大。1455—1607年，在英格兰东部、中部的24个郡共圈地516 676英亩，占24个郡土地总面积的2.76%，驱逐农民5万人左右。圈地最多的是中部的14个郡，其中又以沃里克郡、莱斯特郡、北安普敦郡、牛津郡、白金汉郡和伯克郡六郡为最多。中部的14个郡共圈地386 810英亩，占14个郡土地总面积的6.03%。

在第二个时期，新贵族和新兴资产阶级掌握了政权，他们一方面将在革命中没收的国王和保皇党人的土地按20年地租收入的价格大块出售，另一方面迫切需要界定占很大比例的份地的私有产权，于是，议会圈地的时代开始了。英国议会不断颁布新法令，规定申请圈地者在得到本地区土地所有者五分之四的当事人同意后，就能向国王提出申请。一般只凭一两个大地主的意志就可以向议会申请圈地。这个时期议会圈地的规模大大超过了前一时期，1760—1844年共圈地631万英亩，比前一时期增加了近13倍。随着圈地运动的进行，公有地和世袭的份地都变成了私有土地。19世纪中叶，英国土地私有制确立。

四、资本主义大租佃制

资本主义大租佃制经营是指租入土地、雇工经营农业的经营方式。在土地私有产权的确立过程中，资本主义大租佃制经营方式在英国迅速发展，并成为英国农业的主要经营方式。

15 世纪末，在英国西南部、中部和东部农村出现了用资本主义方式经营的贵族。他们有的自己雇工经营农场和牧场，有的把土地租给租地农场主经营，自己收取地租。租入土地经营的租地农场主分为两类：一类是租佃农场主，他们雇用农业工人，按照契约规定向土地所有者支付地租；另一类是个体农民，他们一般以家庭为单位，不雇用工人，既是经营者，又是劳动者，向土地所有者缴纳地租。

16 世纪价格革命中农产品价格上涨最快，而实际工资下降，支付固定货币地租的租佃农场主靠占取地主和雇佣工人的利益而致富。到 16 世纪末，英国出现了富有的租佃农场主阶级。租佃农场主的成功使土地所有者放弃了分封土地给农民，为其提供保护，并收取固定货币地租或实物地租的做法，选择了自己经营土地或将土地出租给租地农场主的办法。伴随着圈地运动的进行，英国出现了租种 200 英亩、300 英亩、500 英亩或更多土地的大农场主，他们雇用大量工人进行资本主义生产。

1640 年，英国发生经济危机，随后爆发了革命，战争使赋税大幅增加。1680—1720 年，价格发生剧烈波动之后下跌，与 16 世纪相比，农民的实际收入减少。越来越多的土地所有者迫于竞争将农田交给租地农场主经营，而租地农场主中的个体农民也由于经济力量薄弱，不但受到土地所有者的剥削，而且受到资本主义大农场的排挤，纷纷破产。到 18 世纪下半期，英国农村中土地所有者很少自己经营，个体农民也在减少，大片土地被长期租给大农场主经营，大租佃制经营方式在英国农村已经居于统治地位。

第三节　普鲁士式道路

对于普鲁士式道路的特点，列宁阐述为：在保存君主制度、贵族特权、农民无权及中世纪残余的条件下实行改革，由农奴制地主经济缓慢地转化为资产阶级的容克式经济。

一、农奴制的复兴

德国在中世纪也是封建庄园制，14 世纪末，与英国类似，德国农奴制瓦解。但是 16 世纪时，欧洲大陆的许多地方恢复了农奴制，其中包括易北河以东的德国，还有波兰、俄国、波希米亚、西里西亚、利沃尼亚、匈牙利与罗马尼亚。在这些地区，14 世纪农奴制废除后形成的不确定所有权的小农地产被领主无情地收回，世袭的租约也不再被承认，大庄园式的经济再度兴起，封建权利更为广泛和有效，领主声称他们有权出卖不附带农奴的土地或没有土地的农奴。在 18 世纪时的东普鲁士，强迫性劳役仍时常多达每周 5 天甚至6天。

在英国逐渐明确私有产权的同时，德国却恢复了农奴制度，其原因主要有以下三个：

第一，航线的西移对德国的贫困化起到了决定性的作用，德国在中世纪的繁荣依赖的是汉萨同盟对北欧贸易的垄断权和地中海贸易的繁荣。15世纪末地理大发现之后，汉萨同盟的地位大为削弱，北海和波罗的海的贸易转而由荷兰和瑞典控制，德国处于封闭的内陆国地位，得自对外贸易的利益减少。

第二，市场发育的倒退阻碍了资本主义生产方式在农村的确立。14世纪末，农奴制瓦解以后，德国国内封建采邑林立，封建割据的局面严重。17世纪末，在德国的领土上还保存着各自为政的9个选帝侯、62个世俗贵族、36个教会诸侯、约100个帝国骑士、50个帝国城市和其他政治特殊地区的领主。各个独立的政治单位之间关卡林立，国内市场无法形成。例如1730年，仅在从波尔纳到莱比锡的不长的易北河水路上，就设有32道收税关卡。而且，货币状况混乱，17世纪末，流通中的货币达6 000多种。同时，商业法规和度量衡制度也不统一。

第三，社会动荡激发了人们寻求保护的行为。16世纪价格革命波及德国，引起谷物价格的上涨，领主和贵族意识到更多的土地意味着更多的财富，开始掠夺公有地和小农的土地，对此农民进行了激烈的反抗。政治上的割据和经济的衰落加剧了诸侯的专横行为和骑士的抢掠活动，并引发了残酷的战争。从1618年“三十年战争”爆发，到1721年北方战争结束为止的103年中，德国各诸侯共参加了11次战争，其中尤以“三十年战争”的破坏性最大。据统计，不少乡村地区有十分之一的人口被杀害，它给德国经济造成的损失超过了中世纪所有战争的总和。同时，周期性爆发的农民起义也是社会动荡不安的因素。1524年的农民战争席卷了施瓦本、图林根、阿尔萨斯、法兰克尼亚、蒂罗尔与萨尔茨堡。持续的战争使得人民渴求安全，希望重回有骑士保护的庄园。从17世纪到18世纪下半叶，人们就认为领主和贵族侵占土地是必要的，而且应该受到法律的保护。

德国国内市场支离破碎和海外市场的丧失加大了利用市场配置资源的成本，相比之下，通过强迫劳役生产所需的产品和劳务，可以以很低的成本满足消费，缺乏市场使劳役，而不是采用资本主义方式经营成为最有效的经济组织方式。为了防止农奴逃避劳役和为他们提供保护，庄园的法例又恢复了，不仅规定了用于各项任务的劳动时间，而且派遣管家指挥田间劳动，监督被奴役的农民。典型的庄园农奴制经济在16世纪以后的德国复兴了。恩格斯指出：“农奴制度现在成了普遍的制度。自由农民正如白色的乌鸦那样少见。”①

农奴制的复兴壮大了封建领主的力量，他们在18世纪后半期成功地阻挠了普鲁士国王腓特烈二世的激进改革。封建领主的势力是以后农奴制改革的重要阻力。

二、废除农奴制的改革

拿破仑征服德国之后，为了便于统治，利用武力扫除了许多封建制度，进行了一系

---

① 马克思恩格斯全集：第19卷．中文1版，366.

列改革：废除贵族的特权；废除农民对地主的徭役和地租义务；没收和拍卖教会与流亡者的土地；推行新的资产阶级民法；重划各邦的界线，把 180 个小邦合并成 39 个大邦，消灭了许多方圆只有数英里的骑士采邑。

拿破仑的入侵也激起了德国的民族意识，普鲁士率先开始改革。1807 年 10 月，普鲁士首相斯太因在拿破仑的支持下颁布了《十月敕令》。该法令规定，从 1810 年圣马丁节（11 月 11 日）起，废除农民对地主的人身依附关系，允许农民有支配自己的财产、自由选择职业和决定婚事的权利；城乡居民可以自由购买贵族的土地；无论地主还是农民都可自由从事手工业或经营商业。斯太因的改革只得到了少数有远见的大臣的支持，国王弗里德里希·威廉三世昏庸顽劣，对此毫不主动，贵族们对斯太因则恨之入骨，千方百计地暗算他。1808 年斯太因因政治陷害被免职，后逃亡国外。斯太因的改革虽然受阻，却为有抱负的政治家树立了榜样。

1810 年新首相哈登堡继续推行改革，但不得不采取与封建领主和封建贵族妥协的方针。1811 年 9 月 14 日，《调整法令》颁布，法令第一条规定："迄今还没有转归农民自有的产业，应按照本法所定的规章和条件转归农民所有。附着于这些产业上的一切权利义务都应通过双方公平合理的物质补偿而解除。"即农民可以通过赎买来解除封建义务。赎买的条件很苛刻：农民必须向地主缴纳相当于常年地租 25 倍的赎金，才能摆脱封建义务，成为自己份地的所有者。1816 年，普鲁士政府规定只有至少拥有一辆双套马车，而且两三代以来一直占有份地的农户，才能按 1811 年的《调整法令》通过赎买来解除封建义务。但是，森林、沼泽地和牧场归领主所有，这就确立了他们的专属所有权。1816—1848 年，普鲁士有 35 万个农户通过赎买解除了封建义务，成为份地的所有者。有资格和有能力通过赎买解除封建义务的只是少数富裕的大农，在普鲁士仍有四分之三以上的小农户没有能力进行赎买。农奴制改革也在普鲁士以外的许多公国进行着，如巴伐利亚、拿骚、符腾堡、赫森-达姆施塔特、巴登、库尔格辛先后废除了农奴制。但是，它们的农奴制改革都不彻底，或多或少地保留了一些封建残余。

1848 年到 19 世纪 70 年代，普鲁士式道路取得了全面胜利。1845—1846 年的农业歉收、1847 年的经济危机和 1848 年 2 月法国革命的胜利，使德国在 1848 年 3 月爆发了革命，试图实现国家统一和彻底废除农奴制，但是革命向贵族特权阶级妥协了。1850 年 5 月 2 日普鲁士政府颁布的《调整法令》充分反映了妥协的政策。《调整法令》中虽然取消了赎买人的财产限制，降低了赎金，但仍要赎买。赎买的办法有两种：一是缴纳赎金；二是出让相当于赎金的一部分土地。1850—1865 年，普鲁士有 1.3 万户大农和 101 万户小农办完了赎买的手续，变成了他们土地的主人。在其他邦国，农民对地主的封建义务也进行了类似赎买。到 19 世纪 70 年代初，农奴制在德国的大部分农村消失了。

三、资产阶级容克式经济

普鲁士式道路是改良的道路，沿着这条道路，农奴制地主经济缓慢地转化为资产阶级的容克式经济，同时分化出少数大农，广大农民在长达半个多世纪的时间内，受到资本主义和封建主义的双重压迫和剥削，农业中资本主义生产关系的发展比较缓慢。

广大农民在赎买后，获得了人身自由，随后竞争使农民分化严重，许多人破产后沦为处于半农奴地位的雇农，19 世纪 60 年代仅普鲁士就有 350 万名雇农。同时，土地日益集中在少数人手中。19 世纪 60 年代末，占全国农民总数的 71.4%的小农户仅拥有耕地总面积的 9%，而占农户 28.6%的地主和大中农户却拥有耕地总面积的 91%。土地所有者在 19 世纪五六十年代尝试实行资本主义经营方式，但是由于雇农的大量存在，他们仅可以实行半封建的剥削，因而资本主义发展缓慢。20 世纪 70 年代以后，地主积累了大量赎金，在国内外市场扩大和粮价上涨的条件下，资本主义经营方式逐渐占据主导地位。

资产阶级容克式经济保留的封建残余，一方面使大量雇工生活贫困，影响了国内市场的扩大和整个经济的发展；另一方面巩固了容克地主的地位，而国内狭小的市场促使资产阶级和容克地主拼命加紧夺取海外市场和领土，把德国变成特别富有侵略性的军事主义国家。

第四节　美国式道路

美国式道路的特点是：在不存在地主经济的情况下，农民在普遍建立小农经济的基础上，通过自由竞争和分化，产生雇佣制的大农场。

一、自由占地运动

美国由于得天独厚的条件，历史上没有出现过封建社会，更没有旧大陆国家的封建土地所有制，它仅有的封建残余是殖民时代由欧洲王室、业主和大地主从欧洲移植而来的。最初，殖民者妄图在北美 13 个殖民地上建立封建秩序。但是，大量未开垦的处女地的存在和劳动力的缺乏，使殖民者试图实行严格的人身依附和农奴劳动的封建庄园制的梦想破灭了，劳动力可以轻而易举地逃往未开垦的土地安家落户。而且，当时英国和法国为了扩大各自在北美的势力，鼓励农民向内地边境移民垦殖，垦殖的农民有时可免缴赋税。于是在边远地区一直有为数众多的小农，那里的土地依照习惯就是归他们所有的。

13 个殖民地为了留住劳动力，采取了低额地租的办法。割地租是低额地租的一种形式，一般每 100 英亩土地只缴纳 2～4 先令地租，并且租额不得随意增长，基本是固定的。割地租是北美主要的封建残余，封建劳役在绝大多数地区是不存在的。在整个殖民地时期，许多地区的小农自由占有土地，反对大地主霸占土地。小农经济得到了较快的发展，明显地呈现出美国式道路的倾向。

在独立战争期间，美国废除了长子继承和割地租，投靠英王的托利党人的地产被没收，并按 500 英亩一份出售。至此，在美国东北部地区铲除了仅有的封建残余，小农自由占地取得了全面的胜利。

二、国有土地私有化

东北部的土地面积只占到全国土地面积很小的一部分，而且这种依据约定俗成的习惯确立的自由占地规则仍需进一步完善。独立战争后的美国尽一切可能扩张领土，并把新攫取来的领土一律宣布为国有，使美国国有土地的面积达到全国土地总面积的75%，是当时世界上拥有国有土地最多的国家。到19世纪60年代初，美国国有土地的面积继续增加，多达10亿英亩。列宁认为，国有土地的大量存在能够保证美国的农业资本主义在小土地私有制的基础上获得最纯粹的发展。

美国政府一开始就把国有土地作为国家财政收入的重要来源，希望将土地大块出售而且尽快收到款项。1785年政府出售土地的最低限额为640英亩，售价每英亩2美元，款项在1个月内交齐，这使小农购买土地的机会几乎等于零。于是，小农和移民成群结队向西挺进，强行占用荒田。仅1788年11月就有18 378人分乘967艘船沿俄亥俄河而下，向广阔的西部处女地进军。由于国土广大和政府财力有限，国有土地被无偿占有的现象十分严重。为此，政府被迫连续数次颁布了关于变动出售国有土地条件的法令，大幅降低最低土地亩数和售价，提供优惠付款条件。在南部，土地肥沃，气候温和，特别适合于大种植园经营。殖民地初期，南部殖民者曾努力培植封建庄园经济，失败之后转而采用强迫性的奴隶劳动，直到南北战争前一直盛行着奴隶制大种植园经济。

林肯总统为了争取民心击败南方奴隶主，于1860年颁布了《宅地法》。《宅地法》规定，凡年满21岁的美国公民或愿意宣布做美国公民的外国人，缴纳登记费10美元即可获得160英亩土地，耕种5年后，该土地归其所有。以后又陆续颁布了《木材种植法令》和《荒芜土地法》，使人们以更低的价格获得了更多的土地。《宅地法》终于实现了国有土地无偿分配的原则，农民在没有被剥夺和受欺诈的情况下获得了土地所有权，自由的小农土地所有制终于得以确立。

三、雇佣制大农场

《宅地法》颁布后，小农的数量不断增加。1860—1916年，美国农场的数量从200多万个增加到近640万个，增加了2倍多。在同一时期，农场总面积从4.07亿多英亩一跃增加到近18.79亿英亩，改良土地面积扩大了3倍多。

小农经济本身是不稳定的，广泛的小农经济在竞争中昙花一现。在经历了大生产排挤小生产、兼并、破产之后，土地集中的趋势日益加剧。土地集中的结果，一方面是大农场数量增加，另一方面是小农迅速失去土地，沦为佃农和农业工人。1880年，美国拥有500～1 000英亩土地的农户有7.6万个，拥有1 000英亩以上土地的大农户有2 900个。到1900年，拥有1 000英亩以上土地的农户增加到5万多个，占农户总数的0.8%，拥有1.671亿英亩土地，占全国土地面积的19%。同时，小农丧失土地沦为佃农和农业工人的人数也不断增加（见表8-1和表8-2）。

表 8-1　小农抵押土地的情况

地　　区	抵押土地的农场的百分比（%）		
	1890 年	1900 年	1910 年
北部	40.3	40.9	41.9
南部	5.7	17.2	23.5
西部	23.1	21.7	28.6
全美国	28.2	31.0	33.6

资料来源：列宁全集：第 27 卷．中文 2 版．北京：人民出版社，1990：227.

表 8-2　1900—1910 年美国农业工人增长情况

项　　目	1900 年（人）	1910 年（人）	增加的百分比（%）
农业从业人数	10 381 765	12 099 825	16.5
农场主人数	5 674 875	5 981 522	5.4
雇佣工人人数	2 018 213	2 566 966	27.2

资料来源：列宁全集：第 27 卷．中文 2 版，167.

从表 8-2 中可以看到，雇佣工人增加比例是农场主增加比例的 5 倍左右，农业中普遍而大量地使用雇佣劳动。1909 年，有雇工的农场占农场总数的 45.9%，其中在美国北部占 55.1%，在西部占 52.5%，在南部由于有大量分成制的佃农，使用雇佣工人的农场比较少，仅占 36.6%。总的来看，雇佣制在农业中占据了主要地位。资本主义雇佣制大农场的形成标志着美国式道路取得了胜利。

关键词

近代农业革命　马尔萨斯陷阱　人口革命　大租佃制　容克式经济　雇佣制大农场

思考题

1. 说明人口变化与农业革命的关系。
2. 解释庄园经济瓦解的原因。
3. 农奴制为什么于 18 世纪在普鲁士复兴？
4. 普鲁士式道路对德国经济的发展有何影响？
5. 试述美国国有土地私有化的条件。
6. 试比较农业革命的三条道路。
7. 简要说明英国农业革命的进程。

第九章 工场手工业的发展

重点问题

- 16—17世纪世界工业品市场的供求变化
- 分料到户制和集中的工场手工业的形成过程
- 16—17世纪欧洲工场手工业的特点
- 工场手工业的发展对工业革命的影响

工场手工业是早期发达国家近代工业的基础。特别是英国的工业化，经历了一个漫长的工场手工业时期，它是传统工业与近代工业的转换环节。而在后起的工业化国家中，工场手工业的意义并不明显，这些国家是靠直接引进技术和设备进行工业化的。

16—18世纪的欧洲，工业仍然沿袭着上一时代的许多传统。主要的工业部门集中在满足人民基本生存资料的纺织业和建筑业，这两个行业吸纳的劳动力最多。但是这三个世纪中发生的一些变化，却在悄悄地影响着工业分布、技术进步和工业的组织形式，这些是工业革命的前奏。

第一节　工业品的需求和供给

一、海外市场的需求

15世纪地理大发现的影响在16世纪开始显现出来。随着新大陆的发现和殖民化，欧洲与新大陆的联系不仅表现为贵金属、染料、蔗糖等源源不断地输入，而且表现为欧洲对新大陆的商品和劳务输出，这对欧洲的工业发展具有极其重要的作用。

据估计，1570年塞维利亚港运进的金银，一半用来购置回运的货物，另一半用来支付航运费、商业开支、租税和利润。运回的货物包括安达卢西亚的葡萄酒、各种油类，以及西班牙或其他国家制造的各类商品。美洲市场的需求至少刺激了15世纪上半期西班牙的毛纺织业、金属制造业、造船业的发展。塞哥维亚与巴利亚多利德的呢绒业、巴伦西亚的丝绸业以及毕尔巴鄂地区的金属制造业与远洋船舶制造业的长期繁荣和发展，是海外市场扩大的最好证明。

16世纪中叶以后，殖民地对欧洲工业品的需求超出了西班牙的生产能力。同时，殖民地生意的高额利润，远不是工场手工业的利润可以比拟的，因此垄断殖民地贸易的西班牙和葡萄牙宁可从事殖民地的冒险也不愿从事工场手工业的生产。此外，16世纪价格革命引起工业品价格上涨，也促使更多的人从事工业品的生产。西欧其他国家的制成品成了新的供给来源，西班牙本身成了一个漏斗，金银通过它而流入欧洲其他国家，别国的商品也通过它流入加勒比地区、墨西哥以及新格拉纳达高地。金银流入最多的是阿姆斯特丹、英国、法国这些有一定工场手工业基础的地区。不论这笔财富流到哪里，只要条件具备，它就会转为投资，从而促进那里的工场手工业的发展。以亚麻布的贸易为例，亚麻布既可以用于制造船帆，也可以用作衣料，是殖民地需求的主要物资之一。16世纪诺曼底和尼德兰一直是亚麻布的主要供应地，尼德兰等低地国家的亚麻布产量在16世纪长时期的显著增长可归因于美洲市场开辟后西班牙的订货。16世纪最后20年，尼德兰北部低地国家的独立运动使其与西班牙的正常贸易关系破裂，造成了产量的暂时跌落，此时诺曼底和布列塔尼将这项诱人的买卖包揽下来。17世纪上半叶，佛兰德斯统一后重新崛起，17世纪中期荷兰和西里西亚占优势，到17世纪80年代，法国亚麻布的船运量达到了顶峰，每年达75 000船次。

这一时期，贸易额和贸易商品种类都扩大了，出口的工业品主要有亚麻布、毛织品、呢绒、金属制品（如铁条、钉子、刀具等），另外还有枪和火药（这是猎捕非洲黑人奴隶的重要工具），玻璃球和丝绸（这是奴隶贸易的主要交换品），意大利的长袜，法国的帽子、丝绸织物和缎带、花边之类的奢侈品和享用品，以及纸张和法律、宗教方面的书籍。

美洲市场需求的急剧扩大是西欧工场手工业增长的重要动力。

二、欧洲市场的需求

中世纪后期，欧洲市场对工业品的需求主要包括：各类纺织品、日用金属制品、制革业产品及建筑业产品；战争需要的兵器；供宫廷、贵族、教会人员、官吏、大商人、金融家等富裕阶层享受的奢侈品。16—18世纪，随着欧洲人口的增加和城市的发展，居民的原有消费需求增加了。例如，大量居民从乡村移居城市，引起了住房和公共设施的修筑，促进了建筑业的发展，砖瓦、石灰、石料等的生产急剧增加。15—16世纪金银的大量流入和市场的扩大形成了富裕的阶层，他们追求奢侈、豪华的生活，宫廷、贵族和富裕的商人对奢侈品和装饰品的需求有了较大的增长。乡村豪宅、华丽的四轮马车和丝织挂品、地毯、挂毯、贵重家具、花边饰物、陶瓷等奢侈品的生产在西欧各地繁荣起来。法国的丝织品和时装为国外所追寻和模仿。17世纪后期，仅里昂一地就有8 000架丝织机。

随着商业革命兴起的中产阶级，促使消费结构发生了变化。在穿着方面，由耐穿的传统毛织品转为花哨的细呢织品，细呢织品业取代粗毛织品业而兴起。另外，对于闲暇和精神生活的需求，又促成了16世纪和17世纪印刷业和时钟业的兴盛。印刷与《圣经》及世俗文化书籍的流行有关，书籍成为经济景况较好或有文化的家庭的必备之物。时钟在这时进入了家庭，巴黎、日内瓦、伦敦的制钟业都有较大的发展，齿轮、发条、盘面、装饰等都有专业工匠，各种部件由时钟商订货、装配、销售。所有这些都表现出居民生活的改善和消费结构的变化对各种工业品生产的促进作用。

三、供给方面

从自然资源的供给看，为了满足不断扩大的市场需求，人们开发了许多尚未得到利用的自然资源。例如，普及了亚麻和大麻在低地国家、波兰和西里西亚的种植；发现了铁和铜的新矿区；发展了明矾的生产；将新大陆和波罗的海国家确定为新的木材供应来源等。从技术方面看，发明了节省资源和劳动力的技术，例如铁的间接冶炼法和汞齐化技术，制造了抽丝机、滚轧机与碾铁机等。从劳动力的供给看，分料到户制和集中的手工工场充分利用了农村中的潜在劳动力。从资本的供给看，合伙制和股份制等企业组织形式的推广使更多的资金得以利用，而且减少了投资的风险。此外，欧洲国家奉行重商主义政策，希望以政府的政策来促进商业、贸易、工场手工业的发展，从而提高国家的地位、调整贸易平衡和建立最重要的工业。法国、德国、俄国、英国都是在前工业社会推行重商主义政策的典型国家，它们在 17 世纪末把重商主义政策推向高峰，大力扶植工场手工业的发展，采取保护关税、出口退税、出口奖励、吸引外国技术人员等一系列优惠政策，政府的这些措施使工场手工业取得了令人瞩目的成果。

第二节　工场手工业的特点

近代初期，大部分工业生产单位是那些数不胜数的手工作坊，如工匠带几个学徒在城市陋室里，或者农民和他的妻子儿女挤在乡村的茅舍中，从事着打铁、纺织等最简单的手工劳动。16 世纪以后市场规模的扩大引起了这种传统的组织生产方式的变化，独立的家庭手工业和手工作坊从纵向一体化走向专业化。分料到户制促进了专业化的发展，使家庭手工业和手工作坊逐渐发展为集中的手工工场。

一、分料到户制

几个世纪以来，家庭手工业者的生产主要是为满足家庭和邻居们的需要，资金缺乏和交易信息不畅是阻碍他们扩大产量和销量的主要原因。16 世纪市场规模的扩大，“包买商”或中间商的出现，帮助家庭手工业者克服了困难，但也使得他们失去了独立性。

最初，商人只是到农村去收购城市行会不能满足市场需求的商品，尤其是纺织品，例如乡村的手艺人或农民使用自己土地上或同村乡亲土地上出产的亚麻织的布。后来，市场的需求超过了农民依赖自己的原料生产的产品量，或者有些产品需要用进口的或昂贵的纤维原料来生产，如优质羊毛、蚕丝或棉花，于是商人就为商品生产提供原料，将原料送交农民时指明所要求的种类和品质，同时付给他们工钱，并且开始组织家庭手工业者为他们生产商品。渐渐地，这些中间商控制了生产中的每一道工序，并纵向地将其专业化。例如包买商收买生羊毛，将生羊毛散发给纺工，然后把纺成的毛线从纺工处买过来，再交给织工织布，把布收集起来，又依次散发给染工、漂洗工、剪绒工、整理工，直到成型后运往市场销售。这就是分料到户制，也称“分散的工场手工业”。分料到户制与家庭手工业相比，是以生产工序的不断分离为特征，以生产地和销售地的扩大、每一工序的付费为表象。这是市场规模扩大以后亚当·斯密式的经典专业化分工事例。

分料到户制在纺织业上获得了充分的发展，如 1637 年英国公布的私人档案中曾记载，在考尔切斯托有一个包买商汤姆斯·雷诺尔池，他在生产中雇用了 400 名纺工、52 名织工和 33 名其他手艺人，所有这些人都在自己位于郊区的家里工作，并领得他们应得的工资。纺工在家里分到羊毛，织工分到毛纱，有的还分到织机。逐渐地，分料到户制扩展到五金产品行业，17 世纪乡村的工匠越来越依靠富有的大商人，这些商人为他们提供原料、向他们支付工资并负责产品的销售，像韦斯德雷地区的制钉业、集中在蒂埃尔斯周围的奥弗涅的刀具业、布雷西亚的轻武器制造业等都是这样。印刷业也出现了类似的情况。独立经营印书业务对于当时的印刷匠来说是困难的，他必须为纸张预先支付一笔很大的开支，新书印出以后，需要花费时间推销并支付宣传费用。小小的印刷匠负担不起这些，大多数情况下是许多印刷匠按照合同替大书商干活，这与织工、制钉匠为包买商干活的情况一样，拥有广泛业务关系的大书商在印刷行业中就是包买商。

采取分料到户制的形式，由包买商的组织行为来代替市场行为，与当时市场发育的程度有关。到 1700 年左右，尽管已完成了一系列重大的革新，但是此时欧洲的社会同中世纪时相比，相同的地方还有很多。欧洲仍是一个以农业为主的社会，大部分人在正常年景只过着勉强糊口的生活，他们将大部分精力和财力耗费在基本食物的生产上，农民家庭常常生产一些纺织品和工具来满足自己的需要，他们对市场的了解很少。此外，交通落后，尤其是陆路交通落后，增加了他们利用市场信息的费用。在这种情况下，由对市场比较了解和在资金上有一定积累的包买商代替市场组织生产，对手工业者、农民、包买商来讲都是最经济的选择。

分料到户制实际上是个“原始制度”，是用科层组织代替市场交易的第一步。包买商通过在整个生产过程中保持对原材料的所有权，以低于每个工序的市场交易成本来达到组织生产、管理生产的目的，并保证产品的质量和销售。

二、集中的工场手工业

在一些行业，筹集固定资本不是一般手艺人力所能及的，而且原料的集中性和特殊性决定了这些行业没能采取分料到户制，例如矿产开采和冶金等行业一开始采取的就是集中作业的方式。企业的组织方式采取古老的合伙制或者股份制。采取合伙制的是一些有权有势的家族，富格尔家族和韦尔沙尔家族就属于这一类，他们利用长途贸易积累的大量财富、政府授予的特殊权力，租借并且掌管了萨克森、图林根和蒂罗尔的铜矿和银矿，而且为加工矿石建立了冶炼厂。大部分采矿和冶金的企业采用了合股投资的方式，德国萨克森与波希米亚的采矿公司中有修道院、批发商、地主及市政府的股份。16 世纪 60 年代，英国的皇家采矿公司也采取了同样的模式，最初有 24 股股份，德国奥格斯堡的大商行汉·朗瑙埃公司持有其中的11股，其余的由威廉·塞西尔爵士与莱斯特的伯爵罗伯特·达德利等英国人持有。伦巴第的主要铁矿区瓦尔萨西纳的情况也与此类似。在这些行业中，最早出现了比较集中的手工工场。

不久，毛纺织行业中集中的手工工场也发展起来。最普遍的是雇用500～700人的工场，也有雇用150～200人的小型手工工场，还有大的手工工场，如约翰·温奇库姆的毛纺织工场。1564年，温奇库姆建立了一个作坊，200名织工集中在一间又长又宽的屋子里使用200架织机，200名学徒帮忙，100名妇女梳理羊毛，200名少女运转纺车。拣选羊毛的工作是由150名儿童来完成的。呢绒一经织成，即交到50名剪毛工人和80名整理工人手里。这个作坊还有一个雇用20名工人的漂洗作坊和一个雇用40名工人的染坊。另一个比较有名的大手工工场场主是斯添普，他在1564年租用了奥斯尼修道院当作坊，雇用了2 000多名工人进行呢绒生产。

同时，集中的手工工场在印刷业和玻璃业中也出现了。16世纪，安特卫普的普兰廷印刷所拥有24台印刷机、100多名雇员，书籍销往国际市场。17世纪后期，玻璃行业中创新了铸造滚轧平板玻璃的新工艺，大的玻璃工场出现了。如英国的罗伯特·曼塞尔1615年从国王那里得到了独占玻璃生产的专利权，在纽斯卡特和其他地区雇用了4 000多名工人。法国的皇家平板玻璃厂第一个采用了这项新技术，雇用了几百名工人。法国由于重商主义政策而创办的大型官办手工工场更是不胜枚举。到了18世纪，这种集中的大型手工工场在英国、法国、荷兰和德意志等国的各个工业领域比较普遍地发展起来。

工场手工业从分散走向集中，除了个别行业的特殊性决定外，几乎全是由于团队生产潜在收益的推动和管理者监督企业生产过程的冲动造成的。在分料到户制中，团队生产没能发挥明显的作用，可是一旦工人们被聚集在一起，得自团队生产的效益就很明显。而且，随着直接监督和管理的发展，监督者的作用就是使生产的每个环节都合理化，这一过程包括了分工的进一步发展和想方设法去考核每一单位的投入产出，以及如何有效地进行要素组合，其结果是鼓励了技术创新，技术创新又导致了组织创新，从而促成了现代工厂制度的最终确立。

三、工场手工业的经济收益

16—17世纪工场手工业发展的特点几乎都源于其组织形式的特点，工场手工业发展的意义也在于工场手工业这种组织形式的创新。

从技术上看，16—17世纪工场手工业的发展并没有出现后来工业革命时那种革命性的变化。1700年左右，尽管有一些技术革新（炼铁部门的大风箱、落锤、捣矿机、滚轧机、碾铁机，纺织业的手摇织袜机、丝带织机等，以及威尼斯和整个波河流域视为珍宝而严加保护的动力丝织机），但是整个工业的技术水平仍旧与中世纪后期相差无几。漂洗机、造纸机、机械风箱、跳动锤之类的动力机械的使用范围十分有限，织布、打铁、玻璃制造以及造船这样的工作仍旧要靠体力来完成。这一时期经济上巨大收益的取得不是源于技术的革命性突破，而是源于原有技术的扩大使用和完善。法国资产阶级经济史学者伟·桑巴特认为，大体上讲，当时的技术是在中古时代曾经有过的同一途径上向前进展的，它的基本特点是经济的、有机的，它和早先的技术不同的地方，不在于到处有新发明和新发现，而在于掌握与熟练，特别是人们向来使用的方法在这个时期达到一种非常完善的程度，达到“量变质”的一点，这就是说，技术难度的提高在实际中所发挥的作用和一种根本上的革新一样。

此外，分料到户制和集中的手工工场使原来受行规限制、不能使用的农村劳动力得以利用，而且在不对劳动力进行重大培训的基础上，保证了劳动力的充足供应。集中的工场手工业大多也坐落在乡村，而不是城镇，农民并不需要改变居住地，就可以参与工业的直接发展。这种情况在实行粗放式经营和节省人工的畜牧业占优势的英格兰乡村表现得更为明显。法国的农业一直倾向于精耕细作，所以法国劳动力的供给不如英国充分。分料到户制和集中的工场手工业充分利用了分工协作产生的效益，使生产力得到了很大的提高。

四、工场手工业的分布

这一时期工场手工业发展的另一个特点是它的普及性。这一时期工场手工业与中世纪传统的手工业不同，它的技术不是一种特殊的“手艺”，不需要特殊的传授就可以掌握，而且当时的生产工具都比较简单，开办费用低，具有普遍发展的可能性和大量吸收剩余劳动力的潜力。16 世纪英国从事毛纺织业生产的人数几乎占全国居民的 50%，17 世纪有至少五分之一的人口靠毛纺织业过活。据当时的记载，几乎没有一个城镇和乡村不把毛纺织业作为主要的家庭副业。人们在卧室兼厨房的小屋内用祖传的木制机器进行纺织，妻子和儿女纺纱，作为一家之主的父亲把纱织成布，然后卖给布商。而染整等工序则大都在集中的手工工场完成，这种集中的手工工场也是大量的，并且在 17 世纪得到普遍发展。其他工业部门如采煤、造纸、制盐、冶炼等都是较为普及的工业。

16—17 世纪的工场手工业与后来的机器大工业不同，它未兴起于城市，而主要散布于农村。这一时期城市的功能与中世纪差别不大，兼作为政治和商业中心。工场手工业在城市中规模有限，其产品的定价、人员的招募、生产的规模、生产的工艺和程序都由严格的行会制定的行规规定。为了弥补供给缺口，活跃的商人把目光投向了农村。农村虽然远离销售与转运产品的市场中心，而且生产还经常被农忙的需要打断，但是，农村有优于城市的地方：（1）在农村可以支付较低的工资，劳动成本比较低，因为农村的手艺人或农民只是部分地依靠工资生活，在农闲时，如果不接受雇用，基本就无事可做，因此他们能接受低工资。（2）农村税收低，不必受严格的行会规定的限制。（3）城市行规的束缚没有波及农村，生产者有组织生产、决定生产工艺和程序的自由。于是分料到户制和集中的工场手工业在农村找到了适合发展的土壤。

工场手工业广泛散布于农村，体现了手工业本身发展的特点，对于农村经济来讲也有十分重要的意义。它一方面吸纳了农村中的剩余劳动力，同时不至于使粮食生产下降；另一方面将市场引入农村经济，改变了农村的传统面貌。

第三节　工场手工业的影响

16—17 世纪工场手工业在欧洲的发展并不是平衡的，欧洲的工业中心从佛兰德斯、意大利北部和德意志南部转移到了英国和荷兰。英国由于工场手工业的发展而成为工业革命的发源地。工场手工业在工业革命后还长期存在，在吸收剩余劳动力方面做出了重要的贡献。

一、欧洲工业中心的转移

1500 年左右，欧洲发达的工业地区集中在佛兰德斯、意大利北部和德意志南部，即北至布鲁、南至佛罗伦萨的狭长地带。这三个地区的制造业曾向欧洲各地输送了最好的毛织品、丝织品和亚麻品，精致的玻璃器皿和陶瓷，日用金属制品和武器盔甲，皮革制品和书写纸等，当时产品的质量和产量都达到了较高水平。其他地区的某些产品也很出名，如英国未经漂白的布匹、诺曼底历史悠久的亚麻纺织品、荷兰制造的船舶和加工包装的鱼，都因大量参与国际贸易而闻名遐迩。但是，狭长地带的工业繁荣是其他地区望尘莫及的。

16 世纪以后，像商业发展、农业发展一样，工业的地理分布也发生了变化。17 世纪末荷兰和英国成为最具有工业发展优势的国家。

荷兰不仅在商业贸易上占据了霸主的地位，而且在工业上取得了不俗的成绩。造船业是荷兰古老而又最具竞争力的行业。1500—1700 年，荷兰船舶的吨位增加了 10 倍。1700 年，荷兰的商船队吨位已远远超过了 50 万吨，相当于英国商船队的 3 倍，可能比欧洲所有船队的总吨位还要多。荷兰的造船业不仅能满足本国发展的需要，还能承接西班牙、英国、法国和意大利的订货 。造船业带动了其他相关行业，如木材加工业、小冶金业、船帆与绳索制造业、船锚浇铸业的发展。毛纺织业的发展也十分引人注目。莱顿成为欧洲绝无仅有的最大的毛纺织中心，其年产大约 10 万匹布。哈勒姆在亚麻纺织业中也居于首要地位，这个城市不仅漂白本城及周围乡村地区生产的亚麻布，还漂白从德国、西属低地国家以及法国北方送来的亚麻布。后来荷兰的纺织业在遭到英国产品竞争时，转而生产制造精美品和奢侈品。另外，荷兰还发展了一些新兴行业，像印刷业、陶瓷业、精密仪器制造业及地图绘制业等。它的陶瓷业与印刷业很快就赢得了国际声誉。

不过，荷兰的工场手工业的发展水平还是不及英国，有人把这一时期英国工场手工业的发展称为“小工业革命”。

首先，英国原有工业部门迅速扩张。许多部门如毛纺织、采矿、冶炼、造船等传统部门，早在中世纪就已有所发展，但由于行会的限制、社会需求呆滞而始终处于停滞状态，发展极其缓慢。16—17 世纪由于市场规模的扩大，分料到户制、集中的工场手工业的发展，这些部门获得了新的机会。如 16 世纪，由于海外需求扩张和禁止羊毛出口以及技术上、组织上的改进，毛纺织业空前地发展起来。到 17 世纪末，毛织品的产值已达

700 万英镑，1774 年又增加到 1 300 万英镑。毛纺织业的有关税收也成了王室收入的主要来源。采矿业由于煤炭作为一种新能源的出现和采煤业的兴起而兴旺。煤炭早在罗马不列颠时代就已被用作燃料，但只是在 16 世纪后半期才被广泛应用。17 世纪，煤已被视为主要能源的一部分。酿酒、漂洗、制盐、煮皂等大量以煤炭代替木炭作为燃料。因此，煤被称为“制造业的灵魂”。根据 J. V. 纳夫的统计，1551—1560 年英国主要矿区煤产量约为 21 万吨，1681—1691 年已达 296 万吨，增长了 13 倍。

其次，在传统部门迅速扩张的同时，出现了大量新部门。1495 年，英国出现了第一个造纸工场。1588 年，在人们进行冒险的创建活动后，德国人约翰·施皮曼从家乡引进熟练劳动，把英国的造纸业建立在一个巩固并迅速发展的基础上。英国的造纸业虽然一直限于生产低质纸张，但它的产量自都铎王朝初期以来一直稳步上升。另一个新部门是玻璃制造业。它的产品品种繁多，有窗户玻璃、饮器、医药器皿、眼镜等。英国从 16 世纪后期开始大量生产玻璃制品，但是质量长期不能与意大利、洛林和波希米亚这些地区的产品相竞争，直到采用新技术，于 1615 年达到可以代替进口的水平后，普通的玻璃器皿才占领了国内市场。到 17 世纪末，玻璃产量约为 10 万箱，即 1 万吨，而在 1560 年以前的产量不到这个数字的五分之一。而且英国制造的一种被称为燧石玻璃的新产品因为其透明度很高而畅销国外市场。此外，这个时期发展起来的新兴工业还有明矾、硝石、肥皂等的制造业。

法国的工场手工业在这个时期也获得了长足的发展。法国丝绸在当时的欧洲已位居首位。法国在亚麻布市场上夺取了一大部分先前由佛兰德斯制造商控制的西属美洲市场，它的玻璃制品，尤其是大镜子，已开始取代威尼斯的玻璃制品。在造纸业和印刷业方面，有当时最大的两三个纸张和书籍供应者之一。诺曼底与多菲尔的铁工业、朗格多克的毛纺织业以及布列塔尼的造船业也取得了一些进展。

英国、荷兰、法国手工业的兴起对老工业地区造成了严重的后果，西班牙和意大利成为竞争中彻底失败的国家。意大利、西班牙的兴起都源于其优越的地理位置，而不在于本身经济增长和有效率的制度的建立。意大利很长时间以来一直是个四分五裂的国家，各城邦为了自己的利益在境内设置了重重关卡。西班牙则被美洲的金银冲昏了头脑，一心只想获取殖民地贸易的丰厚利润。从 16 世纪后期起，西班牙不仅丧失了国外市场，而且丧失了国内市场，它已成为法国、荷兰与英国商品的一个重要倾销地。荷兰的船舶、英国的精纺毛织品和玻璃器皿以及法国与意大利的丝绸逐渐取代了西班牙产品。而用于换取这些舶来品的则是西班牙所能提供的一些初级产品，如原毛、橄榄油和铁。从来都不被重视的西班牙工业最终落了个惨败的结局，连后来被西班牙辖属的尼德兰地区的经济也很快萎缩和衰落了。

意大利、佛兰德斯、德国这些具有光荣工业历史的国家面对后起之秀也没能保持住它们的领先地位。16 世纪以后，英国、荷兰的纺织业使里尔、佛罗伦萨、威尼斯这些原先的毛纺织业中心出现了衰落的景象。荷兰的造船业挤垮了意大利的造船业。佛兰德斯著名的铸炮厂也倒闭了。米兰和威尼斯的丝织工败给了里昂与图尔的丝织工。这些国家和地区的工业被荷兰和英国远远地抛在后面。

旧的工业国家保存的领地是在自然资源和新国家未掌握的手工艺方面，例如奢侈品制造业。17 世纪西属低地国家的挂毯制造业还很兴旺，纽伦堡仍然是制造玩具、时钟与珠宝的中心。在造纸业方面，意大利由于对产品质量的重视，在不断扩大的市场中仍占有很大份额。17 世纪后期从热那亚海岸运出的优质书写纸数量尤其庞大，这些书写纸不仅运往西班牙及其殖民地，也运往英国、荷兰这些仍主要生产劣质纸张的国家。同样，意大利的丝织工生产的图案精致、刺绣华丽的织物仍在世界上享有盛誉。佛兰德斯的亚麻纺织品因做工精美而大量流入英国。波希米亚的亚麻纺织业和奥格斯堡的印花棉布工业是在“三十年战争”后随着民族国家的兴起而复兴的。

二、为现代工业准备条件

工场手工业建立在劳动分工的基础上。它提高劳动生产率的秘密不是技术革命，而是建立在劳动分工、劳动协作、共同利用固定资本设备基础上的企业组织形式。斯密曾高度评价了手工工场中的分工、协作。手工工场这种组织形式最大的特点是：细致的分工使劳动过程简单化、标准化，提高了考核个人绩效的效率，集中的手工工场又使团队的聚集效应充分显现，这就降低了设计机器代替人手的费用。以后的技术革命就是在这样的背景下发生的。

工业革命时期的企业家们有相当一部分来自工场主，特别是来自小工场主。他们根据市场变化，抓住技术革新带来的机会，采用新机器、新生产方式，逐渐将小工场发展成大企业。从手工工场中还涌现出大批发明家，他们主要是通过实践积累知识，完成了工业革命的大部分革新，而这些发明家只不过是大批技术工人中的一部分。在工场中劳动的工人成为近代工业的第一批产业工人。

三、工场手工业的长期存在

工场手工业在工业革命兴起之后，并没有立即从历史舞台上消失，而是与机器大工业并存了很长一段时间。这种现象不仅在第一个工业革命国家英国出现了，而且在许多后进国家中出现了。

英国的工业化过程完全是自我创新的发展，在这种独特的工业类型中，工场手工业的消失完全取决于工业革命的扩散速度和时间跨度。在工业化过程中，手工工场仍有存在的必要。某一部门由于机器的采用，提高了生产效率，扩大了生产，同时也扩大了对原材料等的需求。当原材料部门尚未发生机器革命时，就会刺激该部门的工场手工业在原有技术基础上的生产。同时，机器的采用也扩大了中间产品的供给，使深加工部门的工场手工业得以进一步扩大。所以，工业革命开始后，有一些部门的工场手工业反而获得了前所未有的发展。19 世纪五六十年代甚至 70 年代，广泛存在于英国各行各业集中的手工工场和分散的手工工场的资料证明了工场手工业与近代工业同时兴盛的现象。在成衣业、靴鞋业、建筑业、车轮业、制革业、花边制造业等领域，手工工场仍占据着主要地位。例如，花边整理业的工作有时集中在“老板娘”家里完成，有女工、少女、幼童 20～40 人，有些地方有 10～20 人；有时妇女从工厂主或商店老板那里承揽订货，在自己家里同其子女一道工作。缝纫机的发明使成衣业也成为工场手工业的一个重要部分而兴旺起来。当时分料到户制十分盛行，数以万计的成衣匠和缝纫匠使用自己的工具，用商人提供的材料进行加工，收取加工费。这种家庭缝纫业在19世纪六七十年代很发达，甚至在20世纪初也大量存在。直到19世纪70年代，铁匠的增加速度还同样惊人。一般由一个工厂或其他大规模的工业来供应半成品（如铁轴、鞍匠的铁器、条铁、铅管、锯成材的木板等），由他们进行深加工。但在棉纺织业和毛纺织业中，大机器工业扩散的速度比这些行业快得多，到19世纪四五十年代，在这些行业中工场手工业的作用下降了。

美国、德国、日本等第二批进入工业化的国家，在工业革命之后，工场手工业与大机器工业在空间上并存，这也为工业化做出了贡献。

马克思曾经区分了“真正的工场手工业”和“现代工场手工业”这两个概念。真正的工场手工业是指工业革命前获得长足发展，并为工业革命奠定物质基础的资本主义工场手工业，之所以将它称为真正的工场手工业，是因为要将其与传统手工业和家庭手工业区别开来。现代工场手工业是指在工业革命时期甚至工业革命完成后残存下来的工场手工业。这种手工业是机器大工业的附属部分，它补充完成机器大工业未完成的生产部分。

工场手工业在工业革命以后的作用不仅体现在补充、附属上，而且在吸收剩余劳动力方面也做出了不可忽视的贡献。在工业革命以后，工场手工业的发展基本依靠剥削廉价剩余劳动来加速积累。一般来说，近代工业部门的劳动收入要比工场手工业的劳动收入高得多。但是，近代工业刚开始吸收的剩余劳动有限，尤其是对农村中由于农闲农忙季节的变动和耕作制度影响所造成的“隐形剩余劳动”不能充分吸收。近代大工业在吸收劳动力的同时，也通过机器排斥一部分劳动力。工场手工业由于其劳动密集性和普及性的特点，成为农业以外第二个剩余劳动的大蓄水池。马克思通过对服饰业的调查和分析说明了这种情况。1861年，英格兰和威尔士在草帽、便帽、裁缝、妇女头饰、女时装、衬衫、胸衣、手套、领带、硬领、制鞋业等部门中雇用的女工总计有586 298人，其中20岁以下的至少有115 242人，15岁以下的有16 560人。在联合王国，这类女工共有750 334人。同一时期，英格兰和威尔士的制帽业、制鞋业、手套业及裁缝业雇用的男工有89 285人，20岁以上的有333 117人。属于这一领域的许多比较小的部门还没有统计在内。根据1861年的调查，仅在英格兰和威尔士，从事这种生产的就有1 024 267人，也就是说，几乎与农业和畜牧业吸收的人数相等。因此，工场手工业吸纳了机器生产出来的惊人的大量产品和游离出来的惊人的大量工人。

工场手工业在吸收劳动力的同时还不断地向近代工业输送劳动力。由于工场手工业工人的工资比工厂工人低，所以只要工厂一有雇用更多劳动力的可能，相关的手工业者就会流入机器大工业。同时，机器大工业的效率远远高于手工工场，它在排挤劳动力的过程中，也会扩大生产规模，使一部分工场主和手工工人成为它的雇佣工人。但是，工场手工业对廉价劳动力的无限制的剥削，由于工人法适用范围的不断扩大而受到了禁止。工人法强制规定了工作日的长度、禁止使用未满一定年龄的儿童、对女工劳动规定了各种限制等，使工场手工业失去了最有力的竞争武器，加速了它向机器大工业的过渡。

可见，工场手工业既是近代工业之母，又是近代工业发展对社会冲击的缓冲层。

关键词

工场手工业　分料到户制　集中的手工工场

思考题

1. 分料到户制是如何形成的？
2. 工场手工业的组织形式为什么要进一步从分料到户制发展为集中的工场手工业？
3. 简要说明欧洲工场手工业的发展对工业革命的作用。
4. 手工工场在16—17世纪时为什么广泛地散布在农村？
5. 分析工场手工业在工业革命后依然长期存在的原因和影响。

第十章

金融制度的建立

重点问题

- 银行和信用工具的发展
- 清算制度的建立
- 股票市场的形成
- 南海泡沫事件

17世纪末18世纪初，欧洲银行制度、结算制度、证券交易市场的建立在很大程度上解决了资金融通问题，促进了经济发展。这些近代金融制度的建立被称为“金融革命”。

第一节　银行和信用工具的发展

由于货币短缺，所以产生了对信用工具的需求；由于资金分配和使用不均衡，所以产生了信贷业务；由于信用工具和信贷业务的发展，所以产生了近代银行制度和结算制度。

一、银行和信用工具发展的原因

16—18世纪，世界许多地方仍在进行古老而简单的物物交换，在一些主要的商业贸易中心，交易的媒介已经固定在金、银、铜等贵金属上。这些商业贸易中心既包括古老文明的广州、北京、开罗、君士坦丁堡，也包括孕育新世界的欧洲各大贸易中心。但是，贵金属渐渐地不能胜任作为润滑剂的使命了。金融制度的产生直接源于商品货币关系的发展对资金融通的创新需求。这在爆发商业革命、农业革命和工业迅速增长的欧洲表现得尤为明显。

16—18世纪，西欧的货币制度是金银复本位制，金铸币和银铸币同时流通。当时这些有形货币的供给量相对于日益扩大的经济规模来讲是缺乏弹性的。近代初期，欧洲的货币存量并不大，但16世纪有了大幅增长。

但是货币量的增长仍然没有解决货币短缺的困难：（1）磨损和贮藏会损失一部分货

币量。(2) 与东方贸易的逆差使欧洲流失更多的货币。据记载，欧洲与东印度、中东（黎凡特）地区的贸易一直处于入超状态，入超的部分主要用白银支付。16 世纪 80 年代，西班牙每年大约在远东损失 100 万西班牙达克。17 世纪，荷兰和英国分别成立的东印度公司，每年都需要花费大量的现金到东方采购。据统计，1601—1624 年，英国东印度公司向远东输出的银币超过了 75 万英镑，大约相当于 250 万达克。该公司的金银输出量在 17 世纪后期急剧上升。在 1700—1701 年这一财政年度，输出量达到了顶峰，共为 703 497 英镑。荷兰东印度公司的金银输出量也是有增无减，1618 年的输出量为 50 万达克，1700 年上升到 125 万达克。输往中东的财富数量几乎与之不相上下。到 16 世纪 90 年代，每年由西班牙输往黎凡特地区的金银估计达 150 万达克，在 1610—1614 年甚至超过了 150 万达克。由法国港口马赛输出的金银可能更多。在 1600 年前后，欧洲与近东和远东的贸易每年总共要耗费 250 万达克，几乎相当于 8 万千克白银。(3) 人口的迅速增加、新兴工业的发展等一系列新出现的或扩大了的经济活动都需要货币。人们的日常生活被卷入商品经济的洪流，购买面包、服装、纳税、支付年金都需要货币。这三个方面的需求增长与欧洲货币的增长是不一致的。许多商人与使节所写的信札与文件中无不流露出对“货币短缺”的抱怨。

17 世纪 20 年代之后，欧洲采银业全面萧条，同时来自美洲的白银输入量急剧下降，此时欧洲贵金属的存量也减少了。1700 年之后，巴西发现了黄金，欧洲的货币重又增多。这种周期性的货币短缺总会使资金周转不灵的商人陷入窘境，甚至导致他们破产。货币短缺的时间对于整个历史来讲很短，但对某个人来讲却是致命的，这就促使人们想方设法改进做生意时对黄金和白银的依赖。

二、商业银行的借贷业务

大宗的借贷业务经常发生在国家和民间金融家之间。近代初期，欧洲各君主国都面临着严重的财政金融问题。原因是各国政府开支在大幅度增加，但是却没有一种现存的体制能够使岁入也相应增加，很多国家进行了无数次尝试，但很少成功。政府总是面临物价与工资持续上涨和战争费用急剧增加所引起的突发性货币匮乏。当遇到战争或其他紧急事件需要筹款时，政府一般是以税收为抵押，向民间金融家告贷。通常有两种方式，即包税制和派税制。包税制是将某项征税权授予“包税人”——政府的贷款人，他有权向所有应就某一税种纳税的人征收该税，包税人不必申报他所征收的税额，只要向中央政府国库缴纳一笔固定的现金，超过部分归其所有，不足部分由其负责补足。派税制是给政府提供借款的债权人被指派负责某项税收工作，直到所征得的税收偿清政府的债务为止，或者债权人从政府收税人那里取得一项赋税的全部税款，直到债务偿清。包税制和派税制都是王室面向少数金融家筹集战争费用的办法，遗憾的是，它往往被发展成为赤字借债。例如，1556 年腓力二世登基时发现，一直到 1561 年的西班牙税收都已经抵押出去了。

在前工业时期的欧洲，私人之间的借贷是普遍存在的一种现象，在农村和城市中都有，一般是由一批职业的或非职业的当铺老板和放债人提供贷款，借款人拿出一件财产作为抵押或立下字据。在意大利、德国和东欧，放债主要由犹太人掌握，在欧洲其他地区，则是意大利移民与当地的金匠、银匠、珠宝商展开竞争。在伊丽莎白时代的英国，金匠和珠宝商是主要的放债人，他们放债的对象是贵族。当时诺福克与苏塞克斯的公爵、什鲁斯伯里与埃塞克斯的伯爵以及其他许多贵族将他们的金银餐具与珠宝都抵押出去了。1642 年，121 个英国贵族的总收入约为 73 万英镑，但他们的总债务却高达大约 150 万英镑。其他社会阶层的人更是债台高筑。

由于对贷款的广泛需求，仅仅依靠自身资金积累进行放贷显得捉襟见肘，而且放贷人也并不满足于收取放债的高利，于是出现了早期的“商业银行家”。他们将自己的资金或者放债人的资金用于发展商业或转贷给别人。商业银行家最早出现于中世纪的意大利，1338 年，仅在佛罗伦萨就有 80 家独立经营商业银行业务的银行。1630 年之后，这种商业银行的数目激增，在英国这种现象格外突出。商业银行家当时被称为“掮客”，他们充当想要投资的人和想要贷款的人之间的中间人，一方面吸收存款，一方面放款。在英国，这些“掮客”大部分由金匠充当。金匠们最早经营贵重的金饰和珠宝，也从事存贷款业务，还从事商品和船只投机。到 18 世纪 20 年代，他们放弃金匠业务，专事存贷款业务，发展为专业的商业银行。1725 年，伦敦城有这样的私人银行 24 家，1785 年上升到 52 家。其他各地的商业银行也发展起来了。

但是，存贷业务的发展并不顺利，商业银行中破产的很多。商业银行发展困难的原因主要有以下两点：

第一，社会上对放债人及其行业长期存有敌意。无论是天主教还是新教，都常对银行家“钱生钱”的经营方式进行抨击。《圣经》里严格规定了贷款必须是无息的，如果放债人在一定期限内收回的贷款超过本金，他就犯了高利贷罪。但是教会也承认任何人如果因为借钱给别人而丧失了从别处获取合法利润的机会，那么他也有权要求借款人给予补偿。所以，教会不得不容忍低息贷款。路德·加尔文等新教人士甚至还赞扬过向贫困者提供低息贷款的人，但是银行家及其家属在人们眼中仍然是些道德败坏的人。

第二，银行家经营无方。他们往往用存款从事一些冒险活动，以牟取暴利，比如将大笔资金借给政府，一旦国家宣布要延期归还债务（在当时这种情况常常发生），银行就不得不宣告破产。因此，许多人都不敢将储蓄的钱借给急需用钱的人，对通过银行家的借贷更是疑虑重重。这样，想要借钱的人只有花费很高的代价才能借到钱，而放债的人为了弥补其名誉上的损失和尽快摆脱良心的谴责，就会要求很高的利息，或者从事投机冒险事业。两方面的原因造成了商业银行基本业务——存贷业务——发展的困难。

这种状况一直到“利率革命”之后才开始转变。宗教革命使人们意识到人为地压低商业贷款的价格是行不通的。1545—1551 年，英国议会规定借贷利率最高可达 10%，1571 年解除了对高利贷的禁忌。荷兰国会在 1685 年下令，取消对银行家及其雇员、家属参加圣餐礼的种种限制。人们对借贷的看法发生了根本性的转变。此外，贷款供给的不断增加加剧了这一行业的竞争，最终导致了利率的全面下调。尼德兰和安特卫普的公共贷款利率从 1500 年的 25%降至 1550 年的 9%；荷兰在 17 世纪 60 年代可以借到利率低于 4%的贷款；英国的利率也由 1500 年的 10%降至 1624 年的 8%，1714 年之后降至 5%；最引人注目的是，16 世纪 20 年代之后，在位于意大利西北海岸的热那亚共和国，人们可以获得利率为1.5%的贷款。利率革命的意义不仅在于降低了利率，而且在于建立了利率由资金供求来决定的机制，打破了其他封建的或行政的束缚，是近代金融制度建立的关键一步。

三、信用工具的发展

随着商业交易量的增加和交易范围的扩大，硬币被别的信用手段代替。

在古老的年代，人们就曾用文书、票据、承诺来代替叮当作响的金银。公元前2000年，巴比伦的商人和银行家之间就已经使用票据和支票；埃及也通行过这种做法，在罗马，人们开设往来账户，账本上有借方和贷方；伊斯兰商人从10世纪就开始使用汇票、记名期票、信用证、钞票、支票等；中国早在9世纪就使用庄票。近代，当西欧金属货币不敷流通时，这些古老文明的成果又得到了发展和完善。

14世纪，“汇票”开始得到广泛使用。汇票起源于12世纪的热那亚，13世纪时意大利商人曾在香槟市场上使用过它 。汇票是一种具有法律约束力的书面承诺，它为异地异国之间的贸易提供了便捷的结算方式。来自不同地方的人进行的贸易可以不依赖于现金的现实流动，只进行银行与银行之间的转账。此外，汇票不仅包含着结算方式的重大变革，还意味着一笔贷款。当时交通十分不便，即使“见票即付”的汇票从发出地到支付地也需要耽搁相当长的一段时间，比如从西班牙或意大利到低地国家需要2～4个星期。有时按照惯例，如果汇票需要承兑的是很大一笔钱，那么一批已收到货物的货款可以有30天、60天或90天的筹款期限，这意味着商人在付款之前实际上可以享受为期1～3个月的贷款。在一些禁止放债取息的国家，汇票常被用作贷款。接着，汇票发展成为可以转让的信用工具。自16世纪70年代起，背书汇票（即在汇票背面签字将其转让给第三者的汇票）在安特卫普十分流行。16世纪后期，意大利（威尼斯除外）已经常采用背书的形式转让汇票。在英国，汇票向可转让方向发展经历了很长的时间，直到16世纪中期，这种做法才变得普遍。值得提出的是，汇票的发展使银行与银行之间的支付体系得以初步建立。

另一种对支付体系的建立做出贡献的信用工具是支票。16世纪70年代，意大利人已经常使用支票，但是在17世纪之前，支票在欧洲其他国家还不常见。银行的存款人要想将自己账户上的一笔存款转到别人的账户上，必须亲自到银行口述一份转账授权书。意大利是首先采用转让支票的国家。16世纪70年代，转让支票已很普遍。17世纪60年代，英国出现了最初的支票。然而在西欧其他国家，银行业的复兴并未能推动人们广泛采用转让方式。其原因虽然是多方面的，但关键是当时的商业银行总是面临破产的危险，银行的信用得不到保证。因此，当局反对信用工具的转让，例如，威尼斯当局坚持反对公共银行之外的任何信用工具，包括汇票和支票的转让；英国的习惯法法庭在《1704年期票法案》通过之前一直拒不承认信用票据可以转让。只有信誉最好的阿姆斯特丹银行开出的票据才是完全可以转让的，且可以像货币一样流通。

四、清算制度的建立

清算制度是在私人银行和信用工具发展的基础上由一般的票据交换发展而来的。最早的票据交换在定期举行的集市上进行。票据交换最初出现在12世纪90年代的香槟集市上，随后渐渐地在安特卫普、法兰克福以及意大利北部的一些城市中出现。由于商业集市汇集了来自各地的商人，对他们来讲所有交易都用现金清算是不现实的，所以在集市上出现了一些当地的银行家为商人提供服务，商人将其所有承付款项都记在银行家的账簿上。集市结束后，银行家将各个客户的借款与贷款汇总起来进行结算，其收付差额可以用现金支付，14世纪之后，可以用汇票支付。这样，在一些主要的集市上，参加交易的是商人，实际控制集市的是掌握着票据交换机构的银行家，他们通过自己银行的账户与其他银行的账户之间的转账来结算客户的款项。

16世纪的贝桑松集市极大地发展了这种金融业务。1579—1622年间，贝桑松集市每年都要在意大利的北方城市皮亚琴察举行四次，参加集市的商人最多时可达200人，银行家有50～60人，每次集市的总交易额达1 200万～1 600万斯库多，而最后用票据结算的交易额只有300万或400万斯库多，即银行之间的结算体系为参与交易的商人负担了四分之三的交易额。

16世纪以后，国际集市逐渐丧失了它的商业重要性，越来越多的商人在一些主要的商业中心建立了常驻办事处与货栈，他们没有必要将其贸易活动限制在集市期内。这样集市的金融作用消失了，但是不依赖于集市、一年四季都不间断的商品批发贸易的发展使商人迫切需要大型的、管理得当的银行，他们可以将资产存放于这样的银行中，并能确保在需要时尽快提出来。由国家政府尝试创办的公共银行应运而生，政府当局对这样的银行予以保证并监督其存放款业务。

第一家这种类型的银行是1587年由威尼斯参议院批准设立的里阿尔托集市银行。随后，在政府的主持下，意大利的其他城市也建立了类似的银行。1593年，米兰创办了圣安布罗焦银行，1605年罗马创办了圣灵银行。这些银行主要执行三项任务：存取款、账户之间的转账、将应付汇票汇入客户的贷方。这些银行很快成为重要的信用交易中心，它们都企图垄断所在地区的票据交换业务。

真正成为世界贸易结算中心的是阿姆斯特丹汇兑银行，它于1606年经市议会批准，1609年正式开始营业。这家银行接受存款、转账、开发汇票的业务，它还有权兑换货币、买进金银和外国铸币、铸造法定货币等。当时规定所有价值在600弗罗林以上的票据只有通过银行才能办理，所以几乎每个商人都在银行开立了账户。但是阿姆斯特丹汇兑银行不向客户提供任何个人贷款，也不允许私人账户透支。存入该汇兑银行的存款由阿姆斯特丹公司担保，一直到1683年，该银行都为票据交换提供免费服务。尽管类似的银行迅速在汉堡、米德尔堡、纽伦堡等城市建立（据估计，到1697年欧洲已有25家公共银行），但是没有一家银行具有阿姆斯特丹汇兑银行这样的信用和实力。1721年，该行共有2 918个账户，存款数额共计28 886 000弗罗林。1660—1710年，该银行依靠阿姆斯特丹无可争辩的世界贸易中心的地位，成为世界上第一个多边支付体系的中心。当时荷兰的贸易公司遍布世界各大商业中心，荷兰强大的经济实力支撑着阿姆斯特丹建立稳定的汇率体系，稳定的汇率又巩固了它作为世界贸易中心的地位。阿姆斯特丹的汇票是万能的通行券，它几乎在世界各地都能承兑。

阿姆斯特丹多边支付体系的中心地位在18世纪受到了伦敦的挑战。1713年后，在贸易日益扩张的坚实基础上，英国的票据交换业也获得了发展。英格兰银行逐渐取代了阿姆斯特丹汇兑银行在国际结算中的地位。1694年，英格兰银行以股份公司的形式在伦敦成立。起初，该行的目的只是向政府贷款和发行银行券，但不久它便承担了多项业务：接受存款，进行金银贸易，发行货币，处理税收，为政府转移海外财富等。在整个18世纪，英格兰银行还一直为国内外的客户贴现支票，其贴现率为5%或6%，而在阿姆斯特丹，只有价值在600弗罗林以上的票据才能到阿姆斯特丹汇兑银行兑现。贴现票据的做法使得票据可以完全转让。

英格兰银行在发行货币方面取得了显著的成绩。据估计，18世纪初期，英国流通的各种信用券总价值为1 500万英镑左右，其中包括英格兰银行发行的银行券和其他银行自己发行的银行券，而此时英国硬币与金银的总存量为1 200万英镑，这使英国的流通货币比实际的货币存量多了25%。相形之下，其他国家的货币发行不是被紧紧地局限在贵金属存量的范围之内，就是发行过多，造成通货膨胀。

在转移财富方面，英格兰银行也有成功的例子。在英国卷入尼德兰战争期间，英格兰银行负责向驻扎在国外的英国军队转送政府提供的资金。在西班牙王位继承战争期间，英格兰银行将存放在阿姆斯特丹汇兑银行的英国对荷兰、法国和德国的贸易顺差，提供给当地驻军。

五、中央银行制度

中央银行是由200多年前的普通商业银行演变而来的。在发展的早期，银行不但数目众多，而且独自发行银行券，使银行经营和银行券的兑现在地区间割裂开来。随着市场范围的扩大，迫切需要统一银行券的发行。经过银行业竞争和重组，实力雄厚、信用程度高的大银行逐渐成为中央银行。在初创时期成立的中央银行中，具有典型代表意义的是瑞典国家银行和英格兰银行。瑞典国家银行（又称为瑞典里克斯银行）成立于1656年，最初是私营银行，1897年独占了货币发行权，但其业务大部分是商业银行的业务。1694年成立的英格兰银行被认为是近代中央银行的鼻祖。从19世纪初到第一次世界大战爆发前，很多西方国家成立了中央银行，如法国法兰西银行（1800年）、德国普鲁士银行（1875年更名为帝国银行）、荷兰国家银行（1814年）、奥地利国家银行（1817年）、哥本哈根银行（1856年）、俄罗斯银行（1860年）、日本银行（1882年）、比利时国民银行（1850年）、西班牙银行（1856年）、丹麦国家银行（1818年），以及1913年建立的美国联邦储备系统。

英格兰银行的形成过程体现了典型的中央银行的形成过程。英格兰银行是威廉三世特许设立的第一家私人股份银行。当时，英国为了筹集英法战争的军费，由本来是政府债权人的金匠集合120万英镑作为股本，创立了英格兰银行。起初，该行只是向政府贷款、接受政府存款、发行银行券、代理国库，但不久它便承担了多项业务：接受存款、进行金银贸易、发行货币、处理税收、为政府转移海外财富等。因为与国家财政的密切关系，英格兰银行初步具备了中央银行的性质。它发行的纸币建立在完全可以兑换的基础上，这使它发行的纸币逐步稳定地支配了伦敦市场。伦敦金匠在1720年左右发行的纸币总量，只占同期英格兰银行发行的纸币的一小部分，流通中有228万英镑是该行发行的纸币。[①] 在帮助政府转移财富方面，英格兰银行也做出了较大的贡献。英国卷入尼德兰战争期间，英格兰银行负责向驻扎在国外的英国军队转送政府提供的资金。1694年10月—1696年4月，英格兰银行一共为政府往尼德兰转送了160万英镑的资金。[②] 在西班牙王位继承战争期间，英格兰银行将存放在阿姆斯特丹汇兑银行的英国对荷兰、法国和德国的贸易顺差提供给当地驻军。当支取的英镑数目太大，造成了阿姆斯特丹的英镑汇率下降时，英格兰银行向荷兰运去硬币，以维持英镑汇率的稳定。英格兰银行在战争期间建立的有序的资金汇兑秩序，是英国在争霸战争中取得胜利的有力保证。

第二家中央银行是1800年在法国成立的法兰西银行。它原是一家办理贴现和存款的私人银行，并无任何特权。1810年，法兰西银行被政府授予货币发行权，1848年该特权正式生效。此后，法兰西银行发行的货币成为法国唯一的法定货币。除此之外，法兰西银行还一直从事与其他商业银行相同的业务：存放款和票据贴现。直到1945年被国有化，法兰西银行才从此变成完全的中央银行。

1871年德国统一后，实行了以金马克为基础的货币制度。1875年普鲁士银行更名为帝国银行，开始逐步担负起中央银行的职责。从第一次世界大战开始，帝国银行成为财政部的一个执行机构，从而引发了恶性通货膨胀。在希特勒上台之后，为了满足战争的需要，帝国银行完全成为政府发行钞票的工具。在第二次世界大战后，帝国银行破产并倒闭。

美国联邦政府最初对商业银行的运行没有进行任何管理。1790年，当时的财政部部长汉密尔顿提出建立联邦银行，经过激烈讨论，国会决定成立美国第一银行。1791年成立的美国第一银行是中央银行的雏形，国会授权其代理国库、发行纸币以及对商业银行进行管理。1811年第一银行注册期满，国会认为其违宪和压制州银行发展，因而将其取消。之后，由于没有节制，州银行的数目急剧膨胀，各银行大量发行银行券，造成了通货膨胀。当时的财政部长达拉斯提出重建联邦银行，于是1817年美国第二银行成立。美国第二银行因为对各州银行纸币的发行和银行业务造成了种种限制，从而遭到了反对，于1836年注册期满后停业。1861年财政部长蔡斯向国会提交了建立国民银行制度的建议，国会通过《国民银行法》确立了美国联邦政府对银行业管理的权威，在财政部下设货币监理局，鼓励银行在联邦政府注册，但是州银行的数目依然增加得很快，几乎与国民银行持平，这使得货币监理局难以担负起中央银行的使命。1873年、1893年和1907年美国爆发了三次严重的金融危机，使国民银行体系发生了动摇。当时主张建立中央银行的银行家在议员埃瑞施的带领下，提出了“埃瑞施计划”，这一计划几经反复，终于在

---

① ［英］E. E. 里奇，C. H. 威尔逊. 剑桥欧洲经济史：第5卷. 北京：经济科学出版社，2002：324.

② ［意］卡洛·M. 奇波拉. 欧洲经济史：第2卷. 北京：商务印书馆，1988：487.

1913年形成了《联邦储备法》，标志着联邦储备系统的建立。《联邦储备法》将全国划分为几个区，每个区有一家联邦储备银行，负责执行存款准备金制度和发行联邦储备券，并通过再贴现率执行货币政策。同时建立联邦储备委员会，对银行进行行政管理。美国联邦储备系统后来经过不断改革，发展成为今天的美国中央银行。

与现代中央银行相比，从1694年英格兰银行的诞生到第一次世界大战结束期间的中央银行只是具备了基本的职能——货币的垄断发行、代理国库、作为普通商业银行的最后贷款人以及充当票据结算中心，还不完全具备银行的银行，以及作为国家宏观经济调控机构的职能。

第二节　证券市场的形成

证券市场是由于公司、政府对吸收社会公众投资的渴望，以及社会公众对直接投资的兴趣而产生的，其中掺杂着人们贪得无厌的赌博欲望。

一、股票市场

16世纪时具有长期稳定合作关系的公司主要是一些家族合伙公司。每一家公司都有由合伙人提供的创业资本。增加这些合伙公司的流动资本通常有两条途径：一是接受外界的有息存款；二是原先的合伙人投入更多的资金，即追加资本。原始创业资本和追加资本是性质完全不同的两种金融资产。拥有创业资本的人根据公司的总盈利或亏损取得报酬，而提供追加资本的人则根据其提供款项的多少取得固定的、有保障的利息，这种利息通常是在公司盈利分配之前支付的。这种区分是现代公司在筹措资本时采用的“股票”与“债券”的雏形。

股票的可转让性是证券市场发展的基础。15世纪，意大利和德国存在过发行可转让股票的合伙组织，1550年后，由于贸易的发展，它在英国和尼德兰广泛传播。17世纪初，这些贸易合伙组织在许多方面还比较原始。它们出售的“股票”只限于一次航海，“冒险”之后就还本付息。此外，它们还限制股票的发行量，即使需要追加资本，也宁愿请原有股东增加投资，仍然保留着合伙制的传统——不希望外人认股。公司的股票一般是可以转让的，但是在转让股票时，当事人必须亲自到公司的总部办理。在交通不发达的近代，这一要求实际上阻碍了股票交易规模的发展。

1600年后，股份公司开始将其股本作为永久性的投资。公司总部不再兑现该公司的股票，而是指定股票持有人将股票拿到市场上去出售。股份永久化的目的是保持公司的相对独立性和创造长久发展的可能性。荷兰东印度公司在1612年首先规定，要兑现公司的股票只有拿到交易所公开出售，英国的公司随后效仿。此外，英国东印度公司开始将利润和资本区分开来：利润作为投资回报归股东处理，而资本则沉淀在公司，积累起来进一步发展，这样可以尽量避免要求股东增加股本。

17世纪时，人们都处在一种投机与冒险的社会氛围之中。世界的突然扩大，激起了人们对难以预料的事件的兴趣，公司股票出现之后，人们立即被卷入这种赌博热潮之中。早在1609年，一个来自安特卫普的流浪汉为了降低东印度公司的股票价格，就曾经组织了一个小型利益集团。

17世纪中叶，正式的股票交易市场出现了。阿姆斯特丹交易所庭院的46根柱子周围经常聚集着一些证券经纪人及其代理人，他们分成多空双方进行交战，通过股价的涨跌挣钱。比如，在“达克”交易中，市场上股票价格每上涨一个点或下跌一个点，参加交易的人就将得到或失去一个达克。17世纪30年代，伦敦的证券和股票交易逐渐发展起来，伦敦的科恩希尔通往伦巴第街的狭窄小胡同被称为“交易所胡同”，其间众多的咖啡馆成为进行股票交易的场所。早期的不成熟交易充满了阴谋和投机。在17世纪后期，大多数英国公司的股票价格都大幅振荡，最高点与最低点之间的差距在任何一年中都不少于140点。股票交易的发展使信息变得尤为重要。为了满足投机商人的需要，17世纪90年代，有两种商业刊物开始刊登某些主要股票的价格：一种是约翰·霍顿主办的《管理与贸易良法之集锦》，另一种是约翰·卡斯塔因主办的《交换过程及其他》。霍顿的刊物在1692年报出了8种股票与债券的价格，1694年达52种，1695年上升到64种。卡斯塔因的证券行情表后来被逐渐发展成为今天的行情表。股票的交易不仅有买方与卖方之间的直接股票转让，而且有通过越来越多的证券经纪人进行的间接转让。然而，参加这些投机生意的人毕竟是少数，纯粹依赖股票资本的公司也寥寥无几。16世纪，人们还对一些价格波动较大、需求弹性较小的商品如粮食、鲱鱼等开展了期货交易。

二、债券市场

英国和荷兰的公司大都选择发行公司债券作为筹资手段，理性的投资人也比较喜欢能够获得稳定收入的公司债券。公司发现发行债券（一般利息在5%以下）比发行股票（平均股息为8%～10%）更合算，于是大量的债券在公司筹集资金时扮演重要的角色。几家主要公司发行的债券通常以100英镑为单位，分为6个月期、12个月期和24个月期三种，保证固定的年收益率（相应为4%、5%和6%），投资者根据偏好自选，这类债券不大可能贬值。债券成为谨慎投资者、信托基金受托人、特许慈善机构偏好的投资方式。大约1710年之后，伦敦新出现的保险公司就购买公司债券作为流动的现金准备。债券成为公司吸收短期闲置资金的理想工具。一些大的股份公司的债券可以在1小时内兑换成现金，这就使债券具有更大的吸引力。1709年之后，英国东印度公司正式发行的债券价值在300万英镑以上，而该公司的名义股票资本只有大约325万英镑。债券的发行还推动了银行业务的发展。1680年之后，伦敦的银行家开始承接为其乡村客户代购及保管股票和债券以及为客户代收公司的股息与利息这样一些业务。

政府发行的证券与公债券是广大小私人投资者喜好的投资品种。

政府向普通公众举债是通过“年金”这种方式实现的。年金是投资者将一笔款项一次性借给政府，然后在规定的时间内按照双方商定的利息从政府那里取得年金。年金分为三种类型：（1）永久性年金；（2）偿债性年金，即债务还清以后便终止的年金；（3）数人寿期年金，即以某一个、某两个或某三个人的寿命为期限的年金。前两种年金可以转让。永久性年金每年大约可得 5％的年息，偿债性年金或数人寿期年金的年息为 5％～10％。年金形式的借债活动，先是从市政当局开始，后来被中央政府采用。16 世纪，欧洲大陆各国政府都出售年金，但是年金的利息常因政府的财政状况恶化而被拒付，从而影响了年金的销售。

17 世纪，英国着手进行政府融资制度建设。17 世纪中期，英国发明了“偿债券”。财政部许诺，持有这种偿债券到一定时候，可以领取包括本息在内的一定数目的现金。偿债券可以转让。最初偿债券被当作存款和支付工具为伦敦的金匠所接受，1671 年底出现恐慌，持有偿债券的人纷纷要求兑现，而政府无力支付 225 万英镑的巨款，只有宣布停止支付，于是偿债券的办法失败了。1694 年，英国政府决定通过彩票来筹借资金，紧接着以 8％的利率发行了 120 万英镑的公债，并将认购者组成一家被称为“英格兰银行”的股份公司。这一方法大获成功，英格兰银行在完成原定的公债数额之后，又为政府筹集了更多的贷款，还同意将债券票据兑换成现金，并允许财政部发行该行的“保证票”（本票）以便偿还债务。英格兰银行成为政府在债券市场上筹集大规模借款的工具。至此，英国的国家信用制度才较为完善。

三、南海泡沫事件

1719—1720 年发生的震动整个欧洲金融市场的南海泡沫事件始于法国。18 世纪的第二个 10 年，法国政府面临严峻的财政状况：30 亿利弗尔的国债、货币与资本大量外流、连年歉收和税收减少。为了重振经济、统一债务，摄政王奥尔良公爵采纳了约翰·劳的建议，允许用国债券的票面值来购买一家贸易公司——印度公司——的股票。由于国债券在市场上的价格还不及其面值的一半，所以绝大多数债券持有人都迫切地想将手中的债券换成印度公司的股票。很快，出现了抢购印度公司股票的狂潮，股价扶摇直上。1720 年 1 月，每股市场价格由原先的 500 利弗尔上升到 18 000 利弗尔，4 个月内上涨了近 3 600％，相应地，法国公债骤然减少。

看到法国的“成功”，面临债务危机的英国也采用了同样的办法，只不过是用年金换南海公司的股票。1720 年 3 月，英国通过了《南海法案》。与法国的情况一样，1720 年 1 月 1 日，南海公司的股票价格指数为 128 点，7 月 1 日则高达 950 点，政府为新转变的公债支付 5％的利息，而原先年金的利息高达 14％。

南海公司股票价格的上涨引起了股票行情普遍看涨，股票投机席卷伦敦、巴黎、阿姆斯特丹以及欧洲其他大都市。新的股份公司纷纷成立，这些公司大多没有实际的经营项目，并且未经特许。没有确定的发展前景和业绩支撑的股份公司的股价必然要回归理性。1720 年，巴黎股票市场崩溃。8 月，英国政府颁布《禁止泡沫公司条例》，控制投机活动。10 月，伦敦的股票价格指数平均跌去一半。阿姆斯特丹的股份公司接连倒闭，股东纷纷破产。硬币居然从货币流通中消失，在伦敦每月需要支付 5％的利息才能借到硬币，在爱尔兰甚至回到了物物交换的时代。股票市场的崩溃使刚刚建立的金融制度摇摇欲坠。

此次危机中受害最深的是法国和英国，面对危机，两国采取了不同的办法：法国专门成立了一个机构——财政调查委员会，在一定期间内强行将所有信用债券和银行券兑换成政府的公债券，年息减至2%～2.5%。法国政府借助这一措施来减少公债和减轻年息负担，但是在以后的几十年中，政府信用降到最低，一切试图建立全国发行银行的计划都无法付诸实施，政府在国内开辟财源遇到困难。英国政府首先采取严厉措施，对1720年前南海公司的董事分别处以罚款和没收钱财的处罚，所得的罚金用于赔偿股东；其次，清算南海公司的所有债权债务，经过长期讨论，议会于1721年8月决定将南海公司的债务缩减至800万英镑，其余债务由议会负责偿还；最后，英格兰银行同意再接收价值420万英镑的南海公司股票，5%的股息仍由政府支付。同时，南海公司的新董事将剩余股票出售给英格兰银行以换取现金，恢复公司正常经营。这些措施使公司的信用得到了恢复，政府也从中吸取了教训，总是按期支付所有债务的利息。到18世纪30年代，伦敦股票市场已恢复正常，价格回升到泡沫事件之前的水平，南海公司股票的价格也在1730年超过了它的面值。

南海泡沫事件是金融制度不健全的产物。这次危机使初建的金融大厦几乎坍塌，严重影响了金融业的发展。

关键词

金银复本位　利率革命　汇票　清算制度　证券市场　南海泡沫事件

思考题

1. 简述近代初期国家和民间金融家的借贷业务。
2. 简述近代金融工具的发展。
3. 股票市场是如何形成的？
4. 说明南海泡沫事件的成因、经过和影响。

第十一章

世界市场与东西方大分流

重点问题

- 世界市场的形成
- 历史 GDP 和大分流
- 工资和大分流

第一节　世界市场的形成

世界市场不是一个地理概念，而是一个历史性的经济范畴，其内涵随着经济的发展不断变化。狭义的世界市场是世界各国相互间进行商品交换的场所和领域，它突破了国家的界限，把从事商品生产的国家和地区连成一体。广义的世界市场不仅包括商品市场，还包括国际金融、劳务、信息和技术市场等。早期世界市场的内容主要以各国之间的商品交换为主。

世界市场的产生和发展是和资本主义生产方式紧密相连的。“世界市场本身形成这个生产方式的基础。另一方面，这个生产方式所固有的以越来越大的规模进行生产的必要性，促使世界市场不断扩大”①，所以，“对外贸易和世界市场既是资本主义生产的前提，又是它的结果”②。在 1450—1640 年这个时期，世界市场形成了。

一、欧洲的贸易区

地中海、波罗的海和大西洋沿岸在 15—18 世纪期间都是欧洲著名的贸易区。但随着新航线的开辟，大西洋沿岸贸易区逐渐取代地中海贸易区成为欧洲乃至世界市场的中心。

地中海盆地是欧洲著名的贸易区，它通过东方和东部联系，通过中欧和北方联系，通过西欧和西部联系。地中海贸易区从东到西又可以细分为以下贸易区：利凡特海、爱琴海、亚得里亚海、伊特鲁里亚海以及里昂湾。地中海贸易区直到 16 世纪末都是欧洲最繁荣的地区。

---

① 马克思恩格斯全集：第 25 卷（上）．中文 1 版．北京，人民出版社，1974：372.

② 马克思恩格斯全集：第 26 卷（下）．中文 1 版．北京：人民出版社，1974：278.

地中海贸易的主要货物是食品，主要有谷物、盐、腌制品、油、葡萄酒和香料。西西里岛、意大利的阿普利亚地区是地中海重要的谷物产区，为地中海盆地的西部地区提供谷物。西西里岛和伊斯特拉半岛是重要的腌制品生产地。意大利南部和西班牙南部占有橄榄油贸易的大部分。塞浦路斯和克里特岛生产畅销世界各地的葡萄酒。香料是食品贸易中利润率最高的商品。16 世纪，威尼斯是主要的香料贸易中心，香料经过威尼斯销往意大利北部，穿越阿尔卑斯山到达德国南部和中部，经由海路到达马赛和法国其他地区以及西班牙各城市，经过直布罗陀海峡销往西欧和北欧。

除了食品以外，一些工业原料也占据了地中海贸易的重要位置。羊毛、兽皮、丝、铜、锡、铅等都是贸易量很大的商品。羊毛经由马拉加、阿利坎特和喀他赫纳到达热那亚、里沃纳和威尼斯。墨西拿是重要的生丝贸易中心。西班牙是皮毛生产大国，它著名的皮革制造业需要从其他地方进口皮毛。铜、锡、铅是远古以来就进行贸易的货物。铜可以用于制造青铜大炮，因此贸易量比较大，它主要从德国南部经由陆路到达威尼斯，再到达地中海东部、西部和南部。铅和锡由英格兰运到地中海地区。

波罗的海地区是欧洲另外一个重要的贸易区。它的贸易路线是从尼德兰的北部沿海经由北海、卡特加特海峡和狭长地带到达波罗的海。波罗的海贸易区和欧洲其他地区的贸易可以分为两类：海上贸易和陆上贸易。海上贸易的商品包括谷物、食盐、咸鱼、羊毛织品、皮毛、木材和其他林业产品，以及铁和铜。食盐、布匹、鲱鱼的贸易流向是自西向东，其他商品是自东向西。陆上贸易只有一种商品，那就是公牛，它的流向是从北向南。

波罗的海地区是北欧的谷仓、咸鱼的加工地。在 16 世纪，德国的吕贝克是波罗的海的贸易中心。阿姆斯特丹的优势地位在 16 世纪末 17 世纪初逐渐展露，在整个 17 世纪它是欧洲的谷物市场和渔业中心。陆上肉牛从日德兰半岛、丹麦群岛和斯堪尼亚经由石勒苏益格-荷尔斯坦因大公国运到易北河流域。易北河流域是主要的肉牛市场，肉牛从那里再运到德国北部各个城市和荷兰各个城市。

大西洋沿岸地区在 16 世纪末 17 世纪初逐渐取代了地中海地区，成为欧洲的贸易中心。大西洋沿岸地区包括从直布罗陀海峡到英吉利海峡的广大地区，这一地区有众多港口，形成了港口对港口的贸易。大西洋沿岸地区除了与亚洲和美洲的贸易外，与欧洲内部地区的贸易也很有特点。

大西洋沿岸的贸易商品主要是生产生活用品，例如谷物、盐、葡萄酒和羊毛。大西洋沿岸因为盐和谷物而与北海、波罗的海贸易区紧密相连。其中盐占据着支配地位，法国和葡萄牙是两个互相竞争的海盐供给国，而北海和波罗的海地区则是海盐消费区。波罗的海是有名的粮仓，而且盛产鲱鱼，葡萄牙、西班牙尤其是荷兰由于人口的增加，谷物短缺现象越来越严重。因此，在这些贸易区之间，从西到东的主要商品是盐，而从东到西的主要商品是粮食。

二、世界两大贸易圈

16—18 世纪，在地理大发现和新航路的推动下，国际贸易快速发展。尤其是西欧，随着历次海外航行，陆续发现了大片地区。到 16 世纪末，欧洲人所了解的世界陆地面积比 14 世纪时增加了 5 倍，欧洲这块相对孤立的大陆发展起了跨洋贸易，当时的跨洋贸易东达亚洲，西至美洲。这使得欧洲与外界经济联系的范围空前扩大，商业资本获得了无比广阔的活动场所。在航线固定且贸易量不断增大的情况下，贸易关系也逐渐正常化，全球形成了太平洋和大西洋两大贸易圈。太平洋贸易圈主要是欧洲和亚洲的贸易关系，大西洋贸易圈涵盖了欧洲、美洲和非洲的贸易关系。

欧洲和亚洲的贸易历史悠久，自中世纪以来，葡萄牙人就在探险、捕鱼和殖民三个方面的动力的推动下，沿着西、南、北三个方向向大西洋扩展其势力，其在通往东方的远洋航运中的垄断地位维持了近一百年。随后荷兰、英格兰、法国、丹麦和挪威等国成为葡萄牙强有力的竞争者。荷兰人的贸易势力在 17 世纪达到高峰，他们扩张到了整个亚洲海域，拥有从日本经由中国台湾到达东南亚的各个贸易站。他们以爪哇岛的巴达利亚作为其在亚洲的中心，并由此推进到印度、锡兰、波斯和阿拉伯，最后到达非洲南部。

欧亚贸易的一个普遍特征是，欧洲进口大于出口，进口商品的种类逐渐增多。在 16 世纪，香料，特别是胡椒是最重要的进口货物。到了 17 世纪，进口商品的种类更加多样，香料失去了市场，印度东部的纺织品代替香料成为欧洲进口商品中的主角，占 1700 年前后荷属东印度公司进口额的 40%以上。18 世纪 20 年代和 30 年代，咖啡和茶（特别是茶）在欧洲非常受欢迎，它们约占 1740 年前后荷兰进口额的 1/4。欧洲向亚洲出口的商品主要是武器、弹药和金银。

18 世纪欧亚贸易的重要变化是：许多奢侈品成为普通商品。欧亚贸易分为两部分：传统的、缓慢的、高回报的昂贵的商品贸易和直接的、快速的、低回报的廉价的商品贸易。过去欧洲与东方的贸易，由于运输困难、风险较大，所以价格昂贵，是只有少数贵族和富人才享用得起的奢侈品贸易。从亚洲进口的奢侈品使欧洲人得以享受美食和华贵的衣着。新航路开辟后，随着进口量的增长，价格下跌，砂糖、咖啡、茶叶以及各种香料成为大众商品。茶叶的贸易最具典型色彩，茶叶曾经是欧洲药剂师专用的一种昂贵药材，新航线开通后，任何欧洲国家都可以开船直接进入广州采购，而不必再支付数额巨大的间接费，于是参与这项贸易的企业增多，竞争加剧，茶叶价格迅速下降，成了大众日常饮品。

欧洲与美洲的贸易形式截然不同于与亚洲的贸易形式。欧洲对新大陆的政策是殖民化，对新大陆的殖民拓殖是发生贸易的主要原因。欧洲殖民活动的范围很广，殖民种类多样，主要有种植园殖民地、混合型殖民地和工厂制度。种植园殖民地主要分布在西印度群岛和葡属巴西，以及英国人和法国人在北美建立的北美诸州。混合型殖民地主要为西班牙统治的墨西哥和秘鲁。工厂制度分散在南美洲的一些地区。

欧洲向美洲出口的商品种类繁多，包括马匹、家具、各种工具、酒类和其他消费品，这些都是殖民地人民必备的生活用品。17 世纪下半叶至 18 世纪，迅速发展的北美殖民地对各类制成品的需求直接刺激了英国工场手工业的发展。特别是北美对各种工业制成品的需要促使英格兰的对外贸易在 1700 年前后首次摆脱了对纺织品出口的单方面依赖，使其出口建立在对殖民地提供更广泛的商品和再出口殖民地商品的基础上。

在旧大陆向新大陆输出的商品中，人口是比较特殊的一项，并且很快体现出跨大西洋贸易的特征。最早西班牙和葡萄牙鼓励妇女移居殖民地，渐渐地随着制糖作物的种植方法从葡萄牙传到新大陆，蓄奴制也随着甘蔗种植园的扩展而遍布葡萄牙、大西洋各岛屿、巴西以及整个新大陆。从非洲往巴西与西印度群岛贩运奴隶构成了大西洋贸易的重要部分，葡萄牙首先开始了这种贸易。到17—18世纪，奴隶贸易发展到顶峰，形成了三角形的贸易路线，诸如欧洲、非洲和西印度群岛之间的三角贸易，北美洲、非洲和西印度群岛之间的三角贸易。奴隶贸易的巨额利润引起了激烈的竞争。17世纪时共有8个欧洲国家在西非争夺地盘，在向西班牙殖民地提供劳动力上的垄断地位成为斗争的焦点。先前由葡萄牙人和法国人所掌握的向西属殖民地提供劳动力的垄断权最后让给了英国人。奴隶贸易使非洲在15—19世纪损失了大约21亿人口，这被认为是造成非洲贫穷落后的罪魁祸首。

从美洲流往欧洲的主要是金银和其他一些美洲盛产的物资。金和银主要是从西班牙占有的中美洲矿山流入塞维利亚和加的斯，然后再流入欧洲其他地区。随后，巴西的黄金也通过里斯本加入了这股洪流。其他大宗货物还有巴西的木材、糖、烟叶、棉花，纽芬兰的鱼和北美的皮革。像茶一样，糖和烟草在17世纪时由昂贵的奢侈品变为大众消费品。这两种商品成为堆栈贸易的基础。堆栈贸易在17世纪后半期的荷兰和英格兰得到发展，殖民地商品的再出口在对外贸易中所占的份额稳定增长。

大西洋贸易圈和太平洋贸易圈之间有多方面的联系。第一，金属货币在全球范围内流通。大量的美洲金银经由欧洲到达亚洲。莫卧儿王朝时期，流通中的货币数量与流入西班牙的美洲财富有一定的相关性，这表明流入欧洲的白银在16世纪晚期和17世纪初期流通到了印度。第二，印度纺织品流通到了非洲，被用作黑奴的缠腰带。第三，来自印度洋深海的玛瑙贝作为货币在非洲一些地方使用。荷属东印度公司是主要的供应者，西印度公司和其他从事非洲和美洲贸易的公司是主要的需求者。

三、世界市场的中心区、边缘区和半边缘区

大西洋、太平洋贸易圈的形成以及各个区域市场之间的贸易将世界联系在一起，形成了以贸易为主要内容的世界市场。各个国家和地区在世界市场中扮演不同的角色，贸易地位的差异也将世界市场分为中心区、边缘区和半边缘区。

中心区利用边缘区提供的原材料（包括用于铸币和饰物的贵金属）和廉价劳动力，生产加工制成品向边缘区销售牟利，并控制着世界金融和贸易市场的运转。边缘区除了向中心区提供原材料、初级产品和廉价劳动力外，还提供销售市场。半边缘区介于两者之间：对中心区部分地充当边缘区角色，对边缘区部分地充当中心区角色。三种区域共同组成完整的世界市场。三种区域所扮演的角色是由劳动分工决定的，并在此基础上发展出不同的阶级结构，使用不同的劳动控制方式，从世界市场的运转中的获利也不同。

16世纪末，在出现国际分工萌芽的基础上，世界市场的中心区、边缘区和半边缘区基本形成。16世纪末和17世纪，世界市场的中心区处于西北欧，它们是荷兰和泽兰、伦敦、东英格兰、法国北部和西部。边缘区已经扩及美洲等地，亚洲和俄国都还处在其边界之外。半边缘区也主要位于欧洲。17世纪，中心区是英国和联合省；缓慢发展的地

区是法国、斯堪的纳维亚、德意志、波希米亚以及除了波兰以外的东欧和中欧的其他国家；停滞或倒退的地区有西班牙、葡萄牙、意大利以及波兰。

西北欧的商人构造了一个精细的贸易网络，主导着全球主要商品的贸易，然后形成了一个全欧洲的再分配体系，安特卫普、阿姆斯特丹、伦敦和汉堡是这个体系中一些最重要的中心。西北欧来自海外的商品和欧洲商品相互竞争，一些主要的市场成为商品的集散地，由此形成的价格是国际价格。在西北欧有来自爪哇、孟加拉、马德拉、圣多美岛、巴西、西印度群岛和地中海地区的糖；来自热带、亚热带和温带的烟草；来自中国、波斯和意大利的丝绸；来自日本、匈牙利、瑞典和西印度群岛的铜；来自亚洲和美洲的香料；来自莫卡、爪哇和西印度群岛的咖啡。国际市场最好的晴雨表是阿姆斯特丹商品交易市场的价格。作为欧洲最重要的市场，殖民地商品的历年价格很好地反映了全球贸易循环，也表现出欧洲市场交易的规律性。

从 15 世纪起，由东欧流入西欧的产品首先是大宗商品（谷物、木材，后来还有羊毛），而从西欧流入东欧的是纺织品（奢侈品和中档品都有）、盐、酒、丝绸。到 15 世纪末，小麦已经成为东欧最重要的出口产品，甚至出口到伊比利亚半岛和意大利，而荷兰和英国却因为运输东欧的谷物、木材、大麻、沥青和动物脂而大发其财。

到 16 世纪时，西属美洲成为金银等矿产品的主要供给者，东欧主要供应某些食物。美洲和东欧的生产活动在技术上都是劳动密集型的，其社会制度都是剥削劳动力，剩余产品全部输往中心区。企业的直接利润在中心区的各集团、国际贸易各集团和地方管理人员（包括波兰的贵族、西属美洲的文职人员和委托监护主）之间分配。

在西欧中心区，农业更为精耕细作，部分土地又从耕地改为畜牧用地，而且城市繁荣，工业诞生，商人成为一支重要的经济政治力量。虽然整个 16 世纪农业仍然是主要的经济活动，西欧仍有相当的人口从事农业，但是东欧和西属美洲被卷入世界市场，不仅提供了资本（通过掠夺和高利润率），而且解放了中心区的一些劳动力去从事其他非农业的专业化工作，中心区的职业门类变得非常复杂。中心区的分工有多样化和专门化的趋势，而边缘区仍然是单一经营。

在这个阶段，中心区出现了霸权国家，例如荷兰和英国。决定霸权的核心是生产效率，称霸的顺序是：工农业在生产效率上的明显优势导致其在世界贸易的商业分布范围中占据主导地位，随之带来大量的世界转口贸易和对“无形交易”——运输业、通信业等部门——的控制所产生的相关利润；商业优势又引起对银行（兑换、存款、信贷）、有价证券投资、保险等金融部门的控制。这些优势是依次递进的，可以在时间上互相重叠。同样，优势的丧失似乎也按同样的顺序（从生产到销售，再到金融业），并且在很大程度上也是依次递进的。

地理大发现后的 300 年间，欧洲的商人奔走于世界各大洲，把欧洲原有的区域性市场同亚洲、美洲、非洲、大洋洲的许多国家和地区的地方性市场联结起来，贸易扩大到全球范围。在贸易拓展的背景下，由于各个地区生产率的不同以及武力征服，不同地区在贸易中处于不同的地位，出现了国际分工的萌芽，形成了以西欧为中心的世界市场。虽然这个时期的世界市场与机器大工业后形成的世界市场相比，还没有建立在国际分工的基础上，贸易仍属于互通有无的性质，交换的商品还未成为再生产过程的必要环节，在市场上处于支配地位的是商业资本而非工业资本，但是“世界贸易和世界市场在十六世纪揭开了资本的近代生活史”①。

第二节 东西方大分流

大分流（Great Divergence）于2000年由彭慕兰在《大分流：欧洲、中国及现代世界经济的发展》一书中正式提出，并引起了广泛讨论。大分流的内容包括东西方（特别是中国和西方）的经济社会发展在何时分流、分流的原因等。

一、用人均GDP衡量的大分流

目前对长时段相对连续的历史GDP的估算主要有Maddison和Broadberry两个团队的研究成果。2001年后，Maddison及其团队陆续发布和更新了世界各国从公元0年起到1820年大约间隔百年的人口、GDP、人均GDP数据，以及1820年到19世纪末20世纪初主要发达国家每年的相关经济发展数据。

Maddison②的估算结果显示，西欧超越中国的时间不晚于1500年。Maddison的估算结果支持了传统观点，即中世纪时西欧已经超越中国和印度等东方国家了。Maddison团队用比较分析方法和支出法估算了历史GDP，同时根据最低生存水平进行了一系列推算。由于估算方法过于简单粗略、统计技术有缺陷，学术界对Maddison的估算结果一直有争议。

Broadberry团队采用相对可靠的生产法估算了历史GDP。近年来，Broadberry和中国学者管汉辉、李稻葵等人重估了中国历史GDP。他们利用生产法，从农业、工业和服务业三大产业的各个子部门入手，分别统计估算出各个子部门的产出值再加总，然后结合人口数据计算得到了北宋、明代和清代的长时段人均GDP。这项估算因对人口、货币金属、手工业产值估计不准确，忽略了教育、公共服务行业等问题备受诟病，但很快仍成为研究中国历史GDP的重要数据来源。

Broadberry等③得出的历史人均GDP数据显示（见图11-1），公元1000年左右（北宋中期），中国人均GDP处于历史高位。虽然缺乏西欧国家相对应年份的数据，但从西欧国家发展趋势来看，这一时期的中国比西欧国家富裕，有可能是世界上最富裕的国家。在接下来300年左右的时间里，西欧的意大利等城邦国家有可能经历了持续增长的过程，同期中国经历了20%左右的下降或者停滞。到1300年时，意大利的人均GDP比中国有估算数据的最高值还要高40%左右。据此，意大利很可能在公元1300年前已经超过中国，成为世界上最富裕的国家。到公元1400—1450年，西欧的意大利、荷兰和英国

① 马克思恩格斯全集：第23卷．中文1版，167.

② ［英］安格斯·麦迪森．世界经济千年史．北京：北京大学出版社，2003.

③ S. Broadberry, Guan, H., Li, D., “China, Europe, and the great divergence: a study in historical national accounting, 980-1850”, *The Journal of Economic History*, 2018, 78 (4): 955-1000.

都超过了中国，尽管中国在这一时期重回了历史较高点。

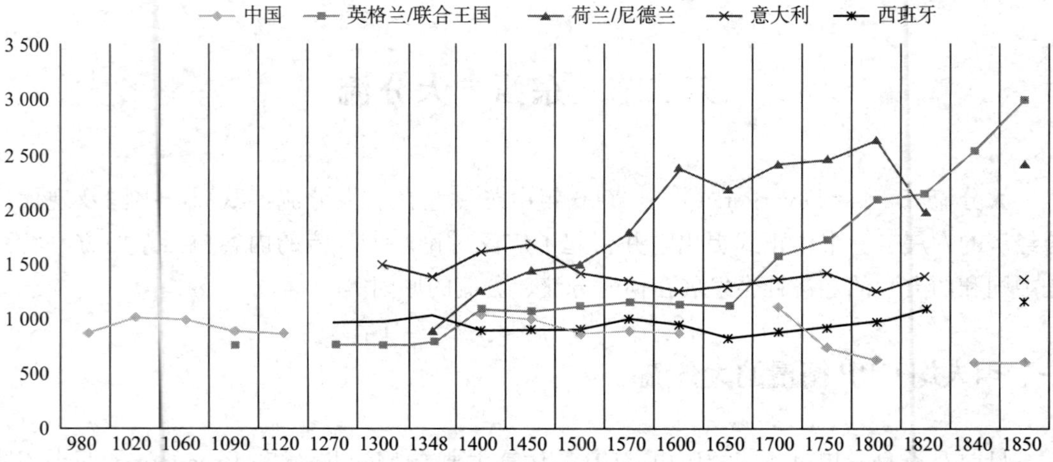

图 11 - 1　980—1850 年中英荷意西人均 GDP 比较

资料来源：S. Broadberry，Guan，H.，Li，D.，"China，Europe，and the great divergence：a study in historical national accounting，980—1850"，*The Journal of Economic History*，2018，78（4）：955 - 1000.

相对于意大利、西班牙和英国等国家，中国国土面积比较大，国内地区差异明显。再加上中国各地区货币换算的问题，所以用中国富裕地区和当时欧洲富裕的意大利、西班牙相比是合理的。1300 年，中国最富裕的地区很可能仍然与欧洲最富裕的地区不分上下，但是工业革命前中国富裕地区落后于欧洲富裕地区应该是很明确的。

二、用工资核算的大分流

到 21 世纪，为了更科学地比较东西方生活水平，Allen①、Broadberry 和 Gupta②、李伯重和 van Zanden③ 核算了代表性城市建筑工人的谷物工资、白银工资、一篮子商品衡量的工资等。工资数据以城市为估算对象，这就避免了全国 GDP 估算中存在的疆域、人口、货币金属含量等概念的含混与不明。与估算历史 GDP 相比，这种估算方法争议比较小。遗憾的是，中国可获得的最早数据是始于 1738 年的北京劳动力资料，欧洲城市工资数据也仅始于 14 世纪末期，而且建筑工人的代表性存疑。近年来的研究基于不同的数据来源和计算方法，证明了工业革命前伦敦和阿姆斯特丹的实物工资和货币工资水平都超越了北京。

① R. Allen，"The great divergence in European wages and prices from the middle ages to the first world war"，*Explorations in Economic History*，2001，38（4）：411 - 447；R. Allen，et al.，"Wages，prices，and living standards in China，1738—1925：in comparison with Europe，Japan，and India"，*The Economic History Review*，2011，64（S1）：8 - 38.

② S. Broadberry，B. Gupta，"The early modern great divergence：wages，prices and economic development in Europe and Asia，1500 - 1800"，*The Economic History Review*，2006，59（1）：2 - 31.

③ Li，Bozhong，J. L. V. Zanden. "Before the great divergence? comparing the Yangzi Delta and the Netherlands at the beginning of the nineteenth century"，*Journal of Economic History*，2010，72（4）：956 - 989.

对比英格兰和中国江南地区的谷物工资后，我们发现：18 世纪前，欧洲富裕地区和中国富裕地区的谷物工资差别不大。但是，随着明末与清中期稻米价格的上涨，18 世纪中国谷物工资急剧下降，而同期英国谷物工资还在增长，这拉大了江南地区与英格兰南部的差距。可以肯定的是，工业革命前英格兰南部的谷物工资已经超越了江南地区。

从白银工资来看，英格兰南部地区早在 16 世纪就已经把江南地区远远抛在了后面。表 11-1 中的数据显示，明末与清朝中期江南地区的白银工资相对更低，只有英国白银工资的 15%。同样，北京和广东的劳动者每天挣 1～2 克银，不到欧洲中部和东部的一半，与欧洲西北部发达地区白银工资相比相当少。这期间，不是中国的白银工资没有增长，而是英国的增长速度比中国快得多。

18 世纪之前，中国江南地区的谷物工资与欧洲西北部发达地区的谷物工资相差不大，但从衡量贸易商品与服务购买力的白银工资看，中国江南地区比西北欧低很多。欧洲西北部发达地区的高白银工资不仅仅是货币现象，而且反映了贸易部门的高生产率。工业革命前的 17 和 18 世纪，阿姆斯特丹、安特卫普和伦敦的白银工资接近，这些地区的高工资可能是通过积极参与洲际贸易实现的。Broadberry 和 Gupta[①] 据此建议将白银工资与谷物工资之间的差距作为衡量发展水平的指标。

表 11-1　1550—1849 年中英非熟练工人日工资比较

白银工资（克/天）				
时期	英格兰南部	中国江南地区		中国与英国工资之比（%）
1550—1649 年	3.8	1.5		39
1750—1849 年	11.5	1.7		15
谷物工资（千克/天）				
时期	英格兰（小麦）	中国江南地区		中国与英国工资之比（%）
		大米	换算成小麦的大米	
1550—1649 年	5.2	3.0	4.5	87
1750—1849 年	7.8	2.0	3.0	38

资料来源：S. Broadberry，B. Gupta，“The early modern great divergence：wages，prices and economic development in Europe and Asia，1500—1800”，*The Economic History Review*，2006，59（1）：2-31.

除了谷物工资外，一篮子商品衡量的实物工资也表明东西方的分流出现在工业革命之前。一篮子商品工资数据考虑了东西方饮食习惯和生产习惯的差别，分别列出了维持基本生活需要的欧洲一篮子商品和亚洲一篮子商品。再收集消费篮子里商品的价格时间序列，确定 1 个成年男性的最低名义消费成本。亚洲和欧洲的消费篮子里的商品和数量是不同的，但提供的卡路里是维持生存的基本量：每天 1 940 卡路里。消费篮子中北京的碳水化合物是高粱，米兰是玉米粥，欧洲西北部发达地区是燕麦。蛋白质有豆类、少量肉类或鱼，其他还有黄油或者油。非食用物品包括布料和燃料，还包括消费成本中

① S. Broadberry，B. Gupta，“The early modern great divergence：wages，prices and economic development in Europe and Asia，1500—1800”，*The Economic History Review*，2006，59（1）：2-31.

5%的房租。欧洲部分采用 Allen① 的价格数据。北京的数据是将 Gamble② 的零售价格从1900—1924 年外推到 1738 年。食品价格采用 Li③ 编制的直隶省农产品批发价格。外推时隐含的假设是零售价格与批发价格的比率保持不变。

图 11－2 表明，工业革命前英格兰和低地国家的一篮子商品工资已经超过了北京，而当时北京的工资并不比发达的江南地区低，所以欧洲最先进地区超越中国最先进地区的时间应该在工业革命前。

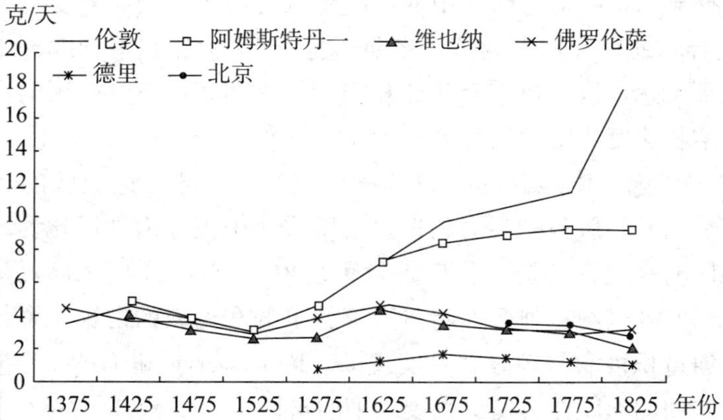

图 11－2　主要城市建筑工人白银工资的国际比较

资料来源：R. Allen, *The British Industrial Revolution in Global Perspective*, Cambridge University Press, 2009, p. 360.

此外，表示实际工资指数的福利比也能说明英国和荷兰超越中国发生在工业革命前。福利比（Allen，2001，2011）是全职工作收入与家庭最低消费成本的比率，是实际工资指数，表示一个全职工作的人在基本消费水平下养活一个家庭的程度。全职工作收入指的是一个工人如果全职工作一年可以获得的年收入，全年工作日为 250 天。一个家庭算 4 口人，即男人、女人和两个幼儿，相当于 3 个成年男性。这样家庭最低名义消费就是 1 个成年男性的最低费用成本乘以 3。图 11－3 显示的是世界主要城市的福利比。工业革命前，北京和佛罗伦萨、维也纳类似，而欧洲先进地区伦敦和阿姆斯特丹遥遥领先。

三、用技能溢价衡量的大分流

技能溢价（skill premium）是用技术工人和非技术工人工资差额除以非技术工人的工资计算出来的。理论上说，技能溢价是“斯密所描述的‘普通工人’获得技术的成本”①（van Zanden，2009，中文版 2016）。技能溢价受培训制度和教育制度长期效率的影

① R. Allen, *The British Industrial Revolution in Global Perspective*, Cambridge University Press, 2009.

② S. Gamble, “Daily wages of unskilled Chinese laborers 1807—1902”, *The Far Eastern Quarterly*, 1943, 3 (1): 41－73.

③ Li, L. M., “Grain prices in Zhili province, 1736—1911: a preliminary study”, in T. G. Rawski and L. M. Li (eds.), *Chinese History in Economic Perspective*, University of California Press, 1992.

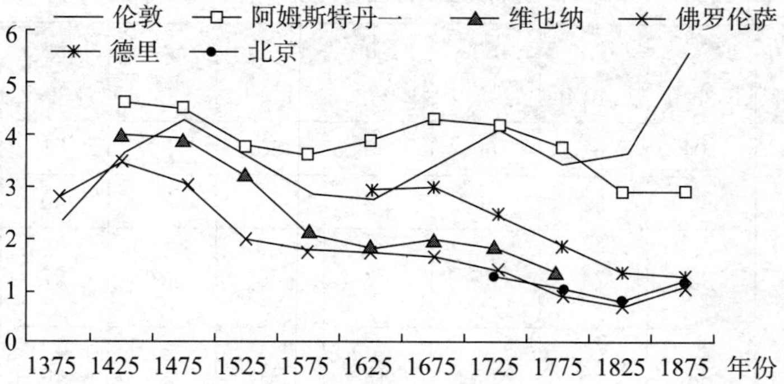

图 11-3　人口福利比的国际比较

资料来源：R. Allen, *The British Industrial Revolution in Global Perspective*, Cambridge University Press, 2009, p. 360.

响，具体包括以下三个因素：首先，培训费用、获得特定技能所需的年数（这些年中未实现的工资收入）和支付的费用；其次，未来高收入的贴现利息；最后，获得高收入的机会和预期享受技能溢价的年数。技能溢价通常用来测度制度的效率。技能溢价越低，证明人力资本培养制度越有效，工人可以低成本接受培训，从而刺激长期人力资本投资，形成高水平人力资本，推动经济增长。所以，技能溢价越低，经济增长越好。

通常用建筑工人中木匠和泥瓦匠的工资与非技术工人工资的差额除以非技术工人的工资来衡量学徒制和行会等制度的效率，以及师徒之间的信任程度。我们也用这一指标来衡量大分流时的技能溢价。

由 1300—1914 年建筑工人技能溢价的时间序列表（见表 11-2）可知，14 世纪上半叶西欧技能溢价相对较高，技术工人工资是非技术工人工资的 100%～150%。14 世纪头十年，英国技术工人和非技术工人的工资差距扩大，14 世纪 30 年代（1315—1322 年大饥荒之后）有所下降。黑死病之后技能溢价一直下降，到 15 世纪中叶，达到 50%～60%的水平，这个水平一直保持到 19 世纪末。欧洲建筑业的技能溢价在 1350—1450 年间也迅速下降。1600 年后的数据显示，印度、日本、韩国和印度尼西亚的技能溢价比西欧高得多。日本的技能溢价在 150%和 250%之间波动，1802/04 年京都非技术工人每天的工资为 0.92 姆米，而神川原桥（Kami-Kawarabayashi）的木匠工资是 2.6 姆米，大阪木匠更是高达 4.3 姆米。17—18 世纪印度和印度尼西亚的技能溢价也是类似的高水平。俄国也一样，17 世纪技能溢价为 100%（木匠/非技术工人）～167%（泥瓦匠/非技术工人）。中国是个例外。1769 年中国大部分地区（湖南、甘肃、江苏）的技能溢价只有 25%左右，一名工匠的每日工资中位数约为 0.05 两，而非技术工人的平均工资中位数为 0.04 两。但在直隶，特别是北京及其附近，名义上的工资和技能溢价都高于其他地区。17—19 世纪，北京建筑工人的名义工资是可以获得数据的其他地区的三倍，技能溢价高达 80%～100%。

表 11-2　1300—1799 年间欧洲建筑工人的技能溢价（平均每 50 年为一个阶段）

	1300—1349 年	1350—1399 年	1400—1449 年	1450—1499 年	1500—1549 年	1550—1599 年	1600—1649 年	1650—1699 年	1700—1749 年	1750—1799 年
伦敦	123	104	62	60	60	50	58	51	40	55
牛津	109	92	52	50	52	44	48	50	47	52
根特/安特卫普	210	93	74	69	73	76	67	67	67	67
荷兰/阿姆斯特丹	100	88	70	66	48	51	45	40	31	29
巴黎	100	60	60	60	59	63	61	60	59	64
西欧	128	88	64	61	58	57	56	53	49	53
斯特拉斯堡		66	63	42	44	61	36	103	51	56
奥格斯堡					62	37	42	36	45	46
莱比锡						76	71	82	68	62
维也纳			66	53	51	46	28	48	53	60
中欧		66	64	47	52	53	44	67	54	58
佛罗伦萨	115	59	42	53	86	99	112			
米兰							84	97	91	89
那不勒斯					95	58	44		45	48
瓦伦西亚		37	31	36	55	31	23	49	49	49
萨拉戈萨/马德里	219	53	67	18		100			100	100
伊斯坦布尔				70	80	70	52	54	55	83
南欧	167	50	47	44	79	72	63	67	68	74
但泽					49	124	78	82	79	41
克拉科夫			56	82	100	80	25	64	180	116
华沙						43	80	64	180	116
东欧			56	82	90	84	61	63	102	63
爱丁堡						133	116		131	83
斯德哥尔摩					67	103	195	111	74	17
北欧					67	118	151	111	103	50

资料来源：扬·卢腾·范赞登．通往工业革命的漫长道路：全球视野下的欧洲经济，1000—1800 年．杭州：浙江大学出版社，2016：184-185.

关键词

世界市场　大分流　历史 GDP　福利比 白银工资

思考题

1. 世界市场是如何形成的?
2. 简述估算历史人均 GDP 的两种方法。
3. 简述中世纪晚期东西方白银工资和福利比的不同与联系。
4. 说明东西方大分流是发生在英国工业革命之前还是之后。

第四篇

工业革命与世界经济的形成

工业革命（也称产业革命）始于英国，稍后传播至比利时、法国、德国等欧洲国家。美洲的美国和亚洲的日本都是成功实现了工业化的国家。工业革命是具有划时代意义的历史事件，它深刻地改变了人类生产和生活的面貌，使资本主义社会结构发生了根本变化。随着殖民扩张，世界分为两大板块，即资本主义的宗主国以及依附于宗主国的殖民地和半殖民地。首先进行工业革命的英国成为以自由贸易和金本位为代表的世界经济体系的中心，但是新重商主义和资本主义国家之间的不平衡不断给世界经济的稳定发展带来挑战。

第十二章
资本主义国家的工业革命

重点问题

- 英国工业革命的内容
- 法国工业革命的特点
- 德国工业革命的特点
- 美国工业革命的特点
- 俄国工业革命的特点
- 日本工业革命的特点

第一节　英国的工业革命

一、煤炭和蒸汽机

燃料是生活必需品。一吨煤炭燃烧产生的热量是相同重量的干木材的两倍。英国丰富的煤炭资源对英国工业革命具有重要意义。英国煤矿埋藏浅，开采成本低，又靠近通航水域，所以英国煤炭价格是当时所有国家中最便宜的。煤炭早在罗马不列颠时代就已被用作燃料，但到16世纪后半期才被广泛应用。17世纪，煤炭已被视为主要能源之一。酿酒、漂洗、制盐、煮皂等行业大量以煤炭代替木炭作为燃料。因此，煤炭被称为“制造业的灵魂”。1700年英国煤炭产量是250万～300万吨，相当于世界其他国家煤炭开采量的5倍。[①] 特别是1709年亚伯拉罕·达比（1677—1717年）发明焦炭炼铁法后，煤炭的重要性更突出了。廉价煤炭的大量使用使英国摆脱了因木材短缺而受到的资源约束，也标志着人类从利用有机能源向利用矿物能源转变。

在工业革命史上，蒸汽机的发明具有革命性意义。在瓦特之前，蒸汽机已使用多年，不过仅仅被用来抽水。纺织部门的机器发明之后，人力不能推动巨大、笨重的机器转动。最初，机器借助风力和水力推动。但是，自然力受地理和季节变化的影响，遇到枯水季节和无风天气，机器不能运转。因此，亟须发明一种超越人力、畜力或自然力的动力机。瓦特在两位企业家罗金斯和波尔顿的支持下，对蒸汽机进行了再发明，于1782年成功试

① ［英］E. A. 里格利．延续、偶然与变迁．杭州：浙江大学出版社，2013：57－58.

制出复动式蒸汽机，并于 1785 年将其用于纺织业作为动力使用。蒸汽机的使用使工厂进一步摆脱了自然条件的限制。蒸汽机的功能完全受人控制，可以移动，其使用不受地点条件的制约。蒸汽机加速了机器的运转，要求工人密切协作，使工厂管理技术得到了进一步的发展。

二、英国工业革命的进程

英国工业革命发端于棉纺织业。18 世纪中叶，英国棉纺织业的规模远小于孟加拉国，也小于国内的毛纺织业。[①] 但行会的过多束缚以及国家的过分保护扼杀了毛纺织业的创新能力。相反，棉纺织业的发展却有一系列优越的条件[②]，尤其是各类棉纺织品是当时兴盛的奴隶贸易中用来交易奴隶的重要商品之一，孟加拉国棉布是销路最好的产品，这刺激了欧洲棉纺织业的发展。

棉纺织业的机器革命是从工具开始的。1733 年，约翰·凯伊发明了飞梭，这个简单的装置使织布效率提高了一倍，导致棉纱生产供不应求，甚至出现了“纱荒”。这就诱发了棉纱生产的创新。1735 年，英国技工约翰·怀特发明了自动纺筒和翼形纺锤的卷轴纺车。这项发明成为手工纺纱向机器纺纱过渡的关键性突破，标志着 18 世纪英国工业革命的开端。

大约在 1764 年，英国技师 J. 哈格里夫斯（1720—1778 年）发明了珍妮纺纱机。珍妮纺纱机又称多轴纺纱机，一人手摇纺机，可同时带动 8 枚纺锭。后经多次改进，纺锭增加到 16 枚、80 枚、130 枚。1769 年，R. 阿克莱特（1732—1793 年）发明了水力纺纱机，一台纺纱机能带动几十枚纱锭，纺出的纱线坚韧、结实。1774—1779 年，英国织工 S. 克朗普顿（1753—1827 年）综合了珍妮纺纱机与水力纺纱机的优点，发明了一种性能更优良的纺纱机，称为骡机，又称走锭精纺机。这种利用水力推动的纺纱机一次可以带动 300～400 枚纱锭，纺出的棉纱质地优良，格外精细，优于印度棉纱，且生产效率很高，使昔日贵如丝绸的棉布变成了廉价商品。纺纱机的发明和应用又反过来刺激了新式织布机的发明。1787 年，英国教士 E. 卡特莱特（1743—1823 年）发明了用马提供动力的织布机，以后改用蒸汽，效率提高了 10 倍，使织布基本实现了机械化。随后，英国人 J. 纳恩罗普和德国人 J. 盖普勒又先后制造出自动织布机。1813 年，英国已有 2 400 台自动织布机运转，其中一部分用水力推动，一部分用蒸汽机发动。

棉纺织业的技术革命使生产成本急剧下降，也提高了棉纺织业的利润率。英国的棉纺织工业在短时间内获得了飞速发展，生产规模持续膨胀，产量大幅增长。英国的棉布不仅占领了第三方市场，而且在印度市场上打败了印度棉布。曼彻斯特和几个棉纺织贸易城市成长为繁荣的工商业大都市。所以，到今天仍有很多人将英国的工业革命等同于棉纺织业革命。

---

① ［英］大卫·兰德斯．解除束缚的普罗米修斯．北京：华夏出版社，2007：81；［英］罗伯特·艾伦．近代英国工业革命揭秘．杭州：浙江大学出版社，2012：280.

② ［英］大卫·兰德斯．解除束缚的普罗米修斯，81-83.

采矿业和冶金业的创新也是工业革命的主要内容。英国采煤业是采矿业中最重要的部门之一，17 世纪和 18 世纪是煤炭业发展的黄金时期。1711 年后纽考门的蒸汽泵和 1769 年后詹姆斯・瓦特的蒸汽机被成功地用于抽水和在矿井里运送工人及煤炭。1813 年采用了蒸汽凿井机，1815 年发明了安全灯，1820 年用曳运机代替人工背运，1844 年凯特、1848 年法宾安发明了不同类型的钻探机，其钻探深度达 200 余米。这一系列技术发明使煤炭业成为当时最先进的部门之一。采煤技术的进步和产量的增加使煤炭成为工业、农业、采矿业、交通运输业的主要燃料和能源。在家庭和工业用煤量方面，不列颠居于欧洲国家的首位。①

在冶炼技术方面，1709 年，亚伯拉罕・达比初次采用焦炭冶炼生铁。1735 年，其子 A. 达比（1711—1763 年）改进了制造焦炭的方法，并加大水力鼓风机，提高高炉温度，除去硫黄和其他杂质，将生石灰和其他催化剂与矿石混合，避免金属在熔化时变质，结果用焦炭炼出了熟铁。这项发明有效降低了成本，不仅促进了冶铁业大发展，而且对于铁路和轮船运输业的发展，以及铁制机械化工业生产设备的广泛运用发挥了至关重要的作用。1783 年，彼得・奥尼恩斯和亨利・科特发明了搅炼和碾压精炼法，使产量提高了 20 倍。

在铸造加工和机器发明方面，为提高铁的产量，人们扩大了高炉的容量，继续改进鼓风系统，增加鼓风机的风力。18 世纪 50 年代，离心鼓风机得到广泛传播。1788 年之前，已经出现了将金属拉长、切削和加工的机器，后来又发明了钻枪炮筒的钻孔机。1797 年，亨利・莫兹利发明了导轨和制造螺丝钉的机器。1790 年托马斯・克利福德、1796 年 S. 格皮先后发明和改进了制钉机。此外，还出现了许多较复杂的专用机器。

机器制造业的产生和发展同样是工业革命的重要内容。蒸汽机发明之前，机器大都是木制的，靠手工完成。18 世纪末 19 世纪初，机器多由手工工场制造，机器制造本身尚未摆脱手工业的范畴。蒸汽机发明之后，木制的机器不能承受蒸汽动力的震动，机器改为铁制。铁制机器的出现明显超出了人力的负荷范围。同时，纺织机与蒸汽机的出现和广泛应用推动了各产业部门的机械化。因此，对工作机的需求量急剧增长。这时，如果利用手工制造机器，则产量少、价格昂贵，制造过程还极其缓慢，不能解决对机器数量和质量的需求，机器的可靠性和精确度也存在问题。因此，制造机器只能通过工作母机加以解决，即由机器来制造机器。

从 18 世纪 70 年代开始，机器制造业有了惊人的发展。1774 年，大炮制造者约翰・威尔金森注册了蒸汽机气缸钻孔的专利，用他的方法提高了钻孔的精确度，把误差率降低到了当时最小的程度。1794 年，英国机械师亨利・莫兹利发明了车床上的滑动刀架，它可以方便、迅速、准确地加工直线、平面、圆柱形、圆锥形等多种几何形状的部件，使车床真正成为机器制造业自身的工作机。从 19 世纪初叶到 19 世纪 40 年代，一系列机器工具也相继出现，有较大型的炮筒镗床，有专门加工平面零件的刨床、多刀切削的铣床、自动螺丝车床，还有加工大型零件的立式车床、刀具做垂直运动的插床等。不仅如此，这一时期还发明了许多精密的检测手段，如测量平面的平规、可量出 0.01%英寸误

① ［英］W. H. B. 考特．简明英国经济史．北京：商务印书馆，1992：54－63.

差的螺丝规，还设计出了多种精密机床，改变了过去那种工程师们只能使用直尺、圆规等简单的检测工具的状况，使机械加工技术多样化、专门化和标准化。

1839年，纳斯密兹又发明了蒸汽锤，它促进了锻造技术的改革，使人们能生产出安全可靠的远洋轮船主轴和制造机床。同时，工程师们制造出了结构较复杂的锻造机，用以锻造纺纱机的纱锭、螺栓、锉刀等机器零件和金属工具。至此，机器制造业成了一个完整的独立的工业部门，并日益发展起来。当时，英国著名的机器制造厂有博尔顿和瓦特工厂、夏尔伯·罗伯特和赛伊工厂，以及惠特渥斯工厂等。

英国制造的蒸汽机、各种工作母机、火车头、农业机器等，质量优良，远销世界各地，在国际市场上占有垄断地位，并直接影响着欧洲大陆和美国工作母机的制造业，“英国制造”走遍世界各地，英国成为“世界工厂”。1851年在伦敦举行的世界博览会上，英国工作母机技术显示出较高的精确性、有效性及专业性。

工业革命的另一个表现是交通运输业的革命。交通运输业的革命是指运输工具和运输方式的突破性进展，它是从解决煤炭运输问题开始的。1759—1761年，冯·布里奇沃特公爵开凿了沃尔斯利煤矿到曼彻斯特的运河。这是英国第一条现代意义上的运河，它的开通不仅解决了曼彻斯特运煤问题，而且使英国从此开始了兴建内河运输网的热潮。到19世纪40年代初，英国已修建人工河道3 960千米（不包括苏格兰和爱尔兰），运河网已经形成。

19世纪初，英国造船业是用进口的木料制造帆船。自从将蒸汽机用在帆船上之后，英国开始用铁来制造轮船，但这项技术发展较缓慢，到19世纪60年代，造船业仍以生产木船为主。这种情况到19世纪末发生了变化，这时英国建立了世界上最大的蒸汽机船队。在造船业兴盛的同时，英国投入大量资金发展航运业配套设施，沿海岸修建灯塔、灯船，扩建港口、船坞、堤岸、堆栈等，置备起重机和其他装卸设备。

1814年，一个矿工的儿子乔治·史蒂芬逊发明了第一台实用机车。1825年，英国建成了世界上第一条铁路。这条铁路由史蒂芬逊指挥修建，全长27千米。列车由12节货车和22节客车组成，能载乘客450名，时速18千米。1830年9月15日，48千米长的利物浦—曼彻斯特铁路通车。这条铁路客货两用，很快就成为兰开夏棉纺工业原料和成品运输的交通动脉。此后，英国两度掀起修建铁路的热潮。到1860年，英国的铁路里程为9 070英里①，在欧洲各国中居于首位。②

三、英国经济的发展和扩张

工业革命后，英国人口快速增长，增长率高于其他没有进行工业化的国家，也高于世界平均水平，而且人均收入持续增长。在全世界范围内，英国在1500—1820年和1820—1870年的GDP年均复合增长率和人均GDP最高。③

---

① 1英里＝1.609 344千米。

② ［英］H. J. 哈巴库克，M. M. 波斯坦．剑桥欧洲经济史：第6卷．北京：经济科学出版社，2002：216.

③ ［英］安格斯·麦迪森．世界经济千年史，238，239，260，263.

工业革命使经济增长速度大大提高。机械力代替人力，将人的体力从繁重的工作中解脱出来，极大地提高了劳动生产率。机器生产使工业生产的增长速度大大高于生产机械化以前的增长速度。18 世纪初至 80 年代，世界工业生产指数提高了近 2.3 倍，而 1802—1870 年提高了 5.1 倍多。英国在其工业生产高涨的 19 世纪 50—90 年代，采煤量从 5 000 多万吨增加到 14 000 多万吨，铁矿石产量从 900 多万吨增加到 1 500 多万吨，棉花消费量从 8.5 亿多磅增加到 15.2 亿多磅[①]，增长速度超过了以往任何一个行业。

工业革命使人类社会从农业时代进入了工业时代。1688 年，英国约有 75%的劳动人口从事农业，1801 年有 35%，1841 年减少到 23%。同期英国国民收入中农业所占的比重，1801 年为 32%，1841 年为 22%，工业所占的比重却由 23%提高到 34%，若再加上服务业（包括交通运输业和通信业），则 1841 年工业所占的比重提高到 78%。[②] 工业的地位已大大超过农业，以前以农业为主的经济结构发生了改变。

工业革命使英国成为世界工厂。1820 年，英国占世界工业生产总额的一半，把其他国家远远甩在后面。1840 年，英国工业生产产值在世界工业生产产值中占 45%，法国占 12%，美国则占 11%。[③] 之后，英国这一比重虽然由于其他资本主义国家工业的发展而有所降低，但是一直到 19 世纪 70 年代，英国在世界工业生产中仍然占据优势地位。[④] 英国工业的巨大生产能力，使英国成为世界各国工业品的主要供应者，世界各国在不同程度上成为英国的原料供应地。19 世纪上半期，英国 50%以上的工业品销往国外市场，进口的则是原料、粮食等初级产品。棉纺织品在出口中占重要地位，煤炭、铁、机器的输出量不断增加。特别是这一时期各大陆出现了大规模铁路建设的热潮，英国成了世界各地修建铁路的承包商和煤炭、铁轨、机器设备、机车车辆的主要供应者。这一时期先后发生在美国和欧洲大陆各国的工业革命，在不同程度上都是靠从英国输入的技术装备进行的。

第二节 法国的工业革命

一、大革命与工业革命的启动

18 世纪后半期，法国政府也进行了工业化的尝试，专注于引进英国的技术和机器，聘请英国的工业家和技术工人。法国的棉纺织工业高效地模仿英国模式，掌握了棉纺织业的各项技术发明，诸如纺纱机、走锭精纺机、水力纺织机等。英国人米尔恩和霍克尔在法国政府的鼓励和保护下，在法国定居并开设纺纱厂，为法国棉纺织工厂提供了样板。1790 年前后，法国已经有几家巨大的纺纱厂，每家都拥有大约 1 万枚纱锭，其中最著名的是坐落于奥尔良市的奥尔良公爵的纺纱厂。但是很多投资建厂的人因为市场狭小和资金短缺而最终失败。

---

① ［日］宫崎犀一，奥村茂次，森田桐郎．近代国际经济要览．北京：中国财政经济出版社，1990：19，35.

② 同上书，28，30.

③ ［苏］库钦斯基．资本主义世界经济史研究．北京：生活·读书·新知三联书店，1955：41.

④ 同上书，41.

从1799年拿破仑发动“雾月政变”上台，到1815年拿破仑最后失败，是法国大工业初步奠定基础的阶段。在这一阶段，拿破仑政权推行了一系列促进资本主义发展和工业革命的政策。

首先，拿破仑在1804—1810年先后颁布了《法国民法典》《民事诉讼法典》《商法典》《刑事诉讼法典》《刑法典》，保障私有财产的不可侵犯性。1795年采用公制度、量、衡，废除对盐、烟等商品的专卖制度，取消贵族特权的等级制度，将过去对非特权阶级征收的直接税和间接税改为根据财产状况对全体公民征收。

其次，为加速资金的周转和流通，1800年2月，政府将往来存款银行和商业贴现银行等私人银行进行改组，创办了新的国家银行——法兰西银行。法兰西银行除了履行中央银行的义务外，还兼营放款、贴现等商业银行的业务。1803年，法国进行货币改革，用法郎代替利弗尔。法郎分金、银两种，有无限法偿资格，可以自由铸造。法国长期实行金银复本位制。

最后，为了把法国的经济势力扩展到国外，控制整个欧洲市场，拿破仑还接连发动侵略战争，占领了欧洲一半的土地，并从战败国搜刮到大量财富。为了打击竞争对手英国，拿破仑还于1806年11月21日在柏林颁布了《大陆封锁令》，后于1807年颁布《米兰法令》，联合欧洲其他各国一起对英国实行经济封锁，既不向英国出口粮食和工业原料，也不让英国工业品行销欧洲大陆，严禁欧洲大陆各国与英国发生任何经济关系。

上述各项政策有利于法国国内市场的统一和私有产权的发展，初步奠定了工业革命的基础。但是大陆封锁政策却隔绝了法国与外部世界的联系，使法国接触不到先进技术。而且工业原料极端缺乏，生产大为缩减，对外贸易急剧萎缩，刚刚发展起来的棉纺织业也由于原料供给紧张而中断。大陆封锁政策还使法国在18世纪苦心经营的海外市场轻而易举地丧失了。更严重的是，拿破仑时代的政治斗争和军事斗争耗费了过多的财力和物力，致使国家财政困难，物价上涨，工农大众处境艰难。战败后又要负担巨额赔款，导致经济发展被置于次要的地位，工业化受到影响。

二、工业革命的进程及特点

从1815年到19世纪六七十年代，法国经济增长有所加快，1870年工业发展水平居世界第二，仅排在英国之后。1900—1913年是法国工业快速增长时期，然而德国和美国增长更快，所以法国在世界经济中的地位下降了。

纺织业是采用机器最快和最广泛的部门。1848年革命以前，工厂制度在纺织业的各部门都已普遍推广，纺纱厂的规模扩大得十分迅速。阿尔萨斯，特别是牟罗兹（Mulhouse）是法国棉纺织业技术最先进的地区，其生产扩张与技术进步相伴而行。19世纪上半期，法国成为欧洲大陆最重要的棉纺织产品制造者。19世纪60年代，因为降低关税、棉花短缺和通货紧缩，棉纺织业受到了严重打击。

从19世纪20年代中期起，由于设备更新和新技术的推广，煤炭、铁的生产也迅速扩张。1860年以前，法国的冶铁业居世界第二位。贝塞麦法、西门子-马丁法和碱性工艺的发展，使19世纪90年代中期粗钢的实际成本相比19世纪60年代早期降低了

80%～90%。[①] 洛林地区含磷铁矿得到利用，大大推进了法国钢铁工业的发展。但是此时，美国和德国从新炼钢技术中获益更大，其钢铁生产量大大超过了法国。法国在化学工业方面也取得了巨大成就，发现了苯胺染料，从而引发了染料工业的巨大变革。在动力使用方面，工业中使用的蒸汽机不断增加。

此外，法国还在交通运输业方面获得了很大发展。《1842 年铁路法》规定：铁路建设由国家规划、征用土地、承担地面建设和车站建设，而由私人特许公司承担铁轨和车辆的修造，私人公司营业期限为 99 年，此后全部财产由国家无偿接收。法国是欧洲铁路最积极的倡导者和建设者，在西班牙、瑞士、意大利、多瑙河流域和俄罗斯都有铁路投资，这一时期法国铁路对外投资的资本超过国内铁路投资的一半。[②]

法国各工业部门发展不平衡。冶金、钢铁等工业虽有了很大发展，但纺织业，特别是生产精美时装、名贵家具和高级奢侈品的部门仍占重要地位。另外，虽然工业中出现了不少千人以上的大企业，但中小企业仍占绝对优势。根据 1896 年的工业和职业调查，全国共有 57.5 万家“工业企业户”，平均每家所雇工人为 5.5 人。其中雇工在 1 000 人或 1 000 人以上的工业企业仅有 151 家。40 多万家企业的雇工仅 1～2 人，另有 8 万家企业的雇工仅 3～4 人。在这 57.5 万家企业中，雇工在 10 人以下的共有 53.4 万家。[③]

在整个 19 世纪，法国工业都表现出资金来源紧张的问题。在法国公司中，大部分是家族公司，资金来源主要依靠自身财力的积累，这些公司也发行企业债券，银行在工业筹资中只起到较次要的作用。在 19 世纪中叶以前，法国都没有帮助工业企业的商业银行。投资者对工业部门的投资活动普遍比较谨慎，他们感兴趣的是海外市场和国内有政府背景的交通运输业。普法战争失败后，法国不得不支付大量战争赔款。赔款所造成的资金短缺越来越严重，影响了法国工业的发展。

三、小农经济的长期存在

法国的农奴制在 14—15 世纪已经基本废除，但是农村中的土地所有权和封建义务问题并没有解决。在大革命期间，雅各宾派的土地命令把农民从封建剥削下解放出来，封建土地制度被推翻，大多数农民分到了土地。法国成为一个小农经济国家。

但是，法国废除封建土地所有制后产生的小农经济并不像英国和美国那样在竞争中被淘汰，而是广泛、长久地存在。拿破仑执政后，地产的升值使农民更加珍惜自己的土地。《法国民法典》保障农村的小土地所有制，规定农民的既得权利可以永久保持，使自由农民的小土地所有制获得了很大的发展。法国政府的关税保护政策也保护了小农经济。工业发展迟缓又反过来强化了小农经济的存在，工业和农业相互牵制，形成恶性循环。法国农村中异常猖獗的高利贷也延缓了小农与土地的分离。借了高利贷的农民偿还的不仅是地租，而且是全部纯收入，甚至是一部分工资。高利贷者让不能清偿债务的农民保留土地，以便继续吮吸他们的膏血，这就使法国的小土地所有制得以长期保存下来。另

①② ［英］大卫·兰德斯．解除束缚的普罗米修斯，260，203.

③ ［英］克拉潘．1815—1914 年法国和德国的经济发展．北京：商务印书馆，1965：293.

外，随着人口的增长，农民的土地也被分成更小的地块，出现了不少新的小农户。

19 世纪的法国是一个农业国。法国的小农经营不仅在农业中占绝对优势，而且在数量上有所增加。1892 年，占有 40 公顷以上土地的农户的土地面积占总土地面积的 47%，有 10～40 公顷土地的农户的土地占 30%，有 1～10 公顷土地的农户的土地占 23%。①1881 年、1891 年、1911 年适宜工作人口中分别有 47.5%、44.6%、41.2%分布在农业，同期工业就业人口增长缓慢。②

第三节 德国的工业革命

一、德意志的民族统一与工业革命

拿破仑战争后，根据 1815 年维也纳会议协定，德意志由 34 个邦和 4 个自由市联合组成，各邦、市仍保持独立主权，只在莱茵河畔的法兰克福设立邦联议会，各邦派代表参加，国家处于四分五裂的状态。各邦各自为政，法律、币制、税收繁杂多变。各邦在边境上设卡，使得道路不能贯通，河流被切成多段，关税之外又征通行税。1818 年，普鲁士进行关税改革，废除国内关税，对进口原料免税，对进口工业品平均征收 10%的关税，向通过普鲁士边境的货物征收很轻的税，只向少数货物征收国产税。普鲁士的关税改革成为关税同盟的第一步。

1819 年德意志各邦代表在维也纳集会，各邦分别组织了不同地区的关税同盟，有南部关税同盟、北部关税同盟和中部关税同盟。1834 年元旦，在普鲁士的努力下，全国性的关税同盟成立，普鲁士与德意志中部和南部一些邦的关税卡在这一天取消。到 1867 年，除了不来梅和汉堡（分别于 1885 年和 1888 年加入）外，其他邦都包括在德意志帝国关税同盟内。

关税同盟采取了温和的保护工业的政策。参加同盟的各邦间货物往来无须纳税，但对未参加同盟的各邦的货物须课以一定税率；关税政策应由参加同盟的各邦每年开会共同决定；设法统一币制与度、量、衡；税收收入按各邦人口比例分配；各邦关税行政自主，各有任命税吏的权力；设置特定机构，研讨各成员邦修改税率的建议，并考察关税制度的施行；在不违背关税同盟规定的条件下各邦仍有订立条约之权。关税同盟的实行效果良好，各邦商业繁荣，走私绝迹，制造工业在保护下得以发展。瑞士、比利时和阿尔萨斯的企业在德意志扩大了的国内市场中寻找机会，纷纷转移到关税同盟地区。关税同盟后来获得了国际地位，有权与他国缔结商约。关税同盟使德意志在政治统一之前先实现了经济统一。1871 年，德意志帝国成立，关税同盟融合在帝国之内，结束了它的历史使命。

---

① ［法］弗朗索瓦·卡龙．现代法国经济史．北京：商务印书馆，1991：117.

② ［英］彼得·马赛厄斯，M. M. 波斯坦．剑桥欧洲经济史．第 7 卷：上册．北京：经济科学出版社，2004：384.

1870年的普法战争中，普鲁士战胜法国，并统一了除奥地利以外的德意志各邦。1871年1月18日，普鲁士国王威廉一世称帝，建立了中央集权制的德意志帝国。统一的联邦国家成立之后，首相俾斯麦着手整顿全国经济。他统一了全国度、量、衡制度，全国的商业法规和币制，确定马克为货币单位，1875年又改建了中央银行，统一了纸币发行权。同时对交通运输的纷杂状况进行了大力整顿，废除了国内贸易障碍，完成了国内市场的统一。在对外贸易方面也采取了统一的政策。政府为了鼓励本国工业的发展，改革了原有的关税制度，从1879年起实行保护关税的政策，对工农业都实行保护。以上这些措施促进了统一的国内市场的形成，增强了德国资本主义的竞争力量，扫除了资本主义大工业前进道路上的障碍。

二、工业基础的初步奠定

德意志关税同盟促使德国的产业革命于19世纪30年代中期正式起步。德国的产业革命也是从纺织业开始，巴伐利亚、符腾堡和巴登是德国的棉纺织业中心。从19世纪30年代早期到19世纪40年代晚期，原棉的消费增长了8倍，但是德国纺织业的规模只有法国的1/4甚至1/3。①

由于利用了新的技术设备，采煤业、冶金业也有了大的发展。鲁尔区和萨尔区已分别成为德国采煤业和冶金业的中心。铁路建设和汽船航运也发展起来了；1824年，第一艘汽船开始在莱茵河上航行；1839年，组建了汉萨海运汽船公司和汉堡-美洲汽船公司，汉堡成为海运业中心。到1848年前，德国的工业革命虽然已有了相当的进展，但仍然处于起步阶段。德国还未建立起自己的机器制造业，工业体系远未形成。工业中工厂生产的产值所占的比重太小，工场手工业和零散的小手工业仍然占主导地位。

19世纪前半期，德国采煤和冶金业的发展受制于技术落后；19世纪后半期，由于采用新的技术设备而有了较大发展。鲁尔的煤炭产量从1850年的164万吨增至1869年的将近1 200万吨，德国总体开采量从将近420万吨增至2 300多万吨。② 鲁尔不仅是个煤矿，还是个煤铁矿，鲁尔的煤炭可制成适用于高炉炼铁的焦炭、木炭，德国冶铁业大发展也直接表现为采用新技术后矿物燃料对木炭等植物燃料的替代。普鲁士的铁产量占整个关税同盟的90%，木炭铁的比例从1842年的82%降到1852年的60%，再进一步下降到1862年的12.3%。在新兴炼铁工业区如鲁尔，木炭的淘汰速度更快。木炭铁的比例在1848年为100%，1850年为63%，1856年为4.2%，1863年为1.3%。③

总的来说，产业革命在19世纪五六十年代发展异常迅速。到1870年，德国在纺织、采煤、冶金等行业的发展速度均快于英国和法国，而在煤铁产量、铁路长度、蒸汽动力的使用等方面已超过法国，迈入了发达的工业国家行列。实际上，19世纪60年代末，在普鲁士、萨克森、巴伐利亚、巴登、纽伦堡这些先进地区，产业革命已经基本完成。

---

① [英] 大卫·兰德斯．解除束缚的普罗米修斯，167.

② 同上书，205.

③ 同上书，220.

三、工业革命的完成与“德国制造”①

20世纪初德国基本实现了工业化。从就业人数在三大产业中所占的比重来看，1880年德国农业、工业和服务业中就业人数所占的比重分别为49%、30%和21%，1910年这三大产业中就业人数所占的比重分别变为36%、37%和27%。

德国的重工业发展非常迅速，轻工业在国民经济中的地位很快为重工业所取代。机械制造业（包括电机、电气、造船业、军工行业、工具机床等）已经完全建立了起来，化学和电气等新兴重工业部门在德国国民经济中所起的作用超过了英、法等国同等行业在国民经济中的作用。

1870年以后，德国工业的增长速度就已超过英、法两国，仅次于美国，1890年以后德国的工业优势已很明显。对于德国实现赶超具有特别重要的意义的是电力、光学和化学等新兴产业部门。电作为新兴能源在19世纪后半期开始商业应用，德国居于领先地位。德国的功率指标显示，其发电和输配电网平均规模更大，电流更均匀，电力系统功率更佳。德国电气制造业规模居欧洲第一，是英国的两倍，只比美国略小。西门子和AEG雇用了14.2万名工人，控制着欧洲的电力工业。有机化学是德国最大的工业成就，占整个化学行业劳动力和资金的一半。19世纪70年代，巴登苯胺、赫希施特、爱克发等工业染料企业已占据世界市场的一半，世纪之交时这一比例达到了90%。

德国煤炭产量从1890年的8 900万吨，上升到1914年的2.77亿吨，只落后于英国的2.92亿吨，远远领先于奥匈帝国的4 700万吨、法国的4 000万吨和俄国的3 600万吨。德国的钢产量增长惊人，1914年，德国1 760万吨的产量高于英、法、俄三国的产量总和。第一次世界大战前夕，德国在世界制造业中所占的份额（14.8%）高于英国（13.6%），约是法国（6.1%）的2.4倍。

在钢铁、机器制造业和化学工业中，大规模生产非常普遍。1907年，钢铁业3/4的工人就业于千人以上规模的大企业中；机器制造业中84%的工人在51人及以上的企业工作，重型电气设备制造业的这一比例高达96.4%；化学工业中碱、炸药和有机染料行业的这一比例达到82.6%～98.2%。

1870年之后，德国工业在海外的扩张威胁到了英国在国际贸易中的垄断地位。1875—1895年，英国出口产品量增长了约63%，但出口总值不变，德国的出口总值却实现了30%的增长。同时，德国出口中制成品仅占44%，到1900年则占到62%（同期英国的这一比例为75%）。1890—1913年，德国的出口增加了两倍，接近世界头号出口国英国。1913年德国成为世界第二大商船拥有国。

---

① 这部分数据来源于［英］大卫·兰德斯．解除束缚的普罗米修斯，276，289，299，325；［英］保罗·肯尼迪．大国的兴衰．北京：中信出版社，2013：219－220；［英］彼得·马赛厄斯，M.M.波斯坦．工业经济：资本、劳动力和企业：上册．北京：经济科学出版社，2004：553.

第四节　美国的工业革命

一、工业革命的基础和条件

经过 1776—1783 年的反英独立战争，美国摆脱了英国的殖民统治，获得了政治上的独立。在债券持有人集团、大土地投机者集团、工商业者集团、奴隶主集团和债务人集团的支持下，美国通过了 1787 年宪法。这是第一部资产阶级宪法，明确了私有财产神圣不可侵犯，赋予了政府四项重大权力，即征税、建立和维持海陆军、统制对外与州际贸易、处理西部土地的权力。美国 1787 年宪法说明了政府以何种方式介入经济活动，明确了政府“守夜人”的地位。

建国后，美国通过大规模向西扩张领土，形成了欧美其他国家都无法比拟的广大的国内市场。西部土地蕴藏着极为丰富的自然资源，也为美国经济的发展奠定了雄厚的物质基础。到 19 世纪中叶，美国的国境线已扩张到太平洋沿岸。美国政府为了吸引欧洲各国的移民来开发西部，逐步实行了西部土地的国有化政策，并采取分块出售的办法将土地转让给移民。耕地面积的扩大和农业生产技术的改进，使美国农业产量迅速上升。

大量移民的流入不仅为工业革命的开展提供了源源不断的廉价劳动力，而且为美国带来了先进的科学技术。美国是世界上外来移民最多的国家，从北美 13 块殖民地时代起直到 19 世纪，美国都是移民净流入的国家。欧洲移民及其后裔构成了美国居民的主体，其次是来自非洲的黑种人、来自亚洲的黄种人和来自拉丁美洲的各色人种。美国独立以后，差不多每隔 25 年，人口数量就要翻一番。大量移民的涌入虽然对某些特定行业产生了不利影响，但是从总体上来看，1913 年以前美国没有出现明显的工资下降趋势。1910 年，外国移民占美国制造业劳动力的 1/3 强，占建筑和运输行业全部劳动力的 1/4。1910 年，有一半的美国人是 1790 年后到美国的欧洲移民及其后代。欧洲移民帮助美国发展了纺织、钢铁、酿造、钟表、制鞋、成衣等许多新兴的工业部门。1790 年，曾经受雇于阿克莱特纺纱工厂的塞缪尔·斯莱特来到美国，并于 1791 年创立了美国第一个近代机器工厂，他仿制的水力纺纱机获得了专利权。

1791 年，美国财政部长汉密尔顿提交了著名的《制造业报告》，强调一个国家如果没有适当的工业基础，在经济上或政治上就不能强大。他认为，英国由于工业建立得较早、较好，能够出售比美国新建工厂生产的商品更廉价的商品，为了使本国工业建立并发展起来，必须实行保护关税制度。1816 年，经过激烈斗争，美国通过了第一个保护性关税法案，对一般进口货物平均征收 20%的关税，而对于某些特别需要加以保护的工业进口产品征收特别税。以后，尽管经历了多次反复，但保护关税政策基本保持了下来。

二、种植园奴隶制及其影响

在 1808 年国会禁止奴隶输入之前，被贩卖到美国的奴隶总计约 66.1 万，相当于所有被强迫横渡大西洋的非洲人的约 7%。但是，到 1825 年，美国境内的奴隶人数约占西半球奴隶总数的 36%，尽管巴西在 1808 年前输入的奴隶人数 6 倍于美国，但巴西境内的奴隶人数在西半球奴隶总数中仅占 31%。① 这表明美国奴隶人口的自然增长率很高。美国黑奴的死亡率较低，而生育率却很高。

由于欧洲国家棉纺织业的发展，对原棉的需求刺激了美国棉花种植园的发展，在 1800 年至内战期间，奴隶日益集中在南部从事棉花生产。种植棉花的地带包括：东南起自南卡罗来纳的中部，穿过佐治亚到亚拉巴马，再向西穿过密西西比、田纳西南部、阿肯色、路易斯安那，直到得克萨斯东部。到 1860 年，南部黑奴人口已达 384 万，超过南部总人口的一半。1860 年，根据当时的标准，奴隶代表了他们主人的很大一部分财富。在亚拉巴马、佐治亚、路易斯安那、密西西比和南卡罗来纳，将近 60%的农业财富为奴隶，而土地和农用建筑只占不到 1/3 的比例。

1860 年，南部人均制造业产值不及美国中大西洋地区诸州的 1/5，仅为新英格兰的 1/8。由于南部大多数种植园都自给自足，仅提供给奴隶满足生存需要的最低程度消费，这限制了制造品市场的扩大。南部的工业部门很小，主要是一些资源加工业、纺织业以及印刷和出版业。在工业化进程中，南部远远落后于北部和中西部。由于奴隶制的影响，南部的工业化进程受到了阻碍，但这并不意味着南部经济不发达。内战以前，南部经济处于其经济发展的黄金时期，它的发展速度与整个美国经济的发展速度一样快。从人均收入的增长情况来看，南部是美国经济发展最成功的地区之一。南部在 1840 年和 1860 年生活水平都显著高于以农业为主的北部偏中诸州（俄亥俄州及其以西的州）。南部的经济增长率比北部高 1/5，并与正在进行工业化的国家的经济增长率相差无几。②

南部收入中有很大一部分仰仗于奴隶，当反对奴隶制的林肯当选后，蓄奴州加入南部邦联的顺序正好反映了它们对奴隶收入的相对依赖程度。③ 内战后，南部原先符合要素禀赋原理的经济模式被打破，在内战开始后的 20 年内，美国其余地区的经济发展突飞猛进，而南部经济发展落后了。

三、工业化进程与经济发展

在南北战争之前，美国工业处于起步阶段，最早建立的工业是棉纺织业。1820 年，美国的棉纺织工厂的生产处于蓬勃发展阶段。棉纺织业在 1860 年已成为美国最大的制造工业。④

从 19 世纪初起，美国相继引进了热风炉、焦炭炼铁法等先进技术，建立起近代炼铁业。由于基础较好、资源丰富，炼铁业发展很快。但美国产的生铁质量较差，只能用于

---

① ［美］加里·M. 沃尔顿，休·罗考夫．美国经济史（第 10 版）．北京：中国人民大学出版社，2013：333－334.

② ［美］杰里米·阿塔克，彼得·帕塞尔．新美国经济史——从殖民地时期到 1940 年：上卷．北京：中国社会科学出版社，2000：321.

③ ［美］杰拉尔德·冈德森．美国经济史新编．北京：商务印书馆，1994：358.

④ ［苏］波梁斯基．外国经济史：资本主义时代．北京：生活·读书·新知三联书店，1963：356.

制造农具、铁管、大炉等。19世纪初，美国的蒸汽机、机车等主要机器基本都要从英国进口。通过仿制和改进，美国很快建立了自己的机器工业。在动力的使用方面，主要依靠水力和蒸汽。在1840年后的40年中，水利始终是美国固定动力的最重要源泉。从总的马力来看，蒸汽发动机主要用于交通运输。1860年增加值最多的10个行业是棉纺织业、木材业、制鞋业、面粉业、男式服装业、制铁业、机器业、毛纺织业、马车和货车业、皮革业。①

从南北战争后到第一次世界大战，是美国工业化突飞猛进和最终完成的时期。1859年，美国有14万个工业生产单位，其中许多是手工作坊。到1914年，工厂总数增加到27.5万家，全年生产总值超过240亿美元。工人总数在1859年有130多万，1914年超过700万。② 农业部门的劳动力减少，1869年农业就业比例为53%，制造业为33%，1899年正好反转，农业为33%，制造业为53%。③ 1910年增加值最多的10个行业变为机械业、木材业、印刷和出版业、钢铁业、麦芽酒业、男式服装业、棉织品业、卷烟业、铁路车厢业、靴和鞋业。④ 19世纪90年代中期，美国成为世界工业的领袖。1913年，美国占世界工业产出的1/3以上，是排名第二的德国生产的商品价值的近2倍。⑤

美国的地区专业化也逐渐形成。1860年以前，美国重要的工业区集中在大西洋中部和新英格兰，因为那里是最早进行农业革命的地区，有企业家需要的劳动力、玉米等的供应和推销工业品的市场。南方建立了以木材加工、纺织业为主的工业部门。19世纪中叶，美国形成了三大区际贸易区：五大湖区、密西西比河沿岸和西部的大平原区。1850—1890年，人口中心、玉米生产、食品加工业都向西移动。面粉厂从沿海河流向西迁移到伊利运河上的罗彻斯特，然后迁往芝加哥，最后到达明尼阿波利斯和堪萨斯。肉食罐头工业越过阿勒格尼山脉，1816年开始于辛辛那提，后来迁到芝加哥和堪萨斯。这时，中部、东北各州工业发展最显著。19世纪80年代以后，木材工业和棉纺织业在南部获得了长足的发展。

第五节 俄国和日本的工业革命

一、俄国的工业革命

从17世纪末开始，彼得一世效法西欧发达国家实行改革。经济方面的改革主要是鼓励发展工场手工业，凿运河，开商埠，振兴国内外贸易，从而为俄国近代工业奠定了基础。18世纪后半期，叶卡捷琳娜二世实行开明专制，鼓励资本主义工商业。但到19世纪40年代中期以前，俄国工业生产对于机器的采用基本上是实验的、偶然的和不稳

---

① [美] 斯坦利·L. 恩格尔曼，罗伯特·E. 高尔曼．剑桥美国经济史：第2卷．北京：中国人民大学出版社，2008：276.

② [美] 吉尔伯特·C. 菲特，吉姆·E. 里斯．美国经济史．沈阳：辽宁人民出版社，1981：449.

③ [美] 加里·M. 沃尔顿，休·罗考夫．美国经济史（第10版）．北京：中国人民大学出版社，2011：372，373.

④ [美] 斯坦利·L. 恩格尔曼，罗伯特·E. 高尔曼．剑桥美国经济史：第2卷，276.

⑤ [美] 加里·M. 沃尔顿，休·罗考夫．美国经济史（第10版），373.

定的。

19 世纪中期的农奴制改革和工业革命的世界性进程，有力地影响着俄国工业经济的发展。1860—1880 年，俄国工业生产的主流是资本主义生产方式普遍取代封建生产方式，机器工厂与手工工场低级形式的角逐全面铺开。就各部门来看，轻纺工业、机器制造业和煤炭业发展比较迅速。然而，工业发展并不均衡也不稳定，经济狂热和经济萧条交替出现。1873 年和 1881 年的危机和萧条减弱了俄国工业迅速发展的势头。危机和萧条使大批小手工业和中小企业破产，从而加速了生产集中和大机器工业战胜小手工业的进程。由于工业发展的许多条件，如大量资本、熟练工人、商业和信贷组织以及建立新工业部门的组织经验等尚不具备，国产金属、机器、煤炭的自给率只有 1/3～1/2，国内工业生产严重依赖进口。

19 世纪 80 年代到第一次世界大战是俄国工业化迅速发展的时期，主要表现为人口快速增长和农业进步并存、人均社会资本增长迅速。工业是俄国经济中增长最快的部门，工业劳动力增加，生产技能也有所提高①，工业和服务业在总产出和雇用总人数中的比例提高了。

1887—1897 年，全部工业产值增长了 112.8％，其中矿业产值增长了 152.4％，金属制品工业增长了 175.8％，化学工业增长了 177.2％，均高于全部工业产值增长率，化学工业生产价值由 0.2 亿卢布增加到 1 亿卢布，增长了 4 倍。② 尤其是俄国的煤炭产量增长了 2 倍，石油产量增长了 20 倍，钢产量增长了 5 倍。而纺织工业的增长率低于全部工业产值增长率。

1890—1913 年，俄国大型工业产量的年均增长率为 5％，高于大多数处于工业化发展阶段的国家。在矿场、制造厂和铁路工作的劳动力明显增长，年均增长了 128.5％，这反映了人口从农业向工业的转移。③ 同期，外国资本流入和俄国政府着重扶持使重工业获得了重要发展。

到 1914 年，采矿业、冶金业和机械制造业占资金投入总数的一半多。然而，第一次世界大战前，纺织业和食品业产值都占据着领先地位。1914 年，纺织业和食品业产值分别占到工业总产值的 28％和 22％，劳动力人数分别占工业劳动力总数的 30％和 13％。而受到政府鼓励和获得政府补贴的采矿业和冶金业不足工业总产值的 1/7。④ 可见，俄国政府为扶植国内产业所实施的财政政策、国家订货和优惠税率等种种鼓励措施未能充分奏效。

1914 年，俄国已成为欧洲第四大工业国，拥有绝大多数工业部门，工业年均增长率高于同期欧洲国家。但俄国工业在地理上的发展并不均衡。工业发达地区，如巴库油田、波兰王国的皮奥特尔科沃，以及莫斯科省和圣彼得堡省等地区，人均工业产值和工人占总人口的比例都可以与当时先进国家的平均水平比肩；但在广大工业落后地区，工业发

① ［英］彼得·马赛厄斯，M.M. 波斯坦．剑桥欧洲经济史：第 7 卷：下册．北京：经济科学出版社，2004：241－242.

② ［苏］梁士琴科．苏联国民经济史：第 2 卷．北京：人民出版社，1954：200.

③ ［英］彼得·马赛厄斯，M.M. 波斯坦．剑桥欧洲经济史：第 7 卷：下册，247.

④ 同上书，331.

展微不足道，造成了俄国总体工业水平较低。1908年，俄国人均工业产值不到30卢布（3英镑多一点），工厂工人占全部人口的比例不到1.43%。此外，俄国农业种植生产率虽比较高，但农业增长慢于工业增长，且农业在俄国经济中所占比重很大，削弱了较高的工业增长率对经济增长的影响，人口增长也使俄国人均收入处于欧洲最低水平。[①]

二、日本的工业革命

明治维新对日本工业发展有重要意义。在1868年至19世纪80年代中期，明治政府在政治、经济乃至文化领域推行了一系列“维新”改革措施。主要包括：

第一，废藩置县，即废除藩国制度，将全国重新划分为3府72县，由中央政府统一任命府县知事进行管理，从而以近代的中央集权制取代了封建领主制；整顿财政、统一货币，为国内经济上的统一和国内统一市场的形成奠定了基础。

第二，废除封建等级制度，促进流通，确认各阶层有迁徙、就业和契约自由。

第三，实行土地和地税制度改革。政府在1869年废除了农田永禁买卖令，之后允许农民自由栽培作物和用货币缴纳地税，1872年又宣布根据土地的实际支配权确定土地所有权。

第四，学习欧美教育、文化和科学技术，实行文明开化、殖产兴业。

第五，扶植私人资本主义的发展。一方面，政府用财政资金扶植那些曾向新政权建立和推行改革给予资金支持的政商；另一方面，采取发放“劝业基金”等办法，鼓励士族经营工商业。1880年，政府把一大批国营企业廉价处理给三井、三菱、古河、久原、浅野、川崎等私人企业，而这些企业则构成了日后财阀发展的基础。明治维新不仅使日本成功摆脱了沦为殖民地的危机，而且促进了日本向资本主义生产方式的转变。

奉行殖产兴业和富国强兵的明治政府，意图通过对外扩张，对周边国家的资源和市场进行占有，解除其国内市场狭小、粮食和资源短缺的困境。日本1874年发动了对中国台湾的侵略，1875年又入侵朝鲜，制造江华岛事件，1894—1895年发动了对中国的侵略战争（中日甲午战争），1904—1905年发动了日俄战争。

明治维新后，日本第二产业所占的比重不断提高，从1888年的12.2%上升到1938年的51.8%，第一产业的劳动力占比也从69.9%下降到44.7%。[②] 1910年之前，食品业（主要是清酒、酱油、糕点糖果）和纺织业（主要是生丝、丝织品、棉线、棉纺织品）在工业中所占的比重最大，19世纪80年代末纺织业超过食品业成为日本最大的工业。[③] 随着殖民扩张攫取到的海外原料和市场的增加，日本的工业尤其是煤炭、钢铁、机械、造船等重工业获得了快速发展。

从日俄战争到第一次世界大战之前，日本垄断组织财阀的势力迅速增强。三井、三菱、住友、安田、川崎、山口、浅野、大仓、古河和片仓等财阀在国家政权的庇护下，

① ［英］彼得·马赛厄斯，M. M. 波斯坦．剑桥欧洲经济史：第7卷：下册，286.

② ［日］南亮进．日本的经济发展，东洋经济新报社，1981//崔岩．日本的经济赶超．北京：经济管理出版社，2009：87.

③ ［日］滨野洁，等．日本经济史1600—2000．南京：南京大学出版社，2010：73.

在对外扩张中实力大增，成为大型垄断资本。例如，参股1906年建立的南满铁道股份公司的三井和三菱财阀通过垄断中国东北的煤矿、电力、航运、仓库及铁路获取了巨额利润。这些财阀来自封建时代的政商，因而保持着浓厚的封建性质，企业经营采取"家族康采恩"① 的形式，企业的最高权力属于由财阀家族成员和亲属组成的家族会议。财阀在经营活动中虽有各自的重点领域，但一般都渗透到工业、金融、商业和运输等所有部门中，形成了由原料进口、生产加工、运输和销售组成的综合性垄断事业。例如，三井财阀在1909年建立了资本为5 000万日元的三井合名公司，统辖分立的商业、矿山、银行、仓库等直系企业，还拥有北煤、王子造纸、钟纺、芝浦电气等旁系大企业，构成了日本经济中一个实力庞大的统治网络。到第一次世界大战末期，三井和三菱两大财阀旗下的企业资本占全国总资本的12%②，财阀成为日本垄断资本的主要势力。

三、俄国和日本工业革命的特点

俄国和日本近代产业发展的独特历史条件与经济发展的后进性（即内部资产阶级改革不彻底，资本原始积累不足，外部既有面临竞争或者沦为列强殖民地的危险，又有利用西方国家先进技术和经验的条件）使它们的近代工业和技术与产业发展方式带有与先进欧美国家明显不同的特征，其主要特点表现在如下三个方面：

第一，俄国和日本近代工业的发展与原始资本积累几乎是同时进行的，工业革命开始的时间晚但发展速度快，也因此造成了工业基础的脆弱和对外依赖性强。俄国和日本的工业革命仅用了50年左右的时间就宣告基本完成，并且其近代机器工业在发展之初主要依赖于国外的设备进口。

第二，俄国和日本的近代工业是在国家资本扶植下和对外扩张中发展起来的，因而其近代工业中形成了受到特殊保护、在经济中起统治作用的少数特权资本，军事工业和直接为军事目的服务的交通运输业等获得了快速发展。

第三，俄国和日本的近代工业是在落后的半封建农业基础上发展起来的。一方面，农业中大量过剩劳动力的存在使俄国和日本工业的发展获得了充足的成本低廉的劳动力，从而加快了发展的步伐；另一方面，工业发展得不到足够的原料和国内市场，加速了俄国和日本的对外扩张。总体来看，俄国和日本工业革命具有后发优势，同时呈现出经济发展不平衡所带来的脆弱性。

在技术引进方面，日本比俄国更有成效。日本在技术的运用上采取外来技术与本土技术有机结合的方法。尽管在前近代日本就已开始致力于多种形式的国外技术引进，并在明治政府推行的殖产兴业活动中进一步扩大国外技术引进规模，但它并没有放弃已经形成的传统技术与技艺，而是将两者结合在日本近代产业的发展中。例如，酿酒、陶瓷等行业的民间企业最初引进的就是那些便于发挥日本的人力资本优势和有利于资源利用的技术。同时，各种产业技术引进普遍经历了适应与改造的本土化过程，包括引进日本

---

① 即形成"家族总公司—直系公司—旁系公司"的特殊持股关系。

② 冯玮．日本经济体制的历史变迁：理论和政策的互动．上海：上海人民出版社，2009：261.

完全没有的技术，如铁路、电话。与技术转移过程中传统与现代结合相对应的，是产业发展上表现出的传统形式与现代形式的衔接，传统的生产企业与现代的生产企业并存。它们之间或者根据所生产的产品不同划分供货市场，或者在生产链条上形成上下游的垂直供货关系，两者平行发展。

关键词

工业革命

思考题

1. 英国工业革命有哪些表现?
2. 法国工业革命的特点是什么?
3. 关税同盟对德国经济统一的意义有哪些?
4. 美国工业化为什么能后来居上?
5. 俄国和日本的工业革命有哪些特点?

第十三章
资本主义经济制度的确立和发展

重点问题

- 工业化和社会生产方式的革命性变化
- 城市化和“城市病”
- 工人阶级的形成和生活状况
- 资本主义的周期性经济危机

第一节　工业化和社会生产方式的革命

一、经济增长的新含义

工业革命之前，世界上任何一个地区的经济繁荣都没有导致人均收入的持续增长，比如中国的长江中下游地区、10 世纪前后的伊斯兰世界以及意大利沿海城市等。1800 年前，世界经济总量的增加通常伴随人口的增加，经济总量的增长基本都被新增人口吸收。人均收入增长平缓，经济呈现稳态的特征（见图 13－1）。这种特征可以用马尔萨斯的人口理论来解释，所以也被称为“马尔萨斯式增长”。

工业革命后，人均收入的持续增长成为世界经济史中十分显著的现象。越早开始工业革命的国家越快实现了人均 GDP 的持续上升。在过去的 200 年里，实现了工业化的国家的人均实际收入增长了 10～15 倍（见图 13－1）。为此，小罗伯特・E. 卢卡斯关于工业革命的定义是指经济摆脱马尔萨斯式增长，实现人均收入持续增长的过程。[①]

二、工厂制度的建立

手工工场是向工厂制度发展的重要一步。[②] 在资本主义早期，工业品基本由家庭工业或者手工作坊生产。工匠带几个学徒在城市作坊里，或者农民和他的妻子、儿女挤在

① ［美］小罗伯特・E. 卢卡斯. 为何资本不从富国流向穷国. 南京：江苏人民出版社，2005：263.
② ［法］保尔・芒图. 十八世纪产业革命——英国近代大工业初期的概况. 北京：商务印书馆，1983：387.

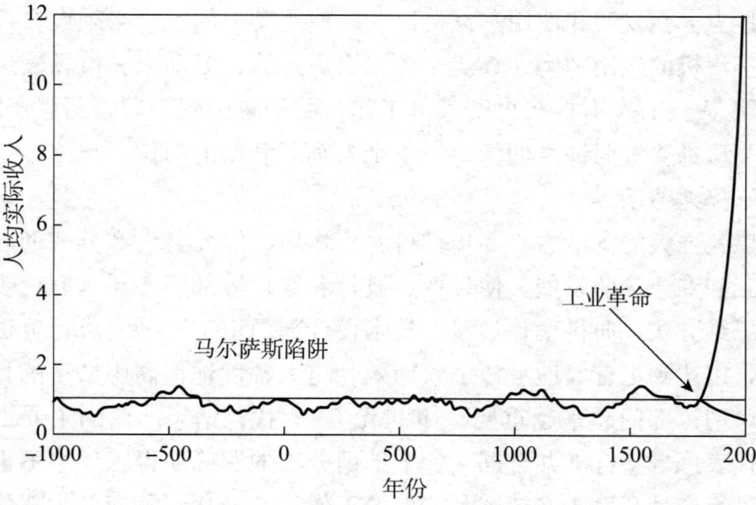

图 13-1 世界经济增长

说明：设 1800 年人均实际收入为 1。

资料来源：Clark，Gregory，*A Farewell to Alms*：*A Brief Economic History of the World*，Princeton University Press，Princeton，2007，p. 2.，Figure 1. 1.

乡村的茅舍中，从事着打铁、纺织等最简单的手工劳动。16 世纪市场规模扩大，改变了这种传统的组织生产方式。最初，包买商或中间商到农村收购城市行会不能满足市场需求的商品，尤其是纺织品。后来，市场的需求超过了农民依赖自己的原料生产的产品量，或者有些产品需要用进口的或昂贵的纤维原料生产，如优质羊毛、蚕丝或棉花，于是商人就为商品生产提供原料。将原料送交农民时指明所要求的种类和品质，同时付给他们工钱，并且开始组织家庭手工业者为他们生产商品。渐渐地，这些中间商控制了生产中的每一道工序，并纵向地将其专业化。这就是分料到户制，也称“分散的工场手工业”。分料到户制与家庭手工业相比，是以生产工序的不断分离为特征，以生产地和销售地的扩大、每一工序的付费为表象的。

由于直接管理和监督生产过程的需要，分料到户制向集中的手工工场过渡，生产场所由家庭变为工场。集中的手工工场容易对个人贡献进行考核，降低了设计机器以代替人工的费用，鼓励了技术创新，技术创新又导致了组织创新，从而促成了现代工厂制度的最后确立。① 18 世纪后半叶，工厂制度发展起来。

1771 年，阿克莱特在克罗姆福德建立的纺纱厂是首批建立的工厂之一，其规模远远超过当时的纺纱工场。该工厂的动力由一台巨大的水车提供。1788 年，英国建立的阿克莱特式纺纱厂已达 143 家，其中许多工厂的工人达 700～800 人。1791 年，卡特莱特建立第一家织布工厂，该工厂装配了系列机器，由机器相继传送半制成品，取代过去手工业工人之间的手工操作。阿克莱特被称为“工厂制度之父”。

机器的增加，即从使用单一机器到使用整个机器系统，使最重要的生产过程得以机

① ［美］道格拉斯·C. 诺思．经济史中的结构与变迁，188－191.

械化，提高了专业化程度，从而导致了工厂制度的全面建立。蒸汽机的发明和使用改变了工厂设立的地点。在发明和使用蒸汽机以前，使用动力的工厂必须设在可安装水力动力机的场地。蒸汽机的应用“为在煤炭来源、交通运输、劳动力和市场较近的地区设立工厂铺平了道路”①。工人不再在自己家里工作，而是集中到工厂，屈服于刚性的规则：上班、就餐、下班都要按照钟声的指示，每个人都有既定的岗位、严格界定的任务，在监督下按规则不停地劳动。②

工厂制度以其强大的竞争力，逐步排挤手工作坊，使社会生产方式彻底变革。工厂内部劳动的分工和专业化的发展，使生产、设计和管理等部门各司其职，改变了以往凭经验的工作和思维方式，向科学化过渡。技术设计部门由工程师组成，负责设计生产工艺和生产流程，以达到更有效地考核个人绩效和更大幅度地提高生产率的目的。在产量扩大的情形下，销售部门越来越重要。19 世纪 60 年代，销售部门的主要工作是推销部分库存产品和代表厂方签订承办合同。各个部门分工的明确使得工厂主不再需要直接管理生产过程、进行产品开发或推销产品，他的工作重心转移到平衡各个部门的发展、做出重大决策和监督各部门的工作绩效上来了。工厂的管理开始层次化。

三、生活水平与生活观念的改变

1750—1850 年间，英国人均国民收入提高很快，但劳动力所得份额却相对下降，人均食品消费指数停滞，家仆数量上升。19 世纪中期以后，国民收入中劳动份额不再下降，1860—1909 年大致保持在国民收入的 49%。第一次世界大战后，劳动份额明显上升，1968 年达到 70%以上。19 世纪中期后，实际工资与国民收入、购买力同步上升，增长达 4 倍或 5 倍。③ 这说明广大劳动者在工业革命初期付出了生活水平下降的代价，直到工业革命后期人们才部分享受到了工业革命的成果。

收入的变化不仅表现在总量上，而且表现在结构上。地域性收入差距扩大。一般地，工业化给城市和工业区带来的财富多于给农村带来的财富。17 世纪末，英格兰南部，从塞文河至沃什一线以南地区是英国最富庶的地区。但是在工业化以后的两个世纪中，英格兰北部和威尔士南部都富裕起来了，人均收入高于英格兰南部工业不发达的农村地区。收入在人口中的分布也不平衡，而且这种不平衡在工业化过程中有加剧的趋势。上等阶级的收入高于全国平均水平，商人和企业家的收入超过社会上任何其他群体，而广大的小农、工人和穷人的收入等于或大部分低于平均水平。据统计，第一次世界大战前夕，英格兰和威尔士占全部人口不到 1%的 25 岁及以上的人占有国家财富的 2/3，占人口 87%的人只占有国家财富的 8.5%，而那些财富仅仅是些衣服和简陋的家具。④

---

① ［美］内森·罗森堡，L. E. 小伯泽尔．西方致富之路——工业化国家的经济演变．北京：生活·读书·新知三联书店，1989：179.

② ［法］米歇尔·波德．资本主义的历史：从 1500 年至 2010 年．上海：上海辞书出版社，2011：78.

③ ［英］彼得·马赛厄斯，M. M. 波斯坦．剑桥欧洲经济史：第 7 卷：上册，194，195，204，215.

④ ［意］卡洛·M. 奇波拉．欧洲经济史：第 3 卷，91－92.

家庭支出的结构也反映了生活水平状况。一般只有在满足了基本的生活需要后，才会考虑娱乐、奢侈品和教育，以及旅游费用的支出。工业化时期，满足吃、穿、住等基本生活需要的支出占总支出的比例在社会各阶层中是不同的。穷人将收入的大部分用于食物支出，英国的恩格尔系数在20世纪初仍保持在50%以上。富人则能够把自己收入中的较大部分用于个人服务、奢侈品、教育、娱乐、旅游和其他形式的阔绰消费。

随着工业化的深入，英国的恩格尔系数普遍降低，而且食物的营养提高了。19世纪六七十年代，英国工人阶级的饮食不够维持健康，食谱中只有很少的肉类，马铃薯是主要食物，水果的消费很少，很多中产阶级和上层阶级也把水果视为奢侈品。19世纪末，英国的饮食结构出现了重大变化，马铃薯的消费减少，一些经济状况比较好的家庭的蔬菜消费量增加。1900年，香蕉在城市穷人家庭中得到普及。肉类由于进口的刺激（主要是从美国、澳大利亚、新西兰以及阿根廷进口的罐头和冷冻肉），人均年消费量从1863年的52磅增加到1880—1884年的108磅，1904年达到130磅以上。①

第一次世界大战后，住房条件得到改善和提高。工业化时期房屋拥挤不堪，卫生条件极差，但是住房支出却呈上升趋势。1801年房租大约占支出的5%，1851年增至8%，1901年达到9%。②

此外，新的生产方式影响着人们的生活观念。有迹象表明，新的生活理念正在形成。工业革命早期的剩余劳动力中有一部分人仇视大机器生产，不习惯遵守工厂的纪律，旷工、迟到、早退的现象十分普遍。为了使人们打破旧的思想观念，工厂主为建立新的社会规范和伦理规范进行了努力。社会上受到尊敬的人通过星期天的学校、布道坛等不厌其烦地向工人灌输刻苦、劳动、储蓄、节俭和节欲的社会新准则，以中产阶级为榜样，建立具有资产阶级特点的金科玉律。同时，工业革命造成了人与物的异化。劳动对象由一种工具进行加工，这一工具由动力机推动，排斥人力；生产过程中的合作通过机器的合作和转化作用来进行；工艺过程中客观分散了各组成部分，各个部分的任务由机器完成，人成为机器的附庸。

第二节 城市化和社会生活方式的变革

一、工业化与城市化

19世纪和20世纪是城市人口快速增长的时期，城市化速度加快的地区正好是工业革命爆发的地区。在19世纪上半叶，只有英国和比利时的城市化率高于0.2。19世纪50年代后，随着欧洲大陆和新世界国家工业化，城市化也加速了。1850—1890年，奥匈帝国、挪威和爱尔兰的城市化率达到0.2，比利时和美国达到0.3～0.46，英格兰、威尔士和萨克森则在0.5以上。③ 1800—1870年，英格兰、苏格兰和爱尔兰为欧洲城市增长贡

① ［意］卡洛·M. 奇波拉. 欧洲经济史：第3卷，109.

② 同上书，123.

③ ［英］艾瑞克·霍布斯邦. 资本的年代：1848—1875. 北京：国际文化出版公司，2006：268.

献了 26%。[①] 20 世纪初德国鲁尔区人口达到 150 万人的几个大城市，在 19 世纪还是总人口不足 4 万人的村落。[②]

城市化与经济增长之间存在一定的正向关系。19 世纪末和 20 世纪初，英格兰、苏格兰、爱尔兰、比利时、德国，以及法国的城市化水平大大高于欧洲城市化平均水平。1800 年，欧洲的城市化水平只是略高于世界平均水平，但到 1900 年，欧洲和美洲的城市化水平是世界平均水平的两倍，亚洲与非洲的城市化水平不到欧洲的 1/3 或 1/6。[③] 城市规模也在扩大，19 世纪 70 年代中期，欧洲人口超过 100 万的城市有四个，即伦敦、巴黎、柏林、维也纳，超过 50 万的城市有 6 个，超过 20 万的城市有 25 个。[④]

工业革命的技术创新导致的劳动生产率提升是城市化的决定性因素，谷物进口、交通改善也对城市发展有积极作用。[⑤] 一个或是一些城市部门中就业的增长会通过就业乘数效应引发一些新的生产活动，如建筑、服务以及管理等，城市越大越能吸引移民。[⑥] 工业革命以前，曼彻斯特是个富庶的村落。17 世纪出现棉纺织业，人口开始增加。18 世纪上半期，曼彻斯特方圆已达 10～15 平方英里，有工业，有市场。人们在那里制造呢绒、粗帆布、毡帽，尤其是各种棉织品，如漂白布、粗棉布等。曼彻斯特的产品和原料都通过利物浦进出。笛福在 1727 年还称它为“英格兰最大的村落之一”。棉纺织工业兴起之后，曼彻斯特开通了连接利物浦的运河和获得廉价煤炭的沃尔斯利运河，改善了街道照明和路政，并且采取了组织救火等重要措施，曼彻斯特周围还有富庶的煤田。随着蒸汽机代替水力发动机，工厂越来越多地设在曼彻斯特。1786 年，人们仅看到一个烟囱，即阿克莱特纱厂的烟囱；15 年后，曼彻斯特有 50 家纱厂，这些纱厂大多拥有蒸汽机。1820 年，曼彻斯特占英国棉纺织生产量的 1/4。1835 年，曼彻斯特（包括西里丁以及邻郡切斯特和德比）聚集了棉纺织工业 80%的工厂工人，1846 年聚集了 85%的工厂工人。[⑦]

但是，城市发展过快会阻碍相对有限的资源流入生产部门。同时，人口过度集中于城市意味着不充分就业和经济总体生产率的低下。因此虽然实现了劳动力向城市的迁移，但并没有实现就业结构的根本性变化，甚至造成了严重的社会问题。在一些后进国家，城市化只是没有工业化的传统城市的一种扩张，主要表现为人口的增长和城市规模的扩大，城市仍然承担其传统的职能：商业、官僚机构和初级工业活动的中心。

---

① Malanima, Paolo, “Urbanization”, In Broadberry, Stephen and O'Rourke (ed.), Kevin H., *The Cambridge Economic History of Modern Europe*, volume 1, Cambridge University Press, 2010, p. 249.

② Leonard, Carol and Ljungberg, Jonas, “Population and living standards, 1870—1914”, In Broadberry, Stephen and O'Rourke (ed.), Kevin H., *The Cambridge Economic History of Modern Europe*, volume 1, Cambridge University Press, 2010, p. 114.

③ Malanima, Paolo, “Urbanization”, In Broadberry, Stephen and O'Rourke (ed.), Kevin H., *The Cambridge Economic History of Modern Europe*, volume 1, pp. 254 - 255.

④ [英] 艾瑞克·霍布斯邦．资本的年代：1848—1875，269.

⑤ Bairoch. P. and G. Goertz, “Factors of urbanization in the nineteenth century of developed countries: a descriptive and econometric analysis”, *Urban Studies*, 1986 (23), pp. 285 - 305.

⑥ Malanima, Paolo, “Urbanization”, In Broadberry, Stephen and O'Rourke (ed.), Kevin H., *The Cambridge Economic History of Modern Europe*, volume 1, p. 252.

⑦ [法] 米歇尔·波德．资本主义的历史：从 1500 年至 2010 年，108 - 109.

二、“城市病”及其初步治理

地价上涨、住房奇缺是“城市病”的重要表象。恩格斯在《英国工人阶级状况》中写道：“每一个大城市都有一个或几个挤满了工人阶级的贫民窟。”[①] 生活污染和工业污染造成了严重的环境污染。城市中水源和排水都是关键问题。早期城市的水源靠打井和取就近的河水。大部分城市没有排水系统，一般污水都是通过大大小小的阴沟通往厕所或死水塘，或是排入流经城市的河流。经过曼彻斯特的艾尔克河成了一条大污水沟，伦敦的泰晤士河每到夏季就臭气熏天，河面布满腐烂污物。固体垃圾的清除更成问题。1842年，曼彻斯特的主干路每星期打扫一次，普通街道一个月打扫一次，小胡同、大杂院根本无人打扫。环境卫生状况恶化导致瘟疫流行。对于工人居住区来说，猩红热、伤寒、霍乱等是最容易发生的，而一旦发生就不可收拾，往往危及成千上万人的生命。工业革命时期英国人口死亡率回升，与此有直接联系。

为了解决住房问题，政府和大企业开始投资建设工人住宅区，使住一间房的人口比例逐年下降，住两间房的人口比例不断上升。其中著名的是英国的“模范住宅”运动。这个运动由建筑商乔治·皮鲍迪和悉尼·沃特娄发起。他们建造了一种成排的杂院房屋，将其以较低的租金出租给低收入者。不少市政当局开始有计划地清理贫民窟。这些措施使住房拥挤的情况慢慢得到改变。[②] 此外，各国为解决城市住房问题所采取的重要措施还包括改善室内设施。先是改良油灯代替蜡烛。19世纪中期，法国和英国大部分城市采用煤气灯照明。电被作为光源之后，美国和德国超过了英国。19世纪80年代，美国2万人以上的城市已全部使用弧光灯或白炽灯，欧洲在20世纪初开始普及电灯。厨房设备在19世纪60年代以后逐渐改善，80年代，英国率先采用煤气灶做饭和取暖。电报、电话、电熨斗、真空吸尘器等用品在19世纪末陆续进入家庭。

19世纪六七十年代，英国和德国首先开始整治城市排水系统，安装抽水泵，开凿活水沟，修筑阴沟，使污水和粪便从地下排走。城市制定条例，要求住宅必须配有带下水道的厕所。英国发布条例限制泰晤士河上游城市排放污水入河。与此同时，个人卫生保健运动掀起高潮。19世纪40年代以后，英国、德国等开始在城市中大规模开设公共浴池，80年代发明了淋浴。在19世纪后半期，开始为新生儿接种牛痘。到80年代，英国的牛痘普及率已高达85%。城市中医院的数目也增加很快，美国19世纪新开设了800家医院，并实行专科分诊。

市政当局的干预无疑对解决“城市病”产生了良好的作用，但是市政设施总是不能满足需要和彻底解决市场失灵的问题。公共产品的供应不足和法令法规的强制性也为赤贫阶层带来了新的困难。比如，过分强调卫生、限制排污，导致许多生产和经营活动无法进行，工人又饱尝失业之苦。又如，城市改革的内容之一是强行拆除不符合卫生标准的住宅，但市政当局又不能为工人提供足够的低租金住宅，这样就造成了穷人无家可归。

---

① 马克思恩格斯全集：第2卷．中文1版．北京：人民出版社，1957：306.

② ［英］克拉潘．现代英国经济史：中卷．北京：商务印书馆，1975：619-621.

不过，随着工业化的进展、社会财富的增加，在人口向城市集中的同时，社会将越来越多的资源集中到城市，并投入城市建设和组织方面。所以，城市面貌还是在慢慢地改善。1892 年 7 月，也就是恩格斯发表《英国工人阶级状况》后 48 年，他在本书的德文本第二版序言中指出："这本书里所描写的那些最令人触目惊心的恶劣现象，现在或者已经被消除，或者已经不那么明显。下水道已经修筑起来或改善了；在境况最差的'贫民窟'中间，有许多地方修建了宽阔的街道；'小爱尔兰'已经消失，'七日规'跟着也将被清除。"① 这说明，"城市病"已经得到初步治理，但距理想的标准还很远。

三、城市与农村的矛盾

在城市化过程中，出现了二元经济问题。农村生产食物以及原材料，城市从事工业和服务业。农村生产的初级产品收入弹性比较小，工业品则具有较大的收入弹性。人均收入持续上升时，对初级产品的需求下降，整个经济转向工业和服务业。19 世纪工业生产中的劳动生产率首先提高，随后是农业生产中的劳动生产率。城市中工人工资的提高吸引了更多的就业。由于农产品对收入增长缺乏弹性，所以对农产品的相对需求下降。再加上农业部门劳动生产率上升，农村就业减少，人口不断涌入城市，经济的中心从农业部门转换到工业部门。19 世纪和 20 世纪，人口从农村向城市迁移和城市化率之间遵循着一定的模式：人口从农村向城市迁移是抛物线，城市化率是逻辑斯蒂曲线。19 世纪末之前，城市化人口增长的来源主要是农村。之后，由于"城市病"得到初步治理，城市自身人口增长加速，这也直接刺激了城市化率加速提高。同时，从农村迁出的人口不断减少。

如果农业生产率提高跟不上工业前进的脚步，农产品等初级产品的增长不能满足城市需求，那么农产品价格将上升，农村劳动力工资将提高，人口向城市的迁移将停止。如果此时"城市病"没有得到有效控制，那么工业本身的进步很难持续，而且将会出现"去城市化"的现象。19 世纪，在英国和威尔士的工业化进程中，工人工资伴随着工业生产率的上升而上升，农业生产率同时提高。但是，城市和农村实际工资仍有 30%的差距。1820 年，从农村向城市迁移的人口以每年 0.9%～1.6%的速度急剧上升。相反，在 19 世纪最初的几十年，意大利农业生产率与工业生产率的提高幅度类似，意大利城市工资和农村工资的差距相比 16 世纪下降，19 世纪 80 年代之前城市化率下降。②

后起的工业化国家一般是通过引进英国的技术和生产方式进行工业化，这种情况造成了明显的城乡差异，导致农村剩余劳动力的转移和城市建设费用同时增加。再加上一些国家普遍实行向工业和城市倾斜的政策，进一步刺激人们离开农村向城市迁移，城市建设的压力增加了。由于人口向城市迁移的速度和规模快于经济发展，进入城市的劳动力不能完全被工业部门吸收，因而造成了劳动力流动停滞，产生了严重的社会问题。

---

① 马克思恩格斯选集：第 1 卷 . 3 版，68.

② Malanima，Paolo，"Urbanization"，In Broadberry，Stephen and O'Rourke（ed.），Kevin H.，*The Cambridge Economic History of Modern Europe*，volume 1，pp. 252 - 253.

第三节　阶级、阶级矛盾和阶级斗争

一、两大对立阶级的形成

“这种工业变革的最重要的产物是英国无产阶级。”① 工厂制度完全改变了工人的地位，完全割断了工人同农村的联系，使工人变成了只能依靠出卖劳动力为生的雇佣工人。同时，机器使工场手工业时期靠高超手艺而在生产中居于较高地位的熟练工人，同一般工人一样成了机器的附属物。机器工业还使得大量无力与大企业竞争的独立手工业者及其帮工，被推到无产阶级的行列之中。那些因圈地运动而失去土地的农民，也被迫进了城市的工厂。他们成为近代史上最早的无产阶级。

作为无产阶级的对立者，工业资产阶级的形成是一个延续了许多个世纪的漫长过程。工业资产阶级最初是由独立的手工作坊主和工场主、发明家、兴办工业企业的商人和贵族转变而来的。本杰明·亨利茨曼在成为炼钢厂领导人之前是钟表制造人；塞缪尔·加伯特以前做过锅匠；罗巴克的父亲谢菲尔德是小商品制造商。同时，带动工业革命发展的发明家们凭借技术上的优势一跃成为具有一定实力的工业家。如阿克莱特靠水力纺纱机的发明成为第一家水力纺纱厂的工业家；达比靠焦炭混合生石灰炼铁的新方法成为较大规模炼铁工厂的工业家。另外，对财富的追逐驱使大批拥有雄厚资本的商人和贵族办实业、开工厂。无论这些工业家原属于哪个阶层，都是新的共同的生产模式和经济利益使他们陆续割断了与前工业社会之间的种种联系，逐渐发展成一个新兴的阶级——工业资产阶级。

这两大阶级的出现使人们之间的关系简单化了。它“把居民间的一切差别化为工人和资本家之间的对立”②。社会从此分裂为两大阵营。两大阶级从形成开始，就处于两种不同的地位，这决定了他们不同的政治要求：工人阶级需要彻底的政治改革和社会改革，以使工业革命的成果得到较公平的分配；工业资产阶级则明确倾向自由主义，希望实行充分的政治改革，使之能参与政治生活，他们自由平等的思想和观念不但对当时的社会造成了很大冲击，而且对政治发展产生了深远的影响。

二、工业资产阶级的统治

新兴的工业资产阶级在工业革命中壮大了力量，奠定了雄厚的经济基础，也增强了阶级意识和政治意识。工业资产阶级要求调整政权结构，重新分配国家权力，以便取得政治统治权力，建立起适合本阶级需要的政治新体制。各国工业资产阶级取得统治地位的历史并不相同，一般情况下都是通过战胜封建贵族确立起统治地位的。

---

① 马克思恩格斯文集：第1卷．北京：人民出版社，2009：402.

② 马克思恩格斯全集：第2卷．中文1版，296.

最早发生工业革命的英国，从采用大工业以来，土地贵族和资产阶级这两个阶级对统治权的争夺就一直是英国全部政治斗争的中心。17 世纪英国资产阶级革命建立起资产阶级与土地贵族的联合政权，土地贵族在其中掌握实权。随着工业资产阶级的经济实力日益增强，他们首先掀起了以获得选举权为目的的议会改革运动。18 世纪 60 年代的集会、1769 年激进派的权利法案拥护者协会、1771 年的伦敦宪法协会、1870 年约翰·卡特莱特成立的宪法通信促进协会等都要求改革议会。19 世纪初，资产阶级把反对《谷物法》的斗争与选举改革的斗争结合起来了。除了报刊宣传之外，1818—1819 年间，资产阶级激进派同工人、市民一起，在曼彻斯特、伯明翰、利兹等城市举行了大规模的群众集会。这些集会虽然遭到了镇压，但也迫使议会做出了一些让步，修改了《谷物法》，取消了禁止工人结社的法令。

19 世纪 30 年代初，议会改革运动掀起新高潮。1832 年通过了第一次议会改革法案，取消了一向被土地贵族垄断的“腐败选区”，把腾出的议席转让给以工业资产阶级为主体的新兴工业城市；在选举资格上，降低了财产资格限制。通过改革，全国新增选民 21 万多人，工业资产阶级在议会和政府中逐渐取得了主导地位。1835 年，作为 1832 年改革法案的补充，议会颁布了《市政改革法》。《市政改革法》取消了过去由商人或大手工业行会控制市政的权力，工业资产阶级开始参与和控制市议会。

1867 年和 1884 年，英国先后通过了第二次、第三次议会改革法案，取消了腐败选区，基本上打破了土地贵族垄断议会的局面。与此同时，通过 1870 年颁布《文官制度法》、1872 年设置内政部、1888 年首相索尔兹伯里实行郡地方自治机关改革、1894 年自由党内阁实行郡以下区级行政改革等一系列民主化的改造，从中央到地方，土地贵族的权力已被完全剥夺，工业资产阶级完全执掌了国家政权。

三、工人阶级的生活状况

19 世纪中期之前，工人维持温饱都很艰难，日常食品都是市场上出售的便宜货，这些食物往往已经过期或近乎腐烂，或者掺上了对人有害的杂物。在许多城市，工人及其家人住在窄小的房子里，住房建筑质量都非常低下，紧邻着黑烟滚滚的工厂。

工人面临的重要挑战还有要适应工厂的日常工作。工厂制度强调的是标准化而不是个人工作模式，技术工人失去了对自己所拥有的手艺的自豪感。人异化为机器的附庸，必须服从全面的工作计划，进行重复劳动，无法理解自己对技术和整个社会生产过程的意义。在工厂里，工作时间很长，1850 年前通常是每天 12～14 小时。而且，工人的劳动长年一成不变，这种绝对单调的工作不仅对其身体，而且对其精神是极大的摧残。此外，工人被剥夺了支配劳动时间和劳动方式的自由，打破了按自己的节奏完成一项工作的习惯，变成了工业奴隶。

工人的工作条件肮脏而危险，很多产品的生产过程会损害身体健康。例如，纺织工厂没有通风设施，工人的肺部吸入了很多尘埃。再如，生产上釉陶瓷时会使用毒铅。19 世纪 40 年代英国的调查报告显示，工作时间过长，工作条件过于恶劣，给工人尤其是年轻工人的身体健康造成了严重伤害。脊柱弯曲和其他部位的骨骼变形，都是在机器旁长时间以不自然的姿势超负荷劳动造成的。静脉曲张和驼背也屡见不鲜。肺病与眼部感染威胁着矿工的身体健康，煤矿瓦斯还有致命的危险。

妇女和儿童的劳动强度几乎与男性一样。很多儿童从五六岁起就每天工作10～12小时，不能接受正常教育。1834年，不到13岁的儿童占英国棉纺工业劳动力的13%，1850年前后降低到5%，但是1874年危机后又上升到14%。① 矿山中的情况同样不容乐观，1841年英国矿山中雇用了5万名童工和青少年工。童工在地下轨道或矿井中拖煤。最年幼者被派去管理控制矿井通风的门，往往连续工作12小时之久。妇女（有时是孕妇）被雇用来拖煤和承担其他繁重的井下劳动。

四、中产阶级及其社会角色

17世纪晚期，英国人常常使用“上等人”“中等人”“下等人”的说法，间或也用“社会上层”和“社会下层”之类的称谓。在农村，第一层是占有土地的地主，第二层是租种土地但并不占有土地的佃农，第三层是没有任何土地的农业劳动者。② 到了19世纪，大多数英国人还把地主当作社会上层，认为中间阶层指的是从大商人和专业人士直到办事员和店主的社会阶层，社会下层由体力劳动者构成。

马克思和恩格斯将小工业家、小商人、小食利者、手工业者、农民、医生、律师和学者等看作介于资产阶级和无产阶级之间的中间阶层，用了小资产阶级、中等阶级、中间阶级、过渡阶级、中等阶层等不同的表述方式。马克思预测，中间阶层不会日益缩小，而会有所扩大，成为工人的负担，同时增强了上流社会的安全和力量。③

后来，“中间阶层”的概念逐渐与“中产阶级”混同。中产阶级广义上既包括商业巨头，也包括地位卑微的小店主［商业巨头有工业家家族，比如英国的庇尔家族（以棉花起家）以及德国的克虏伯家族(经营钢铁)］，还包括金融家，比如举世闻名的罗特度尔德家族，欧洲各主要货币市场——伦敦、布鲁塞尔、巴黎、柏林——的银行家。企业主也是其中的一个组成部分。此外还有技术人员，比如曾设计了“大西方号”汽船的工程师伊桑巴德·金德姆·布鲁内尔。中产阶级中还包括官僚和专业人员，尤其是律师。该阶层也包括一批人数众多的经理和职员。④

18世纪后中产阶级不断发展、壮大，其原因是多方面的：一是工业化推动了包括贸易、金融、保险、科技、文化教育事业在内的第三产业的扩大和服务项目的增加，因为股份公司分散了资本所有权，产生了大量的企业管理者。二是海外贸易的扩大使商人的数量及其财富增长了。三是出现了很多科研机构、学校、医院和社会福利机构等。四是很多国家向行政管理型国家转变，国家职能扩大，政府机构扩充等。

住宅和家具是中产阶级极为重要的财富和社会地位的象征。住宅一般建筑得坚固牢

---

① ［法］米歇尔·波德．资本主义的历史：从1500年至2010年，111.

② ［意］卡洛·M. 奇波拉．欧洲经济史：第2卷，263.

③ ［德］马克思．剩余价值论：第2册．北京：人民出版社，1976：653.

④ ［美］菲利普·李·拉尔夫，罗伯特·E. 勒纳，斯坦迪什·米查姆，爱德华·波恩斯．世界文明史：下卷．北京：商务印书馆，2001：267－272.

靠，是独栋别墅，在伦敦、巴黎、柏林或维也纳，则是一排排的五六层住宅楼，或更大的公寓，而且远离工业污染地区。房间里摆满了家具、艺术品、地毯和各种墙饰物。椅子、桌子、衣橱和沙发可能是不同时代的产物，但以边角、镀金或其他饰物装饰。房间面积的大小、家具的讲究程度和仆人数量的多少，完全视主人的收入而定。但中产阶级中不同的阶层遵照同一标准、追求同样的生活，所以尽管他们在物质生活的富足程度上有差异，但仍然属于同一个阶级。

中产阶级逐渐发展出自己的意识形态，正在变成一个界限逐渐明确的集团。它以自己的商业财富和生活背景为荣，并形成了自己的世界观。这是中产阶级为使其富足合理化、使其超越城市劳苦大众的地位合法化所做出的努力的一个组成部分。边沁的功利主义、孔德的实证主义哲学、政治经济学家的学说构成新兴中产阶级世界观的一部分。企业家把这些信条理解为他们推进工业化进程会为世上大多数人带来幸福，他们从事的事业是对同胞有益的事业。他们把工业化中出现的各种丑陋问题归结为实现理想必须付出的代价，相信社会在进步。他们认为贫穷是不努力的结果，是一种个人行为，并且是罪恶的根源。

第四节　资本主义经济矛盾和经济危机

一、资本主义社会的基本矛盾

技术革新中断、人口冲击、金属货币波动、贸易破坏、农业危机（通常是气候变化对农业的冲击），以及战争是造成经济波动的主要因素。人口出生率、死亡率，以及净移民是衡量人口冲击对经济周期的影响的重要指标。相比由传染性疾病引起的高死亡率，出生率的波动比较小，所以死亡率的波动对经济的影响更大。一方面，瘟疫直接减少了劳动力，造成了真实产出减少；另一方面，瘟疫通常发生在港口，破坏了贸易，使经济下滑。从旧大陆向新大陆的大规模移民，对移出国和移入国的劳动力和资本都产生了重要影响，国内从农村向城市的移民与工业部门劳动生产率的提高有直接关系。美洲金银流入欧洲造成的价格革命在一定程度上产生了实际效应，增加了欧洲的购买力，导致了贸易扩张并整合了国际市场，这反过来又对国家的经济增长率、经济周期和通货膨胀产生了影响。欧洲与新大陆、非洲和东印度群岛的贸易网络的建立，从长期来看提升了欧洲国家的经济增长率，同时建立了经济周期的传播机制。

在现代化早期和现代化以前，与气候相关的农业冲击是造成经济周期的重要原因。农业是当时的主导产业。1700 年，英国农业劳动力占全国劳动力的 50%，一个英国农业劳动力（是欧洲效率比较高的）除了养活自己，还可以并且只能养活其他两个人。① 所

① Craig, Lee and Garcia-Iglesias, "Concepcion, business cycles", In Broadberry, Stephen and O'Rourke (ed.), Kevin H., *The Cambridge Economic History of Modern Europe*, volume 1, Cambridge University Press, 2010, p. 129.

以整个经济对农业冲击很敏感，农产品的产量和价格是当时经济活动的重要指标。在当时的交通成本比较高的情况下，农业歉收和死亡率上升有紧密的联系。农产品价格过高或过低都对经济不利。战争通过不同的渠道和机制造成了经济波动。战争破坏了战区的农业、贸易等，而非战区则可从中渔利。也有研究认为，战争短期会使产出减少，但是长期的影响却不一定是负面的。

工业革命和工业化创造了极大的社会生产力，但与此同时，资本主义经济却伴随着不可克服的痼疾，最终导致了资本主义危机。马克思和恩格斯认为，资本主义经济危机的根本原因在于资本主义的基本经济矛盾，即工业化大生产的社会化和生产资料的私人占有性之间的矛盾。社会化大生产要求计划性，而资本主义生产资料的私人占有性决定了这种计划性不可能实现。另外，资本主义竞争规律和资本家获取最大利润的本性，决定了资本家必然要不断地扩大再生产和剥削工人，这就导致了生产无限扩大和社会需求不足的矛盾，从而决定了资本主义经济必然不断地通过危机的破坏来达到生产与需求的平衡，实现不断的资本主义再生产。

二、资本主义生产过剩危机

经济危机并不是新现象。农业社会由于自然灾害引起的歉收往往会导致饥荒和人口的大规模减少，还可能由于战争或瘟疫而导致人口的大规模减少和社会再生产的中断。但这时的经济危机基本上是以生产不足为特征的，大多取决于气候。近代商业革命时期也发生过投资风潮导致的危机，但这些经济危机既不是生产过剩危机，也没有周期性特征。而工业革命以后出现的经济危机则是普遍的周期性生产过剩危机。生产过剩危机最初出现在 18 世纪末，即 1788 年、1793 年、1797 年，英国开始使用大机器的纺纱业出现生产过剩危机，但这还只是局部的生产过剩危机。

1825 年发生的经济危机是资本主义历史上第一次普遍的周期性生产过剩危机。随着棉纺织工业革命进一步加快，机器生产扩展到织布业，棉纺织工业成为最重要的生产部门，棉纱和棉布成为最重要的出口产品，棉纺织业成为主要的工业部门。1825 年第二季度，出口缩减。年中时，交易所因投机面临破产，金融市场陷于紧张状态。8—9 月，交易所出现几次恐慌，股票行情开始下跌，在此后几个月内一落千丈。到 1826 年年初，股票下跌造成的损失约达 1 400 万英镑，信用关系破裂，银行纷纷倒闭。1825—1826 年，英国有 70 多家银行破产。1825 年年底，著名的英格兰银行的黄金储备从 1824 年年底的 1 070 万镑降至 120 万镑。1826 年，工业危机达到高潮，大量商品卖不出去，物价暴跌，大量工商企业破产。1825 年秋天，破产迅速增加，倒闭的商号从 10 月的 80 家、11 月的 142 家，激增至 12 月的 224 家。自 1825 年 10 月 1 日至 1826 年 10 月 1 日，总共 3 549 家企业破产，而上一年度仅有 1 345 家。[①] 这次危机波及了英国所有主要工业部门。受打击最严重的是纺织业。毛纺织业、丝织品业、麻纺织品业也都陷入了危机。机器制造业第

---

① ［苏］门德尔逊．经济危机和周期的理论与历史：第 1 卷：上．北京：生活·读书·新知三联书店，1957：379.

一次受到打击，价格回落。建筑业也受到严重影响，产量连续下降了三年。炼铁业、采煤业都受到了不同程度的打击。此外，英国对外贸易规模大大缩减了，航运业也相应萎缩，造船业萎缩了好几年。

1847—1857 年，资本主义、工厂工业和世界市场获得了迅速发展，1857 年经济危机是资本主义历史上第一次具有世界性特点的普遍生产过剩危机。1857 年经济危机是第一次从美国而不是从英国开始的危机。

由于美国铁路投机破灭，美国的银行、金融公司和工业企业大量倒闭。粮食生产过剩，粮价和粮食出口下降，加上英国工业品的激烈竞争，导致了美国经济危机的加剧。由于当时英国对美国铁路建设进行了大量的投资，美国铁路投机的破产对英国也造成了很大的震动。在这次危机中，英国破产的企业数是 1847 年危机时的一倍以上。随后，其他国家，包括法国和德国都爆发了经济危机。1857 年，德国第一次爆发了本国的经济危机，并且不是局部的危机，而是周期性普遍生产过剩危机。在法国，1857 年普遍生产过剩危机也比 1847 年表现得更加明显。当时，英、法、美、德四国集中了世界工业的 4/5 左右，而且波及的国家数量超过以前的各次危机。

1873 年危机是自由竞争时代爆发得最严重的一次危机。在危机中，大批中小企业破产，而资本进一步向大企业集中，从而大大加快了垄断的趋势。1873 年危机以后，由于新技术革命逐渐展开，新兴产业发展起来。这些新兴产业主要是重化工业，包括钢铁行业、化学行业、电力行业等，从而进一步加快了大企业的发展，垄断在经济生活中占据了统治地位。而垄断并不能消除竞争，反而使竞争更加激烈。这就进一步加大了资本主义市场经济的不确定性，也使危机具有了新特征。

1929—1933 年危机则是波及整个资本主义世界且历时最长、破坏性最大的一次危机。

三、资本主义周期性经济危机

早在 19 世纪 40 年代，马克思便开始考察资本主义周期性普遍生产过剩经济危机的现象。他观察到在当时的工业社会中存在“十年一次的周期”，但他认为这个数值不是固定不变的。① 1844 年，恩格斯在《政治经济学批判大纲》中写道：“经济学家用他那绝妙的供求理论向你们证明‘生产永远不会过多’，而实践却用商业危机来回答，这种危机就像彗星一样定期再现。”② 1847 年，恩格斯又写道：“从本世纪初以来，工业经常在繁荣时期和危机时期之间波动。这样的危机几乎定期地每五年到七年发生一次。”③ 后来的学者根据各自掌握的资料提出了不同长度和类型的经济周期，并提出了各自的周期理论或模型。这些周期理论或模型更关注周期的频率和长度等。

1860 年，法国经济学家尤格拉提出了一种为期 9～10 年的经济周期。该周期是以国

---

① 马克思恩格斯文集：第 5 卷．北京：人民出版社，2009：734.

② 马克思恩格斯文集：第 1 卷，74.

③ 同上书，682.

民收入、失业率和大多数经济部门的生产，以及利润和价格的波动为标志加以划分的。

1923 年，英国经济学家基钦提出了一种为期 3～4 年的经济周期。基钦认为，经济周期实际上有主要周期与次要周期两种。主要周期即中周期，次要周期为 3～4 年一次的短周期。

1926 年，苏联经济学家康德拉季耶夫提出了一种为期 50～60 年的经济周期。该周期理论认为，从 18 世纪末期以后，经历了三个长周期：第一个长周期从 1789 年到 1849 年，上升部分为 25 年，下降部分为 35 年，共 60 年。第二个长周期从 1849 年到 1896 年，上升部分为 24 年，下降部分为 23 年，共 47 年。第三个长周期从 1896 年起，上升部分为 24 年，1920 年以后进入下降期。

1930 年，美国经济学家库兹涅茨提出了一种为期 15～25 年，平均长度为 20 年左右的经济周期。

1936 年，奥地利经济学家熊彼特认为，由于创新的引进不是连续平稳的，这样就产生了经济周期。每一个长周期包括六个中周期，每一个中周期包括三个短周期。短周期约为 40 个月，中周期为 9～10 年，长周期为 48～60 年。他以重大创新为标志，划分了三个长周期：第一个长周期从 18 世纪 80 年代到 1842 年，是“产业革命时期”；第二个长周期从 1842 年到 1897 年，是“蒸汽和钢铁时期”；第三个长周期从 1897 年起，是“电气、化学和汽车时期”。

经济周期的衡量指标包括 GDP、实际收入、就业、消费、投资、经常项目、央行信贷水平、利率、流通中的货币量、小麦价格、税单、结婚登记量和出生率等很多庞杂的指标。选取的指标不同、统计和计量方法不同，都会得到不同的结果。美国国家经济研究局（NBER）有一套自己的评价指数以界定美国的经济周期。

一国的经济周期通常会通过产业关联、汇率、利率、金融恐慌等影响其他国家。1914 年以前，英、法、德三国的周期经常同步，北欧四个经济体的整体水平也比较高。欧洲各国的价格具有相似的长期趋势。欧洲 19 世纪 70—80 年代价格下降（萧条），1890 年到第一次世界大战前上升（繁荣）。① 从 1816 年至 1870 年，欧洲范围内的危机大概有以下几次：1825—1826 年、1831—1832 年、1837—1838 年、1840—1842 年、1848—1849 年、1853—1854 年、1857—1859 年、1861—1862 年、1866—1868 年。② 这一时期，欧洲的经济危机频率比第二次世界大战后高得多。第一次世界大战以前，经济波动幅度小于两次世界大战之间的时期，但大于第二次世界大战之后。③ 1914 年之前，经常性项目波动比较大。20 世纪，世界主要国家美国、英国、德国和日本的经济联动性不断增强。国家之间 3～5 年的周期可能联动性不强，但是 7～10 年、15～20 年的周期则密切

---

① Flandreau, Marc., Juand Flores, Clemens Jobst, and David Khoudour-Casteras, “Business cycles”, In Broadberry, Stephen and O'Rourke (ed.), Kevin H., *The Cambridge Economic History of Modern Europe*, volume 2, p. 88.

② Craig, Lee and Garcia-Iglesias, “Concepcion, business cycles”, In Broadberry, Stephen and O'Rourke (ed.), Kevin H., *The Cambridge Economic History of Modern Europe*, volume 1, p. 143.

③ Flandreau, Marc., Juand Flores, Clemens Jobst, and David Khoudour-Casteras, “Business cycles”, In Broadberry, Stephen and O'Rourke (ed.), Kevin H., *The Cambridge Economic History of Modern Europe*, volume 2, p. 90.

相关。①

关键词

分料到户制　工厂制度　城市化　城市病　阶级矛值　阶级斗争　经济危机

思考题

1. 工业革命是如何改变经济增长的？
2. 工业化和城市化的关系是什么？
3. 英国工业资产阶级是如何取得统治地位的？
4. 19 世纪资本主义经济危机是如何表现的？

① Flandreau, Marc., Juand Flores, Clemens Jobst, and David Khoudour-Casteras, "Business cycles", In Broadberry, Stephen and O'Rourke (ed.), Kevin H., *The Cambridge Economic History of Modern Europe*, volume 2, p. 91.

第十四章

殖民地经济、半殖民地经济和依附经济的形成

重点问题

- 印度的殖民地经济的特点
- 非洲的殖民地经济的特点
- 中国的半殖民地半封建经济的特点
- 拉丁美洲的依附经济特点

第一节　印度的殖民地经济

一、英国对印度的统治及其影响

印度从16世纪起就不断遭到西方国家的入侵。1757年，英国东印度公司在普拉西战役中取得决定性胜利，征服了孟加拉地区，以后不断蚕食印度，到19世纪40年代末，控制了印度大部分地区。1765年，公司董事被任命为印度财政部门官员并享有征税权。英国国会通过《1773年管理法》授权东印度公司直接治理印度，设总督总管该公司在印度的全部领地。1774年，华伦·赫斯廷斯成为印度首任总督。①

随着英国自由贸易政策的推行，1813年法案取消了东印度公司对印度贸易的垄断权（保留了茶叶贸易和对中国贸易的垄断权），规定印度领地主权属于英国国王，公司只是替英国国王统治印度，公司的商业收入与税收分别建账，不能将税收作为公司收入。1833年法案完全取消了东印度公司对印度贸易和中国贸易的垄断权，禁止东印度公司进行贸易，同时设督察委员会，监察公司董事会，并设立法会议为印度中央立法机构。1853年，英国政府制定了《改进印度管理法》，扩大了总督立法会议的组成，印度事务大臣总管印度，东印度公司只从印度财政收入中领取其股本红利。1857年印度大起义，东印度公司结束了在印度的统治。

印度人口在1800—1881年、1881—1921年的年均复合增长率分别为0.46%和0.44%。1921年以后，人口数量出现稳定增长，死亡率从1921年的4.9%下降到1951年的2.7%，主要原因是改善了供水、推广了预防接种、有效控制了各种流行病。人均

---

① ［印度］罗梅什·杜特．英属印度经济史：上册．北京：生活·读书·新知三联书店，1965：6.

收入在1868—1869年至1930年间仅仅增长了40%，年均复合增长率为0.6%，远低于同期日本、美国、德国等工业化国家，也远低于同期缅甸、泰国、锡兰和马来西亚等热带国家。同时，远低于印度独立后1950—1951年到1977—1978年1.5%的年均复合增长率水平。①

对于英国统治下的印度经济增长停滞的原因，有两种截然不同的分析：一种认为英国的统治对印度经济造成了破坏性的影响。在被强加的自由放任和自由贸易政策下，西方工商业长驱直入动摇了印度的传统经济，摧毁了印度本土的手工业，导致了印度的非工业化，阻碍了印度独立后的工业化进程，弱化了印度的农业，形成了一个就业不足的新的无地农业劳动力阶层，而且英国通过收缴各种苛捐杂税大量掠夺印度的经济财富，造成了印度在19世纪的衰败。另一种则认为印度经济在近代的衰败主要是印度本身的种姓制度和村社制度造成的，这两种制度造成了印度在长期内处于经济停滞的均衡状态。②

马克思提出了英国殖民印度的"双重使命论"，认为"英国在印度要完成双重的使命：一个是破坏的使命，即消灭旧的亚洲式的社会；另一个是重建的使命，即在亚洲为西方式的社会奠定物质基础"③。但是，马克思晚年对英国殖民主义在印度作用的评价更偏向负面，不再提到"双重使命论"。

二、农村经济结构的演变

莫卧儿帝国时期，印度的封建土地制度主要有：直属国王的封建领地（约占全国耕地的1/2）、贾吉尔（Jagir）的非世袭领地和柴明达尔的世袭领地。而封建土地上的农民结合在世代相传的村社里，耕种封建王公的土地，向国家缴纳田赋，并对其所耕种的土地具有永久的占有权。同时家家户户都纺纱织布，供自家消费。每个村社形成一个自给自足的经济单位。

1765年后，东印度公司授权孟加拉当地官员征收田赋，公司派人监督。1772年，英督华伦·赫斯廷斯收回管理权，实行土地整理，并于1793年完成。东印度公司首先在孟加拉、比哈尔、奥里萨地区建立了固定的柴明达尔制。自18世纪初以来，柴明达尔是孟加拉世袭的包税人、总督之下最大的封建地主。1765年，东印度公司直接掌管孟加拉的财政管理权后，经常以"公开拍卖"的方式把原来的包税区包给出价最高的税额人。这样相当一批公司成为新柴明达尔。实行固定的柴明达尔制，就是确认包税区的土地为柴明达尔的私有财产，柴明达尔向公司缴纳的田赋确定为1793年柴明达尔实际地租收入的10/11，剩下的1/11归柴明达尔自己所有，并且固定不变。柴明达尔作为土地的私有主，不但可以自由买卖或转让土地，而且可以任意增加地租。柴明达尔要把田赋按期如数上缴公司并为自己留下较大的份额，就只有加大对农民的压榨力度。许多旧柴明达尔由于欠缴税款，自己的土地被拍卖。到1815年，孟加拉有一半的土地就这样转入了更奸诈的

---

① ［印度］帕蒂克·拉尔．印度均衡：公元前1500—公元2000年的印度．北京：北京大学出版社，2008：104-107.

② 同上书，144-145.

③ 马克思恩格斯文集：第2卷．北京：人民出版社，2009：680.

高利贷者、投机商人之手。

19世纪初以后，随着印度农产品出口的激增，农产品价格日渐上升，由此产生的利益落入柴明达尔地主和其他中介人之手，公司在农民缴纳的地租中所占的份额日趋缩小。为改变这种状况，1820年东印度公司在马德拉斯省的南部普遍实行莱特瓦尔制，即农民租佃制。根据这个制度的规定，村社农民直接置于公司控制之下，每个农民应缴的田赋额分别由公司直接确定。村社农民在按期缴纳田赋的条件下，对其耕地享有占有权，可以出卖、转让或出租。在这种制度下，农民保留了较多的权利，但他们的田赋负担却比柴明达尔制下的农民更为沉重，农民必须向殖民当局缴纳相当于全年收成的1/3至2/3的地租，农民实际成为英国殖民者的佃农。这种土地税制使英国殖民者的土地税收迅速增加。①

英国对印度农业的统治产生了负面经济效果。② 英国殖民统治形成的新赋税制度，可买卖、可抵押的土地市场，农业商业化，使农民不仅遭受地主和高利贷的剥削，还遭受商人和英国的剥削。高额赋税以及为出口原料而减少粮食作物生产，造成了饥荒和瘟疫频发，人口总是掉入马尔萨斯陷阱。而新兴土地市场的出现和东印度公司的高额赋税，强化了土地分封制（特别是在印度东部地区），抑制了新技术在农业领域的推广。③

三、近代殖民工业的建立

18世纪末期，东印度公司为印度引进了西方技术，主要是外贸和殖民利益的一些零星军用、民用项目。19世纪上半期或更早一些，印度的近代工业已经开始了最初的酝酿和萌动。最早建立的印度近代企业是英资1818年始建的加尔各答棉纺织厂。1830年，英国人又试图建立采用比较先进的冶炼技术的马德拉斯炼铁厂，但未获成功。

1850—1914年，很多工业发展起来了。印度近代工业真正起步以1851年孟买第一家近代棉纺企业筹建作为标志。印度较早的近代产业是铁路、采矿业和原料初加工业。19世纪40年代，英国殖民者开始在印度修筑铁路。1845年，伦敦成立了两家私营铁路公司——东印度铁路公司和大印度半岛铁路公司，专门投资印度的铁路。1849年，加尔各答附近修成了第一条试验性铁路。1853年孟买到塔纳的铁路投入使用，1854年第一条商业性铁路孟买—塔纳线通车，接着加尔各答、马德拉斯等主要海港通往内陆的线路也相继通车。1861年印度铁路里程达1 588英里，1871年达5 077英里，1881年达9 891英里，到1900年时已长达24 760英里。④ 印度的采矿业主要是采煤业、石油开采业和锰矿开采业。1843年印度成立了第一家英资采煤公司。印度煤产量1860年为29万吨，1913年增加到1 600万吨，到19世纪90年代，煤炭开始出口。锰矿开采从1892年开始，到20世纪初产量已跃居世界第一位，1900年为12.7万吨，1913年激增至81.5万

---

① ［印度］萨拉夫．印度社会：印度历代各族人民革命斗争的历程．北京：商务印书馆，1977：235.

② 也有学者质疑这种负面的影响，参见［印度］帕蒂克·拉尔．印度均衡：公元前1500—公元2000年的印度，第7章．

③ Thorner，D. and Thorner，A.，*Land and Labour in India*，Bombay，1962，pp. 54－57.

④ ［印度］罗梅什·杜特．英属印度经济史：下册．北京：生活·读书·新知三联书店，1965：452.

吨，几乎全部用于出口。英国还从印度掠夺黄金，1913 年英国在印度开办的金矿产量为 59.6 万盎司。[①] 原材料加工业中以黄麻加工业最为著名。其他加工业还有丝织业、造纸业、棉花加工业、榨油业、碾米业、制糖业等。

1880—1913 年印度的工业增长快于很多西方国家和大多数热带国家，1913—1938 年印度工业增长水平高于世界平均水平。[②] 但 19 世纪后半叶印度工业就业占整个就业的份额是下降的（工业就业总数上升），被认为出现了去工业化的现象。[③]

四、民族资本的产生和发展

在印度近代工业建立的过程中，民族工业也在艰难发展。第一次世界大战前，印度民族工业基本是轻纺工业，而且主要是棉纺织业。1851 年 C.N. 达瓦尔在孟买集中城内 50 个大商人的资本 50 万卢比，办起了第一家蒸汽动力轧花厂。同年孟买另设两家新厂，至 1860 年至少已有 10 家。1861 年，苏拉特、坎普尔、艾哈迈达巴德等地都兴办了近代棉纺工厂。到 1875—1876 年，全印度棉纱厂已增至 47 家，拥有 9 100 台织机和 110 万枚纱锭。1893—1894 年，印度棉纺织业工厂已增至 142 家，纱锭 365 万枚，织机 3.1 万台，其中 78.1%集中在孟买地区。至第一次世界大战前，全印度棉纺厂数量由 1875—1876 年的 47 家增至 1913—1914 年的 271 家，增长了近 5 倍；织机数由 0.91 万台增至 10.42 万台，增长了 10 倍多；纱锭数由 110 万枚增至 677.9 万枚，增长了 5 倍多。这些厂家中印资开办或控制的占绝大多数。[④] 第一次世界大战期间，英国和其他欧美国家忙于战争，无暇顾及印度市场，而且由于物资紧张，英国还给印度工业大量军事订货，这样印度的棉纺织业就获得了迅速发展。

19 世纪末，老塔塔开始筹建钢铁联合企业，其筹建计划得到了官方的支持。1907 年 8 月，其继承人 J.N. 塔塔以“塔塔钢铁公司”名义在孟买集股，三周内有 8 000 多名股东征购，注册资本达 2 317.5 万卢比，股金比例中印度本国人占 92%。1911—1912 年出第一炉铁，次年出钢，1913—1914 年已有年产 15.5 万吨生铁和 7.8 万吨钢的能力。[⑤]

第一次世界大战结束初期，英国殖民当局在印度民族资本的压力下，对印度某些工业部门采取了保护措施：1921 年将棉布进口税从 7.5%提高到 11%；1924 年印度钢铁工业获得了 33.3%的保护关税税率和按产量计算的补助金；为了排挤美国和日本在印度市场上的力量，1932 年渥太华会议以后，印度提高了非英国工业品的进口关税而降低了英国工业品的进口关税。这些措施使印度的民族工业得到了一定程度的保护，因此加快了发展。棉纺织业、黄麻加工业、采煤业、钢铁冶炼业和机械配件业等原有工业部门获得了增长，水泥业、制糖业等新兴工业部门也发展迅速。

---

① 宋则行，樊亢．世界经济史：上卷．北京：经济科学出版社，1998：342.

② Ray，R.K.，*Industrialization in India：Growth and Conflict in the Private Sector，1914—1947*，1979，Delhi.

③ ［印度］罗梅什·杜特．英属印度经济史．

④⑤ 范铁城．东方的复兴——中印经济近代化对比观照．长沙：湖南出版社，1991：89，95-96.

第二节　非洲的殖民地经济

一、奴隶贸易与殖民化

奴隶贸易开始于15世纪中期，一直延续到大约19世纪70年代。从15世纪中期至17世纪中期这一阶段，以西班牙和葡萄牙两国贩奴为主。刚开始是将奴隶运往欧洲，1510年后，随着在美洲的殖民地的建立，西班牙开始将奴隶运往美洲。但这个时期，奴隶贸易体制还没有建立起来，奴隶贩运的数量较少，而且几乎全部来源于西非洲沿海地带。自17世纪中叶以后，荷兰在与葡、西、英、法的争夺中，在奴隶贸易上占了上风，但随后又为英法势力所排挤。英国凭借强大的海军及雄厚的资本，于18世纪上半叶战胜了其他贩奴国，成为最大的奴隶贩子。1713年《乌勒支条约》签订后，奴隶贸易逐渐达到高潮，奴隶贸易体制逐渐形成。1807年英美禁止奴隶贸易之后，奴隶贸易进入走私阶段，但是从非洲输出的奴隶数量并不少于前几个世纪。这时由于美国南部、古巴、巴西种植园的兴起，美国的奴隶贩子异军突起，所贩奴隶既有来自西非的，也有来自东非的。随着殖民地种植经济的发展，殖民当局着手废除奴隶制，奴隶贸易也于19世纪70年代结束。

奴隶贸易使奴隶贩子大发横财，是资本主义原始积累的重要组成部分。大约在1817年，一名黑奴的收购价为2～5英镑，在哈瓦那的售价为100英镑，在佛罗里达和新奥尔良的售价高达200英镑。[①] 西班牙、荷兰、英国、法国，以及最先垄断奴隶贸易的葡萄牙，都在贩奴运动中发了横财。

非洲人的生活已很大程度上从属于奴隶贸易的需要，通过奴隶贸易被动地卷入国际市场。奴隶贸易使一些酋长、头人及部落贵族发了财，他们开始形成新的贵族阶层。在大型奴隶买卖转运地区，人们抛弃了传统的手工业与农业，积极投入奴隶贸易，非洲农业、手工业发展受到阻碍。很多手工业工艺，如织布工艺、编织工艺、珠宝首饰工艺等都失传了，或者生产质量大为下降。通过奴隶贸易，非洲的一些国家（如达荷美、桑给巴尔等）与城市发展起来了。

奴隶贸易至少夺走了1亿非洲人的生命，其中包括在奴隶贸易战争、奴隶商队及“中段航程”等各时期死亡的人数。1650—1850年的200年间，非洲人口处于同一水平，甚至有所减少，这在人类历史上是前所未有的。[②] 被贩卖的大多是男女青壮年。由于人口锐减，土地荒芜，城镇、村落成为废墟，贝宁、安哥拉及刚果地区面目全非。奴隶贸易使非洲损失了重要的发展资源——劳动力。

奴隶贸易的另一个严重后果就是造成了非洲人心理上的创伤。以非制非的诡计导致

---

① ［法］布罗代尔．15至18世纪的物质文明、经济和资本主义：第二卷．北京：生活·读书·新知三联书店，1993：507.

② 杨人楩．非洲通史简编——从远古至一九一八年．北京：人民出版社，1984：251.

非洲人内部互不信任。一些人为了保卫自己民族不受侵犯，出卖别的非洲同胞。奴隶贸易使非洲人民饱受欺辱，民族和国家长期处于落后境地。非洲人在奴隶贸易中已被贬低为动物或商品。由于奴隶贸易引起的非洲各民族、部族或国家之间的积怨与纷争，至今仍是阻碍非洲国家经济发展和政治进步的一个重要原因。

二、殖民地经济的形成

随着西方经济的发展，对热带经济作物的需求日益扩大，世界市场出现了供应短缺的形势。殖民当局把掠夺的土地以各种形式分配给欧洲移民和欧洲公司，鼓励他们建立种植园或农场，从事经济作物生产。在扶植欧洲移民和欧洲公司的同时，西方力图推动土著居民投入热带经济作物生产。第一，宗主国采取了各种支持和鼓励措施。宗主国成立了专门的机构，如英国的棉花种植协会和德国的殖民地经济委员会等，致力于组织土著居民从事经济作物生产。还建立了试验站和苗圃，提供优良的种子和苗木，指导栽培，给予优惠贷款，提高收购价格等。第二，废除奴隶制，试图通过小农经营的方式，发展满足宗主国经济需要的出口作物种植业。第三，用货币征收直接税，迫使当地居民种植可在市场上出售的出口经济作物。第四，实行强制性行政手段。在英属西非，殖民当局把种植出口经济作物作为农民拥有土地的必备条件。

到 20 世纪初，非洲各地已初步形成以生产、出口单一经济作物为特征的畸形的殖民地经济结构的雏形。黄金海岸是当时世界上最大的可可生产国。尼日利亚农民种植经济作物已呈现地区专业化趋势。棉花与花生的种植主要在北部，可可种植业几乎全都集中在以阿贝奥库塔为主的西部诸省，而油河地区仍是西非最大的棕榈产品产地。塞拉利昂也以种植棕榈产品为主，产量在第一次世界大战前仅次于尼日利亚，此外还出口可拉果。花生是冈比亚和塞内加尔输出的主要商品。象牙海岸、达荷美主要输出棕榈产品，法属几内亚输出橡胶，多哥农民种植咖啡、可可。在喀麦隆，欧洲种植园主要出产可可、棕榈油和橡胶。

经济作物生产腐蚀了非洲传统的农业生产结构。该时期非洲各地因广泛种植出口经济作物，传统的粮食作物生产面积大为缩小，不得不从海外进口粮食。封闭的、自足的传统结构趋于解体，而与西方市场的联系则明显加强。大批来自利物浦、曼彻斯特、马赛、波尔多和汉堡的贸易公司在西非各地操纵、垄断经济作物的收购与出售。大批廉价的欧洲日用品输入非洲市场，给非洲原有的手工业以致命打击。昔日著名的卡诺纺织业和塞内加尔土布业日趋衰落。片面的自由贸易使欧洲的垄断贸易商在非洲低价收购当地生产的经济作物，高价出售非洲所需要的粮食、布匹等日用品。

经济作物的种植改变了传统的村社土地所有制。首先，经济作物的种植改变了维持土地公有关系基础的休耕制和定期分配制，像可可树为多年生作物，连续种植 10 年而无须休耕，这就需要小农拥有土地的长期固定使用权，而长期固定使用权经过登记后往往变为所有权。其次，种植出口经济作物提高了小农对土地价值的认识，出现了土地继承权、租赁权和所有权等问题，土地通过出租、转让而日趋私有化。19 世纪，阿库皮姆的可可农开始向西边森林地带的部落首领购买或租借土地，他们通常集体购买一大片土地，然后按出资多少分得自己领有的一块土地。

三、殖民地的工业发展

非洲的矿产资源为西方工业提供了源源不断的原料，也加深了各殖民地对宗主国的依赖。19世纪90年代初，西方已经有近50家公司在非洲各地矿区活动，资金总额近700万英镑。[①] 非洲采矿业的重心在南部非洲。19世纪60年代，在瓦尔河和奥兰治河汇流处发现了钻石。同时，在不远处的赞比西河和林波波河的河间地带又发现了金矿。19世纪80年代，在德兰士瓦的兰德发现了黄金。由于西方密集投资，南非成为世界头号黄金生产国。南部非洲的采矿业很快出现了集中的现象，欧洲最大的财团控制了这一地区。兰德的黄金开采业为南非统一金矿公司、维尔纳-拜特公司以及矿业同业公会所垄断。英国的开普殖民地还发现了钻石，诞生了世界最早的垄断联合组织之一——德尔比斯矿业公司。非洲很多地方都发现了钻石。1936—1938年非洲生产的钻石占世界生产份额的97.3%、出口份额的52.6%。[②] 在其他地区，如西非加纳黄金海岸的金矿、刚果的铜矿等也逐渐进入开采筹备阶段。黄金海岸金矿的主要产地在塔克瓦，1878年法商邦纳特的非洲黄金海岸公司获得了第一块租借地，开始运用科学方法采金。在中非地区，19世纪末英国成立了上喀坦加联合矿业公司，以勘探和开采喀坦加的铜矿和钴矿，该地区后来成为世界最大的铜矿产地之一和钴矿产地。

西方宗主国对采矿业以外的其他工业部门投资很少。南非和埃及的制造业虽胜于其他地区，也仅仅限于少量的粗加工工业（食品和烟草）。在南非，炸药制造与水泥生产由于与采矿业密切相关，也得到了一定的发展。而在西非，工业极不发达。英、法、德资本家只在沿海城镇开办为数不多、规模不大的农副产品初级加工厂，如榨油厂、轧棉厂、锯木厂、碾米厂和棕榈油、椰子干、鱼类罐头加工厂等，分别对花生、棉花、木材、粮食、棕榈产品、椰子和鱼类等各种农副产品在出口前进行初步加工，而将原料运往欧洲，变成最终产品。

为了将非洲的经济作物产品和矿产原料畅通无阻地运出，以及满足征服内地、维护殖民统治的战略需要，19世纪与20世纪之交，欧洲列强在非洲修建了铁路、公路和港口。当时西非所有铁路均是从沿海向内地辐射，往往有着特殊的用途。如洛美到阿内乔铁路被称为“椰子线”，此外还有“可可线”“棉花线”“铁矿线”“棕榈线”。西非各地还修筑了许多通往火车站和水路码头的公路，新建和扩建了一批港口。所有铁路、港口均是靠借款建设的，借款利息多由当地居民以各种捐税形式支付。殖民地经济的发展、交通运输网的建设促进了一批近代城市在矿区、贸易中心、铁路与公路沿线以及沿海港口的兴起与发展。

---

① 舒运国．试析非洲经济的殖民地化进程（1890—1930年）．世界历史，1994（1）．

② 舒运国，刘伟才．20世纪非洲经济史．杭州：浙江出版集团，浙江人民出版社，2013：32.

第三节 中国的半殖民地半封建经济

一、外国经济势力的入侵

近代以来，中国的经济和科学技术水平没能延续古代的辉煌。尽管中国经济总量不小，但是经济增长速度和人均水平与西欧国家的差距越来越大。对于近代中国为什么落后于西方，有各种不同的解释，对“李约瑟之谜”① 的考察也有各种角度。不可否认的是，中国的落后，或者说西方的发达，导致中国近代以来遭到了西方国家和日本的强行入侵。

1842 年 8 月 29 日（清道光二十二年），清政府被迫签订了中国近代史上第一个不平等条约——《中英江宁条约》（即《南京条约》）。随后，《中美望厦条约》和《中法黄埔条约》签订，许多欧洲小国也纷纷要求和清政府订约，清政府一概应允。第二次鸦片战争后，中国与英、法、美、俄分别订立了《天津条约》，与英、法、俄分别订立了《北京条约》。在不足 20 年内，中国被迫签订了一系列不平等条约。每签订一次条约，外国资本主义的侵入就加深一次。不平等条约的内容非常广泛，除了割地赔款等直接的掠夺外，更重要的是外国侵略者由此获得了在中国的协定关税权、海关行政权、沿海贸易权、内河航行权与内地通商权、商埠开放和租界土地权及最惠国待遇等许多政治、军事和经济特权。

尽管西方通过一系列不平等条约打开了中国的大门，但真正打开中国市场并向中国大规模输出商品却并非一帆风顺。从第一次鸦片战争后到第二次鸦片战争前，中国对各个列强贸易的盈余状况并没有出现变化，中国进口货物的数量增长不多，出口却有明显增长。中国贸易盈余的情况一直持续到 1864 年，1865 年第一次出现了贸易赤字。随后，除了 1872—1876 年这五年内曾经有少量贸易盈余之外，就一直处于逆差状态，而且愈往后赤字愈大。在进口的洋货中，机器棉、纺织品增加得特别迅速。洋纱、洋布输入增加的速度比鸦片输入增加的速度快得多。从 19 世纪 80 年代开始，杂货的进口以惊人的速度增加。到 19 世纪 90 年代初，进口洋货中杂货已经与进口鸦片、棉纺织品形成鼎足之势。

帝国主义国家向中国输出商品和掠夺中国资源的同时，也对中国进行资本输出。不过在中日甲午战争以前，外国资本主义在中国的投资数量不大，主要集中在商行、航运和银行等领域。19 世纪 60 年代开始，洋行急剧增加。这些洋行的业务主要是从事罪恶的鸦片贸易，大力推销机制纺织品、石油、食品的机器制造品，同时大量掠夺中国的生丝和茶叶。外国资本在港、沪等地先后开办了一些轮船公司，比较大的有美国的旗昌轮

① “李约瑟之谜”有不同的表述。李约瑟本人研究了中国科技史料，认为公元前 1 世纪到 15 世纪的 1 600 年间，中国科技一直领先于西方，但是现代科学为什么诞生在西方，这是一个谜，即“李约瑟之谜”。后来“李约瑟之谜”进一步被演绎为“工业革命为什么首先发生在英国而不是中国”或者“为什么是西方国家首先摆脱马尔萨斯式增长，实现了索洛式增长，而不是中国”。

船公司（1862 年设立）、英国的太古洋行（1872 年设立，1875 年开始长江航运）和怡和洋行（1881 年设立，同年开始长江航运）。这些轮船公司很快就垄断了中国的远洋和内河航运，势力扩张得很快。在中国开设的第一家外国银行是英国的丽如银行（1845 年），又叫英国东方银行。从那时起到 1894 年中日甲午战争为止，在上海设立分行的还有英国的有利银行（1854 年）、麦加利银行（1858 年）、汇丰银行（1865 年），日本的横滨正金银行（1893 年）和德国的德华银行（1890 年）等。此外，1896 年沙俄在中国设华俄道胜银行，1894 年法国的东方汇理银行进入中国。它们控制了中国的进出口贸易，操纵了中国的金融，也是向中国输出资本的枢纽。

外国资本还投资建立了各种工业企业，主要有为方便各国航运业而设立的船舶修造厂，为出口服务的各种原料加工厂，如砖茶厂、缫丝厂、制糖厂、制蛋粉厂、轧花厂、打包厂等，还有为在中国就地利用廉价原料和劳动力且就近销售的一些轻工业产品制造厂，如火柴厂、肥皂厂、制药厂、玻璃厂、制革厂、造纸厂、纸烟厂、轧花厂、豆饼厂、打包厂、铁器厂等。

二、传统自然经济的解体

小农业与家庭手工业相结合的经济结构是自给自足的自然经济的基础，这种耕、织相结合的小农经济，在鸦片战争前的中国社会经济中占主要地位。鸦片战争以后，由于外国资本主义的侵入，这种经济结构开始了逐步分解的过程。这种分解过程可以分为两个阶段：第一个阶段是纺与织的分离，即西方机器纺纱大量涌入中国，使个体小农被迫放弃了通过家庭纺纱以织布的方法，开始购买西方机纱并在家里织布。第二个阶段是耕与织的分离。在早期，由于农村手工纺织家庭使用进口廉价棉纱，手工织布业还有过短暂的繁荣。但家庭织布业也很快因洋布价廉物美而没落，手工业与农业开始分离。

鸦片战争以后，中国商业性农业有了一定程度的发展，传统农业出现分化。这主要是外国资本主义加重对中国农业原料的掠夺，使农产品出口迅速增加而引起的。此外，19 世纪 50 年代以后，外国资本主义在中国经营了若干农产品加工工厂和轻工业工厂；70 年代以后，民族资本也经营了一些纺织和食品工业。这些工厂的建立增加了对原料的需求，这就刺激了商业性农业的发展。这一时期商业性农业的发展主要表现为棉花、蚕桑、茶等经济作物的种植有了发展，以及小麦、谷物、豆类等粮食作物的商品率有了提高，同时表现为某些商品性农产品的生产开始受资本主义世界市场需求的影响而波动。

在西方工业制品的大规模倾销中，中国传统手工业生产也出现了前所未有的危机和分化。中国传统冶炼业一度十分发达，后来因西方钢铁制品大量输入而衰落。特别是 19 世纪 60 年代以后，铁及铁制品进口日益增多，土铁不断被洋铁代替，炼铁作坊不断倒闭。其他手工业部门也因不同程度地受到冲击而逐步衰落，例如，煤油的进口打击了中国的榨油业，进口洋糖排挤国内的制糖业，进口的火柴代替打火石和铁片，洋针代替土针，洋染料代替土染料，肥皂代替皂荚等，不胜枚举。

与棉纺织业和钢铁业不同，生丝和制茶等传统手工业部门却出现了繁荣。这是因为，棉纺织业和炼铁业是西方工业革命最早发生的两个部门，也是最急于向外输出的两个部门，因而对中国同类部门构成了竞争和冲击。而西方国家工业革命对某些传统原料和传统消费品的需求却大大增加，从而带动了中国这类传统部门的生产和出口。丝、茶两项是中国传统出口商品的大宗，一直占据重要地位。同光之际，两项出口值占全部出口货物总值的90%左右，到甲午战争前后仍占60%。[①] 丝、茶出口的扩大，直接拉动了缫丝业和制茶业的发展。“清道光年间，为中国茶叶之全盛时代，全年出口有二百万担之多。时该县无论土著客家，多以植茶为业。”[②]

但是，出口丝、茶的收购基本上为洋商及其买办所操控，出口贸易更是完全掌握在外国人手中，并受到外国市场波动的影响。因而，尽管市场开放和出口贸易扩大刺激了中国丝、茶手工业的发展，但同时也使之陷入依附外商和外国市场的境地。另外，随着工业革命在日本和英属印度等地的展开，中国传统的丝、茶出口也面临竞争，加上国际市场的波动，往往陷于破产境地。这种情况也发生在同光之际。如九江一地，过去茶庄林立，每年或五六十家，或三四十家，此时仅存十余家，甲午战争前后更只剩四五家。[③]

三、近代工业的建立和发展

洋务运动从购买洋枪、洋炮开始，继而创办军工企业自己制造，到后来进一步发展民用工业，掀起了中国历史上第一次现代化浪潮。

1861 年，曾国藩在安庆创设安庆军械所，主要制造子弹、火药、炸炮等。这是洋务派创办的仿制西式武器的第一个军事工业。此后，洋务派以“自强”为旗号，采用西方先进的生产技术，创办了 24 个近代军事企业。在这些军事企业中，以江南制造局、金陵制造局、福州船政局、天津机器局和湖北枪炮厂的规模为较大，所发挥的作用较为重要。洋务派军用工业是中国人最早经营的近代工业。当时中国在经济上和科技上非常落后，兴办这样的企业势必要依赖外国的机器设备、外国的生产技术，甚至外国的人员和信贷。又因当时中国并无近代基础工业，钢、铁、铜等金属器材，多种部件和仪表，油料甚至某些木料和炼铁、汽机用煤焦，都要依赖进口。同时，这些企业的创建人是中国洋务派官员，工厂采取的是在市场没有发育的情况下的封建管理模式。经费由政府调拨，产品一般也是由政府无偿地调拨给指定的军事单位，企业的发展与它的经营情况无关。尽管这些军事工业不完全按照市场的运作方式运行，但它们是中国最早的工业化文明，在中国经济史上具有里程碑意义。

从 19 世纪 70 年代开始，洋务派大力兴办近代民用工业，采取官办、官督商办和官商合办等方式，开办轮船招商局、开平矿务局、天津电报局、唐山胥各庄铁路、汉阳铁厂、上海机器织布局、兰州织呢局等 20 多个规模较大的近代民用工业企业。

在洋务派创办近代工业的同时，中国民间资本试图创办自己的近代工业企业。从同治年间到光绪二十年（1894 年）中日甲午战争前的 20 多年间，中国陆续出现了一些近

① 姚贤镐．中国近代对外贸易史资料：第 3 册．北京：中华书局，1962：1609.
② 陈兴琰．广东鹤山之茶业．国际贸易导报，1936（5）：130.
③ 茶事近闻．农学报，1897（29）.

代商办企业。这些企业主要是由部分官员、地主、买办、商人投资创办的，也有一些是原来的手工业工场、作坊采用机器生产后转化而来的。这些企业一般规模较小，资本大都在 10 万元以下，有的只有几千元。这是近代中国民营企业的发端。早期的民营工业企业主要有船舶机器修造业、缫丝业、棉纺业、火柴业等。

中日甲午战争中中国的惨败引起了中国社会的巨大震动，清廷也要求各级官员劝工兴商，号召民间兴办实业，而且开启了清末官办企业私有化之端绪。在政府有关政策的鼓励下，中国民营资本较以前开始有了快速的发展，出现了一个兴办新式工业的高潮。民间资本纷纷效仿西方公司进行资本募集，走上了资本联合的道路。据不完全统计，从光绪二十一年至二十四年（1895—1898 年），新设立了 62 家商办企业，资本总额达 1 240 多万元。[①] 这远远超过了中日甲午战争前 20 多年民族资本的总和。从光绪二十一年（1895 年）到 1913 年，约产生了 463 家资本在万元以上的民间机器工业企业[②]，涵盖了矿冶、纺织、缫丝、食品加工、水电、火柴等诸多领域，其中棉纺织、面粉加工、火柴等领域发展较快，也较成规模。除了轻纺工业外，这一时期的民营轮船航运业、铁路修筑业以及矿冶业等都有了一定的发展。

四、半殖民地半封建经济的特点

鸦片战争以后，随着外国商品和资本的侵入，中国社会经济发生了巨大的变化。一方面，外国商品和资本带来了新的现代性因素；另一方面，中国传统经济的根基仍然十分深厚，对外来的现代经济因素进行着顽强的抵抗。这样，在一个相当长的时期里，“微弱的资本主义经济和严重的半封建经济同时存在，近代式的若干工商业都市和停滞着的广大农村同时存在，几百万产业工人和几万万旧制度统治下的农民和手工业工人同时存在”[③]，这就形成了半殖民地半封建的经济社会结构。

第一，资本主义现代工业与传统农业并存。这是近代中国经济结构的最显著特征。中国作为传统的农业国家，数千年来就是以农立国，尽管在宋代以后工商业有显著的发展，但仅仅作为农业的附属部门存在。开关以后，外国资本带来了现代工业。但是，这种新的现代工业与广泛而深厚的传统农业相比有如汪洋大海中的孤岛。即便如此，这种新的生产力形式还是迅速成长着，因此形成了现代工业与传统农业并存的结构。中日甲午战争以后，现代工业发展加快。不仅外国资本大量在中国设厂，而且中国的官营资本和民营资本都进入工业领域，新式工矿业企业大量增加。这样，到 20 世纪初，现代工业已经作为一个产业成型了。但中国作为一个传统的农业国，国民经济的主干仍是农业经济。尽管受到进出口贸易的刺激，也出现了部分市场导向的资本主义农业，但资本主义农业与广泛的传统农业相比几乎微乎其微。据统计，“资本主义生产在工农业总产值中就占到 14%的比重，在整个工农业和交通运输业的总产值中占 15.4%的比重。这就是截至

① 汪敬虞．中国近代工业史资料：第 2 辑：下册．北京：科学出版社，1957：870－919.

② 同上书，869－920.

③ 毛泽东选集：第一卷．北京：人民出版社，1991：188.

1920年中国资本主义发展的水平”①。

第二，现代工商城市与广大农村并存。中国资本主义现代工业大多分布在城市。这种情况与资本主义国家工业化过程中出现的城乡结构是一致的。这是由工业生产的集中需要和集聚效应所决定的。这种现代工业的集中与积聚特征也引致了商业的集中和积聚。因此，近代以来工商业城市发展起来。但在广大农村传统经济结构瓦解的同时，现代农业却没有发展起来，仍处于贫穷、落后的状况。与此相对应的是沿海与内陆的经济差距。由于外国资本主义最先在东南沿海一带的城市落脚，这些地区的城市在发展现代工商业和进出口贸易方面具有便利条件，因而，中国的资本主义近代工业便在这些地区发展起来。而在中国广大的内陆地区却仍然保持着传统经济，从1895—1913年的统计资料看，这18年所建立的549家厂矿企业中，沿海城市占61.35%，内陆地区仅占38.65%。② 如果考虑到沿海地域的狭小和内陆地域的广大，这种发展水平的差别就更大，二元结构就更显著。

第三，现代产业工人与广大农民和手工业者并存。在外国和中国的现代企业中，有几百万从事工业生产劳动的工人，他们的劳动方式是在大机器条件下的集中劳动，与企业之间的关系是资本主义雇佣关系。他们仍是先进生产力的代表，代表着中国最具成长性的劳动人口、最具创造性的生力军。但这数百万产业工人占全国人口的比例很小，全国80%的人口仍是农民，如汪洋大海般的农民仍采用“日出而作，日落而息”的传统生产方式和生活方式。就广大民众所使用的工业品来说，大部分还是手工制品，因而仍存在大量的传统手工业者。这构成了近代中国最典型的国情。

此外，外国资本与中国资本并存，也是中国经济二元结构的重要标志。中国近代历史的最根本特征，就是外国资本的侵入带来了现代因素，并且与中国本土的传统经济发生冲突直至并存。中日甲午战争以前，外国在华所建企业限于对华贸易的服务行业，工厂不多，规模不大，没有形成一种经济成分。中日甲午战争以后，外国在华投资大大增加，在中国现代产业资本中占70%以上。此外，外国洋行还控制了中国对外贸易总额中80%以上的份额。外国资本成为中国国民经济内部一种占支配地位的成分。外国资本凭借不平等条约所赋予的特权和优惠，构成对中国资本的竞争优势和严重的压迫。这就导致了中外资本的矛盾和冲突。

第四节　拉丁美洲的依附经济

一、重商主义制度与拉丁美洲殖民地经济

在征服美洲时期，欧洲正盛行重商主义的经济理论。西班牙王室在这种理论的影响下对殖民地实行了日臻完善的贸易垄断制度。

---

① 许涤新，吴承明．中国资本主义发展史：第2卷．北京：人民出版社，1990：1053.

② 汪敬虞．中国近代工业史资料：第2辑：下册，657.

典型的西班牙贸易垄断制度盛行于 16 世纪 30 年代至 18 世纪七八十年代，具体内容包括：一是创设贸易署，专管宗主国和殖民地之间的贸易事宜。二是确立特许港口。为了便于控制贸易和征收各种税，国王把通商限制在西班牙的塞维利亚港（1717 年改为加的斯港）和美洲的韦拉克鲁斯、卡塔赫纳、波托贝洛、哈瓦那等少数几个特许港口。三是建立“双船队制”，实行军事护航。即每年由指定的两支商船队负责对美洲的贸易，船队按规定时间和路线往返美洲，并有大型舰队护航。四是禁止外商参与西属美洲贸易，严禁将非西班牙产品直接运进西属美洲。在西班牙王室颁布的《西印度法》中，禁止外国人参与殖民地贸易的法律条款就有 37 条之多，其中一条规定：凡与外国人通商的西班牙人一律判处死刑并没收其全部财产。五是限制和禁止西属美洲各地区之间进行贸易。1580—1640 年葡萄牙与西班牙合并期间，西班牙的贸易垄断制度也推广至葡属巴西。葡萄牙脱离西班牙后，仍继续奉行贸易垄断制度。这种制度的实施实际上等于西、葡王室建立了一家垄断公司，在垄断公司控制下，拉美在经济上只是宗主国的附庸，处于次要地位，殖民地为母国提供必要的矿产品和其他原料，却不能根据自己的需要发展经济和开发资源。

重商主义在拉美的另一种表现形式就是单一产品制和对“中心”国家的依附。殖民者通过各种强制性劳动制度剥削和压榨印第安人和黑人，发展了采矿业以及为采矿业服务的农牧业，并聚敛了大量的财富。这些财富最终以贵金属的形式通过贸易和各种税收源源不断地输入宗主国。据统计，在 300 多年的殖民地统治期间，总计约有 259 万千克的黄金、1 亿千克的白银输入宗主国，但殖民地本身的经济却未得到有效的发展。在西属美洲，西班牙王室官员于 16 世纪中叶在墨西哥和秘鲁建立起了巨大的白银采矿业，从而使所有其他经济活动都从属于矿业中心。为了满足矿业和城市中心的需求，农业和畜牧业也随之发展起来。到 17 世纪，大庄园就作为农业地区的主要经济形式出现了。由于制造业的发展意味着与有势力的商业垄断者竞争，因此，拉美建立制造业的尝试受到商人和殖民当局的严格限制。虽然 18 世纪波旁王朝的贸易改革，特别是 1778 年《自由贸易法》颁布之后，对殖民地经济发展的限制有所放松，但殖民地从根本上说并没有摆脱为出口贵金属服务的单一的农矿业经济结构。

在葡属巴西，由于最初没有发现贵金属矿藏，于是以发展出口农业经济为主。从 16 世纪中叶到 17 世纪中叶，巴西是世界上最大的产糖国。1693 年在米纳斯地区发现了黄金富矿后，巴西进入了“黄金周期”。巴西红木、食糖、黄金、钻石这些能在欧洲市场上赚取暴利的单一产品，相继成为葡萄牙国库的重要财源，支撑着庞大的殖民帝国。但对巴西来说，生产在国内不同的区域形成经济岛屿，它们彼此隔绝，结果只是分散的殖民开拓，无助于全国经济一体化的形成。

重商主义对拉美经济的影响持续了很长时间。拉美国家独立以后，新的民族国家发展工业化的设想遭遇了人均收入水平低、市场需求规模狭小、资本积累困难、金融机构短缺、资金融通不便、交通不畅、运输成本太高、外国廉价商品的冲击等障碍。为了保持国际收支平衡，拉美国家不得不重新回到利用廉价的生产要素（劳动和资本）出口初级产品、换取外汇、进口工业品的传统道路。

二、大庄园制经济及其特点

16 世纪中期以后，在西属美洲，一方面，矿业经济发展和西班牙人口增多，对欧式农牧业产品的需求日益增长；另一方面，印第安人口大量死亡，腾出大片可耕地，于是大庄园制便逐渐发展了起来。西班牙大地产主所拥有的地产一般来源于土地赐予（如王室恩赐的“骑兵份地”、牧场），廉价购买，不平等交换（用次地换好地），蚕食、侵占相邻印第安人的土地，通过与印第安人结婚而得到的土地，利用种种欺骗手段得到的土地，印第安人自愿捐献的土地等。1591 年到 17 世纪末，陷于财政困境的西班牙国王为增加财政收入，下令对殖民地的土地所有权进行全面审查，凡持有土地者只有缴纳一笔费用方可获得土地所有权。大地产主便趁机通过这种法律程序使得所侵占的土地的权利合法化。

大庄园的劳动力最初有两类：一是长期居住劳力，其上层是地产主收留的亲戚、同乡、朋友等，主要是管理人员，其下层来源于征服前依附于土著贵族的仆役（在阿兹特克叫仆役，在印加叫农奴）和黑奴。19 世纪 30—80 年代，拉美国家先后废除了黑人奴隶制，种植园的奴隶逐渐转化为佃农和雇工。二是短期从事非熟练劳动的劳力，这部分劳力先是由委托监护制提供的。1549 年法律废除了委托监护制下使用印第安人的劳役，禁止以劳役代替贡税后，又依靠殖民当局建立的劳役摊派制提供。与委托监护制相比，劳役摊派制不再是一种无偿的、构成半封建特权的私人劳役，而是一种略有报酬的、官方认可的有利于本地公众利益的强制性的公共或私人劳役，它把使用土著劳役的范围由少数监护主扩大至所有西班牙人。但由于 16 世纪末印第安人口过多死亡，通过劳役摊派制获取劳力越来越困难，大庄园主不得不转向通过私人雇佣的方式解决劳力问题。1632 年，农业中的劳役摊派制被取消，取而代之的是债役农制。这是一种以代为缴纳人头税、预付工资（多为实物）、出让小块土地的使用权等方式将劳动者束缚于大庄园的制度。到 18 世纪末，在原来土著人口密集的新西班牙和秘鲁总督辖区，大庄园制已在土地制度中占据支配地位。与之并存的还有印第安人村社土地和小地产。

拉美的大庄园制已经不同于中世纪的欧洲封建庄园，它通过为城市和矿区生产而间接地为资本主义世界市场服务，它的兴盛和萧条以及对劳动者的剥削强度在很大程度上取决于市场供给和需求，庄园劳动力中也有了微弱的雇佣劳动的成分。但是，从大庄园主占据土地和不完全占有劳动力的角度看，大庄园的封建性仍是明显的。因此，拉美殖民时期的大庄园制应定位于半封建制。独立后，半封建的大庄园制被保留下来。由于各国的自由派政府采取了废除和剥夺教会地产和印第安人村社土地的措施，大庄园制得到了进一步的发展。在 1910 年墨西哥革命以前，11 000 个大庄园主占有全国 57%的土地，而奇瓦瓦州的特拉萨斯家族就拥有 15 个大庄园，与此形成鲜明对比的是，农村中有将近 97%的家庭没有土地。①

大庄园制的遗产是多方面的，主要包括：

---

① ［美］斯塔夫里亚诺斯．全球分裂——第三世界的历史进程．北京：商务印书馆，1993：432－433．

首先，作为经济单位，大庄园直接为世界市场生产单一的农业原料（蔗糖、咖啡、棉花、烟草），它的生产建立在开发大片富饶、肥沃的土地和对黑人奴隶进行残酷剥削的基础上，大庄园的生产是低效率的。大庄园主占据大片土地的目的一是满足贵族心理欲望，二是消除竞争者和获得印第安人劳力。但他却不能充分与合理地利用土地，对土地的投资很少，技术也比较落后，导致大片土地荒芜或粗放耕作，再加上劳动者缺乏生产积极性，农业产量不能提高。

其次，作为社会单位，大庄园内部是一个微型的等级社会。大庄园具有一个独立社会一般会有的附属物，不仅有庄园主的大宅院，还有村落、作坊、商店、教堂、学校、医院、邮局和坟地，自成一体。大庄园里的总管、牧师、管家、商店经理、会计处于上层，监工、计时员、学校教师、收租人和部分技术性较强的劳力（工匠、牛仔、牧羊人等）处于中层，而债役农、佃农、短工、奴隶则处于下层。大庄园主处于最顶端，他对庄园成员实行恩威并重的父权主义统治，不仅有义务“照料”和“保护”他们，使他们成为基督徒，而且对他们拥有绝对的权威。这不仅是一种上下隶属关系，而且是一种亲族式的伦理关系。

再次，作为行政单位，大庄园是地方政治权力的中心。尽管大庄园没有欧洲庄园那样的自治法律地位，西班牙国王从未在法律上认可大庄园主的政治和司法权力，但在实际中，这种权力是存在的。它主要来源于大庄园主对土地的垄断，及其在地方市政和司法部门的任职。大庄园主凭借自己的权势，控制周围地区的小庄园和市镇，有的大庄园甚至拥有私人武装和监狱。在 19 世纪，拉美的大庄园一度成为产生考迪罗的温床，是拉美寡头政治的基础。

最后，种族歧视。殖民地时期的法律规定：禁止自由有色人妇女穿戴白人妇女所穿戴的服饰和头饰；禁止自由有色人接受大学教育和从事自由职业；禁止他们充当神职人员；禁止他们担任政府公职；服兵役则必须组成黑人连队。

三、早期的工业化和依附经济

在拉美国家，其工业化发端于为满足国际市场而非本国市场需求的矿业和初级农产品加工业，每个国家几乎都具有单一产品出口的特征。最典型的是智利的铜矿业、墨西哥的麻加工业、巴西的咖啡业及阿根廷的畜产品加工业。① 从 19 世纪 40 年代开始，拉美国家逐渐形成了三种类型的初级产品出口，即温带农产品出口、热带农产品出口、矿产品出口，从而形成了单一产品制，使整个国家的经济依赖于某一种或两种供出口的农矿产品。从 19 世纪七八十年代到 20 世纪 30 年代，由出口部门的繁荣带动的工业及社会生活各个领域的发展、变化，使拉美经济出现了前所未有的大幅增长。

拉美工业化的另外一个特点是：外国资本为主要的资金来源，主要工业部门被控制在外国资本或外国移民手中。1870 年后，大量外国资本涌入拉美。一些原来由拉美企业

---

① Roberto Cortes Conde，*The First Stage of Modernization in Spanish America*，Harper&Row，Publishers，Inc.，1974.

家控制的企业纷纷为外国公司所购买，制造业中的本国企业不断减少。如在阿根廷，1913年拥有工业企业 4.9 万家，其中 3.15 万家是外资企业，1.5 万家是合资企业，本国资本企业只有 0.25 万家。在墨西哥，1904 年外资控制了 40%的铁路、98%的采矿业、87%的电力工业、84%的加工制造业、100%的石油工业、76%的金融业。[①] 外资主要投向基础设施、公用设施、出口加工工业和采矿业。1914 年，拉美吸收了资本主义国家对外投资额的 8.5%，仅次于欧洲，而高于除美国外的北美洲、亚洲（含日本）、非洲和大洋洲。[②]

大量资本涌入拉美，一方面带来了资金和技术，从而带动了拉美的工业发展，另一方面使拉美的发展以适应投资国的需要为条件，结果造成了经济结构的畸形化。工业生产主要是为了供应国外市场，因为优先得到发展的是由外资控制的出口加工业和采矿业，而面向国内市场的制造业特别是冶金工业和机器制造业极其薄弱。从面向国内市场的工业生产结构看，主要是轻工业得到了一定的发展，其中食品加工业和饮料业占整个制造业产出的比重最大，除巴西（占 40.7%）和墨西哥（占 37.7%）外，其他国家均在 50%以上。在整个制造业产出中，纺织业和成衣业居第二位的国家分别为巴西（占 33.4%）、墨西哥（占 29.5%）、智利（占 20.4%）、委内瑞拉（占 18.4%）、乌拉圭（占 11.3%）、阿根廷（占 9.6%）、秘鲁（占 7.5%）和哥伦比亚（占 5%）。[③] 1910 年巴西的纱锭达 100 万个，墨西哥紧随其后；由于受比较利益学说的不良影响，到 1930 年阿根廷的纺织业仍不发达。

19 世纪末 20 世纪初，城市化的发展为建筑业提供了绝好的机会。到 1914 年，除阿根廷外的主要国家都建立起了水泥工业。拉美国家的金属工业仍很落后，只有墨西哥建立了一个现代钢铁工业部门。在早期工业化过程中，拉美整个工业化水平仍很低，现代工业发展仅仅局限于少数国家。就这些国家而言，到 1913 年，制造业产出占 GDP 的比重仍很低：阿根廷占 16.6%，智利占 14.5%，墨西哥占 12.3%，巴西占 12.1%，哥伦比亚占 6.7%。而且到 1913 年，食品加工业、纺织业和成衣业占大多数拉美国家制造业的 75%。[④]

从技术水平和工厂规模来看，除出口部门外，没有大规模的现代工厂。1914 年前，阿根廷的基尔梅斯酿酒厂和洛马斯德萨莫拉酿酒厂，巴西圣保罗的安塔尔蒂加酿酒厂和里约热内卢的面粉加工厂，墨西哥、巴西和秘鲁的纺织厂，都是规模较大、技术较新的工厂，但它们都不具有代表性。在大多数情况下，工业企业的规模较小，技术也较落后。如 1882 年布宜诺斯艾利斯工业企业平均雇用工人 6 名，到 1914 年，小工厂仍是绝大多数工业机构的主要特征；智利 1914 年雇用 5 名以下工人的企业仍超过本国制造业企业的一半。[⑤] 巴西 1920 年的工业调查表明，全国工厂工人约 27.5 万名，即使不包括许多小作坊，平均每个工厂也只有 21 名工人。[⑥]

---

① 郝名玮，冯秀文，钱明德．外国资本与拉丁美洲国家的发展：历史沿革的考察．上海：东方出版社，1998：75.

② [美] 维克多布尔默·托马斯．独立以来拉丁美洲的经济发展．北京：中国经济出版社，2000：124.

③ 同上书，164.

④ 同上书，137.

⑤ [英] 莱斯利·贝瑟尔．剑桥拉丁美洲史：第 4 卷．北京：社会科学文献出版社，1991：276－277.

⑥ 同上书，326.

关键词

殖民地经济　半殖民地经济　依附经济

思考题

1. 印度的殖民经济体系是如何形成的？
2. 奴隶贸易对非洲经济有什么影响？
3. 中国的半殖民地半封建经济的特点是什么？
4. 拉美的依附经济的特点和影响是什么？

第十五章

自由贸易与世界经济的形成

重点问题

- 英国的自由贸易及其扩散
- 金本位制与国际金融制度
- 新重商主义和资本主义殖民体系
- 英国世界经济中心的地位及面临的挑战

第一节　自由贸易与世界市场扩大

一、自由贸易的基础和理论

工业革命后，英国建立了一个以大机器生产为基础的强大的工业体系，资本主义大工业对原料和商品市场的需求也越来越大。此时，其他国家的保护关税和英国的进口税成为两个主要障碍。

英国用炮舰消除了殖民地的保护性关税，但是消费水平较高的欧洲市场仍然受到关税等各种政策的保护。为了打破欧洲国家的关税壁垒，英国必须首先放弃关税保护，开放本国和殖民地市场。英国实行保护关税有利于土地贵族，对工业资本家而言却是作茧自缚，英国在棉纺织品、采矿和钢铁工业等方面占绝对优势。代表土地贵族利益的保护关税制度已严重损害了工业资本家的利益。

亚当・斯密、约翰・洛克、托马斯・马尔萨斯和大卫・李嘉图等经济学家都论证了自由竞争和自由贸易的必要性。无论是斯密的绝对成本学说，还是李嘉图的比较成本学说，都使人们相信各贸易国会从国际专业化和国际分工中得到好处。斯密和李嘉图依据资产阶级利益的要求和本能，把英国当时的资产阶级民族利己主义说成人类普遍的自由和幸福，冲破了重商主义学说对商业关系的限制，为工业资产阶级废除保护关税制度、扫除工业发展的障碍提供了理论基础。因此，“使其余一切国家皈依自由贸易的福音，来建立以英国为最大的工业中心，而其余一切国家为依存这个中心的农业地域的世界”①。

① ［美］龙多・卡梅伦. 世界经济史——从旧石器时代至今. 开封：河南大学出版社，1993：286.

二、英国的自由贸易进程

1768年的《艾登条约》是自由贸易的初步成果。这个条约免除了英、法之间的一些贸易关税。但是，随后爆发的英法战争逆转了贸易自由化的趋势，而且政府的财政收入主要来自保护性关税。此外，幼小的工业资产阶级还不具备足够的实力与实行关税保护的土地贵族相抗衡。

自由贸易的第一个胜利是哈斯基森在1823—1825年改革了海关税则。1823年后，随着财政状况有所改观，贸易大臣哈斯基森降低了许多制成品、原料和消费品的关税，取消了原来构成英国财政制度的主要基础并严重束缚国内贸易的许多消费税，特别取消了不准丝织品进口的禁令。

随着工业资产阶级的不断壮大，自由贸易和保护贸易斗争的焦点集中到《谷物法》上。1815年通过的《谷物法》限制或禁止谷物进口，以保证国内谷物的价格水平。人为提高的谷物价格使土地贵族获得了垄断利润，却提高了资本家必须支付的工资成本。19世纪上半叶，工业资本逐渐占据主要地位。1820年，伦敦的西蒂区曾向议会呈递一份由经济学家图克起草的呼吁实行自由贸易的请愿书。1839年5月，部分工厂主和知识分子争取到工人阶级的支持，在伦敦成立了全国性的反谷物法同盟，棉布制造商理查德·科布登和工厂主儿子约翰·布莱特为主要领导人。

19世纪40年代，自由贸易取得了决定性的胜利。罗伯特·皮尔任首相时于1842年废除了英国制成品的特别出口税，并降低了海关税则上不少于750个税目的进口税，再次开征所得税以弥补预期的收入损失。1845年皮尔又取消520种关税，并废除其余原料的进口税。1845年辉格党人利用英格兰歉收和爱尔兰马铃薯病虫害后民众反《谷物法》的情绪，提出修改《谷物法》。1846年，《谷物法》废除。代表重商主义的《航海法令》也在1849年受到限制，到1851年，该法被彻底废止。

19世纪五六十年代，格莱斯顿执行了坚定的自由贸易政策。1860年，英国实行了对外贸易完全自由化的第一个预算，废除大部分食品关税，以及所有来自英国领地的进口品享受的优惠税率，只有蔗糖和糖果进口税依然是重要的财政收入来源。后来的预算又免除了木材关税，1869年取消了谷物进口的注册费，1875年免除了蔗糖进口税。1860年以后，只有少数商品保留着进口税，像白兰地、葡萄酒、烟草、咖啡、茶叶和胡椒等。直到19世纪末，都没有通过任何保护关税提案。这样，英国成为第一个执行自由贸易政策的国家。

三、自由贸易的国际扩散

拿破仑战争后，除了荷兰和丹麦这样的小国外，大部分欧洲国家的贸易政策都倾向于保护主义。荷兰在1819年采取了相对自由的贸易政策，丹麦则在1797年废除了进口限制，并降低了关税。英国废除《谷物法》后，奥匈帝国、西班牙、荷兰、比利时、瑞典、挪威和丹麦等国家都实施了迈向自由化的政策。19世纪50年代前半期，俄国、瑞典、挪威、丹麦、荷兰、普鲁士等降低了英国输出的许多商品的关税；西班牙废除了禁止税则，改行保护税则；法国大大降低了钢铁和五金器材的关税。19 世纪 50 年代，欧洲主要国家的关税都在下降。

1860 年以后，贸易自由化政策通过签订贸易条约和关税协定而扩大到其他国家。其中重要的进展是 1860 年法国皇帝的顾问、经济自由主义的倡导者、经济学家米舍尔·舍瓦利埃与英国反《谷物法》同盟的代表人物柯布敦签订的《英法条约》。它是 19 世纪 60 年代把欧洲大部分地区变成低关税集团的第一个贸易条约。根据该条约，英国同意废除所有制成品的关税，降低了白兰地和葡萄酒的进口关税。这使法国获利最大。法国废除了一切进口禁止规定，对关税也进行了限制。此外，1860 年的《英法条约》包含了最惠国条款。这意味着对一国的关税减让会自动适用于其他所有享受最惠国待遇的国家，刺激了以多边条约为基础的贸易扩张。

此后，英国与比利时（1862 年）、意大利（1863 年）、德意志关税同盟和奥地利（1865 年）订立了条约。法国也为了相互减免关税而与其他国家缔结了类似的贸易协定。这些协定包括：1862 年与比利时和德意志关税同盟签署的协定；1863 年与意大利缔结的协定；1864 年与瑞士的协定；1865 年与瑞典、挪威、汉萨城、西班牙和荷兰的协定；1866 年与奥地利的协定；1867 年与葡萄牙的协定。因为法国承认了最优惠待遇，所以法国同其他国家商定的一切好处必然对英国有利。虽然普遍的自由贸易在这一时期仍未实现（只有英国和荷兰实行彻底的自由贸易政策），不过，在 19 世纪 60 年代和 70 年代的较短时期内，自由贸易在欧洲取得了胜利。

自由贸易瓦解了英国与殖民地之间的特惠制。在哈斯基森时期，英国的殖民体制从垄断体制转变为特惠体制，英国商品在殖民地享受特惠待遇，而殖民地产品在英国市场上获得了关税优惠。1849 年，小麦特惠关税被废除；1860 年，葡萄特惠关税被废除。再加上加拿大、澳大利亚、南非、新南威尔士等殖民地逐渐拥有独立关税自主权，特惠制瓦解。加拿大对工业实行保护关税。澳大利亚各殖民地自由地执行独立贸易政策，新南威尔士赞成自由贸易，维多利亚主张贸易保护主义，其他地区则强调单纯为了收入而征收关税。

但是，在亚洲和非洲的许多殖民地，自由贸易政策却是被强加的。印度关税，特别是棉纺织品关税在 19 世纪 60 年代的降低，反映了英国政府要求继续使印度充当英国工业品的出口市场，并防止它成为出口竞争对手的意图。中国和日本最初分别给予了英国和美国贸易优惠，后来又通过最惠国待遇原则将这种贸易优惠扩大到所有其他西方国家，两国还暂时被剥夺了决定本国关税政策的权力，中国直到 1930 年才收回关税主权。自由贸易侵蚀着这些国家经济的独立性。

四、自由贸易与国际贸易增长

1500—1800 年，全球洲际贸易的年均增长率不过 1%左右。从 19 世纪初开始，一直到第一次世界大战之前，世界贸易总额的年均增长率大约为 4%。从诸多关于国际市场整合的证据来看，相比 1800 年之前，从商品价格收敛的趋势来看，1800 年后的世界经济联系越发紧密，很多经济史学家还将1870—1913年称为“第一波全球化”时期。①

就19世纪60年代的欧洲国家来说，贸易与经济增长也可能存在含混不清的关系。因为经济增长的出现最终取决于技术、制度乃至文化因素等，贸易的扩大可能是工业革命本身的结果。工业革命意味着生产效率的上升，在交通成本、通信成本等下降的前提下，快速增加的工业产出有可能出口到世界其他任何地区。从这一意义上来说，贸易的扩大是经济增长的结果，自由贸易政策只不过削减了快速增加的工业产出向世界其他地区出口的成本。然而，贸易的扩大也有可能是经济增长的必要前提。贸易的扩大促进了工业生产的专门化，一方面缓解了工业革命过程中面临的资源约束；另一方面为工业产出提供了十分广阔的国际市场。

贸易政策对经济增长的影响没有定论。一般来说，自由贸易政策意味着贸易条件得到改善，正如古典经济学的理论分析一样，贸易条件的极大改善也许有利于促进经济增长。不过，针对这一时期世界经济史和欧洲经济史的计量研究结果没有发现贸易条件的改善会对人均收入增长产生积极或者正向的影响。相反，在普遍的自由贸易政策行将结束的时候，出现了第一波全球化。②

第二节　世界经济体系的形成

一、国际分工体系的形成

14—15世纪，围绕地中海进行的东西方贸易仅仅是少数商业城市或者城市共和国，商品种类也限于那些具有资源优势或生产成本差异很大的少数商品，如欧洲的呢绒、金属制品和东方的珠宝、香料、丝绸、瓷器等名贵物品。虽然这些产品有的已经是社会分工的产物，但这种分工仍然是各国地理、民族传统以及国民经济特点的差异引起的地域分工。这种地域分工在地理大发现后有了发展。随着新航线的开辟和新大陆的开发，国际贸易的领域迅速扩大到世界各地。西欧国家借助商业资本大力推行重商主义政策，积极鼓励航海事业，保护为出口而生产的工场手工业的发展。与此同时，以暴力和强制手段在殖民地经营矿山和种植园，建立起以奴隶劳动为基础的面向宗主国市场的早期资本主义专业化生产。但是这种分工从严格意义上说，还不是真正的国际分工，因为国际贸易商品还未参与资本主义扩大再生产过程，尚未成为它必不可少的条件。

18世纪中期首先在英国发生的工业革命产生了真正意义上的国际分工。19世纪中期以后，工业制成品、原料、食品等大宗商品在世界市场上的贸易额大幅增长。国际贸易商品日益大量地参与到资本主义扩大再生产过程，原料取自世界市场，产品输往世界市场，世界市场成为资本主义扩大再生产过程顺利进行所必不可少的条件。于是，机器大

① ［美］罗纳德·芬德利，［英］凯文·奥洛克．强权与富足：第二个千年的贸易、战争和世界经济，432-436.

② Blattman，Christopher.，Jason Hwang，and Jeffrey G. Williamson，“The terms of trade and economic growth in the periphery，1870—1938，” NBER Working Paper，2003，No. 9940.

工业越来越多地把世界各个国家的社会生产吸引到国际分工体系中来。

垂直分工的发展和深化是这时国际分工的特征。英国等先进国家出口制成品，销往落后国家的殖民地，而后者出口原料供应前者。前者成了世界大机器生产的中心，后者成为其附庸。正如马克思所说：“一种与机器生产中心相适应的新的国际分工产生了，它使地球的一部分转变为主要从事农业的生产地区，以服务于另一部分主要从事工业的生产地区。”[①] 这种垂直分工在 19 世纪中叶以后，特别是 19 世纪 70 年代以后，得到了扩大和加深。因为工业国已经不再是英国一个国家，而是欧洲和北美各国，还有亚洲的日本；而原料供应地也不再是少数殖民地，而是世界所有落后地区，原材料涉及的范围也更广，有赞比亚和智利的铜，苏里南、牙买加、圭亚那和加纳的铝矾土，巴西的铁矿石，玻利维亚的锡，约旦和摩洛哥的磷，海湾各国的石油等。丹尼斯·罗伯逊把工业化经济体和初级产品经济体之间存在的显著差异称为“大分工”[②]。

二、国际贸易制度的演变

从 18 世纪后期到 19 世纪末，国际贸易的各个方面都发生了显著的变化。

首先，国际贸易量迅速增加。在 1720—1800 年的 80 年里，世界贸易总量增长了一倍。进入 19 世纪，世界贸易增长速度加快，19 世纪前 70 年世界贸易增长了 10 多倍，特别是 19 世纪 40—70 年代世界贸易的增长快于世界工业生产的增长。[③]

其次，国际贸易的商品结构发生了很大变化，工业品所占比重上升，其中纺织品增长最快并占重要地位。粮食成为当时国家贸易的大宗商品，占当时国际贸易额的 10%左右。贸易方式也有了进步，国际定期集市的作用减弱，样品展览会和商品交易所的作用增强，逐渐形成了区域性和全球性的交易中心。1848 年，美国芝加哥出现了第一个谷物交易所；1862 年，伦敦成立了有色金属交易所；19 世纪后半期，在纽约成立了棉花交易所。交易所的价格和成交条件具有广泛的代表性，在国际上被普遍接受，从而对各地的行市有着极大的影响，成为各地交易时参照的标准和调整的依据。期货交易也已经出现，小麦、棉花等常常在收获前就已经售出。

再次，国际贸易的组织方式有了改进。19 世纪以前，为了争夺国际贸易的独占权，英国、荷兰、法国等纷纷建立了由政府特许的海外贸易垄断公司。随着贸易规模的扩大，原先公司的垄断地位丧失，很多有限责任的股份制公司参与到国际贸易中来。而且，这些公司日益专业化，成立了许多专门经营某一种或某一类商品的贸易企业。

复次，政府对对外贸易的干预减少，制定了调整国际经贸关系的法律规范并统一了有关各方都能接受的贸易惯例。此外，在工业产权、文学艺术作品和商标注册方面还达成了几个著名的公约和协定，它们是：1883 年的《保护工业产权巴黎公约》，1886 年的

① 马克思恩格斯文集：第 5 卷，519 - 520.

② ［美］罗纳德·芬德利，［英］凯文·奥洛克．强权与富足：第二个千年的贸易、战争和世界经济，2012：440.

③ ［日］宫崎犀一，奥村茂次，森田桐郎．近代国际经济要览：16 世纪以来．北京：中国财政经济出版社，1990：21.

《保护文学和艺术作品伯尔尼公约》，1891 年的《商标国际注册马德里协定》。在贸易惯例方面，最重要的是国际贸易术语的定义和解释。最常见的船上交货（Free on Board，FOB）价这一术语早在 19 世纪初已经流行，到岸（Cost，Insurance and Freight，CIF）价也陆续使用。

最后，在保险业方面的统一性也取得了进展。早在 1860 年，贸易、运输、保险各界代表就在英国的格拉斯哥开会拟定了理算共同海损所应依据的国际规则。1912 年，伦敦保险协会制定了《协会货物保险条款》（Institute Cargo Clause，ICC），该保险条款经多次修订，已成为目前应用最广的保险条款，这表明国际保险市场上“销售条件”统一性的实现取得了重大进展。

三、金本位制和国际金融制度的发展

1717 年，英国铸币厂总管伊萨克·牛顿爵士将金价定为 3 英镑 17 先令 10.5 便士，这是英国金本位制的开端。这个比价一直延续到 1931 年，其中 1797—1819 年和 1914—1925 年中断过。英国实行金本位制的原因是白银贬值。到 18 世纪末期，白银已经从英国流通中消失，英国走向了事实上的金本位制。1844 年的《银行法》具体规定了英格兰银行发行部所应保持的黄金储备，允许白银储备占总额的 1/3。这意味着英国在法律上实现了完全的金本位制。

其他主要欧洲国家 19 世纪下半期陆续采用金本位制。1870 年以前，欧洲大陆国家实行复本位制。在 19 世纪大部分时间里，美国也实行复本位制。1865—1867 年，拉丁货币同盟稳定了局势并实行国际复本位制。货币的相互依存性和不采用金本位制会产生网络外部性是很多国家采用金本位制的原因。① 此外，有些国家采用金本位制更多是出于政治上的考虑。②

德国转向金本位制和美国停止铸造银币对金本位制扩散起到了关键作用。荷兰在 1874 年停止铸造银币，不久就采用黄金作为记账单位。挪威、瑞典和丹麦也紧随其后。1874 年拉丁货币同盟开始实行“跛行”金本位制，即禁止铸造银币。白银虽然是法偿货币，但不以银币形式出现，也不能在商业交易中大量使用。到 1878 年，英国、比利时、荷兰、法国、德国、瑞士和斯堪的纳维亚国家都实行了金本位制。俄国和日本在 1897 年实行金本位制，同年印度通过了使卢比钉住英镑的金汇兑本位制。一年以后，菲律宾以同样方式与美元联系在一起。美国直到 1900 年才实行金本位制。1900 年以后，亚洲的锡兰（今斯里兰卡），拉丁美洲的阿根廷、墨西哥、秘鲁和乌拉圭等先后采用金本位制。到 1914 年，中国仍然是固守银本位制的主要国家之一。

金本位制为各国货币汇率的相对稳定提供了客观的基础。统一和相对稳定的世界货

① ［美］巴里·艾肯格林．资本全球化国际货币体系史．上海：上海人民出版社，2009.

② Ferguson，Niall and M. Schularick，“The thin film of gold：the limits of monetary commitments”，Harvard Business School Working Paper，2006；［美］查尔斯·金德尔伯格．西欧金融史．北京：中国金融出版社，2010：第四章；［美］巴里·艾肯格林．资本全球化国际货币体系史，15-16；Meissner，M. Christopher，“A new world order：explaining the emergence of the classical gold standard”，NBER Working Paper，2002，No. 9233.

币对各国之间的经济交往起到了极大的推动和促进作用。这一时期的国际贸易、国际资本流动和国际信用的增长，都与此有一定的关系。但是，金本位制下无法以汇率作为有效的政策工具应对国际收支失衡，它将外部平衡置于内部平衡之上，逆差时以国内经济紧缩为代价，顺差时以国内经济膨胀为代价。

这一时期，伴随着国际贸易的发展，多边结算制度出现了。英国是国际贸易支付体系的中心。当时，各国之间由于国际贸易发生的债权债务关系，大都通过伦敦的银行进行结算。世界各个地区的国际收支不平衡，通过在英国集中进行的结算，可以得到一定的调节或缓解，使国际商品和货币流通能够正常运转。除了英国以外，还有一些新兴资本主义国家凭借其在某些区域贸易中的影响，在国际结算中发挥着积极的、半中心的作用。德国在东欧、中东和拉丁美洲等地区建立和发展了规模迅速扩大的贸易关系，相应地，德国成为这些地区的一个结算中心；美国则在北美、拉丁美洲、远东等地区大力扩大对外贸易联系，逐渐形成了自己的辐射网，从而在结算中起着半中心的作用。

19 世纪以后，国际信贷关系也迅速扩大。伦敦不仅是短期信贷中心，而且是长期信贷中心。在拿破仑战争结束后的 1815—1830 年，在伦敦金融市场上以发行债券和股票形式进行借贷的，主要是欧洲大陆一些国家的政府、南美独立战争期间的一些革命政府和美国的一些州政府。这些政府借款有的被用来资助工业发展，如鼓励建立新的纺织工业；有的被用于这些地区的铁路建设和矿山开采；有的被用于城市公用事业投资建设，如 19 世纪 50 年代欧洲大陆一些城市公用事业（如煤气）和采矿业的建设资金。

对私人的信贷最明显地表现在铁路建设上。19 世纪 40 年代，英国掀起了铁路建设热潮，这个热潮很快传到欧洲大陆。大陆上第一个从事铁路建设的是比利时，其国有铁路建设所需资本有相当一部分是于 1836—1840 年在伦敦发行债券取得的。其他私人铁路公司的总部都设在伦敦，资本几乎全部是在伦敦金融市场筹集的。同时，英国的承包商和伦敦金融市场为美国、加拿大、澳大利亚、巴西等地区的铁路建设提供了资金。

四、世界经济中心的确定

19 世纪中叶，随着工业革命的完成和机器大工业的普遍建立，英国凭借其发达的纺织业、采矿业、炼铁业、机器制造业和海运业确立了它的“世界工厂”地位。英国在 18 世纪确立的海上霸权的基础上，建立起世界上最大的商船队。英国以其强大的海运业，从世界各地获得廉价的原料，控制着其他国家的贸易往来，取得无形收入。伦敦成为世界最繁忙的国际贸易港口，英国成为“世界摆渡人”。

由于 19 世纪初至 70 年代，英国的进出口贸易在世界贸易中占有绝大部分比重，加之英国从 20 年代起就确立了货币的金本位制度，英镑币值稳定，伦敦随即成为国际短期和长期信贷中心，而伦敦的一些大银行从 19 世纪起都经营对外贸易的放款业务，成为融通国际贸易所需资金的重要来源。19 世纪中叶，伦敦成为国际金融中心，英镑实际上作为世界货币充当各国贸易结算的主要支付手段和外汇储备。英国的银行家通过资本输出起着世界银行家的作用，并使自己成为世界最大的债权人。

英国是“世界工厂”、世界贸易中心和“世界摆渡人”、世界金融中心，并且推动了世界自由贸易制度和金本位制的建立。

第三节 资本主义殖民体系的形成

一、资本主义与殖民制度

随着工业革命的展开和完成，在早期殖民掠夺中称霸的葡萄牙和西班牙已经让位于英国、法国，以及后来崛起的德国和美国。早期强盗式的殖民掠夺，逐渐转变为经济剥削，殖民地成为资本主义经济体系的重要组成部分。从前，西方殖民主义者主要以暴力为手段，强制推行奴隶种植园制度，建立早期的国际专业化生产。19 世纪中叶以来，它们采取较平和的贸易方法，以廉价商品为武器，以自由贸易为旗帜，在破坏这些国家原有的前资本主义经济结构以后，逐渐把这些国家改造成依赖于国际分工的单一经济。

一些殖民地或半殖民地转变为一种或者两种农产品的专业生产地。它们把产品出口到世界市场，也把自身完全寄托在世界市场难以预料的变化上。在非洲撒哈拉以南的地区，几乎所有出口和进口都依赖于宗主国。由当地或者欧洲来的地主或洋行商人控制的寡头政治或政府，可以从外销产品的长期扩张中获益，这类扩张随着西方宗主国的商业贸易周期、过分投机、战争等被打断。从 19 世纪晚期到第二次世界大战之前，这些对外依附经济体变得很脆弱，它们的经济状况随着咖啡、橡胶、锡、可可、牛肉和羊毛价格的波动而波动。

殖民地经济可以很繁荣，但它们的繁荣只是宗主国工业经济的补充，而且由于宗主国在工业生产方面具有明显的比较优势，一旦宗主国与殖民地开展深入贸易，殖民地的工业化进程将被迫延迟。① 依附理论把帝国与殖民地的关系视为剥削性的，通过贸易实现的专门化导致宗主国和殖民地的经济发展差距不断扩大。② 此外，掌控了当地经济的农场主、宗主国的商人和金融家并不主张这些殖民地工业化，他们从工业化中无法获利，宗主国也不希望它们工业化，“不论官方的说法如何，殖民地和非正式属地的作用只是补充母国的经济，而非与它们竞争”③。

二、世界殖民体系的形成

从 19 世纪 70 年代起，帝国主义国家就在全球范围内掀起了规模空前的瓜分世界领土的狂潮。随着亚洲的许多地区和大洋洲相继沦为殖民地，非洲成为列强争夺的对象。不仅英、法这样的老牌殖民大国加强了对非洲的争夺，德国和比利时等国也加入了争夺非洲的殖民活动。1884 年 11 月—1885 年 2 月，列强在德国首都柏林召开国际会议，讨

① ［英］M. M. 波斯坦，D. C. 科尔曼．剑桥欧洲经济史：第 8 卷．北京：经济科学出版社，2002.

② Frank，Andre G.，“Development and underdevelopment in the new world：Smith and Marx vs. the Weberians”，*Theory and Society*，1975，2 (1)，pp. 431 - 466.

③ ［英］艾瑞克·霍布斯邦．帝国的年代：1875—1914，66.

论发生在非洲刚果河口的争端。在这次会议上，列强就在非洲的殖民活动通过了一个颇有名的“有效占领”原则，即要求占领非洲沿海新地区的国家必须通知签署《柏林会议关于非洲的总议定书》的各国，同时建立足以有效保护该地区现有各项权利的机构。[①] 虽然这一原则起初只限于非洲的沿海地区，但很快便扩大到整个非洲内陆。根据“有效占领”原则，列强在不到15年的时间内，便占领了非洲全部领土的65%。[②]

经过30年左右的猛烈扩张，到19世纪和20世纪之交，亚洲56%的土地沦为殖民地，其余部分（除日本外）则成为半殖民地。非洲94.4%的土地是殖民地（19世纪70年代前只有10.8%）。拉丁美洲除原有的殖民地外，其他宣布过独立的国家，实际上也成为依附于英、美等国的半殖民地。其中，英、俄、法、德、美、日六国在1914年直接抢占的殖民地达6 500万平方千米，约等于整个欧洲面积（1 016万平方千米）的6.4倍，占领的殖民地人口达5.234亿，超过整个欧洲的人口（4.62亿）。

多种原因造成了19世纪末20世纪初的殖民扩张：或者出于经济利益的考虑，或者出于扩大宗主国经济和政治影响的考虑，或者出于生存和竞争压力，或者出于所谓“文明人拯救落后民族和地区”的“高尚动机”，或者由于某种非理性的社会歇斯底里的思潮。19世纪90年代，没有人会否认瓜分世界有经济上的重要性。[③] 霍布斯邦提出了著名的“帝国主义经济根源论”，他认为，尽管扩大市场的欲望是欧洲帝国主义扩张的原因之一，但其最主要的动机是为资本积累创造新的机会。霍布斯邦的观点影响了列宁和其他马克思主义学者。

19世纪后半期各列强抱着帝国主义想法，不断开拓殖民地，也是为了扩大其政治和经济上的影响力。对外扩张为国内过剩的人口在新的土地上创造了机会，减轻了国内社会压力，同时满足了投资者的利益要求。欧洲国家之间的竞争使列强相信，只有在争取世界经济中最诱人的份额和最重要资源与市场的竞争中胜出，才能够作为自主政治力量生存下来。当时还盛行所谓“低劣种族”缺乏自我管理能力的观点，认为帝国主义的任务就是输出文明制度。

世界殖民主义体系主要由以下几类不同程度上依附于宗主国的地区所构成：一是殖民地，即那些宗主国拥有充分主权的海外属地。二是保护领和保护国。保护领和保护国不是宗主国的殖民地，不能被宗主国正式兼并，通常是出于“自愿”要求接受某个西方列强的保护，这个被要求给予保护的西方列强也要做出承诺，表示尽力不使保护国和保护领受到外来的侵害。三是托管地，即由国联或联合国交由某个国家代为管理的地区。四是半殖民地，即仅仅在形式上保持独立而在经济上处于依附地位的国家和地区。

三、宗主国对殖民地的统治

殖民地的行政管理体制主要由两部分组成：一部分是宗主国内负责管理殖民地事务

---

① 国际条约集：1872—1916. 北京：世界知识出版社，1986：95-96.

② 郑家馨，何芳川. 世界历史：近代亚非拉部分. 北京：北京大学出版社，1990：349.

③ ［英］艾瑞克·霍布斯邦. 帝国的年代：1875—1914，61.

的机构，另一部分是殖民地、保护国或保护领以及托管地内为维持其统治存在所设立的行政管理机构。作为最大的殖民帝国，英国负责处理殖民地事务的机构是印度事务部和殖民部，但瓜分和占领非洲的事务，则长期由外交部管。1870年以后，宗主国在殖民地实行的大多是以官僚制为基础的总督制。殖民地或保护国的总督们往往都是由宗主国指派的，他们代表宗主国政府对殖民地进行统治。为了协助总督进行统治，在大多数殖民地中都设有一个中央咨询机构。中央咨询机构主要由一些欧洲的官员所组成，也包括一些当地的成员，但都是经总督指派而非通过选举产生的。

私人武装、私人资本在瓜分和管理殖民地的过程中发挥了很大作用。在大英帝国早期，垄断贸易公司是英国扩张的先行者。英国曾经凭借东印度公司完成了在印度的扩张，这些私人公司从加拿大一直拓展到加尔各答。在对非洲的瓜分中，英国的公司同样发挥着重要的作用。

罗德斯规划了著名的帝国铁路线，希望通过帝国铁路将整个非洲大陆置于英国的统治之下。罗德斯计划用他的财产建立一个相当于耶稣会的帝国主义组织，该组织由为了大英帝国的利益而组织起来的精英们组成。1893年，罗德斯率领由700名志愿者组成的军队与非洲马塔贝莱族酋长洛本古拉的3 000多名勇士因为南非金矿的开采权陈兵桑格尼河。这是金佰利俱乐部等私人俱乐部筹划的私人战役。这场战役的士兵都是罗德斯雇来的，打仗的经费由英属南非公司和德尔比斯公司的股东负担。大英帝国没有花费英国纳税人的一分钱，就将马塔贝莱纳入了英国版图。

乔治·戈尔迪1879年在西非建立了经营棕榈油的英国国立非洲公司。1883年，他建议国立非洲公司在英国王室授权下接管尼日尔的整个中南部地区。三年后，他获得了特许权。英国政府再次将殖民扩张活动转包给私人机构，由私人机构的股东而非纳税人来承担风险，英国政府乐享其成。

费里德里克·卢格德在受雇于大英帝国东非公司期间，在布干达确立了英国人的统治。戈尔迪非常欣赏卢格德，雇用他为尼日尔公司效力。1900年，北尼日利亚成为英国的保护国，卢格德被任命为高级专员，12年后，他们成为统一后的尼日利亚的总督。

私人公司能在殖民扩张和管理中占据优势，一个关键原因就是武力和金融力量的结合。[①] 1893年的桑格尼河战役中，罗德斯的侵略军配备了一种极具杀伤力的秘密武器——马克沁重机枪。这种1.143厘米口径的机枪由4个人配合操纵，每分钟可发射500发子弹，是速度最快的来复枪的50倍。戈尔迪在东非的扩展中利用马克沁重机枪打败了13倍于他们的兵力。纳撒尼尔·罗斯柴尔德帮助罗德斯的金佰利公司兼并了南非上百家生产钻石的小公司，帮助创建了德比尔斯公司，为德比尔斯完成了最大的两次兼并，使德比尔斯成为南非最大的钻石公司。罗斯柴尔德是德比尔斯的大股东，1899年罗斯柴尔德所持有的股份是罗德斯的两倍。在罗德斯的每一步扩张中都能见到罗斯柴尔德财团的资金。

私人公司通过在殖民地的血腥扩张与权力结缘。罗斯柴尔德银行在伦敦、巴黎和维也纳的资金达4 100万英镑，成为当时最大的金融机构。该银行的大部分资产都投资于

① ［美］尼尔·弗格森．帝国．北京：中信出版社，2012：194.

政府债券，其中埃及和南非的债券占有相当高的比例。英国势力向殖民地的延伸为罗斯柴尔德家族带来了新的业务。1885—1993年，罗斯柴尔德家族在伦敦、巴黎和法兰克福的银行联手发行了四种主要的埃及债券，价值近5 000万英镑。罗斯柴尔德家族与当时的政治领袖之间保持着密切联系。迪斯累利、丘吉尔和罗斯伯利都与罗斯柴尔德家族关系密切。仅次于罗斯柴尔德银行的巴林银行也与英国的政治精英关系紧密。自1883年后的25年里，英国在埃及的代理和总领事都是巴林家族的成员，格拉德斯通也从所买卖和持有的以埃及贡金担保的奥斯曼债券中获利颇丰。从殖民扩张中获利的私人和金融家也因为血腥的扩张过程而声名狼藉，特别是英国在布尔战争中付出惨重代价后，罗德斯和罗斯柴尔德成为邪恶的帝国主义的代言人。

第四节　资本主义国家的不平衡发展

一、主要工业国家的不平衡发展

1820—1870年，英国经济表现突出，与其他欧洲国家形成鲜明对比，具体情况如表15-1所示。

表15-1　主要工业国1820年、1870年、1913年GDP与人均GDP

GDP单位：百万1990年国际元，人均GDP单位：1990年国际元

国别	时间					
	1820年		1870年		1913年	
	GDP	人均GDP	GDP	人均GDP	GDP	人均GDP
英国	36 232	1 707	100 179	3 191	224 618	4 921
法国	38 434	1 230	72 100	1 876	144 489	3 485
德国	26 349	1 058	71 429	1 821	237 332	3 648
美国	12 548	1 257	98 374	2 445	517 383	5 301
日本	20 739	669	25 393	737	71 563	1 385
俄国	37 710	689	83 646	871	232 351	1 527
意大利	22 535	1 117	41 814	1 499	95 487	2 564

资料来源：［英］安格斯·麦迪森．世界经济千年史，178，179，199.

1840年，英国工业生产总额在世界工业生产总额中占45%，法国占12%，美国则占11%。此后，英国的比重虽然由于其他资本主义国家工业的发展而有所降低，但是一直到19世纪70年代，英国在世界工业生产中仍然占据优势地位。1870年，英国在世界工业生产中占32%，美国占23%，法国占13%。1870年，英国的采煤量占世界采煤量的51.5%，生铁产量占世界生铁产量的50%，棉花消费量占世界棉花消费量的49.2%。①

① ［苏］库钦斯基．资本主义世界经济史研究，41.

其国民收入按人口计也比邻国高得多。据统计，1860 年英国公民的人均年收入已经达 32.6 英镑，而法国 1859 年为 21.1 英镑，德国 1860—1869 年平均为 13.3 英镑。①

1870—1913 年，美国和德国实现了跨越式增长，到 1913 年，两国的 GDP 超越了英国，成为世界最大的两个经济体。这一时期，英国人感觉最大的威胁来自德国而不是美国，实际上英国的经济增速并不比德国慢多少（如表 15-2 所示），1913 年时英国的人均 GDP 还高于德国，但是英国和德国工业增长率之间的差别却是巨大的。这一时期英国工业生产（包括采矿业和食品加工业）增长了一倍多一点，而德国增长了 5 倍。②

表 15-2　主要工业国 GDP 增长率（%）

国别	时间		
	1820—1870 年	1870—1913 年	1913—1950 年
英国	2.05	2.43	1.19
法国	1.27	1.63	1.15
德国	2.01	2.83	0.3
美国	4.20	3.94	2.84
意大利	1.24	1.94	1.49
俄国-苏联①	1.61	2.07	2.15

资料来源：［英］安格斯·麦迪森．世界经济千年史，178，179，181.

说明：①苏联于 1922 年成立。

表 15-1 和表 15-2 的数据显示，1870—1913 年法国和意大利的经济增长也很快，但总体情况逊色于其他主要工业国。1820 年，法国是主要工业国中 GDP 最高的经济体，1870 年滑落到第六位，被英国、美国和俄国超过，而且与这些国家的差距在不断扩大。

二、主要工业国家贸易政策的变化

19 世纪 70—80 年代，新大陆和俄罗斯的廉价粮食冲击着实行自由贸易的欧洲市场。从表 15-3 可以看出，这一时期，欧洲农业增长率明显放慢，并拖累欧洲 GNP 增长率。欧洲在自由主义阶段，农业生产每年仅增长 0.5%，而在保护主义阶段，欧洲农业增长率达到 1.8%。法国的小麦进口量在 1851—1860 年占国内生产量的 0.3%，到 1888—1892 年这一比例上升到 19%；比利时的小麦进口量占国内生产量的比例从 1850 年的约 6%上升到 1890 年的超过 100%。贝洛赫在排除了气候因素后认为，廉价谷物的涌入影响了地租和农民的收入水平。英国的实际地租在 1870—1913 年下降了 50%。几乎所有欧洲大陆国家的农民生活水平都停滞不前，甚至下降。③ 农业人口占欧洲大陆总人口的 60%，农民生活水平的下降影响了对工业产品和建筑产品的总需求，最终成为欧洲大陆国家经

① ［英］M. M. 波斯坦，H. J. 哈巴库克．剑桥欧洲经济史：第 6 卷，333.

② ［英］大卫·兰德斯．解除束缚的普罗米修斯，326.

③ ［英］彼得·马赛厄斯，悉尼·波拉德．剑桥欧洲经济史：第 8 卷．北京：经济科学出版社，2002：43.

济增长率下降的主要原因。

表 15-3 各部门在不同关税政策阶段和不同经济阶段的年增长率（%）

各部门不同关税政策和不同经济阶段	出口	GNP	工业	农业	人口
不同关税政策阶段（欧洲）					
保护主义阶段（1830—1844/1846 年）	3.5	1.7	2.7	0.8	0.6
英国自由主义阶段（1844/1846—1858/1860 年）	6.0	1.5	2.3	0.9	0.7
欧洲自由主义阶段（1858/1860—1877/1879 年）	3.8	1.7	1.8	0.5	0.8
转向保护主义阶段（1877/1879—1890/1892 年）	2.9	1.2	2.2	0.9	0.9
保护主义阶段（1890/1892—1913 年）	3.5	2.4	3.2	1.8	1.0
不同经济阶段					
欧洲					
缓慢增长阶段（1829/1831—1842/1844 年）	3.5	1.6	2.5	0.8	0.6
更快速增长阶段（1842/1844—1868/1870 年）	5.0	2.0	2.3	0.9	0.7
萧条阶段（1868/1870—1891/1893 年）	2.8	1.1	1.9	0.7	0.9
快速增长阶段（1891/1893—1911/1913 年）	3.8	2.4	3.4	1.7	1.0
欧洲大陆					
相当快的增长阶段（1829/1831—1868/1870 年）	4.3	1.8	2.0	1.0	0.7
萧条阶段（1868/1870—1891/1893 年）	2.9	1.0	2.0	0.8	0.9
快速增长阶段（1891/1893—1911/1913 年）	4.0	2.6	3.8	1.5	1.1

资料来源：[英] 彼得·马赛厄斯，悉尼·波拉德．剑桥欧洲经济史：第 8 卷，40-41.

政治家意识到开放农产品贸易的后果后，开始制定保护农业的关税政策。后来发现，一般性规则的保护主义措施不但有利于农业部门的复苏，也有利于这些国家整体经济的复苏。1892—1914 年，自由贸易理论遭到了现实的挑战，“简单地说，可以表现为下列等式：保护主义＝经济增长＋贸易扩张；自由主义＝经济增长与贸易扩张的停滞”①，如表 15-3 所示。

由表 15-3 可以看出，恢复了贸易保护政策的欧洲国家实现了长时期的经济增长，在所有国家都加强贸易保护时，欧洲大陆的增长率达到了最高峰。而保持自由贸易的英国，其 GNP 和贸易增长明显放慢，这导致了联合王国出口占欧洲的比重从 1889—1991 年的 36.3%下降到 1913 年的 32%。

自由贸易并没有为欧洲国家带来经济增长的现实，以及 19 世纪八九十年代的殖民扩张和不断兴起的新重商主义，引起了欧洲贸易政策调整。② 德国于 1879 年 7 月制定了新关税法，标志着欧洲大陆的自由贸易时期结束并逐渐恢复到保护主义时期。③ 随后那些

① [英] 彼得·马赛厄斯，悉尼·波拉德．剑桥欧洲经济史：第 8 卷，43.
② 同上书，46-47.
③ 同上书，47.

不需要议会批准就可以进行政策调整的国家第一批调整了关税政策，如俄国、奥匈帝国、西班牙和意大利。法国 1892 年 1 月 11 日颁布的《梅林关税法》是明显的保护主义关税政策。欧洲一些小国家也陆续采取了某种程度的贸易保护主义政策。到第一次世界大战前，瑞典的贸易保护程度最高，比利时和瑞士比较温和。

三、新重商主义和对殖民地的争夺

在 1840—1860 年英国自由竞争最兴盛的时期，英国一部分当权精英反对殖民政策。19 世纪 70 年代以前，不少人基于经济的原因把殖民地当作应该甩掉的多余负担，对非洲的经济价值更是持怀疑态度。因此，1846—1852 年，英国政府殖民大臣格雷曾计划让西非殖民地获得像白人殖民地那样的自治，对开凿苏伊士运河及开辟殖民地也不太热心。然而，19 世纪 80 年代的世界经济已经与 19 世纪 60 年代不同，此时有许多相互竞争而且尽量保护自己不为对方所利用的“国家经济”[①]。帝国时代，属国的经济因为专业化而被整合进世界，帝国内部经济一体化程度提高，其最显著的结果是新重商主义理论广泛流行，先是在法国和德国，其后是在俄国和美国，最后是在约瑟夫·张伯伦时代的英国。根据新重商主义的观点，在工业化时代，没有一个国家能够长期自给自足，每个工业国都必须建立一个从属于它本国的殖民帝国，从而形成一个巨大的自给自足的贸易统一体，如果必要的话，通过设立关税壁垒以防止外来竞争，在统一体内部宗主国将提供制成品以换回食物和原材料。

保罗·贝洛赫（Paul Bairoch）总结了宗主国利益高于殖民地利益的新重商主义的六条殖民公约[②]：一是只有来自宗主国，且由宗主国生产的产品才能被进口到殖民地；二是殖民地的产品只能出口到宗主国，也只能从宗主国再出口；三是产品只能在宗主国的殖民地之间运输，在殖民地之间运输的船只要悬挂宗主国的国旗；四是可能与宗主国产品竞争的制造品（及某些农产品）禁止在殖民地生产；五是一般情况下，从欧洲向殖民地的移民只限于宗主国公民；六是通常情况下只有享有贸易垄断权的公司才能与殖民地发生贸易。

新重商主义的推行逐渐与政治行为纠缠在一起，列强的地位开始和殖民地挂钩，殖民地成为国家地位的象征，不论这些殖民地有没有价值。德国殖民地的经济价值不大，战略价值更小。德国为自己作为这样一个强大而富有的国家却只拥有如此少的殖民地而愤怒。意大利为了国家地位，坚持占有非洲荒寂的沙漠和山地。1896 年，意大利征服埃塞俄比亚失败，国际地位受到了负面影响。因为丧失殖民地而使自身的国际地位受到影响的国家还有西班牙和葡萄牙。

---

① ［英］艾瑞克·霍布斯邦．帝国的年代：1875—1914，31.

② ［英］彼得·马赛厄斯，悉尼·波拉德．剑桥欧洲经济史：第 8 卷，93－94.

关键词

自由贸易	金本位制	国际金融制度
新重商主义	资本主义殖民体系	世界经济中心

思考题

1. 自由贸易是如何在欧洲扩散的？
2. 金本位制的形成过程及运行机制是什么？
3. 资本主义殖民体系与世界经济体系的关系是什么？
4. 19 世纪末 20 世纪初主要工业国的不平衡发展有什么后果？

第五篇

自由市场经济的终结

自由市场经济是17世纪中叶到19世纪末欧美主要工业化国家典型的市场经济形态。从19世纪末开始，各个厂商为争夺市场形成垄断，垄断走向了市场的反面。与此同时，各个国家也为争夺市场进行商战，关税壁垒、贸易壁垒和货币战等层出不穷，严重破坏了自由竞争的原则。1929—1933年大危机和两次世界大战导致了自由市场经济的崩溃。

第十六章
垄断与垄断资本

重点问题

- 垄断产生的原因
- 垄断与并购的关系
- 19世纪末20世纪初的两次并购浪潮
- 垄断的抑制作用与促进作用
- 垄断与现代企业制度的建立

19世纪末20世纪初，在一系列并购之后，经济生活中出现了垄断。垄断对经济生活的影响是双重的，即抑制作用与促进作用并存。垄断破坏了自由市场经济的微观基础，从根本上动摇了自由市场经济体制。

第一节　垄断的产生

一、大规模生产的出现

19世纪上半期，继英国之后，欧美主要国家都进行了工业革命，各国基本都从轻纺工业开始起步。在这些部门中，对生产规模和资本规模的要求普遍较小，大部分是单个资本。而且重商主义式的国家干预解除以后，企业处于自由竞争的市场经济条件下，这时，企业基本都是单一单位，在这种企业内一个或少数几个所有者在一个办事处内经营其农场、商店、工厂、银行或运输公司。企业独立地生产、独立地销售，市场机制作为最有效的方式把成千上万的经济活动联系起来。

19世纪五六十年代，在工业革命取得巨大成就的基础上，欧美各国普遍经历了一次经济高涨。在这次经济高涨中，尽管小型轻纺工业仍然占有重要地位，但新兴的重工业开始充当主要角色，生产集中和大规模生产体制初露端倪。

铁路大规模兴建热潮出现在19世纪五六十年代。在整个40年代，当英国经历闻名于世的铁路建设高潮的时候，全世界的铁路里程增加了3万公里。在以美国的铁路建设狂热为标志的50年代，世界的铁路里程又增加了7万公里。而在1865—1875年间，全世界铁路里程进一步增加了15万公里。铁路建设大大刺激了冶金、采煤、机械等重工业的发展。美国仅在 1872 年投入生产的就有 40 座冶铁炉、35 台轧钢机和一系列贝式转炉，这一年还建成了 100 多座炼铁炉。但是美国生产的铁只能满足本国需要的一部分，仍需从英国和欧洲各国进口大量的铁，这就带动了整个世界冶铁业的发展。1870 年，全世界生产了 1 200 万吨铁和 50 万吨钢。铁路建设和冶铁业的发展还带动了采煤业的发展。1869—1871 年英国的矿井数增加了 25%，1870—1875 年德国的采煤能力提高了 50%，而 1866—1873 年美国的采煤能力差不多提高了一倍。由于铁路热潮和工业资本大规模扩大所形成的需求拉动，英国、德国及美国的机器制造业获得了长足的进步，机车、造船以及蒸汽机制造业等也迅速发展起来。此外，这一时期迅速建立起来的新部门中，还有美国的石油工业和德国的化学工业。这样，炼铁业、机器制造业、化学工业、交通业、通信业等成为主导产业。

这些产业中企业的规模远远超过轻纺企业的规模，铁路公司是典型的代表。铁路公司是运输业中最早具有修筑权和通行权并利用通行权进行营利性经营的公司。就铁路的修筑来说，资金的筹集是重要的问题。在美国，即使是经过西部、南部较偏远地区的一些线路，资本额也很少有低于 200 万美元的，一般都在 500 万美元以上。1850 年以前，美国最大的铁路企业在修建伍斯特—奥尔巴尼的西部线时，耗资 800 万美元。1850 年以后，西部的密歇根线以及中部的伊利诺伊线，耗资 1 000 万美元至 1 700 万美元不等。美国一批巨型铁路公司，像中央太平洋铁路公司、联合太平洋铁路公司、北方太平洋铁路公司等，当时的资本额已达数千万美元至 1 亿美元之巨。与此相比较，同一时期内，只有少数较大的纺织厂、炼铁厂和金属加工厂的资本额超过了 100 万美元。事实上，在 19 世纪 50 年代，仅有 41 家纺织厂的资本额达到或超过 25 万美元，这些工厂还是资本积累了 30 年以上的老厂。为此，铁路公司提出了资本社会化的要求。另外，铁路运营管理也极为复杂，相应的管理成本也很高。以一条 30～50 英里长且运输量颇大的早期铁路来说，大约需要 1 名主管、50 名工人，并设 1 名经理负责铁路的各项主要职能：交通运输业务、铁路保养、机车与车辆的维护等。随着大型铁路的出现，还需要协调在地理上分布于不同地域的分支机构，管理的成本会更大。可以说，大规模生产是从铁路开始的。其他迅速兴起的钢铁工业、机器制造业、石油采炼业和化学工业也都具有上述特征。

二、竞争

大规模生产出现以后，一方面为企业之间联合控制市场提供了条件，另一方面加剧了竞争，在弱肉强食的竞争中形成了垄断。

美国的铁路到 1861 年还没有连接成铁路网。运送货物和乘客需要的转运次数和转运费用都相当高。19 世纪 50 年代末 60 年代初，一趟转运的费用为 7～25 美分，并且至少要耽搁一天的时间，减少转运次数和提高速度意味着丰厚的利润。于是各个铁路公司开始联营，原先由许多公司经营的业务经由联营协定内部化。随着铁路网的不断扩大和铁路进一步相互连接，从一条铁路到另一条铁路的直达交通逐渐成为铁路公司的利润来源，联营取得了成功。联营在法律上并不是独立的企业，参加联营的公司拥有各自的车厢，它们将其在直达运输上的收入提交给联营的行政组织。这种组织将原先数百家企业的交易和活动融合起来，结果一趟装运和一次交易抵得上从前的许多次。铁路经营逐渐被少数单位的大联营组织取代了。

同时，直达运输迅速发展后，铁路经营的成败取决于运输量的多寡，为此各个联营单位相互竞争，降低运费，并积极开展广告与销售活动。但是，竞争者的固定成本并不随着载运量而改变，19 世纪 80 年代，固定成本占了总成本的三分之二。这很快就使铁路管理者认识到，不加控制的价格竞争的后果将是毁灭性的。他们希望通过合作来对竞争进行控制。1874 年，宾夕法尼亚铁路、伊利铁路及纽约中央铁路正式建立同盟，组成了自己的立法、执行和裁决机构。该同盟请三位熟悉铁路交通事务、与各公司既无利害关系又无正式关联的绅士，每隔一定时期制定对公众合情合理并且公平的适宜运费，而且还要制定出对装运者而言统一的运费。铁路公司的这种同盟很快成为正式制度，铁路中的卡特尔出现了。在通信业和重化工业中，卡特尔这种垄断形式也很常见。

这样，垄断成为企业生存和发展的必由之路。

三、1873 年危机

1873 年，西方世界爆发了一次规模空前的经济危机，其持续时间之长、对各国经济打击之严重，仅次于 1929—1933 年的大危机。这次危机的一个显著特点是大批弱小和经营不善的中小企业在长期萧条中破产。1876—1878 年，资本主义国家中破产和倒闭的企业每年平均达 9 500 家，真正在竞争中站住脚并获得发展的，都是一些拥有雄厚资本并有良好的生产和销售条件的企业。这使得人们似乎明白了一个道理：要想在激烈的竞争中生存和发展，就必须组成巨型公司，并形成对市场的垄断。同时，危机中大批中小企业破产的直接后果，也使生产集中和垄断的趋势大大加强，出现了一批著名的垄断组织。例如，美国石油大王洛克菲勒就是利用在危机中生产过剩和小型企业的倒闭，在 1870 年组成了美孚石油公司。1878 年，美孚石油公司变成了一个强大的垄断组织，控制了全部利用铁路和管道的石油运输业和 95%的石油加工业。

1873 年爆发的危机是西方市场经济发展过程中的一个分水岭，它标志着自由竞争体制的结束和垄断时代的到来。

第二节　并购与垄断

并购①是实现垄断的重要途径。美国、德国通过横向并购、纵向并购，在主要的现代化产业中形成了垄断。在并购过程中，投资银行起了重要作用。

---

① 并购是兼并与收购的汉译简称。由于兼并与收购在形式上有很多共同点，它们在经济中的作用是一致的，在此不加区分。

一、横向并购

1873年的经济危机引起的萧条持续了很长时间，价格持续下跌对企业造成了强大的冲击。价格下跌反映了产量急速增长的恶果。全部商品的批发价格指数从1869年的151降至1886年的82，农产品在同一时期从128降至68，金属和金属产品从227降至110。对大多数厂商来说，应付产量上升和价格下跌的唯一可行的办法就是组成同业公会，缩减产量以维持价格。美国的厂商以不同的速度和方式完成了这项变革。到19世纪80年代，同业公会已经成为大部分美国产业的一部分。石油、橡胶、钢、铁、铜、铝、玻璃、木制品、皮革制品、五金加工等行业的同业公会控制着价格和生产。这些同业公会仿效铁路联营同盟的做法，为不同的厂商分配市场，收取成员收入的一定份额，对弄虚作假的成员进行惩罚。

同业公会的协议并不具有合法合同所具有的强制约束力，经常会有成员采用秘密回扣或公开降价的方式来破坏价格协定，有些成员则采取虚报产量和销售额的办法来增加利润，使同业公会的协议失效。因为同业公会不可能缔结包揽无遗、杜绝一切机会主义的契约，因此，要对联合起来的各公司进行更有效的控制，需要把各成员公司合并成一个单一的、在法律上能得到承认的实体。显然，更大的控股公司是合理、合法的形式。

起初，制造业的许多公司只是想加强同业公会对各成员公司的控制，权宜之计是把它们的股份转交给理事会托管，各公司得到等值的信托证券，理事会经过特别授权而发挥管理委员会的作用，对加入托管的成员公司做出经营和投资方面的决策。这样的组织形式就是托拉斯。托拉斯很快就因为限制独立法人的生产而遭到反对。1890年，美国国会在日益高涨的反对产业卡特尔化的浪潮中通过了《谢尔曼反托拉斯法》。该法案明文规定“托拉斯或其他限制生意形式的联合”是非法的。企业迫切需要将托拉斯改变为合法的组织。新泽西州议会在1888—1889年修改了该州《普通公司法》，允许制造厂商在州内和州外购买与拥有其他企业的股份，可以为在该州以外通过买进股票而拥有的财产支付费用。控股公司为处于法律困境的并购提供了最好的选择。

1895年，在联邦政府控告美国制糖公司的E.C.奈特案中，最高法院做出判决，承认新泽西州控股公司的合法性。最高法院宣称，一个制造业的股份公司并不受《谢尔曼反托拉斯法》的约束，这是对《谢尔曼反托拉斯法》的解释。金融家和投资家对这个判决感到欣喜若狂。接着，最高法院在1897年横贯密苏里货运协会案、1898年运输公司案以及1899年阿迪斯顿钢管和钢公司案中都做出了清晰的判决：任何生意公司的联合，如果是为了冻结物价或分配市场，那就都触犯了《谢尔曼反托拉斯法》。之后，律师都通知他们所代表的企业放弃通过卡特尔或同业公会而达成的所有协议或联盟，结合成为一个单一的、合法的企业，于是许多同业公会和托拉斯迅速改组成控股公司。著名的美国棉籽油托拉斯、美国糖业托拉斯、国民铅托拉斯和国民绳索托拉斯经过改组变成了股份公司。控股公司不仅法律地位比托拉斯稳固得多，而且和托拉斯证券相比，投资者更喜欢股份公司的股票。因此，新泽西州控股公司被宣布合法后，企业并购的脚步加快了，在1898—1902年达到了顶峰。如果没有《谢尔曼反托拉斯法》和联邦法院对该法案的解释，各种卡特尔和家族企业之间的协议联合很可能会延续到20世纪，就像它们在欧洲的情况一样。所以，《谢尔曼反托拉斯法》促进了合法并购的到来。

工业委员会研究了这个时期的22起并购，发现每起并购完成后形成的企业所控制的国内市场份额平均达到71%。穆迪研究了多起大的并购，其中78起控制了其所在行业50%的产量，57起控制了60%还多，26起控制了80%还多。在钢铁业、烟草业、石油冶炼业、有色金属业、制鞋业等多个行业，并购很明显地把原来的竞争市场或寡头市场变成了一个由部分垄断者控制50%以上产量的市场。可见，大量横向并购产生了一些巨型公司，加强了它们对所在行业的产量和市场的控制。

1895年美国并购公司的总数只有26家，并购公司资产额为2 500万美元。在并购的高峰时期，即1898—1902年，被兼并企业总数达2 653家，其中仅1898年一年因并购而消失的企业就达1 028家。在此期间，并购的资本总额达到了63亿多美元，100家最大公司的规模增长了4倍，并控制了全国工业资本的40%。在19世纪末20世纪初的这次横向并购中，美国工业走完了自己的形成时期。到1917年，大部分美国工业都已具备了现代结构。此后，大企业集中的趋势仍在继续，而且继续保持其在工业中的优势地位。在德国，1875年只有7个卡特尔，1890年增加到210个，到19世纪末20世纪初，在不到1%的德国企业里，占有75%的动力和电力。

二、纵向并购

在企业家为横向并购形成的大企业欢呼的时候，新的一轮调整又开始了。大企业因为规模经济或垄断获得的利润受到了市场的限制。产量的迅速提高及扩大，使企业不得不花大量的时间、财力、物力来与原料供应商、销售商打交道。厂商与原料供应商、销售商订立的合同，受到了不确定性和机会主义的干扰，市场在这种情况下失灵了。厂商为了保证大量生产得以顺利进行，不得不将采购和销售的交易内部化于一个单一的企业中，用企业的协调能力来克服市场的不足。詹姆斯·图克的烟草公司就是很好的例子。19世纪80年代，图克采用了先进的本赛克制烟机械，使制烟业开始采用连续作业的生产方式。连续作业生产的庞大产量迫使他开拓新的销售市场，于是图克建立了以纽约为中心的遍及全国的销售组织。在原料方面，图克在美国南方烟叶产区建立了广泛的采购网，直接向农户收购，并负责储存、清理和运输。图克建立了向前和向后的组织，大多数企业选择了向前或向后的纵向并购。

纵向并购并没有像横向并购那样引起人们的反感。当时主管反托拉斯政策的司法部长助理威廉·J. 多诺曾经说过：企业兼并可能在一定程度上纠正了破坏性竞争的弊端，它代表着为调整生产与消费、供给与需求之间的关系而做出的努力。

钱德勒在考察了1917年资产额为2 000万美元或2 000万美元以上、资产排名前300位的工业企业的情况后发现，在食品、化学制品、橡胶、石油精炼、烟草、服装、皮革、电器、运输设备、原生金属冶炼等工业中，能够跻身资产排名前300位的企业几乎都是纵向并购的企业。以烟草行业为例，雷诺公司、利格特公司、迈耶斯公司和罗里拉德公司都建立了自己的销售及采购组织。这四家公司支配着香烟行业。1925年，它们生产了美国 91.3%的香烟，并且还在不断提高其市场份额。

在以纵向并购为特征的 20 世纪初到 20 世纪 20 年代这段时间里，公用事业、银行业、制造业和采矿业领域有近 12 000 家企业因并购而消失。同一时期，26 个行业里的 1 591 家连锁商店吸收合并了 10 519 家零售商店。在这次纵向并购浪潮中消失的企业数目比横向并购时消失的企业数目多两倍多。

三、投资银行

投资银行业务随着并购的发展而逐步扩大，投资银行的发展又对并购产生了重要影响。

第一，投资银行在企业债券和股票的发行中发展壮大，又为企业的进一步发展筹集资金。铁路公司是美国第一批从外部获得资本的公司。随着铁路繁荣期的到来，修建铁路的资本不能像原来那样仅向居住于铁路沿线的农场主、商人等筹集，英国人、德国人和法国人大量购买美国铁路股票。许多设立在纽约的进出口公司，尤其是专门从事外汇买卖的公司开始专门经营铁路公司股票的买卖。到 19 世纪 50 年代，一批合股公司，例如伊斯林与克拉克公司、温斯洛与拉尼尔公司等，成为美国首批专业化的投资公司。它们出售铁路股票赚取直接费用或佣金，并成为铁路公司的财务顾问。后来，铁路债券和股票的发行越来越依赖于全国一些大投资银行的服务。1870 年，为了推销宾夕法尼亚铁路的债券，著名的债券推销商库克成立了美国第一家证券交易辛迪加。辛迪加中的 8 家金融商保证债券的销售，宾夕法尼亚公司以总额 180 万美元债券的 10%作为回报。1870 年以后，宾夕法尼亚的老板汤姆森将业务转到了 J. P. 摩根公司。从 1869 年到 1873 年，宾夕法尼亚出售了价值约 8 700 万美元的证券。没有投资银行的帮助，从来没有一个私人企业能够如此迅速地筹集到如此巨大的资本。相应地，一些强有力的投资银行支配了新铁路系统的董事会。19 世纪 90 年代以前，铁路公司、电报公司、快运公司、卧车公司等的资金筹措几乎占据投资银行的全部业务。90 年代以后，其他行业，尤其是制造业开始需要银行的帮助。这时候，已经发展成熟的机构为美国工业的发展提供了一个比铁路更有效率的银行。

第二，投资银行的发展刺激了并购。投资银行一方面为并购提供资金，另一方面又充当兼并促办人的角色并从中牟利。摩根银行的作用堪称典范。摩根银行领导完成了 19 世纪 80 年代后期铁路系统的合并。摩根银行在 1886 年改组了雷丁铁路公司，1888 年又改组了巴尔的摩-俄亥俄铁路公司、切萨皮克-俄亥俄铁路公司。1885 年，在摩根银行的策划和敦促下，纽约中央铁路公司的范德比尔特家族收购了西岸铁路“四巨头”，即克利夫兰铁路、辛辛那提铁路、芝加哥铁路、圣路易斯铁路的大量股票，最终完成了管理上的合法并购。摩根银行在以后的并购中发挥着更大的作用：在东部，摩根银行操纵了宾夕法尼亚铁路、纽约中央铁路和摩根铁路的股权联合，而且是几家公司的改组者；在南部，摩根银行帮助大西洋海岸公司收购了路易斯维尔公司和纳什维尔公司 51%的股份，还一手操纵了美国钢铁公司的成立。

第三，兼并促办人在股票市场上促成并购。股票市场因为股份公司的大量出现而发展，股票的上市又催生出新的并购动机。兼并促办人在股票市场上四处寻找机会，1897—1902 年的大量并购起源于对证券的疯狂投机。在并购的高峰年份，差不多有 60％ 的并购事件是在纽约股票交易所进行的。查尔斯·范林特是一个典型。他在橡胶业老板们多年奔波但未达成协议的情况下，成功地完成了美国橡胶公司的合并。范林特和其他三个主要促办人负责完成了这些年里三分之一的大规模兼并活动。有些投资银行雇用受托人员来专门寻找可能进行兼并的对象。1928 年夏季，有一批工商业家和金融家在讨论这一事件时，一致认为在并购过程中十有八九都是投资银行家起了核心作用。

在美国，经过并购，1908 年最大的托拉斯拥有或控制了 1 638 家公司。1900 年，托拉斯代表的企业已占纺织工业的 50％、玻璃制造业的 54％、造纸印刷业的 60％、食品工业的 62％、酿酒业的 72％、有色金属业的 77％、化学工业的 81％、钢铁工业的 84％。在德国，克虏伯公司 1873 年底雇用了 7 000 名工人，1913 年增加到 7 万名；电气总公司在 1911 年控制了 175～200 家公司，雇用了 6 万名工人。1908 年该公司与西门子公司联合后，与美国通用电气公司瓜分了世界市场。垄断成为西方经济生活中的重要特征。

第三节　垄断的影响

19 世纪后 30 年和 20 世纪前 30 年，我们可以看到垄断的促进作用和抑制作用并存及交替的事实。

一、经济的发展与停滞

这个时期，电力、化工、内燃机、新材料等领域均获得了巨大的发展。在电力电气行业，1867 年威尔德公司和西门子公司对发电有了重大发现，1870 年发明了第一台发电机，1877 年和 1888 年先后解决了直流电和交流电的输送问题，人类由此开始进入电力时代。除了煤炭以外，还可利用水力、风力、地热、核能等发电，因此，人类对能源的利用范围扩大了。与此同时，发电机、电灯、电话等电气设备先后被发明出来，大大改变了人类的生产和生活，电力电气工业成为一个新兴的部门并发展起来。内燃机技术的突破导致了汽车工业的诞生。1885 年德国奔驰公司生产出第一辆汽车，标志着汽车时代的开始。随后，法国、意大利、英国都生产了自己的汽车。1898 年，首届国际汽车博览会在巴黎开幕，但最初的汽车多数是用手工小批量生产的轿车，仅供富人使用。使汽车进入寻常百姓家的人是亨利·福特。他坚持认为，大批量生产一种简便结实的车辆，可以降低成本和价格，使广大居民有能力购买车辆，这样才能真正使汽车业发展起来。1908 年，福特开始大批量生产 T 型汽车，到 1927 年共生产了 1 500 万辆，每辆只售 260 美元。汽车工业带动了橡胶工业、钢铁工业、玻璃工业和石油工业的发展。石油采炼开始于 19 世纪 50 年代，1918 年世界石油产量达 5 000 万吨。钢铁采用了新炼钢法，19 世纪末钢完全替代了铁作为基本工业材料。化学工业的创新更是让人眼花缭乱，人造染料、化肥、炸药、合成橡胶、人造纤维、塑料等工业部门层出不穷。

在经济发展的同时，经济停滞的现象也不断出现。西方学者认为，垄断产生的垄断价格和垄断利润侵犯了一部分在自由竞争条件下的消费者剩余，还造成了一部分净损失，降低了社会整体福利水平。垄断是最没有效率的一种资源配置形式。而且，垄断缓解了外部竞争的压力，抑制了技术进步的内在动力，从而导致了停滞的产生。停滞的产生可以从频繁爆发的经济危机和长期萧条中得到证明，也可以从两次世界大战及其对生产力的巨大破坏中得到证明。20 世纪 30 年代大危机是垄断造成的停滞的直接反映。

二、现代企业制度的建立

利莫佛的实证研究结果表明，在 328 起大并购活动中，141 起并购完全失败，28 起属于不完全成功，13 起属于先失败后成功，146 起是成功的。成功者中有 130 起应归因于技术进步和管理进步。失败的原因是追逐垄断和促办人之过。成功的并购企业都做到了合并生产和集中管理。

具有现代意义的企业制度最早出现在运输和通信领域。铁路、通信领域因发行大量股票而拥有众多的股东，由每一个股东亲自管理企业显然是不现实的。同时，这些行业的管理工作不仅繁多而且复杂，需要特别的技巧和训练才能胜任，只有专职的支薪经理是适当的人选。股东只有在筹集资本、分配资金、制定公司长远规划、选举高层经理时才发挥作用。这种制度上的创新出现于 19 世纪 40 年代，为其他行业的组织改革起到了刺激作用并提供了样板。

经过横向并购和纵向并购的企业面临着管理上的挑战：一是要组织与协调产供销各个环节，确保企业运作的稳定、高效；二是要制定与选择企业长远发展战略，并筹措与分配资源来实现这种战略。当一个大企业具有了庞大的销售、制造、采购、原料生产、运输和研究的组织、人员和设备之后，一个原先在专门部门经过培训的主管只执行一种基本功能，要比一个高级主管执行多种功能效率更高。但是各自为政的做法也会导致协调的问题。通过协调而降低的交易成本比通过扩大规模节约的交易成本大，于是经理的作用就体现出来了。在所有权分散的情况下，一个新的经理阶层已承担起协调当前生产和销售以及为未来生产和分配进行资源分派的责任。股东的权利仅限于总体规划和评估经理的绩效。对价格、产量、交货、工资和所雇用人员等，除非董事在同一企业内有长期经验和经过培训，否则他们既缺乏信息，又缺乏经验来提出正确的方案。公司所有者和经营者的职能明确地分开了。杜邦公司的机构设置体现了这种组织创新：最高的行政机构是董事会，在董事会的执行委员会内设总裁及负责各个操作部门的副总裁。副总裁对各自分管部门的绩效负责，执行委员会注重总体规划和评估各部门的绩效。各职能部门，例如生产的三个部门、销售部及下属地区办事处和重点原料部的日常操作由支薪的部门经理负责，企业成为统一行动的整体。

现代企业制度建立之后，在企业外经济活动由市场机制协调，在企业内市场交易被取消，伴随着交易的复杂市场结构被企业家取代，企业家指挥生产。大企业所有权和经营权的分离，使工商业进入了经理式的资本主义时代。

三、创新机制

一般认为，企业的科技创新能力与其规模大小有着密切的关系。然而，究竟是大企业还是小企业更有利于创新活动，目前还没有形成一致的看法。熊彼特和加尔布雷斯等认为，拥有垄断力量的大企业比小企业更具创新性，更有可能提高产业技术，因为它们在维持研究与开发实验室方面，能够轻而易举地获得资本，拥有更强的抵御风险的能力，而且具有规模经济。此外，垄断力量影响技术创新收益的持久性。垄断程度越高，垄断企业对市场的控制就越强，其他企业就越是难以进入该行业，也就无法模仿垄断企业的创新活动，垄断企业从技术创新中所得到的超额利润就越持久。熊彼特指出，从某个时期看，完全竞争可能比其他市场结构更有效率，但从长期来看，垄断比完全竞争更有效率，因为垄断有利于技术创新。维拉德也认为，在垄断竞争条件下，企业为保持或扩大市场份额，就必须进行技术创新。

然而，熊彼特和加尔布雷斯的这种大企业优势论受到了一些学者的反对。哈姆贝格和曼斯菲尔德等是这方面的代表人物。他们认为，尽管技术进步是促进集中乃至形成垄断寡占的重要原因，但是垄断一旦形成，企业就会丧失技术进步的动力。而且，企业规模过大还会降低效率，不利于技术进步。在许多产业中，小企业也能对技术进步做出重要的贡献。一些实证研究也表明，小企业由于机制灵活以及面临的竞争压力较大，其在技术创新效率和时间上都明显优于大企业。谢勒还发现，美国大企业创新基本上与其规模成比例，而小企业则做出了超比例的重要创新。

不管理论上如何争论，这个时期垄断产生的垄断利润都极大地促进了科学技术研究的社会化。美国政府委员会关于托拉斯的报告指出，它们之所以比竞争者优越，是因为它们的企业规模大，技术装备优良。它们大规模采用机器代替手工劳动，收买一切相关的专利发明权。托拉斯雇用改进技术的工程师专事发明和技术改良，从而使技术发明过程也社会化了。美国授予的专利权，从 1880 年的 14 万件上升到 1907 年的 36 万件。德国则从 1900 年的 9 000 件上升到 1910 年的 12 000 件。垄断与新技术的发明和应用互为条件。

后来，大量证据表明，大企业在技术创新中占有十分重要的地位。有关资料表明，美、英、德、日等国家的企业研发总支出中有 80%～97%是由 1 000 人以上的企业花掉的，62%～90%是由 5 000 人以上的企业花掉的。美国企业所掌握的专利，约有 51%由 5 000 人以上的企业占有，30%由 1 000～4 000 人的企业占有。

与此同时，英国由于垄断程度落后于美国和德国，新技术的研究和应用缺少专门的资金和人员的支持，技术中心从英国向美国和德国转移。从这个意义上说，垄断促进了技术进步。新技术革命和新工业革命的伟大成就大大提高了社会生产力，这就进一步提出了调整生产关系的要求。

四、金融资本的统治

在工业垄断组织的产生过程中，银行的作用有了根本的改变：它由过去的单纯支付、中介作用，转化为支配整个社会货币资本的万能垄断者。这时，银行业中的垄断资本与工业和家族中的垄断资本的界限已经难以划分。它们相互渗透，混合生长，形成一种新的、最高形态的垄断资本，即金融资本。

在这一过程中，金融资本集团既有工业垄断资本向银行业扩展形成的，也有银行垄断资本向工业渗透产生的，洛克菲勒集团和摩根集团分别是这两种形式的代表。洛克菲勒集团在19世纪70年代美孚石油公司具有相当规模之后，就迅速向铁路、电气、炼钢、炼铜等领域扩展，并且从19世纪90年代起大力渗入金融、信贷行业，不久控制了花旗银行和原本由斯蒂尔曼控制的其他五家银行，形成了一个庞大的金融帝国，并通过互相兼任董事逐步向更大范围扩展势力。摩根家族是在美国铁路建设和铁路投机、兼并盛行时从事金融活动起家的，在不断扩充金融实力的同时向铁路、钢铁、电气等行业投资。到19世纪末20世纪初，摩根集团已经形成，它直接控制着美国的国民商业银行，并与花旗银行结盟，通过它们占有、控制和影响着美国重要的银行与信托公司以及大保险公司，同时，它在工业企业方面占有和控制了28家铁路公司和16家重要的实业公司。

有的国家的金融资本和金融寡头都具有浓厚的家族色彩，一个财团往往是一个家族，或者以一个家族为主与另一个利益攸关的家族结盟而形成的。美国、法国、日本都是这样。美国是八大财团和60个家族，著名的有：洛克菲勒家族、摩根家族、哈里曼家族、库恩家族、洛布家族、梅隆家族、杜邦家族、肯尼迪家族，以及正在冉冉上升的福特家族等。法国由大约200个家族组成的财团操纵着工业、商业、交通运输业和银行、信贷机构，其中著名的家族有罗特希尔德、温台尔、施耐德等。日本的三井、三菱、住友、安田等几大财团，其前身都是日本的几大封建家族。

德国与英国的金融资本和金融寡头主要是以大银行垄断资本为中心，也有一些富有的家族在其中拥有很大的资本和势力。统治德国政治经济生活的金融集团主要是德意志银行、德累斯顿银行、达姆斯塔德银行、柏林商业银行、商业贴现银行、中德信贷银行和德国国民银行等几大银行，它们通过“参与制”把势力伸展到工业、商业和交通运输业。在英国，以经营海外存款和信贷业务为重点的银行最有势力，为首的是五大银行：密德兰银行、威斯敏斯特银行、劳埃德银行、巴克莱银行和国民地方银行。它们垄断着英国及其海外殖民地的投资、信贷和保险业务，并同其他大银行通过“参与”关系结合在一起，同各工业企业有着密切联系。

这些金融资本形成后，成为各个国家居统治地位的力量。它们不仅控制着整个国民经济，而且操纵政府，左右国家政治生活。以摩根财团为例，19世纪90年代，美国由于经济危机导致黄金外流，政府的黄金储备急剧下降，仅仅达到法定限额的55%。美国政府不得不请求摩根财团帮助。到1913年联邦储备银行建立以前，摩根银行事实上充当着中央银行的角色，不仅发行货币，而且垄断了1878年、1894年财政部的公债发行。1912年，摩根财团拥有和控制的资产超过了240亿美元，几乎相当于新英格兰地区6个州居民全部动产和不动产估价的 3 倍。一些财团还通过自己的代理人，有时甚至直接出面担任政府要职，从不同渠道控制和影响着国家政权。例如，英国的金融财团凭借其在金融方面的垄断地位，将自己的经理、董事派到英格兰银行兼任董事职务，参与国家财政、金融活动的最高决策。美国梅隆二世从 1855 年起连任哈定、柯立芝政府的财政部长。

可见，金融资本成了各个主要资本主义国家甚至整个资本主义世界中占统治地位的力量，而掌握这些金融资本的大垄断资本集团便成为各国经济乃至资本主义世界经济的实际操纵者。

关键词

垄断　并购　托拉斯　横向并购　纵向并购　投资银行　现代企业制度

思考题

1. 简述垄断产生的历史背景。
2. 比较 19 世纪末 20 世纪初的横向并购和纵向并购。
3. 分析《谢尔曼反托拉斯法》在并购中的作用。
4. 分别举例说明垄断产生的抑制作用和促进作用。
5. 现代企业制度是如何产生的？

第十七章
大危机和新政

重点问题

- 20 世纪 30 年代的大危机
- 大危机的传导机制
- 大危机的原因和后果
- 罗斯福新政

1929—1933 年大危机是资本主义世界历时最长、损失最大的一次经济危机。这次危机发源于美国，通过各种传导机制迅速在资本主义世界扩散。在危机中大批企业倒闭破产，成千上万的劳动者失业，自由市场体系彻底崩溃。罗斯福为了应对危机，在美国实行新政，开创了混合经济的新时代。

第一节　大危机

大危机以证券市场崩溃、价格下跌、破产和失业为主要现象。这些现象令人们十分困惑，萨伊的“生产可以创造需求”的定律遭到无情的嘲讽。没有人可以解释为什么在物质丰富的情况下，人们却要忍受失业、破产和贫困。

一、证券市场的崩溃

20 世纪 30 年代大危机是从证券市场的崩溃开始的。欧洲的大部分证券市场在较早的时候已经开始下跌，德国是 1927 年，英国是 1928 年，法国是 1929 年。纽约证券市场却涨幅惊人。道琼斯工业股票平均指数在 1928—1929 年 9 月差不多两年的时间里翻了一番。几乎每一个人都在谈论股票如何赚钱，市场被盲目愚蠢的预测引导，人们普遍相信收益和红利还会继续增加。而信奉自由主义的政府束手无策，市场陷入了无限制的投机。股票价格失去了与现实的联系，为 10 月的恐慌铺平了道路。10 月 24 日，股票价格出现了剧烈的下跌，大银行家们企图筹集一笔基金以阻止崩溃。但是，一场更大的灾难在 10 月 29 日发生了。这天上午 10 点，纽约证券交易所的大锣勉强敲响，大量股票投入市场，不计价格地抛售。出售的不仅仅是小商号的股票，大商号的股票也在抛售之列。交易所的情况十分混乱，开盘后半小时内，交易量就超过了 300 万股，到 12 点超过了 800 万股，到下午 1 点超过了 1 200 万股，到鸣锣收场时，以超过 1 600 万股的最高纪录收盘。根据《纽约时报》的统计，50 种主要股票的价格几乎下降了 40%。其他欧美各主要资本主义国家本已疲软的证券市场，也没有逃脱下跌的命运。

二、价格下跌

虽然纽约股票市场的崩溃导致了惨重的损失，但人们普遍认为这是对过度投机的惩罚。迅速降温的证券市场反而让整个经济松了一口气，政府当局可以通过降低贴现率来为企业提供宽松的信贷环境。但是，商品价格却不断下降。各主要资本主义国家的批发价格大都下跌了三分之一至五分之二，只有英国的跌幅小于十分之三（见表 17－1 和图 17－1）。

农产品和原料的价格下跌更加剧烈，下降幅度大都在 40%～50%（见表 17－2）。

表 17－1　部分欧美国家的价格和成本

1925—1932 年（1925 年＝100）								
	1925 年	1926 年	1927 年	1928 年	1929 年	1930 年	1931 年	1932 年
A. 工业的单位工资成本（以各国货币计）								
德国	100	102	101	106	112	113	108	91
瑞典	100	90	87	88	80	72	70	69
英国	100	100	97	97	95	92	90	89
美国	100	98	96	93	90	88	79	72
B. 出口单位价值（以美元现价计）								
比利时	100	90	81	84	87	83	72	59
法国	100	82	83	77	76	72	60	51
德国	100	100	101	101	99	93	81	71
意大利	100	18	114	107	99	83	68	55
瑞典	100	103	95	94	92	86	71	49
荷兰	100	92	89	89	88	80	65	51
英国	100	95	90	89	87	83	69	50
美国	100	92	86	88	87	78	60	51
1931—1938 年（1931 年＝100）								
	1931 年	1932 年	1933 年	1934 年	1935 年	1936 年	1937 年	1938 年
A. 工业的单位工资成本（以各国货币计）								
德国	100	84	77	78	74	74	73	75
瑞典	100	99	99	94	91	92	99	88
英国	100	99	97	93	89	88	90	96
美国	100	92	82	95	92	90	101	104
B. 出口单位价值（以美元现价计）								
比利时	100	82	97	118	97	99	113	104
法国	100	85	100	121	118	114	109	91

续表

1931—1938 年（1931 年＝100）								
	1931 年	1932 年	1933 年	1934 年	1935 年	1936 年	1937 年	1938 年
德国	100	88	102	126	122	124	132	139
意大利	100	80	89	108	105	104	95	97
瑞典	100	69	78	94	91	95	106	115
荷兰	100	79	91	113	110	110	118	117
英国	100	72	87	105	103	107	115	117
美国	100	85	89	104	108	110	116	108

资料来源：［英］M.M. 波斯坦，［英］D.C. 科尔曼．剑桥欧洲经济史：第 8 卷，255，281.

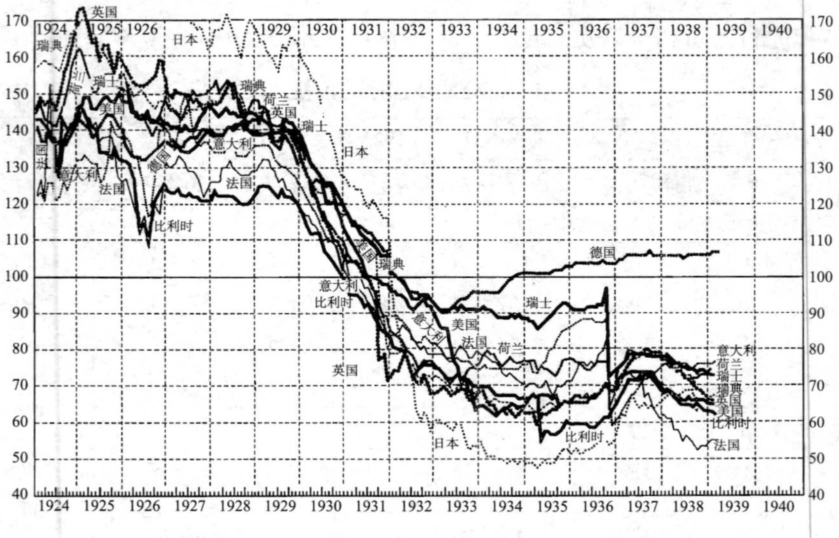

图 17－1　1924—1938 年工业化国家价格指数

资料来源：［英］M.M. 波斯坦，［英］D.C. 科尔曼．剑桥欧洲经济史：第 8 卷，256.

三、破产和失业

在危机中，不少公司的利润降低。1929—1932 年，英国工业公司的利润降低了 28.6％。1932 年，美国钢铁业、机器制造业、汽车业、建材业和采矿业的 202 家公司共亏损了 2.7 亿美元。企业破产现象比比皆是。1929—1932 年，美国破产企业超过 14 万家，德国约 6 万家，法国 5.7 万家，英国 3.2 万家。美国农业货币收入总额由 1929 年的 113 亿美元减少为 1932 年的 47.4 亿美元，减少了 58.1％，大批农场破产或濒临破产。1930—1933 年，有 8 812 家银行暂停营业。

随着生产停顿和企业大量破产，失业人数急剧增长。整个资本主义世界的失业人数曾经高达 3 000 万人。大危机期间各国完全失业工人所占的比重详见表 17－3，欧洲主要国家的失业情况见图 17－2。

表 17-2 1929 年和 1930 年主要农产品和原料价格

	可可（美分/磅）	咖啡（美分/磅）	铜（磅/长吨）	谷物（美分/蒲式耳）	棉（美分/磅）	皮革（美分/磅）	铅（美分/磅）	橡胶（美分/磅）	丝（美分/磅）	糖（美分/磅）	锡（美分/磅）	小麦（美分/蒲式耳）	羊毛（美分/磅）	锌（美分/磅）
1929 年														
6 月	10.51	23.5	74.3	—	18.04	16.8	6.80	20.56	4.96	3.52	44.26	1.50	—	6.64
9 月	10.79	22.5	75.3	91.9	17.62	19.6	6.69	20.19	5.20	3.98	45.38	1.37	—	6.78
12 月	9.13	15.5	68.3	78.0	16.64	16.0	6.10	16.06	4.68	3.71	39.79	1.32	—	5.65
1930 年														
3 月	8.67	14	69.2	74.5	14.74	14.2	5.56	15.25	4.68	3.43	36.81	1.15	98	4.94
6 月	8.31	13.2	50.0	79.0	13.21	15.2	5.31	12.38	3.56	30.30	1.05	92	4.45	
9 月	6.26	12	46.3	91.7	10.15	14.6	5.35	8.19	2.93	3.14	29.64	0.87	91	4.27
12 月	6.16	10.5	46.8	64.9	9.16	10.7	4.95	8.94	2.69	3.29	25.27	0.77	86	4.09

资料来源：[美] 查尔斯·P. 金德尔伯格．1929—1939 年世界经济萧条．上海：上海译文出版社，1986：160.

表 17-3 大危机期间各国完全失业工人所占比重（%）

国别	1929 年	1930 年	1931 年	1932 年	1933 年（前 8～9 个月）
德国	13.2	22.2	34.3	43.8	44.7
奥地利	—	—	20.3	24.8	26.8
加拿大	5.7	11.1	16.8	22.0	23.3
美国	12.0	21.0	26.0	32.0	25.0
英国	8.2	11.8	16.7	17.6	16.5

资料来源：宋则行，樊亢．世界经济史：中卷．北京：经济科学出版社，1995：141.

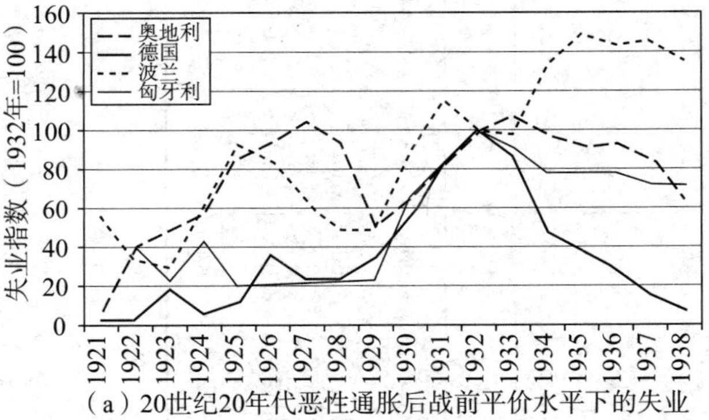

（a）20世纪20年代恶性通胀后战前平价水平下的失业

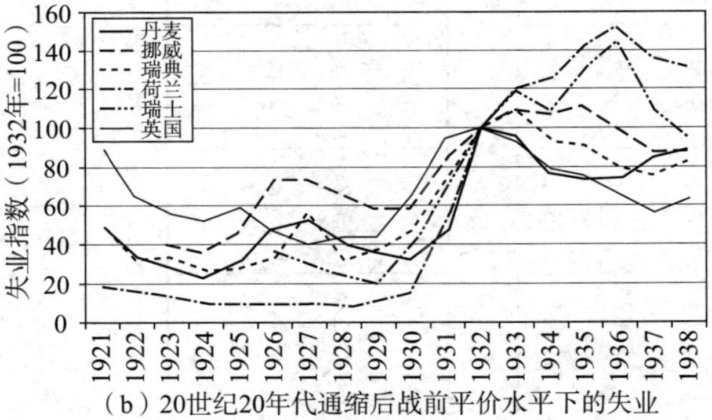

（b）20世纪20年代通缩后战前平价水平下的失业

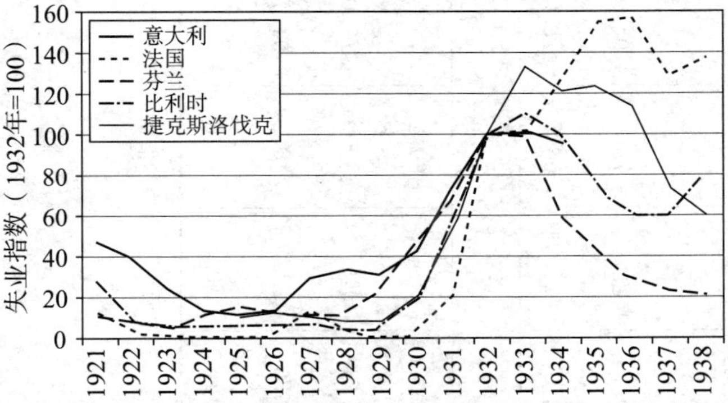

（c）20世纪20年代温和通胀后新平价水平下的失业

图 17-2 1921—1938 年欧洲部分国家失业情况图

资料来源：［英］斯蒂芬·布劳德伯利，［英］凯文·H. 奥罗克．剑桥现代欧洲经济史：第 2 卷．北京：中国人民大学出版社，2015：134. 此处为根据国际联盟 1931 年和 1940 年的数据整理而来。

第二节 危机的传导和扩散

危机在美国爆发后，通过国际贸易和国际金融在世界范围内扩散。主要的危机传导机制有利率传导机制、价格传导机制和汇率传导机制。

一、危机的发源地

20世纪20年代，相较于英国、法国等老牌资本主义国家来说，美国经济进步神速。1929年美国的经济力量占全部工业国的半数以上，美国在当时的世界经济中具有空前的重要性，美国的国内危机是这次危机的起源。

关于1929年美国爆发国内危机的原因有很多种解释：

一是美国的建筑业出现了严重的供过于求的情况。建筑业是美国当时的支柱产业之一，1925年以前居民和非居民建筑业中出现的供给不足，一直有力地支持着美国经济的增长。1925年以后，因第一次世界大战而推迟的住宅需求已经基本得到满足，加之20世纪20年代人口增长放慢引起家庭规模缩小，以及1928—1929年因投机性贷款竞争而出现抵押贷款不足，建筑业出现了需求饱和的局面。而建筑业在整个20世纪20年代都保持了高速增长，产生了实际的或潜在的生产能力过剩。

二是耐用消费品的需求停滞。20世纪20年代，美国的生产能力向耐用消费品转移，汽车、收音机和电器设备等行业的生产大大扩张，这种扩张得到了租赁购买或分期付款信贷的支持。但是，这些新产品销售的持续增长要求消费者具有较高且不断扩大的收入，以及对未来有充分的信心。临近20年代末，收入分配日益不公，利润、价格、收入、对经济形势的预期都开始下降，耐用消费品的发展受到限制。

三是农业长期的慢性萧条对经济产生了不利的影响。农场收入在1925年以后停止增长。原因是第一次世界大战后，欧洲各国的农业恢复到第一次世界大战前的水平，美国农产品输出的可能性大大减少，国内市场又难以扩大，结果供过于求的现象日益严重。农产品批发价格指数在1921—1929年下降了35.4%。

四是美国银行制度存在结构缺陷。美国一直认为银行业务单位应该是弱小的，并且能自筹流动资金，应尽量少持有分支机构。结果，与欧洲大银行、多分支机构的银行体系相比，美国的银行要脆弱得多。

五是对美国这一时期货币政策的质疑。1928—1929年货币供给的迅速增长加剧了股票市场的繁荣和崩溃，后来由于货币体系崩溃减少了总支出而对经济产生了收缩作用，反而加剧了危机。

美国的国内危机很快通过国际传导机制扩散到全球。

二、利率传导机制

20 世纪 20 年代末纽约证券市场的火爆引起了货币当局的关注。联邦储备理事会理事长罗伊·扬格和纽约联邦储备银行总裁乔治·哈里森在 1929 年 2 月和 3 月分别发表讲话，反对过度投机，提出把贴现率从 5%提高到 6%，实行通货紧缩，抑制股票市场过热。但是他们对提高利率犹豫不决，这一方面是因为当时欧洲正致力于恢复金本位制，美国担心提高利率会给欧洲各中央银行的黄金储备带来压力；另一方面是因为在证券市场上美国商业银行的地位已由美国的公司商号所取代（见图 17－3），这些公司的资金主要来源于国外，如果提高利率，大量的外国资金会更猛烈地涌入美国的拆借市场，势必会进一步推动证券市场高涨，那么较高的利率不仅没有起到平抑股市的作用，反而会对工商企业造成伤害。美国货币当局陷入两难选择，迟迟没有采取行动。

随着纽约证券市场价格的上升，更多的国际资本涌向美国。其他国家不得不提高利率，以保证它们的黄金储备。1929 年 1 月，意大利提高贴现率。其他各国也纷纷提高贴现率，紧缩信用，2 月是英国，3 月是荷兰，4 月和 5 月是德国、奥地利和匈牙利，7 月是比利时。8 月，纽约联邦储备银行终于将贴现率从 5%提高到 6%。

提高了的贴现率并没有立即在证券市场上生效，但是紧俏的银根使工商业更加脆弱。美国工业生产、价格和个人收入从 8 月到 10 月的下降幅度分别达到 20%、7.5%和 5%。除法国以外的其他国家消费停止增长，存货不断增加。

证券市场崩溃后，货币当局对工商业加以照顾。从 1929 年 10 月 29 日到年底，英格兰银行先后三次降低贴现率，荷兰和挪威两次，奥地利、比利时、丹麦、德国、匈牙利和瑞典各一次。美国的再贴现率 11 月 1 日降为 5%，15 日降为 4.5%。但是，利润和收入并没有因此而有所提高，降低贴现率的古典办法失灵了，利率传导机制堵塞，经济掉入了“凯恩斯陷阱”。

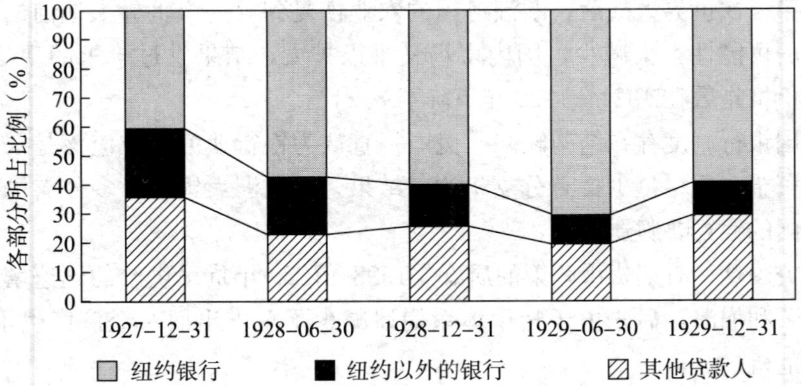

图 17－3　1927—1929 年经纪人贷款的来源

资料来源：［美］查尔斯·P. 金德尔伯格 . 1929—1939 年世界经济萧条，116.

三、价格传导机制

价格是传导危机的另一条重要通道，它不仅使危机在一国的农业和工业之间扩散，而且通过国际贸易将危机传向全球。

农产品价格下跌的原因是生产过剩和“剪刀差”。在1929年之后的三年中，资本主义世界小麦收获量约增加了5%，其他如大麦、黑麦、燕麦和玉米的总产量一直维持原有水平，主要畜产品也有不同幅度的增长。另外，美国农产品与工业品的比价，1928年为91，1932年为53。农产品价格下跌的幅度比工业品大得多。“剪刀差”加剧了农业收入的减少。

农业收入的减少缩小了对工业品的需求，造成了工业品价格的下降。农产品价格的下跌降低了劳动力成本，引起了工资下降；工资的下降降低了购买力，减少了市场需求，市场需求的减少又促使价格下降，经济陷入恶性紧缩的怪圈。同时，对未来形势的悲观估计影响到抵押贷款的发放，尤其是对房屋抵押贷款的发放，这直接促使住房和新建筑物的价格大幅下跌。

在价格传导的链条上，初级产品生产国是最薄弱的一环。在国际贸易中，价格下跌会产生巨大的不利影响，首当其冲的是初级产品出口国。咖啡、棉花、橡胶和小麦等的价格在1929年9月至1930年12月下跌了50%以上，这给巴西、哥伦比亚、荷属东印度、阿根廷和澳大利亚等国的出口收入和中央银行的黄金储备带来了灾难性后果。生丝跌价给刚刚在1930年1月恢复日元金平价的日本以沉重的打击。生丝占日本1929年出口价值的36%，五分之二的家庭的现金收入依靠生丝。生丝出口价值从1929年的7.81亿日元减为1930年的3.17亿日元，致使日本流失了大约1.35亿美元黄金。1928—1929年，硝酸钠占智利全部出口的45%，由于大危机，智利硝酸钠的出口减少了70%。

在初级产品生产国，出口品生产中外国投资占较大的比例，如智利的铜，价格下跌的冲击作用大部分通过投资收益的降低转移到美国和欧洲。橡胶和锡的价格的下降引起了同样的问题。对初级产品生产国来说，因为价格下跌导致投资收益减少，它们越发难以得到资金。由于丧失了获得新资金的机会，它们的外汇和黄金储备被消耗，被迫互相竞争，低价卖出存货，例如亚马孙盆地、中美洲、中非各国和东南亚在天然橡胶市场上进行了恶性降价竞争。

价格下跌意味着国际贸易收入减少，在近代狭隘民族主义世界观的支配下，对进出口进行控制的防御性措施受到重视。这样，价格下跌得更厉害，国际贸易进一步萎缩，各个国家从国际贸易中得到的利益减少，危机在全球扩散。

四、汇率传导机制

危机爆发前，金本位制运行平稳，各国汇率基本固定。

自1920年以来，奥地利经济一直依赖国际联盟的贷款。1931年，奥地利最大的国家银行——奥地利信用银行——被披露出严重亏损，引起了挤提存款的风潮。奥地利向国际联盟求救。国际清算银行首先从11个国家那里安排了1 400万美元的贷款。1931年6月5日，信贷用完，奥地利国家银行要求额外的贷款。法国提出条件，要求奥地利放弃同德国的关税同盟。6月16日，英格兰银行总裁诺曼单方面给奥地利国家银行一笔为期一周的5 000万先令的信贷，这笔贷款从6月起到8月每周更新一次，作为对法国将政治和金融混在一起的指责。这笔贷款一方面加深了英国和奥地利危机的联系，另一方面加深了法兰西银行和英格兰银行的对抗。7月，法兰西银行将它的英镑兑换成黄金，英镑受到压力。

奥地利的金融危机波及匈牙利、捷克斯洛伐克、罗马尼亚、波兰和德国等国，这些国家也出现了银行挤兑现象。德国同奥地利有密切的商业联系，在奥地利金融危机之后，德意志银行发生挤兑。在6月的头6天，德意志银行流失了1.64亿德国马克的黄金。6月10日，德国政局发生动荡，社会党、共产党和中央党要求召开帝国议会以解除布吕宁政府的权力。尽管德意志银行将贴现率从5%提高到7%，但是对德国政治前途的担忧，又使黄金流失了14亿德国马克，流失的黄金量超过它5月底全部黄金储量的一半，储备率从60%下降到48%，德国的金本位制受到冲击。

为了阻止危机国黄金外流，美国胡佛政府提出"延期付款"的建议，经过紧急磋商，态度最强硬的法国终于在7月6日同意对所有政府之间的债务，给债务人为期两年的延期偿付的权利。6月25日，德国得到由国际清算银行、英格兰银行、法兰西银行和纽约联邦储备银行各提供的2 500万美元贷款。7月5日，这笔贷款全部用完，但挤兑仍然没有停止，德国需要新的贷款。但是，英格兰银行已无能为力，诺曼认为，为了防止出现金融危机，贷给奥地利、匈牙利和德国的款项，其金额已达到完全适宜的程度。美国总统胡佛指出，在美国预期财政赤字为16亿美元的情况下，期望国会给德国更多的贷款是荒谬的，他建议以延期偿付权作为替代办法。法国同意提供贷款的条件是：德国放弃关税同盟，取消建造中的装甲巡洋舰，不许炫耀武力，禁止国家社会党的武装示威。德国处于孤立无援的境地。

德奥金融风暴逐渐平息之后，英镑变得十分虚弱。1924—1938年，英国每年有三四亿英镑的贸易逆差，主要靠国外投资、航运业收入以及银行手续费和商业佣金等类似收入弥补。1929年以后，国外投资收入和航运业等项收入锐减。20世纪20年代后期，伦敦掌握的短期资金余额大大超过英国银行的国外债权加上黄金储备的总数，这迫使英格兰银行保持较高的利率，而不能顾及国内失业和经济低增长。1929年，法国各有关当局和初级产品生产国开始从伦敦市场抽走资金余额。到1931年8月，德国、奥地利和其他负债国的债款延期偿付，使7 000万英镑左右的英国银行海外债权变得无法流动。英镑受到的压力还来自比利时、荷兰、瑞典和瑞士等小国的商业银行，这些银行由于德国封存信贷而丧失了流动性，不得不出售英镑以增加它们的黄金储备。英镑的压力使国内的意见发生分歧，希望外汇贬值，主张从面向世界经济转而面向大英帝国的意见占了上风。9月16日，弗戈登的海军人员由于预期他们的收入将被削减而出现骚乱。这在风声鹤唳的年代使人们联想到了兵变，于是英国加快撤出用于维持外汇市场的资金。9月21日，英国脱离了金本位制。英镑从1英镑兑换4.86美元，几天之内跌落了近23%，为1英镑兑换3.75美元。政府出于不干预的原则，任其滑落。12月，英镑兑美元的汇率跌到

3.25 美元的最低点。英国作为金本位制的维持者宣告拯救危机失败。

英镑贬值 30%对其他国家迅速产生了影响。大英帝国的大部分殖民国家，以及大英帝国的贸易伙伴国——斯堪的纳维亚、东欧、阿根廷、埃及、葡萄牙等 25 个国家和地区继英国之后也脱离了金本位制，任它们的汇率自由浮动。日元在英镑贬值后受到冲击，日本银行在三个月内流失的黄金达 6.75 亿日元。12 月 14 日，日本禁止黄金出口，12 月 17 日，日本正式退出金本位制。1932 年末，三分之二的国家暂停黄金支付，在大国中只有法国和美国，在小国中只有比利时、荷兰和瑞士依然坚持金本位制。

英国放弃金本位制后，国际恐慌转而以美国为中心。9 月 22 日，法兰西银行把 5 000 万美元换成黄金，比利时国家银行把 1.066 亿美元换成黄金。美国联邦储备系统流失的黄金从 9 月中旬到 10 月底总计达 7.55 亿美元。其中比利时国家银行取走 1.31 亿美元，荷兰银行得到 0.77 亿美元，瑞士国家银行得到 1.88 亿美元，其余大部分流往法国。美国货币当局对黄金流失做出的反应是采用传统的提高贴现率的办法，但没能有效阻止银行倒闭的扩散。此时，联邦储备系统拥有的可动用的黄金储备已降到 4 亿美元。为了弥补黄金的不足，美国于 1932 年 3 月 27 日通过了《格拉斯-斯蒂格尔法案》，规定联邦储备系统可以用政府债券和法偿纸币作为负债的准备金，希望以此来解除银行的压力。

英镑 9 月贬值后引起的美元升值使美国出口盈余大幅增长，但是同期的经济指标却显示出相反的走势，商品价格、就业率等指标跌落的速度比英镑贬值之前更快（见表 17－4 和表 17－5）。

表 17－4　美国每季度平均出口盈余

（进口盈余为负）　　单位：百万美元

1931 年				1932 年			
第 1 季度	第 2 季度	第 3 季度	第 4 季度	第 1 季度	第 2 季度	第 3 季度	第 4 季度
68.5	5.0	68.3	78.4	43.7	16.1	—0.7	32.04

资料来源：[美] 查尔斯·P. 金德尔伯格 . 1929—1939 年世界经济萧条，116.

表 17－5　美国经济指标：1931 年 3 月至 1932 年 6 月

（1923—1925 年＝100）

时间	工业生产	建筑合同	工厂就业	工厂工资额	价格	流通中货币与活期存款
1931 年 3 月	87	77	78	75	76	24.8
8 月	78	59	74	64	72	23.4
9 月	76	59	73	62	71	23.4
1932 年 6 月	59	27	60	43	64	20.4

资料来源：[美] 查尔斯·P. 金德尔伯格 . 1929—1939 年世界经济萧条，217.

这说明，美元升值对国内经济产生了更大的紧缩作用，这使得关注国内经济复兴的罗斯福断然选择放弃金本位制。美国放弃金本位制主要是为了摆脱国内的金融和经济危机状况，力图用美元贬值来促成国内物价的普遍上涨，从而达到扩张经济的作用，而不是像放弃金本位制的其他国家那样是因为国际收支困难。美国放弃金本位制的做法遭到国际社会的非议，认为美国推卸了作为世界头号经济强国在危机中应负的责任。

美国放弃金本位制标志着金本位制的终结，原来的国际汇率体系在危机的冲击下彻底崩溃。

第三节　危机的原因和后果

对于危机产生的原因，各派学者有不同的看法，但是危机的后果却十分明显。大危机不仅造成了物质财富的损失，还宣告了自由放任体制的末日。面对自由市场经济的破产，美、英、法加强了政府对经济的干预和调节，而德、意、日却选择了法西斯道路。

一、危机的原因

对20世纪30年代大危机的原因，各派学者有不同的看法。

（1）凯恩斯学派的观点。他们认为造成危机的是资本主义的自由放任体制，而不是资本主义制度本身。在信奉自由放任的时代，斯密“看不见的手”的理论和萨伊定律使人们相信不会出现供过于求的现象，这种现象即使出现也是短暂和局部的，市场机制会利用价格体系进行自动调整，因此自由放任的原则受到每一个资本主义国家的尊奉。而20世纪30年代大危机表现出资本主义的自发作用不能保证资源的配置达到充分就业的水平，利用传统的货币政策降低利率，会掉入“凯恩斯陷阱”。凯恩斯学派对此开出的药方是：政府放弃自由放任的政策，采用扩张性财政政策来代替货币政策，就可以使经济摆脱危机。凯恩斯学派的观点成为此后政府行为的理论依据。

（2）货币学派的观点。弗里德曼强调危机的原因在于美国采取了错误的货币政策，他认为私人经济具有内在的稳定性，国家经济政策会使其稳定性遭到破坏。1929年证券市场崩溃前后，美国货币供给的一紧一松，不但没能解决危机，反而加剧了危机。弗里德曼和施瓦茨还认为金本位制下通行的僵化汇率不可避免地使美国发生的萧条迅速扩散到其他国家，进而他们又认为在1931年时如果其他国家仿效英国迅速使其货币对黄金贬值，则国际流动性就会增加，并且通货贬值、进口限制和更大程度的通货贬值的恶性螺旋式上升将被打断。货币学派对危机的治理办法是单一货币规则：货币供给量尽可能每年按适当的比例增长，为经济提供一个稳定的环境。

（3）制度学派的观点。他们对现实的资本主义制度进行批判，认为收入分配不公、公司结构弊端、银行结构缺陷、外贸盈余不稳等制度方面的因素是造成危机的原因，主张对现有制度进行改良。20世纪30年代，一些制度学派学者成为罗斯福的智囊，如雷克斯福特·特格韦尔、小阿道夫·贝利等，他们的观点对新政产生了重要影响。

（4）熊彼特用创新浪潮的起伏来解释经济繁荣和衰退，他认为技术革新因素是危机的根源。20世纪30年代的危机之所以如此深刻和漫长，是由于长周期、中周期和短周期三个最低点的偶然巧合加上政治历史的原因。

(5) 美国经济史学家菲特和里斯则强调，是投资和消费的矛盾导致了大危机。

(6) 阿瑟·刘易斯认为，初级产品价格崩溃在解释大萧条的广度和深度方面具有决定性作用。

(7) 罗斯托提出初级生产国收入相对下降，限制了它们购买工业品和投资于新生产方法和技术的能力，尤其是1929—1933年初级生产国收入的巨大损失是危机产生的一个重要原因。

(8) 金德尔伯格认为，20世纪20年代国际经济秩序的不稳定由于第一次世界大战引起的赔款和混乱而增强，这种不稳定只有通过有效的国际领导才能克服。第一次世界大战前，英国发挥着这种领导作用，1918年以后英国已没有能力胜任这项工作。而在第一次世界大战中迅速壮大起来的美国理所应当承担这样一种经济领导作用：维持自由贸易体系、为危机国家提供必要的贷款援助、对国内的危机采取有力的措施。但是，美国本身就是危机发源国，同时罗斯福总统上台后将全部的精力放在了国内的复兴上，美国推卸了国际领导责任。

(9) 萨缪尔森强调是一系列事件的综合影响促成了大危机的爆发：发明的停滞、人口与领土扩张的结束、银行信贷状况和联邦储备银行的货币政策、重置周期、政治斗争和出于政治因素考虑的反危机，以及乐观和悲观情绪的波动等。

总之，西方学者在对大危机原因的分析中都没有触及资本主义的根本制度，马克思主义经济学深刻分析了社会化大生产和生产资料资本主义私有制这对矛盾最终演化为危机的必然性。

二、危机的后果

第一，20世纪30年代大危机使整个资本主义世界损失了2 500亿美元，比第一次世界大战期间遭受的物质损失还多800亿美元。整个工业生产水平下降了40%以上。1933年，资本主义世界的贸易额缩小到1919年前的水平。全失业和半失业工人总数在4 500万人左右。1932年，美国的失业率达到25%。但是，单纯的数字并不能表现当时的悲惨情形。失业率高达25%意味着几乎每一个家庭都有失业者，而且是长期失业。领取救济品的人排着长龙，许多人因无法偿付贷款而被迫流离失所，悲观、绝望的气氛压得人透不过气来。1929—1933年的危机不仅是物质上的损失，还在人们心中投下了梦魇般的阴影。

第二，大危机宣告了自由放任体制的终结。大危机中罢工运动、示威游行、农民斗争不断高涨，致使资本主义世界处于风雨飘摇之中。危机期间，法国更换了14届内阁；德国政府更迭了4次；日本刺杀事件迭起，政变一再发生。对此，一些资产阶级的悲观论者惊呼，资本主义的末日已经来临。实际上，只是自由放任的市场经济走到了尽头。美、英、法等国为挽救危机加强了国家对经济的干预和调节，为第二次世界大战后从自由放任体制转变为混合经济体制打下了基础。

第三，危机使德、意、日采取了专制残暴的法西斯统治。它们用国家的直接干预和直接统治代替自由放任，用专制和战争代替资产阶级民主。法西斯统治不仅使这些国家的人民，而且使世界人民遭受了世界大战带来的灾难。

第四节 罗斯福新政

大危机使信奉自由市场经济原则的胡佛下了台，罗斯福上任后采取了强有力的干预措施，试图挽救美国经济。罗斯福所采取的一系列政策被称为“罗斯福新政”。

一、金融政策

罗斯福在信贷危机最严重的时刻接任总统。1933 年美国货币银行危机全面爆发，破产的银行占全国银行总数的 49%，防止美国财政信贷体系彻底崩溃成为最紧迫的任务。3 月 6 日，罗斯福决定关闭美国所有的银行，停止银行的一切支付。3 月 9 日的《紧急银行法案》授予总统更大的权力去处理货币与信贷问题。罗斯福政府的基本政策是：

第一，清理银行。授权通货管理审计长任命监督官员负责审查、重开或清算被关闭的银行，规定国民银行和各州银行须领取营业执照才能开业。在重整金融系统的过程中，全国有 2 000 多家银行没有得到政府的开业许可。

第二，发放巨额贷款给金融界。符合复兴金融公司认购条件的银行可以发行免税的优先股票，允许联邦储备银行在一年内以高于当时贴现率 1 个百分点的条件，在确有财产作为抵押的情况下贷款，联邦储备银行发行联邦储备券以抵付政府债券、商业债券和银行的现金兑换券。仅在罗斯福新政初期，对大银行提供的贷款就达 30 亿美元之巨。根据《紧急银行法案》的规定，2 500 万美元的联邦储备券立即进入流通，到 1933 年 12 月，进入流通的联邦储备券超过 2 亿美元；复兴金融公司购买了 13 亿美元的银行股票；联邦储备银行也贷款给非储备系统银行和托拉斯，帮助它们恢复信用。银行重新开业当天，发行了一种国库券，这种国库券一天之内就被超额认购。银行重新开业后，存款超过了取款，恐慌被制止，银行初步恢复了信用。

第三，放弃金本位制，美元贬值。1933 年 3 月 10 日，发布关于除财政部批准外一律禁止黄金出口的行政命令，后来强制全国私人公司和个人把储备的黄金交到联邦储备银行，停止银行券兑换黄金，4 月 19 日发布一律禁止黄金出口的命令。金本位制被放弃。接着，公私债务中用黄金支付的条文被取消了。10 月，罗斯福宣布减少美元的黄金含量，把长期以来法定的每盎司黄金等于 20.67 美元改为 31.26 美元，1934 年 1 月通过《黄金准备法案》后，又定为每盎司等于 35 美元。同时，国会授权联邦储备银行以国家债券为担保，增发 30 亿美元通货。这些措施导致了美元贬值。美元贬值造成的通货膨胀减轻了债务，提高了商品的价格。

第四，颁布《格拉斯-斯蒂格尔法案》。《紧急银行法案》只不过是应急措施，《格拉斯-斯蒂格尔法案》（又称 1933 年《银行法案》）对银行制度进行了改革，其中最重要的两项内容是商业银行与投资银行分业经营的原则和建立存款保险制度。

《格拉斯-斯蒂格尔法案》规定，所有证券代理发行、证券包销、证券分销、证券经纪人业务都属于投资银行的业务范围，由投资银行专门经营。任何以吸收存款为主要资金来源的商业银行，除了可以进行投资代理、经营指定的政府债券、用自有资金有限制地买卖股票债券以外，不能同时经营证券投资等长期投资业务。同时，经营证券投资业务的投资银行也不能经营吸收存款等商业银行业务。

《格拉斯-斯蒂格尔法案》建立了存款保险制度。建立这套制度的目的，一是重建公众对银行体系的信心，二是保护存款者的利益，三是监督并促使银行在保证安全的前提下进行经营活动。美国联邦存款保险公司就是根据《格拉斯-斯蒂格尔法案》建立的一个美国联邦政府的独立的金融管理机构。联邦存款保险公司用存款保险的方式为商业银行经营提供安全性保障，并对商业银行行使监督和管理的职能。按照法律规定，所有联邦储备系统的成员银行必须参加联邦存款保险公司的存款保险，非联邦储备系统成员的州银行和其他金融机构可自愿参加存款保险。在美国，98%以上的商业银行都参加了联邦存款保险公司的存款保险。联邦存款保险公司聚集保险业务的收入，形成联邦存款保险基金，主要用于解决银行破产时对客户的债务清偿。同时，为了避免挤兑和金融恐慌，联邦存款保险公司对破产银行原有的存款仍实施为期两年的存款保险。

《格拉斯-斯蒂格尔法案》是美国政府针对大危机中所暴露的问题采取的管理措施。危机中银行体系崩溃的一个重要原因是投资银行和商业银行混业经营，商业银行使用个人储金去支持甚至加入证券投机，为证券市场的动荡推波助澜，在证券市场崩溃后，又缺乏现金来应付客户的提存，从而面临倒闭。为避免重蹈覆辙，美国实行投资银行与商业银行分业管理，建立储蓄保险制度，这对于当时恢复公众对银行的信任及日后保持这种信任起到了不可估量的作用。但是，由于《格拉斯-斯蒂格尔法案》加强了美国政府对银行的集中管理，它受到了银行家、金融家的普遍反对。

第五，通过了《证券交易法案》，规定由1934年建立的证券交易委员会来监管证券交易。

第六，通过了1935年《银行法案》。该法将联邦储备局改组为联邦储备委员会，赋予它直接管理全国货币、信贷和利率的权力。美联储成为事实上的中央银行，联邦政府通过它大大加强了对货币和金融的管理，意味着美国自由经营银行制的结束。

二、工业政策

新政的工业政策主要通过著名的《全国产业复兴法》来实行。罗斯福上任之时，有一种很有影响力的论调，该论调认为：美国的经济困难是缺乏计划造成的，经济没有统一的规划以保证企业生产正常的数量，以正常的价格出售，因此出现了经济的不平衡、生产过剩、失业增加。持这种观点的人强调产业合作的必要性。《全国产业复兴法》反映了这种观点。

《全国产业复兴法》规定：经济中的各个部门都要建立产业委员会，制定公平竞争法规，确定该行业的生产规模、价格水平、信贷条件、销售定额和雇用工人的条件。公平竞争法规实质上是新的强制卡特尔化的法令，受到产业巨头的欢迎。工业中垄断势力空前加强，小企业破产率有增无减，各行业中卡特尔的斗争激化，而商品过剩的情况依然严重，失业人数仍然惊人。《全国产业复兴法》受到人们的猛烈抨击，人们认为它损害了自由资本主义制度。1935 年，最高法院宣布《全国产业复兴法》违反宪法，罗斯福趁机抛弃了这个法案。

法案中保护工人利益方面的措施被保留下来。失业和贫困造成了工人运动的高涨，慑于工人阶级的力量，为提高劳动力在竞争中的地位，该法案规定：工人有权自由参加工会，推选自己的代表与资方签订集体合同，并对失业工人给予一定救济。在保护工人利益方面，还推出了一项工资计时法，该法首次规定了全国最低工资。这些措施得到了普遍的拥护。

三、农业政策

新政的农业政策包括国家对农业生产进行调节及政府整理农村信贷和债务的政策。

1933 年 5 月，美国通过了《农业调整法》，这是国家调节农业生产的中心措施。政府利用奖励和津贴来缩减农业耕地面积，以达到减少农产品产量、提高农产品价格的目的。根据《农业调整法》，国家对价格下跌最多的七种基本产品（小麦、玉米、烟草、棉花、牛奶等）的生产加以控制。具体办法是：政府与单个农场签订自愿缩减耕地面积的合同，停耕的土地作为国家的租地，付给农场租金；同时，由于停耕而减少的产量，由政府付给农场货币奖金作为补偿。1934 年，罗斯福把《农业调整法》扩大到农业生产的一切主要产品。同时，进一步对各州、各区直到单个农场规定农产品的生产定额，对超过定额的产量课以重税，对违反合同的农场主施以罚款及徒刑的制裁。为了消灭现有的过剩农产品，罗斯福政府拨出大量的资金进行收购。

在整理农村信贷和债务方面，1933—1934 年，罗斯福政府通过《农业信贷法》以及对农场发放贷款的两个法令，对负债额不超过本身土地价值 50%和建筑设备价值 20%的农场给予低息贷款，部分农场主利用政府的贷款偿还了私人银行的贷款，私人银行因此收回了呆滞在农村的大批债款，这使农村金融形势大为改观，但是被拍卖的农场仍然占到美国农场数目的十分之一。1934 年，农产品价格普遍提高，但随着 1935 年收成的好转，部分农产品的价格又有明显的回落。

四、财政政策

虽然没有凯恩斯的论证，但在危机期间，用增加政府支出，特别是公共事业支出来医治失业的思想已广为人知，胡佛总统就曾经使用过这个政策。罗斯福上任后，将政府支出作为反萧条的重要工具。他的做法没有理论支持或反对，罗斯福不必担心私人部门的挤出效应，也没有预期到支出的乘数效应。罗斯福解决失业和贫困的办法是直接让人们工作，给他们收入。为此，他建立了联邦紧急救济署、公共事业振兴署和农产品信贷公司，并采取了其他创造就业的措施。

第一，政府购买。除了购买剩余农产品之外，政府最大的购买项目就是劳务。罗斯福政府执行公共工程计划，吸收失业工人修筑电信线路、铁路、桥梁、码头、机场、公路和清理林园等。1933—1942 年，公共工程共花费 170 多亿美元，临时吸收了 200 万～400 万名失业者。除了一般工程外，新政还兴办了著名的田纳西河水利和发电工程。该工程对田纳西河进行综合开发，控制洪水，改善航运，保持水土，建造发电站，以廉价的电力吸引大批私人公司在此设厂并供应农村用电。尽管如此，失业大军仍然在 1 000 万人上下。

第二，转移支付。罗斯福政府的主要手段是救济、社会福利和保险。1933 年 5 月，美国通过《紧急救济法》，成立联邦紧急救济署，拨出 5 亿美元作为直接救济金。到 1936 年为止，政府大约支出了 30 亿美元用于失业救济。1935 年，美国提出《社会保险法》，在全国范围内推行养老金制度和失业保险制度，起先这一制度只是为退休人员和难民提供补助，后来扩大到残疾人和未成年子女家庭。这是把救济、就业与安全等社会责任归政府承担的一个历史性转变，是美国福利国家制度的开始。1929 年，各级政府转移支付总额约为 2.5 亿美元（退伍军人和政府退休人员的退休金不计在内）。10 年以后，剔除通货膨胀的因素，转移支付略多于 17.5 亿美元，约为 1929 年的 7 倍，占国民生产总值的比重从 1929 年的 0.25%上升到 2%。所增加的开支中，绝大部分是用于社会保障和失业补偿的开支，它们从零起步增加到占国民生产总值的 1.4%。1936 年，罗斯福意识到了政府支出的乘数效应，竞选时，他引用一支流行歌曲的歌词来解释这一点：“乐曲萦绕，周而复始。”

五、对新政的评价

罗斯福新政分为两个时期：1933 年 3 月 4 日罗斯福就任总统到 6 月 16 日著名的“百日行动”时期；1939 年政府转向长期干预和改革的时期。在此期间，政府和国会先后颁发了 70 多个法案，内容涉及整顿财政金融、调节工业生产、抑制农业发展、改善民众困境、举办公共工程、建立社会安全保障制度等各个方面。因为当时没有特定的政策需要新政遵循，也没有成熟的理论对危机的原因进行解释和提出解决方案，罗斯福采取了头疼医头、脚疼医脚的办法，因此新政留下了一系列不断变化和反复尝试的措施，一些政策因为违反宪法而被淘汰，一些政策得以流传。

新政没有治愈危机。1933 年以后，美国经济的确开始复苏，但是速度很慢。1939 年，总产量仍然低于 1929 年的水平，经济复苏历经 10 年仍未恢复到原来的水平，这是前所未有的。而且在复苏还未充分展开时，第二次衰退又在 1937 年来临。

罗斯福新政避免了美国走上法西斯道路，而且为世界反法西斯战争的胜利准备了条件，这不仅对美国而且对整个世界都有重要的影响。罗斯福新政在危难关头挽救了美国。当 1933 年美国经济面临彻底崩溃、全国人民的悲观情绪难以形容的时候，罗斯福凭借他的个人魅力和大刀阔斧的新政，使在苦难中的国家和人民充满了信心和希望。他断言，他是在挽救资本主义而不是毁灭它。

罗斯福新政标志着混合经济时代的开端。在新政中，政府首次采取广泛的直接干预政策对付经济危机，通货膨胀、公共工程建设、财政管理等都是全新的尝试。美国学者路易斯·哈克写道："我们的国家已成为一个资本主义国家，这个国家就在昨天还是一个不干涉或处于守势的国家，现在，它却从事建设和开办工厂、买卖货物和劳务、借贷货币、储藏商品、开办航运、经营铁路。政府与经济的关系发生了广泛的变化。罗斯福新政使国家比以往更为坚定和迅速地放弃了自由放任的原则，代之以公共管理的资本主义。"

罗斯福新政开辟了新的经济管理模式，但这一模式仍然是旧方法和旧哲学的延续。罗斯福也明确表示："在美国从来没有另外一个人比我对于资本主义制度的私人企业、私有财产和私人利润有着更坚定的信仰……当这个私人利润和自由企业的制度濒临毁灭的时候，是这个政府挽救了它。"

关键词

大危机　　传导机制　　罗斯福新政

思考题

1. 描述20世纪30年代的大危机。

2. 大危机是如何通过三个传导机制扩散到全世界的？

3. 对危机产生的原因，你倾向于哪一种意见？你是否认为美国在危机中应该发挥更加积极的作用？

4. 比较罗斯福新政与凯恩斯经济理论，并对罗斯福新政做出评价。

第十八章

国际商战

重点问题

- 自由贸易体制的脆弱性
- 自由贸易体制的解体过程
- 20世纪二三十年代各国的关税战和货币战
- 国际商战的表现形式及其后果

从19世纪末到20世纪中期，是一个全球经济大战由缓至激、不断加剧的年代，世界主要资本主义国家为了经济稳定、充分就业和“民族生存”，不惜动用一切手段争夺世界市场。尤其是20世纪30年代，国际商战达到高潮，争夺市场的活动已超过商品对商品、资本对资本、技术对技术的自由竞争范围，竞相动用了关税壁垒、商品倾销和货币贬值等攻击性商战武器。

第一节　自由贸易体制的解体

19世纪60年代形成的自由贸易体制，在不断高涨的贸易保护主义浪潮中受到威胁，在大危机中受到冲击，最终由于英国的世界经济霸主地位的丧失而解体。

一、美国贸易保护的传统

美国的贸易保护主张是在汉密尔顿的大力鼓吹和实际经济利益的诱惑下逐步完善的。1789年，政府颁布《关税法案》，对81种商品征收进口税，其中有30种商品被征收特种关税，其余商品被征收7.5%～15%的计价税。很快政府发现，平均不超过8%的关税未能提供足够的保护，因此在1790年、1792年和1794年提高了关税。1812年美英战争结束后，英美互惠贸易原则确立，英国大量廉价的工业品又重新如潮水般涌入美国市场。据估计，1814年美国进口英国货物1 200万美元，两年后猛增至1.47亿美元，增加了10倍以上。而1789年通过的《关税法案》规定，大多数货物的税率只有5%，最高的也不过15%。外国工业品的冲击使美国工业面临破产的危险。1816年，国会经过激烈斗争，通过了美国第一个保护性关税法案，对一般进口货物平均征收20%的关税，而对于某些需要特别保护的工业品则征收特别进口税。1828 年，又提出了一个税率更高的关税法案，将羊毛进口税提高到 50%，将毛织品进口税提高到 45%，这个法案被称为“可憎的关税法案”。此后，虽有多次反复，但是保护关税的制度基本保持下来。高额关税在一定程度上限制了来自英国的竞争。

在以后的 20 年里，美国执行了连续性保护政策。这种保护政策因为南方和北方经济利益的不同时常引起争论，保护的强度也因北方利益集团实力的强弱变化而变化，时而温和，时而强烈。19 世纪 20 年代日益强烈，30 年代又趋于缓和，并通过了关税减让方案。四五十年代是政策多变的年代，1846—1856 年还一度出现了自由贸易的趋势，但是 1857 年经济不景气，又有人提出了保护关税的主张。

1861 年，在欧洲逐步实现自由贸易的时候，美国却走向了反面，原因是内战的爆发需要更多的财政收入。《莫里尔法》恢复了 1846 年温和的关税保护水平，1862 年将应税商品的平均税率提高到 37%，1864 年又提高到 47%。内战结束后，虽然出现了关税改革的呼声，但是代表北方工业利益集团的民主党坚决执行关税保护的政策。战时的关税体制奠定了美国贸易保护体制的基础。

1890 年，《麦金利法案》把平均关税水平提高到 50%，对纺织品、铁、钢、玻璃和锡板征收高关税，对许多农产品也征收关税。1897 年《丁利关税法案》把平均税率提高到了 57%。直到第一次世界大战前，美国的贸易保护政策都没有发生本质性变化。

至于贸易保护政策对美国经济发展的贡献，经济学家们一直存在争论。从进口替代的成果来看，棉纺织业是美国建立的第一个工业化产业，但是直到第一次世界大战前美国仍是棉纺织品的净进口国。第一次世界大战以后，棉纺织品的出口也没有多大起色。1920 年，棉纺织品的进口仍占全部进口额的 14%以上。相反，19 世纪后半期，伴随着第二次技术革命浪潮建立起来的新行业，如电气设备、汽车、石油采炼等，其发展和贸易保护都没有相关性，在这些年里，美国主要增长工业并不是那些享受最高有效关税的部门。凯里·豪克认为，技术发展在许多工业的总产出中占有更大份额。另一些人认为，国内市场比国外市场对经济的增长贡献更大，因为 19 世纪末 20 世纪初对外贸易仅占到国民生产总值的 10%左右。

但是，不可否认，政府确实用征收关税的办法扶持了宾夕法尼亚的炼钢和造纸厂、费城和纽约的造酒厂、马里兰的玻璃制造厂、新英格兰的炼铁厂和甜酒制造厂。

二、欧洲贸易保护主义复归

一系列经济、政治事件导致了 1880 年以后欧洲贸易保护主义的复归。

第一，德国和意大利等民族国家的兴起，以及与此相关的民族主义和保护主义的出现。随着工业化的逐步成功，新兴国家具备了在国际垂直分工中跨梯级发展的能力，因此与其他国家的摩擦逐渐增多。1887—1898 年法国和意大利之间的关税战，对双方都造成了伤害，10 多年内，这两个邻国之间的贸易额下降到正常水平的一半以下。德国和俄国也在 1892—1894 年期间陷入了一场短暂的关税战。

第二，19 世纪 70 年代美国和俄国廉价谷物涌入欧洲和 1873—1879 年的萧条，使受损农场主和幼稚工业联合起来要求保护。贸易保护主义首先在德国赢得了地盘：1879年，德国对制造业和农业采取了温和的关税保护措施。到1887年，意大利已将对制造业和农业的关税提高到了相当高的水平。瑞士1906年的新立法也规定了对食品征收高关税并大幅度提高了制成品的关税。法国1892年的米兰关税法将农产品关税提高了25%，对某些制成品也提高了关税。

第三，后进国家的保护政策。第一次世界大战期间，日本、印度、澳大利亚和某些拉美国家利用欧洲忙于战争的四年时间发展了许多制造业。第一次世界大战后，虽然恢复了和平时期的贸易状况，但在自利动机和国家兴亡的刺激下，政府利用关税保护工业部门的发展。另外，一些初级产品生产国为了减少对外国制成品的依赖和保护在战争期间发展起来的制造业，逐步将保护政策从特定工业扩展到国际收支。

第四，第一次世界大战后，最大的债权国美国实施了《福特纳-麦库伯关税法案》，把关税税率提高到当时的最高水平。法国、德国、意大利、西班牙、比利时和荷兰为了应付第一次世界大战后混乱的通货状况，在20世纪20年代首次引入关税税则和上调现有关税税率，并且在国际贸易中经常谨慎地使用高关税和贸易数量限制。

第五，自由贸易政策的捍卫者英国在第一次世界大战期间也实行了关税保护政策。政府为改善收支差额和增加国库收入，于1915年对汽车、摩托车、轮胎、钟表、影片和乐器征收33.3%的进口税。第一次世界大战后，英国在保护关税方面又有所发展。1921年的《保护工业法》规定，在五年内对关键产品，如光学玻璃、光学仪器、科学用具、高级化工产品、真空管以及类似产品的进口征收33.3%的从价税。

19世纪末20世纪初贸易保护主义的抬头，对自由贸易体制构成了一定的威胁。

三、大危机对自由贸易体系的冲击

1929年的大危机使各国实际收入和物价水平暴跌，减少了对进口商品的需求，同时出口国出口锐减，降低了出口国的外汇收入，而每一个国家都难以做到相应地缩减其国际开支并保护黄金和外汇储备。在这种情况下，各国都争取多出口少进口甚至不进口，以实现国际收支平衡，为此，它们纷纷采取提高关税和贸易管制等手段。这些手段动摇了自由贸易体系的基础。

1930年6月17日，美国国会通过了《霍利-斯穆特关税法案》。该法案提高了890种商品的进口税率，将进口税率平均提高到占征税商品值的60%。结果1931年美国纳税进口商品的平均税率比1914年高出41.5%。这是100多年来美国关税史上的顶点。

这个新关税法案引发了一场世界性的关税大战。法案一经实施即有33个国家提出抗议，7个国家采取报复性措施，到1931年底，参加抵制的国家达到25个。法国和意大利提高了汽车的关税，印度提高了布匹的关税。古巴、墨西哥、澳大利亚和新西兰的立法机构相应通过了新的关税方案。到1931年底，欧洲各国进口税比1929年高出了60%～100%。

1931年底1932年初，美国又先后颁布法令，对一些工业品和农产品征收10%～100%的进口税，致使关税抵制运动转变为关税混战，彻底动摇了自由贸易体制。罗斯福在1932年的竞选中，对此法案提出指责，认为关税是造成大危机的一个原因，谴责美国没有采取一个债权国应有的行动，因为高关税阻止了其他国家用货物偿付它们的债务，从而迫使它们脱离金本位制。

这个时期经济决策的重要特点是单方面性，各国脱离金本位制、提高关税和限制进口份额等政策的制定，都是在没有经过国际协商、没有考虑有关方面影响的情形下做出的，这直接破坏了针对保护主义的扩散而进行的国际协调。例如，1930年召开的旨在解决关税混战协定的会议，由于《霍利-斯穆特关税法案》而失败，与会的27个国家中，只有7个国家（英国、比利时、瑞士和4个斯堪的纳维亚国家）在不提高关税的协定上签字。

四、英国放弃自由贸易

19世纪中期，英国工业革命的完成使它取得了“世界工厂”的地位，并实现了自由贸易。英国处于垂直分工体系的最高梯级。但是，随着维多利亚盛世的逝去，英国世界工厂的地位很快就丧失了，自由贸易的弱点也日益暴露出来。在世界市场上，美国和德国异军突起，顺利排挤了英国的势力，英国得自自由贸易的收益逐渐减少（见图18-1）。

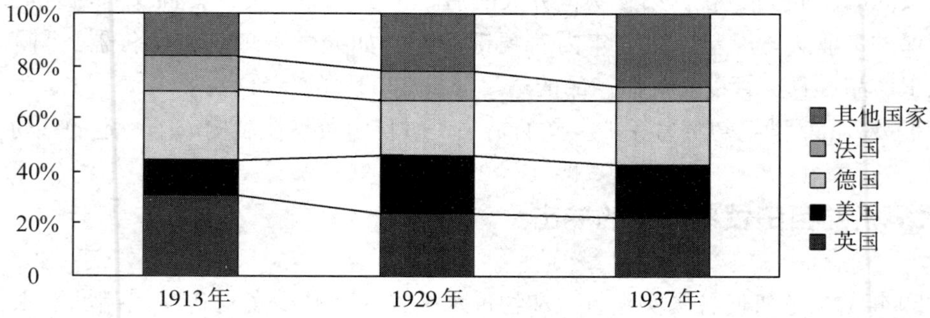

图18-1　1913—1937年主要出口国在世界制成品贸易中所占份额

资料来源：［美］A.G.肯伍德，A.L.洛赫德．国际经济的成长：1820—1990.北京：经济科学出版社，1997：216.

1929年经济危机爆发后，英国的国际收支状况迅速恶化。1929年英国结算顺差（黄金流动除外）超过1亿英镑，1930年降为2 800万英镑，1931年更是出现了1.04亿英镑的结算逆差。再加上奥地利、德国金融危机的影响，英国失去了用于补偿巨额逆差的来源。英国得自自由贸易的收益迅速减少。与此相反，维持自由贸易体制的费用在各国的关税战中急剧升高，自由贸易对英国失去了吸引力。1932年2月，英国政府通过《保护关税法》，该法规定：除英帝国商品及海关免税货物单上的少数商品和原料外，一般征收10%的进口普通从价税，但工业制品提高到20%以上，其中大多数钢征收33.3%的关税，奢侈品的关税提高到20%～30%。英国彻底放弃了自由贸易主义原则。

英国对自由贸易主义原则的抛弃，等于抽掉了最后一根维系国际自由贸易秩序的纽带，它标志着世界经济全面混乱的局面已经到来，国际市场恶战无限升级而不可遏制的时期已经开始。

第二节　国际商战的表现形式及其后果

当大危机袭来的时候，各国为了自己的生存和民族利益，竞相采用关税战、倾销、货币战等手段争夺有限的世界市场，最终导致了多边支付体系的崩溃和集团对抗，国际协调失败。愈演愈烈的商战成为世界大战的序曲。

一、关税战和倾销

英国在放弃自由贸易的同时，规定凡英联邦自治领地和殖民地的商品仍可享受自由进口或低关税优惠，实行帝国特惠制。事实上，树立英帝国的大范围的关税壁垒，将其他国家排斥在外，等于向其他国家宣布了以关税为武器的商战。欧洲的关税壁垒逐年加高：1937—1938年，农业国对工业国的关税，匈牙利由31.8%增至42.6%，保加利亚由75%增至90%，西班牙由62.7%增至75.5%，罗马尼亚由48.5%增至55%；工业国对农业国的关税，德国由27%增至82.5%，法国由19.1%增至53%，意大利由24%增至66%，捷克斯洛伐克由36.3%增至84%。

除关税以外，进口配额制和其他贸易数量控制形式也作为防御性手段被广泛应用。法国是第一个大规模使用进口配额作为反危机手段的国家，其他国家很快群起效仿。到1939年，有28个国家（其中19个是欧洲国家）对大多数商品使用配额或许可制度。进行数量控制对黄金集团国家极为重要，因为它们坚持金本位制，面对其他国家和地区通货贬值的压力，外汇管制起不到应有的作用，只能实施严格的进口管制以平衡贸易。在放弃金本位制的国家，数量管制往往与外汇管制结合使用。因为在大危机年代，外国严重的和不可预期的通货贬值压力所导致的商品倾销，使得仅用关税已不足以保护本国产业，只有进口配额才能保证严格限制进口并减少对国内生产的损害。数量限制比关税对国际贸易的损害更大，它使得价格机制失灵，不能充分反映国内和国际的供求状况，导致国际贸易受阻，国家福利降低。

倾销是国际商战中重要的进攻性武器。日本在第一次世界大战前夕恢复了关税自主权，这个时期日本主要利用关税保护新建重工业，而利用倾销向世界推销纺织品。日本轻纺工业依靠工人工资低、劳动时间长等条件造成的低成本优势，加上政府补贴、汇兑贬值、货运费用的不合理降低等，向外倾销。这种“蛮干的国家推销政策”使英国及其他国家蒙受了重大损失。日本1927年的棉纺织品出口只有英国的33%，而到1935年竟为英国的140%。几年的光景，英国在其主要的棉纺织品海外市场上迅速溃败。日本向世界倾销的还有生丝、人造丝、纤维制品、食品、玩具、陶瓷器、鞋类、帽子等。面对日本的疯狂倾销，各国群起而攻之。印度从1930年起不断增加专门针对日本的差额关税，三年之间，对英、日税率的差额从5%扩大到50%。许多国家都实施了以日本为目标的贸易抵制措施。英国在整个殖民地范围内实施棉布和人造丝限额进口制。先后宣布废除与日本的通商航海条约或通商暂行协定的国家，1933年有葡萄牙、哥伦比亚、秘鲁，1935年有古巴、厄瓜多尔、埃及，1936年又有土耳其等。1941年1月6日，英国《曼彻斯特卫报》发表了对日货实行限制或提高关税的27个国家的名单，到同年年底，这个数字竟上升到40。

二、多边支付体系的崩溃

1870年以后，在自由贸易的基础上发展起来的多边支付体系虽然没有取代双边结算在国际贸易中的支配地位，但是它使各国获得了在双边基础上不可能获得的额外的对商品和劳务的国际支付手段，刺激了对外投资的增加，减少了为结算而进行的黄金流动。

在大危机的威胁下，许多国家采用了外汇管制和贸易管制措施。外汇管制措施的施行使得外币十分短缺，这导致贸易伙伴国为了保持账户平衡，或者尽量减少以黄金和稀缺外汇作为结算手段，或者实行关税歧视、进口配额和其他贸易数量控制形式的贸易管制，或者制定支付协定。而且英国的经济地位下降使多边支付体系缺少了维系者。这一系列因素大大降低了多边支付的比例，贸易越来越多地以双边的形式进行。

20世纪30年代，贸易伙伴国为了尽量减少稀缺的外汇和黄金在贸易顺差或逆差时的流动，采取了三种主要的支付手段：

（1）私人抵偿协定。抵偿协定是古老的物物交换的现代形式，它是没有货币参与的等价商品的直接交换。1932年和1933年，德国相当一部分对外贸易是根据这些抵偿协定进行的，例如价值约9亿马克的德国煤炭与巴西咖啡的交换。抵偿协定仍带有物物交换的落后性。

（2）清算协定。清算协定提供了一种更广泛的冲抵债权的技巧。根据这种安排，各国一致同意在其中央银行建立一种账户以清算所有进口支付。例如，根据德国和南斯拉夫的清算协定，德国进口商进口南斯拉夫商品就向设在德意志银行的账户支付德国马克，在该账户上，南斯拉夫清算机构记入贷方；德国出口商向南斯拉夫出口商品则从该账户支取德国马克，在南斯拉夫账户上记作借方。在南斯拉夫的中央银行进行着相反的操作：南斯拉夫进口商向清算机构支付第纳尔而出口商从该账户上支取第纳尔。第一个清算协定是德国与匈牙利在1932年签订的，到1937年德国已与除英国和阿尔巴尼亚以外的欧洲各国以及阿根廷、智利、乌拉圭和哥伦比亚签订了清算协定。这些清算协定不仅包括由商品贸易引起的支付，而且包括利息和分红、旅游支出、航运费用、汇款等其他各种支付。

（3）支付协定。这是20世纪30年代债权国和债务国维持债务本息偿付的一种权宜手段。在20世纪30年代的大危机中，由于延期偿付的实施，英国大量债权被冻结。1934年11月签署的《英德协定》被认为是支付协定的样板。《英德协定》指定专门用途的资金用于清算两国的交往，把每月德国从英国的进口限制在其对英国出口的55%以内，其余45%的指定资金用于偿付道威斯贷款和扬格贷款中英国部分的本息并支付其他费用。

双边支付协定使贸易双方能在外币短缺的困难条件下进行专业化的商品贸易，而且使冻结债务的解冻成为可能，还能为一国垄断和控制其他遭到贸易歧视的小国提供机会。

但是，与多边条件下进行的贸易相比，贸易参加国所获福利减少，最终引起了20世纪30年代的贸易萎缩和世界实际收入的减少。同时，双边协定本身就意味着贸易保护和国别歧视，在这个过程中不可避免地会发生贸易扭曲。

三、货币战

货币战是在各国相继放弃金本位制的形势下开启的。20世纪30年代以前，资本主义国家都以货币价值固定不变作为经济稳定的主要标志，不敢冒险采用货币贬值或降低汇率的办法对付竞争对手。后来政府实行货币贬值或降低汇率的政策，以相对抬高别国商品的价格，从而削弱对手的竞争能力。货币手段的使用使世界商战空前激烈。

危机期间，很多国家采用货币贬值和提高关税作为反危机的措施。瑞典货币以比英镑更大的幅度贬值被看作瑞典复苏的首要因素，它的汇价从18克朗每英镑降为19.5克朗每英镑。瑞典是除日本之外世界各国中出口增长超过工业生产增长的国家，每月平均出口价值从1932年的7 000万克朗增加到1935年的1.08亿克朗。丹麦、芬兰也采用同样的手段，在最困难的年份实现了出口的增长。英国脱离金本位制后，英镑贬值了30%，这对用黄金、美元和其他未贬值货币计算的进口品和出口品的世界价格都施加了下跌的压力，但是货币贬值使英国成为第一个在工业生产方面超过1929年水平的大国。而且，英国的工人和职员1932年的收入在购买所需食品、饮料、香烟和服装以后，比1924—1927年多出2.5亿英镑，其中大部分花在住房方面，1931—1933年私人住房增加了70%。

英镑贬值后，英国经济复苏。注重国内经济的罗斯福也使美元贬值，试图提高国内的价格。罗斯福认为，对于一个国家来说，健康的国内经济形势比其货币价格更为重要。1933年4月，1英镑可兑换3.75美元，5月，1英镑可兑换3.85美元，8月，1英镑可兑换4.5美元。但是罗斯福并不满意，为此，美国采取了不负责任的通过高价买进黄金和白银以提高商品价格的办法。这一办法起初收到了令人满意的效果。英镑同美元的比价提高到1英镑兑换5美元，股票和商品的价格也随着美元贬值而上升。后来，为了控制美元的黄金价格，美国继续在公开市场上购买新开采出来的黄金。美国的贬值措施加剧了国际金融市场的动荡，金集团国家的黄金储备受到威胁。美国宣布，只要物价水平尚未恢复，美元的价值就不会固定下来。

在英镑贬值后，德国马克没有贬值，其原因是多方面的：（1）德国受到扬格计划的约束，它的汇率要与黄金保持固定比例；（2）法国威胁，如果马克贬值，它将收回对德国的贷款；（3）德国已经决定解除马克和英镑的联系，它的对外贸易支付手段已经有了创新；（4）背负巨额战争债务的德国，借马克升值、经济遭受严重损害之机，要求结束赔款。对于当时的布吕宁总理来说，只有通过实施紧缩政策，才能指望保持信誉，最终实现免除赔款。

日元在英镑跌价后立即贬值。在军费开支大规模增加的支持下，日本银行发行的纸币从1.2亿日元增加到10亿日元。随着外汇贬值，日本的对外倾销取得了新的进展。例如，日本在荷属东印度的进口额中所占的比例，由1930年的12%提高到1933年的

31%，这迫使该地区采取贸易保护措施。

金集团国家都是在第一次世界大战后深受通货膨胀之苦的国家，法国的食利者阶层在20世纪20年代的大幅货币贬值中损失惨重，因此他们决定捍卫金本位制。英镑贬值后，通过两国零售物价对比，1935年2月法郎定值偏高22%，这给法国的出口造成了很大的压力。1932—1935年，世界贸易扩大了，但是法国的贸易额下降了。于是法国指责英国推卸国际责任，强烈要求英国稳定货币。同时，美国高价购买黄金，使金集团国家黄金流失严重。1935年，比利时终于不能承受压力，将比利时法郎贬值28%。比利时货币贬值以后，生产、出口和黄金储备统统出现回升。荷兰和瑞士在事实面前也纠正了本国货币定值过高的情况，经济很快恢复到与整个世界经济相一致的水平。金集团只剩下法国，新上台的人民阵线继续执行紧缩政策，并把法兰西银行和铁路收归国有，同时为缓和阶级矛盾，制定了许多有关的改革措施，但是这些措施并没有使出口恢复、股票升值和阻止黄金外流，法郎贬值不可避免。

金集团崩溃后，1936年贬值的通货增至40种，其中多数通货的黄金平价比1929年低了40%～60%。实行外汇管制的国家1930年仅有土耳其，1931年增为19国，1932年为23国，1936年多达30个国家和地区。

四、集团对抗

各国的关税战、倾销战、货币战在外汇管制和双边协定的刺激下，很快演化成为集团对抗的方式。英联邦集团、美元集团、日元集团、金集团、德国集团等逐步形成，世界经济失去了使它们结合为一体的内聚力。

1932年，根据《渥太华协定》，英联邦国家一致同意扩大相互间的进口优惠。英联邦内部削减关税，提高对英帝国以外的国家的关税。这就是帝国特惠制。一方面，它增加了帝国内部贸易。1938年，英国出口货物的62%都是卖给英联邦和英镑集团国家，而1929年这一比例为42%。另一方面，它提高了英国在英帝国国家贸易中所占的份额。英国放弃金本位制后，与英国有紧密贸易和财政联系的国家，如英帝国的大多数联邦国家、瑞典、丹麦、挪威、葡萄牙和拉丁美洲的几个国家，使自己的货币与英镑保持一定的比例关系，各国以英镑作为主要的外汇储备，在国际结算中也以英镑作为清算手段，从而形成了以英国为首的货币集团，即英镑集团。英联邦集团虽然是一个松散的非正式组织，但在当时是势力最大的组织，具有一定的排他性。

1934年，美国联合一些中美洲国家、菲律宾和利比里亚，组成美元集团。

日本组建的日元集团包括其殖民地和它占领的中国地区。日本与日元集团之间的贸易发生了引人注目的变化，日本对集团内的出口占日本出口总额的比例从24%上升到55%，进口所占的相应比例也从20%上升到41%。

金集团紧随英镑贬值而形成。法国凭借其雄厚的黄金储备、巨大的贸易和预算盈余，成为金集团的首领。比利时、瑞士、荷兰、意大利等欧洲国家参加了金集团。它们企图继续维持金本位制，面对其他集团的货币贬值，它们希望通过通货紧缩来维持贸易平衡和保存黄金储备。

德国利用抵偿贸易协定和清算贸易协定，在东南欧市场上占据了垄断地位。东南欧国家是欧洲重要的农产品和原料供应国，它们的产品被英国和法国拒之门外，德国趁机利用抵偿贸易协定和清算协定与它们互通有无。20 世纪 30 年代，在东南欧国家的进出口中，德国所占的比例无一例外地成倍或几倍地增长（见表 18－1）。

表 18－1　1932 年和 1938 年东南欧国家和德国的贸易

国家	自德国进口（百万马克）		进口中德国所占比重（%）		向德国出口（百万马克）		出口中德国所占比重（%）	
	1932 年	1938 年	1932 年	1938 年	1932 年	1938 年	1932 年	1938 年
保加利亚	20.8	56.4	26	48	34.5	84.3	26	52
希腊	23.5	111.1	10	29	58.9	93.6	15	39
匈牙利	47.4	110	23	30	36.4	109.7	15	28
罗马尼亚	64.2	148.8	25	35	74.4	140.4	12	21
土耳其	31	151.4	23	47	40.1	116	14	43
南斯拉夫	43.3	118	18	33	29.5	107.9	11	36

资料来源：宋则行，樊亢．世界经济史：中卷，216.

德国还用同样的办法与拉丁美洲若干国家进行贸易交往。1929—1938 年，在拉美 20 个国家的进出口贸易中，英、美两国的比重在下降，德国的比重显著上升，由 10.6%和 8.1%分别上升到 17.8%和 10.3%。德国同拉丁美洲的贸易额几乎回升到 20 世纪 20 年代的水平。

由于区域性货币集团的发展，贷款方向比以前受到了更多的限制。资本运动更集中于某些优惠的地区。例如，只有英联邦成员国和某些英镑区国家才能在伦敦发行债券；美国向加拿大提供贷款；瑞典向斯堪的纳维亚国家贷款以及比利时、荷兰和瑞士向法国贷款。区域性货币集团妨碍了资本在国家间的流动，这对 20 世纪 30 年代迫切需要资本应付危机的世界经济来讲是致命的。

20 世纪 30 年代，世界经济中利益集团林立，这是在国际经济原有秩序崩溃后，各方寻求经济合作的尝试，但是由于霸权主义和国家之间的矛盾，每个集团都谋求自身的利益，反而加剧了经济危机。

五、国际协调的失败

面对以邻为壑的国际商战，国际社会也曾进行过协调。1933 年召开的世界经济会议的目的是稳定货币、实行关税休战、兴建国际公共工程和解决战争债务问题。

关于稳定货币，英国主要关心的是怎样才能提高价格，其他国家则担心英镑何时才会稳定下来。英国表示只要价格不提高，战争债务未清理，英镑就不可能稳定下来。随着美元脱离金本位制，稳定货币的焦点集中在美元的稳定上，但是罗斯福很快就表明了立场。他认为，只图暂时地、多半是人为地稳定少数大国的汇率，纯属似是而非的谬论，这种谬论是不会使世界长时期得到平静和安宁的。也就是说，美国在降低汇率、提高物价之前，无意缔结国际协定。稳定货币的计划破产了。大英帝国属下的各国举行正式会议，组成了英镑区。金集团也因此组织起来。

在处理关税混战问题上，每个国家都要求破例对待。至于兴建国际公共工程，存在两个问题。一是资金来源。大会建议成立一个国际基金，美国鉴于过去的贷款总存在借方拖欠的风险，不参加这个基金。二是兴办公共工程是否真的有效。法国财政部长博内宣称，法国实行了好几年公共工程计划，但物价并没有显著提高，反而造成了让人担心的财政赤字。最终，这项建议被搁浅。

战争债务问题是最容易引起纷争的议题。法国在第一次世界大战中损失最严重，它对德国赔款问题毫不让步。美国则要求英国和法国尽快偿还它们在战争期间的债务，英、法的赔款来源直接关系到德国的还款能力，而德国的还款能力完全依靠其出口大于进口获取的外汇或黄金，而同盟国对德国的制裁使其不可能通过每年的顺差来支付赔款。赔款成为一个复杂的问题，大会已经没有能力解决，最终不得不采取回避的政策。1933 年的世界经济会议就这样流产了。

到 1936 年，金集团国家纷纷放弃金本位制，人们再次提出了进行国际金融合作的必要性。法郎贬值以前，1936 年 9 月，法国同英国、美国达成了三国货币协定，以免对方报复。后来比利时、荷兰和瑞士加入该协定。这项协定主要是技术上的合作：协定国内部自由兑换黄金，当国际游资从一国转移至另一国时，各国中央银行进行合作，以维持汇率。它实际上是有管理的汇率制度下的国际合作。此后，有管理的汇率原则代替了金本位制下的自由汇率原则。

三国货币协定给出了黄金不再值钱的信号，于是黄金持有者纷纷抛售黄金，购买有价证券。但是欧洲政局越来越不稳定和战争威胁的日益加重，使大部分资本流向美国寻求避难所。美国的黄金储备按 1934 年 1 月重新估价后的数目共为 68 亿美元，到 1936 年 10 月达到 110 亿美元。1937 年 4 月，黄金恐慌达到高潮，欧洲货币竞相转换为美元，当月美国的黄金流入量达到 2.16 亿美元。随着黄金大量流向美国，三国货币协定中有管理的汇率原则也被冲垮。

商战逐步升级，几次国际协调都以失败告终。国际关系既复杂混乱，又波动频繁，到最后所有手段都用尽，仍不能解决矛盾，不得不付诸战争。

关键词

自由贸易　关税战　货币战　国际商战　集团对抗

思考题

1. 自由贸易体系为什么具有脆弱性？
2. 在大危机中英国为什么不得不放弃自由贸易原则？
3. 简述美国的贸易保护传统，分析《霍利-斯穆特关税法案》对自由贸易体制的冲击。
4. 概述 20 世纪二三十年代的国际商战，并说明其恶劣影响。

第十九章

世界大战与战时经济

重点问题

- 引起两次世界大战的原因
- 第一次世界大战的经济后果
- 苏联的战时经济
- 日本、德国和意大利法西斯军事经济概况
- 英国、美国等国家的战时经济特征

在1914—1945年的30年时间里，连续发生了两次世界大战，这在人类历史上是空前的。列宁认为，战争是帝国主义时代资本主义经济政治发展不平衡加剧所导致的列强瓜分世界和重新瓜分世界的斗争。各资本主义国家在战争期间进行了政府干预的大规模实验，社会主义国家苏联的战时经济为世界反法西斯战争的胜利做出了贡献。

第一节　世界大战的原因和结果

两次世界大战是人类的灾难，对其原因的探究对于预防战争、维护和平具有重要的意义。

一、引起第一次世界大战的原因

第一次世界大战的直接原因是对殖民地的争夺。在最早兴起的资本主义国家中，英国和法国由于较早进行殖民扩张，占有较多的殖民地。而美国和德国属于“迟到者”，其中德国还有一些小块的海外殖民地，而美国由于致力于本土的发展而无力进行海外扩张，所以殖民地更少。到19世纪后半期，美国与德国蒸蒸日上，经济发展极快，实力已超过英国和法国。而当时的殖民地具有特别重要的意义，它不仅是帝国主义国家重要的原料产地、商品销售市场和投资场所，而且是国内经济和政治矛盾的缓冲地。可以说，殖民地是这些国家的生命线。对殖民地的争夺使这些国家瓜分世界的斗争越来越激烈，最后导致了世界大战。1914年7月，奥匈帝国在德国的支持下在塞尔维亚点燃战火，战火几天内便席卷欧洲主要国家，然后迅速扩大到非洲、亚洲和美洲，先后有30多个国家参战。

德国发动战争的目标是夺取英、法、比、葡的殖民地，把比利时变为德国的保护国，夺取波兰、乌克兰和波罗的海沿岸，扩大在巴尔干和南美洲的势力。法国参战的目标是向德国复仇，夺回阿尔萨斯和洛林地区，分裂德国。俄国参战的目标是占据加里西亚，独占君士坦丁堡和黑海海峡，瓦解奥匈帝国，扩张自己在巴尔干的势力范围。日本参战的目的是趁火打劫，抢夺德国在远东和太平洋地区的殖民地，掠夺中国，独霸东方。

在大战期间，协约国和同盟国各方都曾分别签订过一系列重新瓜分欧洲各国和切割殖民地与半殖民地领土的秘密条约或阴谋计划，充分暴露了第一次世界大战的掠夺性质。列宁对第一次世界大战的评价是：强占土地和征服异族；打垮与其竞争的国家，掠夺它的财富；使劳动群众不去注意俄、德、英等国内部的政治危机；分裂并以民族主义愚弄工人，迫害他们的先锋队，以削弱无产阶级的革命运动。这就是第一次世界大战的唯一真实内容和意义。

二、第一次世界大战的经济后果

战争造成的直接经济损失十分巨大。第一次世界大战中军队的死亡人数达 1 000 万人，重伤人数两倍于此；直接死于战争的平民百姓约有 1 000 万人，另外还有 2 000 万人死于战争所引起的饥荒和疫病。估计直接用于战争的费用为 1 800 亿～2 300 亿美元，非直接的财产损失超过 1 500 亿美元。大部分损失发生在法国北部、比利时、意大利东北的一小部分区域和欧洲东部战场。由于用潜水艇作战，海洋运输也遭受了严重损失。在欧洲中部和东部，由于割断了与世界其他地区的经济联系，以及军队进攻与反击造成的破坏，农业产量下降，造成大片地区陷于饥荒之中。

战争破坏了国际经济秩序，在 19 世纪兴起的国际经济随着第一次世界大战的爆发而结束。

第一，国际贸易中断。1914 年以前，世界经济已经在自由地、大体上有效地运行着，尽管受到保护关税、私人垄断与国际卡特尔的一些限制，但是大部分国内和国际的经济活动还是由自由市场来调节。战争期间，所有交战国政府和非交战国政府都加强了在价格、产量和劳动分配方面的直接控制。原先互为市场的英国、法国、美国和德国之间的贸易往来受到影响。英国凭借海上的优势对德国港口进行了封锁，而且试图阻止中立国，例如美国与德国的接触。德国利用当时新奇的武器——潜水艇——来进行报复，阻止海外向英国的物资输入。结果不管船只是英国的，还是中立国的，不管是商船还是客轮，都遭到了德国潜艇的袭击。这就是促使美国加入战争，并保证同盟国最终取得胜利的原因。第一次世界大战使国际贸易额下降了 40%。

第二，对外投资收入严重损失。第一次世界大战前，英国、法国、德国是最重要的对外投资者。战争期间，英国和法国被迫出卖它们对外投资的一部分来购买急需的战争原料，其他的投资则因为通货膨胀而贬值。另外，新的苏维埃政府拒绝承认在俄国的大量投资。总之，英国的对外投资损失了 15%，法国损失了 50%，德国在各交战国的投资，在战争期间被没收，第一次世界大战后被充作赔款。

第三，国际金融秩序被打乱。战争期间的财政压力使参战国普遍通过大规模借款和印发纸币来资助战争，从而出现了严重的通货膨胀。战争临近结束的时候，英国的平均物价水平比1914年高3倍、比法国高5.5倍、比美国高2.4倍、比德国高15倍多、比保加利亚高20倍。各国物价的极大悬殊和货币价值差，使战前用以稳定物价的金本位制陷于崩溃，金本位的两个基本条件即纸币与黄金自由兑换和黄金的自由输出名存实亡。起初，大多数交战国尚能通过让黄金退出国内流通，并把它们集中于官方手中以保持足够的黄金储备，从而维持现行汇率。但是德国和奥地利的汇率机制在1918年已处于崩溃状态。

第一次世界大战后，德国、奥地利、挪威、意大利等国家不得不实行削弱了的金本位制——金汇兑本位制。在金汇兑本位制下，国家无须规定货币的含金量，市场不流通金币，只流通银行券，银行券不能兑换黄金，只能兑换实行金币或金块本位制的国家的货币。金汇兑本位制的国家使其货币与另一实行金币或金块本位制的国家的货币保持固定汇率，通过无限制地买卖外汇维持本国货币的稳定。第一次世界大战后，英国、法国、比利时、荷兰等国则采用金块本位制。在金块本位制下，国家不再铸造金币，也不许私人铸造，市场不再流通和使用金币；流通中各种货币不再实行自由兑换。金块本位制是一种有限的金本位制。从金本位制到金块本位制，再到金汇兑本位制，货币和黄金的联系越来越弱，削弱了货币制度的稳定性。

第四，战争使美国经济实力大幅提高。美国由于远离战场且在战争初期恪守中立，成为交战国最大的物资和军火供应者，同时利用英国、法国和德国暂时退出世界贸易和投资市场的机会，大发战争财。美国的贸易顺差从1914年的4.3亿美元激增到1917年的35.6亿美元，对外投资总额在1914—1919年翻了一番，由35亿美元增加到70亿美元。1919年，协约国欠美国的债务约为100亿美元，其中英国欠41亿美元，世界黄金储备的30%集中在美国人手中。美国和英国的地位颠倒了，美国成为20个国家的债权国，而且是英国的债权国，英国作为国际经济和货币体系的领导者的地位受到了威胁。

第五，第一次世界大战遗留了赔款问题。在战争中，战败国赔款是惯例。但是协约国却在赔款的性质和数量方面存在严重的分歧，不得不指定一个赔款委员会来专门负责处理赔款问题。然而，当时要求德国赔款和参战国偿还美国的借款是联系在一起的，因为法国、英国和其他国家只有从德国得到赔款后，才有可能归还美国的债务，而协约国显然高估了德国的能力。德国的还款能力完全依靠其出口大于进口而获取的外汇和黄金。但是，在国际市场越来越受到限制和协约国对德国实行经济制裁的情况下，德国已经不可能有足够的贸易顺差来支付每年的赔款。赔款在20世纪20年代和整个大危机期间都使国际经济形势复杂化和恶化了。凯恩斯认为，除非赔款的条款得以修正，否则德国甚至整个欧洲经济前景十分可悲。

第六，第一次世界大战诞生了第一个社会主义国家苏联。沙皇俄国参加第一次世界大战，原本希望有所收获，但是幻想很快破灭，对经济进行的战时改造不仅没有满足前线的需要，还使经济陷入一片混乱。物价飞涨，生活必需品奇缺，农业全面衰退，工人劳动时间延长，劳动强度加大，而工资却赶不上物价的上涨，整个政权贪污腐败横行。1917年，大规模的罢工和暴动结束了漫长的君主专制。1917年，俄国布尔什维克领导人列宁结束流放生活，回到圣彼得堡，建立了新政府，成立了世界上第一个苏维埃政权的工农国家。1922年，列宁对俄国的非俄罗斯民族地区实行联邦政策，1922年12月30

日，苏维埃社会主义共和国联盟诞生了。它包括俄罗斯苏维埃社会主义共和国联邦、乌克兰共和国、白俄罗斯和外高加索。后来，中亚和其他地区的共和国也并入其领土。

第七，第一次世界大战后确立了凡尔赛体系格局。这是在德意志帝国、奥匈帝国、俄罗斯帝国和奥斯曼帝国崩溃的废墟上建立起来的世界性体系，它根据战胜国列强，尤其是英、法两国的意志，强行重新划定欧洲、西亚、非洲的政治版图，把德国和苏维埃俄国这两个大国排除在世界政治舞台之外，维持了英国的殖民霸权和海上优势，确立了法国在欧洲大陆的盟主地位。凡尔赛体系影响了第一次世界大战后的世界经济格局。

三、引起第二次世界大战的原因

引起第二次世界大战的直接原因是对市场的争夺。第一次世界大战导致了殖民地的重新瓜分，但随着经济的发展变化，殖民地的作用已不像第一次世界大战前那么重要，真正困扰各国经济发展的主要问题是市场不足。所以第二次世界大战前曾经历了一场旷日持久、异常激烈的争夺市场、争夺生存空间的商战。当时，各国基本上都有一个牢不可破的观念：或是出口，或是灭亡。当时，各国国内的生产与消费的矛盾已无法解决，社会大多数人生活在贫困之中，购买力低下，而生产又急剧扩张，如果不出口，生产必然停滞，失业必然扩大。这会导致社会动荡，政局不稳，威胁到各国政府的统治，因此，几乎每一个国家都采取以邻为壑的政策，牺牲其他国家以改善本国的情况。资本主义国家间争夺市场的竞争绝不会带来和平，只会带来武装冲突。

20 世纪 30 年代的大危机使各资本主义国家的经济遭到严重的打击，美国、英国、法国的经济一直在危机和萧条中挣扎。德国和日本选择了扩军备战和对外侵略，把本国经济转向了军事化轨道，经济迅速恢复，并变本加厉地加强对外扩张。1939 年 8 月，法西斯德国悍然进攻波兰，第二次世界大战终于爆发。

总的来看，两次世界大战都是由市场经济运行过程的矛盾和运行故障造成的。19 世纪末 20 世纪初，资本主义各国完成了工业革命并基本实现了工业化，市场经济制度主宰了全球经济生活的大部分。能维系再生产以保证社会群体物质利益的，乃市场连续和正常的运动。如果市场运行稳定，那么表现出来的就是：商品畅销、原料充裕、就业充分、利润丰厚；如果市场经济运行出现故障，则商品过剩、原料短缺、失业严重、人口过剩、资本无出路、生存空间紧张。在后一种情况下，资本主义列强之间争夺商品市场、原料产地、资本输出场所、殖民地乃至世界霸权的斗争将日益激化，国际商战全面爆发。当关税战、倾销战、货币战和伴随商业角逐的外交战仍不足以达到预期目的时，个别国家很可能不惜进行军事冒险，因此战争不可避免。

第二节　苏联的战时经济

从建国到第二次世界大战结束，苏联经济发展被两次战争打断。在自卫战争中，苏联实行战时共产主义政策，保证了战争的供给，但是直接向共产主义过渡的一些措施却加剧了战争的破坏作用。第二次世界大战期间，苏联在计划经济的指导下，工业生产获得了很大发展。苏联的工业化在两次战争期间取得了胜利，实现了优先发展重工业和高速发展的目标。

一、战时共产主义政策

1918 年 3 月，苏维埃与德国签订了《布列斯特条约》，结束了苏德战争。但是，为了对付外国的武装干涉和国内的武装叛乱，年轻的苏维埃国家被迫进行了三年的自卫战争。在战争期间，苏维埃政府采取了一系列战时经济政策和直接向社会主义过渡的“战时共产主义政策”。

第一，粮食摊派制。十月革命胜利后，苏联马上颁布了土地法令，废除土地私有制，禁止土地买卖、出租和抵押。全部土地、地下资源和水域收归国家所有，免除了农民的一切债务，农民无偿获得土地。1918 年，为了战时需要，打击富农和投机倒把分子对粮食收购工作的破坏，决定实行粮食垄断制。粮食的收购与供应统一由粮食人民委员会经营，农民的余粮必须按固定价格交售给国家。为了保证前线和后方的起码供应，1919 年苏维埃政府实行粮食摊派制。国家确定粮食最低需要量，然后逐级分摊，直至农户。

第二，加快所有制改造。在对银行和大工业企业实行强行国有制以后，又决定将小企业和私人零售商店收归国有，同时扩大了国家专卖商品的范围。这样，在“战时共产主义”时期，苏联就基本完成了农业以外的生产资料所有制的社会主义改造。

第三，实行主要食品和日用品配售制，准备取消货币。1920 年 1 月，苏联撤销了人民银行，实施职工免费从国营和合作社分配点凭证领取食品、日用品和燃料，免费使用通信设施，以及免收职工的房租、水电费、煤气费、洗理费等措施。经济生活几乎完全实物化。

第四，高度集中的计划管理。1918 年 11 月，苏联成立了以列宁为首的工农国防委员会，领导全国战时经济工作。该委员会拥有广泛的权力，对于它的决定，各级主管部门和机关以及全体公民必须严格执行。国有企业实行总局制，企业的生产由总局确定，原材料、燃料由总局供应，产品由总局分配，现金支出由国家拨款，货币收入上缴国库，企业成为完成任务的生产车间。

战时共产主义政策在保证胜利方面起到了积极的作用，但是有些“直接向共产主义过渡”的措施超越了生产力的性质和水平，反而阻碍了生产力的发展，加剧了战争破坏的严重后果。1920 年底，苏维埃国家取得了国内战争的彻底胜利，但工业产值仅为 1913 年的七分之一，农业产值仅为战前的三分之二，国内经济处于瘫痪状态。1921 年 2 月，喀琅施塔得的海军基地发生兵变，农民骚动到处可见，政治危机严重。列宁在总结“战时共产主义”政策的经验教训时，一方面肯定了它在保证自卫战争胜利方面的功劳；另一方面也承认，由于企图过渡到共产主义，到 1921 年春天就在经济战线上遭受了严重的失败。为了恢复经济，摆脱危机，列宁决定使用“退一步是为了向前进”的与资本主义经济原则妥协的“新经济政策”。

二、苏联的工业化

1921—1928年，苏联施行经济恢复政策。1921年俄共代表大会决定用粮食税代替余粮征集制，这是经济政策转变的标志，此后推行的经济政策被称为“新经济政策”。新经济政策的主要内容有：（1）用粮食税代替农业税，放松国家对粮食及其他农产品的垄断贸易，允许农民纳税后所剩余粮进入自由市场；（2）恢复消费品市场，建立国有商业和合作社商业，允许私人小零售商业的存在；（3）允许小私有经济存在；（4）指定并实施吸引内外资的政策，允许合资企业存在。由于新经济政策的推行，苏联的经济逐渐恢复。到1926年，农业生产基本恢复到第一次世界大战前的水平，工业生产则在1927—1928年度恢复到第一次世界大战前的水平。

经济恢复后，工业化问题被提上了议事日程。苏联最初的工业化战略是由列宁提出来的，他指出：在苏联的工业化中，应特别重视发展重工业。1925年后，托洛茨基、布哈林、斯大林都曾提出过不同的工业化战略。随着斯大林的个人权威上升，1929年斯大林的工业化战略最终被确定为苏联的工业化战略。斯大林的工业化战略建立在两个基本点上，一个是优先发展重工业，另一个是高速发展。

1928年10月，苏联拉开了第一个五年计划的序幕，计划经济的工业化由此发端。在第一个五年计划中，总投资达到248亿卢布，其中重工业的投资占资本总额的86%。结果，到“一五”计划结束时，苏联的工业结构已经呈现出重工业化的趋势。1928—1933年，工业总产值增长了1倍多，生产资料生产增长了1.7倍，消费资料生产只增长了56%。到1933年，在全部工业产值中，重工业已由1928年的39.5%上升到53.4%，轻工业则由一半以上降为46.6%。在重工业部门内，机器制造业、电力工业是重点扩展的部门。在轻工业内部，食品生产和加工业的大部分产品还未达到1913年的水平。

第二个五年计划时期是苏联第二次世界大战前工业化的关键几年。在此期间，投资规模更大，同样向重工业严重倾斜。五年中新建企业4 500个，多数是大型重工业工厂，其中钢铁工业发展最快，生铁生产能力比“一五”期间增加129.8%，炼钢能力增加221.2%，轧钢能力增加371.8%。“二五”期间以实现机械化为核心内容，在煤炭工业中，机械化开采量占总产出的比重由65.4%提高到89.6%；在木材采伐业中，机械运输量的比重由4.4%提高到32.2%；在建筑业中，器材设备的运输机械化提高到81%。同时，工业化地区从苏联的欧洲部分扩展到其他地区，乌拉尔地区成为新兴的工业中心。到“二五”计划结束时，生产资料工业在全部工业中的比重上升到近60%。

第三个五年计划本是苏联工业社会成型的最后阶段，由于德国入侵和卫国战争的爆发而被打断。但是，1938—1941年，工业总产值达到计划规定的86%，其中生产资料完成计划的90%，消费资料完成计划的80%。

从1928年实施“一五”计划到1941年，短短的13年间，苏联的工业化取得了重大突破：社会总产值增长了3.5倍，其中工业生产增长了5.5倍，而且到1940年，生产资料工业的产值比重高达61%，工业结构进一步重型化。

苏联的工业化有以下特点：（1）政府是工业化的主要推动者，政府所发挥的作用超过了任何西方国家。为推进工业化，政府既使用经济手段又使用非经济手段，如无偿调拨非工业部门的资源、政治鼓动以至强制方法等，保证了工业化目标的实现。（2）工业化建立在计划经济的基础上。高度集权的计划管理体制为苏联的工业化战略提供了制度保障。（3）工业化速度非常快。在13年内完成工业革命，历史上尚无先例。但是，苏联工业化的特点也导致了许多弊病，例如企业只重产量不重效益，农业发展倒退，消费资料工业不能满足人们的基本生活需要等。

三、第二次世界大战期间的苏联经济

1941年，德国突然入侵苏联，打断了苏联第三个五年计划的和平建设，苏联经济被迫转入战争轨道。

苏联的社会主义经济是以生产资料公有制为基础的计划经济，这种经济向战时经济过渡要比以私有制为基础的资本主义市场经济容易得多。但是，战争初期由于法西斯军队的闪电战和苏联准备不足，德国很快占领了苏联西部的大部分领土。这使得苏联一方面面临国民经济改组，另一方面要完成生产力东移和疏散工作，因此一直到1943年，才完成战时经济体制的建立工作。

战时经济机构是1941年成立的以斯大林为首的国防委员会，它拥有国家的全部权力，统一领导前线和后方的工作。国防委员会领导国家计委、各部委和机关以及全国性的经济组织工作，直接领导坦克、飞机、大炮、弹药等重要武器的生产和铁路运输，还在60多个临战地区的城市设立城防委员会，领导本市的战时经济工作，协调党、政和经济机关的活动。此外，还设立了一些职能委员会，如疏散委员会、劳动力分配委员会、食品和物资供应委员会、运输委员会等，分别领导本领域的工作。

在战争时期，苏联加强了对资金的集中管理：（1）进一步集中公有经济的积累和闲置资金。停止厂长基金的留成，将尚未动用的厂长基金、折旧基金、投资和流动资金收归国家财政。（2）动员居民的闲散资金，通过增加税种、提高税率、扩大征税范围等办法增加税收，同时发行公债、冻结居民存款等。在工农业产值明显低于第二次世界大战前水平的条件下，国家财政收入却在1943年超过了第二次世界大战前的水平，到1945年已比1940年增加67.6%。

在第二次世界大战期间，国家沿用计划调拨资源的方法支持战争经济。国家把全部工业品和大部分农产品集中到自己手里。军需品和生产资料实行直接调拨，居民的主要食品和日用品实行定量供应，根据劳动的性质和条件、特点以及各部门的国防意义划分不同的等级，规定不同的配备标准。对于十分缺乏的劳动力，苏联实行劳动力动员制，动员的对象是未参加工作的妇女、大中学生以及有劳动能力的退休人员和残疾人。同时调整劳动力的部门和地区分配结构，主要从农业、商业和服务业抽调劳动力补充工业、建筑业和运输业。同时，增加东部的劳动力，还采用延长工作时间等办法来提高劳动生产率。

同时，将工业转入军工生产。军工生产直接由国防委员会领导。但是，除了充分利用军工企业的生产潜力外，还将战前建立起来的民用机器制造业全部或部分地改为军工生产。在企业内部加强管理，改进工艺，广泛采用流水线，加强生产的专业化和协作。另外，国家投资兴建了一些新企业。与此同时，苏联调整了投资结构，在投资中提高了生产性投资的比重，其中重工业的比重由第二次世界大战前的29.9%提高到41.6%，轻工业和农业的比重显著下降。随着战时经济的建立，苏联工业生产停止下降，并迅速回升。

苏联战时经济的发展不仅保证了前方所需要的大量物资，而且保证了后方生产和居民生活的最基本要求。战时生产提供了高质量的军事装备。1941年6月，德国及其盟国作战部队装备的坦克比苏联多1.9倍，战斗机多2.2倍，大炮和迫击炮多26%。德军装备的优势在1942年开始丧失。到1945年初，苏军配备的坦克等装甲车辆比德军多1.8倍，大炮和迫击炮多2.2倍，战斗机多2.5倍，取得了绝对优势。战争期间农业生产至关重要，但是富饶的乌克兰、库班等西部地区的沦陷使农业总产值在1942年和1943年分别降为战前的38%和37%，牛减少了47.9%，猪减少了78.2%，羊减少了32.5%，马减少了61.4%。全国人民在配给制下做出了巨大的牺牲，1945年农业总产值达到第二次世界大战前的60%。战时苏联的社会主义制度经受了最严峻的考验。

第三节　法西斯军事经济

为了摆脱大危机，德国、日本走上了对外侵略和扩张军事经济的法西斯道路。法西斯军事经济的特点是对外掠夺，对内扩张军事经济，政府实行经济统制。随着德、意、日在战争中的失败，法西斯军事经济也破产了。

一、日本的军事扩张

1929年世界性的经济危机席卷了严重依赖海外市场的日本。为了摆脱危机，日本走上了军事扩张和军事侵略的道路。

在这一时期，日本出现了以军事工业为中心的经济高涨。在政府实行的军事通货膨胀政策中，军事支出迅速增加。在1931—1936年的6年中，国家支出增加了54%左右，军费支出增加了1倍以上，军费占总支出的比重从近三分之一提高到近二分之一。1937年，军费占总支出的比重达到69%。巨额军费一是用于增加军事订货，二是用于对军事工业进行建设。大量军事订货直接或间接地为在危机中奄奄一息的企业清理了积压库存并扩大了生产。1931—1936年，对军事工业建设的投资额约为70亿日元。军费支出除了用于大力发展军事工业以外，还促进了为军事工业提供设备和原料的一般机器制造业、钢铁工业和采矿工业的发展。对外侵略还带动了以纺织品为主的商品倾销，导致了轻工业的活跃。日本军事财政支出的乘数效应是以对朝鲜、中国台湾和东北的侵略为基础的。“九一八”事变后，日本加紧了对上述地区的掠夺。掠夺的目标首先是军用战略原料和粮食，其次是建立一些附属性的军事企业，以增强战争后勤基地的作用。对中国和朝鲜的侵略使日本先于欧美各国摆脱危机。

1937年7月7日，日本对中国发起了全面侵略战争，第二次世界大战在亚洲开始。1938年，日本将其“五年计划”修改为“扩充生产力四年计划”，中心目标是使中国沦陷区成为给日本提供工业原料和农产品的经济附庸。同年，日本颁布《国家总动员法》，这是发展战时统制经济的一个详细纲领。该法赋予日本政府极为广泛的权力，在金融、产业和国民生活方面强制建立总动员体系，规定国家管制的商品包括武器、弹药、飞机、通信器材、工业设备、建筑材料、燃料、电力、食品、饲料和药品；同时，政府有权征用物资，监督企业投资方向，决定企业的兴建和利润，发布有关雇用和解雇工人的命令，规定工资和劳动条件，禁止罢工及解散工会等。随着日本经济的全面军事化，日本的军事实力大为提高。1941年，工业总产值比1936年增长了1.5倍，其中重化工业增长了2.3倍，重工业在工业总产值中的比重由1937年的57.8%上升到1941年的65.9%。1941年，日本的空军力量与英国势均力敌，海军力量仅次于英、美，居世界第三位。

太平洋战争爆发后，日本根据《重要产业团体法》，在一切主要工业部门和金融部门建立“统制会”，把所有大中小企业都强制纳入由垄断巨头总管的军需生产中。政府赋予统制会向各企业分配军事订货、原料、劳动力和决定各企业生产定额、产品价格等的广泛权力。战时统制经济为财阀和大公司提供了扩大势力的有利时机，日本的垄断程度达到空前的水平。1934年创立的钢铁托拉斯——日本制铁公司——以国有八幡制铁所为中心，合并了三井、三菱、安川等财阀的6家钢铁公司。这个托拉斯一建立就垄断了生铁生产的96%、钢锭生产的53%和钢材生产的44%。政府指定接受军事订货的企业，几乎完全是属于三井、三菱、住友、安田、大仓、久原等财阀的公司。其中三井、三菱、住友、安田四大财阀掌握了日本国民财富的40%。同时，由政府和财阀合资建立的“国策公司”发展迅速，1936年有15家，1941年增至37家，1945年进一步达到60家，其资本占到全国股份资本的三分之一以上。

日本为了维持战争需要，一方面在国内增加捐税、扩大国债并实行通货膨胀政策（1938—1945年日本流通中的货币量增加了17.9倍）；另一方面竭力在殖民地和被占领地区进行搜刮和掠夺。从1940年7月到1945年6月，日本从“大东亚共荣圈”掠夺进口的部分战略物资为：煤2 121.1万吨、铁矿石1 771.1万吨、铝矾土175.5万吨、钢铁417.8万吨、生胶19万吨、大米620.5万吨。在扩大军费支出及加紧掠夺占领区原料资源的基础上，战时军工生产获得了大发展。按固定价格计算，同1941年相比，1944年飞机产值增加了3.65倍，大炮产值增加了1.21倍，海军大炮产值增加了4.12倍，军用舰艇产值增加了1.07倍，商船产值增加了3.14倍。

日本的整个工业生产在1941年达到最高点以后，由于海运受到封锁，进口原料供应减少，加上战争后期美国对日本工业城市的战略轰炸，开始逐步下降。同1935—1937年相比，1945年工业减产了71.5%。农业衰落的情况也十分严重，以1933—1935年为100来计算的话，1945年仅为58.2，同时，日本通过掠夺进口的大米相比1941年减少了五分之四，全国人民陷入饥饿状态。日本的统制经济破产。

二、纳粹德国的经济

1929年经济危机在德国表现得更为严重。1929—1932年，德国国民收入减少了约

40%，由760亿马克减少到460亿马克。国内销售市场紧缩，主要工业品在国内的销售总额几乎减少了50%，由759.27亿马克减少到380亿马克。德国的失业率接近于美国。1932年危机已相对稳定，破产企业不再增加，银行得到整顿，但是经济复苏的前景却十分模糊。企业既不缺设备，也不缺资金，更不缺劳动力，而是缺少市场。此时布吕宁政府虽然也执行以出口为依据的就业政策，但是由于种种原因，马克不能也不愿贬值，国际市场由于危机，价格比德国出口商品价格下跌得还要快，结果失业人数从230万增加到600万。失业大军的存在降低了社会购买力，阻碍了国内市场的扩大。为了维系经济，国家不得不采取依靠负债支付订货的办法，结果造成对外国的依赖程度年复一年地增加。纳粹适时地抛出它的纲领，用民族社会主义赢得民心，用重建强大的军队迎合德国大资产阶级的胃口，希特勒上台。希特勒掌权后，大力推行法西斯军事经济，使经济为战争服务。

1932年希特勒上台前夕，德国军费支出仅为6.7亿马克，约占当年国民收入的1.5%。1933—1939年的六年战备期间，德国全部备战支出在400亿马克以上，差不多占到同一时期国家预算总支出的五分之二或国民收入的10.6%。战时六年，德国军事支出达6 220亿马克，占到国家预算支出的91.9%，超过了同一时期德国本土国民收入的15%。国民经济军事化对于德国经济或国民收入的恢复作用是明显的。以1929年工业生产指数为100，1938年达到126；国民收入1933年增加了18亿马克，1934年又增加了62亿马克；失业人数从1932年的557.9万人下降到1933年的73.3万人，到1938年，原来近600万的失业大军已经消失。1932—1938年，德国生铁产量由390万吨上升到1 860万吨，钢产量由560万吨上升到2 320万吨。1933—1939年，整个生产资料产量增加了2.1倍，消费资料产量增加了43%，军火产量增加了11.5倍。

希特勒采用强制卡特尔化的办法控制生产、控制价格，将生产过剩的危机消灭在进入市场之前，而不是利用市场做事后的调节。希特勒上台后，抛弃了民族社会主义的纲领，紧紧地与大银行和大企业结合在一起，联合控制市场。国家1933年通过了《卡特尔条例》，规定帝国经济部长有权建立新的卡特尔，一切卡特尔有权限令局外企业合并进来。1937年的股份公司改革法规定，资本不足10万马克的股份公司应予以淘汰，新设立的股份公司，股本不得少于50万马克。到第二次世界大战爆发时，股本不足10万马克的公司绝大部分被淘汰，股份资本为10万～50万马克的公司减少了一半。另外，国家还强迫关闭大量手工业企业和小型零售商号。德国垄断组织的势力空前强大，行业组织和各部门的“最高同盟”控制着主要商品的价格和产量。结果七家最大的垄断组织（法本公司、钢托拉斯、戈林康采恩、西门子托拉斯、克虏伯康采恩、弗利克康采恩、德意志银行）在法西斯统治的几年中，至少获得了200亿马克的利润。德国的经济由过剩转为短缺，20世纪30年代末，德国原料紧缺。

由于扩军，正常的生产被打断，国内黄金储备微乎其微，1938年贸易赤字达4亿马克，几年内建立起来的军事机器使德国发动战争成为必然。

战争期间，德国通过疯狂掠夺各占领区来补充原料、燃料和农产品的不足。据不完全统计，德国战时从各占领区至少掠夺了2 000亿马克，相当于战时总支出的三分之一。1940—1944年，德国铁矿石总供应量为8 147万吨，其中由德国本土生产的仅占25.3%，由德国兼并区和占领区生产的占44.1%，自瑞典进口的占28%。据计算，德国每年从占领区运进的原料，至少相当于德国本土生产的五分之一。粮食每年进口超过 20 亿马克，其中一半来自欧洲德国占领区，一半来自中立国或盟国。

随着希特勒军事侵略失败和战场转入德国本土，对外掠夺的来源被切断，原料储备逐渐枯竭，供应脱节现象日益严重，劳动力的补给难以为继，法西斯军事统制经济的脆弱性暴露无遗。1944 年秋天，德国工业生产直线下降，如以 1938 年为 100，则 1945 年生产资料指数下降到 30～44，消费品生产指数下降到 18～28。1945 年，法西斯德国被迫投降，德国战争经济全面崩溃。

三、被占领的法国和意大利的经济

法国在战争初期就被占领，成为德国的附庸国。1940 年 6 月，法国贝当政府与法西斯德国签订了停战协定，法国经济转入了为德国法西斯战争服务的轨道。（1）德国向法国索取巨额的占领费，起初是每天 3 亿法郎，盟军攻入北非后，提高到每天 5 亿法郎，1944 年 7 月 31 日起每天 7 亿法郎。（2）对法国的资源进行有组织的掠夺，包括黄金储备、外币、贵重物品、机车、车厢、轮船、机器设备、粮食、原料等。法国还按照清算协定与德国进行贸易，提供物资和原料。德国把法国大批劳动力驱往德国服苦役。

五年里，包括占领费在内，法国共向德国上缴 8 625 亿法郎，使法国经济大伤元气。1938—1943 年，法国全部农产品的价值下降了 40%，1944 年工业生产指数仅为 1938 年的 40%，其中冶金业、金属加工与建材业生产指数不到 40%，化学业、制革业、造纸业、纺织业生产指数甚至低于 30%。对外贸易严重萎缩，同 1938 年相比，1943 年进口减少了四分之三，出口减少了五分之一。法国由于被占领而造成的损失总计为 14 400 亿法郎，相当于战前三年法国全部国民生产总值。

意大利很早就建立了法西斯制度，1942 年军事工业达到了最高点，军事生产能力增加了 2 倍以上。同时，军事扩张经济的制约性也在阻碍着意大利经济的发展。1943 年春，意大利经济已经面临危险。同年秋季，意大利领土变成了战场，意大利战时经济完全陷入混乱及解体状态。1945 年，处于被占领状态的意大利真正到了百业凋敝、山穷水尽的地步（见图 19-1）。

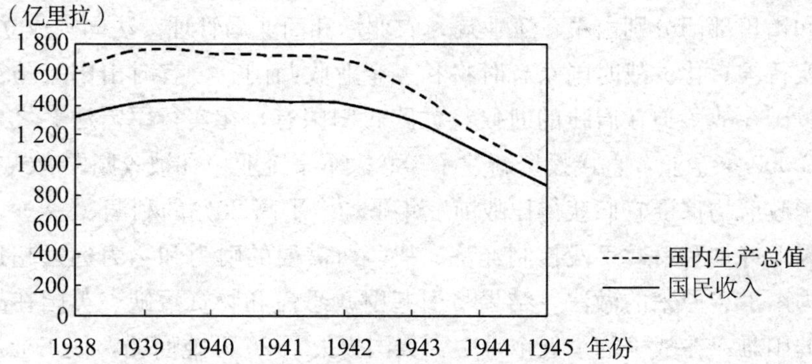

图 19-1　战时意大利的国内生产总值和国民收入

资料来源：宋则行，樊亢．世界经济史：中卷，374.

第四节　国家垄断资本主义在战时的实验

国家垄断资本主义是国家政权与垄断资本的结合，资本主义的国有企业是国家垄断资本主义的重要形式，财政和金融政策是国家垄断资本调节经济的重要手段（有时也利用计划进行调节）。世界大战是自由市场经济矛盾的结果，而大战期间正是国家垄断资本主义大规模的实验期。

一、第一次世界大战期间的实验

国家垄断资本主义在第一次世界大战期间的实验主要包括以下三个方面：

第一，建立国家垄断组织。战争开始后，各国都把全国经济转到战争的轨道。政府设置机构对经济实行管制和监督，这种管制机构大都由垄断组织的董事、经理、专家或其他代理人掌管，一般具有广泛的权力：可以组织和分配军事订货；征集调配原材料；统制生活必需品的分配与供应；调配各部门的劳动力；规定和控制工资、物价、利润、贷款等。这是实行国家垄断的组织保证。德国于1914年8月成立了“战时工业委员会”，由政府代表和大垄断资本家主持，负责分配军事订货和原料供应，管理整个军需生产。在这个机构下，还成立了几家信贷银行，专门给军火企业发放贷款和筹募公债。为了对军事原料进行控制，又另外成立了“战时原料管理处”，统计全国存储的工业原料并征作军用。这个机构下设59家军需公司，控制的原料最初只有几种，后来达到300种。1916年，为了执行“兴登堡计划”①，特别设立了一个国家机关——战时生产管理局。战时生产管理局在所有工业部门的生产方面享有无限的权力，进一步加强了对生产过程和工业结构的直接调节与干预。英国是自由市场经济最稳固的阵地。1915年，为了应付战争，议会通过了国防法令，授予政府管制国民经济的全权。英国内阁成立了以劳合·乔治为主席的军火生产供应委员会，该委员会旋即升格为权力极大的军需部，专门颁布了军需法案，对军需品的生产过程、劳动力配给、利润都有严格的规定。纺织工业、粮食和日用品等生产和销售部门分别由军事工业局、农业局和商业局管理。法国则成立了兵器局。

第二，实行国有化。战时国家有时将私人企业收归国有，有时由国家预算拨款兴建军需企业。英国在战争迫在眉睫的时候将铁路收归国有，在实行军需法案之后的半年时间里管制了2 000家企业，直接投资新建了389家军事企业。凡被收归国有或被直接管制的企业，英国政府均保证它们获得比战前三年平均水平高20%的利润。

第三，采取计划和财政手段控制经济。战争所需要的财力和物力远远超过了正常的供应，如果力图沿袭原来的做法，结果将引起财政恐慌和物资短缺。英国在战争初期就遇到了这样的困难：在战争的头五个月中，英国损失了25万吨商船，使工业原料、军需

---

①　这是德国在1918年制订的新的大规模军备计划。该计划规定：弹药和迫击炮的产量增加1倍，机枪和大炮的产量增加2倍。

物资和粮食的供应陷入困境，政府逐步采取了一套严格的控制措施：大幅提高税收，发行公债，并向市场借款。税收收入为战争总支出提供了三分之一的来源。价格控制也一步步地实行，控制的范围逐步扩大。对食品价格的控制反映了其他领域控制政策的发展过程。先是限价，结果通过市场调节，供给开始减少，出现了排长队、黑市交易猖獗、群众骚乱等现象。后来，英国终于实行了全面的强行配给制度，完全利用计划和财政手段代替市场。政府的开支从占国民收入的15%上升到占国民收入的75%。到战争结束时，一套计划控制和财政控制的体系正在发挥作用。

二、第二次世界大战期间的实验

第一次世界大战结束后，国家就取消了对经济进行控制和计划的体系，这说明国家垄断资本主义并没有得到事实上的承认，只是作为战时特殊条件下的权宜之策。在两次大战之间的过渡期，人们一方面相信，无论在国内还是在国外，自我调节的市场制度仍然有活力；另一方面认为，一些经济政策可以保持经济的稳定。例如，为应对失业，兴办公共工程可以直接提供就业机会；为应对生产过剩，可以实行一定程度的价格和产量控制。这些措施可以追溯到战争期间的实验。20世纪30年代的危机使市场自动调节的理想破灭了，凯恩斯的理论逐渐在英语国家得到认可，国家垄断的条件比第一次世界大战时成熟。随后到来的第二次世界大战，正好为它提供了有目的的实验机会。

美国在罗斯福新政的时候就成立了一系列计划机构，如国家计划署、国家资源管理署、国家资源委员会、国家资源计划署等。但是这些都是研究机构，只对罗斯福的施政方针产生影响，并不起实际作用。第二次世界大战时，首要的举措就是建立战时经济调节机构。战时经济的最高领导机关是“战时生产管理局”，由通用汽车公司的总经理任局长，管理局下设多种机构，具体分管一定的经济部门或领域。到1944年，美国政府在各个工业部门中组织的工业委员会已达1 009个。这些组织机构不仅负责原料的分配，还负责生产的安排、价格的制定、劳动力的组织等。其他国家也建立了类似的经济管制组织和机构。英国建立了金字塔形管理机构：由人数极少的战时内阁决定战略性问题，由枢密委员会处理大的经济问题，各个特殊部门的问题则由专门化的小组来处理。例如，英国铝的管制由英国铝公司主持，钢铁的管制由英国钢铁联合会主持，有色金属的管制由英国金属公司主持，硫酸的管制由帝国化学工业公司主持。

在利用财政方面，战争期间政府一方面增加税收，扩大国债发行，另一方面将财政支出主要用于军事订货。美国用于军需方面的订货款项总计达1 750亿美元，如果加上由政府采购的其他军用物资及劳务，则在第二次世界大战的六年中，美国军用物资和劳务的采购总值超过3 000亿美元，占同期国民生产总值的五分之二左右。法国在被德国占领期间，有80%的工业企业为德国的订货进行生产。英国每年与垄断资本家签订的军火合同就达5亿英镑。另外，在战争期间，各国政府利用投资和国有化方式极大地扩大了国有经济。美国建立了2 000多家军用国有企业，绝大部分国有企业在战时被无偿租给垄断公司经营。英国对工业的投资达10亿英镑，其中一半用于建立国家军需工厂，另外一半直接用作扩大私人企业的拨款。

在应对战争产生的通货膨胀方面，英国还采纳了凯恩斯的总需求和总供给相联系的主张。凯恩斯把对战时产品的预计需求加上对民用商品的需求，与现有的生产能力进行比较，对不同的情况采取不同的对策。1941 年英国的预算体现了凯恩斯的思想。英国在价格控制以及原料、食品、日用品配给方面沿袭了第一次世界大战时的做法。

战时各国采用的国家垄断资本主义措施，为第二次世界大战后国家垄断资本主义的进一步发展做了准备。第二次世界大战后，各国虽然取消了对经济的统制，却加强了对经济的干预和调节。

关键词

世界大战　战时经济　法西斯军事经济　国家垄断资本主义

思考题

1. 简述引起两次世界大战的原因，并说明二者是否具有共同点。
2. 说明第一次世界大战遗留的赔款问题对大危机的影响。
3. 分析苏联战时经济的作用。
4. 试比较德国和日本法西斯军事经济的异同。
5. 试述国家干预的思想在英美战时经济中的体现。

第六篇

战后增长与变革

第二次世界大战后，计划经济与市场经济长期对抗。两种经济体制都经历了第二次世界大战后的新建和恢复阶段、20 世纪五六十年代的繁荣和发展阶段。随着两种体制的矛盾逐渐暴露，二者又各自开始了对改革的探索阶段。到 20 世纪 90 年代初，冷战结束后，市场经济体制得到广泛认可。第二次世界大战后初期形成的布雷顿森林体系随着世界经济格局的变化而解体。发展中国家的发展、经济全球化和区域化浪潮成为今天人们最关注的问题。

第二十章

战后市场经济国家的增长与变革

重点问题

- 马歇尔计划的出台与实施
- 20世纪五六十年代市场经济国家的经济繁荣及其原因
- 新自由主义与英美的经济改革
- 信息产业革命的影响
- 日本泡沫经济和美国次贷危机的影响

20世纪五六十年代，因为第三次技术革命和政府经济管理水平的提高，市场经济国家经济高速增长，各国也相应建立了各具特色的市场经济制度。20世纪70年代，经济出现滞胀，政府对经济的干预遇到困境，新自由主义复兴，新经济出现。

第一节　战后重建与20世纪五六十年代的经济繁荣

1947年6月5日，杜鲁门政府的国务卿乔治·C. 马歇尔在哈佛大学毕业典礼上的演讲中声称，如果欧洲国家提出一个统一的援助计划，美国政府将做出同情的反应。他认为，必须考虑给予额外的、大量的和无偿的援助，不然的话就会面临非常危险的经济、社会与政治解体的危险。这就是马歇尔计划的由来。该计划又称为“欧洲复兴计划”。

一、欧洲的困境与马歇尔计划的出台

第二次世界大战后初期，西欧和世界许多其他地方一样都经历了一个困难时期。一方面，战争压制了消费者对基本生活用品、住房、耐用消费品、半奢侈品、奢侈品的消费需求，当恢复和平时，出现了需求膨胀的现象。另一方面，交战国大多数生产设备被毁掉或挪作军用，战时控制短缺商品的措施还在沿用。1947年，欧洲大部分地区遭受了长时期的旱灾，当年的农业收获量是20世纪以来最坏的一年。结果，对消费性和投资性商品和劳务的需求大大超过有效的世界供给，燃料短缺，农业部门不能为其人口提供稳定、充裕的食品供给，而增加生产又因从战时向和平时期转变而困难重重。而且，第二次世界大战后持续的需求过剩产生了巨大的通货膨胀压力。欧洲经济十分困难。

实际上，到1947年年中或年末，除德国以外的大多数欧洲国家的工业生产已经恢复到第二次世界大战前的水平，但是1946—1947年的情况仍然十分严峻。解决短缺的办法主要是向海外购买。这时候，美国处于十分有利的经济地位。美国在战争中生产力急剧扩张，它的产品不仅能满足国内的需要，而且大量出口到欧洲。欧洲对美国食品、原材料和资本的大量进口，导致了美国与欧洲的贸易出现顺差，美元在困难年代成为最紧俏的商品，这种情况直接导致了20世纪40年代末期非常普遍的美元荒。

美国在第二次世界大战后的最初两年，曾经向欧洲提供过救济和复兴援助，1945年12月还和加拿大联合贷款50亿美元给英国，但是这笔贷款不过是杯水车薪，没能结束欧洲的苦难。这个时期，苏联和美国之间的冷战不断升级，西欧一些国家，特别是法国和意大利共产党在政治生活中的作用，使处于世界领导地位的美国害怕西欧经济状况进一步恶化，成为第二个苏联。为了稳固资本主义体系、遏制苏联在西欧的影响，美国开始关心西欧经济增长和政治稳定，于是马歇尔计划出台了。

1947年7月12日，16个国家，包括所有西欧民主国家、中立国瑞典和瑞士，以及奥地利、葡萄牙、希腊和土耳其（德国正被军事占领）的代表在巴黎会晤，决定成立欧洲经济合作委员会。在美国开始提供援助的时候，欧洲经济合作委员会转变为欧洲经济合作组织，负责分配美国的援助，欧洲经济合作组织的成员必须提供以本国货币形成的补充基金。同年9月，这些国家正式联合向美国提出在四年内提供292亿美元援助的要求，这一援助数额在美国的要求下减到224亿美元。但在实际执行过程中，从1948年4月到1952年2月，美国共提供了129.9亿美元。双方约定，这些美元必须用来购买美国的援欧物资，主要有粮食、化肥、原料、半成品、燃料、机器设备等。在执行这一计划的过程中，所有受援国都同美国签订了多边和双边协定，并在降低关税、减少贸易限制和开放国内市场方面对美国做出了较大的让步。

马歇尔计划提供的援助，在各受援国的国民收入中所占的百分比分别为：英国3%、法国4%、意大利5%、荷兰8%、奥地利9.5%、希腊13%、比利时和卢森堡4%、丹麦3%、挪威5%、土耳其2%、爱尔兰5%、瑞典1%、冰岛6%。在计划实施的头一年里，援助中有近三分之一是食物、饲料和化肥，后来转换成资本货物、原材料和燃料，使欧洲的工业得以重建并有能力出口。马歇尔计划对欧洲经济起到了输血的作用，大大加速了欧洲经济的恢复。1949年，西欧的工业产量已超过第二次世界大战前1937年的水平。与1948年相比，欧洲经济合作组织国家的制造业产出总额1949年增加了13%，1952年增加了39%，经济基本恢复了。

对亚洲和太平洋地区，美国也提供了大量援助，据估计各类援助共计70亿美元。例如，美国以“占领地区救济基金”和“占领地区复兴基金”的名义，向日本提供了23亿美元的贷款和援助。此外，中国台湾、韩国、菲律宾等也接受了大量美元。

二、联邦德国加入马歇尔计划

1945年5月德国战败后，根据《波茨坦公告》，由苏联、美国、英国和法国对其进行军事占领。随着事态的发展，苏联和西方盟国的意见越来越不统一。波茨坦会议决定对德国予以严惩，包括拆除德国军事装备和其他重工业，限制德国的生产力，实施强有力的清除纳粹计划。苏联在其占领区拆除了许多工厂，并将其作为赔偿运回本国。西方盟国最初试图在其占领区收集财富并解散大型工业集团，与苏联的对峙使它们的政策发生了转变。美国参议院对外关系委员会公开宣布：对欧洲进行的建设性援助必须从恢复德国开始，重建德国会大大促进欧洲的经济复兴。西方盟国由限制德国生产力发展转变为逐步促进其发展。1946 年底英、美占领区合并，随后法国占领区也加入，完成了西方占领区的经济统一，勾画了未来联邦德国的轮廓。最终，德国被分为两个独立的国家：德意志联邦共和国（简称联邦德国）和德意志民主共和国（简称民主德国）。

西方盟国转变政策后，通货膨胀高企、黑市猖獗、物物交换日趋盛行，货币改革势在必行。货币改革之前所做的准备工作是：1948 年 3 月，成立了具有中央银行性质的德意志州际银行；安排改革所需要的新钞在美国印刷。6 月，三国军事政府联合宣布，强行将迄今有效的德国货币撤出流通，以新马克（德国马克）代替旧马克（帝国马克、列登马克和占领当局发行的占领马克）。（1）西占领区的每位公民可以领取 60 新马克；（2）每位公民可将其持有的现金按照 10∶1 的比例兑换成新马克，银行存款的一半按 10∶1 的比例兑换，另一半存入固定账户，其中十分之七后来一笔勾销。为了与货币改革配套，还颁布了《税法新体制法》，着重降低个人所得税和法人所得税、财产税、遗产税以及烟草税的税率，希望刺激私人部门的积极性。改革引起的反应是积极的，先前被囤积或在黑市上交易的商品逐渐公开上市，商店恢复进货，工厂重新开工，联邦德国开始了它奇迹般的复兴。

1948 年，西方国家在未与苏联协商的情况下，对其占领区进行的货币改革违反了波茨坦会议的精神，招致了苏联的报复。苏联关闭了西占领区和西柏林之间的所有公路和铁路，希望促使英、美在有争议的问题上做出让步。但是，西方盟国立即用大规模空运补给的方式做出了反应。在持续一年多的空运中，美国空军向柏林飞行了约 30 万架次，高峰期每天运送 8 000 吨物资。

同时，西占领区被纳入马歇尔计划。1948 年，对西占领区的援助，由美国军管机构接受并进行分配。1949 年 5 月联邦德国成立以后，完全被纳入欧洲复兴计划和欧洲经济合作组织，西欧的经济恢复将被通盘考虑。

三、20 世纪五六十年代的高增长率及其原因

20 世纪 50 年代初，世界上大部分国家都通过不同方式恢复了经济，在此基础上，整个世界迎来了 20 年左右的高度繁荣。这一时期，整个世界的经济增长速度超过了历史上的任何时代。1860 年以来，世界各个不同时期的工业年均增长率是：1860—1870 年为 2.9%，1870—1900 年为 3.7%，1900—1913 年为 4.2%，1913—1929 年为 2.7%，1929—1938 年为 4.1%，1948—1971 年为 5.6%。

在这个高速增长的过程中，发达市场经济国家占有重要地位，这一时期被称为发达市场经济国家的“黄金时代”。20 世纪 50 年代，美国国内生产总值的年均增长率为 3.3%，英国为 2.8%，法国为 4.5%，联邦德国为 7.9%，意大利为 5.6%，加拿大为

3.9%，日本为9.1%。20世纪60年代这一数字分别为：美国4.3%，英国2.9%，法国5.7%，联邦德国4.4%，意大利5.3%，加拿大5.6%，日本10.5%。经济增长大大提高了劳动者的收入水平。在1948—1970年，美国每小时实际工资每年递增2.5%，英国在1949—1971年每小时实际工资每年递增2.8%，法国在1949—1973年每周平均工资年均增长4%，日本在1955—1975年人均每小时工资每年递增7.9%，联邦德国在20世纪50年代人均每小时工资每年递增6%。收入的增长导致了消费水平的提高、消费结构的变化和消费观念的更新，引发了一场消费革命。这场消费革命集中表现在住宅、耐用消费品和服务性消费的增加上。美国1947年的汽车流通量为3 000多万辆，日本为3万辆，到1975年，美国每千人拥有汽车500辆，日本则有154辆。人均住宅面积大幅增加，耐用消费品的增长惊人，旅游人数日益增加，追求生活质量已成为发达社会的重要倾向。消费结构的变化促进了经济的发展特别是经济结构的变化。1953年，美国第一、第二和第三产业产值占国内生产总值的比例分别是5.5%、46.2%和48.3%，而1963—1967年分别变为3.3%、43.5%和53.2%。

20世纪五六十年代发达市场经济国家的繁荣，与这些国家实行国家干预和调节政策有关。自由市场经济在20世纪30年代大危机和两次世界大战中被证明有缺陷。此外，科学技术革命对整个社会生产的发展提出了一系列迫切需要解决的问题：（1）国民经济的部门结构和地区结构需要迅速调整与改变；（2）老的基础工业部门需要进行大规模技术改造；（3）许多新兴工业部门和现代化公共设施需要建立与扩展；（4）许多重大科学技术研究需要投入巨额经费；（5）社会生产各部门之间空前增多的联系需要对社会规模进行调节；（6）劳动力的再生产需要在质量上不断提高；（7）受到严重污染和破坏的自然环境需要得到恢复与改善；等等。这些问题单纯依靠市场的力量是难以解决的。第二次世界大战后，在凯恩斯主义经济理论的影响下，在苏联计划经济体制取得成功的鼓舞下，各国通过经济计划、财政政策、货币政策、收入政策以及福利政策等手段，在经济萧条的时候，采用膨胀性政策，扩大需求刺激经济复苏；在经济过热的情况下，采用紧缩政策，防止需求膨胀。这样，就避免了经济波动过大，发挥了政府干预“熨平”周期的作用。

在1950年以后的20年里，大多数发达市场经济国家持续的高增长率使经济定期波动的特点大为改观。在1948—1980年的32年间，美国共经历了四个周期，周期平均长度为8年，相比1929年以前大约10年的周期长度有所缩短，波动的幅度也比以前有所减小。美国在20世纪50年代经历了两次国内生产总值的下降，西欧则只在1952年和1958年出现了两次衰退，但每次下降和衰退的程度都很轻，并且在衰退后都继之以更高的增长率。1960—1973年，只有澳大利亚、联邦德国和美国分别在1961年、1967年和1970年出现过国内生产总值的下降。这三个国家的下降幅度都不超过0.3%，而且在每次下降之后的三年当中，至少有两年的经济增长率高于平均增长率。美国和欧洲之间周期性衰退的传递性也减弱了，各国经济周期不再同步。例如，当1967年联邦德国经济发生严重的萧条时，意大利、比利时、丹麦、荷兰和英国的经济增长率正在上升或接近顶峰。

第三次技术革命同样是20世纪五六十年代资本主义国家经济繁荣的重要原因。这次科技革命是20世纪四五十年代从美国开始的，接着扩展到西欧、日本等其他国家。发生此次技术革命的原因之一是20世纪30年代已发明但未被利用的技术的积存，原因之二是战争的迫切需要和冷战中的军备竞赛，原因之三是国家对科教事业的大力支持和扶持。这次科技革命的规模、深度和影响远远超过了过去发生的任何一次科技革命。它的特点是全面性，影响到有关生产力的一切因素。工业、农业、交通运输业、邮电业和其他服务业都受到了强大影响，获得了空前的发展。它综合了一切科学部门的重大发现，几乎使科学技术的一切领域都发生了深刻变化，实现了新的飞跃，产生了一系列新兴的科学技术。在这些科学技术的基础上，又产生了如高分子合成、原子能、电子计算机、半导体、宇航、激光等新兴的工业部门。电子工业是第二次世界大战后迅速兴起的产业，这一时期出现的晶体管、集成电路以及由这些元件生产的产品，已经成为人们的生活日用品。特别是电子计算机工业，其发展速度和普及程度都是其他产业无可比拟的。新科技革命不仅导致了一系列新兴部门的产生，而且使传统部门的生产发生了革命性的变化。钢、棉纺织、玻璃、造船和建筑等传统行业都使用了新的生产技术。

四、日本的经济奇迹

1955—1964年是日本经济高速发展的前期，先后出现了1955—1957年的“神武景气”，以及1958—1961年的“岩户景气”。1955—1964年，日本工矿业生产的年均增长率达14.6%，1964年的生产规模相当于1954年的3.8倍、战前的6.4倍，从而为日本国民经济的现代化打下了雄厚的物质技术基础。

1965年至20世纪70年代初是日本经济高速发展的后期，经济持续高涨，商品输出规模和资本输出规模急剧扩大。在此基础上，1965年11月—1970年7月，日本经济出现了历史上空前的长达57个月的经济高涨期，即著名的“伊奘诺景气”。日本国民生产总值的年均增长率达10.5%，工业生产规模增加了2.1倍。

经济的高速增长迅速改变了日本的国际经济地位。1950年时，日本国民生产总值只有109亿美元，居世界第7位。日本1960年先后超过印度和加拿大，1966年超过法国，1967年超过英国，1968年超过联邦德国，成为仅次于美国的资本主义世界第二大经济强国，此后长期保持这个地位，同时大大缩小了与美国的差距。到1970年，日本的国民生产总值已达1 975亿美元，人均国民收入达1 770美元，上升到世界第15位。

1956—1973年，日本经济年均增长率为9.3%；1946—1976年，日本经济增长了55倍；1955—1973年，日本人均国民生产总值由3 500美元增加到13 500美元①，迅速成长为世界经济大国。1973年，日本的船舶、收音机、电视机、铝、人造纤维五种产品的产量居世界第一位；水泥、橡胶、小汽车、卡车、合成纤维、棉纱六种产品的产量居世界第二位；生铁、粗钢、精钢、铅、电力、硫酸、纸浆七种产品的产量居世界第三位。日本的工业生产在资本主义世界所占的比重从1955年的2.2%上升为1975年的8.3%。日本的工业品，特别是钢铁、机械、汽车、船舶、家用电器等在质量上已属世界第一流，

---

① ［美］高柏．日本经济的悖论——繁荣与停滞的制度性根源．北京：商务印书馆，2004：4.

在国际市场上有很强的竞争力。经过 20 多年的努力，日本实现了高质量的工业化和现代化。

1955—1975 年间，日本的经济结构发生了重大变化。第一产业在国民收入中的比重从 23.1%下降为 6.6%；第二产业的比重从 28.6%上升为 35.8%；第三产业的比重则从 48.3%上升为 57.5%。工业部门的内部结构由以轻纺工业为主的低增值型工业结构，转变成以重化工业为主的高增值型工业结构。到 1970 年，重化工业在工业中所占的比重从 1960 年的 53.7%上升到 68.9%，超过了所有资本主义国家。对外贸易结构也发生了明显变化，轻工业出口产品所占的比重已从 1955 年的 52.2%下降到 1971 年的 20.6%，而重工业和化学工业的出口产品所占的比重则从 30.8%猛增到 74%。

国民的消费结构也发生了根本性变化。1955 年前后，一般家庭追求的“三大件”是缝纫机、洗衣机和电风扇。到了 1956 年以后则变为电冰箱、电气除尘器和黑白电视机。1965 年则转向彩色电视机、室内空调器和小汽车。1974 年，电冰箱、洗衣机、电风扇的普及率达到 90%，吸尘器、缝纫机、石油取暖炉的普及率达 80%，彩色电视机、照相机的普及率为 70%，小汽车的普及率也由 1966 年的 12.1%增加到 1973 年的 36.7%。

五、欧洲联盟的经济实力

1967 年，以法国和联邦德国为首组成了欧洲经济共同体，参加的国家有法国、联邦德国、比利时、荷兰、卢森堡和意大利。1973 年，英国、丹麦、爱尔兰加入。这样，欧洲经济作为一个整体，成为一股可以与美、日并立的力量。1975 年，三方的国民生产总值在世界上所占的比重分别是：美国为 24.5%，日本为 7.9%，欧共体为 22.1%。20 世纪 80 年代末，这种均势更加明显：美国占 25.2%，日本占 11.8%，欧共体占 18.6%。欧共体成为国际公认的世界力量格局中的真正一极。1991 年 12 月，欧共体 12 国通过了《马斯特里赫特条约》，确立了实现欧洲经济联盟和货币联盟的具体计划，一个经济、货币、政治、科技、防务等全面区域化和一体化的欧洲正在实现。到 1993 年 1 月 1 日，欧共体加上欧洲自由贸易联盟国家，人口达 3.8 亿，国民生产总值高于美国，个人平均所得略低于美国。欧洲联盟成为最具有发展潜力的经济区域集团。

六、美国的经济地位

随着日本和西欧国家经济的崛起，美、日、欧之间的差距日趋缩小。

1950 年，美国人均国民生产总值是联邦德国的 4 倍、日本的 15 倍。1980 年，美国的国民生产总值为 26 317 亿美元，日本、联邦德国、法国和英国分别为 10 401 亿美元、8 174 亿美元、6 585 亿美元和 5 255 亿美元。此时，日本的经济规模不及美国的 40%，联邦德国的经济规模相当于日本的 80%。1988 年，美国、日本、联邦德国、法国、英国的国民生产总值分别增加到 48 631 亿美元、28 586 亿美元、12 089 亿美元、9 499 亿美元、8 088 亿美元。与 1980 年相比，分别增长了 85%、175%、48%、44%、54%。日本增长最快，其经济规模已接近美国的 60%，并几乎相当于联邦德国、法国和英国的总和。1989 年，日本的国民生产总值为 3.1 万亿美元，美国为 5.2 万亿美元。日本、美国、西欧四国的国民生产总值的比值为 1∶1.7∶1.3。这个比值在 1945 年为 1∶185∶62。

从美、欧、日三方主要行业的企业排名来看，1970 年世界百家大型工业公司中美国占 64 家，欧洲占 26 家，日本只占 8 家。到 1988 年，美国减少为 42 家，欧洲为 32 家，日本为 15 家。最大的三家化工企业都在德国。1970 年全世界 50 家大银行中北美占 20 家，欧洲占 16 家，日本占 11 家。1988 年北美只剩 5 家，欧洲占 17 家，日本升至 24 家。到 1990 年，世界最大的 20 家银行中，美国榜上无名。

第二节　市场经济国家的改革

经济大危机和世界大战彻底摧毁了自由市场经济，第二次世界大战后各主要市场经济国家都在探求各自的改革方案。联邦德国形成了社会市场经济，日本形成了以政府为主导的市场经济，英国采取了国有化措施和福利国家制度，法国则实行了经济计划，美国沿袭罗斯福新政时期对经济干预的一些措施，形成了混合经济。

一、联邦德国的社会市场经济

第二次世界大战前弗赖堡学派①和新自由主义学派②都认为，第一次世界大战以后所进行的各种经济政策尝试和国家干预，既不能保证经济的稳定协调发展，也制止不了政治危机。第二次世界大战后，联邦德国的路德维希·艾哈德和阿尔弗雷德·米勒·阿尔马克继承和发展了早期新自由主义的理论。按照艾哈德的观点，新的社会市场经济既不是国家完全不加以干预的自由经济，也不是中央高度集权的社会主义经济，而是介于两者之间的“经济人道主义的第三条道路”。这种经济的实质是以自由竞争为基础、国家进行适当调节，并以社会安全为保障的资本主义市场经济。国家的作用仅限于通过法制保障经济自由和通过社会福利保障社会公平及安全。艾哈德不仅是社会市场经济理论的主要继承者，而且是联邦德国社会市场经济模式的真正创始者和领导者，被公认为联邦德国“社会市场经济之父”、第二次世界大战后重建联邦德国的总设计师。

进行货币改革和税收改革之后，联邦德国面临经济全面转轨。但在是否马上取消管制措施（配给制、管制物价）上，人们意见分歧很大。主张循序渐进的人担心，取消管制会导致供给短缺、饥荒，甚至诱发社会动乱。主张计划的人认为只有通过对所有必需品进行系统的计划，经济才能恢复正常。艾哈德作为当时的经济管理局局长主张尽快过渡到市场经济，通过市场来调动现有存货。

---

① 该学派主张实行一种国家有所调节的资本主义市场经济，主要代表人物是瓦尔特·欧肯，他的以竞争为核心推动经济发展的进程以及政府适当干预调节以维护竞争秩序的观点，为后来的社会市场经济奠定了重要的理论基础。

② 主要代表人物有亚历山大·吕斯托和威廉·勒普克。他们认为，自由、竞争是市场制度的核心，国家的经济政策都应围绕这一核心。

1948年，英、美、法占领区的“经济议会”在法兰克福通过了《关于货币改革后经济管理与价格政策指导原则》。这个原则基本上取消了对经济的强制控制，允许居民不受限制地购买个人需要的物品，并以公开的市场价格出售他们各自的商品和劳务。随后，将近90%的商品，包括鸡蛋、水果、蔬菜和大部分消费品、投资品的价格被放开，并取消了配给。1948年11月3日，还取消了工资冻结，确定工资由劳资双方自由谈判决定，只对一些重要的工业原料和生活必需品分别规定最高限价、固定价格或最低限价。到20世纪五六十年代，这些产品的价格也逐渐放开。艾哈德用法律反对乱涨价，用进口的日益自由化来降低消费价格，用特别紧缩的货币政策和税金收入的增加而形成的财政盈余来保证法案的实行。1948年，联邦德国经济恢复的步子大大加快，到1950年已恢复到第二次世界大战前的水平。艾哈德认为，一旦重新发挥了竞争的作用和实行了社会市场经济，几乎反掌之间就出现了经济复兴的局面。

朝鲜战争使世界经济高涨，对原材料的需求日甚一日，随后扩展到其他商品，最终引起物价上涨，出现短缺。美国从防务的角度提出要求，希望盟国像美国那样进行经济调控，由国家管制物价和配给原料。联邦德国国内主张计划的势力也活跃起来，要求恢复普遍冻结物价，反对党要求艾哈德下台。但是，艾哈德坚持竞争秩序，坚持进口自由化的政策，经济没有出现任何不适，社会市场经济终于经受住了考验。1952年，艾哈德在一次讲话中说：“1951年的困难，但也是成功，在于以近乎顽固不化的坚韧毅力，不管遇到什么情况，都将市场经济原则坚持下来，付出多大代价也在所不惜。”

同时，政府为建立竞争秩序通过了《基本法》，该法对公民权利做了自由主义的规定，并规定联邦德国是“社会”和“法制”的国家。20世纪50年代，随着经济的恢复，垄断出现了。1957年艾哈德提议通过了《反对限制竞争法》，对垄断和大规模兼并做了组织和程序上的限制。在完善社会保障系统方面，政府也发挥了积极的作用：首先完善了劳动制度，包括工资自治政策、就业政策、劳动保护政策、工人参与决定权和劳动司法审判制度等，随后逐步建立了以养老、医疗、工伤、失业为核心的社会保障体系。

1950—1960年，联邦德国的国民生产总值实际年增长率为7.6%，职工实际收入在1948—1958年虽然增幅小于企业主，但翻番有余。20世纪60年代中期出现了“艾哈德衰退”，政府在社会市场经济体制的基础上进行了一系列改革，吸纳了凯恩斯主义的某些主张，赋予政府干预经济的权力。1967年6月通过的《促进经济稳定和增长法》为联邦政府干预经济提供了法律依据。在后来的岁月里，社会市场经济的成就使各个阶层和各个党派取得了空前的一致。

二、日本以政府为主导的市场经济

日本是美国一国单独占领的战败国，美国为彻底摧毁日本军国主义赖以存在的经济基础，扶持日本以使它成为西方世界的“亚洲工厂”和“反共屏障”，对日本进行了改造。美国占领军总部于1945年发布《民主化指令》，把确立工人的团结权与解放妇女、教育自由、废除专制政治、经济民主化列为五大改革项目。其中经济民主化的主要内容包括如下三个方面。

第一，土地改革。日本半封建的土地制度被美国看作制造战争势力的温床，必须彻底废除。1947年美国占领军总部发布改革方案，具体措施是：改实物地租为货币地租，地租最高不得超过收获量的25%；对不在村地主的全部土地和在村地主的土地超过一定数量的部分，一律强制征购并转卖给无地和少地的佃农及自耕农。1950年，佃农在耕地总面积中所占比率下降到了9.9%，在改革前，这个比率是45.9%。自耕农和自耕佃农在总农户中的比率，改革前为52.6%，改革后上升到87.5%。农村中已经自耕农化，寄生地主阶级已不复存在，半封建的土地制度终于被消灭。

第二，解散财阀。在美国看来，日本的财阀是日本最大的战争潜力，美国制定了解散财阀的政策。(1) 解散财阀的持股公司，实行股权分散化。(2) 强制包括十大家族的56位家长在内的财阀公司及其关联公司的1 500名领导人辞去公司领导职务。(3) 1948年上半年，打算对各产业部门所有垄断企业进行分割，解决资本过度集中的问题。结果只有11家公司被分割，3家工厂和设施被分割，4家按保有股份处理。尽管如此，解散财阀还是比较彻底地摧毁了带有封建色彩的家族企业的统治，在很大程度上实现了企业经营管理的现代化。

第三，劳动立法。美国占领军总部推行的劳动立法是经济民主化的一个重要方面。这个时期颁布实施的《劳动组合法》和《劳动基准法》第一次在法律上承认了工人组织，即工会的自由和团结斗争的权利以及工人在劳动中的基本权利。到1949年，工会会员人数占全体工人的近56%，而1945年为3.2%。

日本政府指导经济的传统并没有因为美国对它的民主化改革而中断。1946年成立的经济安定部是日本第二次世界大战后历史上最强有力的政府机构。它负责对统制经济进行综合调整和统一指导。1952年经济安定部改组为经济审议厅，1955年7月改为经济企划厅。经济企划厅在性质上已与经济安定部有所不同，但仍然是政府指导经济的主要部门。

20世纪50年代中期，日本政府控制宏观经济的手段和方式从以行政手段为主改为以经济手段为主，主要是财政政策、金融政策、产业政策、行政指导等。产业政策和行政指导是日本经济不同于其他市场经济国家的重要特点。

第二次世界大战后初期，在资源有限、人民信心不足、经济前景不确定的情况下，为了尽快发展经济，日本政府提出了"倾斜生产方式"的产业政策。从经济复兴阶段到经济繁荣阶段，日本政府先后将钢铁、煤炭、电力、重化学工业等作为优先发展、重点支持的产业。后来日本将"倾斜生产方式"用于鼓励大型企业合并、鼓励大企业与中小企业建立协作关系方面。

行政指导是用来支持或加强宏观和微观政策的一种方法。一般是由有权力的政府机构提供或者撤销对企业的贷款、执照、租税合同、政府合同、进口许可等，以此来对企业提出劝告。由于日本传统上信奉个人应该接受政府的领导，认为政府官员拥有优于一般企业所能得到的知识、经验和信息，一个负责的政府机构或者官员在不具有明确的合法权利的情况下，能够指导或诱导私营企业或个人采取或不采取某些行动，所以企业愿意与政府合作，官僚和产业的联系比在其他国家更能被广泛接受。退休的政府官员可以转到企业，经常是转到过去有工作关系的企业。行政指导的方式多种多样，如日本银行为处理银行信贷所实行的窗口指导、对企业的隐蔽性补贴或优惠、在投资计划中的调节作用、限制竞争和加强垄断方面采用的推行卡特尔和为垄断承担政府责任的行为等。

日本的政府指导型市场经济之所以运行有效，中间组织的存在是关键因素。在日本的经济生活中存在一种中间组织，它既不像市场纯粹依靠市场信号决策，也不像政府部门完全依据行政命令行事。这种中间组织兼有市场与计划的一些优点，降低了政府推行政策的难度。例如，在某些新兴行业或领域，企业投资的风险较大，政府为了鼓励投资，除了在产业政策、金融政策、税收等方面给予优惠外，还与一些大的企业集团商议，希望它们组织企业共同投资。这样，政府节省了一定的费用和开支，但是中间组织的负面作用也在逐渐显现。这种非正式地交谈和指点企业解决问题的办法，导致了政府的寻租行为，权钱交易强化了日本社会中抵制公开合法程序的传统。

三、英国的国有化措施和福利国家制度

20 世纪 30 年代的大危机对自由市场经济提出了严重挑战，凯恩斯主义的出现引起了经济学界的革命，也对各国的市场经济体制产生了重要影响，尤其是英语国家。通过两次世界大战的实验，英国政府已经熟悉了一些国家干预政策的运用。第二次世界大战结束后，工党在大选中获胜。工党的理论基础是凯恩斯主义与费边主义的混合物，主张使用国有化作为国家干预的重要手段。保守党虽然也信奉凯恩斯主义，但在国有化和经济计划化等国家干预的问题上，却与工党针锋相对。但是直到 1973 年，工党都占有相对优势，保守党出于政治上的考虑，并没有完全否定工党的某些经济政策。同时，第二次世界大战后英国私人部门面对资本不足、外汇匮乏、技术落后的状况，认为仅靠自身的力量来加快对原有企业的技术改造和提高商品的出口竞争能力是很难在短时期内见效的。因此，国有化主张成为被人们普遍接受的社会改革和经济改革政策。

英国先后出现了两次国有化高潮。第一次是从 1945 年 7 月到 1951 年 10 月，第二次是从 1975 年 3 月到 1979 年 5 月。20 世纪四五十年代工党政府推行的国有化，将采煤、电力、天然气、铁路、民航、电报与电话、水路、钢铁等收归国有，特别是在 1946 年对英格兰银行实行了国有化，掌握了干预经济的最有力工具。英国实行国有化的方式主要是通过高价赎买或每年付给原企业主补偿金和利息，原企业主可以参与企业管理。第二次国有化高潮后，1979 年国有企业的劳动力占全国劳动力的 8.1%，生产总值占全国生产总值的 11.1%，固定资产占国内固定资产总额的 20%。1981 年，英国营业额最大的 10 家公司中，国有企业有 3 家；资本最多的 10 家公司中，国有企业有 3 家；职工人数最多的 10 家公司中，国有企业有 6 家。

对当时的私营企业来讲，国有化降低了生产成本。例如，对煤炭部门国有化后，国家承担了技术改造和更新的费用，而且政府提供的廉价燃料和原料，也是降低成本的重要途径。对政府来说，国有企业是有力的调控工具。（1）国有企业为社会提供了一定的经济优惠或福利。例如，英国铁路客运服务价，只相当于它的运作成本，亏损由政府财政补贴。（2）国有企业可以扩大就业。（3）国有企业还是政府控制通货膨胀的工具。政府限制、冻结工资和物价的政策首先就是从国有企业开始实施的。但是国有企业效率低

下的问题始终没有得到解决。

英国政府在第二次世界大战后还实行了福利国家政策。福利措施一方面是阶级调和的产物，另一方面是劳动人民自己争得的权利。英国的社会福利保障政策可以追溯到1601年的《济贫法》和工人自己举办的自助机构。《济贫法》只是为社会上某一部分人提供了生活保证，但是在萧条时会给本来已经很紧张的财政增加压力。1905年，英国提出了实行社会救济与社会保险相结合的建议。1929年大危机时，英国政府撤销了救济机构，实行新的社会保障制度。工人自己举办的自助机构，是由工人自愿建立、为其成员提供保险津贴的一种组织。

社会保障在实践中发展的同时，在理论上也取得了突破。霍布森和庇古相继提出了福利经济理论，同时又产生了福利国家理论。社会保障制度的真正实施始于1911年《社会保险法》的强制推行，这是世界上第一个在全国强制推行的失业保险法。1941年6月，丘吉尔任命牛津大学的教授贝弗里奇研究英国的社会保障制度。1942年，《贝弗里奇报告》出台。该报告认为：(1) 应该保障人人有免于贫困、疾病、愚昧、污染和失业的自由权利。(2) 所有家庭应按统一标准上缴捐款和领取津贴而不受收入的限制。(3) 社会保障应实行统一的行政管理。(4) 社会保障有三种办法：社会保险、社会救济和自愿保险。

1945年，英国工党逐步推行贝弗里奇计划，先后颁布了《家庭补助金法案》《保险法》《工伤福利法》《医疗保险法》等。1948年，艾礼德宣称英国已经是福利国家。后来，保守党也将社会福利当作“竞选礼物”取悦民心。社会保障的范围进一步扩大。根据1970—1971年度统计数据，在英国的财政支出中，住宅、环境服务、科技、保健、个人社会服务、社会保障以及其他公共服务共占59.93%。

社会福利保障制度在北欧国家和西欧的法国、联邦德国、荷兰都很盛行，其中瑞典最为成功，被作为福利国家的典范。

社会保障制度作为“社会安全阀”对社会经济政治的稳定做出了贡献，保障了公民的生存权利，有利于促进公平和效率，成为政府干预国民收入再分配的重要手段。但是，社会福利制度也产生了一系列社会经济问题：福利开支加重了所得税赋和财政负担，削弱了劳动力市场的自发调节机制，一方面引起了失业增加，另一方面导致了资本和专业人才外流，最终拖累了经济的发展。另外，福利国家的运转造成了机构的臃肿和管理不善，导致了经济的巨大浪费和效率低下。

四、法国的经济计划

法国有国家干预的传统。第二次世界大战后，在苏联经济成就的鼓舞下，法国利用计划手段来加快经济发展，消除自由放任体制的弊端，并且避免高度集中的国家控制经济的无效率。

1945年，法国开始了大规模的国有化运动，把战时同法西斯德国密切合作的企业一律收归国有。1946年，法国颁布了使部分工业企业国有化的法律。1946年底，政府在工商业中所占股份达50%；法兰西银行和四大商业银行、34家保险公司被国有化；在汽车制造、电力、煤气等部门，国家控制了85%的资本；在电信、保险、铁路、航空、海运、飞机制造等部门，国有资本占三分之一以上。国家在国民经济的主要部门掌握了很大的控制权，为其经济计划的实施提供了保证。

法国是西欧发达市场经济国家中唯一实行明确的国家经济和社会中长期计划的国家，被认为是资本主义计划的发源地。1945年底，计划化创始人让·莫内提出了有关现代化与装备计划的建议。1946年，法国成立计划总署，这是法国最重要的制订计划的机构。法国的经济计划主要包括以下几方面的内容：(1) 规定国家中期的总体发展战略和目标；(2) 规定宏观经济总量增长指标，这个指标只对某些部门和国有企业具有约束力；(3) 确定优先发展部门，让重点地区实现动态中的倾斜发展。在实施计划的过程中，政府的主要手段有投资及信贷政策、税收政策、价格政策和控制债券发行等。

1947—1953年，法国开始实行第二次世界大战后10个中期计划中的第一个计划，即莫内计划，该计划的主要目标是重建法国经济，要求在三年内超过1929年水平的25%。虽然1952年法国的工业生产水平只比1929年高出9%，但是，按不变价格计算的国内生产总值比第二次世界大战前最高的1930年多27.6%，而且就业状况稳定，劳资关系趋于缓和，再加上法国社会保障制度不断完善，人民生活水平有了显著变化。这增强了政府通过计划干预经济的信心，奠定了法国计划干预体系的基础。

法国计划干预体系的最终形成是在戴高乐任法国总统的11年时间里（1958—1969年）。在此期间，法国制订并实施了一系列计划。在制订和实施计划的过程中，法国的计划理论日益成熟，计划机构日益健全，计划方法越来越与市场经济体制的要求相适应。在计划理论方面，法国认为计划不是强制性的，它具有防止自由市场经济风险的作用，还能使市场继续发挥其优点；在计划机构方面，法国坚持集体预测原则，增加了参与计划制订和审议的政府机构及人员，并且分工日益制度化；在计划方法上，法国不断减少直接控制方法，越来越多地采用间接控制方法。在戴高乐的计划中，第三个计划（1958—1961年）的执行结果最好，预计的经济增长目标得以实现，年均增长率达到5.7%。从1959年开始，国际收支状况大为改善，年年实现盈余，被视为法国的经济奇迹。在第四个计划（1962—1965年）中，社会问题和经济问题一样成为计划的主要内容，除规定了经济增长速度、投资重点以外，还确定了公共事业投资每年增长10%的目标，设立了向低收入者和老人提供保障的社会福利项目，同时制定了一整套吸引资本和劳动力向落后地区流动的优惠政策。

在戴高乐政府卸任之前，法国独特的计划指导型市场经济体制终于形成。这种体制的特点是：在资源配置方面，仍以市场为基础，计划通过市场因素来实现，计划只是指导和建议的手段。

五、美国的混合市场经济

从罗斯福新政开始，美国就在尝试经济管理体制改革。战争期间，美国大学培养了第一代凯恩斯信徒，到战争结束时，一些人已身居要职，新设的总统经济顾问委员会从一开始就为凯恩斯主义经济学家所把持，而且大学经济学讲坛几乎被凯恩斯信徒垄断。凯恩斯信徒利用罗斯福新政和美国战争期间的政府干预实验说明了：通过扩张性的财政政策可以消除失业，一定的政府干预是有益而无害的。一些人甚至认为，进行大量的经济计划也是切实可行的和必要的。

随着凯恩斯主义经济学在美国的影响力的扩大，美国政府开始按照需求管理理论设计经济管理体制。1946 年，美国颁布了《就业法》，该法令责成联邦政府负责“最大程度的就业、生产和购买力”，成立协助总统制定经济政策的经济顾问委员会。这意味着从法律上确定了政府对经济的责任。随后美国混合经济体制在杜鲁门和艾森豪威尔两届政府任期内形成，在肯尼迪和约翰逊任总统期间得到了发展。

混合经济体制形成过程中最明显的表现是财政支出规模的扩大。1948 年，美国的财政支出为 551 亿美元，到杜鲁门下台的 1953 年，突破了 1 000 亿美元的大关，比 1947 年的财政支出总额多出一倍以上。在艾森豪威尔任期内，美国的公共开支增加了 500 亿美元。肯尼迪在其短短的任期内，不仅继续扩大政府支出的规模，而且掀起了美国有史以来最大规模的减税运动。约翰逊延续了肯尼迪的政策。结果，美国各级政府支出在国民生产总值中的比重逐年上升，1947 年这个比重为 18.5%，到 1952 年杜鲁门离任的前一年这个比重猛增为 26.8%，到肯尼迪上任期间这个比重上升到 27.86%，到约翰逊卸任的 1969 年，这个比重突破了 30%的大关。相应地，联邦政府赤字占国民生产总值的比重也逐年提高，20 世纪 40 年代为 0.1%，50 年代上升为 0.2%，60 年代则达到 2%以上。

扩张性财政政策的推行使美国的经济体制发生了明显的变化，由传统的自由市场经济变成了混合经济。在这种经济体制下，在组织生产和消费方面，政府控制因素与市场因素彼此混合在一起。

第三节　新自由主义与针对滞胀的经济改革

一、新自由主义思潮兴起

新自由主义是 20 世纪 30 年代凯恩斯政府干预思想提出后出现的一种经济思潮。新自由主义的核心观点是复兴 19 世纪的传统自由主义。由于其保守的立场及不切实际的政策主张，新自由主义长期被西方学术界边缘化，也没有获得西方市场经济国家政府的青睐。但自 20 世纪 60 年代以来，新自由主义范畴的各个学派的影响力逐渐增强。现代货币学派是新自由主义的代表性学派之一，该学派认为货币是经济中最重要的因素，主张实行“单一规则”的货币政策，反对国家过度干预。理性预期学派是新自由主义思潮中又一代表性学派。该学派强调预期的作用，认为政府预定的政策效果会被理性预期抵消，因此提出：任何形式的国家干预经济政策归根到底都没有实际作用。供给学派是新自由主义的另一个代表性学派。该学派强调萨伊定理，强调要通过降低税率来刺激供给，主张经济学应着重分析经济的供给侧，从供给侧出发制定稳定经济的政策。供给学派全面否定了凯恩斯主义理论和政策，认为正是凯恩斯主义过于强调需求、忽视供给的经济政策导致了美国经济的滞胀，要解决经济滞胀问题必须强调经济供给，刺激供给增加的政策就是解决经济滞胀问题的政策。

在滞胀这一严峻形势面前，西方发达资本主义国家经过几年的彷徨和反思之后，以英国的撒切尔夫人和美国的里根为代表的保守主义政党宣称摒弃凯恩斯主义，以货币主义和供应学派的理论为指导，以抑制通货膨胀为主要目标，实行紧缩货币、削减政府开支、放松政府管制，通过减税刺激私人投资，以及将国有企业私有化等一系列自由化导向的政策。这些政策取得了一定的效果，特别是扭转了长期以来的通货膨胀问题，并使经济增长率有了较明显的提高。因此，新自由主义经济学一度成为市场经济国家的新宠，而凯恩斯主义则逐渐衰落。

撒切尔夫人和里根的自由化改革在西方资本主义世界掀起了一股浪潮。此后，随着“华盛顿共识”在 20 世纪 90 年代的出现，以自由化、私有化、市场化为核心内容的新自由主义理论体系和政策体系逐渐形成。在美国等发达资本主义国家的极力推销、鼓动和诱惑下，新自由主义以很快的速度在拉丁美洲、俄罗斯、东欧以及亚洲、非洲等国家和地区蔓延开来。

二、英国的经济改革

1979 年以前，无论是英国工党还是保守党执政都是遵循凯恩斯理论和需求管理的政策，但是高失业率和高通货膨胀率的双重折磨使英国经济走走停停，经济发展相对缓慢。1979 年年初，英国通货膨胀率直线上升。保守党领袖撒切尔夫人在 1979 年 5 月的全国大选中战胜工党，作为英国历史上第一位女首相正式入主唐宁街 10 号，由此开始了长达十余年的撒切尔主义时代。撒切尔夫人就任首相，被视为英国经济发展历程中的重要转折点，标志着以凯恩斯主义、社会福利以及工会权力为主要内容的旧体制的终结。

撒切尔夫人 1979 年执政后摒弃失灵的凯恩斯主义，拒绝以低生产率、低效率、高通货膨胀率为代价维持充分就业，拒绝以资源的巨大浪费为代价维持福利国家。在货币主义理论思想的指导下，撒切尔夫人实施了一系列旨在重振英国经济的政策：严格控制政府的财政支出；改革社会福利制度，削减福利开支；紧缩银根，提高利率；大规模推行国有企业的私有化。具体来说，撒切尔夫人主导的经济改革包括以下四个方面的内容：

第一，企业私有化改革。私有化政策是撒切尔夫人改革的核心措施。由于战后英国的国有企业经济效率持续低下，撒切尔政府逐步推行出售国有企业的政策，将国家雇用的工作人员转移到民营部门，并以股票形式将国有企业资产转向民营企业。起先，私有化的范围固定在石油、宇航、电信等行业。从 1988 年开始，撒切尔政府第一次向民众明确表示，私有化无禁区，于是几乎所有部门都开始了私有化进程。经过 20 世纪 80 年代的大规模私有化，到 1991 年时，英国已有超过一半的公共部门转制为私营部门，国有经济部门产值占全国总产值的比重则从 9%下降到不足 5%。在私有化改革的同时，撒切尔夫人主导的经济改革缩小了部分政府机构的职能范围，减少了政府对经济的干预和政府对国有企业的资助。

第二，宏观经济政策改革。撒切尔夫人反对把充分就业作为宏观经济政策的目标，而是把应对通货膨胀、改善宏观经济环境作为宏观经济政策的核心目标，把控制货币供应量作为应对通货膨胀的有效工具。1979 年，撒切尔政府大幅削减公共开支，以此作为抑制货币供应量大幅增长的关键。1980 年 3 月，撒切尔政府提出了“中期财政战略”，明确规定了任期内货币供应量增长指标和公共部门借款需求占国内生产总值的比重。紧缩政策导致了通货膨胀率由 1979 年的 13.6%下降到 1983 年的 5.1%。英国 1979 年废除了外汇管制，1986 年取消了对证券交易所的管制，以及对专业银行经营业务的严格限制。到 20 世纪 90 年代，在英国的经济体制下，市场发挥作用的范围越来越大，政府干预的范围越来越小。

第三，社会福利制度改革。福利国家制度自第二次世界大战后一直起着有利于资本主义社会稳定的安全阀、调节器、缓冲带的作用。撒切尔政府在维护福利国家制度的前提下，稳步消除福利支出过大而经济收效不大的弊端。按照撒切尔夫人的设想，社会福利制度的改革原则是将社会保险支出由政府包揽改为由政府、企业和个人分摊，并最终过渡到主要由企业和个人负担。1986 年的《社会保险法案》体现了这个思想。根据这个法案，由政府支付的退休金将减少一半，与此同时，引入个人退休金计划和就业退休金计划，前者完全由个人支付，后者完全由企业负担。在医疗方面，最终的努力方向是逐步取消公费医疗，实行私人医疗保险。通过这些改革，政府削减了社会福利在公共开支中的比重，1986—1987 年度比 1979—1980 年度下降了 10 个百分点。

第四，劳工制度改革。为了增强劳动市场的竞争性和激发劳工的工作热情，撒切尔政府还改革了劳工制度，具体办法是限制工会的权力，通过立法加强工会内部的民主。1986 年，撒切尔政府把固定工资制改为分享工资制，在新的工资制下，雇员 1/3 的工资直接与企业经营状况挂钩。同时，采取更加严厉的控制措施，防止“不积极寻找工作”的失业者申请补助，对拒绝参加培训计划和自己离开工作岗位的人加重惩罚。

在新自由主义思潮的影响下，撒切尔夫人实施了全面、深刻的经济体制改革，大力减少政府对经济的干预，使英国的经济发展出现了积极的变化。英国经济增长率在撒切尔夫人执政期间稳步提高：1981—1989 年英国国内生产总值的年均增长率为 3.6%①，高于同时期欧共体国家的平均水平。英国的劳动生产率也有所提高，1979—1989 年，英国的劳动生产率年均增长率达到 4.5%，高于同期其他大多数西方发达国家。长期困扰英国经济的顽症——通货膨胀，在撒切尔夫人执政期间被有效解决，通货膨胀率从连续多年的两位数降到了较低水平。1980 年 5 月，英国的通货膨胀率为 21.9%，但 80 年代中期已降至平均 5%的水平。②

三、美国的经济改革

1980 年，共和党人罗纳德·里根（1911—2004 年）当选美国第 40 任总统，里根在就职演说中宣布要对外重振国威、对内振兴经济。面对连续三年两位数的通货膨胀率和经济的严重衰退，里根政府把抑制通货膨胀作为宏观经济的重点目标，强调促进生产，扩大有效供应，并抑制过旺的需求，控制货币供应量的增加，使经济在走向复苏的过程

---

① 国际货币基金组织．世界经济展望（1990 年 10 月）．北京：中国金融出版社，1991：109.

② 同上书，119.

中保持稳定和持续的适度增长，同时把通货膨胀率控制在5%以下的低水平。在里根总统8年的任期里，他一反传统的现代凯恩斯主流经济学经济政策，采用供给学派和货币学派的经济政策，使美国经济出现了恢复和振兴的新局面。概括起来，里根政府的经济改革包括以下五个方面的政策措施：

第一，实行历史上最大的减税计划。1981年2月18日，里根在向国会提交的经济复兴计划中提出了大规模减税的建议。根据这个建议，美国个人所得税的最高税率从1971年的77%下降为1982年的50%[①]，最低税率则相应降至11%左右。里根总统的减税计划是大规模减税和局部增税的结合，既使中产阶层得到了实惠，又促进了私人投资的增加。减税的直接结果是美国各级政府收入在国民生产总值中的比重有所下降，这意味着凯恩斯财政政策的地位下降。

第二，放松政府管制。以供应学派为理论依据的里根政府强烈反对联邦政府对企业的过多干预。在凯恩斯主义盛行时期，美国普遍存在政府对企业的行政干预。20世纪70年代，美国政府制定的工商管理条例的篇幅增加了两倍。1980年，美国的法令规章多达7万多项。过度的行政干预不仅增加了国家的预算支出和居民的相关费用，而且往往导致市场运行机制的扭曲，束缚了企业的经营积极性。为此，里根专门成立了以布什为首的放松管制工作小组，减少了近1/4的联邦条例和法典文件。1981年，美国各级政府收入占国民生产总值的比重为32%，1985年下降为31.6%，1987年又降至29.7%。经过里根政府的改革，政府对经济的干预程度在下降。

第三，坚持紧缩的货币政策。为了更有效地控制通货膨胀率的上升，美联储在1979年取得更加独立的地位之后，实行紧缩信贷、稳定货币、控制货币供应量的紧缩性货币政策，在调控宏观经济方面发挥了至关重要的作用。20世纪80年代以后，美联储坚持对通货膨胀采取预防为主的方针，宁可放慢经济增长速度，也要防止通货膨胀失控。1980年，美国的通货膨胀率为18%，到1987年降到3%。

第四，削减政府开支。里根政府上台后，曾多次削减政府支出，并在1985—1986年度财政预算草案中提出将社会福利开支水平冻结一年，规定国防支出的增长率不超过年度通货膨胀率。但是，里根政府未能实现预算平衡的预期目标，不得不大量发行国债，导致20世纪80年代美国国债占GDP的比例大幅上升。

第五，改革社会保障制度。1983年4月，里根签署了一揽子社会福利改革计划，削减了一些社会保障项目以减轻当时联邦政府承担的过重的社会福利负担。他还强调把联邦政府在社会福利方面应该承担的某些责任转移给州和地方政府。

里根政府的经济改革造成了政府财政赤字、贸易逆差扩大、贫富差距拉大等问题，里根在8年任期中累计的政府债务达10 326亿美元。[②] 但总体上看，里根主导的经济改革使美国逐渐摆脱了20世纪70年代以来的经济滞胀，走上了较稳定的增长道路。里根的经济政策基本上为其后继者布什和克林顿所继承和延续，为美国经济在20世纪90年代的繁荣奠定了基础。

---

① ［美］乔森纳·休斯，路易斯·凯恩．美国经济史：第8版．上海：上海人民出版社，2013：704.

② 陈宝森．美国经济与政府政策——从罗斯福到里根．北京：社会科学文献出版社，2007：49.

第四节　信息产业革命和新经济

一、信息产业革命的兴起

信息产业形成于第二次世界大战后的科技革命浪潮中。信息技术在战后科技革命中处于核心地位。信息产业是依靠新的信息技术和信息处理的创新手段，制造和提供信息产品、信息服务的生产活动的组合。

19世纪中期，美国发明了电报和电话。电报和电话的发明和应用缩短了各大洲、各国之间的时空距离，使信息传播手段发生了根本性变革，传播信息的手段和载体、方式，以及方法都发生了质的飞跃。20世纪五六十年代以后，微电子技术与现代通信技术得到了应用和发展。到七八十年代，微电子学、光电子学和电子计算机应用科学的迅猛发展，特别是通信卫星的商业应用，使得跨国界的全球性远距离信息传输成为现实，各种通信新业务应运而生，信息化在社会生产、生活的各个领域都取得了突破性的进展。美国在20世纪90年代率先实施了“信息高速公路”计划。“信息高速公路”是指在多媒体技术基础上开发的更加智能化的电子计算机网络系统，是多种学科、多种技术综合运用的产物，是人类有史以来最先进的生产、生活、社会活动的工具，是正在蓬勃发展的生产力。

美国“信息高速公路”计划提出后，迅速在世界各国引起了强烈反响。日本、欧盟、加拿大、俄罗斯等经济体纷纷效仿，相继提出了各自的“信息高速公路”计划，投巨资进行国家信息基础设施建设，在全世界范围内掀起了建设信息高速公路的浪潮，中国和印度等发展中国家也采取战略措施迎接信息革命的挑战。

20世纪90年代后席卷全球的“信息高速公路”建设热潮推动了以信息技术高速发展为特征的信息产业革命的兴起。信息产业逐渐成为衡量一国综合国力强弱的重要指标之一，成为国际竞争的制高点之一，各国纷纷将信息产业作为战略性产业来加快发展。伴随着信息产业的发展，数据库、计算机网络、有线电视及多媒体的应用日益普及，数据通信、图像传输等业务量快速增加，计算机技术与通信技术相结合，使发展“信息高速公路”的技术日趋成熟。

在信息产业革命深入发展的过程中，以微电子、计算机、通信和网络技术为代表的信息技术获得了突飞猛进的发展。信息产业革命的最重要内容之一就是互联网技术的飞速发展。20世纪末，互联网已经迅速渗透到经济、社会生活的各个领域，深刻地改变和影响了人类日常生活和经济活动。随着信息产业革命特别是互联网的迅猛发展，“信息高速公路”已由最初的梦想、计划变成了现实。各国之间的沟通可以跨越时间和空间的阻隔，包括真实世界和虚拟世界在内的任何不同空间均可以实时分享各种信息，真实世界和虚拟世界开始真正融通起来。信息产业革命不断缩小着国家之间、企业之间、个人之间的时空距离，世界变成“地球村”的预言在逐步实现。“信息高速公路”的建成标志着世界信息社会的到来，信息网络将把各个国家、地区、单位和家庭联结成一个整体。信息化成为当今世界经济发展的重要特征。信息产业革命的深入发展以及互联网在各领域的扩张，推动了以网络信息为核心资源的信息社会的形成。

信息产业革命已经引起生产工具、劳动对象等方面质的飞跃和新的突破，推动了社会生产力的迅猛发展。信息产业革命所创造的新的强大生产力，已经催生了一次社会生产的大变革。信息产业革命所推动的网络技术、通信技术日新月异，有力支持了全球生产服务网络的形成，便利了资本的跨国流动，有效推动了全球统一的金融和资本市场的形成，加速了全球经济的融合，推动了经济全球化的深入发展。

进入21世纪以来，新一轮科技革命兴起，信息产业在全球的发展依然方兴未艾。近年来，在知识经济和互联网的大趋势下，信息产业仍处于快速发展阶段，移动互联网、云计算、大数据、智能终端、高端芯片等新一代信息技术的迅速发展推动了传统产业的变革和创新。2014年6月3日，习近平在出席国际工程科技大会时发表的演讲中指出："信息技术成为率先渗透到经济社会生活各领域的先导技术，将促进以物质生产、物质服务为主的经济发展模式向以信息生产、信息服务为主的经济发展模式转变，世界正在进入以信息产业为主导的新经济发展时期。"① 信息产业革命在改变各国产业结构和经济结构的同时，也正在改变着世界经济的发展模式，信息产业的发展越来越成为决定一国经济竞争力高低、经济发达程度和生产力发展速度的关键。

二、美国信息产业和新经济的发展

美国信息产业的发展经历了一个循序渐进的过程。美国信息产业在第二次世界大战后的发展可以划分为三个阶段：

第二次世界大战后至20世纪70年代初是美国信息产业发展的第一阶段。这一阶段是美国信息技术及产品的诞生和应用初期，大型计算机信息技术的研发和应用是这一阶段的主要特点。美国在第二次世界大战期间为了分析、处理大量军用数据，开始研制电子计算机，后来由于美苏争霸的需要，美国加快了研发和应用大型计算机的步伐。美国这一时期的信息技术还处于初创阶段，完整的信息产业链尚未形成，信息产品的消费群体较小。

20世纪70年代初至80年代末是美国信息产业发展的第二阶段。这一阶段，信息技术和产品进入快速发展和推广时期，个人计算机大范围普及，信息技术企业大批出现。美国出现了以硅谷为代表的信息技术企业集群，企业间的竞争与合作关系密切，信息产业链逐渐形成，市场对信息技术的终端产品的需求扩大，其产品的消费群体逐步增多，信息产业已成为美国经济发展的新增长点。

20世纪90年代初至21世纪初是美国信息产业发展的第三阶段。这一阶段，美国信息产业进入快速发展时期。此前只限于军队、政府部门、学校和研究机构使用的互联网开始转为民用和商业应用，互联网时代开启。信息技术在各行各业开始得到广泛的应用和渗透，各种商业机构、金融机构、产业部门不仅利用网络传递信息、获取信息，而且开创了互联网时代的全新经营方式，开展了以网络为基础的、遍及全球的电子商务活动。

---

① 让工程科技造福人类、创造未来——在2014年国际工程科技大会上的主旨演讲．新华网，2014-06-03.

信息产业逐渐发展成为推动美国经济增长的主要支柱产业，同时美国始终保持着全球信息技术市场最主要参与方的地位。信息产业的创新与发展推动了许多新兴的高新技术制造业的产生，同时美国利用信息技术改造传统制造业，推动了传统制造业的信息化和转型升级。进入21世纪以来，信息产业始终是美国经济的主导产业之一。

美国政府在信息产业的发展过程中始终重视信息产业基础创新能力的培育，鼓励企业加大对原创性信息技术的研发投入。拥有原创性信息技术是在世界信息产业领域形成持续竞争力的前提条件。美国作为世界信息技术革命领军国，致力于加大信息技术的基础研究投入，对代表信息技术产业未来发展趋势的关键技术始终给予重点资金支持和政策倾斜，以此来推动基础技术的科研创新，强化信息产业领域的基础创新能力。此外，美国政府采取多项政策鼓励信息技术企业增加研发投入，推动企业对原创性信息技术进行研发和应用。作为世界上信息产业最发达的国家，美国在信息技术领域的研发创新引领着世界信息产业发展的潮流，形成了全面发展、整体推进的产业发展态势。美国除了拥有操作系统领域的领军企业——微软——外，还有苹果、谷歌、英特尔、惠普和IBM等众多具有世界影响力的跨国公司。凭借这一大批引领世界信息产业趋势的跨国公司，美国一直主导着全球信息产业和互联网领域的创新与发展。美国不仅是信息技术研发的开拓者，还是信息技术应用的领跑者。在整个信息产业的发展过程中，美国大力推广信息技术的应用，积极地把信息技术运用于国民经济各行业的改造升级。

20世纪的最后十年，世界经济领域最引人注目的焦点是美国经济的持续较快增长。这一时期美国经济的持续较快增长与同一时期欧洲经济的低速增长、日本经济的持续衰退形成了鲜明对照。“新经济”的概念就是在这样的背景下提出来的。

美国自1991年3月走出经济衰退的谷底，到2000年12月为止，共持续增长了117个月，创下了美国历史上最长繁荣时期的纪录。在这近10年的持续增长态势中，美国的国内生产总值增长了近2.7万亿美元，年均增长率为3.5%；失业率大幅下降，从20世纪90年代初的7%以上，下降到2000年的4.0%。[①] 美国经济在高速、平稳增长的同时，通货膨胀率、失业率和财政赤字都控制在较低水平，呈现出几十年少有的“一高三低”（高增长率、低失业率、低通胀率和低财政赤字）状态。这种前所未有的新状态被经济学家称为“新经济”，受到世界各国的广泛关注。

2001年的《美国总统经济报告》用经济运行的“非凡业绩”来定义20世纪90年代的“新经济”。“非凡业绩”是指劳动生产率的提高、收入的上升、失业率的降低和通货膨胀率保持在较低水平。[②] 克林顿总统经济顾问委员会在2001年的《美国总统经济报告》中将“新经济”繁荣期的驱动力概括为技术创新、经营创新与正确的经济政策，这三大因素相互促进、良性循环，创造了20世纪90年代美国经济运行的“非凡业绩”。总统经济顾问委员会认为，以信息技术为主体，同时包括材料技术和生物医药技术等其他技术在内的高新技术产业技术创新是20世纪90年代经济扩张的动力源泉，其中信息技

① 国际货币基金组织．世界经济展望（2000年10月）：聚焦转轨经济．北京：中国金融出版社，2001：167，171.

② 萧琛．美国总统经济报告：2001年．北京：中国财政经济出版社，2003：21.

术领域的革命是各类技术进步中最引人注目的。信息技术领域在20世纪90年代初出现了计算机硬件、软件及电信技术等一系列创新，使得各类高新技术的创新能以各种方式重新组合起来，显著提升了各类技术创新的潜在价值。20世纪90年代的经济繁荣时期，正是美国信息产业经历从个人计算机（PC）到互联网，再到电子商务（Electronic Commerce）三个发展阶段的时期，这表明美国“新经济”的核心内容就是信息经济。

美国“新经济”的发展降低了失业率。由于信息产业与其他产业的关联度高，因而信息产业的发展扩大了就业范围，除直接创造新的工作岗位外，还间接创造了许多新的工作岗位。自1992年以来，美国失业率一直在下降，如图20-1所示，1992—1996年的失业率分别7.5%、6.9%、6.1%、5.6%、5.4%，1997年的失业率降至4.9%①，2000年进一步降低到4.0%②，基本上实现了充分就业。

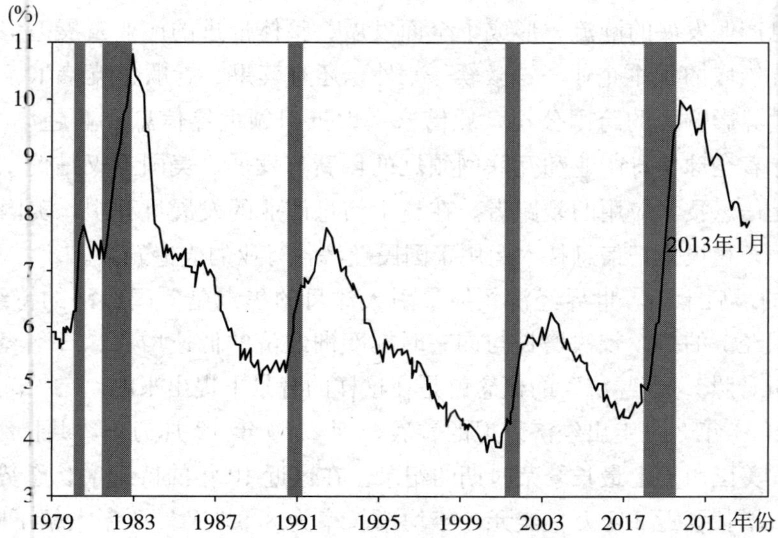

图20-1 美国1979—2013年失业率

资料来源：Council of Economic Adviers (CEA). *Economic Report of the President*, 2013, p. 54.

从图20-1可以清晰地看出，克林顿执政时期（1993年1月—2001年1月）的失业率处于较低水平，特别是克林顿执政后期的失业率处于30多年来美国失业率的最低水平。从就业结构的角度看，随着美国信息产业的迅速发展以及国民经济信息化程度的提高，美国社会就业结构进一步“软化”，表现为从事农业、制造业的就业人数占劳动人数的比重越来越小，而从事管理、研究、技术开发、咨询、服务等工作的就业人数占劳动人数的比重不断提高，其结果是蓝领工人越来越少、白领工人越来越多。信息产业特别是信息服务业的发展，为第三产业创造了更多的就业机会。

较低的通货膨胀率是美国“新经济”的另一个明显特征。信息产业在推动美国经济增长和扩大美国就业的同时，还产生了抑制通货膨胀的宏观经济效应。随着信息技术的

① 国际货币基金组织．世界经济展望（1999年5月）．北京：中国金融出版社，1999：174.

② 国际货币基金组织．世界经济展望（2000年10月）：聚焦转轨经济，171.

发展，美国企业纷纷利用计算机和网络技术进行技术改造，使得美国的劳动生产率提高、生产成本降低，产品价格也自然下降，进而拉低了物价，产生了抑制通货膨胀的效果。

此外，美国“新经济”推动了美国企业利润大幅增长，为美国政府的宏观经济政策调整提供了有利条件。1993年，克林顿政府一改过去赤字财政的宏观政策，采取增税政策，尤其是强调向大企业增税，同时采取了减少政府雇员、减少军费等紧缩财政开支的配套措施。经过克林顿政府几年的努力，美国在1997财政年度把财政赤字占GDP的比例从最高时的4%减少到了0.7%①，基本实现了收支平衡。

综上所述，以信息产业为核心的美国“新经济”有力地推动了20世纪末美国的经济高涨。从世界经济发展的角度看，这次持续了10年之久的经济高涨意味着经济增长方式的变化和生产方式的根本变革。同传统经济相比，“新经济”增长的动力更加强劲，是一种以信息技术为基础、由知识要素驱动的经济。虽然美国维持了20世纪90年代的经济繁荣，但经济周期波动是西方市场经济国家的规律，美国当然不例外。自1991年以来持续了117个月的美国经济高涨到2000年达到顶峰，从2001年第一季度起开始下降。因此，美国“新经济”也有自己的周期，经济周期与“新经济”同在。

三、西欧和日本的信息产业发展

首先看西欧的信息产业发展情况。欧洲是工业革命的摇篮，在传统产业发展方面一直处于世界前列，但是在信息产业发展方面却落后于美国。鉴于信息产业在未来新经济发展中的重要地位，欧盟和欧洲各国都把发展信息技术作为发展经济的战略任务。基于这样的背景，欧洲采取了一系列加快信息产业发展的措施。1997年4月15日，欧盟委员会提出了“欧盟电子商务行动方案”（A European Initiative in Electronic Commence）。该方案强调：欧盟必须在电子商务的基础设施、技术和服务方面做好充分的准备，迎接来自竞争者的挑战；政府需要带头采用电子商务形式和电子商务技术，采取“电子政府”的方式以适应电子商务的发展趋势。

1999年12月，欧盟赫尔辛基理事会通过了欧盟委员会发起的“电子欧洲——全民参与信息社会”计划，此举的目的是在信息技术领域全面追赶美国。2000年3月在里斯本召开的欧盟首脑会议进一步明确将发展信息社会作为欧盟未来10年的战略之一。除了专门发展信息技术的政策之外，欧盟的其他科技计划也对信息技术的发展有所倾斜。例如，“尤里卡计划”中就专门列出了信息技术的四大重点领域，即微系统的工业应用、软件开发、微电子技术在欧洲的应用以及封装和连接技术在欧洲的应用。鉴于欧洲在移动通信领域的优势，欧洲各国寄希望于以移动通信技术的开发和升级换代为突破口，在信息技术领域迎头赶上。

1997年8月，法国宣布把建立信息社会定为政府的优先行动之一，将之列为其“重大工程”。1998年1月又提出了一项信息社会政府行动计划，确定了法国官方行动的大政方针，旨在弥补法国在信息技术方面与其他国家，特别是与美国之间的差距，使之成

---

① 国际货币基金组织．世界经济展望（2000年10月）：聚焦转轨经济，14.

为促进经济增长和扩大就业的新动力。英国于 1997 年 10 月 6 日发布了《网络的利益：英国电子商务议程》文件，公布了英国电子商务的发展前景与规划，强调了电子商务在英国向知识经济转型过程中的关键作用。英国政府计划在培养需求、建立完善的服务体系以及制定相关的法律和规章制度框架等方面发挥积极作用。德国为了大力促进信息技术产业的发展，于 1999 年制订了“迈向 21 世纪信息行动计划”。该计划提出大幅提高国际互联网的使用比例，到 2000 年建成具有世界领先水平的计算机网络，推进多媒体在教学领域的应用，实现无线联网、新型宽带移动通信和发展光学网等信息技术及基础设施，以及促进国家行政管理机关广泛使用现代信息及通信技术等。

其次看日本的信息产业发展情况。日本政府自 20 世纪 70 年代以来就把信息产业作为现代知识密集型产业结构中具有代表性的战略产业加以扶植。虽然日本在 20 世纪 80 年代初期的总体科技水平已超过了欧洲，接近于美国，但是 20 世纪 90 年代日本信息产业的发展明显落后于美国，且与美国的差距逐渐扩大。日本在信息产业发展方面落后的重要原因是日本政府对网络经济的意义认识不足，没有及时推动日本经济向信息经济转型。

为促进信息产业发展，日本政府在 1994 年 8 月设立了高度信息通信社会推进本部，本部长为内阁总理大臣，副职为邮政大臣、通产大臣，成员包括全体内阁大臣。1998 年，邮政省出台了日本“信息通信大纲”，描述了面向 21 世纪的日本信息产业发展战略。为加快日本信息化建设进程，日本国会参议院在 2000 年 11 月 29 日通过了《IT 基本法》（即《高度信息通信网络社会形成基本法》）。2001 年 1 月，日本成立了以首相为部长、以全体议员以及民间有识之士为成员的 IT 战略总部（高度信息通信网络社会推进战略总部），并宣布了以“在 5 年之内把日本建设成为世界最先进的 IT 国家”为目标的“E-Japan 战略”；3 月，制订了作为具体行动计划的“E-Japan 重点计划”，使政府在推进 IT 革命的道路上有了明确的实施方案。

在政府的积极推动下，日本民间企业也加大了对 IT 产业的设备投资力度。2001 年，民间 IT 投资达 25 万亿日元，五年间增加了 1.7 倍，约占整个设备投资的 30%。① 在设备投资总体低迷的情况下，IT 投资的增加起到了支撑经济复苏的作用。在官民的共同努力下，日本已于 2003 年提前两年实现“E-Japan 战略”目标，在信息产业方面与美国的差距有所缩小，日本信息产业在近年来发展较快，社会信息化进程加速，信息技术革命正在向社会经济生活各领域渗透。

第五节　金融危机与新自由主义困境

一、日本泡沫经济破灭与长期萧条

20 世纪 80 年代，日本国民经济仍保持了稳定的增长。日本的经济增长率 1987 年为 4.9%，1988 年为 5.9%，1989 年为 4.8%。1988 年日本人均收入已增至 1.946 万美元，

① 张季风．挣脱萧条：1990—2006 年的日本经济．北京：社会科学文献出版社，2006：239-240.

超过美国，仅次于瑞士，居世界第二位。日本已成为世界头号贸易顺差国，巨额贸易顺差导致日本外汇储备大幅增加。1988 年，日本外汇储备增至 838 亿美元，居世界之首。1987 年，日本的资产净额达 2 500 亿美元，1990 年增至 4 000 亿美元。此外，日本对外直接投资大幅增加，截至 1987 年年底，累计金额已达 1 393.3 亿美元。全世界直接投资的外流资金中，日本所占比重达 12.5%，仅次于美国（17.3%）。1989 年，日本对外援助额已超过美国，达 100 亿美元，居世界之首。日本已成为世界最大的资本输出国和对外援助国。日本“经济大国”的地位在 80 年代进一步得到巩固与提高。

随着 1985 年秋季《广场协议》的签订，日元开始迅速升值。日元汇率开始由 1971 年固定汇率制下的 1 美元兑换 360 日元升值至 1988 年的 1 美元兑换 120 日元，升值了两倍。日本政府由于担心日元升值可能引发经济下行，实施了金融缓和政策。从 1986 年 1 月起，日本银行不断降息。到 1987 年 2 月，日本银行已降息 5 次，利率也由 1985 年的 5%下调到 1987 年的 2.5%，这是战后以来的最低水平。① 与此同时，日本加快了金融自由化进程，大规模撤销了金融管制。这就使得在低利率政策持续的 20 世纪 80 年代后半期，日本货币供应量（M2＋CD）的增长率超过 10%，远远超过 GDP 名义增长率，由此导致了经济中的流动性过剩，资本市场上资金供应空前增加。大量过剩资金开始流入房地产市场和股票市场，推动了地价、股价等资产价格的大幅上升。

如表 20－1 所示，东证股价指数在 1986 年度创下约 48%的涨幅后，直到 1989 年度一直保持了较大的涨幅。1989 年年末，东证股价指数增长到 2 881.37，相比 1985 年的 1 049.40 增长了近两倍，增速惊人。与此同时，城市中心市街地价指数从 20 世纪 80 年代后半期开始不断上升。

表 20－1　1985—1989 年日本股价、地价指数

年份	东证股价指数	市街地价指数	
		2010 年＝100	年增长率（%）
1985	1 049.40	91.5	2.8
1986	1 556.37	94.1	2.8
1987	1 725.83	99.2	5.4
1988	2 357.03	109.1	10.0
1989	2 881.37	117.4	7.6

资料来源：日本内阁府．平成 25 年度年次经济时政报告，2013－07.

一方面，从 1990 年 2 月开始，日本股票价格急剧下跌，在随后的一年里下降了 40%；另一方面，从 1990 年 10 月起，日本的房地产交易突然减少，土地价格开始下降。

由于泡沫经济破灭，在 1990 年以后的 5 年间，日本全国资产损失达 800 万亿日元，接近日本 1990 年国内生产总值的 2 倍，由此可见泡沫经济破灭所带来的损失之大。房地产价格的急剧下跌使房地产投机者无力偿还银行的贷款，银行的大部分房地产贷款都变成了不良资产。巨额的不良资产、金融坏账对日本的金融业和经济产生了严重的影响。

① 王洛林．日本经济蓝皮书 2009．北京：社会科学文献出版社，2009：307.

经济的复苏需要金融业的强力支持，而日本金融体系的稳定性因沉重的坏账负担而大打折扣，难以向企业提供充足的资金，这对日本经济复苏无疑是雪上加霜。进入20世纪90年代以来，日本经济经历了战后最严重的衰退。1990—1999年，日本经济年均增长率只有0.9%。1997年，在东南亚金融风暴中，日本经济又一次遭受打击。1998年出现负增长，实际增长率为－1.8%，1999年仍为负增长，实际增长率为－0.2%。①

虽然日本经济进入21世纪以来开始呈现温和复苏，但经济形势并不稳定，经济长期萧条趋势明显。根据国际货币基金组织在2006年《世界经济展望》中提供的数据，日本2000—2005年的实际GDP增长率分别为2.9%、0.4%、0.1%、1.8%、2.3%、2.6%②，均在3%以下。然而2008年全球金融危机的爆发导致日本经济出现了自20世纪70年代以来最大幅度的负增长。

2000年以来，日本经济发展处于长期萧条，总体经济发展出现倒退趋势。日本国内生产总值（名义）从2000年的510.83万亿日元下降到2012年的474.76万亿日元。日本国内失业率从2000年的4.7%上升到2002年的5.4%，2008年世界金融危机后失业率再次上升，2009年的失业率为5.1%，2010年的失业率依然保持在5.1%的高位，直到2011年才降至4.6%。③

二、美国次贷危机与世界金融危机

美国次贷危机是21世纪初美国发生的经济衰退的深化与发展。从20世纪80年代开始，美国进行了大规模的产业结构调整，把大量实体制造业转移到拉美和东南亚，而把美国本土打造成金融、贸易等服务业中心。同时，在里根及其继任者的极力推动下，以新自由主义为基础，以私有化、市场化和自由化为目标的“华盛顿共识”在西方国家和拉美广泛推行。1999年，美国政府正式废除1933年颁布的《格拉斯-斯蒂格尔法案》，代之以《金融服务现代化法案》，从而开辟了美国金融业混业经营的局面，结束了银行、证券、保险分业经营与分业监管的局面。随着信息技术的迅速进步、金融自由化程度的提高，以及经济全球化的发展，虚拟资本的流动速度越来越快。20世纪90年代后期，信息高速公路概念迅速转化为纳斯达克网络泡沫的推动力量，网络概念股均被爆炒至上百美元甚至数百美元的离奇价格。2000年，纳斯达克网络泡沫破灭，总计将近10万亿美元的资本从纳斯达克股票市场逃出，美国陷入经济衰退困境。

为了应对网络泡沫破灭后的经济衰退，2001年1月—2003年6月，美联储连续13次下调联邦基金利率，使该利率从6.5%降至1%的历史最低水平。低利率促使美国民众将储蓄拿去投资，银行过多发放贷款，这直接促成了美国房地产泡沫的持续膨胀。逃离股票市场的网络资本利用廉价信贷，在金融杠杆的作用下不断投机，制造了房地产泡沫。

为了维持房地产业繁荣，抵押贷款公司和商业银行将大量贷款贷给那些收入偏低、收入不固定甚至没有收入的人，从而产生了大规模次级贷款。而抵押贷款公司和商业银

①② 国际货币基金组织．世界经济展望（2005年9月）：建立制度．北京：中国金融出版社，2006：163.

③ 王洛林，张季风．日本经济与中日经贸关系研究报告（2013）．北京：社会科学文献出版社，2013：361.

行又把各自放出去的次贷打包卖给“两房”（房利美和房地美，美国最大的两家具有政府性质的住宅抵押贷款融资机构），从而又获得了重新放贷的资金。“两房”凭借其背后的国家信用担保，低息借债买下次贷，然后通过资产证券化的方法，将其转换成债券，以次债的形式在市场上发售。华尔街的投资银行等金融机构买了次债以后，利用“精湛”的金融创新手法，创造出更大规模的次债信用衍生品并予以出售。通过这种方式，最初一美元的贷款可以被放大为几美元，甚至十几美元的金融衍生产品，从而形成了巨大的金融泡沫。

泡沫终究难逃破灭的结局，美联储迫于通货膨胀压力自 2004 年 6 月起重新开启加息周期，美国房地产价格自 2006 年 6 月起开始下跌，次级抵押贷款市场繁荣的基础已不存在，风险正在增大。2007 年 4 月，美国第二大次级抵押贷款企业新世纪金融公司申请破产保护，美国次级抵押贷款危机爆发，风险迅速传播到其他金融领域。2008 年 3 月，美国第五大投资银行贝尔斯登倒闭。9 月 15 日，美国第四大投资银行雷曼兄弟公司出现巨额亏损，宣布申请破产保护，这标志着美国金融危机的全面爆发。同日，道琼斯指数重挫逾 500 点，标准普尔下跌近 5%，创下“9·11”恐怖袭击以来的最大单日跌幅。与此同时，美林证券也陷入破产危机，最终被美国银行收购。其他著名金融机构如高盛、摩根士丹利、华盛顿互惠银行和美国国际集团等也都摇摇欲坠。9 月 21 日晚，美联储宣布，批准幸存的最后两大投资银行高盛和摩根士丹利提出的转为银行控股公司的请求。9 月 22 日，美联储通过短期贷款拍卖方式向商业银行提供了 750 亿美元资金，以缓解信贷紧缩形势。美国次贷危机进入了全面、深层次大爆发的阶段。在次贷危机的影响下，如图 20－2 所示，自 2007 年第四季度开始，美国的实际 GDP 增长率为负，经济衰退一直持续到 2009 年第二季度。

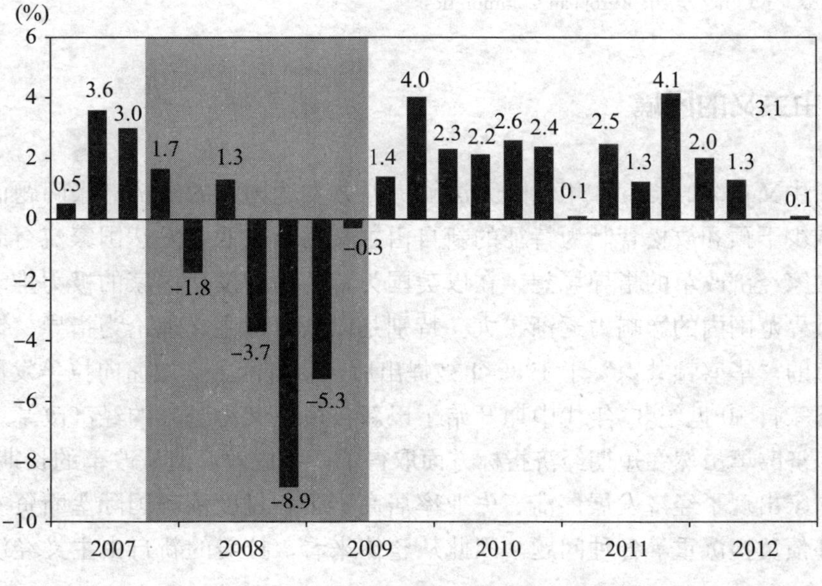

图 20－2　美国 2007—2012 年实际 GDP 增长率

资料来源：CEA. *Economic Report of the President*，2013，p. 43.

美国次贷危机在重挫美国金融体系的同时，也导致了世界其他经济体的金融动荡和经济衰退，美国次贷危机逐渐演化为世界金融危机。在此次世界金融危机的影响下，如图 20－3 所示，欧元区和英国自 2008 年第一季度开始，实际 GDP 增长率为负，经济衰退一直持续到 2009 年第二季度。

2008 年的世界金融危机导致了全球性经济危机，此次经济危机是第二次世界大战之后资本主义世界发生的最严重的一次经济危机。经济危机的根本原因在于资本主义的基本矛盾，但其直接诱因则是 2007 年的美国次贷危机及其引发的空前严重的世界金融危机。

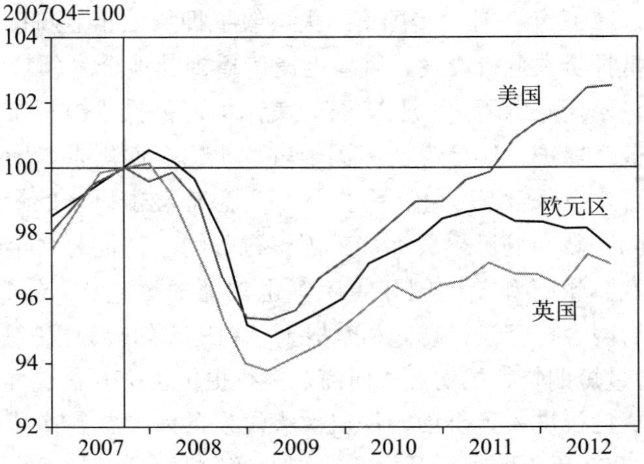

图 20－3　2007—2012 年美国、欧元区、英国实际 GDP 走势比较图

资料来源：U. S. Bureau of Economic Analysis. National Income and Product Accounts；U. K. Office for National Statistics；Statistical Office of the European Communities.

三、新自由主义的困境

凯恩斯主义自 20 世纪 70 年代因无法解决西方发达国家的经济滞胀问题而陷入衰落以后，以减少干预和放松管制为特征的新自由主义逐渐在西方发达国家流行起来，成为西方发达国家经济改革的指导思想。在以美国为首的西方发达国家的极力推动下，新自由主义在世界范围内的影响力逐渐扩大。特别是以新自由主义理论为指导、针对拉美国家经济改革的“华盛顿共识”于 1989 年被提出后，新自由主义加速向拉美发展中国家蔓延。拉美国家自 20 世纪 80 年代中期开始了以新自由主义为基础的经济改革。拉美的新自由主义经济改革虽然在短期经济指标方面取得了一些成效，但从改革的长期绩效来看，却使拉美国家出现了经济发展停滞、失业率居高不下、过度依赖国际垄断资本、贫富差距拉大、外债负担沉重等各种问题。因此从整体来看，拉美的新自由主义经济改革是失败的。

20 世纪 90 年代初，按照美国经济学家萨克斯教授提出的以新自由主义理论为指导思想的“休克疗法”，俄罗斯进行了 10 年的激进式改革，改革致使俄罗斯经济崩溃、两极分化严重、社会混乱、各种经济社会指标大倒退。俄罗斯的新自由主义“休克疗法”最终以彻底失败告终。

新自由主义30多年来的实践最终以全球性金融危机和世界性经济危机的形式作为结局，充分说明了新自由主义理论本身存在严重缺陷。在应对2008年全球性金融危机的过程中，以美国为首的西方发达国家对新自由主义政策进行了部分调整。金融危机爆发后，各国在应对危机的过程中普遍推出了包括金融救助、扩大财政支出、宽松货币政策等在内的强劲“救市计划”，以刺激经济实现复苏。西方国家采取的反危机措施具有明显的凯恩斯主义干预政策的特征，意味着凯恩斯主义及其政策实践的回归，更意味着新自由主义的终结。这里特别值得一提的是，时任英国首相的戈登·布朗在2009年4月举行的二十国集团（G20）伦敦峰会闭幕新闻发布会上宣称：“旧有的华盛顿共识已经终结。”

关键词

马歇尔计划	日本泡沫经济	新自由主义	信息产业革命
里根改革	撒切尔夫人改革	新经济	次贷危机

思考题

1. 马歇尔计划对欧洲复兴起了什么作用？
2. 为什么说20世纪五六十年代是世界经济发展的黄金时期？
3. 谈谈你对20世纪80年代以来新自由主义思潮的认识。
4. 简述里根总统执政期间经济改革的主要内容。
5. 简述信息产业革命对世界经济发展所产生的影响。
6. 简述美国“新经济”在20世纪90年代出现的原因。
7. 试分析20世纪90年代以来日本经济陷入长期萧条的原因。
8. 简述2008年爆发世界金融危机的原因。

第二十一章
计划经济体制的实践与转型

重点问题

- 社会主义经济制度的最初实践
- 苏联和东欧国家的计划经济体制改革
- 中国社会主义市场经济体制的建立
- 中国特色社会主义新时代

第一节　社会主义经济制度的最初实践

社会主义制度的大范围确立是20世纪世界史的重大事件。继苏联之后，东欧的波兰、民主德国、阿尔巴尼亚、罗马尼亚、南斯拉夫、保加利亚、匈牙利，亚洲的蒙古、朝鲜、中国、越南和美洲的古巴等国，也先后确立了社会主义制度。为迅速发展国民经济，这些国家几乎都选择了苏联模式，建立了高度集权的经济体制。然而，计划经济在取得巨大成就的同时，其高度集中所产生的弊端也日渐暴露，为此，各国对计划管理体制进行了不同程度的调整和改革。

一、苏联社会主义制度的创立

1. 十月社会主义革命

早在16世纪，英国思想家托马斯·莫尔就针对私有制的弊端，虚构了一个财产公有、按需分配的乌托邦社会。18世纪，声势浩大的启蒙运动在法国爆发，不仅为资产阶级革命做好了舆论准备，而且促进了无产阶级意识的觉醒。以圣西门、傅立叶和欧文为代表的空想社会主义者将批判的矛头对准了资本主义制度，主张建立一个没有资本主义弊端的理想社会。19世纪40年代，马克思和恩格斯在科学总结欧洲工人运动经验，批判地吸收空想社会主义思想成果的基础上，创立了科学社会主义，欧洲工人运动也因此有了科学的指导思想。1871年3月18日，人类历史上第一个无产阶级政权——巴黎公社——建立。之后，以科学社会主义为旗帜的无产阶级政党和组织相继建立起来，为社会主义制度的确立奠定了坚实的基础。

20世纪初的俄国是各种矛盾的集中点。从1861年农奴制改革以来，俄国就走上了资本主义道路。通过19世纪末20世纪初的工业革命，到第一次世界大战前，俄国的工业总产值已占世界第五位、欧洲第四位，但在1913年仅占世界工业产值的5.3%，相当于美国的1/7和德国的1/3，与主要资本主义国家相比差距还很大。① 另外，国内经济结构矛盾突出，外国资本控制了矿山、铁路、银行等重要经济部门，农奴制残余使国内阶级矛盾日益激化。1917年，在俄国布尔什维克党的领导下，俄国无产阶级利用第一次世界大战的机会，取得了十月革命的成功。

十月革命后，列宁领导的苏维埃政权对经济进行了改造。在土地方面，宣布立即无偿地废除土地私有制，将地主、皇室、官府、教会的全部土地，连同耕畜、农具、建筑物等移交给乡土地委员会和贫农，由其代表苏维埃支配，按人口或按劳动力平均分配给农民无偿使用。在金融方面，实施银行国有化，建立了苏俄人民银行，并宣布一切股份企业均为国家财产，股票在5 000卢布以上或每月收入在500卢布以上的股东必须向国家交出全部股票。在企业方面，接管了沙俄的国有企业，在对私人大企业实行工人监督之后又将其收归国有，建立起最初的社会主义工业企业。在商业方面，将大商业企业和其他批发商业组织，以及一部分零售商店收归国有，形成了国营商业对粮食、布匹、皮革、农机等重要商品的国家专卖制度，以及对外贸的国家垄断制度。此外，还发展了合作社商业。

为加强国家对经济的控制与管理，苏维埃设立了最高国民经济委员会，负责组织国民经济和国家财政，制定调节全国经济生活的总准则和总计划，协调中央和地方以及国民经济各部门之间的经济活动，组织全国的生产。

1918年3月，列宁在苏共七大上全面阐述了社会主义的经济建设纲领：废除生产资料私有制，把银行、土地、厂矿企业收归国有，建立国家所有制；由国家统一组织生产，即用社会主义方式组织全国范围内的生产，由工人组织在苏维埃政权的统一领导下进行管理；全体居民参加消费生产公社，进而实行有计划、有组织的分配，以彻底地代替“贸易”，消除商品和货币；实行普遍劳动义务制。此外，列宁还提出利用各种形式的国家资本主义，以抵制小生产的自发势力，组织大生产。

列宁的设想是直接过渡到共产主义生产和分配，但这个计划还未来得及实施，经济体制就不得不因战争而转入了战时共产主义体制。

2. 战时共产主义政策

苏维埃政权建立之后，随即受到帝国主义国家的武装干涉，国内反动势力也掀起武装叛乱，苏维埃政府被迫进行了捍卫新政权的战争。在战争期间，苏维埃政府采取了战时共产主义政策，其内容主要包括以下几个方面：

第一，实行高度集中的战时管理体制。1918年11月，以列宁为首的工农国防委员会成立，负责动员全国人力、物力和财力，是领导全国战时经济工作的最高机关。在战时管理体制下，国营企业受中央总管理局控制，实行“直接领导制”和“统收统支制”，企业的生产计划、原材料供应和产品分配均由总局决定，企业成为完成任务的生产车间。

---

① 吴恩远．十月革命：必然性、历史意义和启迪．世界历史，1997（5）．

第二，进一步实施国有化。苏维埃颁布了一系列国有化法令，在大工业基本国有化的基础上，进一步把中型企业和大部分小企业收归国有。此外，苏维埃政府还对私有铁路、大商业企业实行国有化，并在扩大商品专卖范围的同时，广泛组织消费公社、农业公社、国营农场、共耕社等。这样，在战时共产主义时期，苏联就基本完成了农业以外的生产资料所有制的社会主义改造。

第三，实行余粮收集制和粮食摊派制。1918 年，苏维埃决定实行粮食垄断政策，禁止一切私人买卖粮食。粮食的收购与供应统一由粮食人民委员会负责，农民的余粮必须按固定价格交售给国家，以保证全国军民的供给。1919 年，苏维埃政府又实行粮食摊派制，要求根据国家对粮食的最低需要量，将交售粮食的任务摊派给各产粮省，然后逐级摊派下去，直至农户。余粮收集制的实行，导致农民不仅被征收了全部余粮，而且被征收了一部分口粮和种子，近乎无偿剥夺农民。随后，摊派制的适用范围扩大到肉类、油脂、经济作物等。

第四，实行主要食品和日用品配售制。1919 年 3 月，苏维埃政府将城乡各种形式的合作社一律联合并改组为统一的消费公社，规定全体城乡居民都必须加入消费公社，日用必需品由国家统一分配。1920 年年底，又宣布免费供应居民食品，免费向居民发放日用消费品，工人、职员免交住宅费用，免交供水、排水、煤气等公共事业的费用。经济生活几乎完全实物化。

第五，实行普遍劳动义务制和劳动军事化。为了解决劳力不足问题，苏维埃政府在 1920 年发布法令，规定所有居民，不论其从事何种工作，都必须一次性地或定期地履行各种性质的劳动义务。同时，实行劳动军事化，用强制手段把工人固定在需要的工作岗位上，强调任何公民如不履行劳动义务或在劳动中私自逃跑，将交由法院甚至革命法庭治罪。普遍劳动义务制实际上演变成了强迫劳动制。

战时共产主义体制的形成和发展，是出于苏维埃政府争取战争胜利的需要，同时与俄共（布）党内排斥商品和货币关系的产品经济思想有着直接联系。这种特殊的经济体制对于保证战争胜利起到了积极作用，但它也超越了生产力的性质和水平，阻碍了生产力的发展，加剧了战争的破坏性后果。

3. 新经济政策的实施

到 1920 年年底，苏维埃政府取得了国内战争的彻底胜利，但四年战争和战时共产主义政策使国家经济遭到了严重破坏，工业产值仅为 1913 年的 1/7，农业产值仅为战前的 2/3，国内经济处于瘫痪状态。为了恢复经济，克服危机，苏维埃政府决定推行“退一步是为了向前进”的“新经济政策”，其具体做法包括以下五个方面：

第一，用粮食税代替余粮收集制。1921 年 3 月，全俄苏维埃中央执行委员会颁布了《关于以实物税代替余粮收集制的决议》，规定征税方式是从农户生产的产品中按百分比或一定比例提取，征税时要考虑农户的收获量、人口和实有牲畜数量；对贫苦农户给予优待；所有农户在缴纳粮食税后，可以自由处理剩余的粮食。随后，苏维埃政府宣布将 1921—1922 经济年度的粮食征集额由 4.23 亿普特降为 2.4 亿普特，大大减轻了农民的负担。

第二，颁布《土地劳动使用法》。1922 年 5 月，苏维埃政府颁布了《土地劳动使用法》，允许出租土地，期限一般定为3年，特殊情况可延长至6年。该法还允许使用雇佣劳动力，农民可以自由选择使用土地的形式。

第三，产品交换变成商品买卖。到1921年下半年，苏维埃政府开始允许农民和小手工业者把自己的劳动产品拿到市场上自由买卖，恢复国内的自由贸易。另外，在各地成立国营百货公司等机构，以活跃商业往来。政府还从信贷税收等方面鼓励和促进私营商业的发展。

第四，实行租让制和租赁制。1920年11月，人民委员会公布《租让法令》，允许外国资本家在苏俄开办租让企业或同苏维埃政府一起组织合营股份公司。1921年7月，苏维埃政府公布《租借条例》，决定把一批中小工厂和商店租借给本国的公民、合作社和其他联合组织，由私人经营，但所有权仍属于国家。而租借者必须接受国家的监督、指导，遵守政府的法令，按时交纳租金，到期把企业交还国家。

第五，实行国有企业核算制。内战结束后，苏维埃政府在"新经济政策"下，按照列宁提出的对国营企业改行经济核算，"在相当程度上实行商业的和资本主义的原则"①，解散了大多数的总管理局，要求各企业按部门组成托拉斯。托拉斯负责管理企业，独立进行经济核算。此外，还废除了平均主义的工资制度，实行按技术高低、贡献大小付酬的办法。

"新经济政策"效果显著。到1925年，苏联全国的谷物总产量接近战前水平，达到7 247万吨，工业总产量为战前的73%，铁路运输业的货物周转量为战前的80%。国内商品流转总额大约是战前的70%。1925—1926年，工人的实际工资水平达到战前的93.7%。② 至此，苏联基本恢复了国民经济。

"新经济政策"具有重大历史意义。它不仅在短期内消除了苏联国内的政治、经济危机，巩固了工农联盟，推动了生产力的发展，为苏联实现社会主义工业化和农业集体化创造了条件，而且是对马克思主义的一次积极完善。实施"新经济政策"的经验表明，我们建设社会主义并不一定要消灭市场关系，而恰恰是要通过市场关系走向社会主义。

二、苏联的计划经济和工业化

1. 社会主义国家工业化

苏联最初的工业化战略是由列宁提出来的。1921年6月，列宁在共产国际第三次代表大会上指出，"社会主义的唯一的物质基础，就是同时也能改造农业的大机器工业"，并要求"必须把这一原理具体化"，应用到社会主义建设中去。③ 而发展重工业也成为苏联初期工业化的指导方针。随后，斯大林发展了列宁的思想，认为苏联将长期处于资本主义世界的包围之中，为了避免被资本主义世界的经济优势和军事进攻毁灭，苏联必须在10年内实现工业化，消除与发达国家50～100年的差距，以对付新的帝国主义战争的

---

① 列宁选集：第4卷.3版修订版.北京：人民出版社，2012：620.

② 齐世荣，吴于廑.世界史：现代史编：上.北京：高等教育出版社，2011：166.

③ 列宁全集：第32卷.北京：人民出版社，1958：446-447.

威胁。

1925 年 12 月，联共（布）十四大确定了把苏联“从农业国变为能自力生产必需的装备的工业国”的国家工业化方针。第一，大力发展重工业，特别是机器制造业。斯大林指出，“工业化的中心、工业化的基础，就是发展重工业”，具体而言就是“发展生产资料的生产”和“发展本国的机器制造业”①。优先发展重工业也因此成为苏联工业化的基本方针。第二，保证较高的发展速度。1927 年以前，斯大林强调工业发展必须与农民经济结合，必须考虑积累的速度和用以发展工业的后备力量，强调量力而行。但随后，斯大林一再要求继续提高社会主义大工业的增长速度，不断提高生产指标，不断扩大基本建设和投资。第三，依靠国内资金积累。为了保证高速发展工业所需要的资金，苏联将积累率从 1925 年的 9.7%提高到 1928 年的 20.8%，消费基金在国民收入中的比重则由 1925 年的 90.3%降为 1928 年的 79.2%。② 为了给工业化提供更多的资金，苏联长期实施了农业产品义务交售、农业税及工农业产品价格过大的“剪刀差”等政策。

为了加快国家工业化，苏联党和政府采取了一系列措施，包括：实行计划经济体制，加强计划调节；改进工业管理体制，加强责任制；开展社会主义劳动竞赛，加强劳动纪律，降低生产成本和提高工作质量；培养技术干部，努力掌握新技术；改革工资制度，加强物质激励；加强经济核算，重视提高经济效益；发展对外关系，引进先进技术；等等。

1928 年 10 月，苏联开始实施第一个五年（以下简称“一五”）计划。“一五”计划的目标是：在短期内把苏联从一个农业国变为一个工业国，使它成为一个经济上不依赖于资本主义世界的强大国家。“一五”期间，苏联总投资达到 248 亿卢布，其中重工业的投资占资本总额的 86%，建立了 1 500 家大型现代化企业。1933 年，苏联开始执行第二个五年（以下简称“二五”）计划。“二五”期间，苏联新建了 4 500 家企业，生铁生产能力相比“一五”期间增加了 129.8%，炼钢能力增加了 221.2%，轧钢能力增加了 371.8%。到 1937 年，苏联工业总产值已跃居欧洲第一位，仅次于美国而居世界第二位。1940 年，苏联的生铁已达到 1 500 万吨，钢达到 1 830 万吨，煤达到 1.6 亿吨，石油达到 3 100 万吨，商品谷物达到 3 830 万吨，棉花则为 270 万吨。③ 苏联不仅实现了社会主义工业化，也为卫国战争的胜利奠定了基础。

苏联的国家工业化在短短十几年内取得了惊人的成就，但工业结构也日趋重型化，为国民经济的健康发展埋下了隐患。

2. 农村社会主义集体化

早在十月革命胜利后的土地改革中，苏维埃政府就着手建立了第一批集体农庄。到 1918 年年底，全国已建成 1 600 个集体农庄。到 1925 年，集体农庄达到 2.19 万个，占全苏联村庄总数的 7.3%；总产值 9 000 万卢布，占全国农业总产值的 1.4%。④ 而在实

① 斯大林全集：第 8 卷．北京：人民出版社，1954：112－113.
② 董辅礽．苏联国民收入动态分析．武汉：湖北人民出版社，1959：182.
③ 李树藩．苏联社会主义工业化与优先发展重工业方针．俄罗斯中亚东欧研究，1983（2）．
④ 王景新．斯大林农业全盘集体化运动和集体农庄制度演变及重新评价．中国集体经济，2012（34）．

施“新经济政策”的过程中，由于允许土地出租和雇佣劳动，所以不可避免地出现了农民的分化。到 1927 年，苏联的富农达到 98 万户①，其中一半左右是实施“新经济政策”的过程中产生的，这显然与社会主义目标不相符。但更重要的问题还是农产品价格问题。农民作为小商品生产者，希望国家少干预市场，价格能按价值法则和供需关系调整。但为实现工业化，必须依靠工农产品价格“剪刀差”来加速建设资金的积累。这一期间，国家对工农业产品的几次调整都未能解决好同农民的关系，市场也越来越脱离国家控制，影响着工业化的迅速开展。在这种情况下，苏联党和政府开始把注意力从调整工农关系转向改造小农。

农业集体化是改造小农的重要途径，因为集体化“能够在几年以内就使全国各地布满了能够采用新技术，利用农艺上的一切成就和向国家提供更多的商品产品的巨大集体农庄”②。1927 年年底，俄共（布）十五大召开，大会确定了农业集体化方针，要求“把个体小农经济联合并改造为大规模集体经济”，但同时指出，农业集体化应是“逐步的”，个体私有经济“在相当长的时期内仍将是整个农业的基础”。

然而，由于粮食收购价格偏低，农民的生产积极性有限，加上富农及投机商人的破坏，苏联在 1927 年年底爆发了粮食收购危机。在斯大林看来，粮食收不上来是富农反抗造成的，必须采取取消个体经济、普遍实行集体化、消灭富农等非常措施，强迫富裕农民把多余的粮食按固定价格卖给国家。1929 年，苏联通过了大力支持整村整乡实行集体化的决议，提出了全盘集体化的任务，并以法律形式确定下来。1929 年下半年，苏联农村掀起了全盘集体化运动。

苏联的农业集体化经历了四个阶段：

1929 年下半年是发动阶段，全国形成了整村、整乡、整区、整州农民加入集体农庄的运动，集体化农户的比重由 1929 年 7 月的 3.9％猛增到 1930 年 1 月的 21.6％。

1929 年年底至 1930 年 3 月是冒进阶段，联共（布）宣布实行消灭富农阶级的政策，号召在集体化运动中开展“真正的社会主义竞赛”。在中央的压力下，地方工作人员盲目冒进，强迫命令、违法乱纪等过火行为普遍存在。到 1930 年 3 月，集体化农户的比重骤增至 56％，全国 100 万户富农所剩已不足一半。

1930 年春夏是调整阶段。集体化过程中的强迫命令和违法乱纪招致了农民的强烈不满和恐慌，农民大批宰杀牲畜，一些地方甚至出现了大规模暴动。1930 年春夏，斯大林和联共（布）先后发表了《胜利冲昏了头脑》《关于反对歪曲党在集体农庄运动中的路线的决议》，要求禁止采用强制手段实行集体化，强调吸引农民在自愿基础上加入农庄，禁止把住宅、自用奶牛、猪、羊和家禽集体化，重新审查被没收的财产等。为了巩固农庄，苏联政府还批准了农业劳动组合示范章程，给农庄 5 亿卢布的贷款等。

1930 年秋至 1934 年为完成阶段。在 1932 年年底，苏联共建立了 21 万多个集体农庄，全国 60％以上的农户走上集体化道路，国营农场和集体农庄的播种面积达到总播种

① 梁其林．苏联农业集体化时期的农业生产与富农政策初探．厦门大学学报（哲学社会科学版），1989（3）．

② 斯大林文集（1934—1952 年）．北京：人民出版社，1985：481．

面积的80%。[1] 于是，联共（布）中央在1933年1月宣布："把分散的个体小农经济纳入社会主义大农业的轨道的历史任务已经完成，苏联已由小农国家变成了拥有规模最大的农业的国家。"到1937年，苏联共有24.37万个集体农庄，加入集体农庄的农户占总户数的93%，播种面积达到99%[2]，农业全盘集体化的任务已经完成。

农业集体化实现以后，苏联建立了农业公有经济制度。一方面，富农阶级被消灭，个体农民变成集体农庄庄员并进行集体劳动，集体农庄庄员按完成的劳动日领取报酬，国营农场职工实行计时工资和计件工资。另一方面，农业企业的生产由国家计划下达，农庄的主要农产品由国家统一收购，政府也承担了提供贷款和种子、加强农业技术改造等任务。

苏联的农业集体化事实上是服从于工业化目标的。但巨大的工农业产品价格"剪刀差"对农业的生产、流通和分配的刚性控制，对农业劳动力的集中管理，对农民财产的强制剥夺，以及国家对农业的单一投资等，都严重制约了农业发展，使苏联农业生产长期处于落后和停滞的状态。

3. 计划经济体制的确立

苏联大工业中的私有经济早在战时共产主义时期就被消灭了，以后又逐步排挤和消灭了小工业中的私有制经济，并在此基础上建立了公有制经济。

苏联的公有制经济由国营经济和集体经济构成。1937年，整个公有制经济在国民收入中占99.1%，在工业总产值中占99.8%，在农业总产值中占98.5%，在商业零售总额中占100%。公有制经济一统天下的格局已经形成。

在公有制经济发展的基础上，苏联进一步建立了计划经济体制，其主要内容包括：一是实行三级管理（部—总管理局—企业）或两级管理（部—企业），国家通过各经济部垂直管理全国企业。二是进行计划管理，计划权限高度集中在中央计划机构手中，所下达的计划任务的范围包括所有国民经济部门，计划指标多达上千种。三是对物资实行国家计划分配。分配方法包括：统配制，即计划调拨；集中计划供应制，即根据各部的中央销售机构制订的产品分配计划供应物资；非集中计划供应制，即由地方政府或中央管理局的地方销售机构和计划机构直接制订计划和分配物资；企业自筹制，即企业在自己的附属单位生产供自己使用的材料和燃料。四是实行高度集中的价格管理体制，即大量生产或大批量生产的产品，其价格都由苏联政府制定，其他产品价格则实行分级管理。五是实行国家计划范围内的经济核算制，即经济核算与国家经济计划结合进行。六是实行按工人的熟练程度、工作性质、劳动条件和生产特点等制定的工资等级制。

苏联的计划经济体制形成于国家工业化时期，对于动员人力、物力、财力以加快国家工业化具有重要意义。但计划经济体制仅仅是社会主义经济制度运行中的一种资源配置方式，这种经济体制并不是社会主义经济制度的本质要求，它也反映不了社会主义经济制度的根本性质。换言之，社会主义经济制度的确立并不必然要求实行计划经济体制，实行计划经济体制的目的是推动社会主义经济的发展，一旦它制约了社会

---

① 郑秉文．论苏联农业全盘集体化的必要性和特殊性．苏联东欧问题，1992（1）．

② 王景新．斯大林农业全盘集体化运动和集体农庄制度演变及重新评价．中国集体经济，2012（34）．

主义经济的发展或者一种新的经济体制更能推动社会主义经济的发展，就需要对经济体制进行改革。但苏联在社会主义经济制度建立的过程中，却把计划经济体制看作社会主义经济制度的内在规定，从而忽视了商品货币关系和市场配置资源的作用。在苏联恢复国民经济和基本完成国家工业化任务以后，这种体制的弊端就明显暴露出来了。

三、中国社会主义经济制度的确立与探索

1. 新民主主义向社会主义的过渡

在1949年3月的七届二中全会上，毛泽东强调了党的工作重心由乡村转移到城市，并指出了中国由农业国转变为工业国，由新民主主义社会转变为社会主义社会的发展方向。9月，《中国人民政治协商会议共同纲领》（以下简称《共同纲领》）指出了新民主主义经济建设的根本方针为“公私兼顾、劳资两利、城乡互助、内外交流”。同时明确要调剂国营经济、合作经济、农民和手工业者的个体经济、私人资本主义经济和国家资本主义经济，使各种社会经济成分在国营经济的领导之下，分工合作，各得其所，以促进整个社会经济的发展。

在《共同纲领》的指引下，中国共产党带领全国人民开始了建立新民主主义经济的奋斗。第一，建立政府经济管理体系，成立负责一切经济部门工作的政务院财政经济委员会，“统一财经”，明确党对政府经济工作的直接领导体制。第二，没收官僚资本，建立国营经济。到1949年年底，全国73%的发电机、70%的煤炭、60%的铁、90%的钢、60%的水泥由国营企业生产。至于金融、铁路、港口、航空等产业，国营经济更是占有绝对优势。① 第三，通过管制、代管、征购、征用等形式，把帝国主义在华企业逐步变为国有，基本消除了帝国主义在中国的经济残余。第四，实行土地改革，使3亿多无地、少地的农民无偿获得了7亿亩土地，占农村人口90%以上的贫雇农、中农占有全部耕地的90%以上②，扭转了封建土地所有制长期占统治地位的格局。

中华人民共和国成立后，面临着恢复经济的紧迫任务。1949年12月，新生的人民政权要求用三到五年的时间恢复国民经济，使工农业生产达到战前的最高水平。到1952年，国民经济奇迹般恢复。其中，农业产值由1949年的326亿元增加到461亿元，粮食产量从11 318万吨增加到16 392万吨；工业总产值由140亿元增加到349亿元；社会总产值由557亿元增加到1 015亿元；国民收入由358亿元增加到589亿元。③ 此外，财政状况根本好转，交通运输和基础设施得到明显改善，人民生活水平明显提高。

经过酝酿，1953年6月，中共中央正式提出了“过渡时期总路线”，明确指出：“过渡时期的总路线和总任务，是要在一个相当长的时期内，逐步实现国家的社会主义工业化，并逐步实现国家对农业、对手工业和对资本主义工商业的社会主义改造。”“过渡时期总路线”的实质是改变生产关系，建立社会主义公有制，为进一步解放和发展生产力创造条件。随后，轰轰烈烈的社会主义改造运动全面展开。

---

① 武力．中华人民共和国经济史：增订版：上卷．北京：中国时代经济出版社，2010：82.

②③ 苏少之．中国经济通史：第10卷：上．长沙：湖南人民出版社，2002：33，89-91.

2. 社会主义经济制度的确立

农业的社会主义改造是通过农业合作化运动实现的。早在 1951 年，中共中央就提倡“组织起来”，按照自愿互利的原则，发展农民互助组织。1953 年 12 月，中共中央向地方下达了发展农业合作社的任务指标。随后，全国出现了互助组大量转为农业合作社的势头。但由于农业合作社发展太快，量多而质不高，受到农民的抵制。1955 年春，中共中央决定对农业合作社进行整顿和巩固。在加快发展农业合作社的主张下，从 1955 年下半年起，全国掀起了农业合作化高潮。

手工业的社会主义改造是通过组织生产合作小组、供销合作社和生产合作社而实现的。1953 年 11 月，国家确立了手工业社会主义改造的方针和政策：在方针上“积极领导，稳步前进”；在组织形式上由生产合作小组、供销合作社到生产合作社；在方法上“从供销入手，实行生产改造”；在步骤上“由小到大，由低级到高级”。1955 年下半年，在全党批判“右倾保守思想”的背景下，手工业的社会主义改造步伐加快。到 1956 年年底，全国手工业合作社成员已占全部手工业从业人员的 91.7%，手工业合作组织的产值已占全部手工业产值的 92.9%①，手工业的社会主义改造基本完成。

对资本主义工商业，在 1949—1952 年，党和政府基本上按照“公私兼顾，劳资两利”的原则，实行“利用、限制、改造”的政策。1953 年 9 月，毛泽东阐述了对资本主义工商业进行社会主义改造的基本思路：经过国家资本主义、稳步前进、根据需要和自愿。1955 年 11 月，中央召开的资本主义工商业改造会议，确定把私营工商业的社会主义改造从个别企业的公私合营推进到全行业合营阶段。1956 年 1 月，掀起了资本主义工商业社会主义改造高潮，国家相应地采取了定股、定息和人事安排等措施。到 1956 年年底，99%的私营工业实现了公私合营，占生产总值的 99.6%；88.2%的私营工商户实现了公私合营②，资本主义工商业的社会主义改造基本完成。

通过“三大改造”，中国的国民经济结构发生了根本性的变化。1956 年，在国民收入中，国营经济占 32.2%，集体所有制经济占 53.4%，公私合营经济占 7.3%，个体经济占 7.1%，资本主义经济已经基本被消灭。社会主义和半社会主义性质的经济在国民收入中的比重已由 1952 年的 21.3%上升为 92.9%。③ 中国已经由多种经济成分并存的新民主主义经济制度，转变为公有制经济占绝对优势的社会主义经济制度。

在进行“三大改造”和建立社会主义制度的同时，大规模经济建设的帷幕逐渐拉开。1953 年，中共明确了采用苏联模式，走以优先发展重工业为特征的社会主义工业化道路。同年，开始执行发展国民经济的第一个五年计划。经过五年的努力奋斗，到 1957 年年底，我国超额完成了“一五”计划，取得了举世瞩目的成就。在基本建设方面，5 年内投资额达到 588.47 亿元，施工的工矿企业达到 1 万多家。在工业方面，1957 年全国工业总产值达到 783.9 亿元，超过原定计划 21%，年均增长率达 18%，超过苏联的 11.6%、美国的 3.6%和日本的 15%。其中，钢产量达到 535 万吨，比 1952 年增长

① 武力．中华人民共和国经济史：增订版：上卷，234.

② 苏少之．中国经济通史：第 10 卷：上，159.

③ 张岂之，杨先材．中国历史·中华人民共和国卷．北京：高等教育出版社，2001：83.

296%；原煤产量达到1.3亿吨，比1952年增长96%；发电量达到193.4亿度，比1952年增长166%。在农业方面，1957年农业总产值达604亿元，比1952年增长25%，年均增长4.5%；主要农作物产量有所提高，粮食产量达19 505万吨，比1952年增长19%；棉花产量达164万吨，比1952年增长26%。五年间耕地扩大了5 867万亩，农用拖拉机由1952年的2 006台增长到24 629台；1957年农业总产值达604亿元，平均每年增长4.5%；在人民生活方面，1957年人均消费水平达102元，比1952年提高34.2%。① 通过"一五"计划，我国初步建立起独立的工业体系，为社会主义工业化奠定了初步基础。

3. 计划经济体制的探索与实施

过渡时期总路线确定了实现社会主义国家工业化和建立社会主义经济制度的历史任务。为了在小农经济基础上实现社会主义国家工业化，中国采取了苏联的计划经济体制。到1954年年底，全国形成了自上而下、条块结合的完整的社会主义计划经济体制。

随着计划经济体制的建立，中国开始实施国民经济五年计划。而随着"一五"计划的完成，全面的、大规模的社会主义建设逐步开展，计划经济体制得到进一步强化。

在工业领域，1956年9月召开的中共八大具体规定了在第三个五年计划或者更长一点的时间内，建成一个基本完整的工业体系，使中国具有强大的现代化工业、农业、交通运输业和国防。为此，1956年编制的"二五"计划明确了"继续进行以重工业为中心的工业建设"目标，并制定了工业发展的指标，要求工业产值在此期间增长一倍，钢产量达到 1 050万～1 200万吨。但受"左"的思想影响，1958年5月，中共八大二次会议正式通过了"鼓足干劲、力争上游、多快好省地建设社会主义"的总路线。在此背景下，"大跃进"运动全面展开，全国形成了全民大炼钢铁和人民公社化运动的高潮。以高指标、瞎指挥、浮夸风和"共产风"为主要标志的"左"的错误泛滥，对国民经济造成了严重损失。

在工业"大跃进"的同时，农村则开展了人民公社化运动。1958年3月，中共中央通过了《关于把小型的农业合作社适当地合并为大社的意见》，要求把小型的农业合作社有计划地、适当地合并为大型的合作社。随后，全国掀起了并社运动。1958年8月，在毛泽东的积极倡导下，中央政治局通过了《中共中央关于在农村建立人民公社的决议》，号召全国建立政社合一的人民公社。这样，全国的并社运动又进一步转变为人民公社化运动。到1958年年底，全国74万多个农业生产合作社合并成为2.6万多个人民公社，参加公社的农户有1.2亿户，占全国总农户的99%以上。

"大跃进"和人民公社化运动是中国人民对现代化的一种探索，但这种违背经济发展规律的举措不可避免地给经济造成了重大损失。与此同时，高度集中的计划经济体制的弊端逐渐显现。为此，中共中央随后开展了对国民经济的调整。

1961年1月，中共中央按照统一计划、分级管理原则，实行中央集中领导下的条条与块块相结合的管理体制。随后，中央上收了一批企业，加强了对计划、基本建设、财政、信贷、物资的集中统一管理。1962年1月，中共中央召开了"七千人大会"，统一了加强集中制和"全国一盘棋"的思路，将大多数下放给地方管理的企业收回中央由部

① 武力．中华人民共和国经济史：增订版：上卷，292-296.

门管理，对金融、财政和统计也实行了中央的垂直领导。这些措施增强了国家对宏观经济的控制能力，保证了国民经济调整任务的顺利完成。此外，国家还对全民所有制经济和集体所有制经济分别实行直接计划和间接计划管理，恢复了一些自由市场，允许合作社商业和小商小贩退出国营商业等。而在农村，从 1960 年开始，恢复自留地、解散公共食堂、开放农村集市，并决定建立“三级所有，队为基础”的制度，确定以生产队为基本所有者。1962 年 2 月，中共中央决定实行以生产小队为基本核算单位的“三级所有，队为基础”的体制。这一期间，公社社员被允许经营少量自留地和小规模的家庭副业，并有限地允许富余劳动力进城务工。

中国经济刚刚从“大跃进”的低谷中恢复过来，又陷入“文化大革命”的十年动乱（1966—1976 年）。在“全面夺权”中，经济工作的指挥、调度和管理系统陷于瘫痪或半瘫痪状态，使国民经济的运行失去控制。原定的 1967 年国民经济计划实际上被废置，1968 年的年度计划都未能制订。这是我国建立计划经济体制以来仅有的没有执行年度计划的两年。在此过程中，企业内部许多行之有效的规章制度被当作“修正主义”的“管、卡、压”而弃用，从而导致了企业管理混乱、产品质量下降、成本上升、劳动纪律松弛、工伤事故增加。1968 年的国民收入比 1966 年下降了 13.3%。财政收入也大幅减少，市场供应紧张，人民生活水平降低。

从 1969 年开始，国内形势稍趋安定，国民经济逐步恢复。1970 年，开始拟订第四个五年计划。但由于当时对可能导致外敌入侵的战争危险估计过重，对国内经济形势估计过于乐观，突出强调要“以战备为纲”，集中力量建设战略后方，建立自成体系的经济协作区，提出要促进国民经济的“新飞跃”。这样，就以经济发展速度作为中心目标，确定了一系列高指标。尽管在 1972—1973 年期间，国务院采取了各种措施对国民经济进行调整，但长期形成的追求发展速度的高指标战略的惯性一直没有得到根本扭转。这就使国民经济重大比例关系进一步失调，经济效益进一步下降，人民生活水平进一步降低，到 1976 年国民经济达到崩溃的边缘。

高度集中的计划经济体制是中国人民为了实现国家工业化、建设社会主义制度而做出的一个历史选择，它能够在短期内有效地集中力量进行重点建设，扭转我国积贫积弱的状态。但与此同时，经济活动主体的积极性、主动性和创造性受到很大限制，管理者也容易滋生主观主义和官僚主义，使得宏观经济比例出现重大失调。同时，计划经济体制不能反映社会需求，从而导致了供求脱节，无法充分发挥市场的作用，导致资源分配的效率不高。到“文化大革命”结束之际，高度集中的计划经济体制的弊端已经充分暴露，中国的经济发展与体制改革走到了新的十字路口。

第二节　苏联和东欧国家的计划经济体制改革

一、计划经济体制的成就与问题

第二次世界大战后期，在苏联红军的帮助下，波兰、匈牙利、捷克斯洛伐克、保加利亚、罗马尼亚、南斯拉夫和阿尔巴尼亚等国获得了解放，通过战后的民主改革和社会主义改造走上了社会主义道路。德国苏占区后来建立的民主德国也是如此。

在进行生产资料所有制改造和建立社会主义公有制的过程中，东欧社会主义国家基本上采用了苏联社会主义改造和建设的模式。从1947年开始，这些国家通过无偿没收和有偿赎买的方式，消灭了本国的资本主义工商业，并广泛地、有步骤地实行了银行和工业的国有化，建立了国营经济。此外，还宣布对外贸易由国家垄断，对物价实行国家统一管理。

在对城市进行社会主义改造的同时，东欧各国对农村进行了土地改革和农业合作化。政府首先没收了法西斯分子的全部土地，然后规定了拥有土地的最高限额。对于超过限额的土地，南斯拉夫采取了国家无偿没收的政策，其他国家则采取了由国家低价赎买的政策。国家把没收或赎买来的土地大部分分给了无地或少地的农民，少部分用来建立国营农场或公用林牧场。

与此同时，各国开展了经济恢复工作。到20世纪40年代末50年代初，国民经济基本恢复到战前水平。随后，各国按苏联的经济模式，在中央集中领导下制订了统一的经济发展计划，开展优先发展重工业的社会主义工业化和农业集体化运动，进行大规模经济建设。表21-1列出了东欧各国“一五”计划与“一五”计划完成后工农业取得的成就。

表21-1 东欧各国“一五”计划与“一五”计划完成后工农业取得的成就

国家	“一五”计划起止年份	“一五”计划完成后工农业取得的成就
南斯拉夫	1947—1952	1949—1952年工业产值下降了8%，但整个20世纪50年代国内工业年均增长了10.9%
捷克斯洛伐克	1949—1953	新建了125家大工业企业，扩建、改建了109家企业；工业总产量增加了1倍，机器制造业产量增加了5倍，人均工业产量占世界第四位；农业合作社和国营农场的耕地面积约占全国耕地面积的50%
保加利亚	1949—1953	1952年的工业总产量相当于1939年的4倍，工业在国民经济中的比重超过50%，社会主义农业的耕地面积已占全部耕地面积的75%
匈牙利	1950—1954	工业产量增加了1.5倍，钢产量从86万吨增加到160多万吨，工业在国民经济中的比重超过了农业；农业合作社的耕地面积所占的比例在1953年达到了32.5%
罗马尼亚	1950—1954	建立了一大批新工业部门，工业产量超过了1948年的2.9倍，社会主义农业的耕地面积所占的比例在1955年达26.4%，从落后的农业国变成了工业—农业国
波兰	1950—1955	建成和正在建设的大工业项目达1 250个，工业总产值相比1949年增长了1.7倍，农业合作社的耕地面积在1955年占全国耕地面积的9.2%

续表

国家	“一五”计划起止年份	“一五”计划完成后工农业取得的成就
阿尔巴尼亚	1951—1955	开办了一系列新矿场，兴建了一些新项目，工业产量增加了约90%；农业生产合作社和国营农场的耕地面积在1956年共占全国耕地面积的39%
民主德国	1951—1955	新建、改建了一大批工业项目，工业产量增加了2.8倍

资料来源：孙颖，黄光耀．世界当代史（1945—2001）．北京：中国时代经济出版社，2003：73-88.

与资本主义市场经济体制相比，高度集中的计划经济体制具有在短期内集中力量、调动生产和恢复发展的功能，这也是遭受战争创伤、渴望安定生活的人民群众最现实的需要。并且，苏联通过强力实施高度集中的计划经济体制，使社会经济得到了迅速恢复，对这些国家产生了积极的示范作用。因此，到20世纪50年代中期，除南斯拉夫外，东欧各国通过有计划的大规模建设，都基本实现了社会主义工业化，仿效苏联建立起了高度集中的经济管理体制。然而，随着战后非常时期逐步过渡到正常状态，各国计划经济的弊端也充分暴露出来。

其一，计划经济是一种指令性经济，生产、资源分配和产品消费等均在高度集中的指令下层层下达，而这种指令是在不容怀疑的计划经济体制下做出的，但苏联高度集中的计划经济体制本身就有缺陷。其中，所有者缺位、信息传递时滞、条块分割的组织架构等，都是计划经济体制难以克服的缺陷。

其二，在计划经济体制下，政企职责不分，企业是行政部门的附属物，生产什么、如何生产、生产多少等，均由行政部门说了算，价值规律、竞争机制和市场机制等难以发挥作用，从而导致了企业缺乏生产积极性，对外部的技术革新缺乏敏感性，产品质量和生产效率难以提高。

其三，为了保证计划的实施，产品单一化问题严重，社会成员消费的多样性需求在自上而下的供给制体系下被严重抑制，分配中充斥着严重的平均主义。并且，产品价格实施统一定价原则，价格对经济没有指示性，社会需求和价格既不能对企业产生激励作用，也没有约束作用，使得生产效率长期低下。

另外，各国之间社会经济条件差距明显，但都照搬苏联模式，片面优先发展重工业，使农轻重比例严重失调，社会生产积极性受挫，与人民群众生活密切相关的消费品受到极大限制，导致市场供应紧张，人民生活水平提高缓慢甚至有所下降，群众要求改革的呼声日渐高涨。

二、苏联的计划经济体制改革

第二次世界大战中，苏联高度集中的计划经济体制对于动员国家经济力量，最终取得反法西斯战争的胜利，起到了决定性的作用。但战后，这种体制效率低下、运转不灵、管理官僚化等问题越来越突出，极大地影响了经济发展：工业增长率在1952年下降为

11.6%，纺织和食品加工等轻工业甚至未达到战前水平[①]；农业发展缓慢，人均粮食在1953年为432千克，仍低于1913年540千克的水平[②]；国民收入增长放缓，人均GDP与西欧各国相距甚远。而战后实行的第六个五年计划（1956—1960年）和七年计划（1959—1965年）规定的任务大多没有完成。

计划经济体制的低效率引起了苏联理论界的反思。20世纪40年代末，苏联国内广泛开展了关于商品货币关系的讨论。斯大林逝世后，国内更是出现了批评传统经济管理体制的浪潮。改革呼之欲出。

赫鲁晓夫执政后，开始对政治、经济进行改革。在农业方面，1953年，苏联政府通过改农产品义务交售制为农产品采购制、改变计划体制和减少计划指标、减税和鼓励庄员发展副业经济等措施，来减轻农民的负担，取消不必要的国家干预，刺激农民的生产积极性。在工业方面，1957年撤销了25个中央部和113个加盟共和国的部，只留下了航空、无线电、造船、化学、中型机械等几个中央部。此外，还将全国划分为105个经济行政区，各区设国民经济委员会，原属中央和加盟共和国各部管理的企业一律交给所在地区的国民经济委员会管理。但是，这种改革没有从根本上改变国家管理企业的行政办法，没有扩大企业的经营自主权，故难以调动地方的积极性。中央统一管理被削弱后，各地又滋生了严重的本位主义，彼此矛盾重重，互相扯皮。赫鲁晓夫随后不得不把权力收回中央，工业管理体制改革以失败告终。

1961年10月，苏共提出以扩大企业自主权、加强经济刺激、充分利用商品货币关系和各种经济杠杆，以及以加强经济核算为中心的比较完整的改革方案，初步确定了苏联全面改革的主导思想和路线。1965年9月，苏共中央确定了新的改革方针，即把集中的计划领导同企业和全体职工的经营主动性结合起来，把统一的国家计划同企业的全面经济核算结合起来，把“一长制”原则同提高生产集体的作用结合起来。随后，苏联党和政府决定改组经济管理体制，取消对企业的计划控制，发挥经济激励机制的作用，并赋予了企业更多的权力。从1966年起，新的经济管理体制开始在工业企业中试行。

勃列日涅夫上台后，进一步实施了经济体制改革。1973年，苏联推行了工业组织体制改革，要求在工业领域普遍建立联合公司，同时实行“部—生产联合公司”的两级管理体制或“部—工业联合公司—生产联合公司”的三级管理体制，以增强企业的独立性，发挥企业的生产积极性。1979年通过决议，要求突出五年计划的作用，建立长短期结合的完整的计划体系，改变计划指标体系，提高计划工作水平。同时要求缩短基本建设战线，以及发挥经济杠杆作用，以联合公司为基本核算单位，逐步推行部一级核算制。

勃列日涅夫时期的改革促进了苏联经济的发展。若以1965年为基准来计算的话，到1981年，苏联用于消费和积累的国民收入达到了4 740亿卢布，增加了126%，年均递增6.1%；工业总产值增长到6 430亿卢布，增加了177%；农业总产值为1 200亿卢布，增加了32%；基本投资为1 380亿卢布，增加了145%。与美国相比，国民收入在1981年

---

① 徐天新．当代世界史．北京：人民出版社，1993：42.

② 吴于廑，齐世荣．世界史·现代史编：下．北京：高等教育出版社，1994：82.

上升到美国的67%，工业总产值达到美国的80%以上，居世界第二位。① 但是，这一时期苏联把大量人力、物力资源投入国防建设，加紧同美国进行军备竞赛，严重阻碍了本国经济的正常发展，使物资供应日趋紧张。

三、东欧国家的计划经济体制改革

与苏联一样，东欧各国计划经济体制的矛盾和问题也逐渐暴露，被迫进行改革。

在东欧国家中，南斯拉夫第一个试图对计划经济体制进行改革。1949年，南斯拉夫开始逐步下放经济管理权，在一些大型企业中建立工人委员会，探索由工人直接管理企业的经验。同时，精简和取消了中央许多部门，将一些经济权限下放给各共和国。1950年6月，开始实行“工人自治”，国家所有制开始转变为社会所有制。在农业方面，1953年3月颁布法令，允许解散农业生产合作社，允许农民自由退社，并逐步取消了农产品的义务征购制。随后，工人自治扩展到社会自治，大大减弱了各级政府机关在再生产中的作用。同时，通过改革财政、价格和外贸体制，进一步发挥市场的作用，使经济组织真正成为商品生产者。经过改革，南斯拉夫逐渐建立了以联合劳动为基础的自治经济体制，实现了劳动者和生产资料的直接联合，推动了经济发展，人均国民收入从1950年的1 585元（1990年国际元）增长到1973年的4 350元（1990年国际元）。②

匈牙利的改革始于1956年。根据卡达尔发表的《十五条纲领》，匈牙利宣布“按照本国的特点和当前历史要求来建设社会主义”，提出要迅速大幅提高人民生活水平，修改五年计划，改变经济管理方法，调整工业结构，支持个体农民、小商业主和手工业者，坚持按自愿互利原则重新开展农业合作化运动，取消农产品义务交售制，开放农贸市场等。1966年5月，宣布了“在生产资料社会主义所有制的基础上，把国民经济按计划发展的中央管理和商品关系、市场的积极作用有机地结合起来”的改革原则，建立新的经济体制。1966—1970年，国民收入增长了31%，年均增长率达到了6.8%；1971—1975年，国民收入增长了35%，年均增长率为6.3%。③ 与此同时，农业发展迅速，粮食产量大幅增长，主要农产品人均产量排在世界前列，人民生活水平明显提高。匈牙利的稳健式改革被称赞为“匈牙利模式”。从1979年起，匈牙利又扩大改革范围，普遍采用自由价格，进一步扩大企业自主权，放宽私人经济，对国营小企业进行承包或租赁制改革等。但是，经济结构的固化、不切实际的高经济增长目标等最终导致了财政赤字剧增，通货膨胀严重，外债负担沉重，物价不断上涨。

1956年，哥穆尔卡提出“波兰的社会主义道路”，积极领导改革。在企业运行方面，赋予工人委员会制订生产计划、规定企业管理办法和监督企业行政等权力；在管理体制方面，精减管理机构，取消管理局，实行经济核算的联合公司体制，企业实行自主、自治和自负盈亏；在农业方面，改革农业政策，减少农产品交售定额，提高农产品收购价

---

① 秦葆世．勃列日涅夫时期苏联社会经济的发展和问题．俄罗斯研究，1983（1）.

② ［英］安格斯·麦迪森．世界经济千年史．北京：北京大学出版社，2003：179.

③ 普·格·哈耳，普·特·瓦里斯，刘承宽．波兰和匈牙利经济改革的比较．理论建设，1986（1）.

格，允许农民退出农业合作社和买卖土地，实行农村自治。20 世纪 60 年代，波兰改革出现倒退，轻工业和农业发展缓慢，市场供应紧张，实际工资增长缓慢。1971 年 12 月，统一工人党通过了“高速发展战略”，提出借助外资和西方技术，实行高速度、高积累、高福利政策，“再建一个新波兰”。但随后的农业连年歉收、食品供应紧张和价格高涨、凭票供应制度等引发了人民群众的普遍不满，罢工浪潮此起彼伏。1981 年 1 月，波兰决定实行全面改革。在企业管理方面，缩小指令性计划的范围，扩大企业自主权，规定企业实行独立的经济核算、自负盈亏，赋予职工自治权；在物价方面，改革价格体系，减少国家对物价的补贴；在农业方面，对各种经济成分“采取一视同仁的态度”，并宣布个体农户是“波兰经济持久与平等的因素”，通过法律保证它的长期存在。波兰的经济改革取得了一定的成果。

20 世纪 60 年代前期，保加利亚就提出了对高度集中的计划经济体制进行改革。1968 年，明确了政治体制改革与经济体制改革同步进行的改革方针。1970 年，正式开始改革。在农村，普遍建立“农工综合体”，实施农业承包奖励制，以便实现农业向集中化和专业化发展，但这种旨在建立“统一的全民所有制”的做法有损农民长期经营的积极性；用指导性的计划代替统一的指令性计划，实行计划经济与市场经济相结合，通过税收来调控和引导企业的活动；要求企事业单位实行财政自主，通过选举建立企业经济管理委员会，将企业转变成自己管理、自负盈亏的独立实体，各企业之间开展竞争；除国家所有制外，允许建立行业（集体）和个体所有制；利用价值规律，建立多元的价格体系，调整商品货币关系和供求关系。

罗马尼亚在 1965 年提出了一个庞大的经济社会发展计划，要求在短期内建立起完整的工业体系，由此开始了经济革新之路。到 20 世纪 70 年代，经济改革逐渐深入，在经济管理体制方面，成立了经济和社会发展最高委员会，撤销有关的部属专业局，按行业和地区成立了类似联合公司的“工业中心”，构建了“中央部—工业中心—企业”三级管理体系，并取消了企业一长制，实行集体领导和劳动人民委员会管理制；在计划体制方面，强调在统一计划基础上的上下结合，要求在制订计划的过程中加强经济合同的作用；在物资和财务管理方面，成立单独的监管机构，负责监督全国固定资产的合理使用，要求扩大企业的权力和动力以及地方财政权力。① 1978 年 3 月，罗共中央要求再扩大企业的财政权力，规定企业实行独立的经济核算、自负盈亏。随后又要求赋予企业职工入股、继承和分利的权利。然而，传统的集中计划体制并未被触动，领导人对经济工作又任意指挥，各项改革决议并未得到认真执行。

捷克斯洛伐克在 20 世纪 50 年代下半期也进行了一些初步的经济改革，主要包括减少工业管理层级、给企业一些自主权和增加物质激励等。60 年代，改革未取得实质性进展。1968 年 4 月，捷共中央宣布“将进行试验，给予社会主义发展以新的形式”，提出实行有计划的市场经济，发挥市场机制对经济的调节作用，规定工商企业和农业合作社都有独立自主权，成立工厂委员会，取消外贸垄断。“布拉格之春”的改革新局面出现。但 1968 年 8 月，苏联出兵占领捷克斯洛伐克，“布拉格之春”夭折，捷克斯洛伐克又重

---

① 刘国光．改革中的罗马尼亚经济管理．世界经济，1978（4）．

新回到以前的集中体制。1971年5月，捷共提出建设“发达社会主义”的总路线，要求在向集约化过渡的基础上发展国民经济。此后几年，经济发展形势稍好，人民生活水平有所提高。但70年代中期，因能源和原材料价格上涨，经济发展速度减慢。随后，开始扩大企业的自主权，提高生产单位的利润留成；改革工资制度；完善价格体制；等等。1981年10月，又讨论完善农业管理体制问题，提高农产品收购价格和鼓励发展个人经济。但上述改革措施收效不大。

民主德国在20世纪五六十年代也逐步推行了局部放权的“新经济体制”，取得了一定成绩，但又出现了新的比例失调问题。70年代初，又逐步恢复集中管理，建立了以联合企业为中心的托拉斯式企业管理体制，并强调国民经济按比例发展，一切重要产品的产量都要纳入国家计划。随后，所有制改造进一步强化，私人和公私合营的企业都被改为国营企业，社会主义经济超过了95%。这种再集中化模式不仅使民主德国的贸易条件日益恶化，而且严重制约了国内物资供应，阻碍了经济发展。80年代，民主德国提出了新经济战略，规定通过广泛的集约化、改善消耗和收入比例、提高劳动生产率等途径，实现迅速而稳定的经济增长。随后，建立了大型工业联合企业，在鼓励发展自留地经济和家庭副业的同时，倡导建立大型农业企业和农工协作团体，同时发挥计划调节和经济激励调节的作用等。这些政策促进了经济稳步增长。到80年代后期，民主德国无论在人均国民收入方面，还是在人民生活水平方面，均居东欧国家之首。

20世纪60年代，通货膨胀、商品稀缺、产品质量低劣、普遍的官僚主义和渎职行为等问题充斥着整个阿尔巴尼亚，人们要求变革的呼声高涨。为此，阿尔巴尼亚推行了较为激进的革新措施，包括取消军衔制、削减官员工资、遣送管理人员和技术人员到工厂和农田做工、强化中央集中管理和加强对经济的行政控制等。与其他东欧社会主义国家突破“苏联模式”不同，阿尔巴尼亚的改革是在斯大林主义体制下寻求出路，但这些革新措施因违背社会经济的发展规律，并没有取得预期的效果，如第七个五年计划中规定的采油、农业和出口计划仅仅完成了一半，工业产品增加额不到计划额的一半，农产品产量增加额不到计划额的四成。①

第三节　中国社会主义市场经济体制的建立

1978年党的十一届三中全会开启了中国改革开放的伟大历史进程，改革开放推动中国实现了由计划经济体制向社会主义市场经济体制、由封闭半封闭向全面对外开放的转型。

一、家庭联产承包责任制

十一届三中全会以后，中国的经济体制改革首先在农村取得了突破性进展，这是从

---

① 高民．浅谈阿尔巴尼亚的改革．国际政治研究，1991（2）．

农村家庭联产承包责任制改革开始的。

1978 年 12 月，党的十一届三中全会深入讨论了《中共中央关于加快农业发展若干问题的决定（草案）》和《农村人民公社工作条例（试行草案）》，同意将这两个文件发到省、自治区、直辖市讨论和试行。全会认为：为把农业搞上去，必须首先在农村实行改革，推行联产计酬责任制。[①] 1978 年，安徽出现了百年一遇的特大旱灾，安徽省委果断做出了“借地度荒”的大胆决策，规定集体无法耕种的土地可以借给农民种麦种菜，调动了农民生产自救的积极性。部分地区为克服严重困难，进行了包产到组、包产到户等责任制形式的尝试。1978 年 12 月，安徽省凤阳县梨园公社小岗村的 20 位农民自发地实行了包产到户，结果当年农业获得了大丰收。小岗村的成功在周围村落产生了强烈的示范效应，许多地方把田地、耕牛划分到户，搞起了以包干到户为主的联产承包责任制。农民把包干到户形象地概括为“保证国家的，留足集体的，剩下都是自己的”[②]。

农村的改革对当时已经实行了 20 多年的农村人民公社体制造成了强大的冲击，引起了激烈的争论。邓小平十分关注这场农村改革及其争论。1980 年 5 月 31 日，邓小平就农村改革发表重要谈话，对安徽凤阳的大包干给予了肯定和支持。

1980 年 9 月 14—22 日，中共中央召开了各省、市、自治区党委第一书记会议，讨论加强和完善农业生产责任制的问题，第一书记们在座谈会上对包产到户的争论十分激烈。1980 年 9 月 27 日，中央给各地下发了这次党委第一书记会议的纪要——《关于进一步加强和完善农业生产责任制的几个问题》（即中共中央 1980 年第 75 号文件）。该文件改变了过去不准搞包产到户的提法，明确可以包产到户，也可以包干到户，并在一个较长的时间内保持稳定。家庭联产承包责任制开始从初步推行阶段进入快速推进阶段。到 1980 年年底，全国有 50％的生产队实行了包产到户、包干到户责任制。[③] 由于该文件没有完全正面肯定包产到户的社会主义性质，因此争论仍在继续。

为进一步统一全党思想，深化农村改革，中共中央于 1981 年 12 月召开了农村工作座谈会，讨论了农业生产责任制问题，形成了《全国农村工作会议纪要》（以下简称《纪要》）。1982 年 1 月 1 日，中共中央以当年一号文件的形式批转了这个《纪要》。《纪要》明确指出：“包产到户、到组，包干到户、到组等责任制形式是社会主义集体经济的生产责任制。”[④] 1982 年一号文件对包产到户、包干到户的充分肯定，推动了“双包”（包产到户、包干到户）的改革以更快的速度在全国范围内实施。到 1982 年年底，全国农村实行“双包”责任制的生产队已占 78.8％。[⑤] 1982 年 9 月召开的中共十二大对十一届三中全会以来实施的多种形式的农业生产责任制给予了充分肯定，强调必须长期坚持下去并在总结群众实践经验的基础上逐步加以完善。1983 年 1 月 2 日，中共中央印发《当前农村经济政策的若干问题》（即中共中央 1983 年一号文件），进一步肯定了以家庭联产承包责任制为主要形式的农业生产责任制。该文件下发后，家庭联产承包责任制迅速在许多

---

① 姜华宣，张蔚萍，肖甡．中国共产党重要会议纪事（1921—2006）．北京：中央文献出版社，2006：423.

② 当代中国研究所．中华人民共和国史稿（1976—1984）：第 4 卷．北京：人民出版社，2012：129.

③ 同上书，134.

④ 中共中央党史研究室．中华人民共和国大事记（1949—2009）．北京：人民出版社，2009：329.

⑤ 当代中国研究所．中华人民共和国史稿（1976—1984）：第 4 卷，135.

原以为不适合推行的地方推行开了。截至 1983 年年底，实行“大包干”的农户占到农户总数的 94.4%。① 1984 年、1985 年和 1986 年中共中央连续发布三个一号文件，就延长土地承包期、增加农业投资、稳定农业生产资料价格等问题制定了新的政策。

从 1982 年至 1986 年，中央连续五年发布五个中央一号文件，凸显了党中央对农村改革的高度重视。这五个一号文件作为指导中国农村改革取得成功的一套重要历史文献，以促进农村不断深化改革、促进农业生产力不断发展为总的指导思想，将家庭联产承包责任制推行到了全国农村，推动了农业和农村经济的发展。

家庭联产承包责任制在全国范围内的推行冲击了人民公社“政社合一”的体制。1983 年 10 月 12 日，中共中央、国务院发出了《关于实行政社分开建立乡政府的通知》，规定建立乡（镇）政府作为基层政权，同时成立村民委员会作为群众性自治组织。农村基层组织的这项重大改革在 1985 年全部完成，全国各地共建立了 9.2 万多个乡（镇）政府、82 万多个村民委员会。② 至此，农村人民公社制度退出了历史舞台。

家庭联产承包责任制是自下而上的改革，改革的基本方式是下边探索、上边认可的渐进方式。家庭联产承包责任制采取了统一经营与分散经营相结合的原则，同时发挥集体优越性和个人积极性，迅速解放和发展了农村生产力。

二、国有企业改革的进程

十一届三中全会拉开了经济体制改革的序幕。会议指出：现在我国经济管理体制的一个严重缺点是权力过于集中，应该有领导地大胆下放，让地方和企业在国家统一计划的指导下有更多的经营管理自主权；应该着手大力精简各级经济行政机构，把它们的大部分职权转交给专业公司或联合公司；应该坚决按经济规律办事，重视价值规律的作用；应该在党的领导下，认真解决党政企不分、以党代政、以政代企的问题。上述论断的提出为经济体制改革和国有企业改革指明了方向。

农村经济体制改革的突破为城市和企业经济体制改革创造了条件。在农村经济体制改革取得突破性成就之后，中国经济体制改革的重心就从农村转向了城市，而国有企业改革在城市改革中处于核心地位。国有企业改革主要经历了以下六个阶段：

第一，扩大企业经营管理自主权。针对原有体制下国家对企业管得过多过死、企业缺乏活力的问题，国企改革选择从扩大企业经营管理自主权着手。1978 年 10 月，四川省率先在重庆钢铁公司、成都无缝钢管厂等 6 家国有企业进行扩权让利试点。1979 年，试点企业扩大到 100 家。1979 年 7 月，国务院颁布了《关于扩大国营工业企业经营管理自主权的规定》《关于国营企业实行利润留成的规定》等五个文件，要求各地区、各部门选择少数企业进行试点。1984 年 5 月，国务院颁布了《关于进一步扩大国营工业企业自主权的暂行规定》，在生产经营计划、产品销售、产品价格、物资选购、资金使用等 10 个方面进一步扩大了企业经营管理自主权。企业经营管理自主权的扩大在一定程度上调动了企

① 当代中国研究所．中华人民共和国史稿（1976—1984）：第 4 卷，136.

② 同上书，138.

业和职工的积极性，初步增强了企业的活力，促进了生产的发展。但同时，部分企业出现了盲目生产、经济效益逐年下滑等问题，这些新问题有待在日后的改革中得到解决。

第二，全面推行经济责任制。经济责任制是指以提高企业经济效益为目的，在国家计划指导下将企业的责、权、利密切结合起来的生产经营管理制度。1981 年 10 月，国务院批转了国家经济委员会、国务院体制改革办公室制定的《关于实行工业生产经济责任制若干问题的意见》，并发出通知：工业生产经济责任制必须进一步发展和完善，不仅要和利润挂钩，而且要和产量、质量、品种、成本等挂起钩来。① 1981 年 11 月，国务院批转了国家经济委员会、国务院体制改革办公室、国家计划委员会等部门联合制定的《关于实行工业生产经济责任制若干问题的暂行规定》。1982 年 11 月，国务院批转了国家体制改革办公室、国家经济委员会、财政部拟定的《关于当前完善工业经济责任制的几个问题》。这些文件推动了经济责任制在国有企业的实施和完善。建立经营、管理、生产、技术、岗位责任制，使企业和职工明确了在生产经营过程中各自承担的经济责任、享有的经济权利和经济利益，改善了企业的经营管理，调动了企业和职工的积极性，一定程度上解决了企业吃国家"大锅饭"、职工吃企业"大锅饭"的问题。经济责任制的实施取得了积极效果，但依然没有解决国有企业经济效益不好、产品质量不高等问题。

第三，实行两步"利改税"。"利改税"指的是国营企业将以前上缴国家的利润改为缴纳税金。1983 年 3 月召开的全国工业交通工作会议强调，要对国营企业推行以税代利的改革。1983 年 4 月，国务院发布《国营企业利改税试行办法》，实施第一步利改税。该办法规定："凡有盈利的国营大中型企业，均根据实现的利润按 55%的税率缴纳所得税，企业缴纳所得税后的利润，一部分上交国家，一部分按照国家核定的留利水平留给企业。凡有盈利的国营小型企业，应当根据实现的利润，按八级超额累进税率缴纳所得税。缴税以后由企业自负盈亏，国家不再拨款。"② 1984 年 9 月 18 日，国务院颁发《国营企业第二步利改税试行办法》，规定自 1984 年 10 月 1 日起实行第二步利改税。其基本内容是：将国营企业应当上交国家财政的利润按 11 个税种向国家缴税，税后利润归企业自己安排使用。实行利改税，通过设置和完善税种和税制，在保证国家财政收入稳定增长的同时，完善了国家与企业之间的分配关系。

第四，建立现代企业制度。1984 年 10 月，党的十二届三中全会通过《中共中央关于经济体制改革的决定》，明确提出"要使企业成为相对独立的经济实体，成为自主经营、自负盈亏的社会主义商品生产者和经营者，具有自我改造和自我发展的能力，成为具有一定权利和义务的法人"③。1993 年 11 月，中共十四届三中全会通过了《中共中央关于建立社会主义市场经济体制若干问题的决定》，明确指出以公有制为主体的现代企业制度是社会主义市场经济体制的基础，并把现代企业制度概括为适应市场经济和社会化大生产要求的"产权清晰、权责明确、政企分开、管理科学"的企业制度。1994 年起，国务院决定组织一批国有大中型企业，按照《中华人民共和国公司法》进行建立现代企业制度的

① 中共中央党史研究室．中华人民共和国大事记（1949—2009），326.

② 同上书，346.

③ 当代中国研究所．中华人民共和国史稿（1976—1984）：第 4 卷，226.

试点，到1996年11月，正式确定了100家试点企业名单。1999年9月，中共十五届四中全会通过了《关于国有企业改革和发展若干重大问题的决定》，指出：建立现代企业制度，是国有企业改革的方向，是公有制与市场经济相结合的有效途径。要对国有大中型企业实行规范的公司制改革，建立健全法人治理结构，面向市场着力转换经营机制。①

第五，国有经济的战略性重组。从20世纪90年代中期开始，国有企业改革的重心转向国有经济布局的战略性调整。1997年党的十五大提出："要着眼于搞好整个国有经济，抓好大的，放活小的，对国有企业实施战略性改组。以资本为纽带，通过市场形成具有较强竞争力的跨地区、跨行业、跨所有制和跨国经营的大企业集团。"② 中共十五届四中全会通过的《关于国有企业改革和发展若干重大问题的决定》指出：从战略上调整国有经济布局，要坚持有进有退，有所为有所不为，提高国有经济的控制力，国有经济要在关系国民经济命脉的重要行业和关键领域占支配地位；推进国有企业战略性改组，着力培育实力雄厚、竞争力强的大型企业和企业集团，放开搞活国有中小企业。③ 按照十五大精神要求，国务院先后组建了宝钢集团、中国石油天然气集团和中国石油化工集团等大企业集团，许多国有小企业通过多种形式放开搞活，实现了新的发展。

第六，国有大中型企业继续实行规范的公司制改革。2002年党的十六大报告明确提出："除极少数必须由国家独资经营的企业外，积极推行股份制，发展混合所有制经济。实行投资主体多元化，重要的企业由国家控股。按照现代企业制度的要求，国有大中型企业继续实行规范的公司制改革，完善法人治理结构。"④ 2003年，党的十六届三中全会做出了《中共中央关于完善社会主义市场经济体制若干问题的决定》，提出要大力发展国有资本、集体资本和非公有资本等参股的混合所有制经济，实现投资主体多元化，使股份制成为公有制的主要实现形式。中共十六届三中全会还首次提出建立归属清晰、权责明确、保护严格、流转顺畅的现代产权制度，并提出建立现代产权制度是构建现代企业制度的重要基础。

国企改革的渐进式深入推进，使国有企业体制发生了深刻的变化，使国有经济获得了迅速的发展。一大批国有大型公司在市场竞争中不断壮大，逐渐成长为具有较强国际竞争力的大企业集团。但是，国企改革在取得显著成绩的同时，仍存在一些问题，比如，铁路、石油、电力、电信、民航等垄断行业的国有企业改革有待进一步深入。这些问题需要通过深化改革来逐步解决。

三、多种所有制经济共同发展

1956年社会主义改造基本完成后，非公有制经济在我国工商业经济中所占的比重几近于零。十一届三中全会后，党认真总结了所有制问题上的经验、教训，全面纠正了"左"的错误，采取了一系列措施来调整所有制结构。

---

① 姜华宣，张蔚萍，肖甡．中国共产党重要会议纪事（1921—2006），788-789.

② 江泽民文选：第2卷．北京：人民出版社，2006：21

③ 姜华宣，张蔚萍，肖甡．中国共产党重要会议纪事（1921—2006），788.

④ 江泽民文选：第3卷．北京：人民出版社，2006：549.

党对非公有制经济及其地位的正确认识是从个体经济开始的。1979 年 9 月 29 日，叶剑英在庆祝中华人民共和国成立三十周年大会上的讲话中提出："目前在有限范围内继续存在的城乡劳动者的个体经济，是社会主义公有制经济的附属和补充。"① 这是党和国家在"文化大革命"后首次公开认可个体经济。1980 年 8 月，中共中央召开了全国劳动就业会议，提出了"在国家统筹规划和指导下，实行劳动部门介绍就业、自愿组织起来和自谋职业相结合的方针……搞活个体劳动制，拓宽就业门路"②。个体经济逐渐成为解决待业人员就业的重要渠道。

1981 年 6 月，党的十一届六中全会通过的《关于建国以来党的若干历史问题的决议》中明确提出："国营经济和集体经济是我国基本的经济形式，一定范围的劳动者个体经济是公有制经济的必要补充。"该决议正式提出了个体经济是公有制经济的必要补充的论点，成为我党在所有制问题上的第一个突破。1981 年 10 月，中共中央、国务院颁布了《关于广开门路，搞活经济，解决城镇就业问题的若干决定》，指出："在社会主义公有制经济占优势的根本前提下，实行多种经济形式和多种经营方式长期并存，是我党的一项战略决策"③。这是国家在公开文件中首次提出多种经济形式并存。该决定强调："按照国民经济的需要适当发展城镇劳动者个体经济，增加自谋职业的渠道。"此外，该规定还指出："个体劳动者，是我国社会主义的劳动者。他们的劳动，同国营、集体企业职工一样，都是建设社会主义所必需的，都是光荣的。对于他们的社会和政治地位，应与国营、集体企业职工一视同仁。其中的先进分子，符合党员、团员条件的，同样可以按照党章、团章规定，吸收入党入团。"在各项政策法规的支持下，同时为了满足当时大批知识青年返城后就业的迫切需要，我国城乡个体经济逐步产生和壮大，出现了大批个体工商业者，缓解了劳动就业问题。

1982 年 9 月，党的十二大报告提出了坚持国营经济占主导地位和发展多种经济形式的方针，提出："在农村和城市，都要鼓励劳动者个体经济在国家规定的范围内和工商行政管理下适当发展，作为公有制经济的必要的、有益的补充。"1982 年 12 月，五届全国人大五次会议通过的《中华人民共和国宪法》明确规定："在法律规定范围内的城乡劳动者个体经济，是社会主义公有制经济的补充；国家保护个体经济的合法的权利和利益。国家通过行政管理，指导、帮助和监督个体经济。"④ 至此，个体经济的地位和作用得到了宪法的认可。

1984 年 10 月，党的十二届三中全会通过的《中共中央关于经济体制改革的决定》指出："我国现在的个体经济是和社会主义公有制相联系的，不同于和资本主义私有制相联系的个体经济，它对于发展社会生产、方便人民生活、扩大劳动就业具有不可替代的作用，是社会主义经济必要的有益的补充，是从属于社会主义经济的。"该决定还进一步提出："利用外资，吸引外商来我国举办合资经营企业、合作经营企业和独资企业，也是对我国社会主义经济必要的有益的补充。"至此，以公有制为主体，多种经济成分并存的决策已初步形成。

---

① 中共中央文献研究室．三中全会以来重要文献选编．北京：人民出版社，1982：211.
② 姜华宣，张蔚萍，肖甡．中国共产党重要会议纪事（1921—2006），436.
③ 中共中央党史研究室．中华人民共和国大事记（1949—2009），326.
④ 当代中国研究所．中华人民共和国史稿（1976—1984）：第 4 卷，247.

在各项政策的推动下，个体经济发展迅速。截至1984年年底，全国注册的个体工商户增加到933万户，比上年增长58.1%。[①] 在个体经济得到迅速发展的过程中，一些个体工商户的经营规模不断扩大，出现了大量雇工经营现象。对此，党和国家做出了允许私营企业存在、鼓励它们发展、国家给予保护等一系列重大决策，从而推动了私营经济的迅速兴起。

1987年10月，党的十三大报告第一次明确使用“私营经济”这个概念，并在理论上概括了其性质和作用。1988年4月，七届全国人大一次会议通过了《中华人民共和国宪法修正案》首次把私营经济写进了宪法，从宪法上明确了私营经济的法律地位。在这些方针和政策的指导下，我国私营经济得到了快速的恢复和发展。

1989年，理论界对非公有制经济政策的认识的分歧开始公开化，围绕姓“社”姓“资”问题展开了激烈争论，党中央为了统一党内外的认识，多次重申了社会主义初级阶段所有制结构不变的方针。

1992年10月，党的十四大确立了邓小平的建设有中国特色社会主义理论的指导地位，提出了社会主义市场经济体制改革目标，提出“在所有制结构上，以公有制包括全民所有制和集体所有制经济为主体，个体经济、私营经济、外资经济为补充，多种经济成分长期共同发展，不同经济成分还可以自愿实行多种形式的联合经营”[②]。至此，基本形成了“公有制为主体，多种经济成分共同发展”的多种经济成分论。1993年3月，八届全国人大一次会议通过的《中华人民共和国宪法修正案》确定了“国家实行社会主义市场经济”，这在法律上、体制上为多种经济成分长期共同发展提供了保障。1993年11月，党的十四届三中全会做出了《关于建立社会主义市场经济体制若干问题的决定》，第一次提出了鼓励非公有制经济发展的政策。随着社会主义市场经济的发展，私营经济等非公有制经济快速发展，并在国民经济中发挥着日益重要的作用。

1997年9月，党的十五大在所有制观念方面实现了新的突破，十五大报告指出：“公有制为主体、多种所有制经济共同发展，是我国社会主义初级阶段的一项基本经济制度……非公有制经济是我国社会主义市场经济的重要组成部分。”十五大提出的这一新论断标志着党对非公有制经济地位的认识的深化。

2002年11月召开的党的十六大提出了“必须毫不动摇地鼓励、支持和引导非公有制经济发展”，这是非公有制经济政策发展的又一个里程碑。十六大报告指出：“坚持公有制为主体，促进非公有制经济发展，统一于社会主义现代化建设的进程中，不能把这两者对立起来。”[③] “充分发挥个体、私营等非公有制经济在促进经济增长、扩大就业和活跃市场等方面的重要作用。”[④] 2003年10月，中共十六届三中全会又通过了《中共中央关于完善社会主义市场经济体制若干问题的决定》，指出“个体、私营等非公有制经济是促进我国社会生产力发展的重要力量”。2005年2月，国务院发布《关于鼓励支持和引导个体私营等非公有制经济发展的若干意见》，这份文件被简称为“非公经济36条”，

① 全国工商联研究室．中国改革开放30年民营经济发展数据．北京：中华工商联合出版社，2009：5.

② 江泽民文选：第1卷．北京：人民出版社，2006：227.

③ 江泽民文选：第3卷，548.

④ 同上书，549.

是我国第一部促进非公有制经济发展的系统性政策文件，该文件首次将非公有制经济与公有制经济一视同仁，要求各级政府放宽非公有制经济市场准入的标准、加大对非公有制经济的财税金融支持、完善对非公有制经济的社会服务。

2007年10月召开的党的十七大再次把发展非公有制经济提到了一个新的高度，报告提出“毫不动摇地鼓励、支持、引导非公有制经济发展，坚持平等保护物权，形成各种所有制经济平等竞争、相互促进新格局”。党的十七大关于非公有制经济的新观点，表明党关于非公有制经济的理论更加成熟。2010年5月，国务院发布《关于鼓励和引导民间投资健康发展的若干意见》，该文件有36条内容，为了与2005年颁布的“非公经济36条”相区别，被简称为“新36条”。“新36条”明确提出进一步拓宽民间投资的领域和范围，鼓励和引导民间资本进入法律法规未明确禁止准入的行业和领域。

四、建立社会主义市场经济体制

社会主义市场经济体制从提出到建立经历了一个发展过程。长期以来，“社会主义实行计划经济，资本主义实行市场经济”被认为是马克思主义的基本理论，是不可动摇的理念和不可讨论的禁区。邓小平最早突破这一禁区。1979年11月26日，邓小平在会见美国不列颠百科全书出版公司编委会副主席弗·吉布尼等的谈话时说：“说市场经济只存在于资本主义社会，只有资本主义的市场经济，这肯定是不正确的。社会主义为什么不可以搞市场经济，这个不能说是资本主义。我们是计划经济为主，也结合市场经济，但这是社会主义的市场经济。”①

1984年10月，中共十二届三中全会通过了《中共中央关于经济体制改革的决定》，该决定明确提出：商品经济的充分发展是社会经济发展不可逾越的阶段，我国社会主义经济是公有制基础上的有计划的商品经济。这是社会主义经济理论的重大突破，突破了计划经济同商品经济对立起来的传统观念。

1987年10月，党的十三大报告指出：“社会主义有计划商品经济的体制，应该是计划与市场内在统一的体制。”还提出了“国家调节市场，市场引导企业”的经济运行机制。十三大报告虽然没有明确建立市场经济体制，但已经肯定了许多属于市场经济体制内容的东西。

在改革深入发展的过程中面临着不少复杂的矛盾和经济社会问题，特别是1989年后开始的东欧剧变，引起了理论界的不同思考和看法，引发了关于市场经济的激烈争论，直接影响了我国改革和发展的进程。针对国内出现的思想混乱，邓小平在1990年12月24日指出：“我们必须从理论上搞懂，资本主义与社会主义的区分不在于是计划还是市场这样的问题。社会主义也有市场经济，资本主义也有计划控制。资本主义就没有控制，就那么自由？最惠国待遇也是控制嘛！不要以为搞点市场经济就是资本主义道路，没有那么回事。计划和市场都得要。不搞市场，连世界上的信息都不知道，是自甘落后。”②

---

① 邓小平文选：第2卷．北京：人民出版社，1994：236.

② 邓小平文选：第3卷．北京：人民出版社，1993：364.

1992年1月，邓小平在南方谈话中进一步指出："计划多一点还是市场多一点，不是社会主义与资本主义的本质区别。计划经济不等于社会主义，资本主义也有计划；市场经济不等于资本主义，社会主义也有市场。计划和市场都是经济手段。社会主义的本质是解放生产力，发展生产力，消灭剥削，消除两极分化，最终达到共同富裕。"① 这一精辟论断从理论上摆脱了把计划经济和市场经济看作属于社会基本制度范畴的思想束缚，为社会主义市场经济理论的形成奠定了坚实的基础，也反映了中国共产党人对计划与市场关系问题的认识有了新的突破。

在邓小平南方谈话的指导下，中央开始筹备召开党的十四大。1992年6月9日，江泽民在中央党校省部级干部进修班上做了《深刻领会和全面落实邓小平同志的重要谈话精神，把经济建设和改革开放搞得更快更好》的讲话，第一次提出使用"社会主义市场经济体制"作为建立新经济体制的建议，指出："加快经济体制改革的根本任务，就是要尽快建立社会主义的新经济体制。而建立新经济体制的一个关键问题，是要正确认识计划和市场问题及其相互关系，就是要在国家宏观调控下，更加重视和发挥市场在资源配置中的作用。"②

1992年10月，江泽民在中国共产党第十四次全国代表大会上作了《加快改革开放和现代化建设步伐 夺取有中国特色社会主义事业的更大胜利》的报告，明确提出"我国经济体制改革的目标是建立社会主义市场经济体制"③。该报告指出："社会主义市场经济体制是同社会主义基本制度结合在一起的。在所有制结构上，以公有制包括全民所有制和集体所有制经济为主体，个体经济、私营经济、外资经济为补充，多种经济成分长期共同发展，不同经济成分还可以自愿实行多种形式的联合经营。"④

党的十四大确立的社会主义市场经济体制改革目标，从根本上解决了人们争论已久的姓"资"姓"社"问题，彻底解决了计划与市场的关系问题。1993年3月29日，八届全国人大一次会议通过的《中华人民共和国宪法修正案》将社会主义市场经济写进宪法，社会主义市场经济体制得到了宪法的确认。

1993年11月，中国共产党十四届三中全会通过了《中共中央关于建立社会主义市场经济体制若干问题的决定》，指出："社会主义市场经济体制是同社会主义基本制度结合在一起的。建立社会主义市场经济体制，就是要使市场在国家宏观调控下对资源配置起基础性作用。"⑤ 该决定明确了我国建立社会主义市场经济体制的具体任务和基本框架。

经过20世纪90年代改革的深入推进，中国在20世纪末已经初步建立了社会主义市场经济体制。2002年11月，党的十六大报告进一步提出了到2020年建成完善的社会主义市场经济体制的改革目标。社会主义市场经济体制的初步建立充分调动了各个市场主体的积极性，对我国的改革开放和社会主义现代化建设产生了深远的影响，推动中国经

① 邓小平文选：第3卷．北京：人民出版社，1993：373.
② 江泽民文选：第1卷，198.
③ 姜华宣，张蔚萍，肖甡．中国共产党重要会议纪事（1921—2006），584.
④ 江泽民文选：第1卷，198.
⑤ 姜华宣，张蔚萍，肖甡．中国共产党重要会议纪事（1921—2006），584.

济进入了高速发展的新阶段。

第四节 中国特色社会主义新时代

一、新发展理念

经过改革开放以后30多年的高速增长，我国经济发展进入新常态。新常态下，我国经济发展表现出速度变化、结构优化、动力转换三大特点。增长速度要从高速转向中高速，发展方式要从规模速度型转向质量效率型，经济结构调整要从增量扩能为主转向调整存量、做优增量并举，发展动力要从主要依靠资源和低成本劳动力等要素投入转向创新驱动。这些变化不以人的意志为转移，是我国经济发展的阶段性特征的必然要求。在我国经济发展新常态阶段，必须树立新的经济发展理念。

2015年10月，中央十八届五中全会召开，研究制定“十三五”规划的建议，提出了创新、协调、绿色、开放、共享的发展理念，并以这五大发展理念为主线进行谋篇布局。《中共中央关于制定国民经济和社会发展第十三个五年规划的建议》对五大发展理念进行了全面阐释：

创新是引领发展的第一动力。必须把创新摆在国家发展全局的核心位置，不断推进理论创新、制度创新、科技创新、文化创新等各方面创新，让创新贯穿党和国家一切工作，让创新在全社会蔚然成风。

协调是持续健康发展的内在要求。必须牢牢把握中国特色社会主义事业总体布局，正确处理发展中的重大关系，重点促进城乡区域协调发展，促进经济社会协调发展，促进新型工业化、信息化、城镇化、农业现代化同步发展，在增强国家硬实力的同时注重提升国家软实力，不断增强发展的整体性。

绿色是永续发展的必要条件和人民对美好生活追求的重要体现。必须坚持节约资源和保护环境的基本国策，坚持可持续发展，坚定走生产发展、生活富裕、生态良好的文明发展道路，加快建设资源节约型、环境友好型社会，形成人与自然和谐发展的现代化建设新格局，推进美丽中国建设，为全球生态安全做出新贡献。

开放是国家繁荣发展的必由之路。必须顺应我国经济深度融入世界经济的趋势，奉行互利共赢的开放战略，坚持内外需协调、进出口平衡、“引进来”和“走出去”并重、引资和引技引智并举，发展更高层次的开放型经济，积极参与全球经济治理和公共产品供给，提高我国在全球经济治理中的制度性话语权，构建广泛的利益共同体。

共享是中国特色社会主义的本质要求。必须坚持发展为了人民、发展依靠人民、发展成果由人民共享，做出更有效的制度安排，使全体人民在共建共享发展中有更多获得感，增强发展动力，增进人民团结，朝着共同富裕方向稳步前进。①

---

① 中共中央关于制定国民经济和社会发展第十三个五年规划的建议. 人民网，2015-11-03.

二、高质量发展

历经改革开放以来近 40 年的高速增长，我国综合国力大幅提升，人民生活水平显著提高。但是，我国的人口结构、供需结构、产业结构、进出口贸易结构，以及投资率、储蓄率、生态环境等因素，都已经发生了根本性变化，难以进一步支持我国经济的持续高速增长。党的十八大以来，我国经济发展迈入由大向强转变的新阶段，进入全面建成小康社会决胜期，并将在全面建成小康社会的基础上，乘势而上开启全面建设社会主义现代化国家新征程。社会主义现代化国家的经济基础是社会生产能力的明显提升，核心是经济发展的高质量。如果说改革开放之初我国经济发展要解决的首要问题是数量不足，需要“快”字当头的话，那么在新时代要解决的首要问题则是实现高质量发展，必须“好”字当头。这就决定了我国经济必然从高速增长转向中高速增长，相应地，这种转变要求我国经济发展动力从传统增长动能转向新的增长动能，从根本上说，就是从高速增长向高质量发展转变。

实现高质量发展，是保持经济社会持续健康发展的必然要求，是适应我国社会主要矛盾变化和全面建设社会主义现代化国家的必然要求。2017 年党的十九大报告中多次提到质量，并首次提出“质量第一”和“质量强国”的口号。十九大报告指出：“我国经济已由高速增长阶段转向高质量发展阶段，正处在转变发展方式、优化经济结构、转换增长动力的攻关期，建设现代化经济体系是跨越关口的迫切要求和我国发展的战略目标。必须坚持质量第一、效益优先，以供给侧结构性改革为主线，推动经济发展质量变革、效率变革、动力变革，提高全要素生产率，着力加快建设实体经济、科技创新、现代金融、人力资源协同发展的产业体系，着力构建市场机制有效、微观主体有活力、宏观调控有度的经济体制，不断增强我国经济创新力和竞争力。”

党的十八大以来，中国经济进入了新常态发展阶段，经济政策的核心是在不影响大面积产业工人就业的情况下，适时调整经济增长速度，转变经济发展方式，将经济增长稳定在中高速水平。2010 年之后，中国经济增速逐渐进入 10％以下区段。经过两年调整，2012 年进入“7”时代，当年增长率为 7.9％。2013 年经济增速比 2012 年略有减缓，为 7.8％，而 2014 年的经济增速出现了明显的回落，比 2013 年下跌了 0.5 个百分点；自 2015 年开始，中国经济增速进入了“6”时代，并逐步呈现缓慢徘徊型下降趋势，2015—2018 年间，中国经济增速分别为 6.9％、6.7％、6.8％、6.6％。总的来讲，中国经济在 2013—2018 年间保持着中高速增长已经属于很大的成就。事实上，世界经济整体步入缓慢增长的阶段，增速徘徊在 3％左右，而中国能够在 21 世纪保持 6.5％以上的经济增速，依然是一个较好的成绩。

推动高质量发展，是我国确定发展思路、制定经济政策、实施宏观调控的根本要求。高质量发展会带领中国经济迈上一个新的台阶，这是一次新的“凤凰涅槃”。如果能成功地实现这个转型，那么中国经济的质量，无论是微观的产品和服务的质量，还是宏观的效率的质量，都会像中国速度一样，得到世界的赞誉。

三、供给侧结构性改革

改革开放以来，中国经济持续高速增长，成功步入中等收入国家行列，已成为名副其实的经济大国。但随着人口红利衰减、“中等收入陷阱”风险累积、国际经济格局深刻调整等一系列内因与外因的作用，经济发展进入新常态。2015 年 11 月 10 日，习近平主持召开中央财经领导小组第十一次会议，研究经济结构性改革和城市工作。习近平在讲话中首次提及供给侧结构性改革，指出：“推进经济结构性改革，是贯彻落实党的十八届五中全会精神的一个重要举措。要牢固树立和贯彻落实创新、协调、绿色、开放、共享的发展理念，适应经济发展新常态，坚持稳中求进，坚持改革开放，实行宏观政策要稳、产业政策要准、微观政策要活、改革政策要实、社会政策要托底的政策，战略上坚持持久战，战术上打好歼灭战，在适度扩大总需求的同时，着力加强供给侧结构性改革，着力提高供给体系质量和效率，增强经济持续增长动力，推动我国社会生产力水平实现整体跃升。”

2016 年 1 月 26 日和 27 日，中央财经领导小组举行第十二次会议，研究供给侧结构性改革方案。会议分别听取了国家发展改革委、财政部、住房城乡建设部、人民银行、国务院国资委关于去产能、去库存、去杠杆、降成本、补短板的 8 个工作方案思路的汇报。习近平在讲话中指出，制定好方案是做好供给侧结构性改革的基础，要把思想认识统一到党中央关于推进供给侧结构性改革的决策部署上来。去产能、去库存、去杠杆、降成本、补短板是工作重点，关系到供给侧结构性改革的开局，关系到“十三五”的开局。各地区各部门要坚定信心、坚决行动，抓紧抓好抓实，切实取得实效。习近平强调，供给侧结构性改革的根本目的是提高社会生产力水平，落实好以人民为中心的发展思想。

供给侧结构性改革扎实推进减少了低端供给和无效供给，产能过剩行业市场加速出清，使市场供求关系得到明显改善，企业经营状况好转、经济效益得以回升。2016 年 9 月，工业生产者出厂价格首次由降转升，结束了连续 54 个月同比下降的局面。在价格回升、成本下降、销售好转的共同作用下，企业盈利状况明显改善，市场信心不断增强。2016 年，规模以上工业企业利润比上年增长 8.5%；主营业务收入利润率为 5.97%，比上年提高 0.19 个百分点。另外，供给侧结构性改革扩大了中高端供给和有效供给，推动新技术新产业新产品不断涌现，为经济持续健康发展注入了新的动力，有力支撑了市场需求升级和宏观经济企稳。2016 年，我国经济增速为 6.7%，继续保持中高速增长。①

2013—2018 年间，中国社会始终保持着巨大的经济总量基数并实现了中高速的经济增长，同时，由于供给侧结构性改革的不断推进，中国经济结构优化也取得了较为显著的成效。从产业经济结构来看，如表 21 - 2 所示，自十八大以来，以工业为主的第二产业产值在 GDP 中的占比大体上呈不断缩小的趋势，产业结构逐步由以往阶段的“二、三、一”转变为“三、二、一”。2013 年，第一产业增加值在国内生产总值中的占比为 8.94%，第二产业的占比为 44.18%，第三产业的占比为 46.88%。第三产业已经显著超

---

① 国家统计局．供给侧结构性改革深入推进 转型升级步伐持续加快．国家统计局网站，2017 - 07 - 28.

过第二产业成为经济社会的主体产业。2014 年，产业结构继续由第二产业向第三产业倾斜，其中，第三产业增加值在国内生产总值中的占比上升为 48.04%，比 2013 年上升了 1.16 个百分点，而第二产业占比下降了 0.9 个百分点。2015 年，第三产业增加值在国内生产总值中的占比首次过半，达到 50.46%。2016—2018 年间，第三产业增加值在国内生产总值中的占比稳步上升，从 2016 年的 51.80%上升至 2018 年的 52.16%，而第二产业增加值在国内生产总值中的占比基本在 40%左右徘徊。经过十八大以来的经济结构调整，中国的产业结构大体上由前一个阶段的 1：4.5：4.5 演变为 2018 年的 0.7：4.1：5.2，产业结构优化取得了积极的成效。

表 21－2　中国 2013—2018 年间三次产业增加值在国内生产总值中的占比（%）

年份	第一产业	第二产业	第三产业
2013 年	8.94	44.18	46.88
2014 年	8.67	43.28	48.04
2015 年	8.42	41.11	50.46
2016 年	8.13	40.07	51.80
2017 年	7.57	40.54	51.89
2018 年	7.19	40.65	52.16

资料来源：国家统计局官方网站。

四、中国特色社会主义新时代

1956 年社会主义改造完成以后，我党认真研究中国社会的主要矛盾变化，在八大报告中指出：社会主义改造完成后，我们国内的主要矛盾，已经是人民对于建立先进的工业国的要求同落后的农业国的现实之间的矛盾，已经是人民对于经济文化迅速发展的需要同当前经济文化不能满足人民需要的状况之间的矛盾。这一矛盾的实质，在我国社会主义制度已经建立的情况下，也就是先进的社会主义制度同落后的社会生产力之间的矛盾。党和全国人民当前的主要任务，就是要集中力量来解决这个矛盾，把我国尽快地从落后的农业国变为先进的工业国。①

这些年来，在中国共产党的坚强领导下，全国各族人民团结一心，迎难而上，开拓进取，奋力前行，从封闭落后迈向开放进步，从温饱不足迈向全面小康，从积贫积弱迈向繁荣富强，创造了一个又一个人类发展史上的伟大奇迹。新中国诞生时，我国经济基础极为薄弱。1952 年我国国内生产总值仅为 679 亿元，人均国内生产总值为 119 元。经过长期努力，1978 年我国国内生产总值增加到 3 679 亿元，占世界经济的比重为 1.8%，居全球第 11 位。改革开放以来，我国经济快速发展，1986 年经济总量突破 1 万亿元，2000 年突破 10 万亿元大关，超过意大利成为世界第六大经济体，2010 年达到 412 119 亿

① 中共八大关于政治报告的决议（中国共产党第八次全国代表大会一九五六年九月二十七日通过）. 中国政府网，2008－06－04.

元，超过日本并连年稳居世界第二。党的十八大以来，我国综合国力持续提升。我国经济总量连续跨越 70 万亿元、80 万亿元和 90 万亿元大关，2018 年达到 900 309 亿元，占世界经济的比重接近 16%。按不变价计算，2018 年国内生产总值比 1952 年增长 175 倍，年均增长 8.1%；其中，1979—2018 年年均增长 9.4%，远高于同期世界经济 2.9%左右的年均增速，对世界经济增长的年均贡献率为 18%左右，仅次于美国，居世界第二。2018 年，我国人均国民总收入达到 9 732 美元，高于中等收入国家平均水平。①

我国经济社会的持续增长和发展，从量变的积累逐渐发展为质变的突破。特别是改革开放 40 年的高速增长和稳定发展，使我国经济社会进入了一个新的发展阶段，并进一步使中国特色社会主义进入了一个新的时代。党的十九大报告指出：中国特色社会主义进入新时代，我国社会主要矛盾已经转化为人民日益增长的美好生活需要和不平衡不充分的发展之间的矛盾。我国稳定解决了十几亿人的温饱问题，全面建成了小康社会，人民美好生活需要日益广泛，不仅对物质文化生活提出了更高要求，而且在民主、法治、公平、正义、安全、环境等方面的要求日益增长。同时，我国社会生产力水平总体上显著提高，社会生产能力在很多方面进入世界前列，更加突出的问题是发展不平衡不充分，这已经成为满足人民日益增长的美好生活需要的主要制约因素。

必须认识到，我国社会主要矛盾的变化是关系全局的历史性变化，对党和国家工作提出了许多新要求。我们要在继续推动发展的基础上，着力解决好发展不平衡不充分问题，大力提升发展质量和效益，更好满足人民在经济、政治、文化、社会、生态等方面日益增长的需要，更好推动人的全面发展、社会全面进步。

必须认识到，我国社会主要矛盾的变化，没有改变我们对我国社会主义所处历史阶段的判断，我国仍处于并将长期处于社会主义初级阶段的基本国情没有变，我国是世界上最大发展中国家的国际地位没有变。全党要牢牢把握社会主义初级阶段这个基本国情，牢牢立足社会主义初级阶段这个最大实际，牢牢坚持党的基本路线这个党和国家的生命线、人民的幸福线，领导和团结全国各族人民，以经济建设为中心，坚持四项基本原则，坚持改革开放，自力更生，艰苦创业，为把我国建设成为富强民主文明和谐美丽的社会主义现代化强国而奋斗。

关键词

计划经济　　公有制　　社会主义自治体制　　社会主义市场经济
国有企业　　中国特色社会主义新时代

思考题

1. 苏联社会主义计划经济是如何建立的？

---

① 国家统计局．沧桑巨变七十载 民族复兴铸辉煌——新中国成立 70 周年经济社会发展成就系列报告之一．国家统计局网站，2019－07.

2. 社会主义计划经济与社会主义国家工业化有什么关系？
3. 中国的社会主义计划经济体制与苏联有什么不同？
4. 谈谈对中国经济体制改革复杂性的认识。
5. 简述应该如何进一步完善社会主义市场经济体制。
6. 简述中国国有企业改革的发展历程。
7. 中国特色社会主义新时代的经济特点是什么？

第二十二章
发展中国家的工业化

重点问题

- 第二次世界大战后发展中国家的兴起和工业化战略
- 亚洲“四小龙”的经济发展
- 东南亚金融危机
- 巴西、印度、石油输出国组织的工业化及存在的问题

1945年以后，世界经济政治发生的一个重大变化就是发展中国家兴起。发展中国家在发展过程中逐渐拉开差距，有一些国家已经进入工业化国家的行列，有一些国家仍然在探索发展本国经济、摆脱贫困的道路。

第一节　发展中国家的兴起

第二次世界大战后，新成立的许多国家都属于发展中国家，发展中国家都面临工业化的问题。

一、发展中国家

第二次世界大战沉重打击了帝国主义，削弱了它统治其他国家的力量。为了反法西斯斗争的需要，同盟国提出了要让自由和民主的呼声遍及整个世界的口号，这也削弱了帝国主义统治殖民地和附属国的意愿。同时，殖民地和附属国的独立意识在增强，许多国家和地区成立了独立党或以独立为目标的政党，民族解放运动蓬勃兴起。

首先在亚洲掀起了民族解放的风暴。朝鲜、越南、老挝、印度尼西亚等国于1945年取得了政治独立。接着，菲律宾、叙利亚、约旦等国于1946年取得了独立。印度和巴基斯坦于1947年取得了独立。斯里兰卡（当时为锡兰）和缅甸于1948年取得了胜利。中华人民共和国于1949年成立了。在1955—1965年的10年间，非洲有33个国家取得了独立，仅1960年一年，非洲就有17个国家取得了独立，因而这一年被称为“非洲独立年”。到20世纪80年代初，第二次世界大战后新独立的国家达93个。如果包括第二次世界大战前取得独立的国家，那么原属于殖民地半殖民地的亚非拉地区共有130多个国

家从帝国主义的殖民锁链中挣脱出来。这些国家的领土面积占世界总面积的58%，人口占世界总人口的74%，成为国际舞台上一支重要的力量。如果采用世界银行的标准①，这些新独立的国家几乎都属于发展中国家。

现在人们一般把发展中国家分为几个组别：石油输出国、新兴工业化国家、最不发达国家和其他国家。发展中国家由于本身社会历史条件不同，面临的国际环境不同，特别是由于领导民族解放的领导阶级不同，在取得政治独立以后，选择了不同的政治经济制度。一些国家选择了资本主义，另一些国家选择了社会主义。

二、工业化战略

对于发展中国家来说，重要的不是是否要实现工业化，而是如何实现工业化。因此，这些国家在第二次世界大战后都将发展民族工业、推动工业化作为头等大事。从20世纪50年代起，掀起了一股工业化浪潮。这是继发达国家早期工业化以后的第二股工业化浪潮。但是，由于这些国家工业基础薄弱，资金严重短缺，经济结构畸形，而且面临发达市场经济国家已经完成了工业化的情况，因此，需要修正发达国家工业化的经验，并重新选择工业化战略。

新古典经济学关于经济增长方式存在两种理论：一种是增长要素理论，它认为经济增长是资本积累、劳动力增加和技术进步等生产要素增长的结果；另一种是结构转变理论，它认为经济增长是生产结构转变的结果。增长要素理论对资本、劳动力和技术对经济增长的贡献都做过分析，虽然不同的学者强调不同的要素，但是每一种要素对经济增长的重要性都不容忽视。为此，经济学家提出了增加生产要素的各种办法，包括引进外资、加强教育、培养企业家等。增长要素理论建立在竞争均衡的假设条件上，认为所有部门的劳动力和资本都能带来同样的边际效益。结构转变理论认为，在预见不足和要素流动有限制的情况下，各个生产部门之间的生产率是不一样的。因此，劳动和资本从生产率较低的部门向生产率较高的部门转移，能够加速经济的增长。这种理论认为，发展中国家的资源转移较发达国家具有更重要的意义，如资源由农业向工业的转移或工业向第三产业的转移。

在新古典发展理论和总结发展中国家发展经验的基础上，经济学家提出了进口替代和出口替代的理论。进口替代和出口替代是发展中国家的工业化或经济发展战略的两种主要类型。所谓进口替代，就是通过建立和发展本国的制造业和其他工业，替代过去的制成品进口，以带动经济增长，实现本国的工业化。同时，实施这一战略的直接目的之一，是企图通过进口替代，纠正过去长期存在的对外贸易逆差，解决国际收支不平衡的问题。出口替代战略，是基于贸易是经济增长发动机的理论，建议本国的工业生产面向世界市场，并以制成品出口逐步替代过去的初级产品出口。有的经济学家认为，在实行

---

① 这是指按人均国民生产总值的多少来划分国家类型的标准。按照该标准，人均国民生产总值在1 000美元以上的国家为发达国家，1 000美元以下的为欠发达国家。由于“欠发达国家”这个概念不能确切地反映不断发展变化的亚非拉国家的实际情况，进入20世纪60年代，在1964年前后，国际上已不大使用“欠发达国家”的概念，而用“发展中国家”的概念代替。

这种战略时，通常要经过三个相互交替的阶段。

第一阶段是鼓励初级产品出口的阶段。因为在相当长的时期内，初级产品是发展中国家唯一能够出口的主要商品，它能为发展中国家扩大就业和增创外汇。但是，从根本上来说，初级产品的出口对发展中国家的经济发展没有重要的贡献，一般还会带来不利的影响，例如会因利润和购买力外流导致技术和经济发展处于停滞状态，所以不能长期持续下去。这个阶段虽然是无法跨越和必需的，但也只是为向下一个阶段过渡奠定基础。

第二阶段是进口替代阶段。最初的进口替代往往是从普通消费品的进口替代开始，所需资金少，技术简单，大多是劳动密集型工业，只要拥有足够的国内市场，就可以减少对国外经济的依赖，并促进技术进步。但是，当进口替代逐渐扩展到耐用消费品的时候，就会遇到资金、技术和市场相对有限的限制，这时候需要进口大量的原材料、中间产品，国际收支状况会恶化，进口替代的程度也会减轻，因此必须进入下一个阶段。

第三阶段是出口替代阶段。在这一阶段，工业面向国际市场，提高产品质量和企业效率，发挥本国的优势，增加出口创汇，扩大劳动就业，实现通过贸易来促进经济增长的良性循环，加速从传统经济向现代经济转变。

第二节　新兴工业化国家和地区

新兴工业化国家是根据联合国工业发展组织确定的标准，1978 年人均收入超过 1 100 美元、制造业净产值占当年国内生产总值的 20%以上的国家和地区。亚洲“四小龙”是新兴工业化国家和地区的代表。

一、工业化战略的选择

亚洲“四小龙”与其他大多数发展中国家和地区一样，都曾经历过一个漫长的殖民统治时期。虽然殖民统治对各国和地区的影响不尽相同，但它们都属于在殖民体系中处于不利地位的国家和地区，它们没有分享到西方发达市场经济国家的繁荣，经济结构单一、畸形，以发展初级产品的生产为主，片面依赖早期的工业化国家。新加坡早在 1824 年就沦为了英国的殖民地，直到 1959 年新加坡成立自治邦，实行内部自治，其间 1942—1945 年被日本占领。在新加坡成立自治邦后，英国仍然保留国防、外交、修宪和颁布紧急法令的权力。1963 年 9 月，新加坡并入马来西亚，1965 年 8 月，新加坡脱离马来西亚，成立共和国，成为英联邦成员国。中国香港自鸦片战争后被英国占领。新加坡和中国香港在英属殖民体系中长期作为自由港而存在，经济主要依赖转口贸易，实现英国在东南亚推行自由贸易的设想。20 世纪 50 年代以后，韩国的工业特别是重工业发展起来，但是传统社会并没有因为现代工业的存在和发展而有所改变。中国台湾的情况与韩国类似。

亚洲“四小龙”都将实现工业化作为改变这种经济状况的唯一出路。这时，综合性因素促使它们选择了进口替代—出口替代—高级进口替代的工业化战略。（1）这四个国家和地区无论从土地面积还是人口来说都较小，再加上居民收入低，购买力低下，因此国内和地区内市场狭小，海外市场相对更有吸引力。（2）它们地理位置优越，都是半岛或海岛，有较长的海岸线和优越的深水港，都处在交通要道上，而且在近代一直是东西方贸易的中转站，获得商业信息和进行国际商业活动的成本相对较低。（3）西方发达市场经济国家产业结构的调整为发展中国家的经济发展提供了机会。第二次世界大战后，发达市场经济国家在第三次技术革命的推动下，出现了产业重心的转移。一些劳动密集型产业和污染较大、技术含量不高的工业面临转产，发展中国家是这些产业最理想的再生地。同时，随着生产和资本国际化的加强，一些跨国公司从全球经营战略出发，竞相在发展中国家寻找生产基地，以利用当地廉价的劳动力，降低生产成本，增强产品的竞争力。一般是把部分技术含量较低的产品或零部件转移到发展中国家生产，或是把零部件运输到发展中国家进行技术含量不高的装配，然后销往国内或国际市场。西方发达国家转移到发展中国家的传统产业对于发展中国家来说是先进的，会带动整个工业和技术水平的提高。西方国家经济全球化战略的实施，更是为发展中国家直接获得资金、技术和管理知识提供了大好机会。

亚洲“四小龙”抓住有利的国际机会，通过出口与进口的相互促进，利用进口—加工—出口机制来推动工业结构的不断优化。

二、进口替代阶段

20世纪50年代到60年代前期，亚洲“四小龙”实行了第一次进口替代战略。这一时期，为抵御外部垄断资本的竞争压力，政府当局利用各种管制政策保护国内市场，扶持竞争力较弱的非耐用消费品进口替代产业的发展。当时采取的主要政策有：实行复式汇率制度、高值汇率、对非耐用消费品征收高额关税、阻止资本外流等。这样，一些幼小的产业在政策的保护下逐渐成长起来，形成了工业发展的最初基础，并为产业的发展方向转向国际市场创造了条件。

新加坡于1959年颁布和实施了《新兴工业法》和《工业扩展法》两个法令，通过减免税收来吸引投资者投资于新兴工业。新兴工业主要是食品加工、木材加工、纺织、服装和电子工业产品的装配等劳动密集型产业。这些加工产业资金周转快、投资少，能扩大就业和节约外汇。为了扶植新兴工业的发展，实行了部分贸易保护，逐步增加了课征进口税的范围，并规定了进口限额。但是，由于政府考虑到要维持新加坡自由港的地位，进口税率比周围国家低得多，整个制造业部门的平均名义税率仅为5%。在实行进口替代的这个阶段，为了扩大国内市场，新加坡政府从1961年起与马来西亚联邦就新加坡与马来西亚结成联邦的问题举行了谈判，1963年谈判成功，新加坡加入马来西亚联邦。新加坡政府希望通过合作，将马来西亚作为进口替代工业发展的国内市场。经过进口替代工业化以后，新加坡的国内工业有了一定程度的发展。1960年，在新加坡的出口总额中，国内产品只占总出口的6.2%，到1966年这个比重上升到28.6%。国内工业的发展成为新加坡进一步发展出口工业的基础。

中国台湾从1953年开始发展面向内销市场的进口替代工业。（1）发展棉纺织业，把美援外汇的绝大部分用于进口原棉。继而又集中力量建成了合成纤维、塑料、合成板等工业。(2) 实行外汇管制。对消费品的进口实行严格限制，对原料、燃料、机器设备等进口优先供应外汇。(3) 实行复式汇率。该政策规定，在审理进口货物时，根据经济和社会发展对此物资需要的迫切程度，规定不同的汇率。对当时急需的粮食、原料和机器设备等进口，按照较低的汇率结算，对奢侈品的进口按照高汇率结算。(4) 采取关税限制。以上措施使中国台湾迈出了高速增长的第一步。1953—1962 年，中国台湾的国民生产总值平均每年增长 6.9%，农业生产平均每年增长 4.8%，工业生产平均每年增长 11.7%。工业在整个经济中的地位也相应提高，所占比重由 17.9%提高到 27.8%。工业消费品在岛内市场销量大增，基本做到了自给，为向出口替代转变准备了条件。

韩国经济在这个阶段由于朝鲜战争而瘫痪，但在战后重建时期也实行了进口替代战略，政府用高关税、高估韩元、多重汇率和多种限制办法来保护本国工业并控制进口，将开发国内市场作为主要任务。

中国香港地区的经济发展与海外市场紧密相连，敏感地反映着外部市场的变化。这一时期上海大批资本家来到香港，他们带来的资金、设备和熟练劳动力，正好满足了第二次世界大战后海外市场对大批机器设备的需求。这样，香港的工业在大量订单的刺激下发展起来。

三、出口替代阶段

20 世纪 60—70 年代，这些国家和地区转向实行以出口替代为主的工业化战略。进口替代战略以内部市场为基础，随着时间的推移，经济发展必将受到内部市场规模的限制，一旦没有需求推动，经济就难以发展。而且，与进口替代共生的贸易保护主义，渐渐地也会暴露出保护落后、低效率的弊端，造成生产缺乏竞争、成本居高不下和产品质量得不到保证的严重后果。到 20 世纪 50 年代末，推行进口替代战略的国家增长速度明显变缓，甚至出现停滞现象。严峻的现实使这些国家先后改变了工业化战略，对国内经济实行对外开放，积极引进外国资金和技术，放宽外资政策，调整汇率，鼓励出口，利用本地劳动力资源优势，创办出口加工区，大力发展具有国际竞争力的劳动密集型出口产品。

新加坡与马来西亚的经济合作并没有取得实质性进展，反而因为马来西亚政府推行的“马来人优先政策”而蒙受损失。1965 年新加坡退出马来西亚联邦，成为一个独立的国家。同时，1966 年英国宣布从新加坡撤走驻军。由于英国在新加坡的海军、空军军事基地的军费开支占新加坡国民生产总值的 20%左右，有近 4 万名新加坡人为基地服务，因此新加坡原先就饱和了的市场面临严重的压力。需求减少，失业人数增多，进口替代战略面临破产。1968 年，新加坡进入了出口替代阶段，政府制定了相应的政策。(1) 重新定义了新兴工业，生产出口商品的工业企业获得了新兴工业的地位，享受税收方面的优惠，出口所得的外汇不需要向国家缴售，出口商还可以向新加坡出口信贷保险公司购买出口信贷保险，然后把保单抵押给本地银行，以取得贷款。(2) 建立了一套吸引外资的办法：一方面，加强基础设施建设；另一方面，对内资和外资采取一视同仁的政策，要求它们遵守同样的法律条例。新加坡没有专门规定外资的经营方式，也没有规定合资企业中内外资的股份比例，外国公司的资本和利润汇出不受任何限制，甚至没有制定专门的外资法。一视同仁的政策使新加坡成为外国资本投资的"天堂"。(3) 建立了许多工业区，如著名的裕廊工业区（包括冶金业、造船业、化学业、炼油业、电子业和一些轻工业的综合工业区）、加冷公园工业区（主要是造船修船业）、克兰芝工业区（主要是木材和木材加工业）。在工业区内，都实行特殊的政策以奖励出口。出口替代战略的实施导致了制成品出口的迅速增加和对外贸易的增长。1967 年，新加坡的制成品中仅有 30%用于出口，到 1973 年，这一比例上升到 54%。1973 年，各行业产品的出口额在行业总产值中所占比重分别为：纺织品 66%、鞋类 75%、皮革 67%、木材 61%、石油 63%、非电动机械 46%、电动机械 90%、运输工具 43%、其他产品 44%。贸易总额的年均增长，20 世纪 60 年代为 4.2%，70 年代为 20.2%。出口替代还推动了产业结构的不断调整和升级。到 80 年代初，新加坡由原来依赖转口贸易的单一经济结构，转变成以重化工为主的自由港的多元经济结构。

20 世纪 60 年代初，中国台湾的一些轻纺部门已经实现了进口替代，但是岛内的内销市场也开始饱和。而且，50 年代中国台湾的人口快速增长，经济发展的成果为人口增长所抵消，并且有 100 万人面临失业。60 年代中国台湾利用同美国、日本的特殊关系，确定从日本进口机器设备、原料和半成品，经过加工向美国出口的经济格局。为此，中国台湾采取了以下措施：(1) 降低关税税率，建立出口退税和出口补贴制度；(2) 放宽进口管制，简化汇率，将十几种复式汇率统一为单一汇率，并对定值过高的货币进行贬值，将新台币贬值 62%；(3) 制定和颁布一系列有关投资和技术合作的奖励措施，吸引外资、侨资到中国台湾投资工业；(4) 建立出口加工区，为外资创造良好的投资环境；(5) 引导产业顺利转型和升级，扩大出口等。1963—1973 年，中国台湾工业生产年均增长 18.5%，GNP 年均增长 10.1%。1966—1971 年，"出口扩张"对制造业产出增长的贡献达 57%。到 1981 年，中国台湾的进出口贸易总额跻身于世界 20 大贸易国家和地区的行列。

20 世纪 50 年代末，韩国经济发展受到进口替代战略的限制，国家的政策重点转移到出口替代的工业化战略上来。1961—1963 年，当时的军政府对外汇体制、税收体制和其他政策进行改革，采取必要措施鼓励出口和外资的引进。从 1964 年起，政府开始制定和实施一整套与出口替代相协调的措施：汇率改革、促进出口和进口自由化计划。政府将官方汇率贬值，从 130 韩元兑换 1 美元改为 256 韩元兑换 1 美元，贬值 97%，并宣布将固定汇率制改为单一浮动汇率制。韩元贬值后，出口商品的价格竞争力有很大提高，政府还实行了一些新的刺激出口的办法，如减税、出口优惠贷款、通过扩大韩国贸易促进会海外网络支持出口商在海外的销售活动、给亏本的出口商以补贴等。随着出口的迅速扩大，韩国的外汇储备增加，1967 年 7 月，政府推行进口自由化计划。自动准许进口的商品数目大量增加，进口自由化率（自动准许进口商品数目除以可交易商品总数）1967 年下半年为 60%，1968 年上半年为 62%。但是，由于国内通货膨胀加剧和国际收支状况恶化，从 1968 年下半年开始，进口自由化率不仅没有继续提高，反而下降，1975 年为 49%，以后才逐步上升，1980 年为 69%左右，1982 年和 1983 年分别增加到 77%和

80%。20世纪70年代，韩国开始大幅降低关税，1973年的关税改革使平均关税税率从38.8%下降到31.3%，1977年的改革使征收大约20%关税税率的商品数目占可交易商品的比例从35.7%提高到52.8%，同时减少了征收高关税商品的数目。出口替代使工业品的出口迅速增长。从1962年到20世纪80年代初，制造业的年均增长率达16%，国民生产总值的增长率达8.4%，制造业在国民生产总值中的比重从20世纪60年代初期的14%左右增加到1980年的29%。

中国香港的出口替代战略在20世纪50年代已经小有成就，1950年中国香港的服装出口占到世界总出口的3.5%，1960年达到35%，20世纪70年代中期达到44%，这时，制造业劳动力中几乎有一半从事服装生产。在服装出口迅速扩大之后，其他种类的工业品生产和出口形势喜人。1960年以来，电子产品生产和钟表生产发展迅速，到1980年中国香港已成为世界上最大的钟表出口区。各种各样的塑料制品的出口额在20世纪60—70年代平均每年增长37%。出口替代战略的成功反映在收入的增长上。1964—1973年，中国香港的工资以每年5.4%的速度增长。

四、出口替代中的进口替代

20世纪70年代以后，亚洲“四小龙”在继续实行出口替代战略的同时，又推行了第二次进口替代战略。进口替代的产品由非耐用消费品扩展到中间产品、耐用消费品和机器设备。某些出口产业和第二次进口替代产业同时成为工业发展的主导产业。第二次进口替代在很大程度上是第一次进口替代的继续和补充。因为在第一次石油危机爆发后，建立在进口基础上的出口产业陷入了重重困境，因此发展第二次出口替代产业一方面可以减少对进口的依赖，提高中间投入品的自给率和生产率，增加出口产品的附加值，继续保持纺织等劳动密集型产业的竞争优势；另一方面可以保护和扶植在当时仍处于相对劣势，而未来将有相对优势的资本、技术密集型产业，使具有国际竞争力的产业不断更新交替。这个时期，一些劳动密集型产业和资本—技术密集型产业，诸如纺织、电子等装配业及石化、钢铁和机械工业等都同时得到了发展。因此，到20世纪80年代，这些国家和地区的经济又上了一个新台阶。

在20世纪70年代中后期，新加坡政府大力推动资金密集型产业的发展，改造工业结构，减轻经济对劳动力密集型产业的依赖。在工业领域，新加坡集中力量发展石油精炼、塑料制品、合成纤维、燃气轮机、工业机械、光学产品、办公设备等产业。在服务业上，努力使本国成为世界第一流的交通、通信、金融、医疗和旅游中心。1965—1980年，新加坡经济的实际年增长率为9%。其中服务业的发展最为迅速，新加坡拥有世界上第八大港口，是重要的地区性石油工业中心。到20世纪80年代初，新加坡国民生产总值的三分之二来自服务业。

中国台湾制定了发展钢铁、铝、石油、化学制品和合成纤维的计划，努力调整产业结构，发展高技术产业。在这一时期，中国台湾注重对公营部门的投资。1973—1979年，公营经济部门的固定资产投资超过了全台湾的一半。对公营企业的投资刺激了1974—1975年危机后的经济复苏。1982年以后，国际市场对中国台湾出口商品的需求急剧扩大，有力地带动了中国台湾经济的增长。到20世纪80年代中期，中国台湾的经济实现了长期增长。新型电脑、计算机外围设备、无线电话、声像和电信设备成为中国台湾的主要产品。

韩国政府在1973年实施了重工业和化学工业计划，促进了造船业、钢铁业、机械制造业和石油化工业的快速增长。1976年，韩国的造船量仅有70万吨，1983年激增到400万吨，超过了除日本以外的所有国家。国有钢铁公司1973年只生产了100万吨钢铁，到1984年钢铁产量猛增到1 200万吨。到1982年有三分之二的劳动力受雇于非农业，而在1960年有三分之二的劳动力从事农业。仅仅经过一代人的努力，韩国就已经从世界上最贫穷的国家变成了拥有相当财富的国家。

在此期间，中国香港出口商品的构成发生了重大变化。1973—1981年，通用机械和运输机械的出口增长最快，达到324%，电机出口增长了302%，其他机械产品为280%，工业原料和燃料为220%。同时，服务业逐渐取代了制造业在整个经济中的地位。航运业、航空业、旅游业、银行业和保险业迅速发展。中国香港成为世界第三大黄金市场，在中国香港从事金融活动的银行数目是新加坡的2倍。20世纪80年代初，旅游创汇占出口额的8%，其航空港在世界名列第11位。中国香港正逐步在亚洲和世界服务业中扮演高度专业化的角色。

五、东南亚金融危机

东亚的发展模式创造了亚洲发展奇迹。1997年在泰国危机爆发之前，国际经济专家和一些权威国际经济机构都满怀信心地预测，20世纪末东亚仍将是经济高速发展的少数地区。印度尼西亚、韩国还被瑞士银行公司认为是相对无风险的国家。

但是，1997年2月，泰铢首次遭到攻击。3月，泰国银行遭到挤兑，泰国储户从10家银行提走了5亿美元，泰铢同时受到攻击，泰国政府组织38亿美元基金以期稳定市场，但是它将汇率保持为1美元兑25泰铢的目标没有成功。5月，投机者再次冲击泰铢，泰铢的汇率降到10年来的最低点：1美元兑26.75泰铢。泰国央行动用40亿美元即约九分之一的外汇储备来干预外汇市场，以保护泰铢，结果形成了海内外1美元兑换1.8泰铢的汇差，进一步助长了国际投机者的冲击。6月中旬，财长安南辞职，股市从1996年末的1 200点跌到461点。抛售泰铢使泰国的外汇储备从1996年末的377亿美元降到1997年5月的333亿美元，而在333亿美元中有234亿美元是泰国央行为保卫泰铢买进的在未来12个月要支付的远期合约。7月2日，泰国央行宣布放弃维持了13年的对美元的固定汇率，让泰铢对美元自由浮动。泰铢立即下跌17%。7月底，在无可奈何的情况下，泰国接受了国际货币基金组织的挽救方案。但是，9月3日，在标准普尔降低对泰国主权的评级后，泰铢又贬值到1美元兑36.2泰铢。从2月到9月中旬，泰铢已贬值42%，股票的市值下跌了48%，91家金融证券公司中已有58家被迫关闭，30%的上市公司面临摘牌的危险，27%的房地产空置，银行呆账达400亿美元。预计泰国的国民生产总值增长率将从1996年的6.7%下降到0～2%。泰国成为危机的发源国。

此后，国际投机者开始冲击东南亚其他国家的货币，各有关国家在动用外汇储备入市干预无效的情况下，纷纷放弃联系汇率制。1997 年 7 月 11 日，菲律宾宣布放弃固定汇率制，比索下跌 7%；8 月 8 日，马来西亚，随后是印度尼西亚、新加坡元兑美元汇率也降到了 37 个月以来的最低水平。11 月，韩国金融再起风波，并冲击日本，使东南亚危机雪上加霜。在汇市连连走低时，亚洲股市也大幅下挫。到 1998 年初，泰国、印度尼西亚、韩国和中国香港的股票指数平均比 1997 年初下跌了 50%左右。随后，出现经济滑坡和政治冲突，亚洲爆发全面经济危机。

对亚洲发生金融危机的原因分析，主要集中在以下几个方面：

第一，麻省理工学院的保罗·克鲁格曼教授曾针对 21 世纪是亚洲世纪的观点进行了引起全球轰动的评论。他认为，东亚经济的增长方式是依靠投入实现短期高速增长，不能保持经济持续稳定。克鲁格曼指出，亚洲经济偏重于投入的做法犹如当年的苏联模式，其结果必然是造成资源破坏、经济停滞。

第二，新兴工业国存在制度隐患。在东南亚国家的工业化进程中，政府功不可没。一方面，政府提供了各种经济发展所必需的制度安排，是工业化的主要推动者。另一方面，政府也意识到经济自由的重要性，特别是在出口替代阶段，实行了多项自由化的改革。由于大部分制度是由政府提供的，政府在制度创新中要受到统治者偏好、意识形态、官僚机构、利益集团和社会科学知识局限性的影响，一旦新的制度安排带给国民的收益较高，而带给统治者的收益较低或收益为负，统治者就会倾向于维持旧制度。而且，政府机关中每一个官僚机构都是本身利益的最大化者，它的利益从来就没有与统治者完全吻合过，因此，统治者的收益最大化政策会在执行中被扭曲为使官僚机构受益的政策。同时，官僚机构的自利行为也不一定与经济发展吻合，还会发生寻租行为，导致政府腐败。

第三，发展战略有缺陷。东亚的经济发展战略在十余年的高速增长阶段发挥了重要的作用，但是 1994 年以后，以劳动密集型产业为主的东亚经济开始感受到出口增长势头减缓、进口势头上升、国内投资减弱、国内消费上升的多重压力。在传统经济发展遇到困难的时候，政府希望通过扩张性财政政策和货币政策来保持经济增长，但是造成了国民经济泡沫化程度的不断提高。最典型的经济现象是：在经常项目赤字和财政赤字不断增长的情况下，股市和房地产经济异常活跃，成为国民经济的主要投资领域，银行中呆账、坏账的比例不断上升。

第四，不健全的金融系统。1996 年世界银行一份关于东南亚金融业的研究报告表明，不健康的东南亚金融系统会对其经济产生不良影响。这份报告认为，这些国家和地区普遍存在不适当的银行监督、缺乏透明度、政府指令性贷款、政治压力贷款等问题，这是东南亚地区出现 6 600 亿美元坏账的主要原因。

第五，对外开放过快。国际货币基金组织的一位官员认为，在联系汇率制下，对外开放过快是东南亚危机的一个重要原因。东南亚国家普遍实行以美元为主、以其他货币为辅的钉住一揽子货币汇率的联系汇率制。1994 年 5 月，美元升值，这一结果对与美元挂钩的东南亚货币产生了双重的负面影响。一方面，东南亚国家货币随着美元升值而升值，使产品出口竞争力不断下降，人为高估币值使进口增加；另一方面，在经常项目出现逆差时，为了维持联系汇率，央行必须投入巨额外汇储备，从而使外汇大幅减少。20

世纪80年代末金融全球化和自由化对东盟国家产生了重要的影响，成为东盟国家解决经常项目赤字的重要政策依据。东盟国家把吸引资金当作首要的目标，希望以资本项目的盈余来缓解经常项目下赤字的压力，这种依靠借入短期外债来支撑长期投资的做法必然会引起危机。金融分析家认为，在东南亚国家经常项目赤字扩大和政治不稳定的情况下，过早开放金融市场，其货币很容易成为投机势力攻击的目标。

起初人们认为亚洲金融危机可以像墨西哥金融危机一样通过短期国际资金援助得以解决，但是1998年危机进一步波及俄罗斯、拉美国家，美国也受到了亚洲金融危机的影响，所以亚洲金融危机对世界经济的长期影响很难预料。

第三节　巴西、印度和石油输出国

巴西、印度和石油输出国是发展中国家中独具特色的国家。巴西的高外债、高通货膨胀率、高增长率曾经引起广泛关注。印度的“绿色革命”和经济计划别有特点。石油输出国则由于控制重要资源而在世界经济中有举足轻重的地位。

一、巴西的工业化

巴西在1933年大危机以前是一个典型的开放国家，进出口总额平均占国民生产总值的23%。它专门生产几种用于出口的农产品。20世纪20年代，巴西利用出口政策实现了实际国民生产总值年均增长5.3%的发展成就。1933年的大危机使依靠初级产品出口的国家受到了严重的打击，巴西的情况更加严重，因为它在1924—1929年的全部出口收入中73%来源于咖啡。1929—1932年，出口收入下降了60%，实际国民生产总值下降了3.5%。遭受打击的巴西认为，外向型增长政策使国家遭受了对外贸易比价的重大损失，而国内的潜在市场才是经济发展的真正动力，于是确定了进口替代的政策原则。第二次世界大战后，巴西对新兴的本国工业采取了进口管制、多重汇率和高进口税等措施，实施严格的保护。同时，金融机构用附加税和强制储蓄的办法积累资金，并将其投入钢铁、水泥、石油、电力、公路、冶金、机械等基础设施和重型工业的建设。巴西的进口替代政策取得了辉煌的成就。实际国民生产总值年均增长率1940—1945年为3.1%，1946—1955年为7.5%，1956—1961年为8.0%。巴西成为轿车、卡车等耐用消费品和资本货物的制造国，耐用消费品和中间产品的进口替代大体完成，设备的自给能力已达到了较高的程度。

在实行进口替代战略时期，实际出口和实际进口都停滞不前，进口占国民生产总值的比重由1929年的23.8%下降到1964年的5.6%。外汇约束越来越明显。1961—1967年，巴西国内政治局势动荡，财政状况恶化，经济发展速度放慢，就业问题、工业效率问题以及分配不平等问题纷纷出现。人们将巴西出口停滞不前的原因归结为多重汇率和本国货币高估。巴西迫切需要转换工业化战略。巴西于1966年降低了进口税，1968年采用爬行钉住的汇率制度，1969年向制成品出口提供补贴。出口替代战略的实行很快取得了成果。巴西实际国民生产总值年均增长率1968—1973年高达11.1%，1974—1980年为7.1%，通货膨胀率下降。这就是造就“巴西奇迹”的黄金时代。

到70年代末期，巴西已经进入中等发达国家行列。1977年，巴西钢产量为1 140万吨，汽车产量为91.8万辆。经济结构中工业比重上升，工业产值的增长为农业的3.1倍，1960年为2.1倍。出口结构的变化也很明显。在1960年巴西的出口额中，工业品的比重为3%，1977年迅速提高到近30%。

但是，外债成为困扰巴西经济的主要问题。1964年以前，巴西的内向型经济对外资实行严格的限制。随着20世纪60年代中期选择出口替代战略，进口和出口都急剧增加。虽然在1974年以前国际收支都保持着顺差，但是劳务和转移支付的逆差逐年增加，经常项目下的逆差要通过资本流入来弥补。外债净额经过日积月累由20世纪60年代中期的30亿美元增加到1973年的72亿美元。然而，外债问题在当时并没有引起关注，人们认为巴西外债的增加是建立在出口扩大的基础上，而且外债都是长期的，中央银行拥有可观的外汇储备以备不时之需。

20世纪70年代初，世界性的石油危机引发的经济危机使巴西的外债问题凸显。1974年出现了47亿美元的贸易逆差和71亿美元的经常性项目逆差，巴西的资信有所动摇，构成外汇储备的外资开始流出。但是政府没有降低实际汇率，因为汇率贬值会加剧国内已经两位数的通货膨胀，而是采取鼓励出口并限制进口的办法。鼓励出口加重了政府的财政负担，而且面对萧条的国际市场，巴西的经常性项目收支状况没有得到根本性改变，同时美元利率上升，使巴西债务负担更加沉重。

20世纪80年代，巴西为了延缓债务偿付危机，采取大量举借短期外债的办法，这样反而加大了金融风险。1982年，巴西的外债偿付率（每年应还本付息额占出口总额的比重）高达87%，巴西不得不向国际货币基金组织求助。国际货币基金组织帮助巴西制订了调整方案，在1984年组织了65亿美元的新贷款，以带动巴西清偿拖欠的利息和恢复外汇储备。1984年巴西贸易顺差达到130亿美元，国际收支状况良好，经济以4.5%的速度增长。但是通货膨胀仍然严重，通货膨胀率为223%，没有达到国际货币基金组织的要求。

20世纪80年代以来，巴西经济呈现三个特点：(1) 快速的经济增长，1984年以来经济增长率高达7.5%；(2) 高通货膨胀率，曾经出现过三位数的通货膨胀率；(3) 外债居高不下，达到1 000亿美元。

二、印度的工业化

印度摆脱英国殖民统治获得独立后，为了加快经济发展，政府利用经济计划手段，实行优先发展重工业的战略。早在1944年，印度大资产阶级就在“孟买计划”中提出，希望国家帮助发展工业，以克服他们的困难和不稳定的经济形势。独立后，印度政府提出了公营企业和私营企业并列发展的“混合经济”政策。政策明确规定，印度政府对发展经济负有全面责任，凡基本的、具有战略性的工业或公用事业性的工业，或只有国家才能提供资金的重工业，均由政府经营。国有经济在国民经济中逐渐占据了主导地位。

同时，从1951年起，印度开始实行一系列经济计划。第一个五年计划（1951—1956年）的重点是发展农业、电力和交通；第二个五年计划（1956—1961年）的主要目标是发展重工业，为工业化打好基础；第三个五年计划（1961—1966年）的主要目标是扩大基础工业，如钢、化工、燃料、电力等；第四个五年计划（1969—1974年）的主要目标是优先发展促进出口、代替进口的工业，继续发展冶金、机械、化学、采矿、电力和交通运输等部门；第五个五年计划（1974—1979年）的主要目标是发展促进出口、取代进口的工业，强调发展农业和基础工业等。为发展重工业，印度政府在每个五年计划实施过程中进行了大规模的投资，其中70%～80%用于基础工业和关键工业，目的是带动整个经济的发展。在此期间，印度工业生产增长了4倍多，一些主要的重工业产品产量增加得更快。1951—1979年，钢产量增加了6倍多，原油产量增加了30倍，发电量增加了14倍。印度的工业结构发生了重大变化。到1970年，在整个制造业中，重工业提供的国民收入占48%，轻工业占52%，而在独立初期，相应的数字分别为22%和78%。农业在国内生产总值中的比重，1960年为50.8%，1980年下降到38.8%。

在印度经济发展中，“绿色革命”起到了重要作用。1959年，一个由美国福特和洛克菲勒基金会资助的美国专家小组，在考察了印度农业的现状之后，向国大党提出了一份名为《印度的粮食危机及克服办法》的报告。经印度政府批准后，美国、日本及有关国际组织陆续投资、贷款，于20世纪60年代中期开展了一场“绿色革命”。主要内容是：(1) 推广使用改良品种；(2) 改良耕作技术，提高农业生产技术水平，特别是增加农业机械和化肥的使用；(3) 进行农田水利设施建设，增加灌溉面积。“绿色革命”促进了粮食生产的增加和劳动生产率的提高，也提高了农民的收入。但是“绿色革命”也加大了农业地区的不平衡和贫富差距，在“绿色革命”中真正获利的是那些富庶地区的地主和富农。

印度工业化的主要成就表现在：(1) 国民经济的结构转变为以工业为主。1950—1951年度，农业占国内生产总值的58.9%，工业占15%，服务业和基础设施占26%。1984—1985年度，农业只占31%，工业占27%，服务业和基础设施占41%。(2)“绿色革命”基本实现了粮食自给。(3) 印度建立了比较完整的工业体系。但是印度的工业化也存在一些问题，例如片面发展重工业使农轻重比例失调，造成经济发展缺乏后劲。同时社会贫富悬殊，两极分化加剧，占人口10%的富人所占国民收入的份额由1950年的40%增加到1985年的50%，而全国总人口中还有36.9%的人处于贫困线之下。印度工业化的完成还需时日。

三、石油输出国的工业化

石油输出国是一个独特的发展群体组织。它们以石油开采和炼制业为主要生产部门，以石油及其产品出口为主要收入来源，其石油出口占本国商品出口的50%以上。参加“石油输出国组织”的13个成员国（伊拉克、伊朗、科威特、沙特阿拉伯、委内瑞拉、阿尔及利亚、厄瓜多尔、加蓬、印度尼西亚、利比亚、尼日利亚、卡塔尔、阿拉伯联合酋长国）的石油产量占世界的51.3%，出口量占世界的84.4%。

20 世纪 70 年代以前，石油输出国的石油资源被西方的垄断公司独占。从 20 世纪 60 年代后期起，这些国家通过增收石油所得税、修改石油价格、加强对外国石油公司的监督、参与股权、对外国公司实行国有化、独立进行石油的出口和销售等手段，收回了石油资源的主权，石油收入大增。据统计，石油输出国组织成员国 1972 年的石油收入为 144 亿美元。1980 年猛增至 2 700 亿美元。在 1972—1981 年的 10 年中，该组织成员国的石油收入总计达 12 900 亿美元。

石油收入的提高，为这些国家的经济建设和人民生活水平的提高准备了条件。它们用石油收入对经济文化事业进行大规模的投资，力图迅速实现国家工业化和经济现代化。1973 年石油收入大幅增加以后，主要石油国家制订了经济发展计划，成倍甚至几十倍地增加投资。沙特第二个五年计划的投资比第一个五年计划提高了 8 倍，达到 1 420 亿美元。据估计，1975—1980 年，阿拉伯产油国的经济发展总支出达 2 200 亿美元，相当于前 5 年投资总和的 12 倍。

这些投资主要被用于以下方面：（1）大力发展石油加工业。1973 年石油输出国组织成员国的炼油能力仅为 1.92 亿吨，1977 年增至 2.38 亿吨，1985 年达 3.5 亿吨。与此同时，兴建了一批大型的面向出口的石化企业。（2）大力兴建基础设施和发展基础工业。在沙特阿拉伯的第二个和第三个五年计划中，基础设施的投资分别占总投资的 50%和 35%。1980 年石油输出国组织的发电量比 1975 年增加了 5 倍。（3）对农业进行巨额投资。沙特阿拉伯为了促进农业发展，除了免费向游牧民分配国有荒地外，还大兴水利排灌工程，实行生产资料和农产品价格补贴，发放低息贷款，开展农业教育和技术普及工作。政府对每吨小麦提供的价格补贴达 800 美元，仅此一项，1984 年政府就支出 10 多亿美元。沙特阿拉伯的小麦产量从 1974 年的 12.6 万吨增加到 1984 年的 36 万吨，已基本满足国内需要。蛋类和奶制品已基本满足国内需要。（4）大力发展社会福利事业。一些富裕的石油国都实行免费教育、免费医疗、免纳所得税、无息贷款建房、养老和劳保制度。

据世界银行《世界发展报告》统计，石油生产国国民生产总值的年均增长率，1955—1970 年为 6%，1970—1980 年为 5.7%，比一般发展中国家高。许多石油生产国已经成为世界上最富有的国家，人均收入水平超过了许多西方发达国家。据国际货币基金组织估计，1972—1982 年，石油输出国组织的 13 个成员国的国际收支经常项目盈余达 4 320 亿美元。这些“石油美元”中有 80%以上通过存款及购买债券、股票和房产等途径流入西方发达国家。

石油收入和财富也对石油输出国的进一步发展产生了负面影响。例如，大量的财富集中在少数王公贵族和垄断商人手中，社会和阶级两极分化明显；巨大的财富使国家在建设中盲目引进技术设备和商品，脱离本国实际，造成了资金的巨大浪费，出现消化不良的症状；巨大的财富还使国家盲目发展大城市，加剧了社会矛盾。

20 世纪 80 年代中后期，原油价格下跌，石油输出国的财政状况不容乐观。沙特阿拉伯自 1983 年以来，财政和经常收支一直是双赤字。石油出口收入的锐减，加上石油时代建立起来的国家统包的免税高福利体制和过度消费倾向在低增长年代未能及时纠正，造成了结构性赤字。在主要财政收入（石油出口）锐减的同时，几乎免费的水电、电话、医疗、教育等公共设施的服务对象——人口——却在增加，因而控制财政支出极为困难。另外，过高的军事支出也进一步加剧了财政恶化。在1979年的伊朗革命以及其后的两伊战争中，为应对伊朗的威胁，海湾阿拉伯产油国开始竞相扩充军备。在1990—1991年的海湾战争中又新添了多国部队费用的负担，之后又开始为应对伊拉克的威胁而扩军备战。同时，石油跌价时股市和不动产价格暴跌，导致国内金融机构拖欠巨额不良债务，国家为避免出现金融危机不得不继续投入更多资金。基于以上原因，沙特阿拉伯和科威特每年都花费石油时代积累的财产。20世纪80年代初，沙特阿拉伯高达1 500亿美元的国家应用财产到20世纪90年代减少了一半。沙特阿拉伯和科威特在海湾战争后都从国际金融市场上借入了大量资金。

沙特阿拉伯政府为从根本上重建财政，在1995年发布的年度预算中将财政支出压缩了6%，同时对水电、电话费等进行提价，首次真正向国民提出公共设施费用由受益者负担的方针。科威特也开始讨论引进个人所得税问题，引进征税制度无疑是重建财政的关键。但是，多年来已习惯公共服务免费的国民强烈反对这种做法。

主要产油国严峻的财政状况给其增产石油的投资蒙上了阴影。产油国的财政重建已成为左右21世纪能源供应的重要课题。

关键词

工业化战略　进口替代　出口替代　东南亚金融危机

外债　绿色革命　石油美元

思考题

1. 亚洲“四小龙”是如何利用进口替代战略和出口替代战略进行工业化的？
2. 分析东南亚金融危机爆发的原因，并评价东亚模式。
3. 简述巴西20世纪七八十年代的外债危机。
4. 大量的石油美元为什么没有带来石油输出国组织的持续发展？

第二十三章

世界经济格局的变迁

重点问题

- 布雷顿森林体系的建立和变迁
- 冷战和东西方经济关系
- 南北关系和南南合作
- 经济区域化和集团化的发展趋势
- 经济全球化和民族化并存

第二次世界大战后，世界经济格局的新变化主要表现为：（1）布雷顿森林体系的建立和变迁；（2）第二次世界大战后东西方几十年的对峙关系，随着苏联和东欧局势的剧变，瞬间烟消云散；（3）发展中国家与发达国家的关系在斗争和合作中曲折向前，南南合作取得初步成功；（4）经济区域化和全球化成为世界经济发展的新方向。

第一节　布雷顿森林体系的变迁

第二次世界大战后重建了国际货币体系，建立了以美元为中心的布雷顿森林体系。由于美元地位的衰落，布雷顿森林体系建立的固定汇率制被浮动汇率制取代。

一、凯恩斯计划和怀特计划

第二次世界大战期间，英国和美国都在酝酿有关战后经济秩序的方案。1943 年 4 月，美国和英国分别发表了各自的方案，即英国的凯恩斯计划和美国的怀特计划。

凯恩斯计划是凯恩斯将自己于 1930 年在《货币论》一书中提出的计划进行完善的结果，1943 年正式公布。凯恩斯计划的主要内容是：（1）建立国际清算同盟，采取“透支制”，透支总额定为 260 亿美元，份额以第二次世界大战前三年进出口贸易的平均值计算，但不需要缴纳黄金和货币。（2）创造一种国际信用货币“班柯”作为国际清算单位。（3）会员国在同盟中开立往来账户，但只能用于购买他国商品或对外投资，不能向同盟兑换黄金和现款。（4）应由债权国一方负责调整国际收支不平衡。（5）同盟在行使监督权时，应注意不使债权国干预债务国的各项政策。凯恩斯计划建议成立的清算同盟可以作为世界性的中央银行，它发行和创造信用货币作为各国之间的清算货币并在各贸易国之间分配。赤字国可按一定的份额申请透支或提存。这个计划是从经常发生赤字的英国的立场出发制订的，注重为其国内的充分就业政策提供一个国际保障，货币的国外价值可以根据国内政策的需要进行调整，国内货币价值不受国外货币价值的束缚。

美国则从债权国的立场出发，希望对贸易限制、贸易差别待遇、过分自由地使用国际信贷等采取措施。美国认为，凯恩斯计划的透支条款有通货膨胀的倾向，于是怀特计划采取了存款原则。怀特计划于 1941 年由美国经济学家怀特草拟，主要内容有：(1) 建立国际货币基金，用以稳定各国货币，定额资本为 50 亿美元，由各会员国以黄金、本国货币或政府债券按照规定份额缴纳，认缴份额取决于各会员国的黄金储备、国民收入及国际收支差额的变化因素。(2) 基金为稳定会员国的货币汇率，拟设立一种货币单位“Unita”，含金量为 $137\frac{1}{7}$ 克，可在会员国之间相互转移。(3) 采用固定汇率制，会员国货币都必须与 Unita 保持固定比价关系，非经基金会员国四分之三的投票同意，会员国货币不得随意贬值。(4) 会员国在应付临时性国际收支逆差时，可用本国货币向基金购买所需的外币，但数额要受一定的限制。(5) 会员国必须取消外汇管制。(6) 基金的管理由会员国投票决定，根据各国的份额确定在基金内的投票权。(7) 基金办事机构设在份额最大的国家。

显然，美国凭借实力可以控制基金，基金是与英国凯恩斯计划中提出的清算同盟完全不同的组织。清算同盟是自主营业的，因而不允许成员国政府在国际收支政策方面有足够的处置权，而怀特计划是要建立一个在成员国政府控制之下的国际机构。由于美国所具有的经济优势，怀特计划的这个建议成为讨论的基础。

二、布雷顿森林会议

1943—1944 年，英、美经过多次谈判讨论，商定了充满妥协的方案。

第一，在汇率上兼顾了稳定性和灵活性。货币平价再次被采用，但是，货币平价可以在成员国出现重大经济失衡时改变。货币平价照顾了美国的利益。美国预见到它在第二次世界大战后的债权国地位，希望通过稳定的汇率提供还款的保证，并要求全世界都自觉维护固定的汇率。但是，英国担心国内推行扩张性财政政策引起的通货膨胀，会因为在货币平价条件下不能及时调整汇率，而使英国在国际市场上失去竞争力。因此，在货币平价的基础上可以根据会员国的建议调整汇率的规定打消了英国的顾虑。

第二，在帮助会员国调节国际收支失衡上，英国向美国做出了让步。英国和美国都认为，当某个国家由于临时性投机干扰，或周期性和短期性经济失衡造成国际收支不平衡时，为了维持整个系统的稳定，应该给予这个国家必要的帮助。但是，对于在提供帮助的基金中美国应占多大份额，双方存在争议。凯恩斯计划认为，在新基金中，主要债权国美国应出资 200 亿美元，占最大的份额。但在美国的坚持下，新基金中美国只有 27.5 亿美元的份额。凯恩斯认为美国这种推卸责任的做法会使第二次世界大战后的经济恢复很困难，但迫于美国的经济优势，他只能说，真正重要的不是国际货币基金组织的条款或借贷协定的文字，而是美国保证如果事情变坏就会承担起责任这一点。

第三，双方同意取消贸易和外汇管制。美国主张取消贸易和外汇管制的原因是不希望受到大萧条和战争期间形成的货币集团的差别对待，但是为了照顾英国等债务国的利益，对资本项目下的外汇管制并不予以限制。为了预防资本流动对一国国际收支的扰乱，在某些情况下，特别是当一种货币被确定为稀缺货币时，成员可以对这种货币实行差别性外汇管制。

1944 年 7 月，在美国新罕布什尔州的布雷顿森林，来自 44 个国家的代表通过了以美国和英国达成的妥协方案为基础的《国际货币基金协定》和《国际复兴开发银行协定》（统称为布雷顿森林体系协定）。根据布雷顿森林体系协定，建立了两个国际性金融组织——国际货币基金组织和国际复兴开发银行。1947 年 10 月 30 日，23 个国家签订了《关税和贸易总协定》，该协定于 1948 年 1 月 1 日生效。

三、布雷顿森林体系的崩溃

布雷顿森林体系的维持有两个基本条件：一是保证美元按固定官价兑换黄金，维持各国对美元的信心；二是为了实现国际经济的增长，必须提供足够的美元。随着世界经济的增长，国际储备也相应增长，各国中央银行对美元储备的需求上升，美国的国际收支将不得不付出赤字的代价以维持对美元的供应。同样，没有健全的机制可以保障黄金的供应，黄金的供应由开采技术和黄金矿藏等决定。于是，美国迟早会处于一种困难的境地：如果它满足了美元储备需求的增长，其美元对外负债必然增加，然而黄金储备的增加有限，从而美元兑换黄金的比例不能维持固定，再加上美国的赤字，最终会影响到对美元的信心，从而动摇整个货币体系。这时外国中央银行为了维护自身的利益，将不断要求用美元兑换黄金，就会加速体制的崩溃。如果要避免这种崩溃，美国就只能拒绝满足不断增长的美元要求，保持国际收支顺差，如此一来世界经济就会因缺乏美元而陷入通货紧缩，重蹈 20 世纪 30 年代大萧条的覆辙。布雷顿森林体系的这种困境由美国耶鲁大学的特里芬教授在 1960 年发表的《黄金与美元的危机》一文中提到，因此被称为“特里芬难题”。特里芬难题反映了对国际清偿能力不足的担心。

20 世纪五六十年代国际贸易的大发展使美元储备不足的情况充分显露出来。1958 年，美国的国际收支在美元和黄金大量外流的情况下，出现了第二次世界大战后首次逆差。1960 年，美国对外短期债务已超过它的黄金储备。美国要求国际货币基金组织、其他国家与美国合作以稳定国际金融市场，先后建立了黄金总库，签订了互惠信贷协议和借款总安排。十国集团在 1961 年组成黄金总库，目的是把自由市场上的黄金价格维持在每盎司 35 美元左右，由英格兰银行负责在市场上逆风向买卖黄金，维持黄金和美元的固定比价。国际货币基金组织曾经多次出售黄金换取美元。同时有大量顺差的欧洲也以多种方式维持现有的货币制度。20 世纪 60 年代下半期，外国持有的美元超过了美国持有的黄金的价值，而各国都不同意将持有的美元兑换成黄金。这些外围支持虽然避免了特里芬预言的各国中央银行向美国兑换黄金的高潮，但是未能从根本上解决问题。

为了弥补国际清偿能力的不足，国际货币基金组织设立了作为短期性资金供给的一般借贷协定，还创立了新的国际储备资产特别提款权。特别提款权的设立增强了国际货币基金组织的贷款能力，减轻了国际清偿能力对美元的严重依赖，为国际储备资产摆脱某种贵金属或某国货币提供了方向。但是，各国仍要经常保有其年均纯累计分配额的30%（1979年1月1日降到15%，1981年4月30日取消），因此，特别提款权的使用受到了一定程度的限制。

20世纪60年代中期越南战争爆发以后，美国的国际收支进一步恶化。到1968年3月，美国黄金储备已降至120亿美元，只够偿付其对外短期负债的三分之一。伦敦、巴黎和苏黎世黄金市场上爆发了空前的抛售美元、抢购黄金的美元危机。虽然各国中央银行与美国达成协议，不将手中的美元兑换成黄金，但是，随着私人市场上黄金价格的上涨压力，各国中央银行向私人黄金市场的销售量也不断增加，造成1965年后各主要国家黄金储备量同美国一样不断下降。1968年，黄金销售量之大，使黄金总库被迫宣布解散。美国只与各国的中央银行进行黄金买卖，不再介入私人黄金市场，官方市场仍然维持每盎司黄金35美元的官价。1971年，面对巨额的国际收支逆差和各国中央银行要求兑换黄金的压力，美国总统尼克松于1971年8月15日宣布"新经济政策"，停止美元兑换黄金，终止每盎司黄金35美元的官方兑换关系，并且征收10%的进口附加税。美元与黄金平价兑换的终止，标志着历时25年的布雷顿森林的固定汇率制度崩溃。

四、浮动汇率制

经过几个月的汇率浮动，1971年12月，十国集团在美国华盛顿的史密森学会召开会议，达成了《史密森协议》。协议的内容包括对汇率进行重新调整，美元对黄金和特别提款权各贬值7.89%，货币的市场价值可以在平价上下更大的范围内波动，固定汇率制得以暂时维持。

美元贬值并没有改善美国的国际收支。1963年弗里德曼提出，要使国际货币危机不再发生，唯一有效的办法是建立自由市场汇率制度，放开美元与其他货币的比价。美国财政部长乔治·舒尔茨接受了弗里德曼的浮动汇率思想。1973年，当石油危机和欧洲货币危机再次冲击美元时，美国宣布：美元贬值10%，美国政府不承担干预外汇市场的义务。政府将逐步取消利息平衡税、商业部的对外直接投资控制、联邦储备委员会的对外信贷自愿限制三项限制资本外流的措施。欧共体被迫在3月11日布鲁塞尔财长会议上决定联邦德国、法国、比利时、荷兰、卢森堡、丹麦的货币兑美元共同浮动，不久，挪威和瑞典的货币也加入了它们的行列，在此之前，加拿大、瑞士、意大利、英国、日本的货币已经分别浮动。这种浮动被称为"蛇形浮动"，即大多数欧共体国家的货币对美元实行联合浮动，大多数工业国对其货币实行有管理的浮动。至此，《史密森协议》失败，布雷顿森林的固定汇率制度彻底瓦解。

但是，对国际货币制度进行改革的努力并没有停止。为了对有管理的浮动汇率进行指导，国际货币基金组织根据一揽子16种货币的标准权数确定了特别提款权的价值，随后，切断了特别提款权与黄金和美元之间的联系。国际货币基金组织还在内部设立了石油基金，允许那些因为国际收支困难而需要进口石油的国家提存。同时，设置临时委员会来讨论货币改革问题。1976 年，临时委员会达成了《牙买加协定》，同年 4 月，国际货币基金组织理事会通过了《国际货币基金组织协定》的第二次修正案，从而形成了国际货币关系的新格局。(1) 使成员国的货币汇率浮动和中央银行干预浮动的权力合法化，同时强调国际货币合作，国际货币基金组织有权监督有管理的货币浮动和成员国的国际清算政策。(2) 废除黄金条款，将黄金降为一种普通储备资产。提高特别提款权的地位，使特别提款权逐步取代黄金和美元，成为主要的储备资产。(3) 增加会员国的基金份额，扩大对发展中国家的资金融通。《牙买加协定》实际上是汇率安排多样化的协定。

《牙买加协定》后的国际货币体系形成了以美元为中心的多元化国际储备和浮动汇率体系。多元化的储备体系在一定程度上解决了特里芬难题，使充当国际储备货币的好处和风险由多种货币分摊，不至于在经济繁荣时，只由一个国际货币储备国享受成果，在衰退时该储备货币发生信用危机而影响整个国际货币体系的稳定。

第二节　冷战和东西方关系

因冷战而形成的两大阵营的对抗，是第二次世界大战以来最重要的国际经济关系。随着苏联和东欧局势剧变，冷战结束。冷战中形成的东西方均势被打破，计划经济纷纷向市场经济转轨，国际经济关系面临调整。

一、雅尔塔体系

在德国法西斯即将覆灭的前夕，苏、美、英三国首脑于 1945 年 2 月在雅尔塔举行会议，签订了《雅尔塔协议》。该协议一方面确定了对德国的最后作战计划，另一方面安排了战后事宜。

雅尔塔会议商定，在战胜德国法西斯后，苏联红军占领德国东部，英国占领德国西北部，美国占领德国西南部。后来英、美把所占地区划出南部的一块交给法国占领。西方国家的占领区占德国领土面积的三分之二，人口约 4 250 万，苏联占领区为三分之一，人口约 2 050 万。德国的首都柏林由四国共同占领。柏林共分 20 个区，苏联占领 8 个，苏军占领东北部，人口 120 万，美国、英国和法国占领西南部，人口 210 万。柏林位于东德境内，西方占领的西柏林实际上是在苏联管区的一块飞地。西柏林必须通过三条空中走廊和铁路、公路、运河同联邦德国联系，而这些交通线的控制权掌握在苏联手中。柏林成为两大集团争夺的焦点。除此之外，美国、英国和苏联还在会议上确定了瓜分欧洲的原则。苏联军队从东向西打，英美盟军从西向东打，在易北河会师。于是，基本上以易北河为界，在东欧和西欧之间划分了一条区分两大势力范围的边界。《雅尔塔协议》就这样确定了第二次世界大战后的世界格局，它左右了第二次世界大战后的世界潮流，形成了雅尔塔体系和冷战思维。

二、两大阵营的对抗

易北河会师后，反法西斯同盟的任务完成，东西方蜜月期结束，很快进入全面对抗。为了争夺霸权，美、苏双方首先整顿自己的阵线，并在此基础上形成了两大阵营。国际经济格局中最突出的是东西方两大经济集团的对立。

美国提出的援助欧洲的马歇尔计划起初将苏联和东欧社会主义国家考虑在内，但是苏联认为马歇尔计划是美国输出过剩产品和资本，以求控制他国的一个阴谋，所以拒绝接受。而且国际货币基金组织、关贸总协定成立时，社会主义国家也拒绝参加。同时，斯大林认为世界市场可以分割，提出了“两个平行的世界市场”的理论，把社会主义市场和资本主义市场割裂开来，强调两个市场的矛盾和对立，认为在社会主义市场上能找到足够的一切。1949 年 1 月，随着欧洲复兴计划的初步成功和西方国家对社会主义国家实行封锁禁运政策，苏联为了加强社会主义国家之间的合作，建立了经济互助委员会(简称经互会)。经互会的成员国不断增加，截至 1985 年，共有 10 个，包括保加利亚、匈牙利、波兰、罗马尼亚、捷克斯洛伐克、民主德国、蒙古、古巴、越南和苏联。阿富汗、安哥拉、埃塞俄比亚、老挝、莫桑比克、民主也门和中国以观察员的身份参加经互会活动。经互会成立的宗旨是：“通过联合与协调经互会成员国的力量促进这些国家国民经济有计划地发展，加速经济技术进步，提高工业欠发达成员国的工业化水平，不断提高成员国的劳动生产率和人民福利。”至此，世界两大经济阵营形成，东西方经济集团出现。

20 世纪 40 年代后期，两种社会制度的斗争使东西方的经济联系处于几乎断绝的地步。1947 年底，美国对社会主义国家采取了战略物资禁运的措施，后来西欧国家也实行了禁运方案。到 20 世纪 50 年代中期以前，社会主义各国同资本主义国家的贸易联系很薄弱，1950 年经互会成员国之间的贸易占其全部对外贸易的 70%以上。

三、东西方关系解冻

从 20 世纪 50 年代后期起，东西方经贸关系开始慢慢好转。1954 年和 1958 年，西方国家两次缩减战略物资禁运单，社会主义国家与资本主义国家的经济联系呈现上升趋势。东欧的许多国家与资本主义国家的贸易增长速度已超过了与社会主义国家的贸易增长速度。1963 年，经互会成员国与西方工业国的贸易占 19%，与发展中国家的贸易占 12%，到 20 世纪 80 年代，经互会成员国与西方工业国的贸易占 27%～33%，与发展中国家的贸易占 14%～17%，内部贸易占 48%～52%。与西方贸易的重要性不断增强不是偶然的，有多个因素促进了东西方贸易的发展：(1) 从资本主义国家看，社会主义国家是它们潜在的市场；从社会主义国家看，随着国内经济的发展，特别是斯大林逝世以后，各国逐渐认识到锁国主义对本国经济的消极影响，政府更加注意满足人民的消费需求。(2) 从 20 世纪 60 年代初起，东西方之间建立了多边支付体系，东欧国家可以利用对一个西方国家的顺差来弥补自己对另一个西方国家的逆差。(3) 社会主义国家对西方国家高技术产品的需求不断上升，而社会主义国家需要出口自己的优势产品来换取外汇。(4) 许多东方国家与西方国家缔结了长期的贸易协定，代替了原来以一年为期限的短期协议。

与西方的贸易由于政治和经济体制等方面的原因而问题成堆。1955—1970 年，苏联和东欧的产品在国际市场上缺乏竞争力的现象越来越明显，而它们对西方机器设备和资金存在持续的需求，因此贸易逆差和债务不断扩大。从出口增长率来看，从西欧向东欧的出口每年增长 11%，而东欧向西欧的出口每年只增长 9.3%。导致这种增长比率不同的原因是：(1) 工业品在贸易总额中所占的比例比初级品大，而西欧向东欧的工业品出口要比东欧向西欧的工业品出口多（14%对 10.6%）。(2) 东西方之间的技术标准不同，西方国家对东方国家的进口实行控制。到 20 世纪 60 年代末，西欧国家对东欧国家进口商品价值的 10%～50%实行控制。(3) 东欧工业品的生产在计划体制下出现了供应短缺，产品出口受到计划外贸体制的制约。

东西方之间资本的流动同样受到两种政治经济制度分歧的影响。20 世纪 60 年代以前，资本很少流动；60 年代以后，东方国家意识到与西方国家在经济和技术进步方面的巨大差距，而且工业化造成的资金和技术缺乏，迫使东方国家纷纷改变对外政策。1970—1977 年，苏联从西方国家获得的贷款达 254 亿美元。罗马尼亚成为经互会国家中唯一允许资本主义世界在本国直接投资的国家。波兰实行一种依靠西方贷款和技术实现经济发展的经济战略，成为经互会成员国中对西方负债最多的国家，1979 年达到 215 亿美元。经互会成员国的净自由外汇债务从 1971 年的 52 亿美元增加到 1982 年的 726 亿美元。一些主要借款国，例如波兰，出现了严重的偿债问题，偿债比率超过 100%。到 1988 年，计划经济国家的负债超过 1 000 亿美元，波兰和匈牙利的债务负担最重，两国债务占国内生产总值的比率都超过了 50%。

四、苏联和东欧剧变

计划经济在 20 世纪 70 年代中期后走入了死胡同，各社会主义国家年均国民收入增长率下降。80 年代下半期，除个别国家外，大都进入了经济危机状态。保加利亚 60 年代的年均国民收入增长率达 6.9%，70 年代下降为 4.5%，1988 年为－4%，1989 年为－10%。捷克斯洛伐克的年均国民收入增长率从 60 年代的 4.6%下降到 70 年代的 2.0%，1988 年为 1.7%，1989 年为－3.1%。匈牙利的年均国民收入增长率 60 年代为 4.6%，70 年代为 1.3%，1988 年为 1.2%，1989 年为－3.0%。罗马尼亚的年均国民收入增长率 60 年代为 9.2%，70 年代为 5.2%，1988 年为 －9.9%，1989 年为－10%。波兰的年均国民收入增长率 60 年代为 5.5%，70 年代为 1.3%，1988 年为 0，1989 年为－13%。经济状况的恶化使人民生活陷入极度困难之中。人民生活的必需品，尤其是食品得不到满足，实际生活水平下降，社会中各种矛盾尖锐化。1987 年，波兰市民很难买到肉、油、糖、面粉等，面包、电、天然气实行定量供应。到 1989 年，情况继续恶化，糖、奶酪、鱼等食品的供应甚至发生了断档现象。南斯拉夫进入 20 世纪 80 年代以后，通货膨胀由两位数、三位数升至四位数，大批企业亏损倒闭，失业大军已达 100 多万人。保加利亚自 1973 年以后，居民生活水平每年下降 7%。

此时，国际形势也十分严峻。20 世纪 80 年代中后期，苏联领导人戈尔巴乔夫提出新思维，主张政治生活民主化，彻底批判斯大林体制，完全放弃了马列主义的思想指导。而且，对东欧各国放松思想、政治和军事上的控制，不仅从东欧撤军，而且对东欧的政局动荡不予干预，实际上支持了反对派的行动。乘苏联对东欧放松控制之机，西方各国加紧了向东欧的渗透。美国总统布什曾访问波兰，给团结工会罢工以经济支援，团结工会领导人瓦文萨还被授予诺贝尔和平奖。

在波兰 1989 年的大选中，团结工会获胜，以团结工会为主体的联合政府很快倒向西方，导致社会主义阵营出现了第一个缺口。1989 年，匈牙利出现大动荡，矛头指向执政的匈牙利社会主义工人党，该党的领导人处于被审判的地位。10 月，匈牙利议会通过了宪法修正案，实行议会民主和市场经济，共产党失去了执政地位；随后是民主德国、保加利亚、捷克斯洛伐克、罗马尼亚、南斯拉夫、阿尔巴尼亚和苏联。1989 年秋到 1991 年秋，苏联和东欧九个国家相继在政治上发生剧变。苏联是发生剧变的最后一个国家，也是对东西方利益影响最大的一个国家。

1991 年 8 月 19 日，苏联紧急状态委员会宣布因健康原因，停止戈尔巴乔夫的总统职务，成立国家紧急状态委员会，紧急状态委员会仅存在了三天就告解散。接着，叶利钦和戈尔巴乔夫要求苏共中央做出“自行解散”的决定，苏共机关被查封，财产被剥夺，苏共被宣布为非法，镰刀斧头标志的红旗被三色旗代替。“八・一九事件”后，各加盟共和国纷纷宣布独立，俄罗斯、乌克兰和白俄罗斯的独立实际上摧毁了苏联。但是，鉴于历史、经济、防务的需要，苏联的各加盟共和国又联合起来，成立了“独立国家联合体”。1991 年 12 月 8 日，俄罗斯、乌克兰、白俄罗斯的领导人发表了成立独立国家联合体的协定，协定宣称“苏联作为国际法主体和地缘政治现实将停止存在”，苏联解体。这意味着冷战以来形成的东西方经济均势被打破，东方经济集团不复存在。政治剧变后的这些国家都面临着从计划经济向市场经济的过渡。东西方对峙的局面发生变化，冷战结束。

历经 36 年的冷战，在短暂的时间内灰飞烟灭。在长期对峙中人们熟悉的各种形式、各种规模的军事冲突、意识形态冲突、经济冲突，突然间改变了原则，但是对市场、信息、资源、技术的争夺依然是未来冲突和矛盾的中心。

第三节　南北关系和南南合作

第二次世界大战后建立的国际经济秩序没有考虑到发展中国家的利益，因此产生了南北关系问题和发展中国家争取建立国际经济新秩序的斗争。发展中国家的合作也在与发达国家的斗争中逐步形成。

一、南北差距

虽然第二次世界大战后初期发展中国家经济平均发展速度高于发达国家，其中有不少国家已取得工业化的成功，进入中等发达国家的行列，但是大多数发展中国家的经济发展仍然困难重重。发展中国家经过40多年的发展后，与发达国家的差距不仅没有缩小，反而扩大了，而且有继续扩大的趋势。在20世纪50—70年代，发展中国家的年均经济增长率高于发达国家，两者的差距一度有所缩小。进入20世纪80年代后，发展中国家经济增长速度明显放慢，仅为4.3%，略高于发达国家的3%，而人均国内生产总值增幅略低于发达国家。1989年和1990年发展中国家的经济增长速度分别只有3.4%和2.5%，都低于发达国家的3.7%和2.8%。1981—1985年，发展中国家人均国民收入下降了4%以上，发达国家上升了10%。1955年发达国家与发展中国家人均国民收入之比是1∶30.8，1980年为1∶40.8，1985年达到1∶43.7，南北经济差距越来越大。

二、传统社会理论和中心-外围理论

对南北差距不断扩大的趋势，有人认为这是由于发展中国家本身的问题，有人认为国际经济秩序不合理是一个重要的因素。前一种理论被称为传统社会理论，后一种理论被称为中心-外围理论。

根据传统社会理论，欠发达是由于本土社会本性、文化和个性等，不能对工业化的刺激做出反应，传统社会僵化的社会结构或有权势的腐败官员阻碍了工业化的进程。在这种社会中，虽然发达国家为其提供了资本、技术并培养了类似于西方的企业家和政治家等精英人士，但这种社会并不存在或不能迅速出现一种刺激工业化发展的政治、经济和社会制度框架。因此，不发达是源于发展中国家本身。这种理论认为，人口、资源越多的国家，其不发达越能用这种理论解释。

中心-外围理论则认为，现存的不合理的国际经济秩序是不发达国家落后的根源。阿根廷经济学家普雷维什首先提出了中心-外围理论。他把世界分为中心和外围两大体系。发达国家处于世界体系的中心，不发达国家处于边缘，形成对发达国家的依附，被迫接受了不利的生产专业化分工和不平等的交换关系。不发达国家向西方提供了大量廉价的农矿产品，而初级产品出口价格呈现长期下降趋势限制了国内生活水平的改进并严重阻碍了工业化的发展。同时，殖民主义强化了这种经济发展模式：一方面，外国资本通过对几种初级产品的投资而产生的飞地经济，限制了其他部门利用资源进行发展的可能性；另一方面，殖民主义使不发达国家的工业处于发达国家的资本控制之下，对本国的民族工业发展造成了威胁。因此，是中心国家对外围国家的剥削造成了不发达国家的贫困，从而拉大了南北差距。

美国经济学家布鲁尔进一步发展了中心-外围理论。他认为资本主义世界体系可分为三个国家层次：中心国家、半外围国家和外围国家。它们的基本差别在于：不同国家实力不同，这种不同导致了剩余价值从外围国家转移到中心国家，从而进一步增强了中心国家的实力。每当市场活动的主体达不到利润最大化时，就企图避开市场的正常活动，转而求助于国家权势来改变贸易条件，因此，国家权势成为追逐利润最大化的核心机制。另一位美国经济学家弗兰克判断：正是资本主义，不论是世界资本主义还是一个国家的资本主义，在过去造成了某些国家的不发达，而今天仍在制造这样的局面。

根据中心-外围理论，发展中国家和发达国家的关系就是尖锐对立的双方，发展中国家只有与中心国家决裂，独立地发展民族经济才是唯一的出路。其他相对缓和的思潮虽然没有将国际经济秩序痛斥为发展中国家不发达的根源，但仍然指责它是发展中国家经济发展的障碍。

三、争取建立国际经济新秩序的斗争

1955 年亚非万隆会议和 1961 年的第一届不结盟国家首脑会议，是发展中国家争取建立国际经济新秩序的最初努力。在亚非会议上，新独立的国家第一次向全世界发出了改变旧的国际经济关系、实现经济独立的呼声。1964 年 3 月在日内瓦召开了有 118 个国家和地区参加的第一届联合国贸易和发展会议，会议期间 77 个发展中国家（七十七国集团）发表联合声明，表示要在国际经济合作方面确定共同目标和制订联合的行动计划。1974 年在纽约举行的联合国第六届特别会议通过了《关于建立新的国际经济秩序的宣言》和《关于建立新的国际经济新秩序的行动纲领》。同年，在巴黎召开了国际经济合作会议（即“南北对话”）筹备会，从而把发展中国家争取建立国际经济新秩序的斗争推向了高潮。国际经济新秩序的基本原则是在主权平等、和平共处的基础上，建立互相合作、平等互利的国际经济关系。

发展中国家建立国际经济新秩序的斗争虽然遭到旧秩序维护者的反对，但是也取得了一些成果。在资源主权方面，石油生产国通过联合斗争，从西方石油垄断公司手中收回了石油主权。在维护海洋权方面，经过九年的艰苦谈判，第三届联合国海洋法会议于 1982 年通过了《海洋法公约》草案，使拉美国家带头掀起的 200 海里海洋权的斗争取得了胜利。在国际援助方面，确定了发达国家每年对发展中国家的援助指标。在债务方面，有的发达国家已同意适当降低官方利息和放宽偿还期限。在国际贸易方面，发展中国家为了稳定原料出口价格，于 1976 年 5 月正式提出“商品综合方案”，由消费国和生产国提供共同基金，作为发展中国家大宗出口的 18 项初级产品的缓冲储存。特别是 1975 年非洲、加勒比和太平洋地区的 46 个发展中国家同欧洲经济共同体签署了《1975—1979 年五年经济贸易协定》，即第一个《洛美协定》。按照该协定，非洲、加勒比和太平洋地区国家的全部工业品和 96%的农产品可以在免税、不限量的条件下自由进入欧洲共同体；欧洲共同体的商品进入这些国家可以享受最惠国待遇，但不免税，并建立稳定的出口收入制度，对这些国家的主要初级产品因跌价或发生自然灾害而遭受的损失予以资金补偿。1979 年和 1984 年又分别签署了为期 5 年的第二个和第三个《洛美协定》，扩大了稳定出口、给予补偿的产品范围，成员国也逐步增加到 65 个。《洛美协定》在为发展中国家争取公平贸易、改变南北不合理国际经济关系方面迈出了重要的一步。值得注意的是，西方国家中出现了主张缓和南北矛盾、加强南北合作的势力。1977 年成立了“国际发展问题独立委员会”，1979 年底发表了题为《北方和南方：争取生存的共同纲领》的报告，1983 年发表了题为《共同的危机：南北合作争取世界经济的回升》的报告，这两份报告旨在推动南北对话。

四、南南合作

发展中国家的经济合作在不断争取建立国际经济新秩序的斗争中逐渐形成。七十七国集团和不结盟国家首脑会议都以加强发展中国家的经济合作、在国际经济贸易中采取共同立场、制订联合行动方案、采取集体谈判策略为宗旨。七十七国集团在各次会议的决议中都就贸易、技术、粮食和农业、能源、财政及工业化等各个领域加强南南合作问题，提出了一整套纲领和计划。在这些组织的推动和发展中国家的共同努力下，发展中国家的合作取得了很大成效。

1970—1980年，石油输出国组织向一些发展中国家提供了485亿美元的优惠贷款和赠款。1981年，其成员国提供的援助占其国民生产总值的1.93%，大大超过当年发达国家0.35%的平均水平。20世纪60年代以来，发展中国家之间还建立了各种区域性和跨地区的经济一体化组织。成效显著的有：东南亚国家联盟、海湾合作委员会、西非经济共同体、中美洲共同市场、加勒比共同体等。它们在推动成员国的经济发展方面都起到了积极作用。

目前，南南合作还处于初级阶段，发展中国家的合作有着巨大的潜力和广阔的前景。

五、国际援助

发达国家对发展中国家的工业化曾表现出很大的热情，认为世界经济的不平衡发展最终会阻碍它们自身的发展。1946年营业的世界银行开始了最初的向发展中国家的经济援助。1946—1960年，世界银行批准了260笔贷款，总计净额为50亿美元。1960年以后，世界银行的附属机构国际开发协会开始向发展中国家提供利息更低的贷款。1988年，国际开发协会的贷款达到477.66亿美元，其中267.15亿美元流入亚洲，147.38亿美元流入非洲。由于国际开发协会把贷款集中于某些贫困的发展中国家，所以世界银行能够向更多的发展中国家提供贷款。1981年，世界银行放款总计达680亿美元，其中拉丁美洲得到了32%，欧洲和地中海国家得到了28%，东亚和太平洋地区得到了23%。1988年，世界银行累计贷款总额为1 550亿美元，亚洲所占比重上升至33%，欧洲和地中海国家降至26%。世界银行成立50周年时，先后提供给发展中国家的贷款和援助共计3 000亿美元。世界银行贷款投入的主要产业部门为农业、乡村发展、运输、工业和能源。世界银行向正在进行经济改革以及由计划经济转向市场经济的国家提供政策建议和贷款支持。世界银行负责官员在总结其作用时说，世界银行的主要任务就是运用富裕国家的财力来促进发展中国家的经济发展及人民生活水平的提高。

其他一些援助发展中国家的区域性组织在20世纪50年代末也开始发挥作用，主要有欧洲发展基金、美洲银行、亚洲开发银行和非洲银行等。欧洲发展基金主要面向欧洲经济共同体成员国以前在非洲、加勒比地区和太平洋地区的殖民地。这些区域援助组织的一个特点是提供技术援助。

从20世纪80年代起，发达国家出现了援助疲劳的症状。美国的对外经济援助逐渐减少，到90年代每年平均仅为69亿美元，其他发达国家的官方援助也日趋减少，只有日本和法国等国的官方援助增加了。1980年，在全部援助资金流动中，官方发展援助仅占36%。联合国的目标是要求发达国家提供的官方发展援助到1975年时占其国民生产总值的0.7%，但到20世纪80年代末只有极少数发展援助委员会成员国达到这个目标，发展援助委员会提供的援助占其国民生产总值的平均数仍然低于0.4%。1994年流向发展中国家的援助资金净额为1 840亿美元，其中1 640亿美元来自经合组织国家。但是直接投资、银行贷款和购买股权等形式的私人资金流入高达1 100亿美元，占总金额的60%，官方援助为597亿美元，占三分之一。按实际价值计算，剔除通货膨胀和汇率变动的因素后，1994年的官方援助与1993年持平，相比1992年有所减少。1994年经合组织成员国的援助占其国民生产总值的比例降到最低点（0.3%），而在1992年以前的20年里一直保持在0.35%左右，而美国的这一比例是所有援助国家中最低的。

援助减少除了有发达国家本身的原因外，20世纪80年代发展中国家债务增加也是值得考虑的重要因素。1980年，发展中国家对外负债总额达到6 500亿美元，拉美地区的负债已经达到危机的程度。1982年8月13日，当墨西哥财政部长向国际货币基金组织宣布无力偿还到期债务时，债务危机爆发，并很快蔓延到拉美、东欧和东南亚。此外，欧美国家的高利率政策和美元不断贬值，进一步加剧了债务国的偿债负担。非洲的情况最为悲惨。1989年非洲的外债总数达到2 500亿美元，在5亿人口中有1.2亿人口失业、半失业，有50%～70%的人处于贫困状态。80年代的四年严重旱灾导致了100万人死亡。90年代后，虽然发展中国家的利率和通货膨胀率都有所降低，但债务问题仍是一个严重问题。

发展中国家对发达国家的援助也有争议，有人认为援助资金造成的累计债务会使国际组织，如国际货币基金组织，干涉该国的政策。确实，20世纪80年代债务危机爆发后，国际货币基金组织对债务危机国采取了紧缩调整政策，压缩债务国的投资与进口，但是，沉重的苛捐杂税和惊人的通货膨胀使资本外流，经济停滞、失业增加和社会福利的削减使国民更加贫困，80年代拉美各地的贫民爆发了反对国际货币基金组织的暴动。1994年美国的非政府组织团体也曾批判国际货币基金组织和世界银行，认为它们面向低收入国家的融资条件苛刻，无助于改善生活，一些开发性融资还助长了破坏环境的行为，加剧了发展中国家的贫困。根据联合国的报道，全世界有47个接受外援颇多的国家近年来经济没有增长，而且人均国民收入有缓慢下降的趋势。

第四节　经济区域集团化

第二次世界大战后，经济区域集团的发展十分迅猛。欧洲联盟、北美自由贸易区和亚太经合组织是经济区域集团的典型代表，其中欧盟的发展最为引人注目。

一、经济区域集团的发展

经济区域集团的发展已成为半个世纪以来全球非常活跃的经济现象。当今世界有各式各样的经济区域集团。按照国际货币基金组织在《贸易统计年鉴指南》中的分类，大概可分为四种：第一种是优惠贸易联盟，组成优惠贸易联盟的国家之间享受关税和贸易优惠；第二种是自由贸易区，组成自由贸易区的国家相互之间取消关税和其他贸易限制，商品可以在区内自由流动，但保留各国对第三国的关税税率；第三种是关税同盟，除自由贸易区的各种规定以外，关税同盟的成员国还对第三国采取共同关税税率；第四种是共同市场，它在关税同盟的各项内容之外，增加了资本和劳动力在集团内部的自由流动（见表 23-1）。

表 23-1　世界各经济区域集团及其性质

名　称	性质（或类型）	成立时间（年）	1990 年在世界商品贸易中所占份额（%）
欧洲共同体	共同市场	1975	41.00
美加自由贸易区	自由贸易区	1989	17.14
欧洲自由贸易联盟	自由贸易区	1960	6.65
东南亚国家联盟	自由贸易区	1967	4.44
拉丁美洲一体化联盟	优惠贸易联盟	1980	3.03
曼谷协议	优惠贸易联盟	1972	2.66
海湾合作委员会	共同市场	1981	2.02
澳、新加强经济联系贸易协议	自由贸易区	1983	1.48
南半球共同市场	共同市场	1991	1.13
阿拉伯共同市场	共同市场	1964	0.95
阿拉伯马格里布联盟	共同市场	1989	0.89
安第斯共同市场	共同市场	1969	0.72
南部非洲关税同盟	关税同盟	1969	0.65
西非国家经济共同体	关税同盟	1959	0.63
东部和南部非洲国家特惠贸易区	优惠贸易联盟	1981	0.28
加勒比共同体	共同市场	1973	0.20
中非国家经济共同体	共同市场	1981	0.19
西非国家经济共同体	共同市场	1975	0.17
中美洲共同市场	关税同盟	1960	0.17
中部非洲国家关税同盟	关税同盟	1964	0.14
马诺河联盟	关税同盟	1973	0.12
东加勒比国家组织	关税同盟	1981	0.12

资料来源：刘加骥．世界经济区域化浪潮．上海：立信会计出版社，1996：110-111.

说明：表中为截至 1990 年的经济区域集团。

从现在的经济区域集团来看，其覆盖面有很多重叠，具有较大影响力的是发达国家组成的集团，而发展中国家成立的经济区域集团较多，尤以中美洲和非洲最多。

二、欧洲联盟

第二次世界大战后，欧洲国家同美、苏相比，只能处于二等国家的地位，欧洲只有联合起来才能与美、苏抗衡。美国也认为只有通过超国家组织，才能根除欧洲国与国之间的战争威胁。于是，在美国的支持和撮合下，1950 年，法国外长舒曼建议法国和联邦德国的煤炭和钢铁工业合并，并且邀请其他国家参加。这就是著名的"舒曼计划"。舒曼计划是出于政治和经济的考虑。煤、钢工业是当时工业的核心，萨尔的归属是法国和联邦德国和解的关键，如果把煤、钢部门置于一个超国家的共同机构管理之下，则有助于消除两国之间的世仇。同时，法国企图利用这个计划监视和控制德国的工业，而联邦德国急于取得新欧洲的承认，因此十分积极。1951 年，欧洲煤炭和钢铁共同体正式成立，参加的国家有法国、联邦德国、比利时、荷兰、卢森堡和意大利。它取消了矿砂、煤炭和钢铁在共同体内部贸易中的关税和配额，统一了从共同体外进口产品的税率，并在生产和销售方面加以控制。

在煤钢共同体成功的激励下，1957 年舒曼计划的参与者在罗马签订了两个条约：一是发展和平利用原子能的《欧洲原子能共同体条约》，二是《欧洲经济共同体条约》。这两个条约通称《罗马条约》，1958 年正式生效。《罗马条约》提出，成员国逐渐取消进口关税和数量限制，争取经过 12～15 年的过渡，实现共同对外关税。成员国保证在运输、农业、社会保险及其他关键经济政策上保持一致，还保证在共同体边界内，允许人口自由迁移、资本自由流动。条约中最重要的条款是：任何成员国都不能单方面脱离组织，必须由有限多数投票决定。《罗马条约》将煤钢共同体的管理机构合并，建立了高级委员会来监督组织的运转。

伴随着 20 世纪五六十年代的繁荣，1967 年三个共同体合并形成欧洲共同体，简称欧共体。1968 年 7 月 1 日，关税同盟正式成立，取消了成员国之间的所有关税，拉平了六个成员国之间的对外税率。共同农业政策也是这一时期的主要成就。欧共体共同农业政策的主要目标是建立分类的农产品共同市场，统一农业政策，制定共同价格，在共同体内实现农产品的自由流通，保证农业人口的良好生活水平。为此，制定了价格调节机制对农产品的生产、收购和储藏进行补贴，对进口的农产品征收差价税，使这些产品在共同体内不得以低于共同价格上限的价格出售。以对第三国农产品征收的进口差价税和各成员国按特别规定的比例缴纳的经费为收入来源，建立农业基金，用于对共同体农产品的出口补贴、对农产品市场的干预、因货币汇率波动引起的货币补偿、对新成员国实施的加入补偿、促进农业现代化地区帮助贫困地区农业发展、改进生产结构等。农业基金纳入共同体的预算。1967 年 7 月，谷物、猪肉、禽肉、蛋和植物油料等产品开始实施共同价格。9 月，大米实施共同价格。1968 年 7 月，共同价格扩大到牛肉、食糖和乳制品。至此，占共同体农业最终产值约 80%的产品，在共同体内陆续实现了自由流通。1973 年，欧共体实现了第一次扩大，英国、丹麦、爱尔兰加入。终于，欧共体成为世界力量格局中公认的一极。

20 世纪 70 年代的经济危机使欧洲一体化的进程受阻，建立欧洲货币联盟和欧洲联盟的计划流产。经过长时期的经济不景气后，新技术革命的爆发、太平洋地区的迅速崛起、国际竞争的加剧，加之成员国扩大到 12 个，迫使欧共体做出反应：1985 年通过了"欧洲一体化文件"，1991 年 12 月通过了《马斯特里赫特条约》，确立了实现欧洲经济联盟和货币联盟的具体计划，一个经济、货币、政治、科技、防务等全面区域化和一体化的欧洲正在实现。

欧盟既是国际组织，又是一个超国家的经济组织，它要求成员国至少放弃一部分主权，并可以使用托管权来强制服从。而要使具有不同历史背景、经济水平和实力地位的国家转让主权，加强联合和逐步融合是一项极其艰巨的任务。共同体成员国利益和要求不一致导致的矛盾和分歧是一体化进程中的主要障碍，也是不可避免的正常现象。这对矛盾贯穿于欧共体发展的始终。

历史上最突出的矛盾体现在共同农业政策和预算体制上。自从实施共同农业政策以来，农业方面的开支占共同体预算开支的三分之二，如此巨大的农业开支使成员国中农业比重较小的国家，尤其是英国明显感到吃亏。同时，由于英国农产品不能自给，需要大量进口，共同体按照共同农业政策所规定的共同价格征收农产品进口差价税，并将这部分收入以逐步增加的比例上缴给共同体。这样，英国不仅失去了从世界市场上以低价进口农产品的好处，而且征税所得还得作为其他成员国的共同开支。1975 年，考虑到英国的实际情况，欧盟通过了预算摊款的"纠正方案"，给予支付和收益不平衡的成员国一定的回扣，并且在 20 世纪 80 年代对共同农业政策做了适当修改。但是，"纠正方案"和共同农业政策的修改并没有从根本上解决矛盾。1979 年以后，英国与其他成员国在预算问题和共同农业政策问题上年年都要发生争执，要经过多次激烈的讨价还价才能勉强达成协议。

随着欧盟成员国的不断扩大和中东欧国家的申请加入，各国经济发展的不平衡加剧。根据《马斯特里赫特条约》中所列的四个加入欧洲经济和货币联盟的前提条件，各国不可能以同一速度达到同一水平。为此，欧盟提出了"多速欧洲"、"可变翼欧洲"或"核心欧洲"的设想，谁先达标谁先加入。但是，有人指责这些提法实质上是在欧洲内部划分等级，是对欧洲一体化的真正威胁。现在"多速欧洲"的经济现实依然存在。

尽管欧盟成员国之间存在诸多的矛盾和分歧，但它现在仍然是最成功的一体化组织。

三、北美自由贸易区

由美国、加拿大和墨西哥三国组成的北美自由贸易区，是在美国、加拿大自由贸易区基础上的扩大和延伸，1994 年 1 月 1 日开始生效。

美、加成立自由贸易区的历史由来已久，可追溯到 1948 年。进入 20 世纪 80 年代，在国际贸易保护主义愈演愈烈的情况下，美国和加拿大为了双方的共同利益，全面加强双边贸易关系，于 1985 年制订了双边自由贸易协定计划。1987 年 10 月 31 日达成正式协议，1988 年 1 月 2 日由美国总统里根和加拿大总理马尔罗尼分别在两国首都签署了《美加自由贸易协定》，该协定自 1989 年 1 月 1 日开始生效。该协定确定：在 10 年内，逐步取消两国一切进出口产品关税，并有步骤地减少制造业、能源业、农业等部门产品的贸易壁垒，扩大两国的贸易合作，实现商品、劳务、资本和人员的自由流动。

1990 年，美国与墨西哥开始探索建立双边自由贸易协定，此后美、加、墨认识到共同订立一个三边协定对各方都将更有利，于是在 1991 年 2 月 5 日三国首脑会晤后宣布，三国将就《北美自由贸易协定》进行谈判。6 月 12 日，三国高级贸易官员正式谈判。1992 年 8 月 12 日，三国就《北美自由贸易协定》达成一致意见，宣布成立北美自由贸易区。同年 12 月 17 日，三国领导人分别代表本国政府，在各国首都签署了《北美自由贸易协定》，为北美自由贸易区的建立奠定了法律基础。

《北美自由贸易协定》的宗旨是：取消贸易壁垒，制造公平竞争的条件，增加投资机会；保护知识产权；建立执行协定和解决贸易争端的有效机制，促进三边和多边合作。该协定具体规定，在 15 年内分三个阶段取消进口关税及其他贸易壁垒，实现商品、劳务的自由流通。第一阶段，在所列的 9 000 多种产品中立即取消 50%的关税；第二阶段，在 5 年内取消 15%以上的产品关税；第三阶段，在 6～15 年内取消剩余的关税。

相对于欧盟，北美自由贸易区仅处在一体化的初级阶段，距完成统一大市场，实现商品、人员、资金和劳务的自由流动，取消关税等尚需一段时间。但是，北美自由贸易区拥有世界上最富有、经济和科技最发达的国家，无论是综合经济实力、科技实力还是市场规模都超过欧盟。它还是世界上第一个由最富有的发达国家和发展中国家组成的区域经济贸易集团。它不仅对美洲经济的发展，而且对世界经济的发展和世界经济格局的形成，都将产生重大而深远的影响。

四、亚太经合组织

亚太经合组织面临运营上的问题。亚太经合组织内部包含了日、美、加等发达国家，韩国等中等发达国家，中国等发展中国家，这些国家在经济发展阶段上的差别很大。美国、加拿大、澳大利亚将贸易、资本自由化作为首要目标。存在大米等农产品问题的日本、韩国等，则采取比自由化更有限的地区经济合作的立场。而马来西亚总理马哈蒂尔主张建立除美国、加拿大、澳大利亚以外的集团。目前人们正在探讨能将这些发展阶段各异、文化背景复杂多样的国家和地区聚拢在一起的理念。

1989 年 11 月，亚太地区主要发达国家以及韩国和东盟共 12 国的 27 位外交、经济（贸易）部长齐聚堪培拉，召开亚太经合组织部长级会议。这标志着亚太区域经济合作进入了官方性质的政策推进时期。在此次会议上，与会者一致确认亚太区域经济合作的必要性，并认为必须承认各国经济利益的差异性和各国的主权及多样化。最关键的是与会部长们在亚太合作的构想中正式明确了亚太应成为开放性、非排他性区域合作的典范。

1991 年，在汉城第三届亚太经合组织部长级会议上，中国正式以主权国家的名义加入该组织，中国台湾、香港地区也分别以地区的名义加入。1993 年 6 月，亚太经合组织首次领导人非正式会议在西雅图召开，与会各方再次就是否有必要建立紧密型经济共同体问题展开激烈争论。1994 年 11 月，第二届亚太经合组织首脑会议及部长级会议在印度尼西亚的茂物召开。会议最终达成的《茂物宣言》首次明确了亚太地区经济合作的时间表，即发达成员及新兴工业经济体不迟于2010年，发展中经济体不迟于2020年实现自由与开放的贸易和投资，扩大及加速贸易与投资便利化计划，加强发展合作，以实现持续的增长、公平的发展和国家的稳定。茂物会议作为亚太经济合作进程中的一个里程碑，标志着亚太地区的经济合作开始从论坛正式形成严格意义上的亚太经济一体化的安排。

1995年11月召开的亚太经合组织大阪会议是茂物会议精神和原则的具体实施，标志着亚太经济合作进入行动阶段。大阪会议的成果是亚太经合组织会议有史以来最丰富的一次，与会各国首脑在会前普遍宣布了各自国家和地区在推动贸易投资自由化、便利化方面将采取的一揽子初步行动，中国也宣布了一揽子降低关税30%的决定，从而显示了各方推进地区自由化合作的决心。会议的最终成果——《大阪宣言》明确扩大了地区经济合作的方向，即从贸易投资扩展至环境、能源和粮食合作。同时再次强调了有关本区域经济合作的三个基本思想，即“坚决反对使人们不去追求全球自由贸易的向内看的贸易集团”、“坚决保持地区的开放性合作”和“决心使亚太经合组织带头加强开放性的多边贸易体制”。

第五节　经济全球化和民族化

经济全球化和民族化是当今世界经济发展中的两个方面，不能因为强调全球化的发展而放弃民族利益，也不能因为强调民族利益而忽视了经济全球化的趋势。因而国际经济中的争端与协调将会层出不穷。

一、经济全球化

经济全球化主要指各国经济高度开放并与国际市场联为一体，具体包括全球范围内的资金流动、人才流动和技术转移。

自19世纪世界市场形成以来，各民族之间的经济往来日益频繁，经济生活开始国际化。第二次世界大战后，随着科技和生产力的发展、国际分工的日益深化和国际贸易的超前发展，世界经济出现了全球化趋势：(1) 国际分工由垂直式发展为水平式、综合式，并且不断深化，加强了各国经济的相互依存性。(2) 国际贸易以高于国民生产总值的速度发展，成为世界经济增长的发动机，一个国家的进出口额已成为衡量国家经济实力的重要标志。(3) 跨国公司获得巨大发展，企业的跨国界经营、资本和利润来源的多元化，使企业的国籍概念越来越模糊。(4) 国际经济组织在协调国际经济运行方面发挥着越来越重要的作用。(5) 出现了一系列一体化组织，在组织内部实现了不同程度的贸易和投资自由化。总之，整个世界经济趋于一体，各国和各民族相互依存、共同发展成为不可阻挡的大趋势。

同时，科学技术创新和信息时代的到来为经济全球化解决了技术问题。交通和通信的成本已经大幅降低，二者能够使速度按指数级加快，这使得在全世界实现全新的沟通和控制成为可能。从 1930 年到 1990 年，空运的成本已从平均每英里 68 美分降到 11 美分，纽约与伦敦的三分钟电话费从 244 美元降到 3 美元，估计在未来，跨大西洋的通信费将几乎降到零。信息技术的发展使大量信息数据在全球范围内快速、经济地传递，跨国公司的生产者和经理可以把生产的各个阶段广泛地分布在世界各地，通过信息传递，把这些生产统一组织起来而不至于使管理失控。此外，信息技术的发展使得管理者可以在瞬息之间了解世界各地的市场情况，并进行必要的计算，找出针对各地市场进行最有效的资源配置，从而获得盈利的机会。

经济全球化影响着人们对世界的看法，并且改变了其思维方式。

二、跨国公司的发展

跨国公司是一种特殊的企业组织形式。跨国公司在全球范围内组织生产和流通，成为经济全球化的动力和主体力量。根据联合国 1997 年的统计，目前全世界已有 4.4 万家跨国公司母公司和 28 万家在国外的子公司和附属企业，形成了一个庞大的全球生产和销售体系，这些跨国公司控制了全世界三分之一的生产，掌握了全世界 70％的对外直接投资、三分之二的世界贸易、70％以上的专利和其他技术转让。

跨国公司是在 20 世纪 50 年代以后发展起来的。第二次世界大战后最初十余年，主要是美国的跨国公司在向外扩张。主要资本主义国家的跨国公司在 20 世纪六七十年代获得了巨大发展，美国的跨国公司仍然占有优势，西欧和日本的跨国公司发展迅速。

进入 20 世纪 70 年代以后，跨国公司的发展以拥有部分股权为主。20 世纪 70 年代中期，美国有 180 家跨国公司在发展中国家新建了子公司，拥有全部股权的占 43％，与东道国合资经营的占 52％。80 年代后，企业跨国兼并成为对外投资的主要方式。例如，美国跨国公司在西欧建立的子公司中，有一半以上是通过兼并当地公司实现的。其中著名的兼并有福特汽车公司兼并美洲虎公司、百事可乐公司兼并史密斯和洛克公司等。跨国兼并浪潮具有追随效应，一旦出现兼并，同类企业为确保和扩大其海外市场、加强在国外的生产网络，往往竞相扩张，进一步推进兼并浪潮的新发展。跨国兼并推进了各国经济上的相互依赖程度，使其向着更深的层次发展。

跨国公司的经营战略逐渐从地区性战略过渡到全球战略。第二次世界大战后初期，跨国公司的子公司在各个东道国作为独立的实体采取行动，有高度的自主权，基本上每家子公司都直接与母公司联系，以保证自身的最大利润。随着科技进步、发达国家逐渐采取商品和资本自由流动的方针、越来越多的发展中国家采取开放政策，跨国公司加强了母公司和子公司之间、子公司与子公司之间的联系，即从全球范围来安排投资、生产、销售以及科研等经营活动，在确定其经营战略时，考虑的是整个公司的利润最大化，而不是某家子公司的局部得失和眼前利益。跨国公司把设在各地的子公司紧密结合起来，形成网络，提高了生产和经营的一体化程度，根据生产要素的最佳配置原则，充分利用世界各国不同的资源和市场优势，凭借其雄厚的实力，在世界范围内选择生产某一产品或某一产品的某个部件的国家。

跨国公司以世界为工厂，以各国为车间，促进了生产的国际化。跨国公司内部以及相互之间的贸易已成为当今世界进出口贸易的重要组成部分。跨国公司生产的国际化导致了公司企业内部即子公司之间和子公司与母公司之间的产品跨国交易。跨国公司的活动还推动了金融全球化。金融全球化加快了资本跨国界流动的速度，扩大了其规模，既是跨国公司发展的条件，又是跨国公司发展的结果。跨国公司通过微观经济主体的运作机制造就了影响经济全球化的宏观经济活动。跨国公司作为国际投资以及产业和技术转移的主要载体，已成为世界经济发展的直接推动力。

三、经济民族化

在经济全球化的进程中，经济民族化趋向也不容忽视。经济民族化涉及国际经济交往中的民族利益。不论世界如何发展，只要民族存在就有民族利益。尽管19世纪以来世界各民族交往增多，并出现民族融合的趋势，但仅仅是民族边界的扩大，而不是民族的消亡。世界经济的全球化并不意味着各国的经济失去了独立的意义。相反，正因为各民族之间频繁的经济往来，民族利益才更加突出。这是因为，在一定时期内，世界市场容量是有限的，这决定了生存和发展空间的有限性。第二次世界大战后，各国都开足马力发展经济，并意识到世界市场的重要性，使进入世界市场的商品猛然增加，但是国际经济结构没有来得及做出调整，国际市场的容量没有相应成比例地扩大，这使国际竞争不可避免且异常激烈。这种竞争关系到民族的根本利益，是对民族生存空间和发展空间的争夺。

世界经济的民族化倾向主要表现在三个方面：（1）区域性经济集团的发展。世界经济一体化的组织形式是区域集团。这些区域集团是封闭或半封闭的，共同的特点是对内的自由和优惠，对外的不自由和歧视。其目的是保护本集团的利益，根本上还是本民族的利益。（2）发达国家贸易保护主义抬头。第二次世界大战后，以美国为首的发达国家基本上实行的是自由贸易政策，但随着国际竞争的加剧和国家经济矛盾的激化，各国的贸易政策逐渐发生变化，开始转向贸易保护主义。特别是美国，由第二次世界大战后初期的自由贸易主义转向公平贸易主义，即不再向发展中国家“无代价”地提供市场。至于发展中国家，从来没能完全地开放市场，民族主义事实上是这些国家发展经济的意识形态力量。（3）各区域集团以及各国之间的经济竞争和经济矛盾越来越以政治、种族矛盾的形式表现出来。例如，中东问题、日本的政治大国之梦、发展中国家反对大国控制等，无不以维护民族利益为目标。所以，在经济全球化的过程中，贸易摩擦和贸易冲突从来没有停止过。

四、 争端与协调

第二次世界大战后，西方几个主要国家的经贸争端明显增多，特别是美国和日本之间的贸易战、美国和欧共体的贸易摩擦、日本和欧共体的贸易争端尤为激烈。

美国和日本的贸易战经历了很多阶段：20世纪70年代末80年代初到1985年，美日双方的摩擦焦点在于撤销和削减日本的关税及非关税壁垒。在美国的强烈要求下，日本的关税有了大幅度的下降。与此同时，日本于 1982 年成立了市场开放问题投诉处理推进本部，这个部门专门受理美欧厂商对日本非关税壁垒的投诉和应它们的要求改善、简化通关手续。1985—1989 年，调整汇率成为美日摩擦的焦点。美国于 1985 年在纽约召开西方五国财长会议，强行要求日元对美元大幅升值，以纠正日益严重的美日贸易不平衡问题。美国国会在 1986 年还通过了一项议案，要求日本每年自动减少 10%的对美出超，否则美国就采取报复行动。自此，日元汇率便扶摇直上，1990 年以后日元汇率才逐渐稳定在 135 日元兑 1 美元的水平。但是，美国对日本的贸易逆差并没有减少。1989 年后，双方的攻防焦点转移到结构调整上来。美国认为，美国之所以在与日本的竞争中处于被动地位是由于日本的经济体制对自由竞争造成了障碍，它指责日本国内市场是封闭及排他的，美国强烈要求日本提高市场的开放度。1994 年，有关汽车及其配件的争斗使美日贸易战达到白热化的程度，美国扬言要动用“超级 301 条款”制裁日本，后来日本虽然做了让步，但是美日贸易不平衡问题并没有彻底解决。

欧共体建立了非常有限的市场，威胁到美国和日本在欧洲的利益。美国与欧共体贸易争端中最突出的是农产品出口补贴问题。由于欧共体对农产品实行补贴政策，冲击了美国农产品出口的传统市场，美国农产品的净收入减少，美国也被迫采取农产品出口补贴政策。1993 年乌拉圭回合谈判取得初步成功，法国同意削减农产品补贴，但是法国农业工人举行游行示威和抗议活动，给法国政府造成了很大压力。日本和欧共体的贸易摩擦表现为欧共体指责日本销往欧洲的汽车超过欧洲国家允许的配额，欧洲希望日本对它开放市场。

世界上的贸易争端远不止美日、美欧和欧日的贸易纷争，还有美国与加拿大就小麦、啤酒和木材贸易发生的争端，最惠国待遇和保护知识产权问题引起的美国和中国的贸易争端，发展中国家和发达国家在进口限制及非关税壁垒上存在的严重分歧等。这些争端在全球化的进程中时缓时急，但总是不断发生。

争端的存在使国际协调变得十分重要。协调的一种方法是争端双方通过谈判互相让步，自我消化，大多数双边纷争通过这种方法得到了解决；另一种方法是通过各种国际组织进行调解。现在主要国际组织有世界贸易组织、国际货币基金组织、世界银行和国际清算银行等。

1995 年 1 月 1 日，世界贸易组织成立，它是关贸总协定乌拉圭回合决定创立的统管国际贸易的机构。这标志着国际贸易体系由关贸总协定这样一个“协定”，升格为世界贸易组织这样的国际机构。世界贸易组织的历史使命就是将世界贸易的流向从双边主义和地区主义拉回到多边主义。世界贸易组织成立后，处理贸易纠纷的能力大大增强。在世界贸易组织体制下，随意采取单方面制裁措施及实行紧急进口限制等做法得到遏制。世界贸易组织将一些新领域也纳入控制对象范围，并制定了相应的规则。关贸总协定的规则从某种意义上说偏重于有形贸易，世界贸易组织将此扩大到服务贸易及知识产权等全球化中出现的新领域。服务贸易包括金融、海运、广播、流通服务等。知识产权是指专利权及版权等。

国际货币基金组织目前有 188 个成员，它的主要业务范围包括四个方面：（1）监督成员的外汇安排与外汇管制；(2) 与成员进行定期或紧急磋商；(3) 为成员之间就国际货币问题进行磋商提供一个国际论坛；(4) 向成员提供贷款或紧急资金援助。国际货币基金组织的主要资金来源仍然是各成员认缴的份额。

世界银行的宗旨是：(1) 为生产性投资提供便利，协助成员的经济复兴以及生产和资源的开发；(2) 促进私人对外贷款和投资；(3) 鼓励国际投资，开发成员的生产资源；(4) 促进国际贸易长期均衡发展，维持国际收支平衡；(5) 配合国际信贷，提供信贷保证。

国际清算银行实际上是各国中央银行的银行。它的职能是促进中央银行之间的合作并向它们提供更多的国际金融业务便利；行使中央银行的银行职能，在国际金融清算业务方面充当受托人或代理人；接受各国中央银行的存款，并向中央银行贷款、发行债券、代理买卖外汇和黄金，协助办理政府间借款。

这些国际组织为第二次世界大战后特别是冷战后的世界经济运行提供了组织保障，对各成员的经济政策进行了总体上的长期指导，对维护和协调成员的经济贸易利益做出了巨大贡献。但是国际组织在进行经济协调时，不可避免地受到经济霸权主义的干扰。例如，世界贸易组织虽然具有以上职能，但是美国“301 条款”及“超级 301 条款”的存在，使它在现实中难以保证完全按规则运行。而且奉行经济霸权主义的国家批驳世界贸易组织的投票程序（一国一票），认为它无法设计出新的体制，世界贸易组织是一个没有领导能力的空头组织，是一个无法做出任何决定的国际组织。国际货币基金组织和世界银行也在不断的变动中寻找自己的位置。

争端和协调并存，确定了和平与发展是当今的主旋律。

第六节　中国经济的高速增长及对世界经济的新贡献

经过 15 年的艰苦谈判，中国终于加入了世界贸易组织，表明中国以更加开放和负责任的态度融入了国际社会。同时，20 世纪 90 年代中国经济持续高速增长提升了中国在世界经济中的地位，改变了世界经济格局，保障了中国能够在世界经济中更好地发挥作用。

一、加入世界贸易组织的挑战

从 1986 年 7 月 11 日中国正式照会关贸总协定秘书长要求恢复关贸总协定缔约国席位到 2001 年 11 月 12 日中国正式达成加入世界贸易组织的协议，谈判持续了 15 年。

对于中国来说，加入世界贸易组织最大的挑战来自国家安全方面。“入世”对中国国家安全最为直接的冲击是经济领域，还有国家主权等方面。

首先是金融安全。“入世”后面临的金融安全风险除了我国金融领域本身所固有的内部风险外，还有由于金融领域的全面开放而带来的国际风险。国际金融市场巨额资金的流动性、投机性和风险性，一方面在某些方面有益于世界经济，但另一方面又增加了世界经济发生大危机的可能性。自 1980 年以来，全球已有 100 多个国家发生过严重的金融问题，这些国家为解决这些问题所直接耗费的资金高达 2 500 亿美元。1997 年下半年开始的东南亚金融危机严重削弱了东南亚、东亚各国的经济实力，导致东南亚国家遭受的经济损失超过 2 000 亿美元。与此同时，金融危机还导致了有关国家的社会动荡和政府更迭。

其次是产业安全。所谓产业安全分析是在产业结构分析的基础上引入各种国家安全因素，并从二者结合的角度分析一个国家所处的经济安全状况，主要集中在两个方面：一是产业结构的演进与调整以何种方式和在多大程度上为国家的经济安全提供支撑与依托；二是如何在面对外来冲击与挑战的情况下，确保国家产业体系的安全。中国加入世贸组织以后，传统产业体系不得不与世界产业体系全面接轨，原先体系的缺陷与漏洞会产生巨大的风险。在与国际企业的全面竞争中，有些企业可能会被外资并购和整合，有些敏感行业，如通信、航天、互联网和金融等领域的对外开放，还可能会对我国的军事和政治安全产生直接的不利影响。

再次是国家经济主权安全。世界上大多数经济专家认为，经济全球化正在销蚀国家经济主权。具体来说，体现在以下方面：第一，国家之间的竞争使民族国家推行本国政策的能力被削弱；第二，国际经济组织的权力和影响可能会削弱民族国家的独立性；第三，过去国家间的经济谈判涉及一些国家行为，而今谈判涉及国家内部制度；第四，随着信息技术的发展，地域正被网络取代；第五，西方霸权性的干涉主义理论认为，一个国家内部发生的事会影响到其他国家和整个世界，因此，在这些国家推进民主和自由也应该成为一项重要的政策目标。

最后是其他方面的安全问题。比如随着开放的扩大，还有可能对一些封闭地区，特别是一些敏感民族地区的社会稳定带来不利影响。

二、20 世纪 90 年代中国经济的增长

巴罗选用长期人均 GDP 增长率指标作为划分高增长和低增长的标准。他根据世界上 86 个国家和地区（不包括未能取得数据的中国和越南等国）的经验数据，通过综合分析和归纳，得出长期人均 GDP 增长率超过 3.7%就属于高增长的结论。按照他的划分方法，这 86 个国家和地区的长期人均 GDP 增长率为 2.4%，其中处于最后 20 位的国家的长期人均 GDP 增长率为 1.3%以下，处于前 20 位的国家的长期人均 GDP 增长率为 3.8%及以上。巴罗将前者称为低增长国家和地区，把后者称为高增长国家和地区。在高增长国家和地区中，增长率最高的是韩国，为 6.2%。按照巴罗教授的划分方法，长期人均 GDP 增长率超过 6.2%，就不仅是高增长，而且是超高增长了。

从 1978 年到 1996 年，我国人均 GDP 增长率平均为 8.9%。与巴罗的高增长标准特别是他列举的韩国的增长水平相比较，我国不仅属于高增长国家，而且是一个超高增长国家，即使 1997 年我国人均 GDP 增长率下降到改革开放以来 18 年的平均值 8.9%以下，为 7.7%，1998 年进一步下降为 6.7%。同期，我国 GDP 总量增长率也表现出与人均 GDP 增长率同样的特征和走势，且仍然高于高增长的标准。

特别是 20 世纪 90 年代中国成功地实现了经济的持续快速发展（见图 23-1）。在新中国经济发展史上，1992—1999 年第一次在比较完全的意义上实现了经济的持续快速发展。90 年代的发展进程大致可以分为三个阶段。

第一阶段是 1989—1991 年。由于受到政治风波的影响，这一阶段的经济增长速度和物价水平都表现反常。

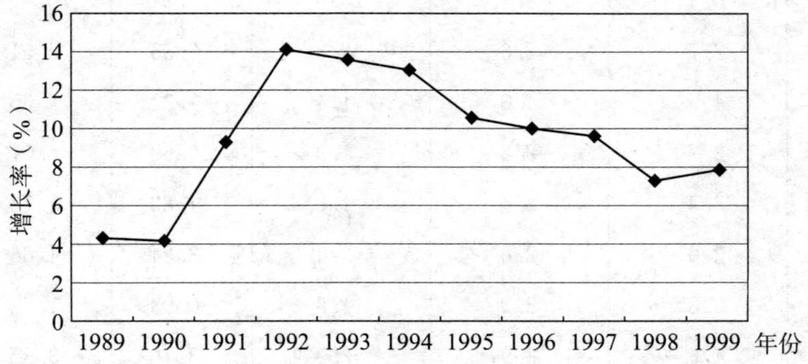

图 23-1　1989—1999 年中国 GDP 增长率曲线

第二阶段为 1992—1997 年。这一阶段，中国经济自 1949 年以来第一次成功地实现了“软着陆”。1992 年经济增长率达到 14.2%，1993 年 6 月 24 日中国政府提出了加强宏观调控的意见。此后，又进一步完善和实施了紧缩的财政、货币政策以及其他相关的政策。这就使得经济增长徐徐回落，1993 年为 13.5%，1994 年为 12.6%，1995 年为 10.5%，1996 年为 9.6%，1997 年为 8.8%。居民消费价格指数从最高年份 1994 年的 24.1 回落到 2.8。

第三阶段为 1998—1999 年。在这一阶段，中国政府有效地防止了经济增速的过度下滑，并积极改善了通货紧缩的状况。由于 1997 年 7 月爆发的亚洲金融危机对我国经济增长的负面影响的逐步显露，以及 1998 年夏季发生的特大水灾的影响，1998 年我国经济出现了增速下滑速度过快和通货紧缩的形势。针对这种情况，从 1998 年开始，为确保经济增长目标的实现，中国政府推出了以扩大内需为主，以实行积极的财政政策为核心，并配合稳健的货币政策等一系列宏观调控政策，并在 1999 年期间，进一步完善和实施了上述政策。这些政策的实施使得这一期间经济增速不致过度下滑，通货紧缩得到抑制。1998 年和 1999 年，经济增长率分别为 7.8%和 7.1%，居民消费者价格指数分别为 99.2 和 98.6。可见，到 1999 年，经济增长率虽然进一步下降，但还处于我国现阶段经济增长率合理区间的下限以内。

三、21 世纪中国的国际经济地位

20 世纪 70 年代末到 90 年代初冷战结束至今，中国改革开放和经济发展的成绩令世人瞩目，国民经济保持持续、快速增长。从国际比较看（见表 23-2），中国改革开放前（1970—1980 年）的 GDP 年均增长速度高于大多数国家（地区），但低于新加坡、韩国、巴西、墨西哥、泰国和印度尼西亚等国家（地区）；改革开放以来（1981—1990 年），我国的 GDP 年均增长速度仅略低于韩国，1991—2013 年，我国的 GDP 年均增长速度均明显高于其他大多数国家。

表 23-2 GDP 年均增长速度的国际比较（%）

国家（地区）	1970—1980 年①	1981—1990 年②	1991—2000 年③	2005 年④	2010 年⑤	2013 年⑥
中国	6.4⑦	8.6	10.6	11.31	10.45	7.67
美国	2.7	2.6	3.3	3.35	2.51	1.88
日本	4.5	4.0	1.4	1.30	4.65	1.54
联邦德国	2.7	2.2	1.9	0.69	4.01	0.43
法国	3.3	2.4	1.9	1.83	1.73	0.21
英国	2.0	2.6	2.4	3.24	1.66	1.66
意大利	3.8	2.2	1.6	0.93	1.72	−1.85
加拿大	4.6	2.9	2.9	3.16	3.37	2.01
新加坡	9.0	7.3	7.8	7.49	15.24	3.85
韩国	8.6	9.1	6.1	3.92	6.5	2.97
阿根廷	2.9	−0.9	4.2	9.20	9.14	2.95
巴西	8.4	1.5	2.7	3.16	7.53	2.49
墨西哥	6.6	1.8	3.5	3.03	5.11	1.07
泰国	6.9	7.9	4.4	4.61	7.81	1.77
印度	3.0	5.8	5.5	9.29	10.26	5.02
印度尼西亚	7.7	6.3	4.0	5.69	6.22	5.78
高收入国家	—	2.93⑧	4.1⑨	2.82	3.01	1.31
中上等收入国家	—	250.0	5.09	7.13	7.68	4.79
中等收入国家	—	2.48	5.04	7.11	7.65	7.81
低收入国家	—	1.99	2.93	6.35	6.34	5.78

说明：①1970—1980 年的数据来源于《国际统计年鉴（1996）》。

②1981—1990 年的数据来源于《国际统计年鉴（1998）》。

③1991—2000 年的数据来源于《国际统计年鉴（2005）》。

④2005 年的数据来源于《国际统计年鉴（2013）》。

⑤2010 年的数据来源于《国际统计年鉴（2013）》。

⑥2013 年的数据来源于《国际统计年鉴（2013）》。

⑦中国 1971—1980 年、1981—1990 年和 1991—2000 年的数据来源于《世界经济千年统计》（2009 年出版），经计算得出。

⑧该处各等收入国家数据采用的是 1990 年的数据，来源于《国际统计年鉴（2013）》。

⑨该处各等收入国家数据采用的是 2000 年的数据，来源于《国际统计年鉴（2013）》。

随着经济长期高速增长，中国经济总量快速扩张。截至 2013 年，中国经济总量已位居世界第二位（见表 23-3），成为第一大出口国、第二大进口国、第二大吸收外资国、第三大对外投资国、第一大外汇储备国，中国经济总量占世界经济的份额明显上升。同时，人均 GDP 也呈现稳步增加态势。

中国的制造业大国地位逐渐确立，主要工农业产品产量占世界的比重和在世界的位次明显提升（见表 23-4 和表 23-5）。根据世界银行的数据，2010 年中国制造业增加值占世界的比重已达到 17.6%。按照国际标准工业分类，在 22 个大类中，我国在 7 个大类中名列第一，钢铁、水泥、汽车等 220 多种工业品产量居世界第一位，被称为"世界工厂"。然而，中国制造业的发展也面临环境资源约束、产能过剩、企业自主创新能力亟须加强等问题，未来需要将"中国制造"升级为"中国创造"，进一步提升中国在全球制造业价值链中的地位。

表 23-3　2013 年世界排名前十位国家的 GDP 及有关占比情况

排序	国家	GDP（亿美元）	各国 GDP/世界 GDP（%）	中国 GDP/各国 GDP（%）
	世界	748 999		
1	美国	168 000	22.4	55.0
2	中国	92 403	12.3	100.0
3	日本	49 015	6.5	188.5
4	德国	36 348	4.9	254.2
5	法国	27 349	3.7	337.9
6	英国	25 223	3.4	366.3
7	巴西	22 457	3.0	411.5
8	俄罗斯	20 968	2.8	440.7
9	意大利	20 713	2.8	446.1
10	印度	18 768	2.5	492.3

资料来源：国际统计年鉴（2014）. 北京：中国统计出版社，2015.

表 23-4　我国主要经济指标占世界比重的变化（%）

指标	1978 年	1980 年	1990 年	2000 年	2010 年	2012 年	2013 年
国土面积	7.2	7.2	7.2	7.2	7.2	7.2	7.2
人口	22.3	22.1	21.5	20.7	19.4	19.2	19.1
国内生产总值	1.7	1.7	1.6	3.7	9.2	11.3	12.3
进出口贸易总额	0.8	0.9	1.6	3.6	9.7	10.5	11.0
出口额	0.8	0.9	1.8	3.9	10.3	11.1	11.8
进口额	0.8	1.0	1.5	3.4	9.0	9.8	10.3
外商直接投资		0.1	1.7	2.9	8.2	9.1	8.5
外汇储备				8.6	30.7	30.2	32.7
稻谷产量	36.7	36.2	37.1	31.8	28.1	27.9	27.5
小麦产量	12.1	12.5	16.6	17.0	17.7	18.0	17.1
玉米产量	14.2	15.8	20.1	17.9	20.9	23.6	21.4
大豆产量	10.1	9.8	10.1	9.6	5.7	5.4	4.5

资料来源：国际统计年鉴（2014）.

1978年后，中国的对外贸易快速发展，进出口贸易额持续增长。1978年，中国货物贸易的进出口总额为206.4亿美元，其中出口贸易额为97.5亿美元，进口额为108.9亿美元，占世界同期货物贸易的比重不足1%，排名世界第32位。2013年，中国货物进出口总额为4.16万亿美元，其中出口额为2.21万亿美元，进口额为1.95万亿美元，贸易顺差为2 597.5亿美元，中国超过美国，首次成为全球第一货物贸易大国。

表23-5 我国主要工农业产品居世界的位次

项目	1978年	1980年	1990年	2000年	2005年	2010年	2012年	2013年
农产品产量：								
谷物	2	1	1	1	1	1	1	1
肉类①	3	3	1	1	1	1	1	—
籽棉	3	2	1	1	1	1	1	1
大豆	3	3	3	4	4	4	4	4
花生	2	2	2	1	1	1	1	1
油菜籽	2	2	1	1	1	1	2	2
甘蔗	7	9	4	3	3	3	3	4
茶叶	2	2	2	2	1	1	1	—
水果②	9	10	4	1	1	1	1	—
工业产品产量：								
粗钢	5	5	4	2	1	1	1	1
煤	3	3	1	1	1	1	1	1
原油	8	6	5	5	5	4	4	4
发电量	7	6	4	2	2	1	1	1
水泥	4	4	1	1	1	1	1	1
化肥	3	3	3	1	1	1	—	—
棉布	1	1	1	2	2	1	1	1

资料来源：国际统计年鉴（2014）.

说明：①1990年以前为猪、牛、羊肉产量的位次。

②不包括瓜类。

1980年后，中国利用外资规模不断扩大。根据2012年的外资企业联合年检，占中国企业总数量3%左右的外资企业所创造的工业产值占到全国工业产值的25%，创造的税收占到全国税收的20%。另外，20世纪90年代以来，中国对外投资稳步发展。截至1991年，中国对外投资总额仅为13.95亿美元。2001年中国加入世贸组织以来，中国企业对外投资的步伐不断加快。对外直接投资涉及的领域涵盖了贸易、生产加工、资源开发、交通运输、承包工程、农业及农产品综合开发、医疗卫生和旅游餐饮及咨询服务等。近年来，我国企业对外投资大项目不断增加，技术含量日益提高，以高铁、通信网络、应用软件等高科技产品的开发为主的高科技企业在全球布局。2013年，中国对外投资突破千亿美元大关。

中国在亚太地区和世界经济合作中发挥着越来越重要的作用。2014 年 10 月 24 日，包括中国、印度、新加坡等在内的 21 个首批意向创始成员的财长和授权代表在北京签约，共同决定成立亚洲基础设施投资银行（Asian Infrastructure Investment Bank，简称亚投行）。这是一个政府间性质的亚洲区域多边开发机构，重点支持基础设施建设，法定资本为 1 000 亿美元，总部设在北京。此前，这种政府间的多边开发机构主要由发达国家主导，例如国际货币基金组织和亚洲开发银行。2015 年 3 月，英国、法国、德国、意大利、卢森堡和瑞士等发达国家加入亚投行。此外，人民币被纳入特别提款权（SDR）货币篮子，2016 年 10 月 1 日正式生效，成为继美元、英镑、欧元、日元之后第五种可以自由使用的货币。

四、中国对世界经济的新贡献

自次贷危机爆发以来，尽管世界各国为经济恢复与发展付出了巨大努力，但全球经济仍未从危机的阴影中走出来。

在世界经济高度脆弱的复苏中，中国做出了卓越而独特的贡献：

其一，在全球经济增长持续乏力的过程中，中国经济增长水平虽然也呈下滑趋势，但仍保持了持续的高增长率，是拉动全球经济增长的最主要力量。根据世界银行的数据，2014 年中国对全球经济增长的贡献率为 25.8%，比美国高 1.1 个百分点，居世界第一位。

其二，中国在实现自身发展的过程中，一直强调发展权应为各国人民所共有、共享，呼吁国际社会为此共同努力。为了促进发展中国家和地区的共同发展，中国在过去 60 多年间共向 166 个国家和国际组织提供了近 4 000 亿元的发展援助。近年来对非洲投资的持续扩增，更是直观地体现了中国在与发展中国家共享发展权方面所做出的努力。2000 年中国对非洲 54 个国家的贸易总额仅为 106 亿美元，2013 年这一数字上升到 2 102 亿美元。同时，中国对非投资十分注重水电站、公路、铁路、通信等基础设施建设，投资覆盖率更是高达 85%。

其三，经过长期高速增长，中国在成为世界第二大经济体之后，经济增长速度明显放缓，步入了新常态。面对经济新常态，中国主动推行供给侧结构性改革，坚持以提高经济发展质量和效益为中心，实现经济转型升级和保持经济发展的良好态势。所采取的主要改革措施包括：实施结构调整，减少无效和低端供给，扩大有效和中高端供给；改善供给侧环境，优化供给侧机制，通过改革制度供给，大力激发微观经济主体活力；增强供给结构对需求变化的适应性和灵活性，提高全要素生产率；等等。中国经济新常态和供给侧结构性改革将为全球经济发展做出新的贡献。

其四，为了积极发展与沿线国家的经济合作伙伴关系，共同打造政治互信、经济融合、文化包容的利益共同体、命运共同体和责任共同体，2015 年 3 月 28 日，中国国家发展与改革委员会、外交部、商务部联合发布了《推动共建丝绸之路经济带和 21 世纪海上丝绸之路的愿景与行动》，以政策沟通、设施联通、贸易畅通、资金融通、民心相通为主要内容，将“一带一路”建设推向了新高度，对全球经济社会持续发展意义深远。

其五，随着国际地位、综合国力和对全球经济贡献的日益提升，中国越来越多地参与到全球经济治理之中，为世界经济的协调发展做出了重大贡献。在G20机制中，中国不仅积极支持其在全球经济治理中发挥更大作用，而且持续贡献中国智慧，推动全球经济治理体系更加开放和透明。尤其是在2016年9月召开的杭州G20峰会上，中方把“构建创新、活力、联动、包容的世界经济”作为峰会主题，并在议题上设置了创新增长方式、更高效的全球经济金融治理、强劲的国际贸易和投资、包容和联动式发展四大板块。同时，中国国家主席习近平还在峰会上建议创新发展方式、建设开放型世界经济、完善全球经济治理，并呼吁各国致力于建设公平公正、包容有序的国际金融体系，提高新兴市场国家和发展中国家的代表性和发言权，确保各国在国际经济合作中权利平等、机会平等、规则平等。这些建议符合当今世界经济发展的趋势和要求，也彰显了中国为世界经济增长和协调发展贡献的独特智慧。

关键词

布雷顿森林体系　欧洲联盟　雅尔塔体系　苏联和东欧剧变　中心-外围理论
经济区域集团　全球化　民族化

思考题

1. 简述布雷顿森林体系的变迁。
2. 在东西方交往中，东方经济的优势和劣势何在?
3. 简述发展中国家争取建立国际经济新秩序的历史。
4. 欧洲联盟是如何建立和发展的?
5. 回顾世界经济的发展，试分析经济的全球化趋势。

参考文献

译著

马克思恩格斯全集：第 23 卷. 中文 1 版. 北京：人民出版社，1972.

马克思恩格斯全集：第 24 卷. 中文 1 版. 北京：人民出版社，1972.

马克思恩格斯全集：第 25 卷. 中文 1 版. 北京：人民出版社，1974.

[英] 佩里・安德森. 从古代到封建主义的过渡. 上海：上海人民出版社，2001.

[法] 杜丹. 古代世界经济生活. 北京：商务印书馆，1963.

[法] P. 布瓦松纳. 中世纪欧洲生活和劳动. 北京：商务印书馆，1985.

[德] 汉斯-维尔纳・格茨. 欧洲中世纪生活. 上海：东方出版社，2002.

[美] 汤普逊. 中世纪经济社会史（上、下册）. 北京：商务印书馆，1984.

[英] 克拉潘. 简明不列颠经济史. 上海：上海译文出版社，1980.

[英] 克拉潘. 现代英国经济史：上卷. 北京：商务印书馆，1964.

[英] 克拉潘. 现代英国经济史：中卷. 北京：商务印书馆，1975.

[英] 克拉潘. 现代英国经济史：下卷. 北京：商务印书馆，1977.

[美] 吉尔伯特・C. 菲特，吉姆・E. 里斯. 美国经济史. 沈阳：辽宁人民出版社，1981.

[法] 保尔・芒图. 18 世纪产业革命. 北京：商务印书馆，1983.

[美] 内森・罗森堡，L. E. 小伯泽尔. 西方致富之路——工业化国家的经济演变. 北京：生活・读书・新知三联书店，1989.

[美] 道格拉斯・C. 诺思. 经济史中的结构与变迁. 上海：上海三联书店，1991.

[美] W. W. 罗斯托. 从起飞进入持续增长的经济学. 成都：四川人民出版社，1988.

[美] 阿瑟・刘易斯. 增长与波动. 北京：华夏出版社，1987.

[美] 西蒙・库兹涅茨. 各国的经济增长. 北京：商务印书馆，1985.

[美] 查尔斯・P. 金德尔伯格. 1929—1939 年世界经济萧条. 上海：上海译文出版

社，1986.

［美］赫伯特·斯坦．美国总统经济史．长春：吉林人民出版社，1997.

［阿根廷］劳尔·普雷维什．外围资本主义．北京：商务印书馆，1990.

［德］贡德·佛兰克．白银资本．北京：中央编译出版社，2001.

［美］小艾尔弗雷德·D. 钱德勒．看得见的手．北京：商务印书馆，1994.

［法］布罗代尔．15 至 18 世纪的物质文明、经济和资本主义．北京：生活·读书·新知三联书店，1992.

［俄］H. П. 巴甫洛夫-西利万斯基．俄国封建主义．北京：商务印书馆，1998.

［英］A. 勃里格斯．英国社会史．北京：中国人民大学出版社，1991.

［美］E. 布拉德福德·伯恩斯．简明拉丁美洲史．长沙：湖南教育出版社，1989.

［英］M. M. 波斯坦．剑桥欧洲经济史：第 1 卷．北京：经济科学出版社，2002.

［英］M. M. 波斯坦，等．剑桥欧洲经济史：第 3 卷．北京：经济科学出版社，2002.

［英］E. E. 里奇，［英］C. H. 威尔逊．剑桥欧洲经济史：第 4 卷．北京：经济科学出版社，2003.

［英］E. E. 里奇，［英］C. H. 威尔逊．剑桥欧洲经济史：第 5 卷．北京：经济科学出版社，2002.

［英］M. M. 波斯坦，［英］H. J. 哈巴库克．剑桥欧洲经济史：第 6 卷．北京：经济科学出版社，2002.

［美］J. T. 施莱贝克尔．美国农业史．北京：农业出版社，1981.

［俄］波梁斯基．外国经济史：资本主义时代．北京：生活·读书·新知三联书店，1963.

［英］哈孟德．近代工业的兴起．北京：商务印书馆，1960.

［德］汉斯·豪斯赫尔．近代经济史．北京：商务印书馆，1987.

［法］亨利·勒帕日．美国新自由主义经济学．北京：北京大学出版社，1985.

［美］亨廷顿．变化社会中的政治秩序．北京：生活·读书·新知三联书店，1996.

［美］杰里米·阿塔克，［美］彼得·帕塞尔．新美国经济史——从殖民地时期到 1940 年．北京：中国社会科学出版社，2000.

［美］H. U. 福克纳．美国经济史（上、下册）．北京：商务印书馆，1964.

［美］冈德森．美国经济史新编．北京：商务印书馆，1994.

［英］金德尔伯格．西欧金融史．北京：中国金融出版社，1988.

［意］卡洛·奇波拉．欧洲经济史：第 1～5 卷．北京：商务印书馆，1988.

［英］考特．简明英国经济史．北京：商务印书馆，1992.

［美］拉尔夫，等．世界文明史（上、下卷）．北京：商务印书馆，2001.

［美］莱斯特·瑟罗．资本主义的未来．北京：中国社会科学出版社，1998.

［阿根廷］劳尔·普雷维什．外围资本主义．北京：商务印书馆，1990.

［英］麦迪逊．世界经济千年史．北京：北京大学出版社，2003.

［苏］门德尔逊．经济危机和周期的理论与历史：第一卷．北京：生活·读书·新知三联书店，1975.

[苏] 门德尔逊. 经济危机和周期的理论与历史：第二卷. 北京：生活·读书·新知三联书店，1976.

[苏] 门德尔逊. 经济危机和周期的理论与历史：第三卷. 北京：生活·读书·新知三联书店，1977.

[美] 沙伊贝. 近百年美国经济史. 北京：中国社会科学出版社，1983.

[美] 斯塔夫里阿诺斯. 全球通史. 上海：上海社会科学院出版社，1997.

[美] 斯塔夫里亚诺斯. 全球分裂——第三世界的历史进程. 北京：商务印书馆，1993.

[美] 伊曼纽尔·沃勒斯坦. 现代世界体系：第1卷：16世纪的资本主义农业与欧洲世界经济体的起源. 北京：高等教育出版社，1998.

[美] 伊曼纽尔·沃勒斯坦. 现代世界体系：第2卷：重商主义与欧洲世界经济体的巩固：1600—1750. 北京：高等教育出版社，1998.

[美] 伊曼纽尔·沃勒斯坦. 现代世界体系：第3卷：资本主义世界经济大扩张的第二个时代：18世纪30年代—19世纪40年代. 北京：高等教育出版社，2000.

[英] 约翰·希克斯. 经济史理论. 北京：商务印书馆，1987.

[美] 约瑟夫·熊彼特. 资本主义、社会主义和民主主义. 北京：商务印书馆，1979.

[澳] A. G. 肯伍德，A. L. 洛赫德. 国际经济的成长：1820—1900. 北京：经济科学出版社，1997.

[德] 卡尔. 哈达赫. 20世纪德国经济史. 北京：商务印书馆，1984.

[日] 守屋典郎. 日本经济史. 北京：生活·读书·新知三联书店，1963.

[日] 楫西光速，等. 日本资本主义的发展. 北京：商务印书馆，1963.

[法] 弗朗索瓦·卡隆. 现代法国经济史. 北京：商务印书馆，1991.

[英] 维克托·布尔默-托马斯. 独立以来拉丁美洲的经济发展. 北京：中国经济出版社，2000.

[日] 宫崎犀一，等. 近代国际经济要览. 北京：中国财政经济出版社，1990.

[美] 阿瑟·林克，等. 1900年以来的美国史. 北京：中国社会科学出版社，1983.

[美] 阿兰·G. 格鲁奇. 比较经济制度. 北京：中国社会科学出版社，1985.

[英] W. G. 赫夫. 新加坡的经济增长. 北京：中国经济出版社，2001.

[日] 宫崎义一. 日本经济的结构和演变. 北京：中国对外经济贸易出版社，1990.

中文专著

宋则行，樊亢. 世界经济史（上、中、下）. 北京：经济科学出版社，1995.

刘淑兰. 主要资本主义国家近现代经济史. 北京：中国人民大学出版社，1987.

高德步，王珏. 世界经济史. 北京：中国人民大学出版社，2001.

高德步，王珏. 增长与变革——20世纪的国际经济. 北京：审计出版社，1999.

高德步. 西方世界的衰落. 北京：中国人民大学出版社，2009.

高德步. 中国经济简史. 北京：首都经贸大学出版社，2013.

傅筑夫. 中国经济史论丛. 北京：生活·读书·新知三联书店，1980.

吴承明. 中国资本主义与国内市场. 北京：中国社会科学出版社，1985.

朱寰．亚欧封建经济形态比较研究．长春：东北师范大学出版社，1996.

马克尧．中西封建社会比较研究．上海：学林出版社，1997.

马克尧．西欧封建经济形态研究．2版．北京：人民出版社，2001.

萧清．中国古代货币史．北京：人民出版社，1984.

孙健．中国经济通史（上、中、下卷）．北京：中国人民大学出版社，1999.

宁可．中国经济发展史：第1～5卷．北京：中国经济出版社，1999.

黄维民．奥斯曼帝国．西安：三秦出版社，2000.

刘欣如．印度古代社会史．北京：中国社会科学出版社，1990.

贾生华，张宏斌．农业产业化的国际经验研究．北京：中国农业出版社，1999.

金波．主要资本主义国家近现代经济发展史．北京：当代中国出版社，1994.

陆国俊，金计初．拉丁美洲资本主义发展．北京：人民出版社，1997.

罗荣渠．各国现代化比较研究．西安：陕西人民出版社，1993.

沈坚．近代法国工业化新论．北京：中国社会科学出版社，1999.

王乃耀．英国都铎时期经济研究．北京：首都师范大学出版社，1997.

吴于廑，齐世荣．世界史：近代史．北京：高等教育出版社，1997.

张友伦．美国农业革命．天津：天津人民出版社，1983.

当代中国丛书编委会．当代中国的农业．北京：当代中国出版社，1992.

曾培炎．新中国经济50年．北京：中国计划出版社，1999.

郑伟民．衰落还是复兴——全球经济中的美国．北京：社会科学文献出版社，1998.

姚曾荫．国际贸易概论．北京：人民出版社，1987.

万峰．日本资本主义史研究．长沙：湖南人民出版社，1984.

苏振兴．拉丁美洲的经济发展．北京：经济管理出版社，2000.

殷永林．独立以来的印度经济．昆明：云南大学出版社，2001.

李京文，方汉中．国际技术经济比较——大国的过去、现在和未来．北京：中国社会出版社，1990.

陈宝森．美国经济与政府政策——从罗斯福到里根．北京：世界知识出版社，1988.

于宗先，徐滇庆．从危机走向复苏——东亚能否再度起飞．北京：社会科学文献出版社，2001.

朱正圻．联邦德国的发展道路——社会市场经济的实践．北京：中国社会科学出版社，1988.

江时学．拉美国家的经济改革．北京：经济管理出版社，1998.

沈越．德国社会市场经济评析．北京：中国劳动社会保障出版社，2002.

冯兴元．欧盟与德国——解决区域不平衡问题的方法和思路．北京：中国劳动社会保障出版社，2002.

王春法．经济全球化背景下的科技竞争之路．北京：经济科学出版社，2000.

李琮．当代资本主义世界经济发展史略（上、下册）．北京：社会科学文献出版社，1989.

冯绍奎．21世纪的日本：战略的贫困．北京：中国城市出版社，2002.

英文著作

Angus Maddison, *Monitoring the World Economy, 1820—1992*, OECD, 1995.

Cynthia Taft Morris, Irma Adelman, *Comparative Patterns of Economic Development, 1850—1914*, Baltimore: The John Hopkins University Press, 1988.

David Ormrod, *The Rise of Commercial Empires: England and the Netherlands in the Age of Mercantilism, 1650—1770*, Cambridge, MA: Cambridge University Press, 2003.

Douglas Fisher, *The Industrial Revolution*, New York , N. Y. : St. Martin's Press Inc. , 1992.

Engerman and Gallman, *The Cambridge Economic History of the United States*, Ⅰ, Ⅱ, Ⅲ, Cambridge, MA: Cambridge University Press, 2000.

E. A. Brett, *The World Economy Since the War*, Houndmills, Basingstoke, Hampshire: Macmillan Publishers Ltd. , 1985.

Fred A. Shannon, *The Farmer's Last Frontier: Agriculture, 1860—1897*, Armonk, N. Y. : M. E. Sharpe, 1973.

Harry N. Scheiker, *United States Economic History—Selected Readings*, New York: Alfred A. Knopf, 1964.

H. S. Commager, *Documents of American History*, 5th Edition, New York: Appleton-Century-Crofts Inc. , 1949.

James Foremam Peck, *A History of the World Economy*, New York: Harvester Wheatsheaf, 1995.

Joel Mokyr, *Industrialization in the Low Countries, 1795—1850*, New Haven & London: Yale University Press, 1976.

John Sutton, *Technology and Market Structure: Theory and History*, Cambridge MA: The MIT Press, 1998.

Katharine Coman, *Economic Beginnings of the Far West*, New York: Macmillan Co. , 1921.

Michel Beaud, *A History of Capitalism, 1500—2000*, New York: Monthly Review Press, 2001.

Patrick K. O'Brien, *Industrialization: Critical Perspectives on the World Economy*, London: Routledge, 1998.

Peter J. Hugill, *World Trade Since 1431*, Baltimore: The John Hopkins University Press, 1993.

Ronald E. Seavoy, *Origin and Growth of the Global Economy: From the Fifteenth Century Onward*, Westport, CT: Praeger, 2003.

图书在版编目（CIP）数据

世界经济史/高德步，王珏著. --5版. --北京：中国人民大学出版社，2022.7
新编21世纪经济学系列教材
ISBN 978-7-300-30809-8

Ⅰ. ①世… Ⅱ. ①高… ②王… Ⅲ. ①经济史—世界—高等学校—教材 Ⅳ. ①F119

中国版本图书馆CIP数据核字（2022）第120455号

普通高等教育“十一五”国家级规划教材
新编21世纪经济学系列教材
世界经济史（第五版）
高德步　王　珏　著
Shijie Jingjishi

出版发行	中国人民大学出版社		
社　　址	北京中关村大街31号	**邮政编码**	100080
电　　话	010－62511242（总编室）		010－62511770（质管部）
	010－82501766（邮购部）		010－62514148（门市部）
	010－62515195（发行公司）		010－62515275（盗版举报）
网　　址	http://www.crup.com.cn		
经　　销	新华书店		
印　　刷	北京宏伟双华印刷有限公司	**版　　次**	2001年6月第1版
规　　格	185 mm×260 mm　16开本		2022年7月第5版
印　　张	27.25 插页1	**印　　次**	2022年7月第1次印刷
字　　数	604 000	**定　　价**	62.00元

教学支持说明

1. 教辅资源获取方式

为秉承中国人民大学出版社对教材类产品一贯的教学支持，我们将向采纳本书作为教材的教师免费提供丰富的教辅资源。您可直接到中国人民大学出版社官网的教师服务中心注册下载——http://www.crup.com.cn/Teacher。

如遇到注册、搜索等技术问题，可咨询网页右下角在线 QQ 客服，周一到周五工作时间有专人负责处理。

注册成为我社教师会员后，您可长期根据您所属的课程类别申请纸质样书、电子样书和教辅资源，自行完成免费下载。您也可登录我社官网的“教师服务中心”，我们经常举办赠送纸质样书、赠送电子样书、线上直播、资源下载、全国各专业培训及会议信息共享等网上教材进校园活动，期待您的积极参与！

2. 高校教师可加入下述学科教师 QQ 交流群，获取更多教学服务

经济类教师交流群：781029042

财政金融教师交流群：182073309

国际贸易教师交流群：162921240

税收教师交流群：119667851

3. 购书联系方式

网上书店咨询电话：010－82501766

邮购咨询电话：010－62515351

团购咨询电话：010－62513136

中国人民大学出版社经济分社

地址：北京市海淀区中关村大街甲 59 号文化大厦 1506 室　100872

电话：010－62513572　010－62515803

传真：010－62514775

E-mail：jjfs@crup.com.cn